中華古籍保護計劃

ZHONG HUA GU JI BAO HU JI HUA CHENG GUO

·成果·

甘肅省四家高校圖書館古籍普查登記目録

全國古籍普查登記目録

國家圖書館出版社
National Library of China Publishing House

圖書在版編目(CIP)數據

甘肅省四家高校圖書館古籍普查登記目録/《甘肅省四家高校圖書館古籍普查登記目録》編委會編. --北京:國家圖書館出版社,2016.10
(全國古籍普查登記目録)
ISBN 978-7-5013-5868-7

Ⅰ.①甘… Ⅱ.①甘… Ⅲ.①院校圖書館—古籍—圖書目録—甘肅省 Ⅳ.①Z838

中國版本圖書館 CIP 數據核字(2016)第 144761 號

書　　名　甘肅省四家高校圖書館古籍普查登記目録
著　　者　《甘肅省四家高校圖書館古籍普查登記目録》編委會　編
責任編輯　張珂卿

出　　版　國家圖書館出版社(100034　北京市西城區文津街 7 號)
(原書目文獻出版社　北京圖書館出版社)
發　　行　010-66114536　66126153　66151313　66175620
66121706(傳真)　66126156(門市部)
E-mail　nlcpress@nlc.cn(郵購)
Website　www.nlcpress.com ——→投稿中心
經　　銷　新華書店
印　　裝　河北三河弘翰印務有限公司
版　　次　2016 年 10 月第 1 版　2016 年 10 月第 1 次印刷

開　　本　787 毫米×1092 毫米　1/16
印　　張　29
字　　數　610 千字

書　　號　ISBN 978-7-5013-5868-7
定　　價　260.00 圓

《全國古籍普查登記目録》

工作委員會

主　任：周和平

副主任：張永新　詹福瑞　劉小琴　李致忠　張志清

委　員（按姓氏筆畫排序）：

于立仁	王水喬	王　沛	王紅蕾	王筱雯
方自今	尹壽松	包菊香	任　競	全　勤
李西寧	李　彤	李忠昊	李春來	李　培
李曉秋	吳建中	宋志英	努　木	林世田
易向軍	周建文	洪　琰	倪曉建	徐欣禄
徐　蜀	高文華	郭向東	陳荔京	陳紅彦
張　勇	湯旭巖	楊　揚	賈貴榮	趙　嫄
鄭智明	劉洪輝	歷　力	鮑盛華	韓　彬
魏存慶	鍾海珍	謝冬榮	謝　林	應長興

《全國古籍普查登記目録》

序　言

全國古籍普查登記工作是"中華古籍保護計劃"的首要任務,是全面開展古籍搶救、保護和利用工作的基礎,也是有史以來第一次由政府組織、參加收藏單位最多的全國性古籍普查登記工作。

2007 年國務院辦公廳發佈《關於進一步加强古籍保護工作的意見》(國辦發[2007]6 號),明確了古籍保護工作的首要任務是對全國公共圖書館、博物館和教育、宗教、民族、文物等系統的古籍收藏和保護狀况進行全面普查,建立中華古籍聯合目録和古籍數字資源庫。2011 年 12 月,文化部下發《文化部辦公廳關於加快推進全國古籍普查登記工作的通知》(文辦發[2011]518 號),進一步落實了全國古籍普查登記工作。根據文化部 2011 年 518 號文件精神,國家古籍保護中心擬訂了《全國古籍普查登記工作方案》,進一步規範了古籍普查登記工作的範圍、内容、原則、步驟、辦法、成果和經費。目前進行的全國古籍普查登記工作的中心任務是通過每部古籍的身份證——"古籍普查登記編號"和相關信息,建立古籍總臺賬,全面瞭解全國古籍存藏情况,開展全國古籍保護的基礎性工作,加强各級政府對古籍的管理、保護和利用。

《全國古籍普查登記工作方案》規定了全國古籍普查登記工作的三個主要步驟:一、開展古籍普查登記工作;二、在古籍普查登記基礎上,編纂出版館藏古籍普查登記目録,形成《全國古籍普查登記目録》;三、在古籍普查登記工作基本完成的前提下,由省級古籍保護中心負責編纂出版本省古籍分類聯合目録《中華古籍總目》分省卷,由國家古籍保護中心負責編纂出版《中華古籍總目》統編卷。

在党和政府領導下,在各地區、各有關部門和全社會共同努力下,古籍普查登記工作得以扎實推進。古籍普查已在除臺、港、澳之外的全國各省級行政區域開展,普查内容除漢文古籍外,還包括各少數民族文字古籍,特别是於 2010 年分别啓動了新疆古籍保護和西藏古籍保護專項,因地制宜,開展古籍普查登記工作;國家古籍保護中心研製的"全國古籍普查登記平臺"已覆蓋到全國各省級古籍保護中心,並進一步研發了"中華古籍索引庫",爲及時展現古籍普查成果提供有力支持;截至目前,已有 11375 部古籍進入《國家珍貴古籍名録》,浙江、江蘇、山東、河北等省公佈了省級《珍貴古籍名録》,古籍分級保護機制初步形成。

《全國古籍普查登記目録》是古籍普查工作的階段性成果,旨在摸清家底,揭示館藏,反映古籍的基本信息。原則上每申報單位獨立成冊,館藏量少不能獨立成冊者,則在本省範圍内幾個館目合併成冊。無論獨立成冊還是合併成冊,均編製獨立的書名筆畫索引附於書後。著録的必填基本項目有:古籍普查登記編號、索書號、題名卷數、著者(含著作方式)、版本、冊數及存缺卷數。其他擴展項目有:分類號、批校題跋、版式、裝幀形式、叢書子目、書影、破損狀況等。有條件的收藏單位多著録的一些擴展項目,也反映在《全國古籍普查登記目録》上。目録編排按古籍普查登記編號排序,内在順序給予各古籍收藏單位較大自由度,可按分類排列古籍普查登記編號,也可按排架號、按同書名等排列古籍普查登記編號,以反映各館特色。

此次全國古籍普查登記工作,克服了古籍數量多、普查人員少、普查難度大等各種困難,也得到了全國古籍保護工作者的極大支持。在古籍普查登記過程中,國家古籍保護中心、各省古籍保護中心爲此舉辦了多期古籍普查、古籍鑒定、古籍普查目録審校等培訓班,全國共1600餘家單位參加了培訓,爲古籍普查登記工作培養了大量人才。同時在古籍普查登記工作中,也鍛煉了普查員的實踐能力,爲將來古籍保護事業發展奠定了良好的基礎。

《全國古籍普查登記目録》的出版,將摸清我國古籍家底,爲古籍保護和利用工作提供依據,也將是古籍保護長期工作的一個里程碑。

國家古籍保護中心
2013年10月

《全國古籍普查登記目録》

編纂凡例

一、收録範圍爲我國境内各收藏機構或個人所藏，産生於1912年以前，具有文物價值、學術價值和藝術價值的文獻典籍，包括漢文古籍和少數民族文字古籍以及甲骨、簡帛、敦煌遺書、碑帖拓本、古地圖等文獻。其中，部分文獻的收録年限適當延伸。

二、以各收藏機構爲分冊依據，篇幅較小者，適當合併出版。

三、一部古籍一條款目，複本亦單獨著録。

四、著録基本要求爲客觀登記、規範描述。

五、著録款目包括古籍普查登記編號、索書號、題名卷數、著者、版本、冊數、存缺卷等。古籍普查登記編號的組成方式是：省級行政區劃代碼—單位代碼—古籍普查登記順序號。

六、以古籍普查登記編號順序排序。

七、編製各館藏目録書名筆畫索引附於書後，以便檢索。

目　録

蘭州大學圖書館古籍普查登記目録

全國古籍普查登記目録

國家圖書館出版社
National Library of China Publishing House

《蘭州大學圖書館古籍普查登記目録》

編委會

主　編： 沙勇忠

副主編： 宋　戈　劉　菁

編　委： 韓春平　萬振新　韓喜運　周小燕　白秀華　鄧後生
魏清華　張和偉　牛　勇　趙　蓉　郭　瑋　關楠楠
馬景鴻　楊自福　王慧明　楊新宇　甯　宇　王玉林

《蘭州大學圖書館古籍普查登記目録》

前　言

蘭州大學圖書館收藏有綫裝類古籍文獻約7000部13萬冊(件),其中善本400餘部約7000冊(件),總藏量居甘肅省前列。文獻分藏於本部圖書館古籍書庫、一分部文學院和歷史文化學院兩處資料室。圖書館一貫重視古籍保護工作。自2007年"中華古籍保護計劃"實施以來,我館認真貫徹落實國家和本省關於加强古籍保護工作相關會議和文件精神,遵照國家古籍保護中心和甘肅省古籍保護中心部署,多次派員參加工作會議,接受業務培訓,深入領會全國古籍保護工作部際聯席會議和甘肅省古籍保護工作廳際聯席會議有關精神,並根據我館的具體情況,積極部署和開展古籍保護各項工作,取得了顯著的成績。2009—2010年,我館先後入選"全國古籍重點保護單位"和"甘肅省古籍重點保護單位"。

自2008年甘肅省古籍普查工作啓動以來,我館依照國家古籍保護中心和省古籍保護中心在不同時期的工作部署,分階段開展作爲"中華古籍保護計劃"首要任務的普查工作。通過對館藏古籍文獻進行全面查驗,按普查要求從中提取所有1912年以前的文獻,進行編目、定級和定損等登記著録工作,並配套製作文獻書影。2008—2010年,先期完成了圖書館絶大部分文獻的Excel十六表著録和初審任務,同時完成了書影拍攝和處理任務。2011年,著録工作完全轉移至全國古籍普查登記平臺進行,普查隨即進入攻堅階段。經過近一年的努力,不僅完成了圖書館文獻原有十六表數據的平臺導入和書影上傳任務,以及部分餘留文獻的平臺著録和書影製作、上傳任務,而且完成了文學院、歷史文化學院文獻的平臺著録和書影製作、上傳任務。自2011年年底以來,又陸續完成了絶大部分平臺數據的一審任務。在開展普查的同時,我館還推進了經費投入、館舍修繕、安全防護等項工作。由於普查和各項工作積極有效,我館先後榮獲"全省古籍普查先進單位"和"全國古籍保護工作先進單位"稱號,韓春平同志先後榮獲"全省古籍普查先進工作者"和"全國古籍保護工作先進個人"稱號。

"中華古籍保護計劃"的一項重要任務,是依據普查平臺目録數據編輯出版《全國古籍普查登記目録》。自完成平臺文獻著録任務以來,我館在緊張進行平臺數據一審的同時,根據國家古籍保護中心和省古籍保護中心相關要求,首先從平臺導出我館目録數據進行初步整理和審校，後來又派員先後參加了省古籍保護中心和國家古籍保護中心組織的全國古籍普查登記目録審校人員培訓班，並依照國家古籍保護中心頒發的《全國古籍普查登記目録審校要求》和《古籍普查登記表格整理規範》，對目録進行了多次審校。由於問題多、難度大，這一工作經歷了比較長的一段時間。2014年5月，目録提交省古籍保護中心，省古籍保護中心指派吕文瑞同志對目録又進行了詳細審校，核查出不少問題，有些直接處理，有些要求我館核對後修改。目録返回後，我館不僅解决了所提問題，而且再次核對修訂了目録全文。2015年12月，完成審校的目録數據提交國家圖書館出版社，出版社張珂卿同志在審閱後陸續提出了許多新的修改和調整意見。我館根據出版社意見進行了相應的修改和調整，相關工作一直持續至2016年6月底纔最後完成。

在前後多次審校過程中，審校人員需要不斷查看、對比平臺已有的文字和圖片信息，需要經常提取文獻原書進行稽核勘驗，並隨時翻閲工具書，或參考其他單位的平臺信息，其間發現並解决了大量的問題：1. 原有著録條目存在一定的重複和遺漏，同時部分合函合冊文獻本應拆分著録，却被錯誤地作了合併，部分文獻本應合併著録，却又被錯誤地作了拆分處理，諸如此類。對於以上各種問題，審校中分别作了剔重、補遺、拆分和合併等處理。2. 審校的核心任務，是確保目録内容的準確、規範和全面，這也是審校中耗費時間、精力最多的環節。審校人員對著録中存在的各種錯誤描述據原文獻進行了校勘，對著録失範之處依相關要求進行了規範，對遺漏信息作了必要補充。審校期間，借助帶書審校的便利，對不少完成一審的待提交數據進行了復審，對已提交的問題數據則申請返回復審，進行糾正錯誤、補充或調整書影等多種處理。截止目前，我館在平臺總共著録約3000條目録數據，除著録重複、錯誤分合及民國文獻等各種問題數據外，1912年以前文獻的有效目録數據共計2891條，排除其中6條“和刻本”數據，經整理完善後本登記目録共計收録2885條。

在整個古籍普查和目録審校過程中，圖書館有關各方在學校的有力支持下，以及文學院、歷史文化學院的積極配合下，齊心協力，共同推動各項工作的開展。爲了加快工作進程，我館於2011年向學校申請專項經費，積極組織實施“古籍普查工作項目”，從經費、人員和設施等多方面予普查工作以大力支持，當年即完成全部文獻的著録任務。我館古籍普查和目録審校的成果，不僅得益於古籍工作人員的努力勞動，而且得益於外聘專家和助理館員的辛勤付出，其中助理館員的貢獻尤爲突出。從2008年以來，我館先後在我校招聘了數批文史專業的研究生擔任助理館員，他們整體素質較高，工作積極認真，爲普查工作的順利完成做出了重要貢獻。他們的名字雖然無法在此一一列出，但在古籍普查登記平臺上將被永久銘記。在登記目録籌備出版的過程中，省古籍保護中心易雪梅、宋焱、李輝等同志也都付出了辛勞。

這份登記目録雖然每條衹有簡短幾項内容,但每條目録對應的平臺數據却相當繁複。從提取文獻後查找信息進行著録,到審核已著録平臺數據,再到審校格式與平臺多有不同的登記目録數據,工作的繁重不難想見。雖然不是所有的數據都存在問題,但經由衆手加工的數據,其問題普遍而又複雜,格式也不盡劃一,那些大部頭、多破損或疑難版本文獻更是問題叢集,解决起來非常棘手。由於我館工作人員能力有限,助理館員雖然在工作中發揮了很大的作用,但也存在着能力參差、更换頻繁等問題,加之文獻數量較多,且又分藏於兩個校區、三處藏地,部分文獻又被拆分於不同校區和藏地,人員往來和文獻關聯頗多不便,特别是在審核、審校階段,工作人員既要在一地勞作,又要在三處關聯,困難可想而知。因此儘管工作中已盡到最大努力,但無論已著録的平臺數據還是即將付梓的登記目録,都難免存在紕漏,希望業界同仁不吝賜教,以便使我們的工作更上一層樓。

需要特别説明的是:索書號對應文獻的分類,又直接影響文獻排架,鑒於普查期間文獻部居及詳細類屬每有調整,頗具動態性,而登記目録編輯進程又非常緊迫,因此部分原先没有索書號的文獻無法率爾給號,衹能暫付闕如。此外爲便於標識館藏和平臺檢索,我們在文學院和歷史文化學院文獻索書號項附加了藏地標識,分别爲(wx)和(ls)。

《蘭州大學圖書館古籍普查登記目録》編委會
2016年6月30日

620000－1141－0000001　424.1/737/:1－:2
大明成化丁亥重刊改併五音類聚四聲篇十五卷　（金）韓道昭撰　明成化七年（1471）京臺大隆福寺釋文儒募刻正德重修本　八册

620000－1141－0000002　928.2/595/:1－:2
水經注釋四十卷首一卷附錄二卷水經注箋刊誤十二卷　（清）趙一清撰　清光緒六年（1880）會稽章氏式訓堂刻本　二十册

620000－1141－0000003　B94/1/:316
護法論一卷　（宋）張商英述　清光緒二年（1876）常熟刻經處刻本　一册

620000－1141－0000004　B94/1/:188
無量壽經起信論三卷觀無量壽佛經約論一卷阿彌陀經約論一卷　（清）彭紹升述　清同治十一年（1872）如皋刻經處刻本　一册

620000－1141－0000005　B94/1/:241
大方等如來藏經一卷　（晉）釋佛陀跋陀羅譯　清光緒二十二年（1896）金陵刻經處刻本　一册

620000－1141－0000006　B94/1/:243
淨土警語一卷附起一心精進念佛七期規式一卷　（清）釋行策撰　清光緒六年（1880）常熟刻經處刻本　一册

620000－1141－0000007　B94/1/:244
大方等大集賢護經五卷　（隋）釋闍那崛多（隋）釋笈多等譯　清同治十二年（1873）江北刻經處刻本　一册

620000－1141－0000008　B94/1/:286
佛說巨力長者所問大乘經三卷　（宋）釋智吉祥等譯　清光緒元年（1875）江北刻經處刻本　一册

620000－1141－0000009　B94/1/:318
大宗地玄文本論略註四卷首一卷　（天竺）馬鳴菩薩造　（南朝陳）釋眞諦譯　（清）楊文會註　清光緒三十二年（1906）金陵刻經處刻本　一册

620000－1141－0000010　927.61/155
漢西域圖考七卷首一卷　（清）李光廷撰　（清）李邁庸　（清）李邁平校　清同治九年（1870）刻後印本　四册

620000－1141－0000011　B94/1/:299－300
入法界體性經一卷　（隋）釋闍那崛多譯　清光緒四年（1878）金陵刻經處刻本　一册

620000－1141－0000012　B94/1/:242
四書小參一卷四書問答一卷　（明）朱斯行撰　清光緒三年（1877）姑蘇刻經處刻本　一册

620000－1141－0000013　B94/1/:209
往生集三卷附普勸爲人必修淨土一卷　（明）釋袾宏輯　清光緒二十四年（1898）金陵刻經處刻本　一册

620000－1141－0000014　（wx）
出使英法義比四國日記六卷　（清）薛福成著　清光緒十八年（1892）石印本　二册　存四卷（一至二、五至六）

620000－1141－0000015　423.14/523（wx）
六書原始十五卷　（清）賀崧齡輯　（清）覺羅炳成纂　清同治三年（1864）劍州府署刻本　八册

620000－1141－0000016　847.6/410:1－:2（wx）
煙嶼樓集四種七十一卷　（清）徐時棟撰　清同治、光緒間刻彙印本　十二册　存二種五十九卷（烟嶼樓文集四十卷詩集十八卷、重刻遊杭合集一卷）

620000－1141－0000017　927.61/215
［乾隆］伊犁總統事畧（西陲總統事畧）十二卷　（清）汪廷楷原輯　（清）松筠纂　（清）祁韻士增纂　清抄本　十二册

620000－1141－0000018　927.16/411－730/3:1－:2
［乾隆］甘州府志十六卷首一卷　（清）鍾賡起纂修　清乾隆四十四年（1779）刻本　十册

620000－1141－0000019　834.7/124
國朝文匯甲前集二十卷甲集六十卷乙集七十卷丙集三十卷丁集二十卷總目錄一卷　（清）

沈粹芬等輯　清宣統元年至二年(1909－1910)上海國學扶輪社石印本　一百一冊

620000－1141－0000020　356.5/038/:29
重刊補註洗冤錄集證五卷　(宋)宋慈撰　(清)王又槐增輯　(清)李觀瀾補輯　(清)阮其新補註　(清)孫光烈參閱　(清)王又梧校訂　(清)張錫蕃重訂　**續增洗冤錄辨正三卷**　(清)瞿中溶撰　(清)李璋煜重訂　(清)文晟等校　清光緒三十二年(1906)上海通時書局石印本　五冊

620000－1141－0000021　927.15/101－409
唐兩京城坊攷五卷　(清)徐松譔　(清)張穆校補　清道光二十八年(1848)靈石楊氏刻連筠簃叢書本　二冊

620000－1141－0000022　63/120/2:
太醫院增補青囊藥性賦直解二卷　(明)羅必煒彖訂　清閩書林楊能儒刻醫方藥性合編本　與620000－1141－0001253合冊

620000－1141－0000023　356.5/038/28:
重刊補註洗冤錄集證五卷　(宋)宋慈撰　(清)王又槐增輯　(清)李觀瀾補輯　(清)阮其新補註　(清)孫光烈參閱　(清)王又梧校訂　(清)張錫蕃重訂　**續增洗冤錄辨正三卷**　(清)瞿中溶撰　清光緒三十二年(1906)上海通時書局石印本　五冊

620000－1141－0000024　324/686
萬國國力比較二十三卷比較表一卷附錄一卷　(英國)默爾化撰　(清)出洋學生編輯所譯述　(清)姚槐校閱　清光緒二十九年(1903)上海商務印書館鉛印本　四冊　存二十三卷(萬國國力比較三至二十三、比較表一卷、附錄一卷)

620000－1141－0000025　329.1/496
各國約章纂要六卷首一卷附錄一卷　勞乃宣等輯　清光緒十八年(1892)上海圖書集成印書局鉛印本　四冊

620000－1141－0000026　079.96/472/3:1－:2(ls)
明儒學案六十二卷師說一卷　(清)黃宗羲著　清光緒十四年(1888)徐兆灃等刻本　四十冊

620000－1141－0000027　982.972/501
乙丙紀事一卷　(清)孫奇逢著　清初刻本　與620000－1141－0000887合冊

620000－1141－0000028　781.7/455/:2
詩經古譜二卷　(宋)趙彥肅　(元)熊朋來撰　(清)陳澧　袁嘉穀編　清光緒三十四年(1908)學部圖書局石印本　一冊

620000－1141－0000029　781.7/455/:2
詩經古譜二卷　(宋)趙彥肅　(元)熊朋來撰　(清)陳澧　袁嘉穀編　清光緒三十四年(1908)學部圖書局石印本　一冊

620000－1141－0000030　830/444/2:1－:12
漢魏六朝百三名家集九十九種　(明)張溥編纂　清光緒十八年(1892)善化章經濟堂刻本　一百冊

620000－1141－0000031　62.91/432＝2
尚論張仲景傷寒論重編三百九十七法後四卷　(清)喻昌撰　清乾隆十四年(1749)步月樓刻本　二冊

620000－1141－0000032　834.6/461/:1－:24
皇明經世文編五百四卷補遺四卷　(明)陳子龍等輯　明崇禎平露堂刻本　二百四十冊

620000－1141－0000033　834.7/573/3:
皇朝經世文續編一百二十卷　(清)葛士濬輯　清光緒十四年(1888)圖書集成局鉛印本　三十二冊

620000－1141－0000034　570.4/170　I2/:1－:2
植物名實圖考三十八卷　(清)吳其濬著　(清)陸應穀校　清光緒六年(1880)山西濬文書局刻本　三十八冊

620000－1141－0000035　930.8/691/:2
亞細亞洲志三十五卷　(清)學部編譯圖書局編　清光緒三十三年至三十四年(1907－1908)學部編譯圖書局鉛印本　十三冊

620000－1141－0000036　830/287/:1－:15

文苑英華一千卷　(宋)李昉等輯　明隆慶元年(1567)胡維新、戚繼光刻隆慶六年(1572)萬曆六年(1578)、三十六年(1608)遞修本(有抄補)　一百七十六冊

620000－1141－0000037　346.6/018

國債論一卷　(日本)土子金四郎撰　(清)王季點譯　(清)楊瑜統校訂　清光緒三十二年(1906)上海商務印書館鉛印本　一冊

620000－1141－0000038　072/219/:1－:8(ls)

事類統編九十三卷首一卷　(清)林意誠輯(清)林敬昭校　清道光二十年(1840)刻本　四十八冊

620000－1141－0000039　851.78/447

批選七家詩註不分卷　(清)張熙宇評選(清)張昶註釋　清光緒六年(1880)刻本　四冊

620000－1141－0000040

女科證治準繩五卷　(明)王肯堂輯　(明)張綍校　明萬曆三十五年(1607)刻本　五冊

620000－1141－0000041　852.78/629

考功詞一卷　(清)鄭守廉撰　清光緒二十八年(1902)刻本　一冊

620000－1141－0000042

類經三十二卷　(明)張介賓類註　**圖翼十一卷附翼四卷**　(明)張介賓撰　明天啟四年(1624)自刻本　十二冊　存二十二卷(類經一至十二、十七至二十六)

620000－1141－0000043　089/304/1:1－:29

春在堂全書二十八種三百九十四卷　(清)俞樾撰　清光緒九年(1883)刻本　一百二十冊

620000－1141－0000044　921/069－I2/6:1－:64

二十四史三千二百十三卷　(清)□□輯　清同治八年(1869)嶺南葄古堂刻本　八百五十冊

620000－1141－0000045　63/090.1

幼科證治準繩九集　(明)王肯堂撰　清康熙三十八年(1699)刻本　九冊

620000－1141－0000046　62.91/719－1

續名醫類案三十六卷　(清)魏之琇編集(清)王士雄　(清)楊照藜校　清同治刻本三十一冊　存三十一卷(一、三至六、九至十七、二十至三十六)

620000－1141－0000047　62/600/2:

遂生福幼合編二卷　(清)莊一夔著　清晚期隴右趙永福活字印本　一冊

620000－1141－0000048　62.31/657

醫門棒喝四卷　(清)章楠著　清同治六年(1867)紀樹馥、應澍刻本　四冊

620000－1141－0000049　63.27/994

本草分經不分卷　(清)維摩和尚編　清光緒十四年(1888)刻本　二冊

620000－1141－0000050　62.91/432＝2

寓意草不分卷　(清)喻昌撰　明崇禎十六年(1643)刻本　二冊

620000－1141－0000051　62.91/432＝2

尚論張仲景傷寒論重編三百九十七法二卷首一卷　(清)喻昌撰　清順治七年(1650)刻本　二冊

620000－1141－0000052

病機沙篆二卷　(明)李中梓著　(清)尤乘增補　清康熙刻本　一冊　存一卷(一)

620000－1141－0000053　K931.2/1

新編東亞三國地誌二卷　(日本)辻武雄著　清光緒二十六年(1900)鉛印本　二冊

620000－1141－0000054

南雅堂醫書全集十六種九十一卷　(清)陳念祖著　清同治四年(1865)文奎堂刻本　十二冊　存三種二十八卷(靈素提要淺註十二卷、金匱要略淺註十卷、金匱方歌括六卷)

620000－1141－0000055　834.41/571:1－:20

欽定全唐文一千卷　(清)董誥等編校　清光緒二十七年(1901)廣雅書局刻本　二百冊

620000－1141－0000056　I215.22/2

胡文忠公遺集八十六卷首一卷　(清)胡林翼撰　(清)曾國荃纂輯　(清)胡鳳丹重編　清光緒二十七年(1901)石印本　八冊

620000－1141－0000057　079.95/472－2(ls)
宋元學案一百卷首一卷　(清)黄宗羲撰　(清)黄百家纂集　(清)全祖望修定　(清)何紹基等校　清光緒五年(1879)刻本　四十冊

620000－1141－0000058　927.61/547
[乾隆]欽定皇輿西域圖志四十八卷首四卷　(清)傅恒等修　(清)褚廷璋等纂　(清)英廉等增纂　清光緒十九年(1893)杭州便益書局石印本　十二冊

620000－1141－0000059　62.31/834:1
增注類證活人書二十二卷釋音一卷傷寒藥性一卷　(宋)朱肱撰　(明)吳勉學校　清光緒十二年(1886)刻本　四冊

620000－1141－0000060　62/940/2:
醫經原旨六卷　(清)薛雪集註　(清)楊采青校　清乾隆十九年(1754)薛氏掃葉莊刻本　六冊

620000－1141－0000061
麻科活人全書四卷　(清)謝玉瓊纂輯　(清)劉齋珍訂　清後期周茂五刻本　七冊

620000－1141－0000062　927.31/305－154
[康熙]甯化縣志七卷　(清)祝文郁修　(清)李世熊纂　清同治八年(1869)蔣澤沅刻本　七冊

620000－1141－0000063　927.27/237－462
[咸豐]開縣志二十七卷首一卷　(清)李肇奎等修　(清)陳崑等纂　清咸豐三年(1853)刻本　六冊

620000－1141－0000064　121.41/364/5:
墨子閒詁十五卷目錄一卷坿錄一卷後語二卷　(清)孫詒讓撰　清光緒三十三年(1907)刻本　八冊

620000－1141－0000065　121.3/167
桐城吳先生點勘諸子七種一百一卷　(清)吳汝綸點勘　清宣統二年(1910)鉛印本　十二冊

620000－1141－0000066　28/090.1/:1－:3
唐王燾先生外臺秘要方四十卷　(唐)王燾撰　(明)程衍道訂　清同治十三年(1874)廣東翰墨園刻本　三十冊　存三十卷(一至二十、三十一至四十)

620000－1141－0000067　927.27/435－358
[道光]仁壽縣新志八卷　(清)馬百齡修　(清)魏崧　(清)鄭宗垣纂　清道光十八年(1838)刻本　八冊

620000－1141－0000068　121.41/364 I 3
墨子閒詁十五卷目錄一卷坿錄一卷後語二卷　(清)孫詒讓撰　清光緒三十三年(1907)刻本　四冊　存十卷(一至十)

620000－1141－0000069　091.3/408/:1－:52
通志堂經解一百四十種一千八百六十卷　(清)納蘭成德編　清康熙十九年(1680)通志堂刻本　五百十冊　缺四種九卷(詩集傳名物鈔七至八、鄭氏詩譜補亡一卷、中庸纂疏一卷、春秋師說三卷附錄二卷)

620000－1141－0000070　831.41/437/2:1－:12
全唐詩九百卷目錄十二卷　(清)曹寅　(清)彭定求等輯　清康熙四十四年至四十六年(1705－1707)揚州詩局刻雍正印本　一百二十冊

620000－1141－0000071
傷寒證治準繩八帙　(明)王肯堂輯　(明)張綍校　明萬曆三十二年(1604)刻本　八冊

620000－1141－0000072　927.27/347－458
[嘉慶]威遠縣志六卷　(清)陳汝秋纂修　清嘉慶十八年(1813)刻本　六冊

620000－1141－0000073
傷寒辨證四卷　(清)陳堯道編集　(清)陳嘉績　(清)從雲糸訂　清乾隆二十七年(1762)至誠堂刻本　四冊

620000－1141－0000074　079.48/145(ls)
覆瓿集十三種四十卷　(清)張文虎撰　清同治、光緒間刻本　十二冊

620000－1141－0000075
耳提錄一卷　(清)顧景星緒論　(清)顧昌述　(清)顧仕紘等校錄　清乾隆白茅堂刻光緒二十八年(1902)淩兆熊、王勉吾補刻本　六冊

620000－1141－0000076　089.7/571
栘華山館駢體文四卷　(清)董基誠撰　清咸豐九年(1859)刻本　一冊　存二卷(一至二)

620000－1141－0000077　323.171/488－4I2
欽定大清會典一百卷首一卷　(清)崑岡等纂修　清光緒三十四年(1908)商務印書館石印本　十冊

620000－1141－0000078　089.7/571
偶存集一卷　(清)董貽清撰　清同治十一年(1872)刻本　一冊

620000－1141－0000079　323.171/488－5
欽定大清會典一百卷首一卷　(清)崑岡等纂修　清光緒二十五年(1899)京師官書局石印本　二十四冊

620000－1141－0000080　大323.171/488/:1
欽定大清會典一百卷首一卷　(清)崑岡等纂修　清光緒石印本　三十六冊

620000－1141－0000081　323.171/488
欽定大清會典一百卷首一卷　(清)崑岡等纂修　清光緒石印本　三十六冊

620000－1141－0000082　323.171/488
欽定大清會典事例一千二百二十卷首一卷　(清)李鴻章等纂修　清宣統元年(1909)商務印書館石印本　一百五十冊　存一千二百十四卷(一至四百八十七、四百九十五至一千二百二十,首一卷)

620000－1141－0000083　922.21/409
西漢會要七十卷　(宋)徐天麟撰　清光緒十年(1884)江蘇書局刻本　十冊

620000－1141－0000084　927.21/103－311
[光緒]新修江甯府志五十六卷　(清)吕燕昭修　(清)姚鼐等纂　清光緒六年(1880)刻本　十二冊

620000－1141－0000085　089.7/571
援守井研記畧一卷　(清)董貽清撰　清同治十一年(1872)刻本　與620000－1141－0000078合冊

620000－1141－0000086　927.15/119－480
[光緒]三原縣新志八卷　(清)焦雲龍修　(清)賀瑞麟纂　清光緒六年(1880)刻本　四冊

620000－1141－0000087　091.2/635/5:1－:15
重栞宋本十三經注疏四百十六卷　附校勘記四百十六卷　(清)阮元撰　(清)盧宣旬摘錄　**校勘記識語四卷**　(清)汪文臺撰　清同治十二年(1873)江西書局刻本　一百三十二冊　缺五十四卷(禮記正義三十九至六十三、校勘記三十九至六十三、校勘記識語四卷)

620000－1141－0000088　927.27/103－772/:1－:2
[同治]重修成都縣志十六卷首一卷　(清)李玉宣等修　(清)衷興鑑等纂　清同治十二年(1873)刻本　十六冊

620000－1141－0000089　855.6/658
紅雪樓九種曲十三卷　(清)蔣士銓撰　清煥乎堂刻本　四冊　存三種四卷(一片石一卷、空谷香傳奇二卷、第二碑一卷)

620000－1141－0000090　927.54/101－318:1－:4
[道光]承德府志六十卷首二十六卷　(清)海忠纂修　清光緒十三年(1887)刻本　二十四冊

620000－1141－0000091　084/360
目耕帖三十一卷　(清)馬國翰撰　清光緒十五年(1889)刻本　十六冊

620000－1141－0000092　121.41/364/7:
墨子閒詁十五卷目錄一卷坿錄一卷後語二卷　(清)孫詒讓撰　清光緒三十三年(1907)刻

本　八册

620000－1141－0000093　356.5/038/30：
重刊補註洗冤錄集證五卷　（宋）宋慈撰　（清）王又槐增輯　（清）李觀瀾補輯　（清）阮其新補註　（清）孫光烈參閱　（清）王又梧校訂　（清）張錫蕃重訂　**續增洗冤錄辨正三卷**　（清）瞿中溶撰　清光緒三十二年（1906）上海通時書局石印本　五册

620000－1141－0000094　847.8/039
弢園文錄外編十二卷　（清）王韜撰　清光緒九年（1883）鉛印本　六册

620000－1141－0000095　090/538
欽定七經綱領一卷　（清）學部圖書局輯　清宣統元年（1909）學部圖書局鉛印本　一册

620000－1141－0000096　925.17/042/：15－：16
東華續錄六十九卷（咸豐朝）　（清）潘頤福編　清光緒十八年（1892）上海圖書集成印書局鉛印本　十六册

620000－1141－0000097　847.2/409
李義山文集十卷　（唐）李商隱撰　（清）徐樹穀箋　（清）徐炯註　清康熙四十七年（1708）徐氏花谿草堂刻雍正印本　三册

620000－1141－0000098　834.7/573/：2
皇朝經世文新增續編一百二十卷　（清）葛士濬輯　清光緒二十三年（1897）埽葉山房鉛印本　二十四册

620000－1141－0000099　925.17/042/：20－：43
東華續錄二百二十卷（光緒朝）　（清）朱壽朋編　（清）潘鴻鼎校　清宣統元年（1909）上海集成圖書公司鉛印本　六十四册

620000－1141－0000100　922.42/643/2：
五代史七十四卷　（宋）歐陽修撰　（宋）徐無黨注　明崇禎三年（1630）毛氏汲古閣刻本　六册

620000－1141－0000101　63/380.1
增補醫林狀元壽世保元十卷　（明）龔廷賢編　（清）周亮登校　清宣統三年（1911）石印本　八册

620000－1141－0000102　080/431
澤存堂五種五十卷　（清）張士俊輯　清康熙吳郡張氏刻乾隆印本（有抄補）　十六册

620000－1141－0000103　928.2/808/8：1－：2
水經四十卷　（漢）桑欽撰　（北魏）酈道元注　清康熙五十三年至五十四年（1714－1715）項絪羣玉書堂刻本　十六册

620000－1141－0000104　011.9/041/5：1－：3
讀書雜志八十二卷餘編二卷　（清）王念孫撰　清同治九年（1870）金陵書局刻本　二十四册

620000－1141－0000105　63.3/741/2：
食物本草會纂十二卷圖一卷　（清）沈李龍纂輯　（清）沈渭　（清）沈潛校閱　清乾隆四十八年（1783）金閶書業堂刻本　七册　存十二卷（一至十一、圖一卷）

620000－1141－0000106　922.41/643/8：1－：4
唐書二百二十五卷　（宋）歐陽修　（宋）宋祁等撰　明崇禎二年（1629）毛氏汲古閣刻本　二十三册

620000－1141－0000107　847.6/397
倭文端公遺書十一卷首二卷　（清）倭仁撰　清光緒二十年（1894）山東書局刻本　八册

620000－1141－0000108　847/668
海峰文集八卷　（清）劉大櫆著　清乾隆刻本　八册

620000－1141－0000109　846.8/168
吳次尾先生遺集十四卷　（明）吳應箕撰　清同治二年至五年（1863－1866）文江官廨刻本　八册

620000－1141－0000110　422.12/353
拾雅二十卷　（清）夏味堂述　（清）夏齊林　（清）夏雲林校　（清）夏紀堂注　清嘉慶二十五年（1820）刻本　十册

620000－1141－0000111　851/169
懷舊集十二卷續集六卷又續集二卷附女士詩

錄一卷　(清)吳翌鳳輯　清嘉慶十八年(1813)刻本　十二冊

620000－1141－0000112　084/360
玉函山房輯佚書目耕帖續補十六卷附二卷　(清)馬國翰輯　清光緒十五年(1889)章邱李氏刻本　四冊

620000－1141－0000113　847.8/506－2
顯志堂稿十二卷　(清)馮桂芬著　清光緒二年(1876)校邠廬刻本　四冊

620000－1141－0000114　847.5/165
小滄浪筆談四卷　(清)阮元撰　清光緒二十六年(1900)江蘇書局刻本　二冊

620000－1141－0000115　927.55/201－461
[康熙]宣化縣志三十卷　(清)陳坦纂修　清康熙五十年(1711)刻乾隆增刻本　六冊

620000－1141－0000116　121.41/364/6:
墨子閒詁十五卷目錄一卷坿錄一卷後語二卷　(清)孫詒讓撰　(清)王景羲校　清光緒三十三年(1907)刻本　八冊

620000－1141－0000117　847.4/476:2
兩當軒集二十二卷　(清)黄景仁著　清光緒二年(1876)刻本　六冊

620000－1141－0000118　846.8/168
先撥志始二卷　(明)文秉著　清同治二年(1863)江西省廨刻本　二冊

620000－1141－0000119　927.27/523－156
[道光]通江縣志十五卷　(清)錫檀修　(清)陳瑞生　(清)鄧範之纂　清道光二十八年(1848)刻本　八冊

620000－1141－0000120　150/524/5:
辨學一卷　(英國)隨文著　王國維譯　清光緒三十四年(1908)京師五道廟售書處鉛印本　一冊

620000－1141－0000121　150/524/6:
辨學一卷　(英國)隨文著　王國維譯　清光緒三十四年(1908)京師五道廟售書處鉛印本　一冊

620000－1141－0000122　921.71/692/:1
史鑑節要便讀七卷　(清)鮑東里　(清)金石編輯　清光緒三十一年(1905)上海吳雲記書局鉛印本　二冊

620000－1141－0000123　150/524/7:
辨學一卷　(英國)隨文著　王國維譯　清光緒三十四年(1908)京師五道廟售書處鉛印本　一冊

620000－1141－0000124　921.26/173/:8
御撰資治通鑑綱目三編二十卷　(清)張廷玉等編　清乾隆十一年(1746)刻本　六冊

620000－1141－0000125　63.92/386
醫學金鍼八卷　(清)陳念祖撰　(清)潘霨增輯　清光緒四年(1878)吳縣潘氏敏德堂刻本　六冊

620000－1141－0000126　072/544
佐治芻言不分卷　(英國)傅蘭雅口譯　(清)應祖錫筆述　清晚期刻本　三冊

620000－1141－0000127　925/544/:1－:10
平定準噶爾方略前編五十四卷正編八十五卷續編三十二卷首一卷　(清)傅恒　(清)福德等撰　清乾隆武英殿刻本　一百冊

620000－1141－0000128　355.4/124
大清現行刑律案語三十一卷　沈家本　(清)俞廉三編　清宣統元年(1909)鉛印本　十九冊　存十九卷(一至十九)

620000－1141－0000129　63.27/710
增訂本草備要四卷　(清)汪昂撰　清光緒七年(1881)永順堂刻本　一冊

620000－1141－0000130　858.5/627
潘公免災救難寶卷三卷　(清)□□撰　清咸豐八年(1858)姑蘇元妙觀得見齋書坊刻本　一冊

620000－1141－0000131　011.9/041
讀書雜志八十二卷餘編二卷　(清)王念孫撰　清同治九年(1870)金陵書局刻本　二十四冊

620000－1141－0000132　192/461/5：
五種遺規十六卷　（清）陳宏謀編輯　清光緒十九年（1893）刻本　八冊

620000－1141－0000133　089.7/556.1
雷刻八種三十三卷　（清）雷浚撰　清光緒吴縣雷氏刻本　十冊　缺一種二卷（韻府鉤沉四至五）

620000－1141－0000134　120/101＋382.4/057
子書百家一百一種五百九卷　（清）崇文書局輯　清光緒元年（1875）湖北崇文書局刻本　一百七冊　缺十種十六卷（風后握奇經附續圖一卷八陣總述一卷、孫子三卷、吴子二卷、司馬法一卷、尉繚子二卷、素書一卷、心書一卷、何博士備論二卷、宋丞相李忠定公輔政本末一卷、莊子南華真經附札記一卷）

620000－1141－0000135　041/661
古今圖書集成一萬卷目録三十二卷　（清）蔣廷錫　（清）陳夢雷等輯　清光緒十年（1884）上海圖書集成鉛版印書局鉛印本　九百四十八冊　存三千九百二十六卷（方輿彙編職方典一千一百三十九至一千一百六十九、一千二百二至一千二百十五、一千二百六十六至一千二百七十九、一千二百八十七至一千二百九十三、一千三百一至一千三百二十七，山川典一百二十二至一百三十三、一百四十八至一百五十三、一百五十五至一百七十五；明倫彙編皇極典一至五十五，官常典一百二十二至一百八十九、四百八十至五百三十三，氏族典十四至二十；博物彙編藝術典一至一百一、二百十四至三百四十九、三百七十一至七百一、七百十六至七百七十九、八百十二至八百二十四，神異典一至二百三十二、二百五十一至三百二十，禽蟲典一至一百九十二，草木典一至三百二；理學彙編經籍典一至一百七十、二百三十八至五百，學行典一至三百，文學典一至二百六十，字學典一至一百六十；經濟彙編選舉典一至七十一、八十四至八十九，銓衡典一至十七、二十九至五十六、九十至九十六、一百二至一百十四，食貨典十一至十六、二十九至五十一、五十七至七十六、八十三至八十八、一百一至一百十一、一百七十四至一百七十九、一百九十一至二百二、二百十至二百十五、二百二十二至二百二十七、二百三十四至三百六十，禮儀典一至二十二、三十五至四十五、五十二至五十七、七十至七十四、八十至一百十五、一百四十至一百五十七、一百六十四至三百十五、三百二十九至三百四十八，戎政典一百十五至一百七十五、二百二十八至二百五十，祥刑典一至三十二、一百十二至一百八十，考工典一至一百八十、二百四十六至二百五十二；目録七至十五）

620000－1141－0000136　433/608
新譯蒙漢千字文一卷　（南朝梁）周興嗣撰　清光緒三十三年（1907）石印本　一冊

620000－1141－0000137　523/466
談天十八卷　（英國）侯失勒撰　（英國）偉烈亞力口譯　（清）李善蘭刪述　清咸豐九年（1859）鉛印本　三冊

620000－1141－0000138　928.2/595/：1－：2
水經注圖説殘稾四卷　（清）董祐誠撰　清光緒六年（1880）會稽章氏式訓堂刻本　一冊

620000－1141－0000139　927.27/551－579
［光緒］續修安岳縣志四卷　（清）陳其寬修（清）鄒宗垣等纂　清光緒二十三年（1897）刻本　四冊

620000－1141－0000140　511/671
古今算學書録七卷附録一卷　（清）劉鐸編　清光緒二十四年（1898）算學書局石印本　四冊

620000－1141－0000141　355.4/124
大清現行刑律案語三十一卷　沈家本　（清）俞廉三編　清宣統元年（1909）法律館鉛印本　二十冊　存二十卷（一至二十）

620000－1141－0000142　928.2/595/：1－：2
今水經一卷表一卷　（清）黄宗羲學　清光緒六年（1880）會稽章氏式訓堂刻本　一冊

620000－1141－0000143　092.27/514
省吾堂四種二十五卷　（清）蔣光弼輯　清常

熟蔣氏省吾堂刻本　十冊

620000－1141－0000144　082/461:1
湖海樓叢書十二種一百十卷　(清)陳春輯　清嘉慶蕭山陳氏刻二十四年(1819)彙印本　三十二冊

620000－1141－0000145　K928.1/2:1－:2
三省邊防備覽十八卷　(清)嚴如熤輯　清道光十年(1830)來鹿堂刻本　十冊

620000－1141－0000146　847/745(wx)
古微堂内集三卷外集七卷　(清)魏源撰　清光緒四年(1878)淮南書局刻本　四冊

620000－1141－0000147　834.51/710
謝叠山公文集六卷　(元)謝枋得撰　清康熙六十年(1721)謝氏藴德堂刻雍正印本　四冊

620000－1141－0000148　R91.22/317
四庫書目略二十卷首一卷附録一卷　(清)費莫文良編　清同治九年(1870)刻本　十二冊

620000－1141－0000149　R2－51/1/2:
東醫寶鑑五篇二十三卷目錄二卷　(朝鮮)許浚撰　清刻本　十二冊　存十二卷(雜病篇四至十一、湯液篇一至三、鍼灸篇一)

620000－1141－0000150　082/565
大亭山館叢書十三種二十八卷　(清)楊葆彝輯　清光緒陽湖楊氏刻本　四冊

620000－1141－0000151　(wx)
十國春秋一百十六卷　(清)吳任臣譔　(清)牛奐閱　(清)周昂校　清乾隆五十三年至五十八年(1788－1793)周昂此宜閣刻本　二十四冊

620000－1141－0000152　62.31/657/2:
醫門棒喝二集傷寒論本旨九卷　(漢)張仲景撰　(清)章楠編註　(清)陳祖望　(清)錢昌校訂　清道光十九年(1839)聚文堂刻本　十冊

620000－1141－0000153　356.5/038/36:
重刊補註洗寃錄集證五卷　(宋)宋慈撰　(清)王又槐增輯　(清)李觀瀾補輯　(清)阮其新補註　(清)孫光烈參閱　(清)王又梧校訂　(清)張錫蕃重訂　**續增洗寃錄辨正三卷**　(清)瞿中溶撰　清光緒三十二年(1906)上海通時書局石印本　五冊

620000－1141－0000154　996/115
古今叢說拾遺三十四種四十六卷　(清)馬俊良輯　清乾隆刻本　八冊

620000－1141－0000155　I242/1
顧氏明朝四十家小說四十一種四十四卷　(明)顧元慶編　清宣統三年(1911)上海國學扶輪社鉛印本　八冊　缺一種一卷(霞外雜俎一卷)

620000－1141－0000156　922.22/291－3
後漢書九十卷　(南朝宋)范曄著　(唐)李賢注　**續漢志三十卷**　(晉)司馬彪撰　(南朝梁)劉昭注補　清光緒十三年(1887)金陵書局刻本　二十四冊

620000－1141－0000157　328.3/644
東方時局論略一卷　(清)鄧鏗著　清光緒十五年(1889)江南製造總局鉛印本　一冊

620000－1141－0000158　328.29/730
西疆交涉志要六卷　(清)鍾鏞撰　(清)金梁校訂　清宣統三年(1911)鉛印本　二冊

620000－1141－0000159　740.96/447(wx)
寶繪録二十卷　(明)張泰階評訂　**唐六如先生畫譜三卷附袁中郎先生批評唐伯虎紀事一卷**　(明)唐寅輯　(明)何大成校　清知不足齋刻本　六冊

620000－1141－0000160　356.5/038/35:
重刊補註洗寃錄集證五卷　(宋)宋慈撰　(清)王又槐增輯　(清)李觀瀾補輯　(清)阮其新補註　(清)孫光烈參閱　(清)王又梧校訂　(清)張錫蕃重訂　**續增洗寃錄辨正三卷**　(清)瞿中溶撰　清光緒三十二年(1906)上海通時書局石印本　五冊

620000－1141－0000161　351.29/560
預備立憲意見書不分卷(前編)　(清)康繼祖輯　清光緒三十二年(1906)教育品物公司鉛

印本　二册

620000－1141－0000162　922.41/036
唐會要一百卷　(宋)王溥撰　清光緒十年(1884)江蘇書局刻本　二十四册

620000－1141－0000163　847.4/288(wx)
綠蘿山莊文集二十四卷　(清)胡浚撰注　清嘉慶八年(1803)刻本　十册

620000－1141－0000164　62.32/385.9/:1－:2
陳修園先生晚餘弍書十三卷　(清)陳念祖撰　清同治七年(1868)三山林氏刻本　二册

620000－1141－0000165　356.5/038/34:
重刊補註洗寃錄集證五卷　(宋)宋慈撰　(清)王又槐增輯　(清)李觀瀾補輯　(清)阮其新補註　(清)孫光烈參閱　(清)王又梧校訂　(清)張錫蕃重訂　**續增洗寃錄辨正三卷**　(清)瞿中溶撰　清光緒三十二年(1906)上海通時書局石印本　五册

620000－1141－0000166
傷寒論三註十六卷　(清)丁思孔定　(清)周揚俊輯　清長洲沈氏綠格抄本　十册

620000－1141－0000167　922.22/291/2:1－:3
後漢書一百二十卷　(南朝宋)范曄撰　(南朝梁)劉昭補志　(唐)李賢注　清光緒十年(1884)上海同文書局石印本　三十册　存一百十三卷(一至八十二、九十至一百二十)

620000－1141－0000168　928.2/808/6:1－:2
水經注不分卷　(北魏)酈道元撰　(清)戴震校訂　清乾隆刻本　八册

620000－1141－0000169　847/463/1(wx)
湖海樓文集六卷　(清)陳維崧撰　(清)任光奇校　**湖海樓詩集十二卷**　(清)陳維崧撰　**湖海樓儷體文十二卷**　(清)陳維崧撰　(清)任光奇校　清光緒十七年(1891)刻本　十六册

620000－1141－0000170　350/124/1:
欽定大清新律一卷　沈家本　(清)任廷芳編纂　清光緒三十二年(1906)商務書館石印本　一册

620000－1141－0000171　922.7/042/:17－:21(ls)
東華續錄二百二十卷(光緒朝)　(清)朱壽朋編　(清)潘鴻鼎校　清宣統元年(1909)上海集成圖書公司鉛印本　四十九册　存一百六十六卷(一至六十四、六十九至八十二、八十六至一百七十三)

620000－1141－0000172　831/483(wx)
郘亭詩鈔六卷　(清)莫友芝撰　(清)杜雲木等校　清咸豐二年(1852)遵義湘川講舍刻同治五年(1866)江甯三山客舍修補本　一册

620000－1141－0000173　350/124/2:
欽定大清新律一卷　沈家本　(清)任廷芳編纂　清光緒三十二年(1906)商務書館石印本　一册

620000－1141－0000174　844.14/161
杜工部集二十卷首一卷　(唐)杜甫撰　清道光十四年(1834)盧坤刻六色套印本　八册

620000－1141－0000175　015.85/461
直齋書錄解題二十二卷　(宋)陳振孫撰　清光緒九年(1883)江蘇書局刻本　六册

620000－1141－0000176　928.2/808/9:1－:2
水經四十卷　(漢)桑欽撰　(北魏)酈道元注　(明)吳琯校　明萬曆十三年(1585)吳琯刻本　十八册

620000－1141－0000177　928.2/808/11:1－:2
水經注四十卷首一卷　(北魏)酈道元撰　王先謙校　**附錄二卷**　(清)趙一清錄　清光緒二十三年(1897)新化三味書室刻本　二十册

620000－1141－0000178　858.5/672
太華山紫金鎮兩世修行劉香寶卷全集二卷　(□)□□撰　清光緒二十九年(1903)常郡樂善堂刻本　一册　存一卷(上)

620000－1141－0000179　840/408/:1－:4(wx)
玉芝堂談薈三十六卷　(明)徐應秋輯　清初蒨園刻本　四十册

620000－1141－0000180　921.2/544/:1－:6
御批歷代通鑑輯覽一百二十卷　(清)傅恒等編纂　清光緒二十年(1894)澹雅書局刻本　六十冊

620000－1141－0000181　852.7/010－2
聽秋聲館詞話二十卷　(清)丁紹儀撰　清同治八年(1869)刻本　四冊

620000－1141－0000182　356.5/038/3:
重刊補註洗寃錄集證五卷　(宋)宋慈撰　(清)王又槐增輯　(清)李觀瀾補輯　(清)阮其新補註　(清)孫光烈參閲　(清)王又梧校訂　(清)張錫蕃重訂　**續增洗寃錄辨正三卷**　(清)瞿中溶撰　清光緒三十二年(1906)上海通時書局石印本　五冊

620000－1141－0000183　223.7/539
金剛經傳燈真解一卷附佛祖般若心印經二卷心經傳燈真解一卷　題(清)無量度世古佛著　清同治五年(1866)上海明善書局鉛印本　一冊

620000－1141－0000184　356.5/038/2:
重刊補註洗寃錄集證五卷　(宋)宋慈撰　(清)王又槐增輯　(清)李觀瀾補輯　(清)阮其新補註　(清)孫光烈參閲　(清)王又梧校訂　(清)張錫蕃重訂　**續增洗寃錄辨正三卷**　(清)瞿中溶撰　清光緒三十二年(1906)上海通時書局石印本　五冊

620000－1141－0000185　921.14/164－2/:8－:10
通志二百卷　(宋)鄭樵撰　**欽定通志考證三卷**　(□)□□撰　清光緒二十七年(1901)上海圖書集成局石印本　六十冊

620000－1141－0000186　510/571
算學五卷　(清)董祐誠等編　清後期江南製造總局刻本　四冊　存四卷(一至四)

620000－1141－0000187　356.5/038/31:
重刊補註洗寃錄集證五卷　(宋)宋慈撰　(清)王又槐增輯　(清)李觀瀾補輯　(清)阮其新補註　(清)孫光烈參閲　(清)王又梧校訂　(清)張錫蕃重訂　**續增洗寃錄辨正三卷**　(清)瞿中溶撰　清光緒三十二年(1906)上海通時書局石印本　五冊

620000－1141－0000188　125.5/115－2(wx)
朱子語類一百四十卷　(宋)朱熹述　(宋)黎靖德編　清同治十一年(1872)刻本　四十八冊

620000－1141－0000189　424/151
李氏音鑑六卷首一卷　(清)李汝珍撰　清嘉慶十五年(1810)寶善堂刻同治七年(1868)木樨山房重修本　四冊

620000－1141－0000190　096.5/272/:1－:2
春秋三傳十六卷首一卷　(春秋)左丘明等撰　**陸氏三傳釋文音義不分卷**　(唐)陸德明撰　清同治十年(1871)刻本　十四冊

620000－1141－0000191　096.5/064/:1－:2
春秋三傳十六卷首一卷　(春秋)左丘明等撰　**陸氏三傳釋文音義不分卷**　(唐)陸德明撰　清光緒十六年(1890)刻本　十四冊

620000－1141－0000192　096.5/064/2:1－:2
春秋三傳十六卷首一卷　(春秋)左丘明等撰　**陸氏三傳釋文音義不分卷**　(唐)陸德明撰　清光緒十六年(1890)刻本　十六冊

620000－1141－0000193　347.92/588:1
廣東財政説明書十六卷　(清)廣東清理財政局編訂　清宣統二年(1910)鉛印本　十六冊

620000－1141－0000194　342.441/066
保富述要十七章　(英國)布來德著　(英國)傅蘭雅口譯　(清)徐家寶筆述　清光緒江南製造總局刻本　二冊

620000－1141－0000195　921.7/316－2/3:
史通削繁四卷　(清)紀昀撰　(清)浦起龍注刪　清道光十三年(1833)盧坤刻朱墨套印本　四冊

620000－1141－0000196　121.273/567
荀子二十卷附校勘補遺一卷　(戰國)荀況撰　(唐)楊倞注　(清)謝墉校　清晚期鴻章書局石印本　四冊

620000－1141－0000197　337.292/459:1
軌政紀要初編九卷　（清）陳毅編　清光緒三十三年（1907）郵傳部圖書通譯局鉛印本　四册

620000－1141－0000198　927.23/279
咸淳臨安志一百卷　（宋）潛説友纂　清嘉慶九年（1804）抄本　十六册　缺五卷（原缺六十四、九十、九十八至一百）

620000－1141－0000199　993.3/593I2/2:
陶齋吉金續録二卷　（清）端方編　清宣統元年（1909）石印本　二册

620000－1141－0000200　921.7/316－2/2:
史通削繁四卷　（清）紀昀撰　（清）浦起龍注删　清道光十三年（1833）盧坤刻朱墨套印本　四册

620000－1141－0000201　337.292/459:2
軌政紀要次編三卷　（清）陳宗蕃編　清宣統元年（1909）郵傳部圖書通譯局鉛印本　二册

620000－1141－0000202　I242.1/5
嘯亭雜録八卷　（清）昭槤著　清光緒二十七年（1901）埽葉山房石印本　六册

620000－1141－0000203　834.7/124/2:1－:2
國朝文匯甲前集二十卷甲集六十卷乙集七十卷丙集三十卷丁集二十卷總目録一卷　（清）沈粹芬等輯　清宣統元年至二年（1909－1910）上海國學扶輪社石印本　一百一册

620000－1141－0000204　927.14/103－565
［光緒］續太原縣志二卷　（清）薛元釗修　（清）王效尊纂　清光緒八年（1882）刻本　二册

620000－1141－0000205　221/036
金剛經聯語一卷　（清）王定安輯　清光緒十二年（1886）江南書局刻本　一册

620000－1141－0000206　209/465
教務紀略四卷首一卷末一卷　（清）李剛己輯　清光緒三十一年（1905）南洋官報局刻本　四册

620000－1141－0000207　851/598
聲調譜一卷　（清）趙飴山撰　清嘉慶六年（1801）刻本　一册

620000－1141－0000208　28.31/303:2
舊五代史一百五十卷目録二卷　（宋）薛居正等撰　清同治十一年（1872）湖北崇文書局刻本　十二册

620000－1141－0000209　857.177/571
永甯祗謁筆記一卷　（清）董恂撰　清同治十一年（1872）刻本　一册

620000－1141－0000210　851.416/153－039
李長吉歌詩四卷首一卷外集一卷　（唐）李賀撰　（清）王琦注　清宣統元年（1909）埽葉山房石印本　四册

620000－1141－0000211　858.41/117
繡像四香緣二十九卷　（清）朱鏡江撰　清同治五年（1866）刻本　五册　存二十一卷（一至十四、二十至二十三、二十七至二十九）

620000－1141－0000212　524/447－2
地球韻言四卷　（清）張士瀛撰　清光緒二十四年（1898）巴蜀善成堂刻本　二册

620000－1141－0000213　833.78/288
苾芻館詞集六卷　（清）胡延撰　清光緒二十九年（1903）金陵糧儲道廨刻本　四册

620000－1141－0000214　834/157－2
駢體文鈔三編三十一卷　（清）李兆洛纂　清光緒八年（1882）合河康氏刻本　八册

620000－1141－0000215　大991.2/167
筠清館金石文字五卷　（清）吳榮光撰　（清）瞿樹辰校字　清道光二十二年（1842）南海吳氏筠清館刻楊守敬輯印鄰蘇園金石叢書本　五册

620000－1141－0000216　369.4/596
近世社會主義四編　（日本）福井準造著　（清）趙必振譯　清光緒二十九年（1903）上海廣智書局鉛印本　二册

620000－1141－0000217　359.6/206

德國鐵路律一卷　(美國)林文德譯　清末郵傳部圖書通譯局鉛印本　一冊

620000－1141－0000218　359.1/009
萬國公法四卷　(美國)惠頓撰　(美國)丁韙良　(清)何師孟等譯　清同治三年(1864)京都崇實舘刻本　四冊

620000－1141－0000219　351.18/060
憲法要論三卷　(日本)市村光惠撰　(日本)井上密評　(清)葉瀚譯　清光緒三十三年(1907)鉛印本　一冊

620000－1141－0000220　364.1/321
家庭談話一卷　(清)學部圖書局纂　清光緒三十三年(1907)學部圖書局石印本　一冊

620000－1141－0000221　Z126/1
芥子園重訂監本書經六卷　(宋)蔡沈集傳　清嘉慶二十三年(1818)金陵芥子園刻本(有抄補)　四冊

620000－1141－0000222　28.31/303:2
南史八十卷　(唐)李延壽撰　清同治十一年(1872)金陵書局刻本　十六冊

620000－1141－0000223　993.65/157/:1－:2
古泉匯首集四卷元集十四卷亨集十四卷利集十八卷貞集十四卷　(清)李佐賢撰　清同治三年(1864)利津李氏刻石泉書屋全集本　十五冊

620000－1141－0000224　925.37/430
郭侍郎奏疏十二卷　(清)郭嵩燾著　清光緒十八年(1892)刻本　十二冊

620000－1141－0000225　994.51/155
觀妙齋藏金石文攷略十六卷　(清)李光暎纂　清道光十七年(1837)寫刻本　六冊

620000－1141－0000226　857.2/609
聊齋志異新評十六卷　(清)蒲松齡著　(清)王士正評　(清)但明倫新評　(清)呂湛恩注　(清)管斯駿等校　清光緒十二年(1886)江左書林石印本　八冊

620000－1141－0000227　847.6/054
省齋全集十二卷　(清)牛樹桃撰　清同治十三年(1874)王煌等刻本　五冊　存十卷(一至二、五至十二)

620000－1141－0000228　851.76/446
硃批七家詩選註釋七卷　(清)張熙宇評選　(清)張昶註釋　清道光二十九年(1849)刻朱墨套印本　四冊

620000－1141－0000229　857.5/567
廿一史彈詞註十卷　(明)楊慎編著　(清)張三異增定　(清)張仲璜註　**明紀彈詞註二卷**　(清)張三異著　(清)張仲璜註　(清)張坦含等校　**類聚數考一卷**　(清)張仲璜編　清道光十二年(1832)致盛堂刻本　八冊

620000－1141－0000230　852.78/056
無弦琴譜二卷　(元)仇遠著　清光緒十一年(1885)刻本　一冊

620000－1141－0000231　855.6/460/2:
紅樓夢傳奇八卷　(清)陳鍾麟撰　清道光十五年(1835)汗青齋刻本　八冊

620000－1141－0000232　852.77/656
藤香舘詞江舟欸乃一卷　(清)薛時雨撰　清同治五年(1866)刻本　一冊

620000－1141－0000233　857.2/461－2
燕山外史註釋二卷　(清)陳球撰　(清)若駿子輯註　清光緒三十四年(1908)鉛印本　一冊

620000－1141－0000234　847.6/798
八指頭陀詩集三卷　(清)釋敬安撰　清光緒十三年(1887)刻本　一冊

620000－1141－0000235　927.16/411－730/2:1－:2
[乾隆]甘州府志十六卷首一卷　(清)鍾賡起纂修　清乾隆四十四年(1779)刻本　十冊

620000－1141－0000236　28/098/:1－:6
藏書六十八卷　(明)李贄輯著　(明)沈汝楫　(明)金嘉謨重訂　(明)沈繼震校閱　明刻本　四十冊

620000－1141－0000237　929.15/301－706
榆塞紀行錄四卷　(清)李雲生撰　清光緒十二年(1886)李氏代耕堂刻本　一册

620000－1141－0000238　931.1/472/2:
日本國志四十卷首一卷　(清)黄遵憲編纂　清光緒二十七年(1901)上海書局石印本　四册

620000－1141－0000239　126.6/285
繹志十九卷　(明)胡承諾撰　清同治十一年(1872)浙江書局刻本　六册

620000－1141－0000240　833.5/311
西泠詞萃六種九卷　(清)丁丙輯　清光緒刻本　四册

620000－1141－0000241　821.7/039
帶經堂詩話三十卷首一卷　(清)王士禛撰　(清)張宗柟纂　清同治十二年(1873)廣州藏脩堂刻本　十册

620000－1141－0000242　424/654－3:1－:6
佩文韻府一百六卷　(清)張玉書等編纂　**韻府拾遺一百六卷**　(清)張廷玉等編纂　清光緒十二年(1886)上海同文書局石印本　六十册

620000－1141－0000243　421.5/783
隸辨八卷　(清)顧藹吉撰　清同治十二年(1873)刻本　八册

620000－1141－0000244　524/447/:3
地球韻言四卷　(清)張士瀛撰　清光緒三十二年(1906)上海商務印書館鉛印本　二册

620000－1141－0000245　524/447/:2
地球韻言四卷　(清)張士瀛撰　清光緒三十二年(1906)上海商務印書館鉛印本　二册

620000－1141－0000246　524/447/:4
地球韻言四卷　(清)張士瀛撰　清光緒三十一年(1905)上海商務印書館鉛印本　二册

620000－1141－0000247　524/447/:1
地球韻言四卷　(清)張士瀛撰　清光緒三十二年(1906)上海商務印書館鉛印本　二册

620000－1141－0000248　524/447－2
地球韻言四卷　(清)張士瀛撰　清光緒二十四年(1898)巴蜀善成堂刻本　二册

620000－1141－0000249　B244.81/1
陸象山先生文集三十六卷　(宋)陸九淵撰　**附錄少湖徐先生學則辯一卷**　(明)徐階著　**陸象山先生文集校勘畧一卷**　(清)喻震孟撰　清同治十年(1871)刻本　六册

620000－1141－0000250　63/120
太醫院增補青囊藥性賦直解十卷　(明)羅必煒參訂　清光緒十八年(1892)玉光書局刻本　一册　存三卷(一至三)

620000－1141－0000251　847.8/039－2
文莫室詩集八卷　王樹枏撰　清光緒十三年(1887)刻本　一册

620000－1141－0000252　927.27/501－073
[道光]保寧府志六十二卷　(清)黎學錦　(清)徐雙桂等修　(清)史觀等纂　**圖考一卷**　**補遺一卷**　(清)張嗣鴻纂　清道光二十三年(1843)補刻本　十六册

620000－1141－0000253　847.6/746/:2
古微堂内集三卷外集七卷　(清)魏源著　清宣統元年(1909)國學扶輪社鉛印本　六册

620000－1141－0000254　847.7/667
青溪舊屋文集十一卷　(清)劉文淇撰　清光緒九年(1883)刻本　二册

620000－1141－0000255　847.8/475
得一齋雜著四種八卷　(清)黄楙材撰　清光緒十二年(1886)夢花軒刻本　二冊

620000－1141－0000256　847.8/067
世忠堂文集六卷守城善後紀畧一卷鄒氏家傳一卷　(清)鄒鳴鶴著　清光緒四年(1878)刻本　八册

620000－1141－0000257　089.65/287/:1
唐雅八卷　(明)胡纘宗編　明嘉靖二十八年(1549)文斗山堂刻本　四册

620000－1141－0000258　845.7/171

淵潁集十二卷　（元）吳萊撰　（清）王邦采等箋　（清）胡鳳丹校　清光緒元年（1875）刻本　四冊

620000－1141－0000259　847.1/695I2
錢牧齋文鈔不分卷　（清）錢謙益撰　清宣統元年（1909）國學扶輪社鉛印本　四冊

620000－1141－0000260　851.77/445Ⅱ1
覆瓿集十三種四十卷　（清）張文虎撰　清同治、光緒間刻本　十冊

620000－1141－0000261　839.12/022
山左閨墨一卷　（清）尹銘綬等撰　清光緒二十九年（1903）刻本　一冊

620000－1141－0000262　844.16/454
唐陸宣公集二十二卷　（唐）陸贄撰　（清）都永龢校字　清光緒二十六年（1900）忠州陸宣公祠刻本　八冊

620000－1141－0000263　837.4/188
崇儒堂重訂古文釋義新編八卷　（清）余誠評注　清道光二十三年（1843）刻本　八冊

620000－1141－0000264　833.7/408
小檀欒室彙刻閨秀詞十集一百一種一百二十九卷　徐乃昌輯　清光緒二十一年至三十一年（1895－1905）南陵徐氏刻本　二十冊

620000－1141－0000265　832.1/040
楚詞釋十一卷　（漢）王逸章句　王闓運注　（清）方守道校　清光緒十二年（1886）刻本　二冊

620000－1141－0000266　833.7/348
詞學叢書六種二十三卷　（清）秦恩復輯　清嘉慶、道光間江都秦氏享帚精舍刻本　十二冊

620000－1141－0000267　830.353/295
文選六十卷　（南朝梁）蕭統輯　（唐）李善注　清同治八年（1869）湖北崇文書局刻本　二十冊

620000－1141－0000268　830.353/295/24:1－:4
文選六十卷　（南朝梁）蕭統輯　（唐）李善注　**考異十卷**　（清）胡克家撰　清嘉慶十四年（1809）鄱陽胡克家影宋刻本　二十四冊

620000－1141－0000269　63.24/687:2
本草衍義二十卷　（宋）寇宗奭撰　（清）陸心源校　清光緒三年（1877）刻本　二冊

620000－1141－0000270　830.72/743
雙忽雷本事一卷　劉世珩編　清宣統三年（1911）石印本　一冊

620000－1141－0000271　746/017
御刻三希堂石渠寶笈法帖十六卷　（清）孫功烈等編　清光緒二十三年（1897）上海鴻寶齋石印本　四冊

620000－1141－0000272　831/093Ⅱ1
古唐詩合解十二卷古詩四卷　（清）王堯衢註　（清）李模　（清）李桓校　清令德堂刻本　六冊

620000－1141－0000273　821/277
初白菴詩評三卷　（清）查慎行撰　（清）張載華輯　**詞綜偶評一卷**　（清）張載華輯　（清）許昂霄閱　清晚期上海六藝書局石印本　八冊

620000－1141－0000274　630/410－3
農政全書六十卷　（明）徐光啟撰　清道光二十三年（1843）刻本　十四冊　存五十二卷（一至二十三、三十二至六十）

620000－1141－0000275　424/040Ⅱ1
音韻闡微十八卷　（清）李光地等撰　清光緒七年（1881）淮南書局刻本　五冊

620000－1141－0000276　424/641
五方元音二卷　（清）樊騰鳳撰　清同治五年（1866）刻本　四冊

620000－1141－0000277　424/008
形聲類篇五卷　（清）丁履恒撰　清光緒十五年（1889）刻本　一冊

620000－1141－0000278　424/008/2:
形聲類篇五卷　（清）丁履恒著　清光緒十五年（1889）刻本　一冊

620000－1141－0000279　424.08/009

丁西圃叢書六種十九卷　(清)丁顯撰　清光緒刻本　八册　缺一種八卷(十三經諸家引書異字同聲考五至八、十至十三)

620000－1141－0000280　423.135/373

說文解字義證五十卷　(清)桂馥撰　清同治九年(1870)湖北崇文書局刻本　三十二册

620000－1141－0000281　424/481－2/:1－:4

新增說文韻府羣玉二十卷　(元)陰時夫編輯　(元)陰中夫編註　清康熙五十五年(1716)刻本　二十册

620000－1141－0000282　831/039－52

古詩箋三十二卷　(清)王士禛選　(清)聞人倓箋　清乾隆三十一年(1766)芷蘭堂刻本　七册

620000－1141－0000283　851.51/039/:1－2

東坡先生詩集註三十二卷　(宋)蘇軾撰　(宋)王十朋纂集　(明)茅維芟閱　**東坡紀年録一卷**　(清)傅藻撰　明萬曆茅維刻本　二十四册

620000－1141－0000284　997.21/103－788

江甯金石記八卷待訪目二卷　(清)嚴觀輯　清宣統二年(1910)江楚編譯書局刻本　一册

620000－1141－0000285　847.7/669

藝槩六卷　(清)劉熙載撰　清同治十二年(1873)刻本　四册

620000－1141－0000286　847.7/510:1

曾忠襄公全集六十七卷　(清)曾國荃撰　清光緒二十九年(1903)刻本　六十四册

620000－1141－0000287　927.16/－095/:1－8

[光緒]甘肅新通志一百卷首五卷　(清)升允　(清)長庚修　(清)安維峻纂　清宣統元年(1909)刻本　七十六册　存九十七卷(一、三至二十六、二十八至九十三、九十七,首五卷)

620000－1141－0000288　991/413

兩漢金石記二十二卷　(清)翁方綱撰　清乾隆五十四年(1789)南昌使院刻本　八册

620000－1141－0000289　847.5/322

校禮堂全集六種六十六卷　(清)淩廷堪著　清嘉慶、道光間刻本　十一册　存三種五十九卷(校禮堂詩集十四卷文集三十六卷、燕樂考原六卷、梅邊吹笛譜二卷補録一卷)

620000－1141－0000290　I215.22/1

楊椒山先生集四卷自著年譜一卷　(明)楊繼盛撰　清同治五年(1866)張景賢刻本　二册

620000－1141－0000291　847.2/564

楊忠愍公集四卷　(明)楊繼盛撰　(清)周漢　(清)魏光燾校　清光緒九年(1883)刻本　四册

620000－1141－0000292　847.2/564/2:

楊忠愍公集四卷　(明)楊繼盛撰　清光緒三十三年(1907)刻本　四册

620000－1141－0000293　928.2/561－1

水經注圖四十卷補一卷　楊守敬　(清)熊會貞繪　清光緒三十一年(1905)楊氏觀海堂刻朱墨套印本　八册

620000－1141－0000294　928.26/409

西域水道記五卷　(清)徐松撰　清道光三年(1823)刻本　五册

620000－1141－0000295　928.2/566

水經注匯校四十卷首一卷　(清)楊希閔校　**附録二卷**　(清)趙一清輯　清光緒七年(1881)福州刻本　十五册

620000－1141－0000296　927.33/587

廣東圖說十四卷首一卷　(清)李瀚章等修　(清)廖廷相等纂　清宣統元年(1909)鉛印本　四册

620000－1141－0000297　094.12525/115

詩經八卷　(宋)朱熹注　清同治十年(1871)刻本　四册

620000－1141－0000298　096.17/039

欽定春秋傳說彙纂三十八卷首二卷　(清)王掞總裁　清光緒十四年(1888)江南書局刻本　十册

620000－1141－0000299　832.197/447
賦鈔六卷　(清)張惠言輯　**賦鈔札記六卷**　(清)朱錦綬記　清光緒二十三年(1897)江蘇書局刻本　五冊

620000－1141－0000300　830.353/295/25：
文選考異十卷　(清)胡克家撰　清同治八年(1869)湖北崇文書局刻本　四冊

620000－1141－0000301　079.47/039
勸學邇言一卷　(清)劉爾炘撰　清光緒三十一年(1905)太和縣刻本　一冊

620000－1141－0000302　089.65/287/：1
雍音四卷　(明)胡纘宗編次　明嘉靖二十六年至二十七年(1547－1548)胡氏清渭艸堂刻本　四冊

620000－1141－0000303　075.71/779－2
日知錄集釋三十二卷栞誤二卷續栞誤二卷首一卷　(清)顧炎武著　(清)黄汝成集釋　清光緒二十一年(1895)上海點石齋石印本　六冊

620000－1141－0000304　大/015.8/207
持靜齋書目四卷續增書目一卷藏書記要二卷　(清)丁日昌輯　(清)林有松等校勘　清同治刻本　六冊

620000－1141－0000305　028/570/2：
藏書紀事詩七卷　葉昌熾撰　清宣統二年(1910)刻本　六冊

620000－1141－0000306　028/570
藏書紀事詩七卷　葉昌熾撰　清宣統二年(1910)刻本　六冊

620000－1141－0000307　851.74/215
綏服紀略圖詩不分卷　(清)松筠撰　清刻本　二冊

620000－1141－0000308　831.77/458
詩比興箋四卷　(清)陳沆撰　清光緒九年(1883)刻本　二冊

620000－1141－0000309　364.1/321
家庭談話一卷　(清)學部圖書局纂　清光緒三十三年(1907)學部圖書局石印本　一冊

620000－1141－0000310　364.1/321
家庭談話一卷　(清)學部圖書局纂　清光緒三十三年(1907)學部圖書局石印本　一冊

620000－1141－0000311　364.1/321
家庭談話一卷　(清)學部圖書局纂　清光緒三十三年(1907)學部圖書局石印本　一冊

620000－1141－0000312　364.1/321
家庭談話一卷　(清)學部圖書局纂　清光緒三十三年(1907)學部圖書局石印本　一冊

620000－1141－0000313　993.3/593I2/3：
陶齋吉金續錄二卷　(清)端方編　清宣統元年(1909)石印本　二冊

620000－1141－0000314　927.16/201－182/2：1－：2
[光緒]重纂秦州直隸州新志二十四卷首一卷　(清)余澤春修　(清)王權　(清)任其昌纂　清光緒十五年(1889)隴南書院刻本　二十冊

620000－1141－0000315　925.7/064/3：1－：2
左文襄公奏疏初編三十八卷續編七十六卷三編六卷　(清)左宗棠撰　清光緒二十八年(1902)上海圖書集成局石印本　二十冊

620000－1141－0000316　630/069
農桑輯要七卷　(元)司農司撰　**蠶事要略一卷**　(清)張行孚撰　清光緒二十一年(1895)中江榷署刻本　二冊

620000－1141－0000317　630/410/：1－：3
農政全書六十卷　(明)徐光啟撰　清道光二十三年(1843)上海太原氏刻本　二十四冊

620000－1141－0000318　423.167/364
古籀拾遺三卷附宋政咊禮器文字攷一卷　(清)孫詒讓撰　清光緒十六年(1890)石印本　二冊

620000－1141－0000319　423.9/094－2
字典考證十二卷　(清)王引之等輯錄　清光緒十四年(1888)同文書局石印本　一冊

620000－1141－0000320　424/170

韻補五卷　(宋)吳棫撰　**附韻補正一卷**　(清)顧炎武撰　清光緒九年(1883)邵武徐氏刻本　二册

620000－1141－0000321　424/544

古音類表九卷　(清)傅壽彤學　清道光二十七年(1847)刻本　四册

620000－1141－0000322　928.27/452

廣東海圖説一卷　(清)張之洞撰　清光緒十五年(1889)廣雅書局刻本　一册

620000－1141－0000323　927.27/123－708

[嘉慶]金堂縣志九卷首一卷末一卷　(清)謝惟傑修　(清)黄烈　(清)陳一津纂　清嘉慶十六年(1811)刻道光二十四年(1844)補刻本　八册

620000－1141－0000324　928.3/450

崆峒山志二卷　(清)張伯魁纂修　清嘉慶二十四年(1819)刻本　二册

620000－1141－0000325　929.16/216

欽定蘭州紀畧二十卷首一卷　(清)阿桂等撰　清乾隆武英殿刻本　八册

620000－1141－0000326　032/540

集成報不分卷　(清)英商集成報館編　清光緒二十三年(1897)石印本　十二册

620000－1141－0000327　834.78/630

大鶴山房全書三十二卷　鄭文焯撰　清光緒至民國刻本　八册

620000－1141－0000328　832.41/369

六朝唐賦讀本不分卷　(清)馬傳庚選注　清光緒二年(1876)刻本　二册

620000－1141－0000329　831.114/454

毛詩艸木鳥獸蟲魚疏二卷　(晉)陸機撰　清光緒十二年(1886)鉛印本　一册

620000－1141－0000330　830.6/671

中州名賢文表三十卷　(明)劉昌編　清光緒三十年(1904)石印本　五册　存二十六卷(一至十二、十七至三十)

620000－1141－0000331　084/665/:1

古逸叢書二十六種二百七卷　(清)黎庶昌輯　清光緒遵義黎氏日本東京使署影刻本　四十八册

620000－1141－0000332　855.6/173

鈞天樂二卷　(清)尤侗撰　清康熙刻本　一册

620000－1141－0000333　931.8/472－2

日本國志四十卷首一卷　(清)黄遵憲編纂　清光緒二十四年(1898)上海圖書集成印書局石印本　五册

620000－1141－0000334　079.96/472/:1－:2

明儒學案六十二卷師説一卷　(清)黄宗羲著　(清)萬言　(清)鄭性訂　清乾隆四年(1739)慈谿鄭氏二老閣刻光緒八年(1882)馮全垓重修印本　二十四册

620000－1141－0000335　121.333/040

莊子不分卷　(戰國)莊周撰　王闓運注　清同治八年(1869)刻本　二册

620000－1141－0000336　089.7/458

番禺陳氏東塾叢書五種三十四卷　(清)陳澧撰　清咸豐至光緒間刻本　九册

620000－1141－0000337　095.227/115

欽定儀禮義疏四十八卷首二卷　(宋)朱熹撰　清光緒十四年(1888)江南書局刻本　二十八册

620000－1141－0000338　982.215/782

周列士傳一卷　(清)顧壽禎著　清同治五年(1866)見素抱樸齋刻本　一册

620000－1141－0000339　095.3127/538/:1

欽定禮記義疏八十二卷首一卷　(宋)朱熹撰　清光緒十四年(1888)江南書局刻本　三十二册

620000－1141－0000340　095.31257/458

禮記十卷　(元)陳澔集傳　清光緒十六年(1890)蘭州刻本　十册

620000－1141－0000341　011/483

宋元舊本書經眼録三卷附録二卷　(清)莫友芝撰　清同治十二年(1873)刻本　二册

620000－1141－0000342　079.47/458
東塾讀書記二十五卷　(清)陳澧撰　清光緒二十四年(1898)紉蘭書館刻本　五册　缺十卷(原缺十三至十四、十七至二十、二十二至二十五)

620000－1141－0000343　Ⅰ　214.91/1/:1
曾文正公全集一百七十四卷首一卷　(清)曾國藩撰　(清)李瀚章等編　**年譜十二卷**　(清)黎庶昌編　清同治十二年至光緒五年(1873－1879)刻本　一百八册　存一百五十四卷(一至三十七、六十六至一百六十二、一百六十八至一百七十四,首一卷;年譜十二卷)

620000－1141－0000344　928.2/561
水經注疏要删四十卷補遺一卷要删補遺四十卷　楊守敬撰　清光緒三十一年(1905)楊守敬觀海堂刻宣統元年(1909)增刻本　十二册

620000－1141－0000345　928.2/595/:1－:2
水經釋地八卷　(清)孔繼涵撰　清光緒六年(1880)會稽章氏式訓堂刻本　二册

620000－1141－0000346　927.32/461
[同治]淡水廳志十六卷　(清)陳培桂等纂修　清同治十年(1871)刻本　八册

620000－1141－0000347　328.62/384
通商各國條約税例章程不分卷　(清)奕訢輯　清光緒刻本　六册

620000－1141－0000348　348.3/804
兩淮鹽法志五十六卷首四卷　(清)單渠修　(清)沈襄琴等纂　清嘉慶十一年(1806)刻本　二十八册

620000－1141－0000349　329.2/654
約章分類輯要三十八卷首一卷　蔡乃煌總纂　清光緒二十六年(1900)湖南商務局刻本　三十册

620000－1141－0000350　359.1/735－2
約章成案匯覽甲篇十卷乙篇四十二卷　(清)颜世清纂修　清光緒三十一年(1905)上海點石齋石印本　四十四册

620000－1141－0000351　323.17/488:19－488:82
欽定大清會典事例一千二百二十卷目錄八卷　(清)李鸿章等編修　清末石印本　三百八十四册

620000－1141－0000352　323.17/488/2:19
欽定大清會典事例一千二百二十卷目錄八卷　(清)李鸿章等編修　清末石印本　三百八十四册

620000－1141－0000353　221.7/200Ⅰ2
六祖大師法寶壇經一卷　(唐)釋法海等集　清光緒二十三年(1897)刻本　一册

620000－1141－0000354　927.43/100
黑龍江外記八卷　(清)西清撰　清光緒二十一年(1895)桐廬袁氏刻漸西村舍彙刊本　二册

620000－1141－0000355　927.27/129－445
[光緒]重修彭縣志十三卷首一卷末一卷附補遺一卷　(清)張龍甲修　(清)龔世瑩　(清)呂調陽等纂　清光緒六年(1880)刻本　十册

620000－1141－0000356　927.21/413－447/:1－:4
[嘉慶]重修揚州府志七十二卷首一卷　(清)阿克當阿修　(清)姚文田　(清)江藩等纂　清嘉慶十五年(1810)刻本　四十六册

620000－1141－0000357　834.6/397
壯悔堂文集十卷遺稿一卷　(清)侯方域著　清乾隆刻本　六册

620000－1141－0000358　089.65/287/:1
擬漢樂府八卷補遺一卷　(明)胡纘宗著　(明)谷繼宗輯解　(明)鄒順賢評校　**附錄二卷**　(明)谷繼宗輯　(明)鄒頤賢校　**緒論一卷**　(明)朱睦㮮撰　明嘉靖十八年(1539)楊祻、李人龍等刻本　二册

620000－1141－0000359　928/039:1－:2
今古地理述十八卷首三卷末一卷　(清)王子音述　清光緒三年(1877)刻本　二十册

620000－1141－0000360　925.375/676
欽定回疆則例八卷原奏一卷　(清)托津等修　清道光二十二年(1842)刻本　九册

620000－1141－0000361　925.781/191/2:
新政眞詮六編　(清)何啟　(清)胡禮垣編　清光緒二十七年(1901)吳雲記廣譯書局鉛印本　八册

620000－1141－0000362　015.875/449:1
愛日精廬藏書志三十六卷續志四卷　(清)張金吾藏並撰　清道光七年(1827)張氏家刻本　十二册

620000－1141－0000363　925/322
湘煙錄十六卷　(明)閔元京　(明)淩義渠輯　清嘉慶三年(1798)刻本　四册

620000－1141－0000364　925/170/:1－:3
大元聖政國朝典章六十卷新集至治條例不分卷　(元)□□撰　清光緒三十四年(1908)法律館刻本　二十四册

620000－1141－0000365　422.5/041/3:
廣雅疏證十卷　(清)王念孫學　**博雅音十卷**　(清)王念孫校　清光緒五年(1879)淮南書局刻本　八册

620000－1141－0000366　421.5/783/2:
隸辨八卷　(清)顧藹吉撰　清同治十二年(1873)刻本　八册

620000－1141－0000367　385.99/750
江南製造局記十卷首一卷附錄一卷　(清)魏允恭撰　清光緒三十一年(1905)上海文寶書局石印本　十册

620000－1141－0000368　422.5/041/2:
廣雅疏證五卷　(清)王念孫學　清光緒五年(1879)淮南書局刻本　十册

620000－1141－0000369　422.5/041－2
廣雅疏證十卷　(清)王念孫學　**博雅音十卷**　(清)王念孫校　清光緒五年(1879)淮南書局刻本　八册

620000－1141－0000370　847.8/155
二曲集四十六卷　(清)李顒撰　清光緒三年(1877)信述堂刻本　十二册

620000－1141－0000371　350.92/266
核訂現行刑律一卷　奕劻等撰　清宣統元年(1909)鉛印本　四册

620000－1141－0000372　423.134/430/2:
汗簡箋正七卷汗簡書目箋正一卷　(宋)郭忠恕撰　(清)鄭珍箋正　清光緒十五年(1889)廣雅書局刻本　四册

620000－1141－0000373　62/600
遂生福幼合編二卷　(清)莊一夔撰　(清)海慶校　清道光二十年(1840)刻本　一册

620000－1141－0000374　844.14/041
王右丞集二十八卷　(唐)王維著　(清)趙殿成箋註　**首一卷末一卷**　清颺錦齋田翠含刻本　十册

620000－1141－0000375　847/669/:1
劉武愼公遺書二十五卷　(清)劉長佑撰　**年譜三卷**　(清)鄧輔綸　(清)王政慈編　清光緒二十六年(1900)鉛印本　二十八册

620000－1141－0000376　921.26/173/:1－:8
富文堂綱鑑易知錄九十二卷　(清)吳乘權等輯　清富文堂刻本　三十二册　存七十七卷(四至八、十一至四十三、四十七至五十四、五十七至五十九、六十二至八十七、九十一至九十二)

620000－1141－0000377　921.26/173/:1－:7
尺木堂綱鑑易知錄九十二卷　(清)吳乘權等輯　清康熙五十五年(1716)尺木堂刻本　四十二册

620000－1141－0000378　081.3/730/2:＋081.3/730:1－:5(ls)
唐宋叢書八十九種一百四十五卷　(明)鍾人傑　(明)張遂辰編　明刻本　五十册

620000－1141－0000379　925.2/215
兩漢策要十二卷　（宋）陶叔獻輯　（元）常彦脩重編　清乾隆五十六年（1791）張朝樂刻本　八册　缺一卷（原缺三）

620000－1141－0000380　960.8/691/2：
亞斐利加洲志一卷新志一卷　（清）學部編譯圖書局編　清宣統元年（1909）學部圖書局鉛印本　一册

620000－1141－0000381　011.7/366－2
讀書脞録七卷　（清）孫志祖撰　清嘉慶四年（1799）刻本　二册

620000－1141－0000382　011.7/366
讀書脞録七卷　（清）孫志祖撰　清光緒十三年（1887）醉六堂刻本　四册

620000－1141－0000383　847/669：2
劉武愼公遺書二十五卷　（清）劉長佑撰　**年譜三卷**　（清）鄧輔綸　（清）王政慈編　清光緒二十六年（1900）鉛印本　二十八册

620000－1141－0000384　925.37/408－1/：1－：2
李文忠公奏議二十卷　（清）李鴻章撰　（清）章洪鈞　（清）吴汝綸編　清光緒石印本　十九册　存十九卷（一至七、九至二十）

620000－1141－0000385　925.27/018：1－：40
大清歷朝皇帝聖訓九百二十二卷　（清）清歷代皇帝撰　清光緒五年（1879）刻本　二百五十册

620000－1141－0000386　922.41/643
舊唐書二百卷　（五代）劉昫撰　清同治十一年（1872）懼盈齋刻本　三十六册

620000－1141－0000387　922.41/670－3/4：1－：6
舊唐書二百卷　（五代）劉昫撰　清同治十一年（1872）懼盈齋刻本　四十八册

620000－1141－0000388　922.41/670－2/5：
舊唐書二百卷　（五代）劉昫撰　清同治十一年（1872）浙江書局刻本　四十册

620000－1141－0000389　922.41/670－2/3：
舊唐書二百卷　（五代）劉昫撰　清同治十一年（1872）浙江書局刻本　四十册

620000－1141－0000390　922.41/670－2/2：
舊唐書二百卷　（五代）劉昫撰　清同治十一年（1872）浙江書局刻本　四十册

620000－1141－0000391　922.41/670－2/：1
舊唐書二百卷　（五代）劉昫撰　清同治十一年（1872）浙江書局刻本　四十册

620000－1141－0000392　921.13/069－5
史記一百三十卷　（漢）司馬遷撰　（南朝宋）裴駰注　清光緒金陵書局刻本　二十册

620000－1141－0000393　921/069/9：1－1
史記一百三十卷　（漢）司馬遷撰　（南朝宋）裴駰注　清光緒四年（1878）金陵書局刻本　十六册

620000－1141－0000394　大/922.5/346/：1
宋遼金元別史五種三百七卷　（清）席世臣輯　清乾隆、嘉慶間南沙席氏埽葉山房刻本　三十六册

620000－1141－0000395　922.36/157/：5－：6
唐書二百二十五卷　（宋）歐陽修撰　明嘉靖八年至清康熙三十九年（1529－1700）遞修本　十一册　存四十九卷（一至四十九）

620000－1141－0000396　832.12/173
離騷草木疏四卷　（宋）吴仁傑撰　清乾隆四十五年（1780）鮑氏知不足齋刻本　一册

620000－1141－0000397　824.1/366
四六叢話三十三卷選詩叢話一卷　（清）孫梅輯　清嘉慶三年（1798）吴興孫氏舊言堂刻本　八册

620000－1141－0000398　922.42/643/9：
五代史七十四卷　（宋）歐陽修撰　（宋）徐無黨注　清同治十一年（1872）湖北崇文書局刻本　八册

620000－1141－0000399　012.8/021/：1－1
彙刻書目不分卷　（清）顧脩編　（清）朱學勤增訂　清光緒十二年至十五年（1886－1889）上海福瀛書局刻本　二十册

620000－1141－0000400　012.8/021/:1
彙刻書目不分卷　(清)顧脩編　(清)朱學勤增訂　清光緒十二年至十五年(1886－1889)上海福瀛書局刻本　二十册

620000－1141－0000401　846/447I2－2
明張文忠公全集四十四卷坿錄二卷　(明)張居正撰　(清)田楨編　清光緒二十七年(1901)紅藤碧樹山館刻本　十六册

620000－1141－0000402　845.22/457－3
陸象山先生全集三十六卷　(宋)陸九淵撰　(清)李紱點次　**附錄少湖徐先生學則辯一卷**　(明)徐階撰　清道光三年(1823)刻本　二十四册

620000－1141－0000403　993.3/593I2/3:
陶齋吉金錄八卷　(清)端方輯　清光緒三十四年(1908)石印本　八册

620000－1141－0000404　982.8/433
庸閒齋筆記十二卷　(清)陳其元撰　清光緒十五年(1889)檢古齋石印本　五册

620000－1141－0000405　B94/1/:15
老子道德經解二卷首一卷　(明)釋德清撰　清光緒十二年(1886)楊文會刻本　二册

620000－1141－0000406　931.1/472/:3
日本國志四十卷首一卷　(清)黄遵憲編纂　清光緒二十四年(1898)浙江書局刻本　十册

620000－1141－0000407　927.2/773
三省邊防備覽十八卷　(清)嚴如熤輯　清道光十年(1830)來鹿堂刻本　八册

620000－1141－0000408　925.77/151
孝肅奏議十卷　(宋)包拯撰　清同治三年(1864)省心閣刻本　四册

620000－1141－0000409　328/078
乙巳年交涉要覽上篇二卷下篇三卷　(清)北洋洋務局纂　清光緒三十三年(1907)北洋洋務局鉛印本　五册

620000－1141－0000410　337.2942/200
法蘭西商辦鐵路律一卷　(清)周作霖校　清宣統二年(1910)郵傳部圖書通譯局鉛印本　一册

620000－1141－0000411　421.8/643
簡字譜錄五種五卷　勞乃宣撰　清光緒三十二年至三十三年(1906－1907)金陵刻本　四册　缺一種一卷(簡字全譜一卷)

620000－1141－0000412　927.42/739
[道光]吉林外記十卷　(清)薩英額纂　清光緒二十一年(1895)桐廬袁氏刻漸西村舍彙刊本　四册

620000－1141－0000413　927.23/103－156/2:
西湖志四十八卷　(清)李衛等修　(清)傅王露等纂　清光緒四年(1878)淛江書局刻本　二十册

620000－1141－0000414　927.33/458
廣東圖説九十二卷首一卷　(清)毛鴻賓等修　(清)陳澧等繪　(清)桂文燦等編　清同治九年至十年(1870－1871)刻本　十八册

620000－1141－0000415　927.23/205－459
[光緒]奉化縣志十四卷末一卷　(清)錢開震修　(清)陳文焯纂　清光緒十一年(1885)刻本　四册

620000－1141－0000416　927.32/291
[乾隆]重脩臺灣府志二十五卷首一卷　(清)六十七　(清)范咸纂修　清乾隆十二年(1747)刻本　八册

620000－1141－0000417　927.16/103－463:2
[道光]皋蘭縣續志十二卷　(清)秦維嶽原纂　(清)陸芝田　(清)張廷選續纂　清道光二十七年(1847)刻本　四册

620000－1141－0000418　927.16/115－445
[光緒]洮州廳志十八卷首一卷　(清)張彦篤修　(清)包永昌纂　清光緒三十三年(1907)刻本　八册

620000－1141－0000419　927.15/301－154
[道光]榆林府志五十卷首一卷　(清)李熙齡纂修　清道光二十一年(1841)刻本　十二册

620000－1141－0000420　927.15/185－237
［光緒］乾州志稿十四卷首一卷别錄四卷乾陽殉難士女錄一卷　(清)周銘旂纂修　清光緒十年(1884)乾陽書院刻本　六册

620000－1141－0000421　091.3/459
白虎通疏證十二卷　(清)陳立撰　清光緒元年(1875)淮南書局刻本　四册

620000－1141－0000422　093.251/648
書經六卷　(宋)蔡沈集傳　清同治十年(1871)刻本　四册

620000－1141－0000423　091.377/646
經義雜記三十卷敘錄一卷　(清)臧琳撰　清嘉慶四年(1799)武進臧氏拜經堂刻本　八册

620000－1141－0000424　096.22/064:1
春秋經傳集解三十卷　(晉)杜預撰　(唐)陸德明音釋　(宋)林堯叟註　(清)馮李驊增訂　清道光二十二年(1842)刻本　十六册

620000－1141－0000425　083/769:1
玉簡齋叢書二十二種七十五卷　羅振玉輯　清宣統二年(1910)上虞羅氏刻本　二十册　缺一種三卷(原缺山中見聞錄三至五)

620000－1141－0000426　927.65/101－562
［乾隆］西寧府新志四十卷　(清)楊應琚纂修　清乾隆十二年(1747)刻二十七年(1762)印本　十二册

620000－1141－0000427　990.8/779
學古齋金石叢書四集十二種七十二卷　(清)葛元煦輯　清光緒崇川葛氏學古齋刻本　三十二册

620000－1141－0000428　991/449/2:1－2
二銘艸堂金石聚十六卷首一卷　(清)張德榮著　清同治十一年(1872)聚秀堂刻本　十六册

620000－1141－0000429　940.4/039
陶廬叢稿二十五種一百四十三卷　王樹枏撰　清光緒至民國間新城王氏刻本　八册　存二種二十七卷(歐洲族類源流略五卷、歐洲列國戰事本末二十二卷)

620000－1141－0000430　089.7/556
雷刻四種二十一卷　(清)雷浚編　清光緒十年(1884)吳縣雷氏刻本　六册

620000－1141－0000431　353/063
比較國法學四編　(日本)末岡精一撰　清光緒三十二年(1906)商務印書館鉛印本　一册

620000－1141－0000432　355.2/198
大清刑律草案二編　沈家本纂　清光緒三十四年(1908)甘肅官報書局鉛印本　二册

620000－1141－0000433　359.1/523
各國交涉公法論十六卷　(英國)費利摩羅巴德著　(英國)傅蘭雅口譯　(清)俞世爵筆述　清光緒二十四年(1898)江南機器製造總局鉛印本　十六册

620000－1141－0000434　927.57/113－477
［乾隆］中衛縣志十卷　(清)黄恩錫纂修　清乾隆二十六年(1761)刻本　四册

620000－1141－0000435　091.3/133－3/:1－:2
秘書廿八種一百二十三卷　(清)汪士漢輯　清咸豐刻本　二十二册　缺二種十四卷(汲冢周書一至四、博物志十卷)

620000－1141－0000436　082/627/2
海山仙館叢書五十六種四百九十二卷　(清)潘仕成輯　清道光、咸豐間番禺潘氏刻光緒補刻本　一百十册　存四十六種三百九十二卷(遂初堂書目一卷、易大義一卷、讀書敏求記四卷、尙書註考一卷、讀詩拙言一卷、四書逸箋六卷、一切經音義二十五卷、古史輯要六卷首一卷、史記短長說二卷、順宗實錄五卷、九國志十二卷、靖康傳信錄三卷、洛陽名園記一卷、庚申外史二卷、高僧傳十三卷、酌中志二十四卷、火攻挈要三卷附圖一卷、明夷待訪錄一卷、調燮類編四卷、菰中隨筆一卷、龍筋鳳髓判四卷、桂苑筆耕集二十卷、晁具茨先生詩集十五卷、揭曼碩詩三卷、青藤書屋文集三十卷、婦人集一卷、漁隱叢話前集六十卷後集四十卷、四溟詩話四卷、宋四六話十二卷、詞苑叢談十二卷、竹雲題跋四卷、讀畫錄四卷、續三十五舉一卷、茶董補二卷、酒顛補三卷、尺牘新鈔十二卷、顔氏家藏尺牘四卷附姓氏考一卷、幾何原本六卷、同文算指前編二卷通編八卷、圜容較義一卷、測量法義一卷、測量異同一卷、勾股義一卷、翼梅八卷、女科二卷產後編二卷、新釋地理備考全書十卷)

620000－1141－0000437　082/627－2
海山仙館叢書五十六種四百九十二卷　(清)潘仕成輯　清道光、咸豐間番禺潘氏刻光緒補刻本　一百冊　存四十五種三百八十八卷(遂初堂書目一卷、易大義一卷、讀書敏求記四卷、尚書註考一卷、讀詩拙言一卷、四書逸箋六卷、一切經音義二十五卷、古史輯要六卷首一卷、史記短長說二卷、順宗實錄五卷、九國志十二卷、洛陽名園記一卷、庚申外史二卷、高僧傳十三卷、四朝宮史酌中志二十四卷、火攻挈要三卷、明夷待訪錄一卷、調燮類編四卷、菰中隨筆一卷、龍筋鳳髓判四卷、桂苑筆耕集二十卷、晁具茨先生詩集十五卷、揭曼碩詩三卷、青藤書屋文集三十卷、婦人集一卷、苕溪漁隱叢話前集六十卷後集四十卷、四溟詩話四卷、宋四六話十二卷、詞苑叢談十二卷、竹雲題跋四卷、讀畫錄四卷、續三十五舉一卷、茶董補二卷、酒顛補三卷、尺牘新鈔十二卷、顔氏家藏尺牘四卷姓氏考一卷、幾何原本六卷、同文算指前編二卷通編八卷、圜容較義一卷、測量法義一卷、測量異同一卷、勾股義一卷、翼梅八卷、女科二卷産後編二卷、外國地理備考十卷)

620000－1141－0000438　089.7/571
董方立遺書八種十六卷　(清)董祐誠撰　清同治八年(1869)董貽清成都會元堂刻本　四冊

620000－1141－0000439　922.21/042
漢書補注一百二十卷　(漢)班固撰　(唐)顔師古注　王先謙補注　清光緒二十六年(1900)長沙王氏刻本　三十二冊

620000－1141－0000440　089.7/151/3:1
李文忠公全集一百六十五卷首一卷　(清)李鴻章撰　(清)吳汝綸編錄　清光緒三十四年(1908)刻本　一百冊

620000－1141－0000441　089.7/151/:1－:10
李文忠公全集一百六十五卷首一卷　(清)李鴻章撰　(清)吳汝綸編錄　清光緒三十四年(1908)刻本　一百冊

620000－1141－0000442　086.6/644
西域弍種八卷　(清)徐松撰　清道光九年(1829)刻本　八冊

620000－1141－0000443　927.56/205－416
[康熙]龍門縣志十六卷　(清)章焞纂修　清康熙五十一年(1712)刻本　五冊

620000－1141－0000444　927.12/115－586
齊河縣鄉土志一卷　(清)□□修纂　清光緒末石印本　一冊

620000－1141－0000445　422.5/041－2/2:
廣雅疏證十卷　(清)王念孫學　**博雅音十卷**　(清)王念孫校　清光緒五年(1879)淮南書局刻本　七冊

620000－1141－0000446　927.15/223－571
[嘉慶]漢陰廳志十卷首一卷　(清)錢鶴年修　(清)董詔纂　清嘉慶二十三年(1818)刻本　六冊

620000－1141－0000447　927.16/201－182
[光緒]重纂秦州直隸州新志二十四卷首一卷　(清)余澤春修　(清)王權　(清)任其昌纂　清光緒十五年(1889)隴南書院刻本　十六冊

620000－1141－0000448　121.273/567/2:
荀子二十卷　(戰國)荀況撰　(唐)楊倞注　清嘉慶九年(1804)刻本　五冊

620000－1141－0000449　830.6/671－2
續中州名賢文表六十八卷　(清)邵松年編　清光緒三十年(1904)石印本　十九冊　存五十八卷(一至六、十至十二、十七至三十六、四十至六十八)

620000－1141－0000450　830.7/314－2

古文辭類篹七十五卷　(清)姚鼐編　清同治八年(1869)刻本　十二册

620000－1141－0000451　830.7/167:1
乾坤正氣集選鈔九十七卷　(清)吳煥采編　清光緒十三年(1887)刻本　三十二册

620000－1141－0000452　423.5/069
類篇十五卷　(宋)司馬光修　清光緒二年(1876)刻本　十四册

620000－1141－0000453　510.8/008:1
白芙堂算學叢書四十九種八十九卷　(清)丁取忠輯　清同治、光緒間長沙古荷花池精舍刻本　三十二册

620000－1141－0000454　376.96/538
京師大學堂章程一卷　(清)□□撰　清光緒二十八年(1902)刻本　一册

620000－1141－0000455　089.65/287/:1
可泉擬涯翁擬古樂府二卷　(明)胡纘宗撰　(明)胡統宗注　(明)張光孝評　明嘉靖三十六年(1557)汪翰刻本　二册

620000－1141－0000456　390/370
滿洲四禮集五卷　(清)索寧安撰　清嘉慶六年(1801)刻本　五册

620000－1141－0000457　374/461
小學集註六卷　(宋)朱熹撰　(明)陳選註　清光緒三十三年(1907)學部圖書局石印本　二册

620000－1141－0000458　422.7/042
釋名疏證補八卷續釋名一卷補遺一卷補坿一卷　王先謙譔集　清光緒二十二年(1896)長沙王氏刻本　四册

620000－1141－0000459　041/574/:1－:2
北堂書鈔一百六十卷首一卷　(唐)虞世南撰　(清)孔廣陶校註　清光緒十四年(1888)南海孔氏三十有三萬卷堂影宋刻本　二十册

620000－1141－0000460　922.606/036/:1－:5
明史藁三百十卷目録三卷　(清)王鴻緒撰　清雍正敬慎堂刻本　一百册

620000－1141－0000461　857/037
唐語林八卷校勘記二卷　(宋)王讜撰　(清)朱攸校　清光緒二十年(1894)刻本　七册

620000－1141－0000462　I214.9/1
右台仙館筆記十六卷　(清)俞樾撰　清宣統二年(1910)朝記書社石印本　八册

620000－1141－0000463　927.2/773/2:
三省邊防備覽十八卷　(清)嚴如熤輯　清道光十年(1830)來鹿堂刻本　八册

620000－1141－0000464　993.3/593
陶齋吉金錄八卷　(清)端方輯　清光緒三十四年(1908)石印本　八册

620000－1141－0000465　353.31/670
日本法規大全二十五類一百六十八章首一卷　(清)南洋公學譯書院譯　(清)商務印書館編譯所校勘　**日本法規解字一卷**　(清)錢恂　(清)董鴻禕纂　清宣統二年(1910)商務印書館鉛印本(第一類有補錄)　七十三册　缺四類二十一章(二十一第九章至二十四)

620000－1141－0000466　993.3/593
陶齋吉金續錄二卷　(清)端方輯　清宣統元年(1909)金陵石印本　二册

620000－1141－0000467　922.23/711/:1－:2
季漢書六十卷正論一卷答問一卷　(明)謝陛撰　(明)鍾人傑教　明末鍾人傑刻本　十二册

620000－1141－0000468　353.31/670/2:
日本法規大全二十五類一百六十八章首一卷　(清)南洋公學譯書院譯　(清)商務印書館編譯所校勘　清宣統二年(1910)商務印書館鉛印本(第一類有補錄)　八十册　缺一卷(日本法規解字一卷)

620000－1141－0000469　998/430
東甌金石志十二卷　(清)戴咸弼纂緝　(清)孫詒讓校補　清光緒九年(1883)刻本　四册

620000－1141－0000470　424/459
新增說文韻府羣玉二十卷　(元)陰時夫輯

(元)陰中夫注　(明)王元貞校　明萬曆十八年(1590)王元貞刻本　八冊

620000－1141－0000471　125.6/156/:1－:2
陸子學譜二十卷　(清)李紱編　(清)萬承蒼訂　(清)王士俊校　清雍正十年(1732)無怒軒刻本　十四冊

620000－1141－0000472　I214.92/14
癸巳類稿十五卷　(清)俞正燮撰　清光緒五年(1879)會稽章氏刻本　八冊

620000－1141－0000473　350.931/542
日本變法次第類攷初集二十五類二集二十五類三集二十五類　(清)程恩培集案　(清)程堯章譯　清光緒二十八年(1902)政學譯社鉛印本　十一冊　存六十類(初集一至二十五、二集一至二十五、三集十六至二十五)

620000－1141－0000474　352/115/:1－:2
大清律集解附例三十卷圖一卷服制一卷律例總類六卷　(清)朱軾　(清)常鼐等纂修　清雍正刻本　二十冊

620000－1141－0000475　350/363
大清法規大全一百五十九卷　(清)孫家鼐等撰　清宣統元年(1909)政學社石印本　四十一冊

620000－1141－0000476　350/363
大清法規大全一百五十九卷　(清)孫家鼐等撰　清宣統元年(1909)政學社石印本　三十三冊　存一百二十四卷(憲政部一至五,吏政部二十三卷,民政部十五卷,外交部二至十三,財政部十四卷,實業部十五卷,交通部五卷,法律部一至十二,教育部一、五至九、二十一至二十六,旗藩部二卷,禮制部九卷)

620000－1141－0000477　927.55/213－638
[光緒]蔚州志二十卷首一卷　(清)慶之金修　(清)楊篤纂　清光緒三年(1877)刻本(有抄補)　八冊

620000－1141－0000478　925.78/168Ⅱ1
沈文肅公政書七卷首一卷　(清)沈葆楨撰　清光緒七年(1881)精一閣鉛印本　八冊

620000－1141－0000479　925.18/181
拳匪紀事六卷　(日本)佐原篤介　(日本)浙西漚隱輯　清光緒二十七年(1901)鉛印本　六冊

620000－1141－0000480　926.41/154/1:1－:2
元和郡縣圖志四十卷　(唐)李吉甫撰　清光緒六年(1880)金陵書局刻本　六冊　缺六卷(原缺十九至二十、二十三至二十四、三十五至三十六)

620000－1141－0000481　926.41/154/1:1－:2
元和郡縣補志九卷　(清)嚴觀撰　清光緒八年(1882)金陵書局刻本　二冊

620000－1141－0000482　090/539
相臺書塾刊正九經三傳沿革例一卷　(宋)岳珂撰　清光緒七年(1881)成都瀹雅齋刻本　一冊

620000－1141－0000483　120/319/:1
二十二子三百二十卷　(清)浙江書局輯　清光緒元年至三年(1875－1877)浙江書局刻二十七年(1901)重校補刻本　八十三冊

620000－1141－0000484　356.5/038/1:
重刊補註洗寃錄集證五卷　(宋)宋慈撰　(清)王又槐增輯　(清)李觀瀾補輯　(清)阮其新補註　(清)孫光烈參閱　(清)王又梧校訂　(清)張錫蕃重訂　**續增洗寃錄辨正三卷**　(清)瞿中溶撰　清光緒三十二年(1906)上海通時書局石印本　五冊

620000－1141－0000485　356.5/038/32:
重刊補註洗寃錄集證五卷　(宋)宋慈撰　(清)王又槐增輯　(清)李觀瀾補輯　(清)阮其新補註　(清)孫光烈參閱　(清)王又梧校訂　(清)張錫蕃重訂　**續增洗寃錄辨正三卷**　(清)瞿中溶撰　清光緒三十二年(1906)上海通時書局石印本　五冊

620000－1141－0000486　356.5/038/33:
重刊補註洗寃錄集證五卷　(宋)宋慈撰　(清)王又槐增輯　(清)李觀瀾補輯　(清)阮其新補註　(清)孫光烈參閱　(清)王又梧

校訂　(清)張錫蕃重訂　**續增洗冤錄辨正三卷**　(清)瞿中溶撰　清光緒三十二年(1906)上海通時書局石印本　五冊

620000－1141－0000487　356.5/038/4：**重刊補註洗冤錄集證五卷**　(宋)宋慈撰　(清)王又槐增輯　(清)李觀瀾補輯　(清)阮其新補註　(清)孫光烈參閱　(清)王又梧校訂　(清)張錫蕃重訂　**續增洗冤錄辨正三卷**　(清)瞿中溶撰　清光緒三十二年(1906)上海通時書局石印本　五冊

620000－1141－0000488　356.5/038/5：**重刊補註洗冤錄集證五卷**　(宋)宋慈撰　(清)王又槐增輯　(清)李觀瀾補輯　(清)阮其新補註　(清)孫光烈參閱　(清)王又梧校訂　(清)張錫蕃重訂　**續增洗冤錄辨正三卷**　(清)瞿中溶撰　清光緒三十二年(1906)上海通時書局石印本　五冊

620000－1141－0000489　356.5/038/6：**重刊補註洗冤錄集證五卷**　(宋)宋慈撰　(清)王又槐增輯　(清)李觀瀾補輯　(清)阮其新補註　(清)孫光烈參閱　(清)王又梧校訂　(清)張錫蕃重訂　**續增洗冤錄辨正三卷**　(清)瞿中溶撰　清光緒三十二年(1906)上海通時書局石印本　五冊

620000－1141－0000490　356.5/038/7：**重刊補註洗冤錄集證五卷**　(宋)宋慈撰　(清)王又槐增輯　(清)李觀瀾補輯　(清)阮其新補註　(清)孫光烈參閱　(清)王又梧校訂　(清)張錫蕃重訂　**續增洗冤錄辨正三卷**　(清)瞿中溶撰　清光緒三十二年(1906)上海通時書局石印本　五冊

620000－1141－0000491　356.5/038/8：**重刊補註洗冤錄集證五卷**　(宋)宋慈撰　(清)王又槐增輯　(清)李觀瀾補輯　(清)阮其新補註　(清)孫光烈參閱　(清)王又梧校訂　(清)張錫蕃重訂　**續增洗冤錄辨正三卷**　(清)瞿中溶撰　清光緒三十二年(1906)上海通時書局石印本　五冊

620000－1141－0000492　356.5/038/9：**重刊補註洗冤錄集證五卷**　(宋)宋慈撰　(清)王又槐增輯　(清)李觀瀾補輯　(清)阮其新補註　(清)孫光烈參閱　(清)王又梧校訂　(清)張錫蕃重訂　**續增洗冤錄辨正三卷**　(清)瞿中溶撰　清光緒三十二年(1906)上海通時書局石印本　五冊

620000－1141－0000493　356.5/038/10：**重刊補註洗冤錄集證五卷**　(宋)宋慈撰　(清)王又槐增輯　(清)李觀瀾補輯　(清)阮其新補註　(清)孫光烈參閱　(清)王又梧校訂　(清)張錫蕃重訂　**續增洗冤錄辨正三卷**　(清)瞿中溶撰　清光緒三十二年(1906)上海通時書局石印本　五冊

620000－1141－0000494　356.5/038/11：**重刊補註洗冤錄集證五卷**　(宋)宋慈撰　(清)王又槐增輯　(清)李觀瀾補輯　(清)阮其新補註　(清)孫光烈參閱　(清)王又梧校訂　(清)張錫蕃重訂　**續增洗冤錄辨正三卷**　(清)瞿中溶撰　清光緒三十二年(1906)上海通時書局石印本　五冊

620000－1141－0000495　356.5/038/12：**重刊補註洗冤錄集證五卷**　(宋)宋慈撰　(清)王又槐增輯　(清)李觀瀾補輯　(清)阮其新補註　(清)孫光烈參閱　(清)王又梧校訂　(清)張錫蕃重訂　**續增洗冤錄辨正三卷**　(清)瞿中溶撰　清光緒三十二年(1906)上海通時書局石印本　五冊

620000－1141－0000496　356.5/038/13：**重刊補註洗冤錄集證五卷**　(宋)宋慈撰　(清)王又槐增輯　(清)李觀瀾補輯　(清)阮其新補註　(清)孫光烈參閱　(清)王又梧校訂　(清)張錫蕃重訂　**續增洗冤錄辨正三卷**　(清)瞿中溶撰　清光緒三十二年(1906)上海通時書局石印本　五冊

620000－1141－0000497　356.5/038/14：**重刊補註洗冤錄集證五卷**　(宋)宋慈撰　(清)王又槐增輯　(清)李觀瀾補輯　(清)阮其新補註　(清)孫光烈參閱　(清)王又梧校訂　(清)張錫蕃重訂　**續增洗冤錄辨正三**

卷　（清）瞿中溶撰　清光緒三十二年（1906）上海通時書局石印本　五冊

620000－1141－0000498　356.5/038/15：
重刊補註洗寃錄集證五卷　（宋）宋慈撰　（清）王又槐增輯　（清）李觀瀾補輯　（清）阮其新補註　（清）孫光烈參閱　（清）王又梧校訂　（清）張錫蕃重訂　**續增洗寃錄辨正三卷**　（清）瞿中溶撰　清光緒三十二年（1906）上海通時書局石印本　五冊

620000－1141－0000499　356.5/038/16：
重刊補註洗寃錄集證五卷　（宋）宋慈撰　（清）王又槐增輯　（清）李觀瀾補輯　（清）阮其新補註　（清）孫光烈參閱　（清）王又梧校訂　（清）張錫蕃重訂　**續增洗寃錄辨正三卷**　（清）瞿中溶撰　清光緒三十二年（1906）上海通時書局石印本　五冊

620000－1141－0000500　356.5/038/17：
重刊補註洗寃錄集證五卷　（宋）宋慈撰　（清）王又槐增輯　（清）李觀瀾補輯　（清）阮其新補註　（清）孫光烈參閱　（清）王又梧校訂　（清）張錫蕃重訂　**續增洗寃錄辨正三卷**　（清）瞿中溶撰　清光緒三十二年（1906）上海通時書局石印本　五冊

620000－1141－0000501　356.5/038/18：
重刊補註洗寃錄集證五卷　（宋）宋慈撰　（清）王又槐增輯　（清）李觀瀾補輯　（清）阮其新補註　（清）孫光烈參閱　（清）王又梧校訂　（清）張錫蕃重訂　**續增洗寃錄辨正三卷**　（清）瞿中溶撰　清光緒三十二年（1906）上海通時書局石印本　五冊

620000－1141－0000502　356.5/038/19：
重刊補註洗寃錄集證五卷　（宋）宋慈撰　（清）王又槐增輯　（清）李觀瀾補輯　（清）阮其新補註　（清）孫光烈參閱　（清）王又梧校訂　（清）張錫蕃重訂　**續增洗寃錄辨正三卷**　（清）瞿中溶撰　清光緒三十二年（1906）上海通時書局石印本　五冊

620000－1141－0000503　356.5/038/20：
重刊補註洗寃錄集證五卷　（宋）宋慈撰　（清）王又槐增輯　（清）李觀瀾補輯　（清）阮其新補註　（清）孫光烈參閱　（清）王又梧校訂　（清）張錫蕃重訂　**續增洗寃錄辨正三卷**　（清）瞿中溶撰　清光緒三十二年（1906）上海通時書局石印本　五冊

620000－1141－0000504　356.5/038/21：
重刊補註洗寃錄集證五卷　（宋）宋慈撰　（清）王又槐增輯　（清）李觀瀾補輯　（清）阮其新補註　（清）孫光烈參閱　（清）王又梧校訂　（清）張錫蕃重訂　**續增洗寃錄辨正三卷**　（清）瞿中溶撰　清光緒三十二年（1906）上海通時書局石印本　五冊

620000－1141－0000505　356.5/038/22：
重刊補註洗寃錄集證五卷　（宋）宋慈撰　（清）王又槐增輯　（清）李觀瀾補輯　（清）阮其新補註　（清）孫光烈參閱　（清）王又梧校訂　（清）張錫蕃重訂　**續增洗寃錄辨正三卷**　（清）瞿中溶撰　清光緒三十二年（1906）上海通時書局石印本　五冊

620000－1141－0000506　356.5/038/23：
重刊補註洗寃錄集證五卷　（宋）宋慈撰　（清）王又槐增輯　（清）李觀瀾補輯　（清）阮其新補註　（清）孫光烈參閱　（清）王又梧校訂　（清）張錫蕃重訂　**續增洗寃錄辨正三卷**　（清）瞿中溶撰　清光緒三十二年（1906）上海通時書局石印本　五冊

620000－1141－0000507　356.5/038/24：
重刊補註洗寃錄集證五卷　（宋）宋慈撰　（清）王又槐增輯　（清）李觀瀾補輯　（清）阮其新補註　（清）孫光烈參閱　（清）王又梧校訂　（清）張錫蕃重訂　**續增洗寃錄辨正三卷**　（清）瞿中溶撰　清光緒三十二年（1906）上海通時書局石印本　五冊

620000－1141－0000508　356.5/038/25：
重刊補註洗寃錄集證五卷　（宋）宋慈撰　（清）王又槐增輯　（清）李觀瀾補輯　（清）阮其新補註　（清）孫光烈參閱　（清）王又梧校訂　（清）張錫蕃重訂　**續增洗寃錄辨正三卷**　（清）瞿中溶撰　清光緒三十二年（1906）

上海通時書局石印本　五冊

620000－1141－0000509　356.5/038/26：
重刊補註洗寃録集證五卷　(宋)宋慈撰　(清)王又槐增輯　(清)李觀瀾補輯　(清)阮其新補註　(清)孫光烈參閲　(清)王又梧校訂　(清)張錫蕃重訂　**續增洗寃録辨正三卷**　(清)瞿中溶撰　清光緒三十二年(1906)上海通時書局石印本　五冊

620000－1141－0000510　356.5/038/27：
重刊補註洗寃録集證五卷　(宋)宋慈撰　(清)王又槐增輯　(清)李觀瀾補輯　(清)阮其新補註　(清)孫光烈參閲　(清)王又梧校訂　(清)張錫蕃重訂　**續增洗寃録辨正三卷**　(清)瞿中溶撰　清光緒三十二年(1906)上海通時書局石印本　五冊

620000－1141－0000511　62/635
三指禪三卷　(明)夢覺道人撰　清晚期益元書局刻本　三冊

620000－1141－0000512
程松崖先生眼科應驗良方一卷　(明)程松崖撰　清同治十三年(1874)三原使署刻本　一冊

620000－1141－0000513　996.5/170
封泥攷略十卷　(清)吳式芬　(清)陳介祺輯　清光緒三十年(1904)石印本　十冊

620000－1141－0000514　62.081/386/10：
醫學三字經四卷　(清)陳念祖撰　清光緒八年(1882)文魁堂刻本　一冊　存二卷(一至二)

620000－1141－0000515　925.376/565
平定關隴紀畧十三卷　(清)楊昌濬撰　清光緒十三年(1887)刻本　十冊

620000－1141－0000516　925/749
戡定新疆記八卷　(清)魏光燾輯　清光緒二十五年(1899)鉛印本　四冊

620000－1141－0000517　921.23/464
資治通鑑綱目前編二十五卷　(元)金仁山撰　(明)南軒補　(明)陳仁錫評　清康熙四十年(1701)刻本　五冊　存十三卷(一至十一、十四至十五)

620000－1141－0000518　041/521
山堂肆考二百二十八卷補遺十二卷　(明)彭大翼纂著　(明)張幼學編輯　明萬曆二十三年(1595)刻四十七年(1619)張幼學重修本　四十冊

620000－1141－0000519
產科心法二卷　(清)汪樸齋著　清光緒二十四年(1898)刻本　一冊

620000－1141－0000520　62.54/987－6/2：
爛喉痧輯要一卷白喉痧驗要方一卷　(清)玉壺外史(改琦)輯　清光緒十八年(1892)刻本　一冊

620000－1141－0000521　121.3/752/:1－:3
道德南華二經評註合刻十二卷　(明)歸有光輯　(明)文震孟訂　明天啟四年(1624)文氏竺塢刻本　十二冊

620000－1141－0000522　851.41/464
御選唐詩三十二卷目録三卷　(清)聖祖玄燁輯　(清)陳廷敬等注　清康熙五十二年(1713)内府刻朱墨套印本　十六冊

620000－1141－0000523
急救應驗良方一卷　(清)費友棠輯　清光緒十二年(1886)徐福辰刻本　一冊

620000－1141－0000524
痘疹定論二卷　(清)朱純嘏編輯　清咸豐三年(1853)務本堂刻本　一冊

620000－1141－0000525
溫熱暑疫全書四卷　(清)周揚俊輯　(清)薛雪　(清)吳蒙校　清光緒十五年(1889)埽葉山房刻本　一冊　存二卷(溫病方論一卷、熱病方論一卷)

620000－1141－0000526　K928.6/1
歷代輿地沿革險要圖説一卷　楊守敬　饒敦秩撰　(清)王尚德繪　清光緒二十四年

(1898)上海文賢閣石印本　一册

620000－1141－0000527
鍼灸大成十卷　(明)楊繼洲撰　清晚期緑幄山房刻本　三册　存三卷(一至二、八)

620000－1141－0000528　大/922.1703/782/:1－:2
春秋大事表五十卷輿圖一卷附録一卷　(清)顧棟高纂輯　清乾隆十三年至十四年(1748－1749)萬卷樓刻本　十六册

620000－1141－0000529　828.1237/650
峩眉山志十八卷　(清)蔣超撰　清康熙二十八年(1689)刻本　四册　存十二卷(一至十二)

620000－1141－0000530　847.1/047/:1－:2
西堂全集二種五十五卷　(清)尤侗撰　**湘中草六卷**　(清)湯傳楹譔　清康熙刻本　二十四册

620000－1141－0000531　858.5/374
眞修寶卷一卷　(□)□□撰　清道光十二年(1832)陳青雲等刻本　一册

620000－1141－0000532　089.6/454
陸桴亭先生遺書二十種三十九卷　(清)陸世儀撰　**尊道先生[世儀]年譜一卷**　(清)淩錫祺編輯　**桴亭先生行狀行實一卷**　(清)陳瑚　(清)陸允正撰　清光緒二十五年(1899)太倉唐受祺京師刻本　二十册

620000－1141－0000533
驗方新編十六卷　(清)鮑相璈編輯　清同治四年(1865)刻本　八册

620000－1141－0000534
產科心法二卷　(清)汪樸齋著　清咸豐四年(1854)來鹿堂刻本　一册　存一卷(上)

620000－1141－0000535　921.137/171－2
史記論文一百三十卷　(清)吳見思撰　(清)吳興祚參訂　清康熙二十六年(1687)刻本　十二册

620000－1141－0000536　927.15/103－143
[熙寧]長安志二十卷圖三卷　(宋)宋敏求纂　(元)李好文繪　(清)畢沅校　清乾隆四十九年(1784)鎮洋畢氏靈巖山館刻經訓堂叢書本　四册　缺三卷(圖三卷)

620000－1141－0000537　927/103－464
金陵瑣志五種九卷　陳作霖編　清光緒十一年至三十四年(1885－1908)刻本　六册

620000－1141－0000538　927.16/101－322
[道光]蘭州府志十二卷首一卷　(清)陳士楨修　(清)涂鴻儀纂　清道光十三年(1833)刻本　八册

620000－1141－0000539
大生要旨五卷　(清)唐千頃纂　(清)張鵬翂校　清道光十二年(1832)刻本　一册

620000－1141－0000540　989.1/134
史姓韻編六十四卷　(清)汪輝祖編　清同治九年(1870)金陵書局活字印本　二十四册

620000－1141－0000541　62.62/667:2
續增大生要旨六卷　(清)唐千頃纂　(清)馬振蕃增補　(清)何大生續增　清道光二十九年(1849)刻本　一册

620000－1141－0000542
神農本經經釋二卷　(清)姜國伊著　清光緒刻本　二册

620000－1141－0000543　851.74/063
玉屋集句一卷　(清)張克念稿　(清)吳鎮選　清乾隆五十七年(1792)世耕堂刻本　一册

620000－1141－0000544　852.7/448
詞林紀事二十二卷　(清)張宗橚組　**樂府指迷一卷**　(宋)張炎撰　**詞旨一卷**　(宋)陸韶撰　**詞韻考略一卷**　(清)許昂霄緝　清乾隆四十四年(1779)樂是廬刻嘉慶三年(1798)陳敬銘印本　清吳騫批點　六册

620000－1141－0000545　079.474/688
鍾山札記四卷　(清)盧文弨撰　清乾隆五十五年(1790)餘姚盧氏刻抱經堂叢書本　一册

620000－1141－0000546　079.472/040

述記三十四種三十四卷　(清)任兆麟述　(清)尤興讓等編　清乾隆五十三年(1788)震澤任氏忠敏家塾刻映雪草堂印本　六册

620000－1141－0000547　422/460/:1－:2
書契原恉十四卷二集十八卷　(清)陳致煐撰　清咸豐五年至十年(1855－1860)刻本　二十五册

620000－1141－0000548　422.7/297
群經字詁七十二卷　(清)段謌廷著　(清)黄本驥編訂　清道光二十九年(1849)刻本　二十册

620000－1141－0000549　423.135/040－1
說文釋例二十卷釋例補正一卷　(清)王筠著　清同治四年(1865)刻本　十六册

620000－1141－0000550　423.13/041/:1
說文釋例二十卷　(清)王筠著　清同治四年(1865)刻本　十册

620000－1141－0000551　328.28/242
西國近事彙編九十六卷　(美國)金楷理口譯　(清)蔡錫齡筆述　清光緒二年至二十五年(1876－1899)上海機器製造局刻本　九十五册　存九十五卷(一至五、七至九十六)

620000－1141－0000552　350/409/:1
大清律例統纂集成四十卷　(清)姚雨薌纂輯　清道光五年(1825)刻本　二十四册

620000－1141－0000553　831.416/083－2/:1－:2
白香山詩長慶集二十卷後集十七卷别集一卷補遺二卷　(唐)白居易撰　(清)汪立名編訂　**白香山[居易]年譜一卷**　(清)汪立名譔　**白香山年譜舊本一卷**　(宋)陳振孫撰　清康熙四十一年至四十二年(1702－1703)汪立名一隅草堂刻本　十册

620000－1141－0000554
經驗廣集四卷　(清)李文炳彙纂　清道光二十二年(1842)九思堂刻本　一册　存一卷(一)

620000－1141－0000555　089.65/287/:2
願學編二卷　(明)胡纘宗學　(明)梁高校勘　明嘉靖三十四年(1555)鳥鼠山房刻本　二册

620000－1141－0000556
删註脈訣規正二卷　(清)沈鏡删註　(清)徐良臣条補　清康熙刻本　一册　存一卷(上)

620000－1141－0000557
採録傳家寶經驗藥方一卷　(□)□□編　清道光十九年(1839)三聖廟刻本　一册

620000－1141－0000558
張仲景傷寒論原文淺註六卷　(清)陳念祖集註　**附長沙方歌括六卷**　(清)陳念祖著　清光緒二十一年(1895)宏道堂刻本　二册　存二卷(張仲景傷寒論原文淺註一、六)

620000－1141－0000559　927.55/217－564
[道光]保安州志八卷首一卷　(清)楊桂森編纂　清道光十五年(1835)刻本　四册

620000－1141－0000560　858.5/558
明宗孝義達本寶卷二卷　(清)善明居士翻譯　**附呂祖啟蒙三十二偈一卷**　(□)□□撰　清中晚期刻本　一册

620000－1141－0000561　927.36/133－730/:1
[道光]遵義府志四十八卷首一卷　(清)平翰等修　(清)鄭珍　(清)莫友芝纂　清道光二十一年(1841)刻本　二十册

620000－1141－0000562　927.27/341－042
[嘉慶]夾江縣志十二卷首一卷　(清)王佐纂修　清嘉慶十八年(1813)刻本　四册

620000－1141－0000563　927.15/239－537
[道光]石泉縣志四卷　(清)舒鈞纂修　清道光二十九年(1849)刻本　二册

620000－1141－0000564　927.14/235
[雍正]山西通志二百三十卷　(清)覺羅石麟修　(清)儲大文纂　清嘉慶十六年(1811)衡齡校刻本　一百册

620000－1141－0000565　921.14/357Ⅱ1
文獻通考紀要二卷　(元)馬端臨撰　清乾隆

刻本　六冊

620000－1141－0000566　27/745
詩韻集成十卷附詞林典腋一卷　(清)余照輯　清刻本　一冊　存六卷(詩韻集成五至十)

620000－1141－0000567　63.27/710＝2/2:
增訂本草備要四卷　(清)汪昂著輯　(清)汪桓　(清)鄭曾慶參訂　(清)汪端等較　清文誠堂刻本　一冊　存一卷(一)

620000－1141－0000568　63.91/482/2:
名醫方論四卷　(清)羅東逸評定　清康熙十四年(1675)刻本　四冊

620000－1141－0000569　921.23/036/:1－:2
續資治通鑑六十四卷　(明)王宗沐編　明隆慶五年(1571)刻本　二十冊

620000－1141－0000570
幼科銕鏡六卷　(清)夏鼎著　清康熙三十四年(1695)刻本　一冊　存三卷(一至三)

620000－1141－0000571　925.76/091
中西紀事二十四卷　(清)夏燮撰　清光緒二十三年(1897)石印本　六冊　存十七卷(一至五、十三至二十四)

620000－1141－0000572　925.7/512Ⅱ1
彭剛直公奏稿八卷　(清)彭玉麟撰　清末鉛印本　四冊

620000－1141－0000573　350/502:1
大清律例彙輯便覽四十卷督捕則例附纂二卷五軍道里表二卷三流道里表二卷　(清)李鴻章等監修　清同治十一年(1872)湖北讞局刻本　三十二冊

620000－1141－0000574　332.2/604
蒙墾續供一卷　(清)貽穀著　清宣統元年(1909)鉛印本　一冊

620000－1141－0000575　323.17/488
欽定大清會典圖二百七十卷首一卷　(清)崑岡等修　清光緒石印本　七十四冊

620000－1141－0000576　323.17/488/2:7
欽定大清會典圖二百七十卷首一卷　(清)崑岡等修　清光緒石印本　七十四冊

620000－1141－0000577　323.44/825
欽定科場條例六十卷　(清)耆英等修　清道光刻本　二十冊

620000－1141－0000578　097/115/3:
四書十九卷　(宋)朱熹集註　清光緒十六年(1890)刻本　六冊

620000－1141－0000579　097/115/2:
四書十九卷　(宋)朱熹集註　清同治十年(1871)刻本　六冊

620000－1141－0000580　091.29/373
札樸十卷　(清)桂馥撰　清光緒九年(1883)長洲蔣氏心矩齋刻本　六冊

620000－1141－0000581　846.8/461/:1－:4
黃漳浦集五十卷首一卷目錄二卷年譜二卷　(明)黃道周撰　清道光十年(1830)刻本　四十冊

620000－1141－0000582　925.76/152－2
國朝先正事畧六十卷　(清)李元度纂　清光緒十三年(1887)石印本　八冊

620000－1141－0000583　831.6/118
明詩綜一百卷　(清)朱彝尊錄　(清)汪森緝評　清康熙刻乾隆印本　四十冊

620000－1141－0000584　122.13/666－293/:1－:2
淮南鴻烈解二十一卷　(漢)劉安撰　(漢)高誘注　(明)茅坤批評　明晚期刻本　十四冊

620000－1141－0000585　851.74/140Ⅱ1
網師園唐詩箋十八卷　(清)宋宗元輯　清乾隆刻本　六冊

620000－1141－0000586　847.6/342
池上草堂筆記八卷　(清)梁恭辰撰　清同治十二年(1873)刻本　八冊

620000－1141－0000587　423.167/667
古文審八卷首一卷　(清)劉心源撰　清光緒十七年(1891)刻本　四冊

620000－1141－0000588　423.15/292/:1
苗氏說文四種四十六卷　(清)苗夔撰　清道光、咸豐間壽陽祁氏漢專亭刻本　二册　存二種三十五卷(說文聲訂二十八卷、說文聲讀表七卷)

620000－1141－0000589　423.167/169
說文古籀補十四卷附錄一卷　(清)吳大澂撰　清光緒七年至十年(1881－1884)刻本　二册

620000－1141－0000590　423.167/169
字說一卷　(清)吳大澂撰　清晚期刻本　一册

620000－1141－0000591　382.09/275
一八九八年之西美戰史十六章　(法國)勃利德著　(清)李景鎬譯　清光緒三十年(1904)鉛印本　二册

620000－1141－0000592　089.65/287/:2
烏鼠山人後集二卷　(明)胡纘宗撰　(明)胡祕　(明)關輔校　明嘉靖刻清順治十三年(1656)周盛時修補本　二册

620000－1141－0000593
喉證指南四卷　(清)寄湘漁父輯　清光緒十三年(1887)刻本　一册

620000－1141－0000594　926/121
漢書地理志稽疑六卷　(清)全祖望著　清嘉慶九年(1804)刻本　二册

620000－1141－0000595　997.23/165
兩浙金石志十八卷補遺一卷　(清)阮元編錄　清光緒十六年至十七年(1890－1891)浙江書局刻本　十二册

620000－1141－0000596　089.7/305－2(wx)
經義塾鈔一卷　(清)俞樾譔　清光緒二十七年(1901)刻本　一册

620000－1141－0000597　857.4/407
繡像京本雲合奇踪玉茗英烈全傳十卷八十回　(明)徐渭編　清刻本　十册

620000－1141－0000598　096.223/369
龍學孫公春秋經解十五卷　(宋)孫覺撰　(清)納蘭成德輯　清康熙通志堂刻本　五册

620000－1141－0000599　092.9/740
大唐開元占經一百二十卷　(唐)瞿雲悉達等撰　清道光恒德堂刻本　十六册

620000－1141－0000600　927.16/227－472
[乾隆]成縣新志四卷　(清)黄泳修　(清)汪于雍等纂　清乾隆六年(1741)修十七年(1752)刻本　四册

620000－1141－0000601　927.16/321－450
[乾隆]涇州誌二卷　(清)張延福修　(清)李瑾纂　清乾隆十九年(1754)刻本　二册

620000－1141－0000602　989.1/322/:1－:2
古今萬姓統譜一百四十卷歷代帝王姓系統譜六卷氏族博攷十四卷　(明)凌迪知編　明萬曆刻本　三十册

620000－1141－0000603　63/952
濟陰綱目十四卷　(明)武之望輯著　(清)張志聰訂正　(清)汪淇箋釋　(清)查望參閲
保生碎事一卷　(清)汪淇論定　(清)汪開楚　(清)汪鐔參　清雍正刻本　七册　缺一卷(濟陰綱目十三)

620000－1141－0000604　928/409/:1－:4
東三省政略十二卷附圖不分卷　徐世昌撰　清宣統三年(1911)鉛印本　四十册

620000－1141－0000605　332.2/022
山西清查章程一卷　(清)張札編纂　清光緒九年(1883)山西清源局刻本　一册

620000－1141－0000606　323.7/100/:1－:4
欽定理藩院則例六十四卷目錄二卷通例二卷原奏一卷　(清)托津等編　清光緒十七年(1891)理藩院刻本　三十二册

620000－1141－0000607　223.1/799
成唯識論十卷　(天竺)護法等菩薩造　(唐)釋玄奘譯　清光緒二十二年(1896)金陵刻經處刻本　二册

620000－1141－0000608　223.1/799/2:

成唯識論十卷　(天竺)護法等菩薩造　(唐)釋玄奘譯　清光緒二十二年(1896)金陵刻經處刻本　二冊

620000－1141－0000609　851.66/714
嶠雅二卷　(明)鄺露撰　清鄺瑞刻本　二冊

620000－1141－0000610　993.61/572/2:
敬吾心室彝器款識不分卷　(清)朱善旂輯　清光緒三十四年(1908)石印本　二冊

620000－1141－0000611　921/069/9:16－1
舊唐書二百卷　(五代)劉昫撰　清同治十一年(1872)浙江書局刻本　三十四冊　存一百七十二卷(四至八十九、一百九至一百八十四、一百九十一至二百)

620000－1141－0000612　921/069/9/3:13－1
隋書八十五卷　(唐)魏徵撰　清同治十年(1871)淮南書局刻本　十六冊

620000－1141－0000613　921/069/9:10－1
魏書一百十四卷　(北齊)魏收撰　清同治十一年(1872)金陵書局刻本　二十冊

620000－1141－0000614　921/069/9:15－1
北史一百卷　(唐)李延壽撰　清同治十一年(1872)金陵書局刻本　二十冊

620000－1141－0000615　921/069/9:14－1
南史八十卷　(唐)李延壽撰　清同治十一年(1872)金陵書局刻本　十二冊

620000－1141－0000616　921/766/:1
重訂路史全本四十七卷　(宋)羅泌輯　(宋)羅苹註　清嘉慶六年(1801)西山堂刻本　二十四冊

620000－1141－0000617　855.5/036I10
第六才子書八卷　(元)王實甫撰　(清)金人瑞批點　清光緒十二年(1886)抄本　六冊　存七卷(一至三、五至八)

620000－1141－0000618　855.6/410
誦荻齋曲二種二卷　(清)徐鄂撰　清光緒十二年至十三年(1886－1887)大同書局石印本　四冊

620000－1141－0000619　852.78/040
和珠玉詞一卷　(清)張祥齡　(清)王鵬運　況周儀連句　清光緒二十年(1894)刻本　一冊

620000－1141－0000620　902.157/2:
四裔編年表不分卷　(美國)林樂知　嚴良勳譯　(清)李鳳苞彙編　清末江南製造總局刻本　四冊

620000－1141－0000621　091.3/165/:1
皇清經解一千四百七卷首一卷　(清)阮元編　清道光九年(1829)廣東學海堂刻咸豐十一年(1861)補刻本　一百七十冊

620000－1141－0000622　927.13/－078/:1－:4
[雍正]河南通志八十卷　(清)田文鏡等修　(清)孫灝等纂　清雍正十三年(1735)刻光緒二十八年(1902)補刻本　四十冊

620000－1141－0000623　925.78/510
征西紀畧四卷　(清)曾毓瑜撰　清光緒二十年(1894)京師官書局鉛印本　一冊

620000－1141－0000624　422.12/372/3:
爾雅郭注義疏二十卷　(清)郝懿行學　清光緒十年(1884)蜀南閣刻本　十二冊

620000－1141－0000625　423.13/804
增廣字學擧隅四卷　(清)鐵珊輯　(清)淩振家閱　清同治十三年(1874)蘭州郡署刻本　四冊

620000－1141－0000626　423.1/447
説文發疑六卷　(清)張行孚述　清光緒十年(1884)知不足齋刻本　二冊

620000－1141－0000627　423.135/426
許學叢刻二集九種九卷　(清)許頌鼎　(清)許溎祥輯　清光緒十五年(1889)海甯許氏古均閣刻本　六冊

620000－1141－0000628　424.1/427/2:
詩韻合璧五卷　(清)湯文潞纂　**分韻文選題解擇要一卷**　(□)□□輯　**虛字韻藪五卷補遺一卷**　(清)潘維城輯　**三場程式一卷**

(清)□□編　清光緒四年(1878)味香書屋刻本　六冊

620000－1141－0000629　352.75/726/:1－:4
讀例存疑五十四卷　(清)薛允升著　清光緒三十一年(1905)北京琉璃廠翰茂齋刻本　四十冊

620000－1141－0000630　352.75/726/2:1－:4
讀例存疑五十四卷　(清)薛允升著　清光緒三十一年(1905)北京琉璃廠翰茂齋刻本　四十冊

620000－1141－0000631　925.1/114/:1－:2
邊事彙鈔十二卷　(清)朱克敬編輯　(清)劉韞齋鑒定　(清)江孝棠參訂　**續鈔八卷**　(清)朱克敬輯　(清)劉韞齋鑒定　(清)左宜參　清光緒六年(1880)長沙刻本　十冊

620000－1141－0000632　831/483(wx)
邵亭遺文八卷遺詩八卷　(清)莫友芝撰　(清)黄賀平等校　清光緒元年(1875)莫繩孫刻本　一冊　存八卷(遺詩八卷)

620000－1141－0000633　925.7/777
皇朝掌故讀本二卷　(清)竇士鏞著　清光緒三十一年(1905)鉛印本　二冊

620000－1141－0000634　352.73/596/:1－:4
刑案新編不分卷　(清)趙次山撰　清光緒二十八年(1902)蘭州官書局鉛印本　四十冊

620000－1141－0000635　352.73/596/2:1－:4
刑案新編不分卷　(清)趙次山撰　清光緒二十八年(1902)蘭州官書局鉛印本　四十冊

620000－1141－0000636　352.73/596/3:1－:4
刑案新編不分卷　(清)趙次山撰　清光緒二十八年(1902)蘭州官書局鉛印本　四十冊

620000－1141－0000637　324/593/4:
列國政要一百三十二卷　(清)戴鴻慈　(清)端方輯　清光緒三十三年(1907)商務印書館石印本　三十二冊

620000－1141－0000638　324/593/2:1－:4
列國政要一百三十二卷　(清)戴鴻慈　(清)端方輯　清光緒三十四年(1908)商務印書館石印本　三十二冊

620000－1141－0000639　324/593/:1
列國政要一百三十二卷　(清)戴鴻慈　(清)端方輯　清光緒三十三年(1907)商務印書館石印本　三十二冊

620000－1141－0000640　852.75/232
心日齋詞集三卷　(清)周之琦撰　清晚期刻本　一冊

620000－1141－0000641　994/570/2:
語石十卷　葉昌熾撰　清宣統元年(1909)刻本　四冊

620000－1141－0000642　853.2/271
南曲譜二十一卷附一卷　(明)沈璟撰　(清)張漢校　清張漢刻本　一冊　存十三卷(一至十三)

620000－1141－0000643　915/632
新纂約章大全七十三卷　(清)陸鳳石撰　清宣統元年(1909)上海崇義堂石印本　四十七冊

620000－1141－0000644
金匱懸解二十二卷　(清)黄元御著　清光緒二十年(1894)上海圖書集成印書局石印本　一冊　存六卷(一至六)

620000－1141－0000645　62/438:4/:1
御纂醫宗金鑑九十卷首一卷　(清)弘晝等修　(清)吳謙等纂　清乾隆刻本(有補配)　二十九冊　存五十五卷(一至二十四、三十一至四十九、五十四至五十六、五十九至六十、七十八至八十一、八十六至八十七,首一卷)

620000－1141－0000646　994.4/561
鐵函齋書跋四卷　(清)楊賓著　(清)楊霈編　清道光二十七年(1847)刻本　四冊

620000－1141－0000647　830.353/295－3
文選六十卷　(南朝梁)蕭統輯　(唐)李善注　明末毛氏汲古閣刻清乾隆二十四年(1759)重修本　佚名錄清潘耒評點　四冊　存三十

卷(一至三十)

620000－1141－0000648　091.3/147
皇朝五經彙解二百七十卷　(清)抉經心室主人纂　清光緒十四年(1888)鴻文書局石印本　三十二册

620000－1141－0000649　091/165/2:1－:4
宋本十三經注疏附校勘記四百十六卷　(清)阮元校勘　清光緒十三年(1887)脈望仙館石印本　四十册

620000－1141－0000650　090/161:1－:4
經策通纂二十四卷　(清)吳熲炎輯　清光緒十四年(1888)上海點石齋石印本　三十二册

620000－1141－0000651　993.2/477
小蓬萊閣金石文字不分卷　(清)黄秋盦輯　清嘉慶五年(1800)刻本　五册

620000－1141－0000652　982.9/297
段容思先生年譜紀畧一卷　(清)彭澤編輯　(清)張仲英參訂　(清)段殿公校錄　清道光三年(1823)刻本　一册

620000－1141－0000653　927.27/435－358/2:
[道光]仁壽縣新志八卷　(清)馬百齡修　(清)魏崧　(清)鄭宗垣纂　清道光十八年(1838)刻本　八册

620000－1141－0000654　982.92/566
四朝先賢六家年譜八卷　(清)楊希閔撰　清光緒四年(1878)福州刻本　一册　存二家二卷(漢諸葛忠武侯年譜一卷、唐李鄴侯年譜一卷)

620000－1141－0000655　982.8/726
出使英法義比四國日記六卷　(清)薛福成著　清光緒二十年(1894)孫谿校經堂刻本　六册

620000－1141－0000656　927.27/549－619
[道光]樂至縣志十六卷首一卷　(清)裴顯忠修　(清)劉碩輔纂　清道光二十年(1840)刻本　四册

620000－1141－0000657　925.76/745/:2
聖武記十四卷　(清)魏源譔　清道光二十六年(1846)刻本　八册

620000－1141－0000658　927.16/411－730/:1－:2
[乾隆]甘州府志十六卷首一卷　(清)鍾賡起纂修　清乾隆四十四年(1779)刻本　十册

620000－1141－0000659　121.333/430Ⅱ2
莊子十卷　(戰國)莊周著　(晉)郭象注　(唐)陸德明音義　清光緒二十三年(1897)圖書集成局石印本　二册

620000－1141－0000660　982.8/336
請纓日記十卷　(清)唐景崧撰　清光緒十九年(1893)刻本　四册

620000－1141－0000661　62.112/800
補注皇帝内經素問二十四卷　(唐)王冰注　清光緒二十二年(1896)圖書集成局鉛印本　二册　存十四卷(一至十四)

620000－1141－0000662
濟陰綱目十四卷附保生碎事一卷　(明)武之望撰　(清)汪淇箋釋　清光緒三十三年(1907)文瑞樓石印本　四册　存十一卷(濟陰綱目一至二、五至十、十三至十四,保生碎事一卷)

620000－1141－0000663
鍼灸大成十卷　(明)楊繼洲撰　清光緒三十四年(1908)上海章福記石印本　一册　存二卷(一至二)

620000－1141－0000664　909.8/286/2:
問影樓輿地叢書十五種四十四卷　胡思敬輯　清光緒三十四年(1908)鉛印本　十册

620000－1141－0000665　857.167/155
六研齋筆記四卷二筆四卷三筆四卷　(明)李日華撰　明天啟至崇禎刻本(補配本)　六册

620000－1141－0000666　927.27/345－587
[道光]榮縣志三十八卷首一卷　(清)王培荀等纂修　清道光二十五年(1845)刻本　六册

620000－1141－0000667　425.923/391

越言釋二卷　(清)茹敦和著　清中期刻本　二册

620000－1141－0000668　927.27/407－155
[乾隆]富順縣志五卷首一卷　(清)段玉裁　(清)李芝纂修　清光緒八年(1882)重刻乾隆四十二年(1777)本　五册

620000－1141－0000669　927.41/113－726
[宣統]西安縣志畧十三卷　(清)雷飛鵬等修　(清)段盛梓等纂　清宣統三年(1911)石印本　二册

620000－1141－0000670　927.21/413－447/:5
[同治]續纂揚州府志二十四卷　(清)方濬頤修　(清)晏端書　(清)錢振倫等纂　清同治十三年(1874)刻本　十册

620000－1141－0000671　925.77/620
拳匪紀略八卷前編二卷後編二卷　(清)僑析生撰　清光緒二十七年(1901)石印本　六册

620000－1141－0000672　929.66/308
康輶紀行十六卷　(清)姚瑩著　清同治六年(1867)刻本　八册

620000－1141－0000673　927.65/101－566
[同治]西甯新志十卷首一卷　(清)韓志超　(清)寅康等修　(清)楊篤纂　清光緒元年(1875)宏州書院刻本　四册

620000－1141－0000674　927.27/151－411
[咸豐]閬中縣志八卷　(清)徐繼鏞修　(清)李惺等纂　清咸豐元年(1851)刻本　四册

620000－1141－0000675　927.16/329－042
[宣統]新修固原直隸州志十一卷　(清)王學伊修　(清)錫麒纂　**[宣統]新修硝河城志一卷**　(清)楊修德纂　清宣統元年(1909)官報書局鉛印本　十二册

620000－1141－0000676　994.7/367
寰宇訪碑錄十二卷　(清)孫星衍　(清)邢澍撰　清嘉慶七年(1802)陽湖孫氏刻本　五册

620000－1141－0000677　929/619
河海崑崙錄四卷　(清)裴景福著　清宣統元年(1909)上海文明書局鉛印本　四册

620000－1141－0000678　524/447－2
地球韻言四卷　(清)張士瀛撰　清光緒二十四年(1898)巴蜀善成堂刻本　二册

620000－1141－0000679　99/180
十三經注疏三百四十八卷附考證　清同治十年(1871)廣東書局刻本　一百二十册

620000－1141－0000680　291/252
人譜類記二卷　(清)洪正治校編　清宣統元年(1909)陝甘督署刻本　二册

620000－1141－0000681　121.64/042/5:
韓非子集解二十卷　(清)王先慎撰　清光緒二十二年(1896)刻本　六册

620000－1141－0000682　122.4/557/2:
新書十卷　(漢)賈誼撰　(清)盧文弨　(清)趙曦明校　清光緒元年(1875)浙江書局刻本　二册

620000－1141－0000683　122.4/557/1:
新書十卷　(漢)賈誼撰　清光緒元年(1875)湖北崇文書局刻本　二册

620000－1141－0000684　121.613/717/3:
管子校正二十四卷　(清)戴望纂　清同治十二年(1873)刻本　六册

620000－1141－0000685　091.3/133－2/2:
白虎通德論四卷　(漢)班固纂　清光緒元年(1875)湖北崇文書局刻本　二册

620000－1141－0000686　091.3/133－2/3:
白虎通二卷　(漢)班固撰　(明)汪士漢校　清康熙七年(1668)汪士漢刻祕書二十一種本　二册

620000－1141－0000687　089.7/422/3:
章氏遺書二種十一卷　(清)章學誠著　清光緒三年至四年(1877－1878)刻本　四册

620000－1141－0000688　089.7/422/2:
章氏遺書二種十一卷　(清)章學誠著　清光緒三年至四年(1877－1878)刻本　四册

620000－1141－0000689　082/696/:1－:10
潛研堂全書三十二種三百六十二卷　(清)錢大昕撰　清乾隆、嘉慶間刻道光二十年(1840)錢師光重修印本　一百冊　存十五種二百五十一卷(廿二史攷異一百卷附修唐書史臣表一卷、三史拾遺五卷、諸史拾遺五卷、元史氏族表三卷、通鑑注辨正二卷、洪文惠年譜一卷、洪文敏年譜一卷、陸放翁年譜一卷、王伯厚年譜一卷、王弇洲年譜一卷、金石文跋尾六卷續七卷又續六卷三續六卷、金石文字目錄八卷、十駕齋養新錄二十卷餘錄三卷、三統術衍三卷鈐一卷、潛研堂文集五十卷詩集十卷續集十卷)

620000－1141－0000690　089.7/305/:1－:5
春在堂全書二十九種四百十一卷　(清)俞樾輯　清光緒十五年(1889)刻本　一百冊

620000－1141－0000691　082/156/:1－:18
惜陰軒叢書三十四種三百三卷續編五種二十一卷　(清)李錫齡輯　清道光二十六年(1846)宏道書院刻續編咸豐八年(1858)刻本　一百二十三冊

620000－1141－0000692　082/644/:1－:2
政藝叢書二十種六十三卷　鄧實輯　清光緒二十八年(1902)鉛印本　二十冊

620000－1141－0000693　082/487
長恩書室叢書二集十九種六十四卷　(清)莊肇麟輯　清咸豐四年(1854)新昌莊氏過客軒刻本　十冊　存甲集十種四十卷(神機制敵太白陰經十卷、何博士備論一卷、守城錄四卷、歷代兵制八卷、陣紀四卷、救荒活民書三卷拾遺一卷、農桑衣食撮要二卷、旅舍備要方一卷、傷寒微旨論二卷、全生指迷方四卷)

620000－1141－0000694　423.14/115
字學舉隅一卷　(清)龍光甸　(清)龍啟瑞編著　清道光二十年(1840)刻本　一冊

620000－1141－0000695　075.74/696/2:
十駕齋養新錄二十卷餘錄三卷　(清)錢大昕撰　**竹汀居士[大昕]年譜一卷**　(清)錢大昕編　(清)錢慶曾校注　**年譜續一卷**　(清)錢慶曾述　清光緒二年(1876)浙江書局刻本　八冊

620000－1141－0000696　079.48/666
果齋一隙記四卷　(清)劉爾炘撰　清宣統二年(1910)樂善書局刻本　二冊

620000－1141－0000697　079.475/134
述學六卷　(清)汪中撰　清同治八年(1869)揚州書局刻本　二冊

620000－1141－0000698　011.9/496
讀書雜識十二卷　(清)勞格著　(清)丁寶書述　清光緒四年(1878)刻本　四冊

620000－1141－0000699　927.35/520
[光緒]全滇紀要不分卷　(清)雲南課吏館纂修　清光緒三十一年至三十二年(1905－1906)鉛印本　十冊

620000－1141－0000700
增廣驗方新編續集二卷首一卷　(清)張紹棠撰　清光緒九年(1883)石印本　一冊

620000－1141－0000701　62/438:4
編輯外科心法要訣十六卷　(清)吳謙等輯　清刻御纂醫宗金鑑本(卷二殘)　十一冊

620000－1141－0000702　332.2/604
蒙墾續供一卷　(清)貽穀著　清宣統元年(1909)鉛印本　一冊

620000－1141－0000703　421.5/137
隸釋二十七卷隸續二十一卷　(宋)洪适撰　清乾隆四十二年至四十三年(1777－1778)汪日秀樓松書屋刻本　八冊

620000－1141－0000704　096.7/433
春秋董氏學八卷　康有為著　**附漢書董仲舒傳一卷**　(漢)班固撰　清光緒刻萬木草堂叢書本　六冊

620000－1141－0000705　991.5/170
金石存十五卷　(清)吳玉搢纂　清嘉慶二十四年(1819)刻本　四冊

620000－1141－0000706　094/115
五經合纂大成四十四卷　(宋)朱熹著　清光

緒十一年(1885)同文書局石印本　二十冊

620000－1141－0000707　927.15/103－455
[嘉慶]咸寧縣志二十六卷首一卷　(清)高廷法　(清)沈琮修　(清)陸耀遹　(清)董祐誠纂　清嘉慶二十四年(1819)刻本　八冊

620000－1141－0000708　290/772/:1－:4
太乙數統宗大全四十卷　(清)李自明集　(清)羅集福重訂　清乾隆六十年(1795)集福堂刻本　十六冊

620000－1141－0000709　925/196/2:
朔方備乘六十八卷首十二卷　(清)何秋濤纂　清光緒七年(1881)石印本　八冊

620000－1141－0000710　925.378/156
合肥李勤恪公政書十卷首一卷　(清)李瀚章撰　清光緒二十六年(1900)石印本　十冊

620000－1141－0000711　847/276(ls)
治平六策一卷　(清)薛福成撰　清光緒元年(1875)薛福辰刻本　一冊

620000－1141－0000712　921.179/668
春秋大旨提綱表四卷　(清)劉爾炘編　清光緒三十四年(1908)刻本　二冊

620000－1141－0000713　927.16/213－295
[光緒]重修通渭縣新志十二卷首一卷　(清)高蔚霞修　(清)苟廷誠纂　**補遺一卷**　清光緒十九年(1893)刻本　四冊

620000－1141－0000714　927.15/331.329
[光緒]米脂縣志十二卷　高照煦纂　高增融等校訂　清光緒三十三年(1907)鉛印本　四冊

620000－1141－0000715　927.15/187－433/2:
[正德]武功縣志四卷首一卷　(明)康海纂　(清)孫景烈評註　清光緒二十年(1894)海昌許頌鼎刻本　一冊

620000－1141－0000716　926.52/042:
輿地紀勝二百卷　(宋)王象之編　**補闕十卷**　(清)岑建功輯　**校勘記五十二卷**　(清)劉文淇　(清)劉毓崧撰　清道光二十九年(1849)甘泉岑氏懼盈齋刻本　四十八冊　缺三十一卷(原缺十三至十六、五十一至五十四、一百三十六至一百四十四、一百六十八至一百七十三、一百九十三至二百)

620000－1141－0000717　927.15/117－669
[宣統]重修涇陽縣志十六卷首一卷末一卷　(清)劉懋官修　(清)宋伯魯　(清)周斯億纂　清宣統三年(1911)天津華新印刷局鉛印本　四冊

620000－1141－0000718　423/704
字學舉隅不分卷　(清)龍光甸　(清)龍啟瑞編著　清光緒二年(1876)刻本　二冊

620000－1141－0000719　350/409/:1－:4
大清律例三十九卷　(清)三泰等撰　清同治九年(1870)刻本　二十六冊

620000－1141－0000720　325.2/409/:1－:3
牧令書二十三卷保甲書四卷　(清)徐棟輯　清道光二十八年(1848)刻本　二十一冊

620000－1141－0000721　350/409/4:1－:3
大清律例三十九卷大清律纂修條例一卷督捕則例二卷大清律續纂條例二卷　(清)□□編　清道光十年(1830)刻本　二十三冊

620000－1141－0000722　997.13/305－214
偃師金石記四卷　(清)武億纂著　清乾隆五十三年(1788)刻本　一冊

620000－1141－0000723　328.28/471
列國歲計政要十二卷首一卷　(英國)麥丁富得力編纂　(美國)林樂知口譯　(清)鄭昌棪筆述　清光緒元年(1875)刻本　六冊

620000－1141－0000724　328.822/157
駐奧使館報告書一卷　(清)李季高撰　清光緒三十三年(1907)政治官報局鉛印本　一冊

620000－1141－0000725　346.94/282
歐洲財政史四章附表不分卷　(日本)小林丑三郎著　(清)胡宗瀛譯　清光緒三十年(1904)商務印書館鉛印本　一冊　存四章(歐洲財政史四章)

620000－1141－0000726　346.94/282
歐洲財政史四章附表不分卷　(日本)小林丑三郎著　(清)胡宗瀛譯　清光緒三十年(1904)商務印書館鉛印本　一册　存四章(歐洲財政史四章)

620000－1141－0000727　125.51/115/5:1－4
晦庵先生朱文公文集一百卷續集十一卷別集十卷　(宋)朱熹著　清道光三十年(1850)刻本　四十八册

620000－1141－0000728　927.14/227－134
[雍正]朔州志十二卷　(清)汪嗣聖修　(清)王霷纂　清雍正十三年(1735)刻民國二十五年(1936)補版重印本　八册

620000－1141－0000729　62.91/719:2
名醫類案十二卷　(明)江瓘編　(清)余集等校　清同治十年(1871)藏脩堂刻本　十二册

620000－1141－0000730　62/438＝4/:1－:10
御纂醫宗金鑑九十卷首一卷　(清)弘晝等修　(清)吳謙等纂　清刻本　四十八册

620000－1141－0000731　090/538
欽定七經綱領一卷　(清)學部圖書局輯　清宣統元年(1909)學部圖書局鉛印本　一册

620000－1141－0000732　090/538
欽定七經綱領一卷　(清)學部圖書局輯　清宣統元年(1909)學部圖書局鉛印本　一册

620000－1141－0000733　090/538
欽定七經綱領一卷　(清)學部圖書局輯　清宣統元年(1909)學部圖書局鉛印本　一册

620000－1141－0000734　925.76/285
胡文忠公政書十四卷　(清)胡林翼撰　(清)蒲圻但編輯　清光緒二十五年(1899)湖南糧儲道署刻本　十六册

620000－1141－0000735　090/538
欽定七經綱領一卷　(清)學部圖書局輯　清宣統元年(1909)學部圖書局鉛印本　一册

620000－1141－0000736　62.081/386
隨息居重訂霍亂論四卷　(清)王士雄纂　清同治上海圖書集成局鉛印本　一册

620000－1141－0000737　928/444Ⅲ1/:4(ls)
延祐四明志二十卷目錄二卷　(元)馬澤修　(元)袁桷纂　清咸豐四年(1854)刻宋元四明六志本　一册　存二卷(目錄二卷)

620000－1141－0000738　831.7/781－2/:1－:4
元詩選初集一百十四卷首一卷　(清)顧嗣立集　清康熙三十三年(1694)顧氏秀野草堂刻本　三十二册

620000－1141－0000739　922.35/130
南北史識小錄二十八卷　(清)沈名蓀　(清)朱昆田輯　(清)張應昌補正　清同治十年(1871)武林吳氏清來堂刻本　十二册

620000－1141－0000740　62.081/386:1
醫學三字經四卷　(清)陳念祖著　(清)龍萬育訂　清嘉慶九年(1804)成都龍萬育刻本　二册

620000－1141－0000741　927.55/201－173
[乾隆]宣化府志四十二卷首一卷　(清)王者輔原本　(清)張志奇續修　(清)黃可潤續纂　清乾隆二十二年(1757)增刻本　十六册

620000－1141－0000742　089.7/380/:1－:11
隨園三十種二百五十六卷　(清)袁枚撰　清光緒刻本　九十六册　缺三種七卷(小倉山房文集二十至二十二、三十五,牘外餘言一卷,隨園詩話補遺三至四)

620000－1141－0000743　929.28/137－447
衛藏道里最新攷一卷　(清)張其勤撰　清光緒三十三年(1907)鉛印本　一册

620000－1141－0000744　922.605/409
小腆紀年坿攷二十卷　(清)徐鼒撰　清光緒四年(1878)刻本　十六册

620000－1141－0000745　927.27/337－041
[嘉慶]洪雅縣志二十五卷首一卷　(清)王好音修　(清)張柱等纂　清嘉慶十八年(1813)刻本　七册

620000－1141－0000746　927.27/337－041

[光緒]洪雅縣志十二卷首一卷 (清)郭世棻修 (清)鄧敏修等纂 清光緒十年(1884)刻本 五册

620000－1141－0000747 082/669/:1
聚學軒劉氏叢書五集六十種二百六十二卷 劉世珩輯 清光緒貴池劉氏刻本 一百册

620000－1141－0000748 922.1125/648
書經六卷 (宋)蔡沈集傳 清同治十年(1871)刻本 四册

620000－1141－0000749 089.6/235
周孟侯先生全書三十三卷 (清)周拱辰著 清光緒元年(1875)刻本 十册

620000－1141－0000750 089.7/309
邃雅堂學古錄七卷 (清)姚文田述 清道光七年(1827)刻本 六册

620000－1141－0000751 62.081/386
女科要旨四卷 (清)陳念祖著 清道光二十一年(1841)陳心典刻本 二册

620000－1141－0000752 62.22/834＝3
丹溪朱氏脈因証治二卷 (元)朱震亨撰 (清)湯望久校輯 清乾隆四十年(1775)湯望久刻本 四册

620000－1141－0000753 332/215
滿洲財力論一卷 (日本)松本敬之著 (清)施爾常譯 清光緒三十二年(1906)京師學部編譯書局鉛印本 一册

620000－1141－0000754 332/215
滿洲財力論一卷 (日本)松本敬之著 (清)施爾常譯 清光緒三十二年(1906)京師學部編譯書局鉛印本 一册

620000－1141－0000755 857.177/571
鳳臺祗謁筆記一卷 (清)董恂撰 清同治九年(1870)荻芬書屋刻本 一册

620000－1141－0000756 329.2/384
通商約章類纂三十五卷 (清)李鴻章撰 清光緒二十五年(1899)北洋官書局刻本 二十册

620000－1141－0000757 320.8/598/:1
最新萬國政鑑五十一卷 (清)趙天擇 (清)王慕陶編譯 清光緒二十九年(1903)上海國民叢書社鉛印本 八册

620000－1141－0000758 320.8/598/:2
最新萬國政鑑五十一卷 (清)趙天擇 (清)王慕陶編譯 清光緒二十九年(1903)上海國民叢書社鉛印本 八册

620000－1141－0000759 323.47/039＋847.4/039Ⅱ1＋847.9/039
王漁洋遺書三十八種二百七十三卷 (清)王士禛撰 清康熙刻本 十一册 存八種三十一卷(南海集二卷、漁洋山人文略十四卷、粤行三志三卷、國朝謚法考一卷、隴蜀餘聞一卷、浯溪考二卷、分甘餘話四卷、華泉先生集選四卷)

620000－1141－0000760 323.05/151
資治新書初集十四卷首一卷二集二十卷 (清)李漁輯 清光緒二十年(1894)上海圖書集成印書局鉛印本 十二册

620000－1141－0000761 192.5/460/3:
小學集注六卷 (宋)朱熹撰 (明)陳選注 清同治六年(1867)金陵書局刻本 二册

620000－1141－0000762 192.5/460/4:
小學集注六卷 (宋)朱熹撰 (明)陳選注 清光緒金陵書局刻本 二册

620000－1141－0000763 122.13/666
淮南天文訓補注二卷 (清)錢塘撰 清光緒三年(1877)湖北崇文書局刻本 二册

620000－1141－0000764 927.15/155－445
[乾隆]蒲城縣志十五卷 (清)張心鏡修 (清)吳泰來纂 清乾隆四十七年(1782)刻本 六册

620000－1141－0000765 927.61/155/2:
漢西域圖考七卷首一卷 (清)李光廷撰 清同治九年(1870)陽湖趙氏壽謏草堂木活字印本 四册

620000－1141－0000766　63/550
臨證指南醫案十卷　(清)葉桂著　(清)邵銘等校　清乾隆三十一年(1766)刻本　佚名批　十二册

620000－1141－0000767　922.605/034－2/3:
明季稗史彙編十六種二十七卷　(清)留雲居士輯　清都城琉璃廠刻本　十二册

620000－1141－0000768　982.27/700
續碑傳集八十六卷首二卷　繆荃孫纂　清宣統二年(1910)江楚編譯書局刻本　二十四册

620000－1141－0000769　982.27/700:1
碑傳集一百六十卷首二卷末二卷　(清)錢儀吉纂錄　清光緒十九年(1893)江蘇書局刻本　六十册

620000－1141－0000770　62.3/719=3/1:
筆花醫鏡四卷　(清)江涵暾著　(清)金石文校　清光緒十一年(1885)刻本　二册

620000－1141－0000771　927.15/139－366
[乾隆]郃陽縣全志四卷　(清)席奉乾修　(清)孫景烈纂　清乾隆三十四年(1769)刻本　四册

620000－1141－0000772　62.73/882:2
引痘略一卷　(清)邱熺輯　清同治七年(1868)刻本　一册

620000－1141－0000773　63/817/:1
同仁堂虔修諸門應症丸散膏丹總目一卷　(清)同仁堂編　清光緒三十二年(1906)同仁堂刻本　一册

620000－1141－0000774　62.36/285.1:2
證治彙補八卷　(清)李星菴著　(清)唐玉書校　清光緒九年(1883)刻本　八册

620000－1141－0000775　62.112/204
醫學指歸二卷　(清)趙術堂編輯　清同治元年(1862)刻本　二册

620000－1141－0000776　63/467
生生要旨一卷　(清)張蕃芝撰　清光緒三十一年(1905)刻本　一册

620000－1141－0000777　082/409/:1
觀自得齋叢書二十三種七十二卷別集六種六卷　(清)徐士愷輯　清光緒十二年至二十年(1886－1894)徐氏觀自得齋刻本(有補配)　二十四册

620000－1141－0000778　846/447I2
新刻張太岳先生文集四十七卷　(明)張居正著　(明)馬啟圖　(明)雷思霈校　清晚期刻本　十六册

620000－1141－0000779　082/089
江南製造局叢書四十九種三百八十六卷　(清)江南機器製造總局編　清同治、光緒間上海製造局圖書處刻本、鉛印本、木活字印本、石印本　二百十一册

620000－1141－0000780　013.2/015/:1
八史經籍志三十卷　(清)張壽榮輯　清光緒九年(1883)刻本　十六册

620000－1141－0000781　011.9/041/2:1
讀書雜志八十二卷餘編二卷　(清)王念孫撰　清同治九年(1870)金陵書局刻本　二十四册

620000－1141－0000782　925.78/176/:1－:3
岑襄勤公奏稿三十卷首一卷　(清)岑毓英撰　清光緒二十三年(1897)武昌督糧官署刻本　三十二册

620000－1141－0000783　63.91/510
醫方簡義六卷　(清)王清源撰　(清)洪愛仁等參訂　清光緒十八年(1892)刻本　一册

620000－1141－0000784　63/430
馮氏錦囊秘錄八種四十九卷首一卷　(清)馮兆張纂輯　(清)王崇志等校　清嘉慶二十三年(1818)會成堂重修本　二十四册　存五種四十六卷(雜症大小合參十四卷、女科精要三卷、藥按一卷、痘疹全集十五卷、雜症痘疹藥性主治合參十二卷,首一卷)

620000－1141－0000785　925.78/670
劉壯肅公奏議十卷首一卷　(清)劉銘傳撰　清光緒三十二年(1906)鉛印本　六册

620000－1141－0000786　B94/1/:194
四分戒本一卷　(後秦)釋佛陀耶舍　(後秦)釋竺佛念譯　(清)釋讀體錄　清光緒十八年(1892)金陵刻經處刻本　一册

620000－1141－0000787　B94/1/:193
毗尼日用切要一卷　(清)釋讀體彙集　清中晚期刻本　一册

620000－1141－0000788　62/740.1
痢證滙条十卷　(清)吳道源纂輯　(清)王式金評定　(清)王天瑞校　清乾隆三十八年(1773)刻本　二册

620000－1141－0000789　922.1124/048
尚書正義二十卷　(唐)孔穎達等撰　清道光二十七年(1847)刻本　二十册

620000－1141－0000790　831.1126/193
詩經世本古義二十八卷首一卷　(明)何楷撰　清光緒十九年(1893)上海鴻寶叁石印本　十六册

620000－1141－0000791　831.4/039
唐賢三昧集三卷　(清)王士禎選　清同治十二年(1873)李嘉績代畊堂抄本　三册

620000－1141－0000792　833.11/570
詞律二十卷　(清)萬樹撰　**詞律拾遺八卷**　(清)徐本立撰　**詞律補遺一卷**　(清)杜文瀾撰　清同治十二年至光緒二年(1873－1876)刻本　十六册

620000－1141－0000793　082/669/2:1
聚學軒劉氏叢書五集六十種二百六十二卷　劉世珩輯　清光緒貴池劉氏刻本　一百册

620000－1141－0000794　902/157
四裔編年表不分卷　(美國)林樂知　嚴良勳譯　(清)李鳳苞彙編　清末江南製造總局刻本　四册

620000－1141－0000795　851.4/500　I2/2:
溫飛卿詩集九卷　(唐)溫庭筠撰　(明)曾益注　(清)顧予咸補注　(清)顧嗣立校　清光緒八年(1882)萬軸山房刻本　二册

620000－1141－0000796　851.41/500 I 3
溫飛卿詩集九卷　(唐)溫庭筠撰　(明)曾益注　(清)顧予咸補注　(清)顧嗣立校　清光緒八年(1882)萬軸山房刻本　二册

620000－1141－0000797　851.4/500 I 2
溫飛卿詩集九卷　(唐)溫庭筠撰　(明)曾益注　(清)顧予咸補注　(清)顧嗣立校　清光緒八年(1882)泉塘汪氏刻本　二册

620000－1141－0000798　015.8/389/2:
昭德先生郡齋讀書志二十卷　(宋)晁公武撰　(宋)姚應績編　**趙氏附志二卷**　(宋)趙希弁撰　清光緒十年(1884)王先謙刻本　十册

620000－1141－0000799　082/408/2:
隨盦徐氏叢書十種五十二卷　徐乃昌輯　清光緒徐乃昌刻本　十二册

620000－1141－0000800　082/408/:1
隨盦徐氏叢書十種五十二卷　徐乃昌輯　清光緒徐乃昌刻本　十二册

620000－1141－0000801　041/643/:1
藝文類聚一百卷　(唐)歐陽詢撰　(明)王元貞校　清光緒五年(1879)宏達堂刻本　三十八册

620000－1141－0000802　845.1/291
范忠宣公集二十五卷　(宋)范純仁撰　清康熙四十六年(1707)范氏歲寒堂刻本　六册

620000－1141－0000803　390/048
國朝續五禮儀七卷　(朝鮮)李宗城撰　清乾隆九年(1744)刻本　四册

620000－1141－0000804　844.14/598
王右丞集二十八卷　(唐)王維著　(清)趙殿成箋註　**首一卷末一卷**　清乾隆刻本　八册

620000－1141－0000805　089.5/233
周子全書二十二卷首一卷　(宋)周敦頤撰　(清)董榕輯　清乾隆二十一年(1756)刻本　十册

620000－1141－0000806　425.8/563
輶軒使者絕代語釋別國方言十三卷　(漢)揚

雄撰　（晉）郭璞注　清乾隆武英殿活字印本　六册

620000－1141－0000807　B94/1/:68
四教義六卷　（隋）釋智顗撰　清後期刻本　二册

620000－1141－0000808　823.1/710
碎金續譜六卷养默山房詩餘三卷碎金詞韻四卷　（清）謝元淮輯　清道光二十八年（1848）刻朱墨套印本　八册

620000－1141－0000809　823.1/710
碎金詞譜十四卷　（清）謝元淮輯　清道光二十八年（1848）刻朱墨套印本　八册

620000－1141－0000810　922.1125/648/2:
書經六卷　（宋）蔡沈集傳　清光緒十六年（1890）刻本　四册

620000－1141－0000811　922.21/370－2
前漢書一百二十卷　（漢）班固撰　（唐）顔師古註　清光緒十三年（1887）金陵書局刻本　二十四册

620000－1141－0000812　921/069/9:17
唐書二百二十五卷　（宋）歐陽修撰　清同治刻本　三十四册　存一百八十六卷（五至一百七、一百二十二至一百二十九、一百三十九至一百九十二、二百五至二百二十五）

620000－1141－0000813　919.08/502
遊記彙刊十七種二十八卷　（清）□□輯　清光緒二十三年（1897）新學書局刻本　二十册　缺二種三卷（印度劄記一卷、籌邊記二卷）

620000－1141－0000814　858.91/502
來生福彈詞三十六回　（清）橘中逸叟編　清同治九年（1870）聚錦堂刻本　二十册

620000－1141－0000815　857.5/098－2/:4
再生緣全傳二十卷　（清）陳端生撰　清晚期刻本　十册　存十卷（十一至二十）

620000－1141－0000816　857.4/179
綉像十美圖傳四十卷　（清）松筠撰　清同治九年（1870）刻本　四册

620000－1141－0000817　857.4/274
綉像珍珠塔四卷　（□）□□撰　清嘉慶十九年（1814）刻本　八册

620000－1141－0000818　B94/1/:310
西歸直指四卷首一卷　（清）周夢顔彙輯　清光緒十二年（1886）金陵刻經處刻本　二册

620000－1141－0000819　847.2/429/:1－:2
陸子全書十三種七十五卷　（清）陸隴其撰　（清）許仁沐等編輯　清光緒宗培等刻本　二十册

620000－1141－0000820　847.6/449
昭昧詹言十卷續八卷續錄二卷　（清）方東樹撰　清光緒十七年（1891）刻本　六册

620000－1141－0000821　845.14/129
蘇詩查注補正四卷　（清）沈欽韓撰　清光緒八年（1882）長洲蔣氏心矩齋刻本　二册

620000－1141－0000822　834.78/426
國朝文才調集不分卷　（清）陳兆崙等撰　（清）許振禕集評　（清）鄧輔綸參訂　（清）劉可毅校　清光緒十七年（1891）大梁東河行署刻本　八册

620000－1141－0000823　845.15/793 Ⅱ2/:1－:6
重栞明成化本東坡七集一百十卷　（宋）蘇軾撰　**宋史本傳一卷**　（元）脫脫撰　**校記二卷**　繆荃孫撰　**東坡先生［蘇軾］年譜一卷**　（宋）王宗稷編　**東坡先生墓誌銘一卷**　（宋）蘇轍撰　清光緒三十四年至宣統元年（1908－1909）渱陽端方寶華盦刻本　四十八册

620000－1141－0000824　925.8/672－2
說苑二十卷　（漢）劉向撰　清光緒元年（1875）湖北崇文書局刻本　一册　存十卷（一至十）

620000－1141－0000825　928/779/:1－:8
天下郡國利病書一百二十卷　（清）顧炎武輯　清道光龍萬育敷文閣刻光緒五年（1879）桐華書屋薛氏家塾重刻本　四十八册

620000－1141－0000826　921.14/164－2/:2
欽定續通典一百五十卷　(清)嵇璜等編　(清)曹仁虎等纂修　清光緒二十七年(1901)上海圖書集成局鉛印本　十二冊

620000－1141－0000827　B94/1/:10
大佛頂如來密因修證了義諸菩薩萬行首楞嚴經纂註十卷首一卷末一卷　(唐)釋般剌密諦　(唐)釋彌伽釋迦譯　(唐)房融筆受　(明)釋眞界纂註　清光緒三十四年(1908)金陵刻經處刻本　五冊

620000－1141－0000828　B94/1/:78
大佛頂如來密因修證了義諸菩薩萬行首楞嚴經文句十卷　(唐)釋般剌密諦譯　(明)釋智旭文句　(清)釋道昉參訂　清同治十三年(1874)金陵刻經處刻本　九冊

620000－1141－0000829　824/165
定香亭筆談四卷　(清)阮元記　清嘉慶五年(1800)揚州阮氏琅嬛僊館刻本　二冊

620000－1141－0000830　824.11/564
金石全例十種四十八卷外一種一卷　(清)朱記榮輯　清光緒十八年(1892)吳縣朱氏彙印本　十六冊

620000－1141－0000831　928/779/3:1－:6
天下郡國利病書一百二十卷　(清)顧炎武輯　清光緒五年(1879)桐華書屋薛氏家塾刻本　五十冊

620000－1141－0000832　847.14/793 I 4/:1－:5
重栞明成化本東坡七集一百十卷　(宋)蘇軾撰　**宋史本傳一卷**　(元)脫脫撰　**校記二卷**　繆荃孫撰　**東坡先生[蘇軾]年譜一卷**　(宋)王宗稷編　**東坡先生墓誌銘一卷**　(宋)蘇轍撰　清光緒三十四年至宣統元年(1908－1909)洹陽端方寶華盦刻本　四十冊

620000－1141－0000833　328.29/357
英俄印度交涉書一卷　(英國)馬文著　(英國)羅亨利譯　(清)瞿昂來彙編　清光緒七年(1881)江南製造總局刻本　一冊

620000－1141－0000834　330/515
原富五卷　(英國)斯密亞丹撰　嚴復譯　清光緒二十七年(1901)刻本　七冊

620000－1141－0000835　330/515－3
原富五卷　(英國)斯密亞丹撰　嚴復譯　清光緒二十八年(1902)南洋公學譯書院鉛印本　八冊

620000－1141－0000836　340.18/204
原富五卷　(英國)斯密亞丹撰　嚴復譯　清光緒二十八年(1902)南洋公學譯書院鉛印本　八冊

620000－1141－0000837　125.2/542
河南程氏遺書六十五卷　(宋)程顥　(宋)程頤撰　清光緒三十四年(1908)澹雅局刻本　二十四冊

620000－1141－0000838　127.18/735
顏氏家訓二卷　(北齊)顏之推撰　清光緒元年(1875)湖北崇文書局刻本　一冊

620000－1141－0000839　121.39/573
抱朴子內篇四卷　(晉)葛洪撰　清光緒二十年(1894)經綸元記刻本　四冊

620000－1141－0000840　121.36/573
抱朴子七十卷　(晉)葛洪撰　清晚期刻本　四冊　存八卷(內篇二、七、十二、十七,外篇一、十五、二十六、三十九)

620000－1141－0000841　121.14/534
焦氏易林校略十六卷　(清)翟云升撰　清道光二十八年(1848)刻本　八冊

620000－1141－0000842　927.4/173
東三省沿革表六卷　(清)吳廷燮撰　清宣統元年(1909)退耕堂刻本　六冊

620000－1141－0000843　820.1/668/35:
文心雕龍十卷　(南朝梁)劉勰撰　(明)楊慎批點　(清)張松孫輯註　清乾隆五十六年(1791)刻本　四冊

620000－1141－0000844　824.11/626
金石三例十五卷　(清)盧見曾輯　清乾隆二

十年(1755)盧見曾刻本　三冊

620000－1141－0000845　B94/2/1：
觀音濟度本願真經二卷　(清)彭德源編　清刻本　一冊

620000－1141－0000846　63.27/710＝2
本草備要不分卷　(清)汪昂撰　清光緒二十六年(1900)百城堂刻本　四冊

620000－1141－0000847　62/742
種痘真傳三卷　(清)方燦撰　(清)繆公恩參訂　(清)張鵬翂補　清道光十二年(1832)刻本　一冊

620000－1141－0000848　928/779/：1－：4
天下郡國利病書一百二十卷　(清)顧炎武輯　(清)龍萬育訂　清光緒二十七年(1901)石印本　二十八冊

620000－1141－0000849　851.77/445
小重山房詩續錄十二卷　(清)張祥河著　清光緒元年(1875)刻本　三冊

620000－1141－0000850　741/048
嶽雪樓書畫錄五卷　(清)孔廣陶編　清光緒十五年(1889)三十有三萬卷堂刻本　五冊

620000－1141－0000851　922.42/726－3
舊五代史一百五十卷　(宋)薛居正等撰　清嘉慶元年(1796)刻本　十六冊

620000－1141－0000852　921.3/556/1：
歷代史表五十九卷首一卷　(清)萬斯同撰　清光緒十五年(1889)廣雅書局刻本　十一冊

620000－1141－0000853　122.13/666－326
淮南鴻烈解二十一卷　(漢)劉安撰　(漢)高誘註　清乾隆刻本　六冊

620000－1141－0000854　820.1/668/36：
文心雕龍十卷　(南朝梁)劉勰撰　(清)黃叔琳注　(清)紀昀評　清道光十三年(1833)兩廣節署刻朱墨套印本　四冊

620000－1141－0000855　B94/1/：157－158
十二緣生祥瑞經二卷　(宋)釋施護譯　清光緒三年(1877)江北刻經處刻本　與620000－1141－0001293合冊

620000－1141－0000856　B94/1/：224
法華龍女成佛權實義一卷　(宋)釋源清撰　清光緒二十三年(1897)金陵刻經處刻本　與620000－1141－0001029合冊

620000－1141－0000857　B94/1/：227－228
勝鬘夫人會一卷　(唐)釋流志譯　清光緒二十二年(1896)金陵刻經處刻本　一冊

620000－1141－0000858　62.3/719＝3/2：
筆花醫鏡四卷　(清)江涵暾著　(清)盧海樓校字　清光緒四年(1878)刻本　佚名批　一冊

620000－1141－0000859　B94/1/：101
西方願文解一卷　(明)釋袾宏著并釋　清光緒二十四年(1898)金陵刻經處刻本　一冊

620000－1141－0000860　928/779/：1－：5
天下郡國利病書一百二十卷　(清)顧炎武輯　(清)龍萬育訂　清道光龍萬育敷文閣刻本　五十六冊

620000－1141－0000861　851.515/036－154
王荊文公詩五十卷補遺一卷　(宋)王安石撰　(宋)李壁箋注　(清)張宗松校　清乾隆五年至六年(1740－1741)張宗松清綺齋刻本　八冊

620000－1141－0000862　B94/1/：299－300
佛說如來智印經(諸佛法身經一卷)　(□)□□譯　清光緒四年(1878)金陵刻經處刻本　與620000－1141－0000011合冊

620000－1141－0000863　925/440
欽定平定回疆剿捦逆裔方略八十卷首六卷　(清)曹振鏞等撰　清道光十年(1830)武英殿刻本　八十六冊

620000－1141－0000864　28.31/303：2
北史一百卷　(唐)李延壽撰　清同治十一年(1872)金陵書局刻本　二十冊

620000－1141－0000865　821/134－1
柳亭詩話三十卷　(清)宋長白篹　清康熙四

十六年(1707)天茁園刻本　十冊

620000－1141－0000866　831.18/140－2
柳亭詩話三十卷　(清)宋長白纂　清康熙四十六年(1707)天茁園刻本　六冊

620000－1141－0000867　844.16/737　I2
朱文公校昌黎先生文集四十卷外集十卷遺文一卷　(唐)韓愈撰　(宋)朱熹考異　(宋)王伯大音釋　**朱文公校昌黎先生集傳一卷**　(宋)宋祁等撰　明萬曆朱崇沐刻本　八冊

620000－1141－0000868　28.31/303:2
宋史四百九十六卷　(元)脱脱等編修　清光緒元年(1875)浙江書局刻本　八十冊

620000－1141－0000869　28.31/303:2
金史一百三十五卷　(元)托克托等修　清同治十三年(1874)江蘇書局刻本　二十冊

620000－1141－0000870　28.31/303:2
欽定金史語解十二卷　清光緒四年(1878)江蘇書局刻本　二冊

620000－1141－0000871　28.31/303:2
唐書二百二十五卷　(宋)歐陽修　(宋)宋祁等撰　清同治十二年(1873)浙江書局刻本　四十冊

620000－1141－0000872　28.31/303:2
宋書一百卷　(南朝梁)沈約撰　清同治十一年(1872)金陵書局刻本　十六冊

620000－1141－0000873　857.4/669
新刻古本劉成美忠節全傳二十五卷　(清)□□撰　清道光二十二年(1842)友于堂刻本　五冊　存十卷(一至二、七至八、十一至十二、十五至十六、二十一至二十二)

620000－1141－0000874　921/069/9:2
漢書一百卷　(漢)班固撰　(唐)顏師古注　清光緒十三年(1887)金陵書局刻本　二十冊

620000－1141－0000875　927.61/039/:1
[宣統]新疆圖志一百十六卷首一卷　(清)袁大化修　王樹枏　(清)王學曾纂　清宣統三年(1911)木活字印本　一百十四冊

620000－1141－0000876　28.31/303:2
舊唐書二百十四卷　(五代)劉昫撰　清同治十一年(1872)浙江書局刻本　四十冊

620000－1141－0000877　925.3514/156:1－:2
宋李忠定奏議六十九卷首一卷擬撰文字七卷年譜一卷　(宋)李綱撰　清光緒二十九年(1903)刻本　二十冊

620000－1141－0000878　922.23/461－3
三國志六十五卷　(晉)陳壽撰　(南朝宋)裴松之注　清光緒十三年(1887)江南書局刻本　十二冊

620000－1141－0000879　922.33/489:1
春秋(十六國春秋)一百卷　(北魏)崔鴻撰　清光緒元年(1875)湖北崇文書局刻本　十二冊

620000－1141－0000880　929/190/:1－:2
名山勝槩記四十六卷　(明)何鏜輯　明晚期刻本　二十冊

620000－1141－0000881　832.1/208
楚辭燈四卷楚懷襄二王在位事蹟考一卷　(清)林雲銘撰　(清)林沅較正　**屈原列傳一卷**　(漢)司馬遷撰　清康熙三十六年(1697)挹奎樓刻本　四冊

620000－1141－0000882　63.91/317
醫方論四卷　(清)費伯雄著　清光緒三年(1877)刻本　二冊

620000－1141－0000883　121.649/780＋121.81/389
韓晏合編三十一卷　(清)吳鼒編　清道光二十五年(1845)揚州汪氏刻本　六冊

620000－1141－0000884　830.353/295/27:1－:2
文選六十卷　(南朝梁)蕭統輯　(唐)李善注　清乾隆十一年(1746)周氏懷德堂刻本　十六冊

620000－1141－0000885　830.353/295/28:
文選六十卷　(南朝梁)蕭統輯　(唐)李善注　(清)何焯評點　(清)葉樹藩參訂　清乾隆

三十七年(1772)葉氏海錄軒刻本　八冊

620000－1141－0000886　982.972/501
答問一卷　(清)孫奇逢撰　清順治十三年(1656)刻本　一冊

620000－1141－0000887　982.972/501
孝友堂家規一卷　(清)孫奇逢著　清康熙三十七年(1698)刻本　一冊

620000－1141－0000888　921/069/9:3
後漢書一百卷　(南朝宋)范曄撰　**續漢志三十卷**　(晉)司馬彪撰　清光緒十三年(1887)金陵書局刻本　十六冊

620000－1141－0000889　830.353/295/26:
文選六十卷　(南朝梁)蕭統輯　(唐)李善注　(清)何焯評　(清)葉樹藩參訂　清乾隆三十七年(1772)葉氏海錄軒刻朱墨套印本　十六冊

620000－1141－0000890　830.353/295/29
文選六十卷　(南朝梁)蕭統輯　(唐)李善注　(清)何焯評　(清)葉樹藩參訂　清乾隆三十七年(1772)葉氏海錄軒刻朱墨套印本　二十四冊

620000－1141－0000891　925/065/:1－:4
欽定平苗紀畧五十二卷首四卷　(清)鄂輝等撰　清嘉慶刻本　三十二冊

620000－1141－0000892　927.15/125－283
[乾隆]富平縣志八卷　(清)吴六鰲修　(清)胡文銓纂　清乾隆四十三年(1778)刻本　八冊

620000－1141－0000893　847.8/113
質盦叢稿六種十六卷外集三種四卷附錄一卷　(清)朱一新撰　清光緒二十二年(1896)順德龍氏葆真堂刻本　五冊　存六種十卷(佩弦齋文存三卷、佩弦齋駢文存一卷、佩弦齋詩存一卷、佩弦齋試帖存一卷、佩弦齋律賦存一卷、佩弦齋雜存二卷,附錄一卷)

620000－1141－0000894　62.42/674
新增疔瘡要訣一卷　(清)應遵誨撰　清光緒元年(1875)刻本　一冊

620000－1141－0000895　62/018
瘡瘍經驗全書十三卷　(宋)竇默著　(明)竇夢麟增輯　(清)洪瞻巖　(清)陳友恭校　清康熙五十六年(1717)陳廷桂浩然樓刻本　一冊　存二卷(五至六)

620000－1141－0000896　921.14/164/:2
欽定續通典一百五十卷　(清)嵇璜等纂修　清光緒二十八年(1902)上海鴻寶書局石印本　八冊

620000－1141－0000897　922.55/643.3
遼史拾遺二十四卷　(清)厲鶚撰　**遼史拾遺補五卷**　(清)楊復吉輯　清光緒元年至三年(1875－1877)江蘇書局刻本　十冊

620000－1141－0000898
書經體註大全合叅六卷　(宋)蔡沈集傳　(清)范翔鑒定　(清)張聖度訂　(清)錢希祥參　清奎光堂刻本　六冊

620000－1141－0000899　852.7/780
眉綠樓詞不分卷　(清)顧文彬撰　清光緒五年(1879)刻本　二冊

620000－1141－0000900　562/065
保全生命論一卷附一卷　(英國)古蘭肥勒撰　(英國)秀耀春口譯　(清)趙元益筆述　清光緒二十七年(1901)上海製造局刻本　一冊

620000－1141－0000901　847.8/510/2:
曾惠敏公全集十七卷　(清)曾紀澤撰　清光緒二十年(1894)石印本　四冊

620000－1141－0000902　851.78/039
蘅華館詩錄六卷　(清)王韜撰　清光緒十六年(1890)遯叟鉛印本　二冊

620000－1141－0000903　847.2/737－2
有懷堂文藁二十二卷詩藳六卷　(清)韓菼撰　清康熙四十二年(1703)刻本　四冊

620000－1141－0000904　928.324/167－2
廬山志十五卷　(清)毛德琦重訂　(清)龔華塍修訂　清乾隆五十八年(1793)龔華塍刻本

二冊　存一卷(一)

620000－1141－0000905　097.426/374
大學衍義四十三卷　(宋)真德秀撰　明崇禎十一年(1638)楊鶚刻本　十冊

620000－1141－0000906　423.1/411
說文解字十五卷　(漢)許慎撰　(宋)徐鉉校定　清初毛氏汲古閣刻本　十五冊

620000－1141－0000907　423.16/042
北溪先生字義二卷補遺一卷嚴陵講義一卷　(宋)陳淳撰　(宋)王雋集編　(清)戴嘉禧增訂　(清)顧秀虎校閲　清康熙五十三年(1714)戴嘉禧愛荊堂刻本　二冊

620000－1141－0000908　982.26/462
東林列傳二十四卷末二卷　(清)陳鼎輯　(清)沈霽　(清)蔡世英校　清康熙五十年(1711)刻本　八冊

620000－1141－0000909　927.15/187－433
[正德]武功縣志三卷首一卷　(明)康海纂　(清)孫景烈評註　清乾隆二十六年(1761)瑪星阿刻本　二冊

620000－1141－0000910　927.15/187－433/3:
[正德]武功縣志三卷首一卷　(明)康海纂　(清)孫景烈評註　清道光八年(1828)風滿樓刻本　三冊

620000－1141－0000911　927.15/103－143－2
[熙寧]長安志二十卷圖三卷　(宋)宋敏求纂　(元)李好文繪　(清)畢沅校　清光緒十七年(1891)思賢講舍刻靈巖山館本　五冊

620000－1141－0000912　350/409/2:1－:4
大清律例四十七卷　(清)徐本等修　(清)唐紹祖等纂　清乾隆五十五年(1790)武英殿刻本　二十冊

620000－1141－0000913　922.177/571
國語正義二十一卷　(清)董增齡撰集　清光緒六年(1880)會稽章氏式訓堂刻本　八冊

620000－1141－0000914　927.27/486
[嘉慶]四川通志二百四卷首二十二卷　(清)常明等修　(清)楊芳燦　(清)譚光祜等纂　清嘉慶二十一年(1816)刻本　一百六十冊

620000－1141－0000915　994/817
匋齋臧石記四十四卷藏甎記二卷首一卷　(清)端方輯　清宣統元年(1909)上海商務印書館石印本　十二冊

620000－1141－0000916　824.11/626－2
金石三例十五卷　(清)盧見曾輯　(清)王芑孫批註　清光緒四年(1878)南海馮氏刻朱墨套印本　四冊

620000－1141－0000917　824.11/626－2/2:
金石三例十五卷　(清)盧見曾輯　(清)王芑孫批註　清光緒四年(1878)南海馮氏刻朱墨套印本　四冊

620000－1141－0000918　62.081/386:2
醫學三字經四卷　(清)陳念祖著　(清)陳元豹　(清)陳元犀校　清嘉慶九年(1804)右文堂刻本　二冊

620000－1141－0000919　922.21/129
漢書疏證三十六卷　(清)沈欽韓撰　清光緒二十六年(1900)浙江官書局刻本　二十四冊

620000－1141－0000920　921.4/156:1－:4
續通鑑紀事本末一百十卷　(清)李銘漢編輯　清光緒三十二年(1906)刻本　三十二冊

620000－1141－0000921　921.191/174
精訂綱鑑廿四史通俗衍義二十六卷首一卷　(清)呂撫輯　清光緒十三年(1887)鉛印本　六冊

620000－1141－0000922　921.3/370
校正古今人表九卷　(漢)班固撰　(唐)顏師古注　清道光十五年(1835)刻本　一冊

620000－1141－0000923　922.1127/040
尚書後案三十卷附後辨一卷　(清)王鳴盛撰　清乾隆四十五年(1780)禮堂刻頤志堂印本　六冊

620000－1141－0000924　853.2/037/:1－:2
納書楹曲譜正集四卷續集四卷補遺四卷外集

二卷納書楹玉茗堂四夢全譜八卷　(清)葉堂訂譜　(清)王文治參訂　清乾隆五十七年至五十九年(1792－1794)葉氏納書楹刻本　二十二册

620000－1141－0000925　857.4/078
新鐫玉茗堂批點按鑑參補楊家將傳十卷　(明)研石山樵訂正　清體元堂刻本　四册

620000－1141－0000926　011.9/475:1－:4
慈溪黄氏日抄分類九十七卷　(宋)黄震編輯　清乾隆三十二年(1767)汪佩鍔刻本　二十八册

620000－1141－0000927　011.9/475:5
慈溪黄氏日抄分類古今紀要十九卷　(宋)黄震撰　清乾隆三十二年(1767)汪佩鍔刻本　八册

620000－1141－0000928　090/564
朱子經濟文衡類編前集二十五卷後集二十五卷續集二十二卷　(宋)朱熹著　清乾隆四年(1739)刻本　一册　存一册

620000－1141－0000929　851.77/694
存素堂詩槀十四卷　(清)錢寶琛撰　清同治七年至光緒六年(1868－1880)刻本　八册

620000－1141－0000930　851.77/223
晉齋詩存二卷　(清)昇寅撰　清咸豐四年(1854)刻本　二册

620000－1141－0000931　851.75/170
梅村詩集箋注十八卷　(清)吳翌鳳撰　清嘉慶十九年(1814)滄浪吟榭刻本　六册

620000－1141－0000932　B94/1/:237－238
摩訶般若波羅蜜大明咒經一卷　(後秦)釋鳩摩羅什譯　清光緒元年(1875)金陵刻經處刻本　一册

620000－1141－0000933　B94/1/:258－261
陰符經發隱一卷　(清)楊文會註　清光緒二十二年(1896)金陵刻經處刻本　一册

620000－1141－0000934　B94/1/:277
無隱禪師略錄一卷　(清)普願居士集校　清光緒十六年(1890)金陵刻經處刻本　一册

620000－1141－0000935　B94/1/:272
筠州黄檗山斷際禪師傳心法要二卷　(唐)裴休集　清光緒十年(1884)金陵刻經處刻本　一册

620000－1141－0000936　B94/1/:267
顯密圓通成佛心要集二卷　(遼)釋道㲀集　清同治十一年(1872)金陵刻經處刻本　一册

620000－1141－0000937　B94/1/:264
大方廣圓覺修多羅了義經二卷　(唐)釋佛陀多羅譯　清同治八年(1869)金陵刻經處刻本　一册

620000－1141－0000938　K241/1
隋書八十五卷　(唐)魏徵等撰　明崇禎八年(1635)毛氏汲古閣刻清遞修本　十六册

620000－1141－0000939　125.3/447
張子全書九種十五卷　(宋)張載著　清同治九年(1870)刻本　八册

620000－1141－0000940　127.6/501
浮邱子十二卷　(清)湯鵬著　清同治四年(1865)刻本　四册

620000－1141－0000941　121.333/042－3
莊子集解八卷　王先謙輯　清宣統元年(1909)思賢書局刻本　四册

620000－1141－0000942　121.333/430
莊子集釋十卷　(清)郭慶藩輯　清光緒二十年(1894)思賢講舍刻本　八册

620000－1141－0000943　121.219/433
孔子改制考二十一卷　康有為著　清光緒二十四年(1898)石印本　十册

620000－1141－0000944　097.525/065
十先生中庸集解二卷附錄一卷　(清)石䃂編　清道光二十九年(1849)刻本　二册

620000－1141－0000945　097.5/033
中庸直指一卷　(明)史德清述　清光緒十年(1884)金陵刻經處刻本　一册

620000－1141－0000946　095.1/365－2
周禮政要二卷　(清)孫詒讓著　清光緒三十一年(1905)玉麟書局石印本　二冊

620000－1141－0000947　095.1/365/1:
周禮政要二卷　(清)孫詒讓著　清光緒三十一年(1905)甘肅高等學堂刻本　二冊

620000－1141－0000948　092/542－2
周易四卷　清光緒十六年(1890)蘭州刻本　二冊

620000－1141－0000949　821/288/:1－:2
漁隱叢話前集六十卷後集四十卷　(宋)胡仔纂集　清道光二十六年至二十九年(1846－1849)刻海山仙館叢書本　十二冊

620000－1141－0000950　075.74/696
十駕齋養新録二十卷餘録三卷　(清)錢大昕撰　**竹汀居士[大昕]年譜一卷**　(清)錢大昕編　(清)錢慶曾校注　**年譜續一卷**　(清)錢慶曾述　清光緒二年(1876)浙江書局刻本　八冊

620000－1141－0000951　B94/1/:241
寶授菩薩菩提行經一卷　(宋)釋法賢譯　清光緒二十三年(1897)金陵刻經處刻本　與620000－1141－0000005合冊

620000－1141－0000952　080/779:1
小石山房叢書三十八種六十四卷　(清)顧湘輯　清道光刻同治十三年(1874)虞山顧氏補刻本　二十冊

620000－1141－0000953　075.72/190－2
義門讀書記五十八卷　(清)何焯撰　清乾隆三十四年(1769)蔣研溪、何雲龍刻本　十二冊

620000－1141－0000954　079.97/091 I 2
國朝漢學師承記八卷國朝經師經義一卷國朝宋學淵源記二卷附記一卷　(清)江藩纂　清光緒二十二年(1896)刻本　三冊

620000－1141－0000955　927.55/213－173
[乾隆]蔚州志補十二卷首一卷　(清)楊世昌修　(清)吴廷華　(清)王大猷纂　清乾隆十年(1745)刻本　五冊

620000－1141－0000956　925.6/570/:1－:2
御選明臣奏議四十卷　(清)葉伯巨等撰　(清)高宗弘曆輯　清乾隆四十二年(1777)福建布政使署刻道光、同治遞修光緒二十一年(1895)增刻本　十六冊

620000－1141－0000957　982.9/115
朱子[熹]年譜四卷考異四卷朱子論學切要語二卷　(清)王懋竑纂訂　清乾隆十六年(1751)刻本　四冊

620000－1141－0000958　982.972/475
黄泰年譜一卷　(清)黄泰撰　清道光琴川劉寶成刻本　一冊

620000－1141－0000959
詩經體註大全合衆八卷　(宋)朱熹集傳　(清)高朝瓔定　(清)沈世楷輯　(清)沈存仁參　(清)高景屺商　(清)高景陳校　清奎光堂刻本　六冊

620000－1141－0000960　982.96/037
明王文成公年譜節鈔二卷　(明)錢德洪撰　(清)楊希閔節鈔　清光緒四年(1878)福州刻四朝先賢六家年譜本　一冊　存一卷(二)

620000－1141－0000961　982.972/501
徵君孫先生[奇逢]年譜二卷　(清)湯斌　(清)魏一鰲等編次　(清)方苞訂正　清康熙刻本　二冊

620000－1141－0000962　220/100
西遊原旨一百回　(元)丘處機撰　(清)劉一明注　清嘉慶抄本　十二冊

620000－1141－0000963　921/359:1－:5
繹史一百六十卷年表一卷　(清)馬驌譔　清光緒三十年(1904)浙江書局刻本　五十冊

620000－1141－0000964　916/328
瀛環志略十卷　(清)徐繼畬輯著　清同治五年(1866)刻本　六冊

620000－1141－0000965　909.9/427

西北邊界圖地名譯漢考證二卷 (清)許景澄編 清光緒二十二年(1896)刻本 三冊

620000－1141－0000966 851.6/155－2
空同詩集三十四卷 (明)李夢陽撰 清光緒十五年(1889)刻本 六冊

620000－1141－0000967 847.2/155
二曲全集二十六卷四書反身錄八卷首一卷 (清)李顒著 清光緒二十六年(1900)小嫏嬛山館刻本 八冊

620000－1141－0000968 424/311
初學檢韻袖珍十二卷 (清)姚文登撰 (清)錢辛楣鑒定 (清)徐保齡校 清同治十二年(1873)刻本 四冊

620000－1141－0000969 B94/1/:258－261
道德經發隱一卷 (清)楊文會註 清光緒二十九年(1903)刻本 與620000－1141－0000933合冊

620000－1141－0000970 B94/1/:258－261
沖虛經發隱一卷 (戰國)列禦寇撰 (清)楊文會註 清光緒三十年(1904)刻本 與620000－1141－0000933合冊

620000－1141－0000971 B94/1/:258－261
南華經發隱一卷 (清)楊文會註 清光緒三十年(1904)金陵刻經處刻本 與620000－1141－0000933合冊

620000－1141－0000972 921.14/164－2/:4
皇朝通志一百二十六卷 (清)嵇璜編 (清)曹仁虎校勘 清光緒二十七年(1901)上海圖書集成局鉛印本 十二冊

620000－1141－0000973 041/464/:1－:8
潛確居類書一百二十卷 (明)陳仁錫輯 明崇禎刻本 五十冊 存一百二卷(十九至一百二十)

620000－1141－0000974 821/288/2:
漁隱叢話前集六十卷後集四十卷 (宋)胡仔纂集 清乾隆五年至六年(1740－1741)楊佑啟耘經樓刻本 六冊

620000－1141－0000975 921.7/207
史編抄斷四卷 (明)林雲程纂 (明)林肇符等校訂 明萬曆刻本 四冊

620000－1141－0000976 921.14/443
皇朝通志一百二十六卷 (清)嵇璜編 (清)曹仁虎纂修 清光緒二十八年(1902)上海鴻寶書局石印本 八冊

620000－1141－0000977 921.14/164－2/:5－:7
欽定續通志六百四十卷 (清)嵇璜編 (清)曹仁虎纂修 清光緒二十七年(1901)上海圖書集成局鉛印本 六十冊

620000－1141－0000978 921.14/164/:4－:7
欽定續通志六百四十卷 (清)嵇璜編 (清)曹仁虎纂修 清光緒二十八年(1902)上海鴻寶書局石印本 四十冊

620000－1141－0000979 922.21/370
前漢書一百二十卷 (漢)班固撰 (唐)顏師古注 清光緒十年(1884)上海同文書局石印本 三十一冊

620000－1141－0000980 424/720
詞林正韻三卷 (清)戈載撰 清光緒三年(1877)仁和葛元煦刻本 四冊

620000－1141－0000981 424/670
四音定切四卷首一卷 (清)劉熙載撰 清光緒四年(1878)刻本 二冊

620000－1141－0000982 851.414/161:1－:2
杜詩鏡銓二十卷 (清)楊倫編輯 **杜工部[杜甫]年譜一卷附諸家論杜一卷** (宋)王安石 (元)元好問等撰 清乾隆九柏山房刻本 十二冊

620000－1141－0000983 B94/1/:30－1
十二門論宗致義記四卷 (天竺)龍樹菩薩造論 (後秦)釋鳩摩羅什譯 (唐)釋法藏記 清宣統三年(1911)江西刻經處刻本 二冊

620000－1141－0000984 B94/1/:30－2
十二門論宗致義記四卷 (天竺)龍樹菩薩造論 (後秦)釋鳩摩羅什譯 (唐)釋法藏記

清宣統三年(1911)江西刻經處刻本　二冊

620000－1141－0000985　908/435
歷史叢書□□種□□章　(清)□□編　清光緒二十九年(1903)上海商務印書館鉛印本　四冊　存四種八十三章(俄羅斯史十六章、埃及近世史二十七章、歐洲新政史一至二十、日耳曼史二十章)

620000－1141－0000986　858.75/291
越諺三卷附賸語二卷　(清)范寅輯　(清)黃以周審定　清光緒八年(1882)谷應山房刻本　三冊

620000－1141－0000987　857.2/774
繪圖情史二十四卷　(明)詹詹外史輯　清宣統元年(1909)石印本　六冊

620000－1141－0000988　857.2/578
情史類畧二十四卷　(明)詹詹外史評輯　清中晚期刻本　十二冊

620000－1141－0000989　857.08/155
太平廣記五百卷　(宋)李昉等編　(清)黃曉峰校勘　清嘉慶十一年(1806)姑蘇聚文堂刻本　六十冊

620000－1141－0000990　857.3/452
老學庵筆記十卷　(宋)陸游著　清宣統三年(1911)掃葉山房石印本　二冊

620000－1141－0000991　B94/1/:237－238
實相般若波羅蜜經一卷　(唐)釋菩提流志等譯　清同治十年(1871)金陵刻經處刻本　一冊

620000－1141－0000992　B94/1/:237－238
文殊師利所説摩訶般若波羅蜜經一卷　(南朝梁)釋曼陀羅僊譯　清光緒元年(1875)江北刻經處刻本　與620000－1141－0000991合冊

620000－1141－0000993　62.3/719/1:
筆花醫鏡四卷　(清)江涵暾著　(清)劉宣齋　(清)謝菊坪校　**增補救急中毒跌打瘡毒諸驗方一卷**　(清)黃鼎鎮輯　清光緒九年(1883)開封同善堂黃鼎鎮等刻本　二冊

620000－1141－0000994　847/667
太師誠意伯劉文成公集二十卷首一卷　(明)劉基著　清晚期刻本　十二冊

620000－1141－0000995　845.14/793
蘇文忠公詩集五十卷目錄二卷　(宋)蘇軾撰　(清)紀昀評點　清同治八年(1869)韞玉山房刻朱墨套印本　十二冊

620000－1141－0000996　834.7/734
寧都三魏全集八十三卷　(清)林時益輯　清道光二十五年(1845)寧都謝庭綬紱園書塾刻本　五十冊

620000－1141－0000997　845.6/044/:1－:2
元遺山先生集四十卷附錄補載二卷年譜三種四卷續夷堅志四卷新樂府四卷考證三卷　(元)元好問撰　清光緒七年(1881)讀書山房刻本　十八冊

620000－1141－0000998　847.1/695/:1－:2
初學集一百十卷目錄二卷　(清)錢謙益撰　清宣統二年(1910)邃漢齋鉛印本　二十四冊

620000－1141－0000999　834.1/773
全上古三代秦漢三國六朝文七百四十六卷　(清)嚴可均校輯　清光緒十九年(1893)廣雅書局刻本　一百二十冊　存七百九卷(一至七百九)

620000－1141－0001000　991.2/165/2:2
積古齋鐘鼎彝器款識十卷　(清)阮元　(清)朱爲弼编錄　清刻本　一冊　存三卷(二至四)

620000－1141－0001001　I242.1/5/:1
聊齋志異新評十六卷　(清)蒲松齡著　(清)王士正評　(清)但明倫新評　(清)呂湛恩注　(清)管斯駿等校　清光緒十二年(1886)上海江左書林石印本　八冊

620000－1141－0001002　321－171/488－3/:1－:4
欽定大清會典一百卷　(清)張廷玉等纂　清

乾隆二十九年(1764)武英殿刻本　二十四册

620000－1141－0001003　927.15/135－042
[萬曆]續朝邑縣志八卷　(明)郭實修　(明)王學謨纂　清康熙五十一年(1712)王兆鰲刻本　二册

620000－1141－0001004　927.15/135－042
[康熙]朝邑縣後志八卷　(清)王兆鰲修　(清)王鵬翼纂　清康熙五十一年(1712)刻本　三册

620000－1141－0001005　B94/1/:43
禪林僧寶傳三十卷續補一卷附一卷　(宋)釋惠洪撰　清光緒六年(1880)常熟刻經處刻本　三册

620000－1141－0001006　847.46/022－2
紅樓復夢一百卷　(清)陳少海撰　清嘉慶四年(1799)刻本　三十二册

620000－1141－0001007　852.72/171　I4
事類賦三十卷　(宋)吳淑撰註　(明)華麟祥校　清乾隆五十八年(1793)劍光閣刻本　六册

620000－1141－0001008　B94/1/:1
大方等大集月藏經十卷　(隋)釋那連提耶舍譯　清光緒八年(1882)常熟刻經處劉叔涵刻本　三册

620000－1141－0001009　082/042/:1－:4
南菁書院叢書八集四十一種一百四十五卷　王先謙　繆荃孫輯　清光緒十四年(1888)江陰南菁書院刻本　四十册

620000－1141－0001010　831.41/437
全唐詩三十二卷　(清)曹寅等輯　清光緒十三年(1887)同文書局石印本　三十一册　存三十一卷(一至十六、十八至三十二)

620000－1141－0001011　842.4/439
漢魏六朝百三名家集一百十八卷　(明)張溥編　明婁東張氏刻本　八册　存十三家十五卷(魏文帝集二卷、陳思王集二卷、陳記室集一卷、王侍中集一卷、魏阮元瑜集一卷、魏劉公幹集一卷、魏應德璉集一卷、魏應休璉集一卷、阮步兵集一卷、嵇中散集一卷、魏鍾司徒集一卷、晉杜征南集一卷、魏荀公曾集一卷)

620000－1141－0001012　921.14/164/:3
欽定續通典一百五十卷　(清)嵇璜編　(清)曹仁虎纂修　清光緒二十八年(1902)上海鴻寶書局石印本　八册

620000－1141－0001013　921.14/164/:3
欽定續通志六百四十卷　(清)嵇璜編　(清)曹仁虎纂修　清光緒二十八年(1902)上海鴻寶書局石印本　四十册

620000－1141－0001014　921.14/164/:1
皇朝通典一百卷　(清)嵇璜編　(清)曹仁虎纂修　清光緒二十八年(1902)上海鴻寶書局石印本　八册

620000－1141－0001015　921.14/164/:1
皇朝通志一百二十六卷　(清)嵇璜編　(清)曹仁虎纂修　清光緒二十八年(1902)上海鴻寶書局石印本　八册

620000－1141－0001016　921.14/164/:1
皇朝文獻通考三百卷　(清)嵇璜編　(清)曹仁虎纂修　清光緒二十八年(1902)上海鴻寶書局石印本　三十二册

620000－1141－0001017　921.14/164/:2
通志二百卷　(宋)鄭樵撰　清光緒二十八年(1902)上海鴻寶書局石印本　四十册

620000－1141－0001018　921.14/164/:2
文獻通考三百四十八卷　(元)馬端臨撰　清光緒二十八年(1902)上海鴻寶書局石印本　三十二册

620000－1141－0001019　011.7/364/1:
札迻十二卷　(清)孫詒讓撰　清光緒二十年(1894)籀廎刻二十一年(1895)重修本　四册

620000－1141－0001020　011.7/364
札迻十二卷　(清)孫詒讓撰　清光緒二十一年(1895)千頃堂書局石印本　六册

620000－1141－0001021　032.11/200:1－:3

京報不分卷　(清)聚興報房編　清光緒三十四年(1908)鉛印本　六册

620000－1141－0001022　032/548
新民叢報選編不分卷　梁啟超編　清光緒二十八年(1902)石印本　十五册

620000－1141－0001023　921/069/9:18－1
舊五代史一百五十卷　(宋)薛居正等撰　清同治十一年(1872)湖北崇文書局刻本　十六册

620000－1141－0001024　B94/1/:16
楞伽阿跋多羅寶經四卷　(南朝宋)釋求那跋陀羅譯　清同治九年(1870)金陵刻經處刻本　二册

620000－1141－0001025　B94/1/:121
大乘法界無差别論疏二卷　(唐)釋法藏撰　清光緒二十一年(1895)金陵刻經處刻本　一册

620000－1141－0001026　B94/1/:122
三論玄義二卷　(隋)釋吉藏撰　清光緒二十五年(1899)金陵刻經處刻本　一册

620000－1141－0001027　B94/1/:120
金剛般若波羅蜜經破空論一卷　(後秦)釋鳩摩羅什譯經　(明)釋智旭造論　清同治十年(1871)如臯刻經處刻本　一册

620000－1141－0001028　B94/1/:123
勸戒殺喫素文一卷節録紀愼齋家訓一卷　(清)□□撰　清刻本　一册

620000－1141－0001029　B94/1/:224
法華經安樂行義一卷　(南朝陳)釋慧思撰　清光緒三年(1877)江北刻經處刻本　一册

620000－1141－0001030　B94/1/:230
佛説守護大千國土經三卷　(宋)釋施護譯　清同治十三年(1874)雞園刻經處刻本　一册

620000－1141－0001031　B94/1/:227－228
勝鬘師子吼一乘大方便方廣經一卷　(南朝宋)釋求那跋陀羅譯　清光緒二十二年(1896)金陵刻經處刻本　一册

620000－1141－0001032　B94/1/:226
佛説大阿彌陀經二卷　(三國吴)釋支謙譯　清光緒二十年(1894)刻本　一册

620000－1141－0001033　B94/1/:225
御選雲棲蓮池袾大師語録十九卷　(清)世宗胤禛編　清光緒刻本　一册　存一卷(十三)

620000－1141－0001034　921/069/9:19－1
五代史七十四卷　(宋)歐陽修撰　清同治十一年(1872)湖北崇文書局刻本　八册

620000－1141－0001035　041/168
子史精華一百六十卷　(清)允祿等監脩　(清)吴士玉等總裁　(清)吴襄等纂　(清)張廷玉等校對　清光緒十二年(1886)上海同文書局石印本　八册

620000－1141－0001036　042/409:1－:2
古香齋鑒賞袖珍初學記三十卷　(唐)徐堅等撰　清光緒八年至九年(1882－1883)南海孔氏嶽雪樓刻本　十二册

620000－1141－0001037　921/069/9:12
周書五十卷　(唐)令狐德棻撰　清同治十三年(1874)金陵書局刻本　四册

620000－1141－0001038　909.8/041/:1－:8
小方壺齋輿地叢鈔十二帙一千二百種一千二百四卷　(清)王錫祺輯　清光緒十七年(1891)上海著易堂鉛印本　六十四册

620000－1141－0001039　857.1351/666
世説新語六卷　(南朝宋)劉義慶撰　(南朝梁)劉孝標注　**附世説新語攷證一卷校勘小識一卷校勘小識補一卷引用書目一卷佚文一卷**　(□)□□撰　清光緒十七年至十九年(1891－1893)思賢講舍刻本　四册

620000－1141－0001040　851.41/152/3:
李義山詩集三卷　(唐)李商隱撰　(清)朱鶴齡箋注　清同治九年(1870)萃文堂刻三色套印本　四册

620000－1141－0001041　B94/1/:126
楞嚴摸象記十卷附諸經摸象記一卷　(明)釋

袾宏述　清光緒二十四年(1898)金陵刻經處刻本　一册

620000－1141－0001042　B94/1/:75－76
佛説金剛般若波羅密經略疏二卷　(唐)釋智儼述　清光緒二十六年(1900)金陵刻經處刻本　一册

620000－1141－0001043　858.5/017Ⅱ1/2:
三寶證盟寶卷一卷　(□)□□撰　清光緒十六年(1890)常郡府廟培本堂善書局刻本　一册

620000－1141－0001044　B94/1/:104
禪門鍛鍊説一卷　(清)釋戒顯著　清同治十一年(1872)如皋刻經處刻本　一册

620000－1141－0001045　B94/1/:103
永嘉眞覺大師證道歌註不分卷　(元)釋竺源註頌　(元)釋德弘編　清光緒三十四年(1908)金陵刻經處刻本　一册

620000－1141－0001046　B94/1/:95
諸經日誦集要二卷　(明)釋袾宏訂輯　清光緒二十五年(1899)金陵刻經處刻本　一册

620000－1141－0001047　994.552/561
匡喆刻經頌十二卷　楊守敬摹　清光緒三十三年(1907)鄂城刻本　六册

620000－1141－0001048　993.4/410
從古堂款識學十六卷　(清)徐同柏撰　清光緒三十二年(1906)蒙學報館石印本　八册

620000－1141－0001049　921.14/164/:3
欽定續文獻通考二百五十卷　(清)嵇璜編　(清)曹仁虎纂修　清光緒二十八年(1902)石印本　二十四册

620000－1141－0001050　B94/1/:95
西方願文解一卷　(明)釋袾宏著并釋　清光緒二十四年(1898)金陵刻經處刻本　與620000－1141－0001046合册

620000－1141－0001051　B94/1/:75－76
般若波羅密多心經略疏一卷　(唐)釋玄奘譯　(唐)釋法藏述　清同治八年(1869)金陵刻經處刻本　與620000－1141－0001042合册

620000－1141－0001052　B94/1/:24
大方等大集賢護經四卷　(隋)釋闍那崛多　(隋)釋笈多等譯　(清)彭紹升校　清同治十二年(1873)江北刻經處刻本　一册

620000－1141－0001053　B94/1/:25
維摩詰所説經三卷　(後秦)釋鳩摩羅什譯　清同治九年(1870)金陵刻經處刻本　一册

620000－1141－0001054　B94/1/:62
仁王護國般若波羅密多經二卷　(唐)釋不空譯　清同治九年(1870)金陵刻經處刻本　一册

620000－1141－0001055　B94/1/:77
大佛頂如來密因修證了義諸菩薩萬行首楞嚴經玄義二卷　(明)釋智旭撰　(明)釋道昉參訂　清中晚期刻本　一册

620000－1141－0001056　857.4/154
夢中緣十五回　(清)李修行撰　清光緒十一年(1885)刻本　四册

620000－1141－0001057　857.47/556
雷峯塔傳奇四卷三十四齣　(清)方成培撰　清乾隆三十七年(1772)水竹居刻本　四册

620000－1141－0001058　424/131/2:1－:2
韻府拾遺一百六卷　(清)汪灝等纂修　(清)張廷玉等校勘　清刻本　二十册

620000－1141－0001059　422.12/227
爾雅正義二十卷　(清)邵晉涵撰　**釋文三卷**　(唐)陸德明撰　清乾隆五十三年(1788)餘姚邵氏家塾刻本　八册

620000－1141－0001060　423.14/722/:1－:2
六書故三十三卷六書通釋一卷　(宋)戴侗著　(清)李鼎元校　清乾隆四十九年(1784)師竹齋刻本　十六册

620000－1141－0001061　095.1/365/2:
周禮政要二卷　(清)孫詒讓著　清光緒三十一年(1905)甘肅高等學堂刻本　二册

620000－1141－0001062　095.1/365/3:

周禮政要二卷　(清)孫詒讓著　清光緒三十一年(1905)甘肅高等學堂刻本　二册

620000－1141－0001063　921/069/9:21－1－2
遼史一百十五卷　(元)托克托等修　清同治十二年(1873)刻本　十二册

620000－1141－0001064　095.1/365/4:
周禮政要二卷　(清)孫詒讓著　清光緒三十一年(1905)甘肅高等學堂刻本　二册

620000－1141－0001065　921/069/9:23－1－5
元史二百十卷　(明)宋濂等修　清同治十三年(1874)江蘇書局刻本　四十册

620000－1141－0001066　095.1/365/5:
周禮政要二卷　(清)孫詒讓著　清光緒三十一年(1905)甘肅高等學堂刻本　二册

620000－1141－0001067　921/069/9:4－1－2
三國志六十五卷　(晉)陳壽撰　(南朝宋)裴松之注　清光緒十三年(1887)江南書局刻本　八册

620000－1141－0001068　B94/1/:329
念佛警策二卷　(清)彭紹升纂　清同治十三年(1874)許靈虛刻本　一册

620000－1141－0001069　B94/1/:60
大乘理趣六波羅密多經十卷　(唐)釋般若譯　清光緒十九年(1893)金陵刻經處刻本　二册

620000－1141－0001070　B94/1/:3
大乘起信論義記七卷附大乘起信論別記一卷　(唐)釋法藏撰　清光緒二十四年(1898)金陵刻經處刻本　二册

620000－1141－0001071　B94/1/:4
大乘起信論疏記會本六卷　(天竺)馬鳴菩薩造論　(南朝梁)釋眞諦譯　(新羅)釋元曉疏　清光緒二十五年(1899)金陵刻經處刻本　二册

620000－1141－0001072　B94/1/:32
大乘中觀釋論十卷　(天竺)安慧菩薩造　(宋)釋惟淨等譯　清光緒三十四年(1908)金陵刻經處刻本　二册

620000－1141－0001073　093/385
御製繙譯書經六卷　清光緒二十二年(1896)刻本　六册

620000－1141－0001074　093.31/009
頤志齋叢書二十一種四十二卷　(清)丁晏撰　清道光至同治間山陽丁氏六藝堂刻本　二册　存三種五卷(禹貢集釋三卷、禹貢蔡傳正誤一卷、禹貢錐指正誤一卷)

620000－1141－0001075　B94/1/:41
大寶積經二十卷　(唐)釋玄奘譯　清晚期刻本　六册

620000－1141－0001076　220.18/222
日課便蒙文讃類集一卷　(清)釋海寬註　清釋明誠刻本　一册

620000－1141－0001077　220.18/222
僧訓日紀一卷　(明)釋袾宏輯　清釋明誠刻本　與620000－1141－0001076合册

620000－1141－0001078　220.18/222
緇門崇行錄一卷　(明)釋袾宏輯　(清)釋明誠刻本　與620000－1141－0001076合册

620000－1141－0001079　B94/1/:138
法界聖凡水陸勝會修齋儀軌六卷　(宋)釋志磐撰　(明)釋袾宏重訂　清光緒二十五年(1899)金陵刻經處刻本　二册

620000－1141－0001080　993/169
兩罍軒彝器圖釋十二卷　(清)吳雲撰　清同治十二年(1873)刻本　六册

620000－1141－0001081　993.65/691
觀古閣叢刻九種十二卷　(清)鮑康撰　清同治十二年(1873)鮑氏刻本　八册

620000－1141－0001082　731.3/449
止原印略不分卷　(清)張復純纂　清乾隆五十五年(1790)刻鈐印本　二册

620000－1141－0001083　925/500/:1－:4
親征平定朔漠方略四十八卷　(清)溫達等撰　御製親征朔漠紀略一卷　(清)聖祖玄燁撰

清康熙四十七年(1708)內府刻本　五十冊

620000－1141－0001084　922.42/643
五代史七十四卷　(宋)歐陽修撰　(宋)徐無黨注　明崇禎三年(1630)毛氏汲古閣刻本　十冊

620000－1141－0001085　423.134/144
埶文備覽一百二十卷　(清)吳穀人鑒定　(清)沙木集注　清嘉慶刻本　三十八冊

620000－1141－0001086　921/069/9:5－1
晉書一百三十卷　(唐)房玄齡等撰　**音義三卷**　(唐)何超撰　清同治十年(1871)金陵書局刻本　二十冊

620000－1141－0001087　921/069/9:22－1－2
金史一百三十五卷　(元)托克托等修　清同治十三年(1874)江蘇書局刻本　二十冊

620000－1141－0001088　921/069/9:20－1－10
宋史四百九十六卷目錄三卷　(元)脫脫等撰　清光緒元年(1875)浙江書局刻本　一百冊

620000－1141－0001089　63/817/:2
同仁堂虔修諸門應症丸散膏丹總目一卷　(清)同仁堂編　清光緒十九年(1893)同仁堂刻本　一冊

620000－1141－0001090　62.6/838＝3
婦科秘方一卷　(清)竹林寺僧撰　清道光十三年(1833)蘭州白雲觀刻本　一冊

620000－1141－0001091　62.22/116＝5
圖註脉訣辨眞四卷　(晉)王叔和譔　(明)張世賢註　清中晚期馮蒻刻本　二冊

620000－1141－0001092　62.93/788
醫法心傳一卷　(清)程芝田著　(清)雷豐校　清光緒十三年(1887)養鶴山房刻本　一冊

620000－1141－0001093　62.08/891/:1－:2
劉河間醫學六書八種二十七卷　(金)劉完素輯訂　(明)吳勉學校　明步月樓刻本　八冊

620000－1141－0001094　B94/1/:11
楞伽阿跋多羅寶經會譯四卷　(南朝宋)釋求那跋陀羅初譯　(北魏)釋菩提留支再譯　(唐)釋實叉難陀後譯　(明)釋員珂會譯　清光緒三十四年(1908)金陵刻經處刻本　四冊

620000－1141－0001095　B94/1/:53
雲棲大師遺稿三卷附補遺一卷　(明)釋袾宏撰　清光緒二十五年(1899)金陵刻經處刻本　二冊

620000－1141－0001096　B94/1/:175
雲棲大師山房雜錄二卷　(明)釋袾宏輯　清光緒二十五年(1899)金陵刻經處刻本　二冊

620000－1141－0001097　B94/1/:45
相宗八要直解八卷　(明)釋智旭述　清同治九年(1870)金陵刻經處刻本　二冊

620000－1141－0001098　B94/1/:52
自知錄二卷　(明)釋袾宏編　清光緒二十五年(1899)金陵刻經處刻本　一冊

620000－1141－0001099　922.951/144
欽定蒙古源流八卷　(清)小徹辰薩囊台吉撰　清刻本　二冊

620000－1141－0001100　925/311
類腋十五卷(人部)　(清)姚培謙　(清)張卿雲輯　(清)張隆孫校訂　清乾隆三十年(1765)刻本　六冊

620000－1141－0001101　857.2/609－4
聊齋志異新評九卷　(清)蒲松齡著　(清)王士正評　(清)但明倫新評　清道光二十二年(1842)刻朱墨套印本　四冊　存四卷(一、五、七、九)

620000－1141－0001102　927.41/－748/:1－:2
[乾隆]盛京通志四十八卷首一卷　(清)呂耀曾　(清)宋筠　(清)王河修　(清)魏樞等纂　清乾隆元年(1736)刻咸豐二年(1852)雷以誠校補重印本　二十冊

620000－1141－0001103　J292.21/1
庚子銷夏記八卷　(清)孫承澤撰　清乾隆二十五年至二十六年(1760－1761)鮑廷博、鄭竺刻本(有抄補)　四冊

620000－1141－0001104　B94/1/:177

解迷顯智成悲十明論一卷　(唐)李通玄撰　清同治八年(1869)如皋刻經處刻本　一册

620000－1141－0001105　B94/1/:115
徑中徑又徑徵義三卷　(清)張師誠輯　(清)徐槐廷徵義　清光緒二十五年(1899)刻本　一册

620000－1141－0001106　B94/1/:182
菩薩戒本經一卷　題(天竺)慈氏菩薩説　(北涼)釋曇無讖譯　清同治九年(1870)金陵刻經處刻本　一册

620000－1141－0001107　B94/1/:183
藥師瑠璃光如來本願功德經一卷　(唐)釋玄奘譯　清同治十一年(1872)如皋刻經處刻本　一册

620000－1141－0001108　B94/7
一夢漫言二卷　(明)見月叟自述　清光緒五年(1879)華山律堂刻本　一册

620000－1141－0001109　097.426/374/2:
大學衍義四十三卷　(宋)真德秀撰　(清)孫嘉淦校訂　清康熙刻本　八册

620000－1141－0001110　B94/1/:234
讀誦佛母大孔雀明王經前啟請法三卷　(唐)釋不空譯　清光緒十四年(1888)常熟刻經處刻本　一册

620000－1141－0001111　909.8/286
問影樓輿地叢書十五種四十四卷　胡思敬輯　清光緒三十四年(1908)鉛印本　十册

620000－1141－0001112　040/409
初學記三十卷　(唐)徐堅等撰　(明)陳大科校　明萬曆二十五年至二十六年(1597－1598)陳大科刻本　六册

620000－1141－0001113　832.1/655
山帶閣註楚辭六卷首一卷餘論二卷説韻一卷　(清)蔣驥撰　清雍正五年(1727)蔣氏山帶閣刻本　四册

620000－1141－0001114　786/410
大還閣琴譜六卷萬峯閣指法閟箋二卷谿山琴況一卷　(明)徐谼纂　清康熙十二年(1673)蔡毓榮刻本　八册

620000－1141－0001115　R2－51/1
東醫寶鑑二十三卷目録二卷　(朝鮮)許浚撰　明萬曆四十一年(1613)朝鮮刻本(有補配)　二十五册

620000－1141－0001116　083/435－2
西溪叢語二卷　(宋)姚寬撰　(明)毛晉訂　明崇禎毛氏汲古閣刻本　二册

620000－1141－0001117　853.2/452/:1－:2
嘯餘譜十一卷　(明)程明善輯　(清)張漢校　清康熙刻本　二十册

620000－1141－0001118　921.181/672
張陸二先生批評戰國策抄四卷　(明)阮宗孔删註　(明)張居正　(明)陸深評　明萬曆六年(1578)王篆刻本　四册

620000－1141－0001119　857.5/774/2:
繪圖筆生花十六卷　(清)心如女史著　清光緒二十年(1894)上海書局石印本　八册

620000－1141－0001120　B94/1/:137
弘明集十四卷　(南朝梁)釋僧祐撰　清光緒二十二年(1896)金陵刻經處刻本　四册

620000－1141－0001121　B94/1/:5
大乘起信論一卷　(天竺)馬鳴菩薩造　(唐)釋實叉難陀譯　清光緒二十四年(1898)金陵刻經處刻本　一册

620000－1141－0001122　854.41/152
樊南文集補編十二卷　(唐)李商隱著　(清)錢振倫箋　(清)錢振常注　**玉谿生年譜訂誤一卷**　(清)錢振倫撰　清同治五年(1866)望三益齋刻本　四册

620000－1141－0001123　425.3/496
簡字譜録五種五卷　勞乃宣撰　清光緒三十二年至三十三年(1906－1907)金陵刻本　五册

620000－1141－0001124　62.7/307
述古齋幼科新書三種六卷　(清)張振鋆纂輯

（清）張質　（清）韓廣宏校　清光緒十八年（1892）上海思求闕齋刻本　六冊

620000－1141－0001125　63/532
新鐫本草醫方合編二種十四卷　（清）汪昂著　（清）汪桓參閲　（清）汪端　（清）汪惟龍較　清刻本　一冊　存二種六卷［增（增）訂本草備要一至四、醫方集解一至二］

620000－1141－0001126　62.081/386
達生編二卷　（清）亟齋居士撰　（清）祁鳳岷輯　**增附保產輯要一卷**　（□）□□輯　清乾隆十八年（1753）祁鳳岷刻本　一冊

620000－1141－0001127　B94/1/:174
大佛頂如來密因修證了義諸菩薩萬行首楞嚴經要解二十卷　（唐）釋般刺密帝　（唐）釋彌伽釋迦譯　（唐）房融筆受　（唐）釋戒環解　清宣統三年（1911）金陵佛經流通所刻本　五冊

620000－1141－0001128　082/661
鐵華館叢書六種四十五卷　（清）蔣鳳藻校　清光緒九年至十一年（1883－1885）蔣鳳藻影宋刻本　十冊

620000－1141－0001129　080.591－2
增訂漢魏叢書八十六種四百五十三卷　（清）王謨輯　清光緒二年（1876）紅杏山房刻民國四年（1915）蜀南馬湖盧樹柟修補印本　一百冊

620000－1141－0001130　080/591:1
增訂漢魏叢書九十六種四百七十四卷　（清）王謨輯　清宣統三年（1911）育文書局石印本　三十二冊

620000－1141－0001131　080/481/2:1－:16
廣漢魏叢書八十種四百六十一卷　（明）何允中輯　清嘉慶刻本　一百二十八冊

620000－1141－0001132　909.8/021/:1－:6
皇朝藩屬輿地叢書六集二十八種一百四十六卷　（清）浦□輯　清光緒二十九年（1903）金匱浦氏靜寄東軒石印本　四十八冊　缺一種十卷（原缺第六集元史譯文證補七至八、十三、十六至十七、十九至二十一、二十五、二十八）

620000－1141－0001133　926.9/773
皇朝中外壹統輿圖（大清中外一統輿圖）三十卷首一卷　（清）鄒世詒等編　（清）李廷簫增訂　清同治二年（1863）湖北撫署刻本　十二冊

620000－1141－0001134　B94/1/:222
發菩提心論二卷　（天竺）天親菩薩造　（後秦）釋鳩摩羅什譯　清光緒十四年（1888）江北刻經處刻本　一冊

620000－1141－0001135　B94/1/:216
正訛集一卷　（明）釋袾宏撰　清光緒二十四年（1898）金陵刻經處刻本　一冊

620000－1141－0001136　B94/1/:215
無量壽如來會二卷　（唐）釋菩提流志譯　清光緒二十二年（1896）金陵刻經處刻本　一冊

620000－1141－0001137　B94/1/:214
佛說大乘無量壽莊嚴經一卷　（宋）釋法賢譯　（清）楊文會分章　清光緒十年（1884）金陵刻經處刻本　一冊

620000－1141－0001138　B94/1/:337
三千有門頌畧解一卷附慈雲大師圓頓觀心十法界圖一卷　（宋）陳瓘撰頌　（明）釋眞覺解　**澫益大師妙觀直指一卷**　（清）釋智旭撰　**徹悟大師念佛指要一卷**　（清）釋徹悟撰　清光緒十一年（1885）昭慶慧空經房刻本　一冊

620000－1141－0001139　B94/1/:336
禪門日誦不分卷　（□）□□撰　清晚期金陵刻經處刻本　二冊

620000－1141－0001140　B94/1/:203
念佛百問一卷　（清）釋悟開著　清同治五年（1866）刻本　一冊

620000－1141－0001141　B94/1/:191
佛說目連問戒律中五百輕重事經二卷　（□）□□譯　清光緒二年（1876）江北刻經處刻本　一冊

620000－1141－0001142　B94/1/:198
溈山警策句釋記二卷　（清）釋宏贊注　清宣統二年（1910）刻本　一册

620000－1141－0001143　B94/1/:201
無量壽經宗要一卷　（新羅）釋元曉撰　清晚期刻本　一册

620000－1141－0001144　927.11/118
日下舊聞四十二卷　（清）朱彝尊撰　（清）朱昆田補遺　清雍正刻本　十二册

620000－1141－0001145　B94:1/:66
大佛頂首楞嚴經正脉疏四十卷首一卷　（明）釋交光眞鑑述　清光緒二十二年（1896）金陵刻經處刻本　十四册

620000－1141－0001146　B94/1/:140
萬善同歸集三卷　（宋）釋延壽述　清同治十一年（1872）金陵刻經處刻本　三册

620000－1141－0001147　B94/1/:132
注心賦四卷　（宋）釋延壽述　清光緒三年（1877）金陵刻經處刻本　四册

620000－1141－0001148　B94/1/:46
三壇傳戒正範四卷　（清）釋讀體撰　清中晚期刻本　三册

620000－1141－0001149　B94/1/:7
大乘起信論直解二卷　（唐）釋法藏疏　（明）釋德清解　清光緒十六年（1890）金陵刻經處刻本　一册

620000－1141－0001150　072.515/127－4
夢溪筆談二十六卷補筆談三卷續筆談一卷　（宋）沈括撰　明崇禎四年（1631）馬元調刻本　八册

620000－1141－0001151　B94/1/:8
大乘起信論纂註二卷　（天竺）馬鳴菩薩造　（南朝梁）釋眞諦譯　（明）釋眞界纂註　清光緒十一年（1885）金陵刻經處刻本　一册

620000－1141－0001152　B94/1/:85
大慧普覺禪師宗門武庫一卷　（明）釋道謙編　**雪堂行和尚拾遺錄一卷**　（明）釋道謙編　清光緒七年（1881）常熟刻經處刻本　一册

620000－1141－0001153　B94/1/:86
禪關策進一卷　（明）釋袾宏輯　清光緒二十四年（1898）金陵刻經處刻本　一册

620000－1141－0001154　B94/1/:105
無量壽經優婆提舍願生偈註二卷　（天竺）婆藪槃頭菩薩造　（北魏）釋曇鸞註解　清光緒十九年（1893）金陵刻經處刻本　一册

620000－1141－0001155　63/018
瘍醫準繩六卷　（明）王肯堂輯　（清）程永培校　清道光刻本　八册

620000－1141－0001156　63/090.2
證治準繩八卷　（明）王肯堂輯　清康熙三十八年（1699）刻本　八册

620000－1141－0001157
痘科辨證二卷　（清）陳堯道編集　清康熙二十二年（1683）刻本　一册　存一卷（上）

620000－1141－0001158　62.08/466/2:
嵩厓尊生書十五卷　（清）景日昣纂著　清康熙三十五年（1696）刻本　一册　存二卷（七至八）

620000－1141－0001159　62.3/719/2:
筆花醫鏡四卷　（清）江涵暾著　（清）江彤勳校字　清光緒十九年（1893）蘭州萬稆堂刻本　一册

620000－1141－0001160　62.51/112
眼科百問二卷　（清）王子固編　清光緒十年（1884）上海錦章圖書局石印本　一册　存一卷（一）

620000－1141－0001161　62/590
銀海精微四卷　（唐）孫思邈著　（清）周亮節校　清同治九年（1870）聚英堂刻本　四册

620000－1141－0001162　62.32/385.8:2
金匱方歌括六卷　（清）陳念祖定　（清）陳蔚參訂　（清）陳元犀韻註　（清）陳心典　（清）陳心蘭校　清道光十六年（1836）緯文堂刻本　三册

620000－1141－0001163　62.8/118
醫林改錯二卷　(清)王清任著　清道光二十九年(1849)雙門底四寶軒刻本　一冊

620000－1141－0001164　62.31/834:2
增注類證活人書二十二卷釋音一卷傷寒藥性一卷　(宋)朱肱撰　(明)吳勉學校　清晚期刻本　四冊

620000－1141－0001165　62.4/646
外科圖說六卷　(清)高文晉輯　(清)金鼎言　(清)張炳銓校　(清)王文源　(清)王繩石叅閱　清咸豐六年(1856)埽葉山房刻本　八冊

620000－1141－0001166　62.31/657
醫門棒喝二集傷寒論本旨九卷　(漢)張仲景撰　(清)章楠編註　(清)陳祖望　(清)錢昌校訂　清道光十九年(1839)聚文堂刻本　八冊

620000－1141－0001167　63/080
珍珠囊指掌補遺藥性賦四卷　(金)李杲編輯　(清)王晉三重訂　**雷公炮製藥性解六卷**　(明)李中梓編輯　(清)王晉三重訂　清晚期善成堂刻本　四冊

620000－1141－0001168　63.3/741/1:
食物本草會纂十二卷圖一卷　(清)沈李龍纂輯　(清)沈渭　(清)沈濳校閱　清乾隆四十八年(1783)金閶書業堂刻本　八冊

620000－1141－0001169　63/750
金匱方歌括六卷　(清)陳念祖定　(清)陳蔚參訂　(清)陳元犀韻註　(清)陳心典　(清)陳心蘭校　清道光十六年(1836)友文會刻本　三冊

620000－1141－0001170　993.65/157/:1－:2
續泉匯十四卷補遺二卷　(清)李佐賢　(清)鮑康編　清光緒元年(1875)利津李氏石泉書屋刻本　五冊

620000－1141－0001171　63.92/660
新刊醫林狀元壽世保元十卷　(明)龔廷賢編　(清)周亮登校　清經綸堂刻本　十冊

620000－1141－0001172　63/050
醫方集解三卷　(清)汪昂著輯　(清)汪桓參閱　(清)汪端　(清)汪惟寵校　清康熙二十一年(1682)宏道堂刻本　一冊　存一卷(上)

620000－1141－0001173　62.082/315
景岳全書六十四卷　(明)張介賓著　清前期刻本　一冊　存二卷(五十至五十一)

620000－1141－0001174　62.082/315
景岳全書六十四卷　(明)張介賓著　清康熙三十九年(1700)善成堂刻本　二十四冊

620000－1141－0001175　62/295
瘡瘍經驗全書□□卷　(宋)竇默著　(明)竇夢麟增輯　(清)洪瞻巖　(清)陳友恭校　清刻本　一冊　存一卷(三)

620000－1141－0001176　62.91/432:3/2:
寓意草不分卷　(清)喻昌著　清晚期刻本　二冊

620000－1141－0001177　62.081/386
靈素提要淺註十二卷　(清)陳念祖輯註　(清)陳元犀參訂　清同治九年(1870)刻本　五冊

620000－1141－0001178
壽世編三種三卷　(清)亟齋居士等編　清同治元年(1862)刻本　一冊

620000－1141－0001179　424.1/427
詩韻合璧五卷　(清)湯文潞纂　**虛字韻藪一卷**　(清)潘維城輯　清光緒十二年(1886)上海公興書局鉛印本　五冊

620000－1141－0001180　423.18/042/:2
文字蒙求廣義四卷　(清)蒯光典撰　清光緒二十七年(1901)江楚書局刻本　五冊

620000－1141－0001181　089.65/287/:2
胡氏榮哀錄二卷　(明)胡初被編　明嘉靖刻清中晚期修補本　一冊

620000－1141－0001182　423.18/042/:1
文字蒙求四卷　(清)王筠撰　清光緒十三年(1887)刻本　一冊

620000－1141－0001183　080/081
安吳四種三十六卷　（清）包世臣著　清同治十一年（1872）刻本　二十冊

620000－1141－0001184　041/128
太平御覽一千卷　（宋）李昉等纂　清光緒十八年（1892）南海李氏刻本　八十冊　存九百六十五卷（一至五百六十二、五百七十四至七百三十一、七百五十六至一千）

620000－1141－0001185　032.26/502
湘報類纂六集　（清）畢永年撰　清光緒二十八年（1902）中華編譯印書館鉛印本　七冊

620000－1141－0001186　B94/1/:216
直道錄一卷　（明）釋袾宏著　清光緒二十四年（1898）金陵刻經處刻本　與620000－1141－0001135合冊

620000－1141－0001187　B94/1/:202
念佛伽陀一卷　（清）釋際醒撰　清金陵刻經處刻本　一冊

620000－1141－0001188　B94/1/:127
大佛頂首楞嚴懺悔行法一卷　釋諦閑撰　清宣統元年（1909）刻本　一冊

620000－1141－0001189　91.4/393
皕宋樓藏書志一百二十卷　（清）陸心源編　清光緒八年（1882）十萬卷樓刻本　三十二冊

620000－1141－0001190　91.4/476
鐵琴銅劍樓藏書目錄二十四卷　（清）瞿鏞撰　清光緒二十四年（1898）常熟瞿氏刻本　十冊

620000－1141－0001191　63.26/288＝3/:1－:8
本草綱目五十二卷首一卷圖三卷　（明）李時珍編輯　（清）張紹棠校　清光緒十一年（1885）合肥張氏味古齋刻本　四十冊

620000－1141－0001192　62/310
醫學階梯二卷　（清）張叡著　（清）胡抑齋鑒定　清康熙四十三年（1704）刻本　四冊

620000－1141－0001193　R91.4/967
彙刻書目不分卷　（清）顧脩編　（清）朱學勤增訂　清晚期刻本　十冊　存十冊（十一至二十）

620000－1141－0001194　041/222
典林瑯環二十四卷續三十卷　（清）江氏輯　清光緒九年（1883）武林湛蘭書屋刻本　十六冊

620000－1141－0001195　847.7/570
陸陳二先生文鈔二十九卷　（清）葉裕仁編　（清）蒯德模校　清光緒二年（1876）刻本　八冊

620000－1141－0001196　909.8/021/2:1－:6
皇朝藩屬輿地叢書六集二十八種一百四十六卷　（清）浦□輯　清光緒二十九年（1903）金匱浦氏靜寄東軒石印本　四十七冊　缺二種十二卷（第一集西藏圖考一至二，原缺第六集元史譯文證補七至八、十三、十六至十七、十九至二十一、二十五、二十八）

620000－1141－0001197　847.4/448
船山詩草二十卷　（清）張問陶撰　清宣統二年（1910）掃葉山房石印本　六冊

620000－1141－0001198　851.78/788
滄浪詩話註五卷　（宋）嚴羽撰　（清）胡鑑註　（清）任世熙校　清光緒七年（1881）刻本　二冊

620000－1141－0001199　374.831/117
東國觀學記一卷　（清）朱錦綬等撰　清宣統元年（1909）江蘇學務公所鉛印本　一冊

620000－1141－0001200　993.65/150/2:(ls)
續泉匯十四卷補遺二卷　（清）李佐賢　（清）鮑康編　清光緒元年（1875）利津李氏石泉書屋刻本　五冊

620000－1141－0001201　62.92/114
絳雪園古方選註不分卷　（清）王子接註　（清）葉桂校　（清）魏荔彤鑒定　清雍正九年（1731）埽葉山房刻本　四冊

620000－1141－0001202　62.31/308
傷寒舌鑑一卷　（清）張登彙纂　（清）邵之鵬

校　清光緒十一年(1885)刻本　一冊

620000－1141－0001203　62.71/306
種痘新書十二卷　(清)張琰編輯　(清)曾衡波參　清刻本　六冊

620000－1141－0001204　62.73/192
天花精言六卷　(清)袁句著　(清)吳燁校　清同治七年(1868)山陰陳氏刻本　二冊

620000－1141－0001205　62/090.1
續增大生要旨六卷　(清)唐千頃纂　(清)馬振蕃增補　(清)何大生續增　清道光二十九年(1849)刻本　一冊

620000－1141－0001206　63/001
達生保赤編四卷　(清)嚴江寄輯　清光緒十二年(1886)刻本　一冊

620000－1141－0001207　62.91/432:3
寓意草不分卷　(清)喻昌撰　清晚期刻本　三冊

620000－1141－0001208　62.31/401
傷寒補天石二卷　(明)戈維城著　(清)朱陶性校　**續二卷**　(明)戈維城著　清刻本　四冊

620000－1141－0001209　63/001/:2
達生保赤編四卷首一卷　(清)嚴江寄輯　清光緒十二年(1886)刻本　一冊

620000－1141－0001210　62.71/742
黃帝逸典評註十四卷　(清)沈誾註　(清)張步階評　清道光四年(1824)刻本　二冊

620000－1141－0001211　B94/1/:312
一乘決疑論一卷　(清)彭紹升述　清同治八年(1869)如皋刻經處刻本　一冊

620000－1141－0001212　B94/1/:112
千佛名經三卷　(南朝宋)釋畺良耶舍譯　清光緒元年(1875)金陵刻經處刻本　一冊

620000－1141－0001213　B94/1/:263
大乘三聚懺悔經一卷　(隋)釋闍那崛多　(隋)釋笈多等譯　清同治十年(1871)常熟刻經處刻本　一冊

620000－1141－0001214　B94/1/:313－314
廣弘明集三十卷　(唐)釋道宣撰　清光緒二十二年(1896)刻本　一冊　存二卷(八至九)

620000－1141－0001215　B94/1/:136
佛說阿彌陀經疏鈔四卷阿彌陀經疏鈔事義一卷阿彌陀經疏鈔問辯一卷續問答一卷答問一卷答淨土四十八問一卷淨土疑辯一卷　(明)釋袾宏述　**佛說阿彌陀經一卷**　(後秦)釋鳩摩羅什譯　清光緒二十五年(1899)金陵刻經處刻本　五冊

620000－1141－0001216　B94/1/:220
大清重刻龍藏彙記一卷　(清)釋趙盛等輯　清同治九年(1870)金陵刻經處刻本　一冊

620000－1141－0001217　B94/1/:113
善住意天子所問經三卷　(北魏)釋毗目智仙等譯　清光緒六年(1880)常熟刻經處刻本　一冊

620000－1141－0001218　B94/1/:109
智證傳一卷　(宋)釋惠洪覺範撰　(宋)釋覺慈編　清光緒二年(1876)金陵刻經處刻本　一冊

620000－1141－0001219　B94/1/:108
佛說無量清淨平等覺經三卷　(漢)釋支樓迦讖譯　清同治十年(1871)金陵刻經處刻本　一冊

620000－1141－0001220　851.41/806
讀杜心解六卷首二卷　(清)浦起龍撰　清雍正二年至三年(1724－1725)浦氏寧我齋刻本　六冊

620000－1141－0001221　B94/1/:192
沙彌尼律儀要略一卷　(清)釋讀體輯集　清光緒二十一年(1895)金陵刻經處刻本　一冊

620000－1141－0001222　B94/1/:187
唐大薦福寺故寺主翻經大德法藏和尚傳一卷　(新羅)崔致遠撰　清光緒二十三年(1897)金陵刻經處刻本　一冊

620000－1141－0001223　63/020

蔡同德堂丸散膏丹全録一卷　(清)蔡鴻儀輯　清光緒八年(1882)刻本　一冊

620000－1141－0001224　62.081/386
達生編二卷　(清)唐千頃纂　清同治十一年(1872)姜恒泰刻本　一冊

620000－1141－0001225　62.6/380
沈氏尊生書五種七十二卷　(清)沈金鰲輯　清同治十三年(1874)湖北崇文書局刻本　二十六冊

620000－1141－0001226　857.478/207
圖像鏡花緣十二卷首一卷　(清)李汝珍撰　清光緒二十三年(1897)上海書局石印本　六冊

620000－1141－0001227　827/260
第五才子書水滸傳七十五卷　(明)施耐庵撰　(清)金人瑞評　清雍正十二年(1734)芥子園山房刻本　二十冊

620000－1141－0001228　991/599
金石錄三十卷　(宋)趙明誠編著　清乾隆二十七年(1762)盧見曾雅雨堂刻本　六冊

620000－1141－0001229　929.51/450
蒙古游牧記十六卷　(清)張穆撰　(清)何秋濤校　清同治六年(1867)壽陽祁氏刻本　四冊

620000－1141－0001230　993.3/174
亦政堂重修考古圖十卷　(宋)吕大臨撰　明萬曆二十八年至三十年(1600－1602)吴萬化刻清乾隆十七年(1752)亦政堂重印本　五冊

620000－1141－0001231　62.31/308/1：
傷寒舌鑑一卷　(清)張登彙纂　(清)邵之鵬校　清光緒四年(1878)刻本　一冊

620000－1141－0001232　847.6/669
劉孟塗集四十四卷　(清)劉開撰　清道光六年(1826)桐城姚氏檗山草堂刻本　八冊

620000－1141－0001233　831.7/668
歷朝詩約選九十三卷　(清)劉大櫆纂　清光緒二十一年至二十三年(1895－1897)文徽閣刻本　二十二冊

620000－1141－0001234　831.1125/773
詩緝三十六卷　(宋)嚴粲述　清嘉慶十五年(1810)刻本　八冊

620000－1141－0001235　830.78/426
榆園叢刻十五種七十卷附娱園叢刻十一種十五卷　(清)許增輯　清同治、光緒間刻本　十六冊

620000－1141－0001236　510/088
數學八卷續一卷　(清)江永撰　(明)錢熙祚校　清晚期蘿蔭院抄本　四冊

620000－1141－0001237　630/557
齊民要術十卷　(北魏)賈思勰撰　(清)劉富曾校　清光緒二十二年(1896)中江榷署刻本　四冊

620000－1141－0001238　633.31/800
治蝗全法四卷附錄一卷　(清)顧彦輯　清光緒十四年(1888)猶白雪齋刻本　一冊

620000－1141－0001239　637.2/737
新編集成馬醫方一卷牛醫方一卷　(朝鮮)趙浚　(朝鮮)金士衡等撰　清光緒五年(1879)奉天萃文齋影印本　一冊

620000－1141－0001240　731/154
篆學瑣著二十八種四十卷　(清)顧湘校　清道光二十年至二十三年(1840－1843)海虞顧氏刻本　八冊

620000－1141－0001241　382.092/285
讀史兵略四十六卷　(清)胡林翼纂　清咸豐十一年(1861)武昌節署刻本　十六冊

620000－1141－0001242　852.41/427
文館詞林殘十四卷　(唐)許敬宗等輯　清光緒十年(1884)遵義黎氏刻古逸叢書本　三冊
存十三卷(一百五十六至一百五十八、四百五十二至四百五十三、四百五十七、四百五十九、六百六十五至六百六十七、六百七十、六百九十一、六百九十九)

620000－1141－0001243　847.6/406

敦艮齋遺書十七卷 (清)徐潤第著 清道光二十八年(1848)刻本 五册

620000 - 1141 - 0001244 931.271/517
日本維新三十年史十二編 (日本)東京博文館編輯 (清)廣智書局譯 清光緒二十九年(1903)上海廣智書局鉛印本 六册

620000 - 1141 - 0001245 423.15/628
類音八卷 (清)潘耒撰 清雍正潘氏遂初堂刻本 八册

620000 - 1141 - 0001246 993.4/042
嘯堂集古録二卷 (宋)王俅撰 明影宋刻本 二册

620000 - 1141 - 0001247 857.5/567 - 3
廿一史彈詞註十卷 (明)楊慎編著 (清)張三異增定 (清)張仲璜註 (清)張任佐校 **明史彈詞註一卷** (清)張三異著 (清)張仲璜註 (清)張任佐校 清乾隆五十一年(1786)張任佐視履堂刻本 八册

620000 - 1141 - 0001248 855.6/630
新刻出相音註勸善目連救母行孝戲文三卷 (明)鄭之珍編 明富春堂刻本 三册

620000 - 1141 - 0001249 846.6/493
止止堂集五卷 (明)戚繼光著 清光緒十五年(1889)山東書局刻本 四册

620000 - 1141 - 0001250 62.62/358
達生編三卷 (清)亟齋居士著 清末鉛印本 一册

620000 - 1141 - 0001251 24.686/166
士禮居藏書題跋記六卷 (清)黄丕烈撰 清光緒八年(1882)潘祖蔭刻本 四册

620000 - 1141 - 0001252
醫方湯頭歌訣一卷經絡歌訣一卷 (清)汪昂撰 (清)汪端校 清康熙三十三年(1694)刻本 一册

620000 - 1141 - 0001253 63/120/2:
太乙神鍼方一卷 (清)范毓裿傳 (清)杜文瀾訂 清道光十四年(1834)安康張鵬翂刻本 一册

620000 - 1141 - 0001254 62.081/396:26
神農本草經百種錄一卷 (清)徐靈胎著 清光緒三十三年(1907)隴右樂善書局刻本 一册

620000 - 1141 - 0001255 62.081/386
張仲景傷寒論原文淺註六卷 (清)陳念祖集註 (清)陳蔚 (清)陳元犀參校 **附長沙方歌括六卷** (清)陳念祖著 清佛鎮近文堂刻本 二册 存四卷(張仲景傷寒論原文淺註一至四)

620000 - 1141 - 0001256 62.081/386
醫學從眾八卷 (清)陳念祖著 (清)陳元犀參訂 (清)陳心典 (清)陳心蘭校 清道光二十六年(1846)刻本 三册

620000 - 1141 - 0001257 B94/1/:2
大方便佛報恩經七卷 (漢)□□譯 清同治十一年(1872)金陵刻經處刻本 二册

620000 - 1141 - 0001258 B94/1/:35
大方廣圓覺脩多羅了義經近釋六卷 (明)釋通潤述 清光緒十二年(1886)金陵刻經處刻本 二册

620000 - 1141 - 0001259 B94/1/:19
觀佛三昧海經十卷 (晉)釋佛陀跋陀羅譯 清光緒十七年(1891)金陵刻經處刻本 二册

620000 - 1141 - 0001260 B94/1/:79
大方廣圓覺經大疏十六卷首一卷 (唐)釋宗密述 清宣統元年(1909)金陵刻經處刻本 四册

620000 - 1141 - 0001261 B94/1/:51
選佛譜六卷 (明)釋智旭撰 清光緒十七年(1891)金陵刻經處刻本 二册

620000 - 1141 - 0001262 839.27/562
全蜀秇文志六十四卷 (明)楊慎輯 (清)鄒蘭生校 清光緒十七年(1891)刻本 十二册

620000 - 1141 - 0001263 B94/1/:54
佛説無量壽經義疏六卷 (三國魏)康僧鎧譯

（晉）釋慧遠疏　清光緒二十年（1894）金陵刻經處刻本　二冊

620000－1141－0001264　B94/1/:87
摘錄聖武記之卷五溯查西藏剌麻來源一卷　（清）釋守一編輯　清光緒十六年（1890）金陵刻經處刻本　一冊

620000－1141－0001265　B94/1/:88
善女人傳二卷　（清）彭紹升撰　清同治十一年（1872）刻本　一冊

620000－1141－0001266　B94/1/:89
比丘尼傳四卷　（晉）釋寶唱撰　清光緒十一年（1885）金陵刻經處刻本　一冊

620000－1141－0001267　834.78/634
盛世危言六卷　（清）鄭觀應輯著　**二編四卷**　（清）杞憂生輯著　**三編六卷**　（清）鄭觀應　（清）陶齋輯著　清光緒二十四年（1898）圖書集成局鉛印本　六冊

620000－1141－0001268　B94/1/:159
佛說四諦七經七卷　清光緒六年（1880）金陵刻經處刻本　一冊

620000－1141－0001269　B94/1/:236
大雲輪請雨經二卷　（唐）釋不空譯　清同治十三年（1874）如皋刻經處刻本　一冊

620000－1141－0001270　B94/1/:302－303
佛說觀普賢菩薩行法經一卷　（南朝宋）釋曇摩蜜多譯　清光緒七年（1881）金陵刻經處刻本　與620000－1141－0001324合冊

620000－1141－0001271　B94/1/:301
思益梵天所問經四卷　（後秦）釋鳩摩羅什譯　清光緒五年（1879）金陵刻經處刻本　一冊

620000－1141－0001272　B94/1/:292
佛說造像量度經一卷經解一卷續補一卷　（清）工布查布譯　清同治十三年（1874）金陵刻經處刻本　一冊

620000－1141－0001273　B94/1/:291
佛遺教經論疏節要一卷　（後秦）釋鳩摩羅什譯　（宋）釋淨源節要　（明）釋袾宏補註　清光緒二十四年（1898）金陵刻經處刻本　一冊

620000－1141－0001274　B94/1/:287－290
佛說貝多樹下思惟十二因緣經一卷　（三國吳）釋支謙譯　清光緒三年（1877）金陵刻經處刻本　一冊

620000－1141－0001275　921.14/164－2/:1
通典二百卷　（唐）杜佑撰　清光緒二十七年（1901）上海圖書集成局鉛印本　十六冊

620000－1141－0001276　922.42/726－2/2:1－:2
舊五代史一百五十卷目錄二卷　（宋）薛居正等撰　清同治十一年（1872）湖北崇文書局刻本　二十四冊

620000－1141－0001277　922.42/726－4
舊五代史一百五十卷目錄二卷　（宋）薛居正等撰　**考證一卷**　（清）永瑢等撰　清同治八年（1869）嶺南葄古堂刻本　二十五冊

620000－1141－0001278　921.23/069－I　5
資治通鑑目錄三十卷　（宋）司馬光撰　明崇禎二年（1629）陳仁錫刻本　十六冊

620000－1141－0001279　921.13/069/11/:1－:6
史記一百三十卷　（漢）司馬遷撰　（南朝宋）裴駰集解　（唐）司馬貞索隱　（唐）張守節正義　（明）徐孚遠　（明）陳子龍測議　**補一卷**　（唐）司馬貞補并註　（明）徐孚遠　（明）陳子龍測議　明末刻本　三十六冊

620000－1141－0001280　921.143/357　I2
文獻通考三百四十八卷　（元）馬端臨撰　清乾隆十二年（1747）武英殿刻本　八十八冊

620000－1141－0001281　921.142/158/2:1－:3
通典二百卷　（唐）杜佑纂　清乾隆十二年（1747）武英殿刻本　三十六冊

620000－1141－0001282　921.142/158/1:1－:4
通典二百卷　（唐）杜佑纂　清乾隆十二年（1747）武英殿刻本　三十六冊

620000－1141－0001283　831.1127/463
御纂詩義折中二十卷　（清）傅恒　（清）陳兆

倫等纂　清光緒掃葉山房刻本　八冊

620000－1141－0001284　847.4/405
庾子山集十六卷　（北周）庾信撰　（清）倪璠註釋　**年譜一卷總釋一卷**　（清）倪璠撰　清康熙二十六年（1687）崇岫堂刻本　十二冊

620000－1141－0001285　845.418/152/2：
玉谿生詩詳註三卷樊南文集詳註八卷　（唐）李商隱撰　（清）馮浩編訂　**首二卷附玉谿生［李商隱］年譜一卷贈詩一卷詩話一卷**　（清）馮浩輯　清乾隆四十五年（1780）德聚堂刻嘉慶元年（1796）增刻同治七年（1868）上海馮寶圻補刻本　八冊

620000－1141－0001286　424.1/477/：1－：2
古今韻會舉要三十卷禮部韻略七音三十六母通攷一卷　（元）熊忠撰　明嘉靖十五年（1536）秦鉞、李舜臣刻十七年（1538）劉儲秀重修本　十冊

620000－1141－0001287　424/481
新增說文韻府羣玉二十卷　（元）陰時夫輯（元）陰中夫注　明萬曆十八年（1590）王元貞刻本　十冊

620000－1141－0001288　B94/1/：257
安樂集二卷　（唐）釋道綽撰　清光緒二十三年（1897）金陵刻經處刻本　一冊

620000－1141－0001289　B94/1/：320
禪源諸詮集都序四卷　（唐）釋宗密述　清光緒十八年（1892）金陵刻經處刻本　一冊

620000－1141－0001290　423.135/444
許學叢書三集十四種六十三卷　（清）張炳翔輯　清光緒長洲張氏儀鄦廬刻本　二十四冊

620000－1141－0001291　B94/1/：285
佛說大淨法門品經一卷　（晉）釋竺法護譯　清光緒元年（1875）江北刻經處刻本　一冊

620000－1141－0001292　B94/1/：284
造像功德十八經十九卷　（唐）釋提雲般若等譯　清同治十一年（1872）常熟刻經處刻本　一冊

620000－1141－0001293　B94/1/：157－158
阿難問事佛吉凶經一卷　（漢）釋安清譯　清同治九年（1870）如皋刻經處刻本　一冊

620000－1141－0001294
集選奇效簡便良方四卷　（清）丁堯臣彙輯　清姚協贊刻本　二冊　存二卷（一、三）

620000－1141－0001295　62.081/386/5：
金匱要略淺注十卷　（漢）張仲景撰　（清）陳念祖集注　清道光十年（1830）奎璧堂刻本　四冊　存八卷（一至八）

620000－1141－0001296　62.081/386/4：
女科要旨四卷　（清）陳念祖著　清道光二十一年（1841）兩儀堂刻本　一冊

620000－1141－0001297　960.8/691/2：
英領開浦殖民地志一卷新誌一卷　（清）學部編譯圖書局編　清光緒三十四年（1908）學部圖書局鉛印本　一冊

620000－1141－0001298　62.081/386/7：
醫學實在易八卷　（清）陳念祖著　（清）陳元犀參訂　（清）陳心典　（清）陳心蘭校　清道光二十四年（1844）刻本　三冊　存六卷（一、二、五至八）

620000－1141－0001299　63.91/273
弄丸心法八卷　（清）楊鳳庭著　（清）張興龍校　清宣統三年（1911）張興龍刻本　八冊

620000－1141－0001300　62.081/386/3：
景岳新方砭四卷　（清）陳念祖著　清道光十年（1830）刻本　一冊

620000－1141－0001301　62.6/838：3/1：
婦科秘方一卷　（□）□□撰　清同治五年（1866）杜文瀾刻本　一冊

620000－1141－0001302　62.081/386
達生編二卷　（清）亟齋居士著　清道光二十四年（1844）俞奎垣、俞奎文、俞奎端刻本　一冊

620000－1141－0001303　62.081/386/8：

達生編二卷 (清)亟齋居士著 **胎產經驗方一卷** (清)雷伊增 **南蘭莊大椿調經論一卷** (清)莊大椿撰 **神效良方一卷** (清)張梓增 **辛卯年新增聶夊吾先生胎產方一卷** (清)聶夊吾撰 **山陰倪溷初先生手定治痢奇方妙論** (清)倪溷初定 清乾隆三十六年(1771)程維雍刻本 一冊

620000－1141－0001304 63/670
萬承志堂丸散膏丹全集一卷 (清)萬嗣軒撰 清光緒十一年(1885)刻本 一冊

620000－1141－0001305 62/380/1:
圖註脈訣辨眞四卷附方一卷 (晉)王叔和譔 (明)張世賢註 (清)沈鏡刪註 清康熙文瑞堂刻本 一冊 存二卷(一至二)

620000－1141－0001306 62/755.1
洗冤錄詳義四卷首一卷 (宋)宋慈撰 (清)許槤編校 清咸豐六年(1856)官報書局鉛印本 四冊

620000－1141－0001307 62/380/3:
圖註脉訣辨眞四卷 (晉)王叔和譔 (明)張世賢註 清刻本 一冊 存二卷(一至二)

620000－1141－0001308 63/958
女科仙方四卷 (清)傅青主(傅山)著 清道光二十一年(1841)刻本 四冊

620000－1141－0001309 62.38/946:2
蘭臺軌範八卷 (清)徐靈胎著 清光緒十九年(1893)上海圖書集成印書局鉛印本 三冊

620000－1141－0001310 62.352/521
十藥神書註解一卷 (元)葛可久編 (清)陳念祖註 (清)林壽萱韻 清味根齋刻陳修園先生晚餘三書本 一冊

620000－1141－0001311 62.081/386/6:
醫學實在易八卷 (清)陳念祖著 (清)陳元犀參訂 (清)陳心典等校 清道光二十四年(1844)刻本 三冊

620000－1141－0001312 62/290
儒門醫學三卷附一卷 (英國)海得藍撰 (英國)傅蘭雅口譯 (清)趙元益筆述 清晚期著易堂鉛印本 四冊

620000－1141－0001313 62.081/386/2:2
時方妙用三卷 (清)陳念祖著 清嘉慶八年(1803)刻本 一冊 存二卷(一至二)

620000－1141－0001314 62.081/386/2:
時方妙用三卷 (清)陳念祖著 清嘉慶八年(1803)刻本 二冊

620000－1141－0001315 B94/1/:67
佛本行集經六十卷 (隋)釋闍那崛多譯 清光緒三十年(1904)南昌刻經處刻本 十二冊

620000－1141－0001316 927.23/103－156/:1－:2
西湖志四十八卷 (清)李衛等修 (清)傅王露等纂 清乾隆刻本 十冊 存二十三卷(一至二十三)

620000－1141－0001317 B94/1/:155
修西定課一卷 (清)鄭澄德 (清)鄭澄源撰 清光緒二十四年(1898)金陵刻經處刻本 一冊

620000－1141－0001318 928.12/424/2:
九邊圖論不分卷 (明)許論著 (清)鮑廷爵校 清光緒十六年(1890)後知不足齋刻本 一冊

620000－1141－0001319 928.15/451
西招五種七卷 (清)松筠撰 清嘉慶、道光間刻本 一冊 存二種四卷(西招圖畧一卷、西藏圖說一卷附錄自成都府至後藏路程一卷前藏至西寧路程一卷)

620000－1141－0001320 28.31/303:2
明史三百三十二卷 (清)張廷玉等總裁 (清)孫嘉淦纂修 清光緒三年(1877)湖北崇文書局刻本 六十冊

620000－1141－0001321 847.8/444
濂亭文集八卷 (清)張裕釗撰 (清)查燕緒編 清宣統三年(1911)埽葉山房石印本 一冊

620000－1141－0001322　62.351/434＝2
溫疫論二卷　（明）吳有性著　（明）劉敞校　清康熙四十八年(1709)刻本　二册

620000－1141－0001323　62.31/947＝2
傷寒論類方不分卷　（清）徐大椿編釋　（清）徐爔校　清乾隆二十四年(1759)刻本　四册

620000－1141－0001324　B94/1/:302－303
無量義經一卷　（南朝齊）釋曇摩伽陀耶舍譯　清光緒三年(1877)江北刻經處刻本　一册

620000－1141－0001325　B94/1/:287－290
佛説緣起聖道經一卷　（唐）釋玄奘譯　清末刻本　與620000－1141－0001274合册

620000－1141－0001326　B94/1/:287－290
佛説稻稈經一卷　（□）□□譯　清光緒三年(1877)金陵刻經處刻本　與620000－1141－0001274合册

620000－1141－0001327　B94/1/:287－290
大乘舍黎娑擔摩經一卷　（宋）釋施護譯　清末刻本　與620000－1141－0001274合册

620000－1141－0001328　922.42/643/7:
五代史七十四卷　（宋）歐陽修撰　（宋）徐無黨注　清同治十一年(1872)湖北崇文書局刻本　八册

620000－1141－0001329　922.42/726－2/3:1－:2
舊五代史一百五十卷目録二卷　（宋）薛居正等撰　清同治十一年(1872)湖北崇文書局刻本　十六册

620000－1141－0001330　847.8/348－2
虹橋老屋遺稿九卷　（清）秦緗業撰　清光緒十五年(1889)刻本　三册

620000－1141－0001331　847.7/430
養知書屋遺集五十五卷　（清）郭嵩燾著　王先謙編　清光緒十八年(1892)刻本　十六册　存四十三卷(文集二十八卷、詩集十五卷)

620000－1141－0001332　847.8/510
曾惠敏公遺集四種十七卷　（清）曾紀澤撰　清光緒十九年(1893)江南製造總局鉛印本　八册

620000－1141－0001333　62.54/746
喉科心法二卷　（清）沈善謙撰　清咸豐九年(1859)刻本　二册

620000－1141－0001334　63.92/317
醫醇賸義四卷　（清）費伯雄著　（清）費應蘭編次　（清）費榮祖等校　清光緒三年(1877)刻本　四册

620000－1141－0001335　63/120/:1－:2
醫宗必讀十卷首一卷　（明）李中梓著　（明）吳肇陵參　（明）李廷芳訂　清康熙二十三年(1684)聚文堂刻本(有抄補)　二册　存五卷(一、三至五,首一卷)

620000－1141－0001336　857.4/070
新刊五美緣全傳八卷　（清）寄生氏撰　清道光二年(1822)刻本　八册

620000－1141－0001337　63.92/386/2:
醫學金鍼八卷　（清）陳念祖撰　（清）潘霨增輯　清光緒四年(1878)吳縣潘氏敏德堂刻本　四册

620000－1141－0001338　62/740.2
問心堂溫病條辨三卷　（清）吳塘撰　清嘉慶刻本　四册

620000－1141－0001339　27/110.1/:1－:2
白茅堂集四十六卷　（清）顧景星著　（清）顧昌校輯　清康熙刻乾隆增刻本　十九册

620000－1141－0001340　922.42/726－2/4:1－:2
舊五代史一百五十卷目録二卷　（宋）薛居正等撰　清同治十一年(1872)湖北崇文書局刻本　十六册

620000－1141－0001341　922.42/726－2/5:1－:2
舊五代史一百五十卷目録二卷　（宋）薛居正等撰　清同治十一年(1872)湖北崇文書局刻本　十六册

620000－1141－0001342　I214.92/6

樊南文集詳註八卷　（唐）李商隱撰　（清）馮浩編訂　（清）朱天鏋校　清乾隆四十五年(1780)德聚堂刻嘉慶元年(1796)增刻同治七年(1868)上海馮寶圻補刻本　四册

620000－1141－0001343　922.42/726－2/6：

舊五代史一百五十卷目録二卷　（宋）薛居正等撰　清同治十一年(1872)湖北崇文書局刻本　十六册

620000－1141－0001344　922.42/726－2/1：

舊五代史一百五十卷目録二卷　（宋）薛居正等撰　清刻本　十二册

620000－1141－0001345　925/323

朝市叢載八卷　（清）李虹若撰　清光緒十三年(1887)刻本　八册

620000－1141－0001346　290/772/1：1

天方性理圖傳五卷首一卷註釋一卷　（清）劉智撰　清同治五年(1866)敬畏堂刻本　六册　缺一卷(註釋一卷)

620000－1141－0001347　851.7/117

鴛鴦湖櫂歌五種五卷　（清）朱彝尊等撰　（清）陸以諴輯　清乾隆四十年(1775)刻本　二册

620000－1141－0001348　62.51/906－62/3：

傅氏眼科審視瑤函六卷首一卷　（明）傅仁宇纂輯　（明）林長生較補　清康熙醉畊堂刻本　四册

620000－1141－0001349　62.3/308：2

儒門事親十五卷　（金）張從正撰　（明）吳勉學校　明萬曆二十九年(1601)吳勉學刻本　十二册

620000－1141－0001350　094.12525/115－2/3：

詩經八卷　（宋）朱熹注　清光緒十六年(1890)刻本　四册

620000－1141－0001351　925/755

化書六卷　（五代）譚景昇(譚峭)撰　清後期刻本　一册

620000－1141－0001352　63/152

丹溪先生心法五卷　（元）朱震亨撰　（明）吳中珩校　清後期刻本　四册　存四卷(一至二、四至五)

620000－1141－0001353　041/037

玉海二百卷附刻十四種六十五卷　（宋）王應麟撰　清光緒十年(1884)成都志古堂刻本　一百二十册

620000－1141－0001354　991.3/054－2

金石圖不分卷　（清）褚峻摹　（清）牛運震平說　清乾隆十年(1745)刻本　四册

620000－1141－0001355　62.6/838：3/1：

胎產護生篇一卷　（清）李長科輯　（清）陸錫禧參　（清）楊啟鳳定　（清）林秀恕較　清同治五年(1866)林秀恕刻本　與620000－1141－0001301合册

620000－1141－0001356　B94/1/：189

四分比丘尼戒本一卷　（後秦）釋佛陀耶舍譯　（後秦）釋竺佛念譯　清光緒二十一年(1895)刻本　一册

620000－1141－0001357　B94/1/：94

佛說觀無量壽佛經一卷　（南朝宋）釋畺良耶舍譯　清同治十年(1871)金陵刻經處刻本　一册

620000－1141－0001358　B94/1/：134

維摩詰所說經折衷疏六卷　（明）釋大賢撰　清中晚期刻本　三册

620000－1141－0001359　617.3/501

婦科五十二章　（美國）湯麥斯著　（清）舒高第　（清）鄭昌棪譯　清光緒二十六年(1900)製造局鉛印本　五册

620000－1141－0001360　62.081/394：2

世補齋醫書前集六種三十三卷後集四種二十五卷　（清）陸懋修著　（清）沈彥模等參校　清光緒十二年至宣統二年(1886－1910)刻本　十八册

620000－1141－0001361　371.17/018

兒童矯弊論七章　（日本）大村仁太郎編　（清）京師編書局譯　清光緒三十一年（1905）京師學務處官書局鉛印本　一册

620000－1141－0001362　B94/1/:135
悲華經十卷　（北涼）釋曇無讖譯　清光緒四年（1878）金陵刻經處刻本　三册

620000－1141－0001363　125.5/115
朱子語類一百四十卷　（宋）朱熹述　（宋）黎靖德編　清同治十一年（1872）刻本　四十册

620000－1141－0001364　925.37/291/:1－:18
硃批諭旨不分卷　（清）范時繹等撰　（清）世宗胤禛批　（清）鄂爾泰等編　清雍正十年（1732）刻朱墨套印本　一百十二册

620000－1141－0001365　925.37/291/2:1－:11
硃批諭旨不分卷　（清）范時繹等撰　（清）世宗胤禛批　（清）鄂爾泰等編　清乾隆三年（1738）刻朱墨套印本　一百十二册

620000－1141－0001366　121.33/798
莊子内篇註四卷　（明）釋德清注　清光緒十四年（1888）金陵刻經處刻本　二册

620000－1141－0001367　121.333/430
莊子集釋十卷　（清）郭慶藩輯　清光緒二十年（1894）思賢講舍刻本　八册

620000－1141－0001368　032/548I2
新民叢報彙編不分卷　梁啟超編　清光緒三十三年（1907）普新端記書局石印本　十一册

620000－1141－0001369　082/544
籑喜廬叢書五種二十五卷　（清）傅雲龍輯　清光緒十五年（1889）德清傅氏日本東京影刻本　六册　缺一卷（陶文殘一卷）

620000－1141－0001370　982.31/154
續藏書二十七卷　（明）李贄撰　（明）陳仁錫評　明天啟刻本（有抄補）　八册

620000－1141－0001371　927.61/215/2：+ 851.74/215－2
伊犁三種十四卷　（清）松筠　（清）祁韻士撰　清嘉慶十六年（1811）程振甲也園刻本　八册

620000－1141－0001372　927.14/103－565
［道光］太原縣志十八卷圖一卷　（清）員佩蘭修　（清）楊國泰纂　清道光六年（1826）刻本　六册

620000－1141－0001373　830.2/214/:1－:4
漢魏六朝二十一名家集一百二十三卷　（明）汪士賢編　明萬曆、天啟間新安汪氏刻本　十册　存三十三卷（董仲舒集一卷、司馬長卿集一卷、東方先生集一卷、楊子雲集三卷、阮嗣宗集二卷、陸士龍文集十卷、潘黄門集六卷、顔延之集一卷、任彦升集六卷、陶貞白集二卷）

620000－1141－0001374　095.1274/042
欽定周官義疏四十八卷首一卷　（清）允祿等修　清光緒十四年（1888）江南書局刻本　十二册

620000－1141－0001375　121.273/042
荀子集解二十卷首一卷　（戰國）荀況撰　王先謙集解　清光緒十七年（1891）刻本　六册

620000－1141－0001376　62.31/340
傷寒來蘇集六卷　（清）柯琴撰　（清）馬中驊校　清乾隆金閶綠慎堂刻本　六册

620000－1141－0001377　63.92/705
瘡瘍經驗全書（竇太師外科全書）六卷　（宋）竇默著　（明）竇夢麟增輯　（清）洪瞻巖　（清）陳友恭校　清崇順堂刻本　六册

620000－1141－0001378　62/001
圖註八十一難經辨眞四卷　（戰國）秦越人著　（明）張世賢圖註　（清）沈鏡重校　清初刻本　一册

620000－1141－0001379　62.31/947
傷寒論類方一卷　（清）徐大椿編　清宣統二年（1910）刻本　一册

620000－1141－0001380　B94/1/:210
維摩詰所說經三卷　（後秦）釋鳩摩羅什譯　清同治九年（1870）金陵刻經處刻本　一册

620000 - 1141 - 0001381　B94/1/:239
淨業知津一卷　(清)釋悟開述　清同治十三年(1874)金陵刻經處刻本　一册

620000 - 1141 - 0001382　B94/1/:240
受持佛説阿彌陀經行願儀一卷　(清)釋成時輯　(清)彭紹升訂　清同治九年(1870)如皋刻經處刻本　一册

620000 - 1141 - 0001383　B94/1/:246
蒙山施食略解一卷　(□)□□解　清光緒四年(1878)金陵刻經處刻本　一册

620000 - 1141 - 0001384　B94/1/:247 - 250
佛説七俱胝佛母准提大明陀羅尼經一卷　(唐)釋金剛智譯　清同治十年(1871)金陵刻經處刻本　一册

620000 - 1141 - 0001385　091.3/456
經典釋文三十卷考證一卷　(唐)陸德明撰　(清)盧文弨撰　清同治八年(1869)湖北崇文書局刻本　十二册

620000 - 1141 - 0001386　851/817
澹靜齋詩鈔六卷　(清)龔景瀚撰　清後期刻本　一册　存三卷(一至三)

620000 - 1141 - 0001387　857.4/178
希夷夢四十卷　(清)汪寄撰　清嘉慶十四年(1809)刻本　三十二册

620000 - 1141 - 0001388　847.7/579
敦菽齋遺書十七卷　(清)鄒漢勛撰　清光緒五年(1879)刻本　八册

620000 - 1141 - 0001389　28.31/303:2
晋書一百三十卷　(唐)房玄齡等撰　**音義三卷**　(唐)何超撰　清同治十年(1871)金陵書局刻本　二十四册

620000 - 1141 - 0001390　095.2/115
儀禮十七卷儀禮旁通圖一卷　(宋)楊復撰　(清)納蘭性德校訂　清康熙通志堂刻本　二册

620000 - 1141 - 0001391　089.7/054
西河合集一百二十種四百九十七卷　(清)毛奇齡撰　清康熙李塨等刻乾隆印本　一百册　缺五種四十三卷(春秋條貫篇十一卷、竟山樂録四卷、皇言定聲録八卷、李氏學樂録二卷、經問十八)

620000 - 1141 - 0001392　925.37/042
皇朝道咸同光奏議六十四卷　(清)王延熙等輯　清光緒二十八年(1902)上海久敬齋石印本　二十八册

620000 - 1141 - 0001393　922.57/745
元史新編九十五卷　(清)魏源撰　清光緒三十一年(1905)邵陽魏氏慎微堂刻本　三十二册

620000 - 1141 - 0001394　927.21/301 - 506/:1
[同治]蘇州府志一百五十卷首三卷　(清)李銘皖　(清)譚鈞培修　(清)馮桂芬纂　清光緒九年(1883)江蘇書局刻本　八十册

620000 - 1141 - 0001395　925.2/105
諭摺彙存二十二卷　(清)擷華書局編　清光緒二十九年(1903)上海慎記書莊石印本　二十四册

620000 - 1141 - 0001396　994.6/169
古玉圖攷不分卷　(清)吳大澂撰　清光緒十五年(1889)上海同文書局石印本　二册

620000 - 1141 - 0001397　997/156
栝蒼金石志十二卷　(清)李遇孫輯　清道光十四年(1834)刻本　六册

620000 - 1141 - 0001398　996.3/452
千甓亭古塼圖釋二十卷　(清)陸心源輯　清光緒十七年(1891)石印本　四册

620000 - 1141 - 0001399　921.81/159
讀史論畧增註三卷　(清)杜詔撰　(清)唐桂註　(清)傅傳增註　(清)徐慎行校　清光緒七年(1881)上海千頃堂書局刻本　二册

620000 - 1141 - 0001400　921.8/672/21:
史通通釋二十卷　(唐)劉知幾撰　(清)浦起龍集釋　清光緒十九年(1893)上海文瑞樓石印本　八册

620000－1141－0001401　921.142/158
通典二百卷　（唐）杜佑纂　清同治十年(1871)廣東學海堂刻本　四十册

620000－1141－0001402　921.14/671/:1
皇朝續文獻通考三百二十卷　（清）劉錦藻纂　清光緒三十一年至宣統二年(1905－1910)堅匏盦鉛印本　八十八册

620000－1141－0001403　921.14/164-2/:8－:10
皇朝文獻通考三百卷　（清）嵇璜編　（清）曹仁虎纂修　清光緒二十八年(1902)上海鴻寶書局石印本　三十二册

620000－1141－0001404　921.14/164/:11－:12
欽定續文獻通考二百五十卷　（清）嵇璜編　（清）曹仁虎纂修　清光緒二十八年(1902)上海鴻寶書局石印本　二十四册

620000－1141－0001405　921.14/164－2/:13－:14
欽定續文獻通考二百五十卷　（清）嵇璜編　（清）曹仁虎纂修　清光緒二十八年(1902)上海圖書集成局石印本　三十六册

620000－1141－0001406　921.14/164－2/:11－:12
皇朝文獻通考三百卷　（清）嵇璜編　（清）曹仁虎纂修　清光緒二十七年(1901)上海圖書集成局石印本　四十八册

620000－1141－0001407　B94/1/:296－298
諸佛要集經二卷　（晉）釋竺法護譯　清晚期刻本　一册

620000－1141－0001408　B94/1/:321
續原教論二卷　（明）沈士榮著　清光緒元年(1875)金陵刻經處刻本　一册

620000－1141－0001409　991.1/601
竹崦盦金石目錄五卷　（清）趙魏集　（清）吴士鑑校　清宣統元年(1909)長沙刻本　五册

620000－1141－0001410　B94/1/:99－100
修習止觀坐禪法要二卷　（隋）釋智顗述　清光緒二十九年(1903)金陵刻經處刻本　一册

620000－1141－0001411　B94/1/:96－98
大方廣如來不思議境界經一卷　（唐）釋實叉難陀譯　清同治十三年(1874)雞園刻經處刻本　一册

620000－1141－0001412　B94/1/:73－74
般若波羅蜜多心經註解一卷　（唐）釋玄奘譯　（明）釋宗泐　（明）釋如玘註　清光緒二年(1876)長沙刻經處刻本　一册

620000－1141－0001413　B94/1/:164
華嚴經明法品内立三寶章一卷　（唐）釋法藏述　清光緒二十一年(1895)金陵刻經處刻本　與620000－1141－0001685合册

620000－1141－0001414　B94/1/:164
流轉章一卷　（唐）釋法藏述　清光緒二十一年(1895)金陵刻經處刻本　與620000－1141－0001685合册

620000－1141－0001415　B94/1/:164
法界緣起章一卷　（唐）釋法藏述　清光緒二十一年(1895)金陵刻經處刻本　與620000－1141－0001685合册

620000－1141－0001416　B94/1/:164
圓音章一卷　（唐）釋法藏述　清光緒二十一年(1895)金陵刻經處刻本　與620000－1141－0001685合册

620000－1141－0001417　B94/1/:164
法身章一卷　（唐）釋法藏述　清光緒二十一年(1895)金陵刻經處刻本　與620000－1141－0001685合册

620000－1141－0001418　B94/1/:164
十世章一卷　（唐）釋法藏述　清光緒二十一年(1895)金陵刻經處刻本　與620000－1141－0001685合册

620000－1141－0001419　B94/1/:164
玄義章一卷　（唐）釋法藏述　清光緒二十一年(1895)金陵刻經處刻本　與620000－1141－0001685合册

620000－1141－0001420　B94/1/:165

般若波羅密多心經略疏并序一卷　(唐)釋玄奘譯　(唐)釋法藏述　清同治八年(1869)金陵刻經處刻本　與620000－1141－0001629合册

620000－1141－0001421　62.32/385.8:2
金匱方歌括六卷　(清)陳念祖定　(清)陳蔚參訂　(清)陳元犀韻註　(清)陳心典　(清)陳心蘭校　清道光十六年(1836)奎璧堂刻本　三册

620000－1141－0001422　B94/1/:165
般若波羅密多心經直説一卷　(明)釋德清述　清光緒二十三年(1897)金陵刻經處刻本　與620000－1141－0001629合册

620000－1141－0001423　B94/1/:169
佛説彌勒下生經一卷　(後秦)釋鳩摩羅什譯　清同治十一年(1872)金陵刻經處刻本　與620000－1141－0001627合册

620000－1141－0001424　089.7/349/:1
景紫堂全書十六種八十二卷　(清)夏炘撰　清咸豐、同治間刻同治元年(1862)王光甲等彙印本　十七册　缺三種二十卷(檀弓辨誣三卷、述朱質疑十六卷、釋字一卷)

620000－1141－0001425　K294.54/2
[光緒]新疆省迪化府昌吉縣呼圖壁鄉土志一卷　(□)□□纂　清光緒三十四年(1908)抄本　一册

620000－1141－0001426　K294.54/1
[光緒]新疆省疏勒府伽師縣鄉土志一卷　(清)高生嶽纂　清光緒三十四年(1908)抄本　一册

620000－1141－0001427　K294.53/1
[光緒]疏勒府鄉土志一卷　(清)蔣光陞纂　清光緒三十四年(1908)抄本　一册

620000－1141－0001428　K294.54/3
[光緒]新疆省温宿府温宿縣鄉土志一卷　(□)□□纂　清光緒三十四年(1908)抄本　一册

620000－1141－0001429　991.3/463
求古精舍金石圖四卷　(清)陳經編　清嘉慶二十三年(1818)刻本　三册

620000－1141－0001430　982.25/570－368
石林遺事三卷附一卷　(清)孫德輝編撰　清宣統三年(1911)刻本　一册

620000－1141－0001431　63/865
經驗廣集四卷　(清)李文炳彙纂　(清)李友洙參訂　清刻本　二册　存二卷(一、三)

620000－1141－0001432　927.16/103－463/:1
[乾隆]皐蘭縣志二十卷　(清)吳鼎新修　(清)黃建中纂　清乾隆四十三年(1778)刻本　四册

620000－1141－0001433　927.16/103－462－2
[乾隆]皐蘭縣志二十卷　(清)吳鼎新修　(清)黃建中纂　清乾隆四十三年(1778)刻本　四册

620000－1141－0001434　082/444Ⅱ
二酉堂叢書二十一種三十一卷　(清)張澍輯　清道光元年(1821)武威張澍二酉堂刻本　六册　缺一卷(李尚書詩集所附李氏事蹟一卷)

620000－1141－0001435　844.14/157－039
李太白文集三十六卷　(唐)李白撰　(清)王琦輯註　(清)王縉等校　清乾隆寶笏樓刻二十五年(1760)增刻本　十二册

620000－1141－0001436　830－61/741
文選纂註十二卷　(南朝梁)蕭統選　(明)張鳳翼纂註　明萬曆十年(1582)書林余碧泉刻本　十二册

620000－1141－0001437　831.4/412－2
御定全唐詩錄一百卷　(清)徐倬輯　(清)徐元正校　清康熙四十五年(1706)內府刻本　二十四册

620000－1141－0001438　62.81/116:2
新刊補註銅人腧穴鍼灸圖經五卷　(宋)王惟一編　清宣統元年(1909)影金刻本　二册

620000－1141－0001439　851.416/153－039/1
李長吉歌詩四卷外卷一卷　(唐)李賀撰　(宋)吳正子箋注　(宋)劉辰翁評點　明天啟刻合刻宋劉須溪點校書九種本　有抄補　四冊

620000－1141－0001440　823.11/411
詞苑叢談十二卷　(清)徐釚編輯　清康熙二十七年(1688)丁煒刻本　八冊

620000－1141－0001441　851.522/451　I2
劍南詩鈔六卷　(宋)陸游著　(清)楊大鶴選　(清)楊楷校　清刻本　四冊　存三卷(五言絕句一卷、七言絕句一卷、七言律一卷)

620000－1141－0001442　097.37/607
四書考異二編七十二篇　(清)翟灝學　清乾隆四十三年(1778)無不宜齋刻本　十四冊

620000－1141－0001443　63.9/382＝2
三因極一病証方論十八卷　(宋)陳言編　(清)蔡載鼎讀　清道光二十三年(1843)青蓮華館刻本　八冊

620000－1141－0001444　62.31/432
尚論張仲景傷寒論重編三百九十七法四卷首一卷尚論後篇四卷　(清)喻昌著　清乾隆陳守誠刻本　八冊

620000－1141－0001445　126.12/726
讀書錄十一卷續錄十二卷　(明)薛瑄撰　清乾隆刻本　八冊

620000－1141－0001446　424.7/484
等韻一得內篇一卷外篇一卷補篇一卷　勞乃宣撰　清光緒二十四年至民國二年(1898－1913)刻本　三冊

620000－1141－0001447　851.414/161I2
杜工部集二十卷首一卷　(唐)杜甫撰　(清)錢謙益箋注　清宣統三年(1911)時中書局石印本　八冊

620000－1141－0001448　62.51/906－62/2:
傅氏眼科審視瑤函六卷首一卷　(明)傅仁宇輯　(明)林長生校補　清前期刻本　六冊

620000－1141－0001449　524/447－2
地球韻言四卷　(清)張士瀛撰　清光緒二十四年(1898)巴蜀善成堂刻本　二冊

620000－1141－0001450　982.91/167
歷代名人年譜十卷附存疑及生卒年月無攷一卷　(清)吳榮光撰　(清)瞿樹辰　(清)吳彌光編校　清光緒二年(1876)實經書坊刻本　十冊

620000－1141－0001451　994/570
語石十卷　葉昌熾撰　清宣統元年(1909)刻本　四冊

620000－1141－0001452　982.27/039
皇清陝西歷科進士錄三卷　(清)王承烈等編　清光緒刻本　一冊

620000－1141－0001453　857.117/344
兩般秋雨盦隨筆八卷　(清)梁紹壬纂　清宣統二年(1910)埽葉山房石印本　四冊

620000－1141－0001454　855.6/444
梅花夢二卷　(清)張道撰　清光緒二十年(1894)刻本　二冊

620000－1141－0001455　851.8/737
韓詩外傳十卷　(漢)韓嬰撰　清光緒三年(1877)湖北崇文書局刻本　一冊　存五卷(一至五)

620000－1141－0001456　851.1/409
新疆賦一卷　(清)徐松撰　清道光刻本　一冊

620000－1141－0001457　847.4/458
從政遺規二卷　(清)陳宏謀編輯　清光緒十九年(1893)刻本　二冊

620000－1141－0001458　857.4/529
新刻按鑑編纂開闢衍繹通俗志傳六卷　(明)周游集　(明)王黌釋　(明)鍾伯敬評　清道光十年(1830)刻本　六冊

620000－1141－0001459　851.7/473
香屑集十八卷首一卷末一卷　(清)黃之雋撰

（清）陳邦直校注　清宣統二年（1910）埽葉山房石印本　四冊

620000－1141－0001460　847.5/308/:1－:2

中復堂全集九十八卷　（清）姚瑩撰　（清）姚濬昌校　清同治六年（1867）姚濬昌安福縣署刻本　二十八冊

620000－1141－0001461　857.4/329

後紅樓夢三十回附刻詩二種二卷　（清）□□撰　清刻本　六冊　缺十六卷（一至十六）

620000－1141－0001462　847/745

古微堂内集三卷外集七卷　（清）魏源著　清光緒四年（1878）淮南書局刻本　四冊

620000－1141－0001463　845.7/280

湛然居士文集十四卷　（元）耶律楚材撰　清光緒二十一年（1895）刻本　四冊

620000－1141－0001464　834.78/279

恪靖侯盾鼻餘瀋一卷　（清）左宗棠撰　（清）柳葆元　（清）易策謙錄　（清）石本清校　清光緒八年（1882）石本清刻本　一冊

620000－1141－0001465　834.76/129/:1－:2

野獲編三十卷補遺四卷　（明）沈德符著　（清）錢枋輯　清道光七年（1827）姚祖恩扶荔山房刻本　二十冊

620000－1141－0001466　842.3/636

諸葛忠武侯文集四卷首一卷附錄二卷　（三國蜀）諸葛亮撰　（清）張澍編輯　**諸葛忠武侯故事五卷**　（清）張澍編輯　清嘉慶刻本　四冊

620000－1141－0001467　834.78/300/:1－:3

皇朝蓄艾文編八十卷　（清）于寶軒輯　清光緒二十九年（1903）上海官書局鉛印本　三十六冊

620000－1141－0001468　095.3125/458/2:

禮記十卷　（元）陳澔集傳　清光緒十六年（1890）蘭州刻本　十冊

620000－1141－0001469　072/544/:1

格致彙編不分卷　（英國）傅蘭雅編　清光緒二年至十八年（1876－1892）上海格致書院鉛印本　十四冊

620000－1141－0001470　082/134

荔墻叢刻十三種四十卷　（清）汪曰楨輯　清同治、光緒間烏程汪氏刻本　二十冊

620000－1141－0001471

龍文鞭影二卷　（明）蕭良有著　（明）楊臣諍增訂　清道光二十七年（1847）鐵筆齋刻本　二冊　存一卷（上）

620000－1141－0001472　927.15/667/:1－:10

［雍正］陝西通志一百卷首一卷　（清）劉於義修　（清）沈青崖纂　清雍正十三年（1735）刻本　一百冊

620000－1141－0001473　856.241/299

三水小牘二卷逸文一卷　（唐）皇甫枚撰　繆荃孫校補　清光緒十七年（1891）江陰繆荃孫雲自在龕刻本　一冊

620000－1141－0001474　852.77/630

冷紅詞四卷　鄭文焯撰　清光緒刻本　一冊

620000－1141－0001475　847.9/806

張文襄幕府紀聞二卷　（清）辜鴻銘撰　清宣統二年（1910）鉛印本　二冊

620000－1141－0001476　082/167

重刊拜經樓叢書七種二十三卷　（清）吳騫輯　清光緒十一年（1885）會稽章氏鄂渚刻本　十冊

620000－1141－0001477　994.522/769－2

昭陵碑錄三卷附校錄劄記一卷　羅振玉校錄　清宣統元年（1909）刻本　二冊

620000－1141－0001478　927.15/151－448

［隆慶］華州志二十四卷　（明）李可久修　（明）張光孝纂　清光緒八年（1882）合刻華州志本　四冊

620000－1141－0001479　834.2/449

漢魏六朝女子文選二卷　（清）張維學　清宣統元年（1909）海鹽朱是刻本　一冊

620000－1141－0001480　834.78/760

關中書院課藝不分卷 （清）薛秉辰等編　清光緒十四年(1888)刻本　四冊

620000 - 1141 - 0001481　834.7/367/2:
八家四六文注八卷首一卷 （清）孫星衍著 （清）許貞幹注　清光緒十七年(1891)刻本 八冊

620000 - 1141 - 0001482　927.27/157 - 152
[嘉慶]羅江縣志十卷 （清）李調元纂修　清嘉慶七年(1802)刻本　二冊

620000 - 1141 - 0001483　930.8/691/:1
亞細亞洲志三十五卷 （清）學部編譯圖書局編　清光緒三十三年至三十四年(1907 - 1908)學部編譯圖書局鉛印本　十三冊

620000 - 1141 - 0001484　931.8/472
日本國志序一卷 （清）黃遵憲撰　清光緒刻本　一冊

620000 - 1141 - 0001485　926.41/154
元和郡縣圖志四十卷 （唐）李吉甫撰　清光緒六年(1880)金陵書局刻本　八冊　缺六卷(原缺十九至二十、二十三至二十四、三十五至三十六)

620000 - 1141 - 0001486　926.41/154
元和郡縣補志九卷 （清）嚴觀撰　清光緒八年(1882)金陵書局刻本　二冊

620000 - 1141 - 0001487　834.7/573
皇朝經世文編一百二十卷 （清）賀長齡輯 清光緒二十二年(1896)埽葉山房鉛印本　二十四冊

620000 - 1141 - 0001488　834.7/523 - 4
皇朝經世文編一百二十卷 （清）賀長齡輯 清同治十二年(1873)鉛印本　二十四冊

620000 - 1141 - 0001489　834.7/462/2:
皇朝經世文三編八十卷 （清）陳忠倚輯　清光緒二十八年(1902)上海書局石印本　十四冊　存七十卷(一至七十)

620000 - 1141 - 0001490　834.7/191 - 2
皇朝經世文四編五十二卷 （清）何良棟輯 清光緒二十八年(1902)上海書局石印本 六冊

620000 - 1141 - 0001491　63/050/2:
醫方集解三卷 （清）汪昂著輯 （清）汪桓參閲 （清）汪端 （清）汪惟寵校　清康熙二十一年(1682)致盛堂刻本　一冊

620000 - 1141 - 0001492　845.2/265 - 2
白石詩集一卷詞集一卷 （宋）姜夔撰　**諸家評論一卷** （宋）陳藏一等撰　清雍正五年(1727)洪正治刻本　二冊

620000 - 1141 - 0001493　424.1/227
古今韻略五卷 （清）邵長蘅篹　清康熙三十五年(1696)宋犖刻本　四冊

620000 - 1141 - 0001494　922.605/034 - 2/2:
明季稗史彙編十六種二十七卷 （清）留雲居士輯　清光緒二十二年(1896)上海圖書集成印書局鉛印本　六冊

620000 - 1141 - 0001495　922.7/463
皇朝政典挈要八卷 （日本）增田貢著 （清）毛淦補編 （清）汪厚昌 （清）顧梓田訂正 清光緒二十八年(1902)鉛印本　四冊

620000 - 1141 - 0001496　B94/1/:169
佛説觀彌勒菩薩下生經一卷 （晉）釋竺法護譯　清光緒三年(1877)金陵刻經處刻本　與620000 - 1141 - 0001627 合冊

620000 - 1141 - 0001497　B94/1/:246
放生儀一卷 （□）□□撰 （清）忍辱居士校　清同治十二年(1873)金陵刻經處刻本　與620000 - 1141 - 0001383 合冊

620000 - 1141 - 0001498　B94/1/:247 - 250
千手千眼觀世音菩薩廣大圓滿無礙大悲心陀羅尼經一卷 （唐）釋伽梵達摩譯　清同治八年(1869)金陵刻經處刻本　與 620000 - 1141 - 0001384 合冊

620000 - 1141 - 0001499　B94/1/:247 - 250
佛頂尊勝陀羅尼經一卷 （唐）釋佛陀波利譯 清同治九年(1870)金陵刻經處刻本　與

620000－1141－0001384 合冊

620000－1141－0001500　B94/1/:247－250
穢跡金剛説神通大滿陀羅尼法術靈要門經一卷　(北天竺)釋無能勝譯　清光緒八年(1882)金陵刻經處刻本　與620000－1141－0001384 合冊

620000－1141－0001501　B94/1/:99－100
六妙法門一卷　(隋)智者大師輯　清光緒十八年(1892)金陵刻經處刻本　一冊

620000－1141－0001502　B94/1/:96－98
大方廣佛華嚴經修慈分一卷　(唐)釋提雲般若等譯　清同治九年(1870)如皋刻經處刻本　一冊

620000－1141－0001503　B94/1/:96－98
佛華嚴入如來德智不思議境界經一卷　(隋)釋闍那崛多譯　清中晚期刻本　一冊

620000－1141－0001504　B94/1/:73－74
金剛般若波羅蜜經註解一卷　(後秦)釋鳩摩羅什譯　(明)釋宗泐　(明)釋如玘註　清光緒二年(1876)長沙刻經處刻本　一冊

620000－1141－0001505　28.31/303:2
北齊書五十卷　(唐)李百藥撰　清同治十三年(1874)金陵書局刻本　四冊

620000－1141－0001506　28.31/303:2
史記一百三十卷　(漢)司馬遷撰　(南朝宋)裴駰注　清光緒四年(1878)金陵書局刻本　十六冊

620000－1141－0001507　28.31/303:2
陳書三十六卷　(唐)姚思廉撰　清同治十一年(1872)金陵書局刻本　四冊

620000－1141－0001508　28.31/303:2
周書五十卷　(唐)令狐德棻撰　清同治十三年(1874)金陵書局刻本　四冊

620000－1141－0001509　28.31/303:2
梁書五十六卷　(唐)姚思廉撰　清同治十三年(1874)金陵書局刻本　六冊

620000－1141－0001510　28.31/303:2
遼史一百十五卷　(元)托克托等撰　清同治十二年(1873)江蘇書局刻本　十冊

620000－1141－0001511　28.31/303:2
遼史拾遺二十四卷　(清)厲鶚撰　**遼史拾遺補五卷**　(清)楊復吉輯　**遼史語解十卷**　清光緒元年至四年(1875－1878)江蘇書局刻本　十二冊

620000－1141－0001512　28.31/303:2
隋書八十五卷　(唐)魏徵撰　清同治十年(1871)淮南書局刻本　十六冊

620000－1141－0001513　28.31/303:2
元史二百十卷目錄二卷　(明)宋濂等修　清同治十三年(1874)江蘇書局刻本　三十八冊

620000－1141－0001514　997/156/2:
栝蒼金石志十二卷　(清)李遇孫輯　清道光十四年(1834)刻本　四冊

620000－1141－0001515　351.31/729
日本憲法説明書十二回　(日本)穗積八束撰　清光緒三十三年(1907)政治官報局鉛印本　一冊

620000－1141－0001516　大922.55/643
遼史拾遺二十四卷　(清)厲鶚撰　清光緒元年(1875)江蘇書局刻本　八冊

620000－1141－0001517　991.3/084
金石圖説四卷　(清)牛運震集説　清光緒十九年至二十二年(1893－1896)刻本　四冊

620000－1141－0001518　847.9/445
勸學篇二卷　(清)張之洞撰　清光緒二十四年(1898)甘肅藩署刻本　一冊

620000－1141－0001519　781.7/455/:2
詩經古譜二卷　(宋)趙彥肅　(元)熊朋來撰　(清)陳澧　袁嘉穀編　清光緒三十四年(1908)學部圖書局石印本　一冊

620000－1141－0001520　781.7/455/:2
詩經古譜二卷　(宋)趙彥肅　(元)熊朋來撰　(清)陳澧　袁嘉穀編　清光緒三十四年(1908)學部圖書局石印本　一冊

620000－1141－0001521　781.7/455/:2

詩經古譜二卷　(宋)趙彦肅　(元)熊朋來撰　(清)陳澧　袁嘉穀編　清光緒三十四年(1908)學部圖書局石印本　一册

620000－1141－0001522　780/151

樂典六編　(清)李fan義編譯　(清)高連科校改　清宣統元年(1909)學部圖書局石印本　一册

620000－1141－0001523　780/151

樂典六編　(清)李燓義編譯　(清)高連科校改　清宣統元年(1909)學部圖書局石印本　一册

620000－1141－0001524　423.18/665/3:

説文通檢十四卷首一卷末一卷　(清)黎永椿編　清光緒五年(1879)常桂潤刻本　二册

620000－1141－0001525　921.8/597

廿二史劄記三十六卷補遺一卷　(清)趙翼撰　清光緒二十六年(1900)三味書局刻本　十二册

620000－1141－0001526　927.27/123－708

[同治]續金堂縣志八卷首一卷末一卷　(清)王樹桐　(清)徐璞玉修　(清)米繪裳等纂　清同治六年(1867)刻本　二册

620000－1141－0001527　28.31/303:2

南齊書五十九卷　(南朝梁)蕭子顯撰　清同治十三年(1874)金陵書局刻本　六册

620000－1141－0001528　28.31/303=2

五代史七十四卷　(宋)歐陽修撰　(宋)徐無黨注　清同治十一年(1872)湖北崇文書局刻本　六册

620000－1141－0001529　858.5/017Ⅱ1

三寶證盟寶卷一卷　(□)□□撰　清光緒十六年(1890)常郡府廟培本堂善書局刻本　一册

620000－1141－0001530　63.91/870

訂補明醫指掌十卷　(明)皇甫中撰註　(明)王肯堂訂補　(明)邵從臯參校　清乾隆四十四年(1779)刻本　五册

620000－1141－0001531　121.333/266

南華發覆八卷　(明)釋性通注　(明)方應祥等校　明末文奎堂刻本　四册

620000－1141－0001532

急救應驗良方一卷　(清)費友棠輯　清光緒刻本　一册

620000－1141－0001533　B94/1/:105

略論安樂浄土義一卷　(北魏)釋曇鸞撰　清光緒十九年(1893)金陵刻經處刻本　與620000－1141－0001154合册

620000－1141－0001534　847.4/203－2/:1－:2

道古堂文集四十八卷詩集二十六卷集外文一卷集外詩一卷　(清)杭世駿撰　**軼事一卷**　(清)汪曾唯輯　清乾隆四十一年(1776)刻光緒十四年(1888)汪曾唯振綺堂增修本　十六册

620000－1141－0001535　B94/1/:182

菩薩戒本經箋要一卷　題(天竺)慈氏(彌勒)菩薩説　(北涼)釋曇無讖譯　(明)釋智旭箋　清光緒六年(1880)金陵刻經處刻本　與620000－1141－0001106合册

620000－1141－0001536　B94/1/:296－298

不思議光菩薩所説經一卷　(後秦)釋鳩摩羅什譯　清光緒二十一年(1895)刻本　與620000－1141－0001407合册

620000－1141－0001537　62/380/2:

圖註脉訣辨眞四卷附方一卷　(晉)王叔和譔　(明)張世賢註　(清)沈鏡删註　清康熙三十二年(1693)永順堂刻本　一册　存二卷(一至二)

620000－1141－0001538　62/380

圖註脉訣辨眞四卷附方一卷　(晉)王叔和譔　(明)張世賢註　(清)沈鏡删註　清康熙三十二年(1693)刻本　一册　存二卷(一至二)

620000－1141－0001539　B94/1/:296－298

佛説菩薩投身飼餓虎起塔因緣經一卷　(北

涼)釋法盛譯　清光緒二十一年(1895)刻本　與620000－1141－0001407合册

620000－1141－0001540　960.8/691/:1
亞斐利加洲志一卷新志一卷　(清)學部編譯圖書局編　清宣統元年(1909)學部圖書局鉛印本　一册

620000－1141－0001541　960.8/691/:1
英領開浦殖民地志一卷新誌一卷　(清)學部編譯圖書局編　清光緒三十四年(1908)學部圖書局鉛印本　一册

620000－1141－0001542　847.7/113/2:
朱九江先生集十卷首四卷　(清)朱次琦撰　(清)簡朝亮編　清光緒二十三年(1897)簡朝亮讀書草堂刻本　四册

620000－1141－0001543　847.7/113
朱九江先生集十卷首四卷　(清)朱次琦撰　(清)簡朝亮編　清光緒二十三年(1897)簡朝亮讀書草堂刻本　四册

620000－1141－0001544　423.5/037
急就篇四卷　(漢)史游撰　(唐)顏師古注　(宋)王應麟補注　清光緒九年(1883)浙江書局刻本　二册

620000－1141－0001545　351.51/318
美國憲法纂釋二十一卷附憲法一卷續增憲法一卷　(美國)海麗生著　(清)鄭昌棪筆述　(清)舒高第口譯　(清)陳洙潤色　清光緒三十三年(1907)江南製造局刻本　二册

620000－1141－0001546　B828/1
負暄閒語十二卷　(清)周馥撰　清宣統元年(1909)鉛印本　二册

620000－1141－0001547　993/340/:1－:2
西清古鑑四十卷錢録十六卷　(清)梁詩正等編纂　(清)陳孝泳等摹篆　(清)梁觀等繪圖　清光緒十四年(1888)上海鴻文書局石印本　二十四册

620000－1141－0001548　931.6/085
日本政治地理七編　(日本)矢津昌永著　(清)陶鎔譯　清光緒二十八年(1902)上海商務印書館鉛印本　一册

620000－1141－0001549　927.21/103－135/:1－:2
[同治]續纂江甯府志十五卷首一卷　(清)蔣啟勛　(清)趙佑宸修　(清)汪士鐸等纂　**勘誤一卷**　清光緒六年(1880)刻本　十二册

620000－1141－0001550　921.14/164－2/:3
皇朝通典一百卷　(清)嵇璜編　(清)曹仁虎纂修　清光緒二十七年(1901)上海圖書集成局石印本　十册

620000－1141－0001551　921.14/164/:1
皇朝通典一百卷　(清)嵇璜編　(清)曹仁虎纂修　清光緒二十八年(1902)上海鴻寶書局石印本　八册

620000－1141－0001552　921.5/461/:1－:2
日涉編十二卷　(明)陳堦編輯　(明)徐養量校　清乾隆三十四年(1769)刻本　十二册

620000－1141－0001553　K931.3/1
日本國志四十卷首一卷　(清)黃遵憲編纂　清光緒二十八年(1902)蔚華書局刻本　十四册

620000－1141－0001554　079.96/472－5/:1－:2
明儒學案六十二卷師説一卷　(清)黃宗羲撰　(清)賈潤參閲　清康熙三十二年(1693)賈樸刻雍正十三年(1735)賈念祖重修印本　十六册

620000－1141－0001555　922.42/643/6:
五代史七十四卷　(宋)歐陽修撰　(宋)徐無黨注　清同治十一年(1872)湖北崇文書局刻本　八册

620000－1141－0001556　121/542
子華子十卷　明崇禎三年(1630)雷鳴時刻清雍正印本　二册

620000－1141－0001557　922.42/643/3:
五代史七十四卷　(宋)歐陽修撰　(宋)徐無黨注　明崇禎三年(1630)毛氏汲古閣刻清遞

修本　八冊

620000－1141－0001558　62.71/290
建松堂簡易痘疹良書六卷首一卷　（清）李郁等纂輯　（清）李端校正　清嘉慶十一年（1806）刻本　二冊

620000－1141－0001559　858.5/436
惜穀免災寶卷一卷　（□）□□撰　清光緒二年（1876）常郡府廟培本堂刻本　一冊

620000－1141－0001560　821.152/773
滄浪詩話註五卷　（宋）嚴羽撰　（清）胡鑑註　（清）任世熙校　清光緒石印本　三冊

620000－1141－0001561　847.8/506
顯志堂稿十二卷　（清）馮桂芬著　清光緒三年（1877）刻本　四冊

620000－1141－0001562　847.4/132 Ⅰ2
佐治藥言一卷續一卷　（清）汪輝祖著　清光緒二十二年（1896）甘肅藩署刻本　一冊

620000－1141－0001563　847.4/132
學治臆說二卷續說一卷說贅一卷　（清）汪輝祖著　清光緒二十二年（1896）甘肅藩署刻本　一冊

620000－1141－0001564　851.78/651
夢緣草堂詩鈔十二卷附錄二卷末一卷　（清）蔡壽祺撰　清咸豐七年至八年（1857－1858）刻本　六冊

620000－1141－0001565　846/328 Ⅰ2
高子遺書十二卷　（明）高攀龍著　（明）陳龍正編　**附錄一卷**　（明）錢士升撰　**年譜一卷**　（明）華允誠述　清光緒二年（1876）刻本　十二冊

620000－1141－0001566　834/017
重訂文選集評十五卷首一卷末一卷　（清）于光華編次　清同治十一年（1872）江蘇書局刻本　十六冊

620000－1141－0001567　831.78/430
海龍戰守事蹟六種六卷　（清）依凌阿輯　清光緒三十二年（1906）關東印書館鉛印本　二冊

620000－1141－0001568　831.79/230
奉使車臣汗記程詩三卷　（清）延清撰　清宣統元年（1909）鉛印本　三冊

620000－1141－0001569　830.67/329
東林書院志二十二卷　（清）張師載等鑒定　（清）胡廷琦等參訂　（清）高廩等增輯　清光緒七年（1881）趙棨刻本　八冊

620000－1141－0001570　746/174
淳化閣帖十卷　（清）呂鏡宇編　清光緒三十一年（1905）石印本　十冊

620000－1141－0001571　746/799
楷帖卌種不分卷　王存善輯　清宣統元年（1909）上海文明書局影印本　四冊

620000－1141－0001572　746/799
續景楷帖卅種不分卷　□□輯　清宣統二年（1910）上海文明書局影印宋拓本　四冊

620000－1141－0001573　831.78/037
蘇文忠公詩編註集成一百三卷　（清）王文誥撰　（清）王霖圻覆較　清光緒十四年（1888）潮江書局刻本　二十四冊

620000－1141－0001574　781.7/455/:1
詩經古譜二卷　（宋）趙彥肅　（元）熊朋來撰　（清）陳澧　袁嘉穀編　清光緒三十四年（1908）學部圖書局石印本　一冊

620000－1141－0001575　856.3/039－1
分類尺牘備覽三十卷附分類尺牘備覽要訣一篇　（清）王虎榜編　清光緒十六年（1890）鉛印本　六冊

620000－1141－0001576　857.1/459/2:
燕下鄉脞錄十六卷　（清）陳康祺著　清光緒十一年（1885）暨陽刻舊雨堂叢書本　五冊

620000－1141－0001577　857.1/459/2:
郎潛紀聞十四卷　（清）陳康祺著　清光緒十年（1884）琴川刻本　五冊

620000－1141－0001578　852.7/444
山中白雲詞八卷　（宋）張炎撰　清光緒九年

(1883)後知不足齋刻本　二册

620000－1141－0001579　932.56/232
琉球國志略十六卷首一卷　(清)周煌輯　清乾隆刻本　四册

620000－1141－0001580　854.3/137
香豔小品八種十一卷　沈宗畸輯　清宣統元年(1909)番禺沈氏石印本　五册

620000－1141－0001581　927.41/217－667
[宣統]長白徵存錄(長白彙徵錄)八卷首一卷　(清)張鳳臺等修　(清)劉龍光　(清)王大經纂　清宣統二年(1910)鉛印本　四册

620000－1141－0001582　62.54/973＝2
重樓玉鑰一卷　(清)鄭宏綱著　**洞主仙師白喉治法忌表抉微一卷**　(清)耐修子錄并注　清光緒二十六年(1900)刻本(重樓玉鑰一卷系刻朱墨套印本)　一册

620000－1141－0001583　940.5/237
西史綱目三十五卷　(清)周維翰撰　清光緒二十八年(1902)經世文社石印本　十八册

620000－1141－0001584　908/435
羅馬史二卷　(日本)占部百太郎撰　(清)陳時夏等譯　清光緒二十九年(1903)上海商務印書館鉛印本　二册

620000－1141－0001585　921/069/9:7
南齊書五十九卷　(南朝梁)蕭子顯撰　清同治十三年(1874)金陵書局刻本　六册

620000－1141－0001586　921/069/9:9
陳書三十六卷　(唐)姚思廉撰　清同治十一年(1872)金陵書局刻本　四册

620000－1141－0001587　921/069/9:8
梁書五十六卷　(唐)姚思廉撰　清同治十三年(1874)金陵書局刻本　六册

620000－1141－0001588　089.65/287/:2
鳥鼠山人小集十六卷　(明)胡纘宗著　(明)歸仁編　(明)馬驥　(明)徐中孚校　明嘉靖刻民國安維崑等補刻本　六册

620000－1141－0001589　921/069/9:11
北齊書五十卷　(唐)李百藥著　清同治十三年(1874)金陵書局刻本　四册

620000－1141－0001590　921.8/672/22:
史通通釋二十卷　(唐)劉知幾撰　(清)浦起龍集釋　清光緒十九年(1893)上海文瑞樓石印本　八册

620000－1141－0001591　922.22/129
後漢書疏證三十卷　(清)沈欽韓撰　清光緒二十六年(1900)浙江官書局刻本　十六册

620000－1141－0001592　921.71/692/:2
史鑑節要便讀七卷　(清)鮑東里　(清)金石編輯　清光緒三十一年(1905)上海吳雲記書局鉛印本　二册

620000－1141－0001593　I214.91/2/:1－:11
左文襄公全集七種一百十九卷首一卷　(清)左宗棠著　**附二種十四卷**　清光緒刻本　九十七册　缺三十二卷(書牘一至八、左文襄公年譜十卷、附張大司馬奏稿四卷、駱文忠公奏稿十卷)

620000－1141－0001594　982.27/697
文獻徵存錄十卷　(清)錢林輯　(清)王藻編　清咸豐八年(1858)有嘉樹軒刻本　十册

620000－1141－0001595　928.157/156
防海備覽十卷　(清)薛傳源編　清乾隆五十八年(1793)刻本　四册

620000－1141－0001596　927.15/327－010
[光緒]靖邊志稿四卷　(清)丁錫奎修　(清)白翰章　(清)辛居乾纂　清光緒二十五年(1899)刻本　四册

620000－1141－0001597　927.15/163－447
[光緒]岐山縣志八卷　(清)胡昇猷修　(清)張殿元纂　清光緒十年(1884)刻本　四册

620000－1141－0001598　927.15/167－173
[嘉慶]扶風縣志十八卷首一卷　(清)宋世犖修　(清)吳鵬翱　(清)王樹棠纂　清嘉慶二十四年(1819)刻本　四册

620000 - 1141 - 0001599　927.15/133 - 617
[道光]大荔縣志十六卷首一卷附足徵録四卷　(清)熊兆麟纂修　清道光三十年(1850)刻本　六册

620000 - 1141 - 0001600　K296.44/1/:1 - :4
[同治]湘鄉縣志二十三卷首一卷末一卷　(清)齊德五　(清)王述恩修　(清)黄楷盛纂　清同治十三年(1874)刻本　二十四册

620000 - 1141 - 0001601　927.66/702
[嘉慶]衛藏通志十六卷首一卷　(清)和琳纂　**衛藏通志校字記一卷**　(清)袁昶撰　清光緒二十一年(1895)桐廬袁氏刻漸西村舍彙刊本　八册

620000 - 1141 - 0001602　922.22/409
東漢會要四十卷　(宋)徐天麟撰　清光緒十年(1884)江蘇書局刻本　八册

620000 - 1141 - 0001603　921.8/632
增廣古今人物論三十六卷　(清)鄭元植輯　清光緒二十八年(1902)富文書局石印本　五册　存二十三卷(一至八、十四至十八、二十七至三十六)

620000 - 1141 - 0001604　994/447
沙南侯獲刻石釋文一卷　(清)張之洞釋　清同治十二年(1873)滂喜齋刻本　一册

620000 - 1141 - 0001605　921.8/620
歷代史論正鵠十卷　(清)維新居士編輯　(清)丁月樓校訂　(清)葉兆慶重訂　清光緒二十八年(1902)點石齋石印本　八册

620000 - 1141 - 0001606　925.178/127/:1 - :3
光緒政要三十四卷　(清)沈桐生輯　(清)董沅　(清)董潤校　清宣統元年(1909)崇義堂石印本　二十六册　存二十九卷(一至二、六至二十八、三十一至三十四)

620000 - 1141 - 0001607　916/745/3:1
海國圖志一百卷　(清)魏源撰　清光緒二十八年(1902)文賢閣石印本　十四册

620000 - 1141 - 0001608　916/745/3:2
海國圖志續集二十五卷　(英國)麥高爾輯著　(美國)林樂知　(清)瞿昂來譯　**首一卷**　(高麗)鄧鏗著　清光緒二十一年(1895)上海書局石印本　二册

620000 - 1141 - 0001609　916/644
海國圖志續編二十五卷　(英國)麥高爾輯著　(美國)林樂知　(清)瞿昂來譯　**首一卷**　(高麗)鄧鏗著　清光緒二十七年(1901)二酉山房刻本　二册　存十四卷(一至十三、首一卷)

620000 - 1141 - 0001610　916/745/2:1 - :2
海國圖志一百卷首一卷　(清)魏源撰　清光緒二年(1876)刻本　十二册　存四十六卷(一至四十五、首一卷)

620000 - 1141 - 0001611　916/745/:1 - :4
海國圖志一百卷　(清)魏源撰　清光緒元年(1875)刻本　二十八册　存九十八卷(一至二、五至一百)

620000 - 1141 - 0001612　857.2/481
搜神後記十卷　(晉)陶潛撰　清光緒元年(1875)湖北崇文書局刻本　一册

620000 - 1141 - 0001613　857.4/106
再造天十六卷　(清)侯芝著　清後期刻本　十六册

620000 - 1141 - 0001614　921.71/692/:3
史鑑節要便讀七卷　(清)鮑東里　(清)金石編輯　清光緒三十一年(1905)上海吳雲記書局鉛印本　二册

620000 - 1141 - 0001615　921.71/692/:4
史鑑節要便讀七卷　(清)鮑東里　(清)金石編輯　清光緒三十一年(1905)上海吳雲記書局鉛印本　二册

620000 - 1141 - 0001616　62.73/882
牛痘新書濟世一卷　(清)邱熺撰　(清)王惇甫增補　(清)古風　(清)程培業校　**附壓信洋痘說一卷**　清同治四年(1865)黄家駒刻本　一册

620000－1141－0001617　925/196/:1－:2
朔方備乘六十八卷首十二卷　(清)何秋濤纂　清光緒三年至七年(1877－1881)畿輔通志局刻本　二十四册

620000－1141－0001618　921.14/357Ⅲ1
文獻通考詳節二十四卷　(元)馬端臨撰　(清)嚴虞惇錄　清光緒元年(1875)刻本　十二册

620000－1141－0001619　925.7/064.2/:1－:6
左恪靖侯奏稿初編三十八卷續編七十六卷三編六卷　(清)左宗棠撰　(清)羅大春編　清光緒十二年(1886)羅大春刻本　四十八册

620000－1141－0001620　922.41/643/1:1－:4
唐書二百二十五卷　(宋)歐陽修　(宋)宋祁等撰　清同治十二年(1873)浙江書局刻本　四十册

620000－1141－0001621　922.41/643/2:1－:4
唐書二百二十五卷　(宋)歐陽修　(宋)宋祁等撰　清同治十二年(1873)浙江書局刻本　四十册

620000－1141－0001622　922.41/643/7:1－:5
唐書二百二十五卷　(宋)歐陽修　(宋)宋祁等撰　清同治十二年(1873)浙江書局刻本　四十册

620000－1141－0001623　922.41/643/3:1－:4
唐書二百二十五卷　(宋)歐陽修　(宋)宋祁等撰　清同治十二年(1873)浙江書局刻本　四十册

620000－1141－0001624　922.41/643/4:1－:4
唐書二百二十五卷　(宋)歐陽修　(宋)宋祁等撰　清同治十二年(1873)浙江書局刻本　四十册

620000－1141－0001625　922.41/643/6:1－:5
唐書二百二十五卷　(宋)歐陽修　(宋)宋祁等撰　**釋音二十五卷**　(宋)董衝撰　清光緒十年(1884)同文書局石印本　五十册

620000－1141－0001626　922.41/643/5:1－:7
唐書二百二十五卷　(宋)歐陽修　(宋)宋祁等撰　**釋音二十五卷**　(宋)董衝撰　**附考證不分卷**　(清)孫嘉淦等撰　清同治八年(1869)嶺南葄古堂刻本　六十三册

620000－1141－0001627　B94/1/:169
佛説觀彌勒菩薩上生兜率陀天經一卷　(南朝宋)釋沮渠京聲譯　清光緒三年(1877)金陵刻經處刻本　一册

620000－1141－0001628　922.42/643/5:
五代史七十四卷　(宋)歐陽修撰　(宋)徐無黨注　清晚期刻本　十二册

620000－1141－0001629　B94/1/:165
般若波羅密多心經疏一卷　(唐)釋玄奘譯　(唐)釋靖邁疏　清光緒二十三年(1897)金陵刻經處刻本　一册

620000－1141－0001630　922.42/643/4:
五代史七十四卷　(宋)歐陽修撰　(宋)徐無黨注　清同治十一年(1872)湖北崇文書局刻本　八册

620000－1141－0001631　846.5/287
烏鼠山人小集十六卷　(明)胡纘宗著　(明)歸仁編　(明)馬驥　(明)徐中孚校　明嘉靖刻本　八册

620000－1141－0001632
刪註脈訣規正二卷　(清)沈鏡刪註　(清)徐良臣參補　(清)沈士瀛　(清)沈士澤參訂　(清)沈士演　(清)沈士灝較閱　清光緒三十年(1904)文林堂刻本　一册　存一卷(上)

620000－1141－0001633　63/050/3:
醫方集解三卷　(清)汪昂著輯　(清)汪桓參閱　(清)汪端　(清)汪惟寵校　清文星堂刻本　三册

620000－1141－0001634　847/726
庸盦全集三種二十一卷　(清)薛福成撰　清光緒二十三年(1897)上海醉六堂石印本　十二册

620000－1141－0001635　62/380/10:

脉訣彙辨十卷　(清)李延是輯著　(清)陸圻參閲　清康熙五年(1666)李氏刻本　四册

620000－1141－0001636
急救應驗良方一卷　(清)費山壽輯　清光緒六年(1880)徐福辰刻本　一册

620000－1141－0001637　62.12/116
圖註八十一難經辨眞四卷　(戰國)秦越人述　(明)張世賢註　清刻本(有補配)　一册　存二卷(三至四)

620000－1141－0001638　847.8/083
皮氏經學叢書九種二十四卷　(清)皮錫瑞撰　清光緒思賢書局刻本　十四册　缺一種一卷(魯禮禘祫義疏證一卷)

620000－1141－0001639　846/481
輟畊録三十卷　(明)陶宗儀撰　清順治九年(1652)刻本　十册

620000－1141－0001640　922.36/157/:1－:4
北史一百卷　(唐)李延壽撰　明萬曆刻崇禎補刻清順治、康熙遞修本　二十一册　存六十六卷(一至六十六)

620000－1141－0001641　62/001/2:
圖註八十一難經辨眞四卷　(戰國)秦越人著　(明)張世賢圖註　(清)沈鏡校　清刻本　一册　存二卷(一至二)

620000－1141－0001642　921/069/9:24－1－－8
明史三百三十二卷　(清)張廷玉等總裁　(清)孫嘉淦纂修　清光緒三年(1877)湖北崇文書局刻本　八十册

620000－1141－0001643　62.08/468
蘭室秘藏三卷　(金)李杲撰　(明)吳勉學校　明萬曆二十九年(1601)吳勉學刻本　二册　存二卷(中、下)

620000－1141－0001644　011.9/475－2/:4(ls)
慈溪黄氏日抄分類古今紀要十九卷　(宋)黄震撰　清乾隆三十二年(1767)汪佩鍔刻本　八册

620000－1141－0001645　857.1/459(ls)
燕下鄉睉錄十六卷　(清)陳康祺著　清光緒十一年(1885)暨陽刻舊雨堂叢書本　五册

620000－1141－0001646　921.4/156/2:1－:4
續通鑑紀事本末一百十卷　(清)李銘漢編輯　清光緒三十二年(1906)刻本　三十二册

620000－1141－0001647　921.14/164－2/:15－:16
文獻通考三百四十八卷　(元)馬端臨撰　欽定通考考證三卷　(清)丁立誠撰　清光緒二十七年(1901)上海圖書集成局鉛印本　四十四册

620000－1141－0001648　921.81/458
庸書内篇二卷外篇二卷　(清)陳次亮撰　清光緒二十二年(1896)刻本　四册

620000－1141－0001649　851.51/671
津逮祕書十五集一百四十一種七百四十八卷　(明)毛晉編　明崇禎毛氏汲古閣刻本　五册　存六種六卷(六一詩話一卷、滄浪詩話一卷、後山詩話一卷、中山詩話一卷、竹坡詩話一卷、續詩話一卷)

620000－1141－0001650　62.08/466
嵩厓尊生書十五卷　(清)景日昣纂著　清刻本　六册

620000－1141－0001651　925.17/042/:1－:6
東華錄一百九十五卷(天命朝至雍正朝)　王先謙編　(清)周潤蕃　(清)周瀹蕃校　清光緒十七年(1891)廣百宋齋鉛印本　三十二册

620000－1141－0001652　922.42/643/8:
五代史七十四卷　(宋)歐陽修撰　(宋)徐無黨注　清同治十一年(1872)湖北崇文書局刻本　八册

620000－1141－0001653　847.6/510－3/1:1－4
曾文正公全集一百五十三卷　(清)曾國藩撰　清光緒二十九年(1903)鴻寶書局石印本　四十册

620000－1141－0001654　62.354/988:2
鼠疫抉微一卷　(清)余德壎輯　(清)陳麗江

校　清宣統二年(1910)鉛印本　一冊

620000－1141－0001655　B94/1/:251
寶藏論一卷　(後秦)釋僧肇著　清光緒二十三年(1897)金陵刻經處刻本　一冊

620000－1141－0001656　B94/1/:256
破邪論二卷　(唐)釋法琳撰　清光緒三十四年(1908)揚州藏經院刻本　一冊

620000－1141－0001657　B94/1/:283
原人論一卷　(唐)釋宗密述　清同治十三年(1874)雞園刻經處刻本　一冊

620000－1141－0001658　927/780/4:1－:5
讀史方輿紀要一百三十卷輿圖要覽四卷　(清)顧祖禹輯著　(清)彭元瑞校定　(清)龍萬育校　清嘉慶十七年(1812)成都龍氏敷文閣刻光緒五年(1879)蜀南薛氏桐華書屋修補本　五十冊

620000－1141－0001659　927/780/5:1－5:12
讀史方輿紀要一百三十卷輿圖要覽四卷　(清)顧祖禹輯著　(清)彭元瑞校定　(清)龍萬育校　清嘉慶十七年(1812)成都龍氏敷文閣刻清宏道堂重修本　七十二冊

620000－1141－0001660　62.31/432/2:
尚論張仲景傷寒論重編三百九十七法四卷首一卷尚論後篇四卷　(清)喻昌撰　清乾隆陳守誠刻本　七冊

620000－1141－0001661　858.5/017
三茅眞君宣化度世寶卷二卷　(□)□□撰　清中晚期刻本　一冊

620000－1141－0001662　28.31/303:2
魏書一百三十卷　(北齊)魏收撰　清同治十一年(1872)金陵書局刻本　二十冊

620000－1141－0001663　63/153
新鐫本草醫方合編二種十四卷　(清)汪昂著輯　(清)汪桓參閱　(清)汪端　(清)汪惟龍較　清刻本　三冊

620000－1141－0001664　082/444
正誼堂全書六十三種四百八十卷續刻五種四十六卷　(清)張伯行輯　(清)楊浚重輯　清同治五年(1866)福州正誼書院刻同治八年至光緒十三年(1869－1887)續刻本　一百六十冊

620000－1141－0001665　846.1/481－2/:15－:19(ls)
說郛續四十六卷　(明)陶珽纂　(清)張縉彥等補輯　清順治三年(1646)李際期宛委山堂刻本　四十八冊

620000－1141－0001666　996.2/542/2:
秦漢瓦當文字二卷續一卷　(清)程敦著錄　清乾隆五十二年(1787)橫渠書院刻五十九年(1794)續刻本　三冊

620000－1141－0001667　925.17/042/:7－:14
東華續錄二百三十卷(乾隆朝至道光朝)　王先謙編　(清)周潤蕃　(清)周瀹蕃校　清光緒十七年(1891)廣百宋齋鉛印本　四十四冊

620000－1141－0001668　925.17/042/:17－:19
東華續錄一百卷(同治朝)　王先謙編　(清)張式恭校　清光緒二十四年(1898)文瀾書局石印本　二十四冊

620000－1141－0001669　084/360
玉函山房輯佚書五百七十三種六百八十九卷補遺二十種二十一卷　(清)馬國翰輯　(清)陳錦校訂　清光緒十五年(1889)繡江李氏刻本　六十四冊

620000－1141－0001670　B94/1/:44
西方要決釋疑通規一卷科註二卷　(唐)釋窺基撰　清晚期金陵刻經處刻本　二冊

620000－1141－0001671　B94/1/:94
佛說阿彌陀經一卷　(後秦)釋鳩摩羅什譯　清同治十一年(1872)金陵刻經處刻本　與620000－1141－0001357合冊

620000－1141－0001672　B94/1/:94
稱讚淨土佛攝受經一卷　(唐)釋玄奘譯　清同治十一年(1872)金陵刻經處刻本　與620000－1141－0001357合冊

620000－1141－0001673　B94/1/:94
阿彌陀鼓音聲王陀羅尼經一卷　(□)□□譯　清光緒八年(1882)金陵刻經處刻本　與620000－1141－0001357合册

620000－1141－0001674　B94/1/:94
拔一切業障根本得生浄土神咒一卷　(南朝宋)釋求那跋陀羅譯　清刻本　與620000－1141－0001357合册

620000－1141－0001675　B94/1/:94
阿彌陀經不思議神力傳一卷　(□)□□撰　清刻本　與620000－1141－0001357合册

620000－1141－0001676　B94/1/:94
後出阿彌陀佛偈經一卷　(漢)□□譯　清同治十一年(1872)金陵刻經處刻本　與620000－1141－0001357合册

620000－1141－0001677　B94/1/:94
觀世音菩薩得大勢菩薩受記經一卷　(南朝宋)釋曇無竭譯　清光緒八年(1882)金陵刻經處刻本　與620000－1141－0001357合册

620000－1141－0001678　B94/1/:94
無量壽經優波提舍一卷　(天竺)婆藪槃豆菩薩造　(北魏)釋菩提留支譯　清光緒元年(1875)江北刻經處刻本　與620000－1141－0001357合册

620000－1141－0001679　B94/1/:94
佛說阿彌陀經疏一卷　(新羅)釋元曉述　清光緒七年(1881)金陵刻經處刻本　與620000－1141－0001357合册

620000－1141－0001680　B94/1/:211
高峰大師語錄一卷　(元)參學門人編　清光緒十五年(1889)金陵刻經處釋弘禮刻本　一册

620000－1141－0001681　62/940
醫經原旨六卷　(清)薛雪集註　(清)楊采青校　清乾隆十九年(1754)薛氏掃葉莊刻本　六册

620000－1141－0001682　927.27/529－151
[同治]劍州志十卷　(清)李溶　(清)余文煥修　(清)李榕等纂　清同治十二年(1873)刻本　四册

620000－1141－0001683　B94/1/:163
金剛決疑一卷　(後秦)釋鳩摩羅什譯　(明)釋德清撰　清刻本　一册

620000－1141－0001684　424.5/322/:1－:2
五車韻瑞一百六十卷　(明)淩稚隆輯　明葉瑤池刻本　二十四册

620000－1141－0001685　B94/1/:164
華嚴金師子章一卷　(唐)釋法藏述　(宋)釋淨源解　清同治九年(1870)如皋刻經處刻本　一册

620000－1141－0001686　832.1/042
楚辭十七卷　(漢)王逸章句　(宋)洪興祖補注　清初毛氏汲古閣刻本　六册

620000－1141－0001687　832.1/472
楚辭章句十七卷附錄一卷　(漢)王逸撰　(明)馮紹祖校正　明萬曆十四年(1586)馮紹祖觀妙齋刻本　六册

620000－1141－0001688　991/447/2:(ls)
石鼓文釋存一卷補注一卷　(清)張燕昌述　清光緒二十八年(1902)劉氏聚學軒寫刻本　一册

620000－1141－0001689　994.6/445/:1－:2
古玉圖譜三十二卷　(宋)龍大淵等纂　清乾隆三十六年(1771)余文儀刻本　十册

620000－1141－0001690　28/093/:1－:2
續藏書二十七卷　(明)李贄撰　明萬曆三十九年(1611)王惟儼刻本　十六册　明萬曆三十九年(1611)王惟儼刻本

620000－1141－0001691　925.17/042/3:1－:2
東華錄一百九十五卷(天命朝至雍正朝)　王先謙編　(清)周潤蕃　(清)周瀹蕃校　清光緒十七年(1891)廣百宋齋鉛印本　三十一册

620000－1141－0001692　925.17/042/3:3－:5
東華續錄二百三十卷(乾隆朝至道光朝)　王

先謙編　(清)周潤蕃　(清)周瀹蕃校　清光緒十七年(1891)廣百宋齋鉛印本　四十四冊

620000－1141－0001693　927.55/217－564
[光緒]保安州續志四卷　(清)尋鑾晉　(清)張毓生纂修　清光緒三年(1877)刻本　一冊

620000－1141－0001694　741.3/469(wx)
鐵網珊瑚二十卷　(明)都穆撰　清乾隆二十三年(1758)都肇斌刻本　六冊

620000－1141－0001695　780.92/139(wx)
漢鐃歌釋文箋正一卷　王先謙撰　清同治十一年(1872)虛受堂王氏刻本　一冊

620000－1141－0001696　(wx)
原本海公大紅袍傳六卷　(清)越湖釣徒著　(清)李春芳編次　清光緒三十二年(1906)上海書局石印本　六冊

620000－1141－0001697　(wx)
南宋襍事詩七卷　(清)沈嘉轍等撰　清芹香齋刻本　二冊

620000－1141－0001698　858.4/731(wx)
繪真記四十卷　(清)邀月樓主人編　(清)朱素仙校　清後期刻本　六冊

620000－1141－0001699　834.5/174I2/:1(wx)
宋文鑑一百五十卷目錄三卷　(宋)呂祖謙編　清光緒十二年(1886)江蘇書局刻本　二十四冊

620000－1141－0001700　831/237(wx)
即墨詩乘十二卷　(清)周翕鐄纂輯　(清)黃鳳文　(清)周掄文參訂　清道光二十年至二十一年(1840－1841)小峴山房刻本　六冊

620000－1141－0001701　857.5/063(wx)
庚子國變彈詞四十卷　(清)李伯元著　清光緒二十八年(1902)世界繁華報館鉛印本　六冊

620000－1141－0001702　857.4/392I2(wx)
花月痕全書十六卷五十二回　(清)魏秀仁著　(清)棲霞居士評閱　(清)眠鶴主人編次　清同治五年(1866)著易堂鉛印本　一冊

620000－1141－0001703　993/517－2/:1－:4(wx)
泊如齋重修宣和博古圖錄三十卷　(宋)王黼等撰　明萬曆十六年(1588)泊如齋刻本　十六冊

620000－1141－0001704　851.515/523/:1－:2(wx)
祠部集三十五卷　(宋)強至撰　(清)謝墉等校　清乾隆武英殿活字印本　十六冊

620000－1141－0001705　847.9/579(wx)
范忠宣公集四十四卷首一卷　(宋)范純仁撰　清宣統二年(1910)刻本　十一冊

620000－1141－0001706　879.47/160/7:1－2(wx)
文選集釋二十四卷　(清)朱珔撰　清光緒元年(1875)涇川朱氏梅村家塾刻本　十二冊

620000－1141－0001707　845.15/793.1－2/:1－:8(wx)
三蘇全集四種二百六卷　(清)弓翊清校　清道光十二年(1832)眉州三蘇祠刻本　八十冊

620000－1141－0001708　(wx)
新編玉鴛鴦全傳八卷三十六回　(□)□□撰　清道光二十一年(1841)刻本　八冊

620000－1141－0001709　834.5/174I2/2:(wx)
宋文鑑一百五十卷目錄三卷　(宋)呂祖謙編　清光緒十二年(1886)江蘇書局刻本　十八冊　存一百十七卷(八至三十三、六十三至一百五十,目錄三卷)

620000－1141－0001710　(wx)
金谷遺音一卷　(宋)石孝友撰　明崇禎毛氏汲古閣刻本　二冊

620000－1141－0001711　993.2/600(wx)
金石文鈔八卷　(清)趙紹祖輯　清嘉慶七年(1802)刻本　八冊

620000－1141－0001712　852.79/040(wx)
竹簾館詞一卷　(清)王樹藩撰　(清)朱孫懷

閱　清宣統元年(1909)朱孫懷刻本　一册

620000－1141－0001713　922.31/170(wx)
補晉書經籍志四卷　(清)吳士鑑纂　清光緒二十一年(1895)刻本　一册

620000－1141－0001714　(wx)
翻刻第七才子書六卷　(元)高明撰　(清)毛綸批評　清咸豐八年(1858)刻本　一册　存三卷(一至三)

620000－1141－0001715　125.5/115(wx)
朱子語類一百四十卷　(宋)朱熹述　(宋)黎靖德編　清同治十一年(1872)刻本　四十册

620000－1141－0001716　928.9/154(wx)
黔記四卷　(清)李宗昉著　清道光十四年(1834)刻本　一册

620000－1141－0001717　851.7/170(wx)
西垣詩鈔二卷坿黔苗竹枝詞一卷　(清)毛貴銘撰　清光緒十年(1884)長沙王氏刻本　一册

620000－1141－0001718　847.9/579(wx)
宋范文正忠宣二公全集七十三卷　(清)鄒福保輯　清宣統三年(1911)刻本　十六册

620000－1141－0001719　922.42/171(wx)
五代史記纂誤補四卷　(清)吳蘭庭撰　清乾隆、道光間長塘鮑氏刻知不足齋叢書本　二册

620000－1141－0001720　857.41/593/2:(wx)
荊駝逸史五十三種八十三卷　(清)陳湖逸士編　清宣統三年(1911)中國圖書館石印本　十六册　缺三卷(盧公遺事一卷、原缺三朝野紀五至六)

620000－1141－0001721　982.3/481(wx)
草莽私乘一卷　(明)陶宗儀鈔輯　清光緒二十五年(1899)新陽趙元益刻本　一册

620000－1141－0001722　928.9/475(wx)
北隅掌錄二卷　(清)黄士珣述　清道光二十五年(1845)振綺堂汪憲刻本　一册

620000－1141－0001723　847.6/817－4(wx)
龔定盦全集二十二卷　(清)龔自珍撰　清宣統二年(1910)國學扶輪社鉛印本　五册

620000－1141－0001724　851.78/201(wx)
湘繭合藁三種五卷　(清)宗廷輔輯　清光緒六年(1880)常熟宗氏刻本　一册

620000－1141－0001725　847.2/512(wx)
長洲彭氏家集九種一百五十四卷　(清)彭祖賢編　清同治、光緒間刻本　十四册　存二種四十卷(南畇文稟十二卷小題文稿一卷密證錄一卷姚江釋毁錄一卷不諼錄一卷、二林居集二十四卷)

620000－1141－0001726
四書述要十九卷　(清)楊玉緒撰　清刻本　一册　存二卷(孟子二至三)

620000－1141－0001727　855.5/548(wx)
滄桑豔二卷　丁傳靖填詞　繆荃孫　樊增祥鑒定　清光緒三十四年(1908)刻本　一册

620000－1141－0001728　(wx)
桃谿雪二卷　(清)黄燮清填詞　(清)李光溥評文　(清)瞿傳鼎正譜　清光緒元年(1875)刻本　一册

620000－1141－0001729　851.78/173(wx)
青霞館論畫絶句一百首一卷　(清)吳修撰　清光緒二年(1876)刻本　一册

620000－1141－0001730　844.17/156－2(wx)
李衛公集三十五卷　(唐)李德裕著　清光緒十六年(1890)常慊慊齋刻本　八册

620000－1141－0001731　847/695(wx)
讀杜小箋三卷二箋二卷　(清)錢謙益撰　清宣統三年(1911)國學扶輪社石印本　一册

620000－1141－0001732　821/675(wx)
緝雅堂詩話二卷　(清)潘衍桐撰　清光緒十七年(1891)杭州刻本　一册

620000－1141－0001733　820.2/632(wx)
國朝名家詩鈔小傳二卷　(清)鄭方坤撰　(清)李登雲校　清光緒十二年(1886)刻本　一册

620000－1141－0001734　(wx)
金忠節公文集八卷　(明)金聲撰　清道光七年(1827)刻本　四册

620000－1141－0001735　834.56/487(wx)
金文雅十六卷　(清)莊仲方編　清光緒十七年(1891)江蘇書局刻本　四册

620000－1141－0001736　821/633(wx)
鄭氏詩譜攷正一卷　(漢)鄭玄撰　(宋)歐陽修補　(清)丁晏重編　(清)徐榦校　清光緒刻邵武徐氏叢書本　一册

620000－1141－0001737　851.7/769(wx)
香葉草堂詩存一卷　(清)羅聘著　清道光十四年(1834)刻本　一册

620000－1141－0001738　857.1/411/:1(wx)
歷代神仙通鑑三集二十二卷　(清)徐道述　(清)張大真人　(清)黄掌綸訂　清康熙刻本　二十四册

620000－1141－0001739　851.77/152(wx)
龍川先生詩鈔一卷　(清)李光炘撰　(清)王啟俊　(清)黄葆年校　清光緒十四年(1888)刻本(有抄補)　一册

620000－1141－0001740　(wx)
三十國春秋輯本十九卷　(清)湯球輯　**補晉兵志一卷**　(清)錢儀吉撰　清光緒十七年(1891)廣雅書局刻本　一册

620000－1141－0001741　093.9/745(wx)
書古微十二卷首一卷　(清)魏源著　清光緒四年(1878)淮南書局刻本　四册

620000－1141－0001742　847.4/200(wx)
迂齋學古編四卷　(清)法坤宏撰　清乾隆三十九年(1774)海上廬刻本　二册

620000－1141－0001743　925/444(wx)
蜀典十二卷　(清)張澍撰　清光緒二年(1876)尊經書院刻本　四册

620000－1141－0001744　925/444－2(wx)
蜀典十二卷　(清)張澍撰　清光緒二年(1876)尊經書院刻本　四册

620000－1141－0001745　528/571(wx)
古今類傳四卷　(清)董穀士　(清)董炳文輯　(清)金協仍等校　清康熙三十一年(1692)未學齋刻本　四册

620000－1141－0001746　837.4/674(wx)
樂善堂全集定本三十卷　(清)高宗弘曆撰　清乾隆二十四年(1759)内府刻本　十六册　存二十八卷(一至二十八)

620000－1141－0001747　422.3/137(wx)
廣雅書局叢書一百六十六種二千三百七十七卷　(清)廣雅書局輯　清光緒十三年至十四年(1887－1888)廣雅書局刻本　五册　存三種二十五卷(小爾雅訓纂六卷、釋名疏證八卷續釋名一卷補遺一卷附校議一卷、三國志考證八卷)

620000－1141－0001748　928.2/808/7:1－:2
水經注四十卷　(北魏)酈道元撰　明崇禎二年(1629)嚴忍公等刻本(有抄補)　十二册

620000－1141－0001749　(wx)
金正希先生年譜一卷　(清)劉洪烈撰　清光緒二十四年(1898)兩湖書院木活字印本　一册

620000－1141－0001750　851.77/459(wx)
蘿溪山舫詩草四卷續集二卷　(清)陳謙著　清光緒二十一年(1895)刻本　一册

620000－1141－0001751　928.931/481－566(wx)
晉陶徵士[潛]年譜一卷　(清)楊希閔編　(清)蔡學蘇校　清光緒盱南上塘蔡氏刻本　一册

620000－1141－0001752　989.1/587(wx)
增廣尚友錄統編二十二卷　(清)應祖錫編輯　清光緒二十八年(1902)鴻寶齋石印本　十二册

620000－1141－0001753　094.12525/115I2(wx)
詩經衍義圖攷大全合条八卷　(清)黄坤五手定　(清)江晉雲輯著　清嘉慶十五年(1810)刻本　四册

620000－1141－0001754　856.2/054(wx)
陳文恭公手札節要三卷　(宋)陳康伯撰　毛慶蕃輯　清光緒三十二年(1906)刻本　一册

620000－1141－0001755　830.72/743/2:(wx)
雙忽雷本事一卷　劉世珩編　清宣統三年(1911)石印本　一册

620000－1141－0001756　(wx)
李氏音鑑六卷首一卷　(清)李汝珍撰　清嘉慶十五年(1810)寶善堂刻同治七年(1868)木樨山房重修本　八册

620000－1141－0001757　928.9/039(wx)
瀛壖雜志六卷　(清)王韜撰　清光緒元年(1875)刻本　二册

620000－1141－0001758　982.972/285(wx)
泰舒胡先生[寶瑔]年譜一卷　(清)王永祺編　清光緒二十九年(1903)歙縣胡氏刻本　一册

620000－1141－0001759　827.1/156(wx)
唐人小說六種九卷　(唐)李德裕等編　清宣統三年(1911)葉氏觀古堂刻本　二册

620000－1141－0001760　824.11/626－2(wx)
校補金石例四種十七卷　(清)李瑤輯　清光緒南海馮氏讀有用書齋刻朱墨套印本　四册

620000－1141－0001761　424.678/644(wx)
許氏說文解字雙聲疊韻譜一卷　(清)鄧廷楨撰　清光緒九年(1883)同文書局石印本　一册

620000－1141－0001762　424.65/151(wx)
李氏音鑑六卷首一卷　(清)李汝珍撰　清光緒十四年(1888)埽葉山房刻本　四册

620000－1141－0001763　982.974/159(wx)
杜文端公自訂年譜一卷　(清)杜堮撰　**續譜一卷**　(清)杜翻編　清咸豐九年(1859)刻本　一册

620000－1141－0001764　920.905/322(wx)
南天痕二十六卷　(清)淩雪纂修　(清)汪成教　(清)汪鏡清校訂　清宣統二年(1910)復古社鉛印本　六册

620000－1141－0001765　097.3274/542(wx)
四書逸箋六卷　(清)程大中撰　(清)譚瑩玉校　清道光刻本　四册

620000－1141－0001766　091.29/373(wx)
札樸十卷　(清)桂馥撰　清光緒九年(1883)長洲蔣氏心矩齋刻本　五册

620000－1141－0001767　847/106(wx)
尖陽叢筆十卷　(清)吴騫撰　清宣統三年(1911)上海國學扶輪社鉛印張氏適園叢書本　二册

620000－1141－0001768　982.97/152－9(wx)
龍川李夫子[光炘]年譜一卷　(清)謝逢源編　清光緒十五年(1889)抄本　一册

620000－1141－0001769　982.8/433/2(wx)
庸閒齋筆記十二卷　(清)陳其元撰　清同治十三年(1874)刻本　六册

620000－1141－0001770　821.7/444/2:(wx)
帶經堂詩話三十卷首一卷　(清)王士禛撰　(清)張宗柟纂　清同治十二年(1873)廣州藏脩堂刻本　十册

620000－1141－0001771　847.4/476I2/2:(wx)
兩當軒集二十二卷　(清)黄景仁著　**兩當軒攷異二卷附錄四卷**　(清)黄志述撰　清光緒二年(1876)刻本　六册

620000－1141－0001772　922.57/152(wx)
元朝祕史十五卷首一卷　(清)李文田注　清光緒二十二年(1896)通隱堂刻本　四册

620000－1141－0001773　227/188(wx)
遊記十册外編一卷補編一卷　(明)徐宏祖著　(清)李寄輯　(清)季夢良編　(清)楊名時閱　(清)吴峻　(清)徐鎮校　清嘉慶十三年(1808)葉氏水心齋刻本　十册

620000－1141－0001774　830.7/313/:1－:2(wx)
類林新咏三十六卷　(清)姚之駰譔注　清康熙刻本　十册

620000－1141－0001775　858.5/106

錢果順同文寶傳一卷　(清)錢果順編　清光緒三十一年(1905)蘇城瑪瑙經房刻本　一冊

620000－1141－0001776　831.7/481(wx)
國朝畿輔詩傳六十卷　(清)陶樑輯　清道光十九年(1839)刻本　十六冊

620000－1141－0001777　121－333/459(wx)
南華真經本義十六卷　(明)陳治安註　(明)陳雨木　(明)陳賓校　**南華本義附錄八卷**　(晉)郭景純註　(明)陳爾道輯　清道光十五年(1835)紅蘭山房刻本　十冊

620000－1141－0001778　925.17/272(wx)
春秋公法比義發微六卷　(清)藍光策撰　清光緒二十五年(1899)圖書公司總局刻本　二冊

620000－1141－0001779　094.17/036(wx)
欽定詩經傳說彙纂二十一卷首二卷　(清)王鴻緒等總裁　(清)吳士玉等校對　清光緒十四年(1888)江南書局刻本　十六冊

620000－1141－0001780　921.137/312(wx)
史記菁華録六卷　(清)姚苎田批點　清同治十二年(1873)刻本　六冊

620000－1141－0001781　921.8/648－2(wx)
史通通釋二十卷　(唐)劉知幾撰　(清)浦起龍集釋　清光緒十一年(1885)刻本　四冊

620000－1141－0001782　(wx)
國朝詩人徵略六十卷　(清)張維屏輯　清道光十年(1830)刻本　八冊

620000－1141－0001783　(wx)
史外八卷　(清)汪有典著　清同治四年(1865)刻本　八冊

620000－1141－0001784　082.2/133/:1－:2(wx)
秘書廿一種九十四卷　(清)汪士漢編　清康熙七年(1668)汪士漢據明刻古今逸史版重編本　十六冊

620000－1141－0001785　921.137/445(wx)
校刊史記集解索隱正義札記五卷　(清)張文虎撰　清同治十一年(1872)金陵書局刻本　二冊

620000－1141－0001786　922.23/209(wx)
三國志裴注述二卷　(清)林國贊撰　清光緒十六年(1890)學海堂刻本　一冊

620000－1141－0001787　423.1/483(wx)
唐寫本說文解字木部箋異一卷　(清)莫友芝撰　清同治三年(1864)刻本　一冊

620000－1141－0001788　423.15/392(wx)
聽古廬聲均十書二種四卷　(清)時庸勱撰　清光緒十八年(1892)河南星使行臺刻本　四冊

620000－1141－0001789　011/697(wx)
曝書雜記三卷　(清)錢泰吉撰　清同治七年(1868)刻本　三冊

620000－1141－0001790　421/344(wx)
名原二卷　(清)孫詒讓記　清光緒三十一年(1905)刻本　一冊

620000－1141－0001791　424/561(wx)
聲律啟蒙續編二卷　(清)百花山人輯　清光緒二十年(1894)刻本　二冊

620000－1141－0001792　925.74/512(wx)
蜀碧四卷　(清)彭遵泗編述　清嘉慶三年(1798)刻本　二冊

620000－1141－0001793　925/150(wx)
金樓子六卷　(南朝梁)元帝蕭繹撰　清光緒元年(1875)湖北崇文書局刻本　二冊

620000－1141－0001794　091.3/039/:1(wx)
經傳繹義五十卷　(清)陳煒撰　清道光九年(1829)刻本　十六冊

620000－1141－0001795　921.8/154/:4(ls)
續藏書二十七卷　(明)李贄輯著　明汪修能刻本　十二冊

620000－1141－0001796　094/311(wx)
詩經通論十八卷首一卷　(清)姚際恒著　(清)王篤校訂　清道光十七年(1837)刻本　八冊

620000－1141－0001797　423.1/216(wx)
廣潛研堂說文荅問疏證八卷　(清)承培元譔　(清)何翰章等校　清光緒十八年(1892)廣雅書局刻本　一册

620000－1141－0001798　081.1/445(wx)
代耕堂叢書十五種三十一卷　(清)李嘉績編　清光緒十二年至三十年(1886－1904)刻本　十册

620000－1141－0001799　833/193(wx)
悔餘菴樂府四卷　(清)何栻撰　清同治四年(1865)刻本　二册

620000－1141－0001800　982.367/458(wx)
東越文苑六卷首一卷　(明)陳鳴鶴撰　(明)趙世顯訂正　(清)郭柏蔚增訂　清同治十二年(1873)刻本　二册

620000－1141－0001801　190.2/740(wx)
媿林漫錄二卷　(明)瞿式耜輯　清光緒十六年(1890)江蘇書局刻本　二册

620000－1141－0001802　092.272/152(wx)
御纂周易折中二十二卷首一卷　(清)李光地等纂　清光緒十四年(1888)江南書局刻本　五册

620000－1141－0001803　(wx)
東都事略一百三十卷　(宋)王偁撰　清光緒九年(1883)淮南書局刻本　十册

620000－1141－0001804　921.7/316(wx)
史通削繁四卷　(清)紀昀編　清光緒元年(1875)湖北崇文書局刻本　四册

620000－1141－0001805　831/458/2:(wx)
詩比興箋四卷　(清)陳沆撰　清光緒九年(1883)刻本　二册

620000－1141－0001806　837.4/348(wx)
寶綸堂文鈔八卷詩鈔六卷　(清)齊召南撰　(清)秦瀛校　清嘉慶十三年(1808)刻本　六册

620000－1141－0001807　080/022(wx)
小鄉嬛山館彙刊類書十二種二十三卷　(明)楊慎等纂　清同治六年(1867)刻本　八册

620000－1141－0001808　096.1175/514(wx)
半農先生春秋說十五卷　(清)惠半農撰　(清)吳泰來校勘　清嘉慶十五年(1810)刻本　八册

620000－1141－0001809　927.15/185－237
[光緒]乾州志稿補正一卷　(清)周銘旂纂　清光緒十七年(1891)刻本　一册

620000－1141－0001810　(wx)
尺木堂綱鑑易知錄九十二卷明鑑易知錄十五卷　(清)吳乘權等輯　清光緒二十七年(1901)上海文瑞樓鉛印本　十六册

620000－1141－0001811　994.7/367/2:(wx)
寰宇訪碑錄十二卷　(清)孫星衍　(清)邢澍撰　清光緒九年(1883)江蘇書局刻本　四册

620000－1141－0001812　847.5/719(wx)
藤陰雜記十二卷　(清)戴璐撰　清光緒三年(1877)吳興會館刻本　二册

620000－1141－0001813　925.77/506－2(wx)
校邠廬抗議不分卷　(清)馮桂芬著　(清)劉莊校　清光緒九年(1883)廣仁堂木活字印本　一册

620000－1141－0001814　851.51/154(wx)
江上艸堂蒔槀四卷　(清)李嘉績撰　清光緒二十六年(1900)少華山堂刻本　一册

620000－1141－0001815　925.78/796/1:(wx)
翼教叢編六卷　(清)蘇輿輯　清光緒二十四年(1898)武昌刻本　三册

620000－1141－0001816　851－2/718(wx)
毛鄭詩考正四卷首一卷　(清)戴震撰　清乾隆四十二年(1777)刻本　一册

620000－1141－0001817　(wx)
歷代黃河變遷圖考四卷　(清)劉鶚撰　(清)孫寶琦重訂　清宣統二年(1910)山東河工研究所石印本　四册

620000－1141－0001818　851.51/154(wx)
代耕堂中槀二十三卷　(清)李嘉績撰　清光

緒二十七年(1901)華州刻本　五册

620000－1141－0001819　925/311(wx)
竹葉亭雜記八卷　(清)姚元之撰　清光緒十九年(1893)刻本　二册

620000－1141－0001820　925.78/796/2:(wx)
翼教叢編六卷　(清)蘇輿輯　清光緒二十四年(1898)武昌刻本　三册

620000－1141－0001821　834/408/2:1－:4(wx)
古文淵鑒六十四卷　(清)聖祖玄燁選　(清)徐乾學等編注　清康熙内府刻五色套印本　四十册

620000－1141－0001822　121.333/069(wx)
司馬彪莊子注一卷　(晉)司馬彪注　清道光十四年(1834)梅瑞軒刻本　一册

620000－1141－0001823　(wx)
神州論畫錄二卷　(清)方薰撰　(清)薛志澤初校　(清)鍾之禹覆校　清嘉慶三年(1798)刻本　一册

620000－1141－0001824　63.3/740
本草原始十二卷　(明)李中立纂　清嘉慶二十三年(1818)經餘堂刻本　一册　存四卷(一至四)

620000－1141－0001825　746.2/083(wx)
漢碑引經攷六卷附引緯攷一卷　(清)皮錫瑞撰　清光緒三十年至三十一年(1904－1905)刻本　五册

620000－1141－0001826　982.27/700(wx)
碑傳集一百六十卷首二卷末二卷　(清)錢儀吉纂錄　清光緒十九年(1893)江蘇書局刻本　六十册

620000－1141－0001827　982.257/793(wx)
元朝名臣事略十五卷　(元)蘇天爵撰　(清)甘立猷等校　清乾隆武英殿活字印聚珍版書本　三册

620000－1141－0001828　096.22/069(wx)
左傳易讀六卷　(清)司徒則廬(司徒修)輯　清咸豐六年(1856)刻本　六册

620000－1141－0001829　(wx)
省軒考古類編十二卷　(清)柴紹炳纂　(清)姚培謙評　清乾隆二十三年(1758)文盛堂刻本　六册

620000－1141－0001830　096.36/272(wx)
陸氏三傳釋文音義十六卷　(唐)陸德明撰　清同治十年(1871)刻本　二册

620000－1141－0001831　854/095(wx)
也是集續編一卷　(清)安蹇齋主稿　清宣統二年(1910)鉛印本　一册

620000－1141－0001832　925/152(wx)
元耶律楚材西遊錄一卷　(元)耶律楚材撰　(元)盛如梓删略　(清)李文田注　清光緒二十三年(1897)會稽施氏鄦鄭學廬刻本　一册

620000－1141－0001833　929/406(wx)
遊記十册外編一卷補編一卷　(明)徐宏祖著　(清)李寄輯　(清)季夢良編　(清)楊名時閲　(清)吳峻　(清)徐鎮校　清嘉慶十三年(1808)葉氏水心齋刻本　十册

620000－1141－0001834　(wx)
安祿山事迹三卷　(唐)姚汝能纂　清宣統三年(1911)刻本　一册

620000－1141－0001835　830.77/406(wx)
蘿藦亭札記八卷　(清)喬松年鈔撮　清同治十二年(1873)刻本　四册

620000－1141－0001836　925/152(wx)
和林詩一卷　(清)李文田撰　清光緒二十三年(1897)刻本　與620000－1141－0001832合册

620000－1141－0001837　846.9/510(wx)
甌香館集十二卷補遺二卷附錄一卷　(清)惲格著　清道光十八年(1838)刻本　八册

620000－1141－0001838　423.1/461－1(wx)
説文提要一卷　(清)陳建侯撰　清同治十二年(1873)湖北崇文書局刻本　一册

620000－1141－0001839　851.76/567(wx)
分韻試帖青雲集合註四卷　(清)楊逢春輯

清光緒四年(1878)刻本　四冊

620000－1141－0001840　847.4/124(wx)
歸愚文鈔十二卷　(清)沈德潛撰　清康熙刻本　二冊

620000－1141－0001841　423.1/461(wx)
説文提要一卷　(清)陳建侯撰　清同治十二年(1873)湖北崇文書局刻本　一冊

620000－1141－0001842　925/152(wx)
朔方備乘札記一卷　(清)李文田撰　清光緒二十三年(1897)刻本　與620000－1141－0001832合冊

620000－1141－0001843　847.2/190(wx)
義門先生集十二卷附錄一卷　(清)何焯撰　(清)吳蔭培校　(清)吳雲輯　**何義門先生家書四卷**　(清)吳蔭培編　清宣統元年(1909)刻本　六冊

620000－1141－0001844　927.21/309－475(wx)
[乾隆]錫金識小錄十二卷　(清)黃印輯　清光緒二十二年(1896)太湖王念祖木活字印本　六冊

620000－1141－0001845　982.1/230(wx)
居士傳五十六卷　(清)彭紹升述　清光緒刻本　四冊

620000－1141－0001846　749.9/553(wx)
四銅鼓齋論畫集刻十二種十四卷　(清)張祥河輯　清宣統元年(1909)刻本　四冊

620000－1141－0001847　(wx)
古籀拾遺三卷　(清)孫詒讓記　清光緒十四年(1888)刻本　一冊

620000－1141－0001848　422.5/039(wx)
廣雅補疏四卷　王樹枏著　清光緒十六年(1890)文莫室刻本　一冊

620000－1141－0001849　926.04/048(wx)
京師地名對二卷　巴哩克杏芬輯　清光緒二十七年(1901)刻本　二冊

620000－1141－0001850　121.6/131(wx)
法言疏證十三卷校補一卷　(清)汪榮寶疏　清宣統三年(1911)鉛印本　四冊

620000－1141－0001851　837.5/430(wx)
唐文粹補遺二十六卷　(清)郭麐纂　(清)金勇校　清光緒十一年(1885)江蘇書局刻本　四冊

620000－1141－0001852　63/900/:1
傅青主男科二卷　(清)傅山撰　清光緒三十三年(1907)上海書局石印本　一冊

620000－1141－0001853　425.7/542(wx)
廣續方言四卷　(清)程先甲輯　清光緒二十三年(1897)刻本　二冊

620000－1141－0001854　928.2/808/10:
水經注箋四十卷　(明)朱謀㙔撰　明萬曆四十三年(1615)李長庚刻本(有抄補)　十冊

620000－1141－0001855　424.678/669(wx)
雙聲疊韻譜六卷　(清)劉熙載等輯　清光緒五年(1879)刻本　二冊

620000－1141－0001856　993.3/593　I　2/2:(wx)
陶齋吉金錄八卷　(清)端方輯　清光緒三十四年(1908)石印本　八冊

620000－1141－0001857　082/170(wx)
別雅五卷　(清)吳玉搢輯　清道光二十九年(1849)小蓬萊山館刻本　五冊

620000－1141－0001858　922.34/683(wx)
欽定遼金元三史語解四十六卷　清光緒四年(1878)江蘇書局刻本　十冊

620000－1141－0001859　851.74/148(wx)
石臼集十六卷　(明)刑昉著　(清)宋至　(清)王孚校　清光緒十八年(1892)刻本　六冊

620000－1141－0001860　423.14/544/:1－:2(wx)
六書分類十二卷首一卷　(清)傅世垚輯　(清)傅世磊參訂　(清)周天辰補校　清康熙四十四年(1705)周天健聽松閣刻本　十二冊

620000－1141－0001861　423.15/767/1:1(wx)
說文通訓定聲十八卷分部柬韻一卷説雅一卷古今韻準一卷　(清)朱駿聲撰　(清)朱鏡蓉參訂　**行述一卷**　(清)孔彰撰　清道光二十九年(1849)刻咸豐元年(1851)孔彰臨嘯閣補刻本　二十四册

620000－1141－0001862　424/131/:1－:4(wx)
韻府拾遺一百六卷　(清)汪灝等纂修　(清)張廷玉等校勘　清康熙五十九年(1720)内府刻本　二十册

620000－1141－0001863　043.6/271(wx)
韻藻述五卷　(明)楊慎撰　(清)福申校定　清道光七年(1827)刻本　五册

620000－1141－0001864　423.1/409(wx)
說文解字韻譜十卷　(宋)徐鍇撰　清同治三年至六年(1864－1867)影宋刻本　二册

620000－1141－0001865　424.3/458－2(wx)
切韻考外篇三卷　(清)陳澧撰　(清)廖廷相審定　清光緒十年(1884)鉛印本　一册

620000－1141－0001866　424/682(wx)
音學會解一卷　(清)賴秉鈞編輯　(清)慶桂參訂　清光緒三十二年(1906)學海堂刻本　一册

620000－1141－0001867　423.1/450(wx)
說文發疑六卷　(清)張行孚述　清光緒九年至十年(1883－1884)刻本　二册

620000－1141－0001868　424/598(wx)
剔弊廣增分韻五方元音韻法析説二卷首一卷　(清)樊騰鳳著　(清)趙培梓新編　清光緒十三年(1887)刻本　一册

620000－1141－0001869　424.3/458－2/2:(wx)
切韻考外篇三卷　(清)陳澧撰　(清)廖廷相審定　清光緒十年(1884)鉛印本　一册

620000－1141－0001870　422.12/372－2(wx)
爾雅郭注義疏二十卷　(清)郝懿行學　清光緒十三年至十四年(1887－1888)湖北官書處刻本　八册

620000－1141－0001871　424.3/006(wx)
集韻十卷　(宋)丁度等修　清光緒二年(1876)歸安姚覲元川東官舍刻本　十册

620000－1141－0001872　424/027(wx)
韻詁不分卷補遺不分卷　(清)方濬頤輯　清光緒四年(1878)淮南書局刻本　六册

620000－1141－0001873　(wx)
音學五書三十八卷　(清)顧炎武著　清光緒十六年(1890)思賢講舍刻本　七册　缺二種十七卷(唐韻正六至二十、古音表二卷)

620000－1141－0001874　423.1/446(wx)
說文楬原二卷　(清)張行孚撰　(清)余澍校　清光緒十年(1884)刻本　二册

620000－1141－0001875　982.951/793(wx)
東坡先生[蘇軾]年譜一卷　(宋)王宗稷編　清康熙三十七年(1698)朱從延文蔚堂刻蘇東坡詩集注三十二卷年譜一卷本　一册

620000－1141－0001876　423.167/169－2(wx)
說文古籀補十四卷附錄一卷　(清)吳大澂撰　清光緒二十一年(1895)刻本　二册

620000－1141－0001877　423.1/486(wx)
說文解字舊音一卷　(清)畢沅撰　清乾隆四十八年(1783)畢沅靈巖山館刻本　一册

620000－1141－0001878　423.1/556(wx)
說文外編十五卷補遺一卷附桂氏說文解字義證引二條　(清)雷浚撰　**劉氏碎金一卷**　(清)劉禧延撰　清光緒二年(1876)刻本　三册

620000－1141－0001879　423/704/2:(wx)
藤花小舫字學藏本不分卷　(清)王維珍撰　清光緒八年(1882)刻本　二册

620000－1141－0001880　423.134/054(wx)
說文檢字二卷補遺一卷　(清)毛謨輯　清光緒九年(1883)歸安姚氏刻咫進齋叢書本　二册

620000－1141－0001881　(wx)
說文審音十六卷　(清)張行孚撰　清光緒二

十四年(1898)刻本　四册

620000－1141－0001882　927.13/－078/:5－:6
[乾隆]續河南通志八十卷首四卷　(清)阿思哈　(清)嵩貴纂修　清乾隆三十二年(1767)刻光緒二十八年(1902)補刻本　二十册

620000－1141－0001883　423.13/151(wx)
說文辨字正俗八卷　(清)李富孫學　清嘉慶二十一年(1816)刻本　四册

620000－1141－0001884　(wx)
諸史考異十八卷　(清)洪頤煊撰　清光緒十五年(1889)廣雅書局刻本　三册

620000－1141－0001885　423.1/632(wx)
說文逸字二卷附錄一卷　(清)鄭珍　(清)鄭知同撰　(清)鄧質校　清光緒福山王氏刻天壤閣叢書本　一册

620000－1141－0001886　847.7/755(wx)
復堂類集二十七卷　(清)譚獻撰　清光緒十三年(1887)刻本　八册　存二十一卷(一至二十一)

620000－1141－0001887　422.12/227/:1－:2(wx)
爾雅正義二十卷　(清)邵晉涵撰　**釋文三卷**　(唐)陸德明撰　清乾隆五十三年(1788)餘姚邵氏家塾刻本　十二册

620000－1141－0001888　857.42/167(wx)
三國志攷證八卷　(清)潘眉撰　清光緒十五年(1889)廣雅書局刻本　二册

620000－1141－0001889　423.1/585(wx)
說文繫傳校錄三十卷　(清)王筠撰　(清)劉燿椿參訂　(清)宋翔南等校　清咸豐七年(1857)刻本　三册

620000－1141－0001890　423.13/279(wx)
說文引經攷異十六卷　(清)柳榮宗撰　清同治六年(1867)刻本　二册

620000－1141－0001891　095/736/2:(wx)
新定三禮圖二十卷　(宋)聶崇義撰　清康熙十五年(1676)刻本　一册

620000－1141－0001892　424/552(wx)
詩經音韻譜五卷　(清)甄士林音釋　清道光五年(1825)刻本　五册

620000－1141－0001893　858.5/469
雪山寶卷全集一卷　(□)□□撰　清光緒二年(1876)西湖瑪瑙明堂經房刻本　一册

620000－1141－0001894　423.1/556(wx)
雷刻四種二十一卷　(清)雷浚編　清光緒十年(1884)吳縣雷氏刻本　六册

620000－1141－0001895　082/692－2/:1－20(wx)
知不足齋叢書三十集一百九十六種八百二十一卷　(清)鮑廷博輯　(清)鮑志祖續輯　清光緒八年(1882)嶺南芸林仙館刻本　一百八十册

620000－1141－0001896　423.9/094(wx)
字典攷證十二集　(清)王引之等撰　清道光十一年(1831)刻本　八册

620000－1141－0001897　420/152(wx)
漢隸字源不分卷碑目一卷　(宋)婁機撰　清光緒三年(1877)川東官舍刻本　三册

620000－1141－0001898　423.13/556(wx)
雷刻四種二十一卷　(清)雷浚編　清光緒十年(1884)吳縣雷氏刻本　六册

620000－1141－0001899　423.1/409(wx)
說文解字韻譜十卷　(宋)徐鍇撰　清同治三年至六年(1864－1867)影宋刻本　二册

620000－1141－0001900　423.1/292(wx)
苗氏說文四種四十六卷　(清)苗夔撰　清道光、咸豐間壽陽祁氏漢專亭刻本　四册

620000－1141－0001901　(wx)
十五家年譜叢書二十二卷　(清)楊希閔編　清光緒揚州書林陳履恒刻本　十六册

620000－1141－0001902　423.1/556I2(wx)
雷刻四種二十一卷　(清)雷浚編　清光緒十年(1884)吳縣雷氏刻本　六册

620000－1141－0001903　62/036

胎產新書三種二十卷　(清)竹林寺傳　清刻本　二冊　存二種十二卷(女科祕旨八卷、女科旨要四卷)

620000－1141－0001904　(wx)

小石山房叢書三十八種六十四卷　(清)顧湘輯　清道光刻同治十三年(1874)虞山顧氏補刻本　二十冊

620000－1141－0001905　423.13/412(wx)

說文解字通釋四十卷　(宋)徐鍇傳釋　(五代)朱翺反切　清光緒九年(1883)江蘇書局刻本　八冊

620000－1141－0001906　423.1/424/1(wx)

說文解字校錄三十卷　(清)鈕樹玉撰　清光緒十一年(1885)江蘇書局刻本　十五冊

620000－1141－0001907　081/531/:1－:4(wx)

廣漢魏叢書八十種四百五十七卷　(明)何允中輯　清嘉慶刻本　八十冊　缺三十種一百七十三卷(汲冢周書校正補遺一卷、說苑四至二十、論衡三十卷、搜神記八卷、神異經一卷、海內十洲記一卷、述異記二卷、續齊諧記一卷、别國洞冥記四卷、西京雜記六卷、拾遺記十卷、博物志十卷、古今注三卷、風俗通義十卷、人物志三卷、文心雕龍十卷、詩品三卷、書品一卷、顏氏家訓二卷附考證一卷、鹽鐵論十二卷、三輔黄圖六卷補遺一卷、華陽國志十四卷、伽藍記五卷、水經二卷、星經二卷、荊楚歲時記一卷、南方草木狀三卷、竹譜一卷、古今刀劍錄一卷、鼎錄一卷)

620000－1141－0001908　821.17/272(wx)

春秋詩話五卷　(清)勞孝輿撰　清道光二十五年(1845)南海伍氏粵雅堂刻本　一冊

620000－1141－0001909　925.311(wx)

類腋四部五十五卷　(清)姚培謙輯　**補遺一卷**　(清)張隆孫撰　清乾隆三十年(1765)刻本　十六冊

620000－1141－0001910　041/168－2/:1－:4(wx)

子史精華一百六十卷　(清)允祿等監脩　(清)吴士玉等總裁　(清)吴襄等纂　(清)張廷玉等校對　清雍正五年(1727)武英殿刻本　三十二冊

620000－1141－0001911　121.6/477(wx)

半厂叢書初編十種八十五卷　(清)譚獻輯　清同治、光緒間仁和譚氏刻本　八冊　存四種四十九卷(詩本誼一卷、西夏紀事本末三十六卷首二卷、白香詞譜箋四卷、篋中詞六卷)

620000－1141－0001912　097/422(wx)

小學答問一卷　(清)章太炎撰　清宣統元年(1909)刻本　一冊

620000－1141－0001913　(wx)

懷豳雜俎叢書十二種十七卷　徐乃昌輯　清光緒、宣統間南陵徐氏刻本　十冊

620000－1141－0001914　821/477(wx)

武英殿聚珍版書一百三十八種二千四百十六卷　(清)□□輯　清晚期刻本　一冊　存二種十二卷(碧溪詩話十卷、歲寒堂詩話二卷)

620000－1141－0001915　(wx)

粵雅堂叢書一百八十四種一千三百六卷　(清)伍崇曜輯　(清)譚瑩校勘　清道光至光緒間伍崇曜刻本　二百四十冊　存七百五十二卷(一至七百五十二)

620000－1141－0001916　082/461－2:1(wx)

湖海樓叢書十二種一百十卷　(清)陳春輯　清嘉慶蕭山陳氏刻二十四年(1819)彙印本　二十一冊

620000－1141－0001917　847.4/373(wx)

晚學集八卷　(清)桂馥著　清道光二十一年(1841)刻本　四冊

620000－1141－0001918　(wx)

毛詩禮徵十卷　(清)包世榮撰　清光緒十四年(1888)刻本　二冊

620000－1141－0001919　121.33/789(wx)

莊子内篇註四卷　(明)釋德清註　清光緒十四年(1888)金陵刻經處刻本　二冊

620000－1141－0001920　(wx)

昭代叢書合刻十一集五百六十種五百六十二卷附一種一卷 （清）張潮 （清）張漸輯 （清）楊復吉 （清）沈楙悳續輯 清道光吳江沈氏世楷堂刻本 一百六十三册

620000 - 1141 - 0001921 040/448 - 2/:1 - :20(wx)

古香齋新刻袖珍淵鑑類函四百五十卷目錄四卷 （清）張英等修 （清）徐秉義等纂 清乾隆內府刻本 一百四十册

620000 - 1141 - 0001922 (wx)

春秋左傳五十卷 （晉）杜預 （宋）林堯叟註釋 （唐）陸德明音義 （明）鍾惺 （明）韓范評閱 清康熙崇文堂刻本 十六册

620000 - 1141 - 0001923 927.61/146/2:

西陲要略四卷 （清）祁韻士纂 清光緒四年(1878)同文館鉛印本 二册

620000 - 1141 - 0001924 (wx)

通俗編三十八卷 （清）翟灝編 清乾隆十六年(1751)刻本 十册

620000 - 1141 - 0001925 828.2/208(wx)

古文析義十六卷 （清）林雲銘評注 （清）鄭郏等校 清咸豐八年(1858)刻本 八册 存八卷(一至八)

620000 - 1141 - 0001926 63/900/:1

傅青主女科二卷補遺一卷產後編二卷 （清）傅山撰 清光緒三十三年(1907)上海書局石印本 一册

620000 - 1141 - 0001927 851.74/140/:1 - :2(wx)

安雅堂未刻稿八卷附入蜀集二卷 （清）宋琬著 清乾隆三十一年(1766)宋仁若刻本 十册

620000 - 1141 - 0001928 (wx)

柳南文鈔六卷詩鈔十卷 （清）王應奎撰 （清）沈歸愚 （清）陳見復點定 清乾隆刻本 四册

620000 - 1141 - 0001929 982.3/481(wx)

凌谿先生集十八卷 （明）朱應登撰 清道光十五年(1835)刻本 二册

620000 - 1141 - 0001930 925.78/726/2:(wx)

浙東籌防錄四卷 （清）薛福成纂輯 （清）李圭等參訂 清光緒十四年(1888)刻本 三册

620000 - 1141 - 0001931 846.9/573(wx)

葛中翰遺集十卷 （明）葛麟撰 （清）葛培義重輯 （清）聞福圻編輯 （清）姜瑞麟等校 清光緒十六年(1890)刻本 四册

620000 - 1141 - 0001932 846.8/561(wx)

楊忠烈公文集十卷末一卷表忠錄一卷 （明）楊漣撰 清同治四年(1865)刻本 十二册

620000 - 1141 - 0001933 847.3/722(wx)

戴南山文鈔六卷首一卷 （清）戴名世撰 清宣統二年(1910)上海國學扶輪社鉛印本 三册

620000 - 1141 - 0001934 823.1/054(wx)

詞學全書四種十六卷附一種一卷 （清）查培繼輯 清康熙十八年(1679)武林鴻寶堂刻本 十二册 存四種十六卷(填詞名解四卷、古今詞論一卷、填詞圖譜六卷續集三卷、詞韻三卷)

620000 - 1141 - 0001935 989.1/587/2:

增廣尚友錄統編二十二卷 （清）應祖錫編輯 清光緒二十八年(1902)鴻寶齋石印本 十四册

620000 - 1141 - 0001936 982.975/371(wx)

還讀我書室老人手訂年譜二卷 （清）董恂撰 清光緒十八年(1892)刻本 二册

620000 - 1141 - 0001937 847.8/512(wx)

小謨觴館詩文集十六卷 （清）彭兆蓀撰 清光緒二十九年(1903)刻本 十册

620000 - 1141 - 0001938 846.5/562/:6(wx)

太史升菴遺集二十六卷 （明）楊慎著 （明）楊金吾輯 （明）王象乾校 （明）湯日昭閱 清道光二十四年(1844)古桂山房影明刻本 八册

620000－1141－0001939　922.17/042－1(ls)
東華録三十二卷(天命朝至雍正朝)　(清)蔣良騏撰　清道光刻本　八册

620000－1141－0001940　846/737(wx)
韓文百篇編年三卷　(清)劉成忠選評　清光緒二十六年(1900)食舊堂石印本　三册

620000－1141－0001941　096.22/311/2:(wx)
春秋左傳杜注三十卷首一卷　(清)姚培謙撰　清光緒十五年(1889)江南書局刻本　十册

620000－1141－0001942　(wx)
柏梘山房文集十六卷續集一卷詩集十卷續集二卷駢體文二卷　(清)梅曾亮撰　清咸豐六年(1856)刻本　六册

620000－1141－0001943　831.41/132(wx)
近光集二十八卷　(清)汪士鋐編纂　(清)徐修仁參注　清康熙五十八年(1719)刻本　八册

620000－1141－0001944　847/506(wx)
顯志堂稿十二卷　(清)馮桂芬著　清光緒三年(1877)謝文翰齋刻本　九册

620000－1141－0001945　844.1/735(wx)
文忠集十六卷拾遺四卷　(唐)顔真卿撰　清光緒二十年(1894)刻本　三册

620000－1141－0001946　925.51/741(wx)
孝肅奏議十卷　(宋)包拯撰　(清)韓欽校　清同治二年(1863)李瀚章省心閣刻本　四册

620000－1141－0001947　831.51/127(wx)
淞南詩鈔合編四卷末一卷　(清)沈葵輯　清咸豐九年(1859)刻本　一册

620000－1141－0001948　(wx)
荀子二十卷首一卷　(戰國)荀況撰　(唐)楊倞注　王先謙集解　清光緒十七年(1891)掃葉山房石印本　八册

620000－1141－0001949　831.7/688/:1－:3(wx)
國朝山左詩鈔六十卷　(清)盧見曾簒　清乾隆二十三年(1758)雅雨堂刻二十四年(1759)重校本　二十册

620000－1141－0001950　922.7/042/:15－:16(ls)
東華續録一百卷(咸豐朝)　王先謙編　(清)陶濬宣校　清光緒十九年(1893)會稽籀三倉室刻本　二十四册

620000－1141－0001951　921.8/422(ls)
章午峰先生[邦元]年譜一卷附日記一卷　(清)章家祚追述　清光緒十八年(1892)刻本　一册

620000－1141－0001952　846.8/567(wx)
楊忠節公遺集八卷　(明)楊廷麟撰　清光緒五年(1879)蕭江書院刻本　八册

620000－1141－0001953　845.14/670(wx)
公是集五十四卷　(宋)劉敞撰　清後期刻本　十二册

620000－1141－0001954　845.1/042(wx)
雪山集十六卷　(宋)王質撰　清後期刻本　四册

620000－1141－0001955　(wx)
東原文集十卷　(清)戴震撰　清乾隆曲阜孔氏刻微波榭叢書本　四册

620000－1141－0001956　828.2/154(wx)
重刊李扶九原選古文筆法百篇二十卷首一卷　(清)黄仁黼簒　(清)許正國等校　清光緒七年(1881)刻本　六册

620000－1141－0001957　075.77/458－2(wx)
東塾集六卷　(清)陳澧撰　清光緒十八年(1892)富文齋刻本　三册

620000－1141－0001958　852/115(wx)
彊邨詞三卷　(清)朱祖謀撰　清光緒三十一年(1905)刻本　一册

620000－1141－0001959　823.1/172(wx)
蓮子居詞話四卷　(清)吳衡照輯　清末鉛印本　四册

620000－1141－0001960　830.76/294(wx)
拜梅山房几上書二十一種二十二卷　(清)□□輯　清道光十六年(1836)拜梅山房刻本

三冊　缺七種七卷（科場則例一卷、皇朝鼎甲錄一卷、簪纓盛世錄一卷、稽古齋讌集一卷、四書集註引用姓氏攷一卷、論語詩一卷、煙譜一卷）

620000－1141－0001961　846.7/779（wx）
顧端文公遺書十五種六十八卷附一種八卷　（明）顧憲成撰　清光緒三年（1877）涇里宗祠刻本　十一冊　缺三種二十八卷（涇臯藏稿二十二卷、顧端文公年譜四卷，原缺證性編徵信或問二卷）

620000－1141－0001962　852.76/311（wx）
疎影樓詞五卷　（清）姚燮撰　清道光十三年（1833）上湖草堂刻本　一冊　存三卷（一至三）

620000－1141－0001963　922.78/098
西巡大事本末記六卷　（日本）吉田良太郎譯（清）八詠樓主人錄　清光緒二十七年（1901）上海書局石印本　六冊

620000－1141－0001964　851.78/430（wx）
漸西村人初集十三卷附錄一卷　（清）袁昶撰　清光緒二十年（1894）避舍葢刻本　三冊

620000－1141－0001965　833/447（wx）
昭代詞選三十八卷　（清）蔣重光選輯　（清）蔣曾甇校　（清）張玉穀　（清）沈光裕參定　清乾隆三十二年（1767）經鉏堂刻本　八冊　存十八卷（一至十八）

620000－1141－0001966　927.31/207－234（ls）
［咸豐］重修興化縣志十卷　（清）梁園棣修（清）鄭之僑　（清）趙彥俞纂　清咸豐二年（1852）刻本　八冊

620000－1141－0001967　833/409/2：（wx）
一笠菴北詞廣正譜十八卷附南戲北詞正謬一卷　（明）徐慶卿原稿　（清）李玉更定　清文靖書院刻本　四冊

620000－1141－0001968　927.26/788（ls）
苗防備覽二十二卷　（清）嚴如熤撰　清道光二十三年（1843）紹義堂刻本　十冊

620000－1141－0001969　852.78/481（wx）
詞綜補遺二十卷　（清）陶樑輯　清道光十四年（1834）紅豆樹館刻本　四冊

620000－1141－0001970　831.5/036（wx）
武英殿聚珍版書一百三十八種二千四百十一卷　（清）陸錫熊等纂修　清中後期外聚珍刻本　六冊　存三種二十卷（茶山集八卷、拙軒集六卷、金淵集六卷）

620000－1141－0001971　842.3/636/2：（wx）
諸葛忠武侯文集六卷首一卷　（三國蜀）諸葛亮撰　清同治十二年（1873）劉質慧刻本　四冊

620000－1141－0001972　927.15/187－433/4：（ls）
［正德］武功縣志三卷首一卷　（明）康海纂（清）孫景烈評註　清乾隆二十六年（1761）瑪星阿刻本　一冊

620000－1141－0001973　821/209（wx）
射鷹樓詩話二十四卷　（清）林昌彝輯　清咸豐元年（1851）刻本　八冊

620000－1141－0001974　856.2/380（wx）
袁文箋正十六卷補注一卷　（清）袁枚著（清）石韞玉箋　清嘉慶十七年（1812）鶴壽山堂刻本　四冊

620000－1141－0001975　847.5/172（wx）
松花菴全集□□種□□卷　（清）吳鎮著（清）楊芳燦選　清乾隆、嘉慶間刻本　五冊　存五種七卷（松厓文稿一卷、松厓文稿次編一卷、松厓文稿三編一卷、松花菴詩草二卷、松花菴逸草一卷附詩餘一卷）

620000－1141－0001976　424.678/644（wx）
許氏說文解字雙聲疊韻譜一卷　（清）鄧廷楨譔　清道光十九年（1839）知足齋刻本　一冊

620000－1141－0001977　927.16/115－177（ls）
［宣統］狄道州續志十二卷首一卷　（清）聯瑛修　（清）李鏡清纂　清宣統元年（1909）刻本　八冊

620000－1141－0001978　821/379(wx)
海天琴思錄八卷　(清)林昌彝輯　清同治三年(1864)刻本　四冊

620000－1141－0001979　740.978/146(wx)
習苦齋畫絮十卷　(清)戴熙記　清光緒十九年(1893)刻本　四冊

620000－1141－0001980　927.35/－520(ls)
[光緒]全滇紀要不分卷　(清)雲南課吏館纂修　清光緒三十一年至三十二年(1905－1906)鉛印本　十冊

620000－1141－0001981　851－72/169/2:(wx)
陋軒詩十二卷續二卷　(清)吴嘉紀著　清道光二十年(1840)夏嘉謨刻本　五冊

620000－1141－0001982　851.78/217/:1－2(wx)
翁山詩外二十卷　(清)屈大均撰　清宣統二年(1910)國學扶輪社鉛印本　十二冊　缺一卷(原缺二十)

620000－1141－0001983　857.4/065(wx)
新刻天花藏批評平山冷燕四卷二十回　(清)荻岸散人編次　清康熙英德堂刻本　四冊

620000－1141－0001984　847.8/286(wx)
鵬南詩文鈔五十一卷　(清)胡嗣運撰　清光緒二十年至二十六年(1894－1900)刻本　十二冊

620000－1141－0001985　927.21/511－664(ls)
[咸豐]邳州志二十卷首一卷　(清)董用威(清)馬軼羣修　(清)魯一同纂　清咸豐元年(1851)刻光緒二十一年(1895)印本　四冊

620000－1141－0001986　851－72/169(wx)
陋軒詩十二卷續二卷　(清)吴嘉紀著　清道光二十年(1840)夏嘉謨刻本　五冊

620000－1141－0001987　831.72/430/:1－:6(wx)
佩文齋詠物詩選四百八十六卷　(清)張玉書等撰　清康熙四十六年(1707)内府刻本　三十四冊

620000－1141－0001988　(wx)
曝書亭集詞註七卷　(清)朱彝尊撰　(清)李富孫纂　清道光九年(1829)刻本　四冊

620000－1141－0001989　847/206.1(wx)
翁山詩外二十卷　(清)屈大均撰　清宣統二年(1910)國學扶輪社鉛印本　十二冊　缺一卷(原缺二十)

620000－1141－0001990　858.5/627/2:
潘公免災救難寶卷三卷　(清)□□撰　清咸豐八年(1858)姑蘇元妙觀得見齋書坊刻本　一冊

620000－1141－0001991　927.36/133－730(ls)
[道光]遵義府志四十八卷首一卷　(清)平翰等修　(清)鄭珍　(清)莫友芝纂　清道光二十一年(1841)刻本　二十冊

620000－1141－0001992　928.13/434(ls)
[同治]深州風土記二十二卷附表五卷　(清)吴汝綸纂　清光緒二十六年(1900)文瑞書院刻本　八冊

620000－1141－0001993　847.9/040－2(wx)
湘綺樓全集三十卷　王闓運撰　清宣統三年(1911)上海國學扶輪社石印本　十二冊

620000－1141－0001994　851.75/562(wx)
蜨庵詩鈔八卷　(清)楊棨撰　清同治二年(1863)刻本　二冊

620000－1141－0001995　833.78/755(wx)
篋中詞六卷續四卷　(清)譚獻籑録　清光緒八年(1882)刻本　十冊

620000－1141－0001996　847.2/261(wx)
施愚山先生全集六種八十六卷　(清)施閏章著　(清)施彦恪等輯　**隨村先生遺集六卷**　(清)施瑮著　(清)杭世駿訂　清宣統二年(1910)上海國學扶輪社石印本　二十冊

620000－1141－0001997　922.1127/744(ls)
尚書集注述疏三十二卷首一卷末二卷附讀書堂答問一卷　(清)簡朝亮述　清光緒三十三年(1907)刻本　十八冊

620000－1141－0001998　928/444Ⅲ1/:1－:3(ls)

[乾道]四明圖經十二卷 (宋)張津等纂 清咸豐四年(1854)刻宋元四明六志本 二十九册

620000－1141－0001999 833.4/118/:1(wx)
詞綜三十八卷明詞綜十二卷國朝詞綜四十八卷國朝詞綜二集八卷 (清)朱彝尊抄撮 (清)王昶纂 (清)汪森增定 清同治四年(1865)刻本 二十四册

620000－1141－0002000 833/408/2:1(wx)
小檀欒室彙刻閨秀詞十集一百一種一百二十九卷 徐乃昌輯 清光緒二十一年至三十一年(1895－1905)南陵徐氏刻本 二十册

620000－1141－0002001 927.42/739/2:(ls)
[道光]吉林外記十卷 (清)薩英額纂 清光緒二十六年(1900)刻廣雅書局叢書本 二册

620000－1141－0002002 834.7/367(wx)
八家四六文註八卷 (清)孫星衍著 (清)許貞幹註 清光緒十八年(1892)上海圖書集成印書局石印本 八册

620000－1141－0002003 (wx)
播雅二十四卷 (清)鄭珍編輯 (清)唐樹義校訂 清宣統三年(1911)貴陽文通書局鉛印本 八册

620000－1141－0002004 833.5/054－3(wx)
宋元名家詞十五種十七卷 (清)江標輯 清光緒二十一年(1895)湖南思賢書局刻本 四册

620000－1141－0002005 080/732/2:(wx)
藕香零拾三十九種一百二卷 繆荃孫輯 清光緒二十二年至宣統二年(1896－1910)刻本 三十二册

620000－1141－0002006 821/108(wx)
靜志居詩話十二卷 (清)朱彝尊著 (清)扶荔山房編輯 清嘉慶二十四年(1819)扶荔山房刻本 六册

620000－1141－0002007 851.78/030(wx)
退一步齋詩集十六卷文集四卷 (清)方濬師著 (清)呂景端編 清光緒十七年至三十年(1891－1904)刻本 十册

620000－1141－0002008 928/444Ⅱ1/:4(ls)
[至正]四明續志十二卷 (元)王元恭修 (元)王厚孫 (元)徐亮纂 清咸豐四年(1854)刻宋元四明六志本 六册

620000－1141－0002009 821.1/730/:1－:2(wx)
歷代詩話五十七卷考索一卷 (清)何文焕訂 清乾隆三十五年(1770)刻本 十六册

620000－1141－0002010 851.6/134(wx)
明三十家詩選初集八卷二集八卷 (清)汪端輯 清道光二年(1822)刻本 八册

620000－1141－0002011 928/444Ⅱ1/:4(ls)
宋元四明六志校勘記九卷 (清)徐時棟纂 (清)陳子湘補纂 清咸豐四年(1854)刻宋元四明六志本 三册

620000－1141－0002012 928/444Ⅱ1/:4(ls)
四明它山水利備覽二卷 (宋)魏峴撰 (清)徐時棟校 清咸豐四年(1854)宋元四明六志刻本 一册

620000－1141－0002013 851.74/039(wx)
七言詩歌行鈔十五卷七言今體詩鈔九卷 (清)王士禛選 清刻本 五册

620000－1141－0002014 831.7/697(wx)
共賞集初編一卷二編一卷 (清)錢辰錄 清光緒三十三年(1907)刻本 二册

620000－1141－0002015 833/732(wx)
國朝常州詞錄三十一卷 繆荃孫輯 清光緒二十二年(1896)刻本 十册

620000－1141－0002016 831.68/099(wx)
列朝詩集乾集二卷甲集前編十一卷甲集二十二卷乙集八卷丙集十六卷丁集十六卷閏集六卷 (清)錢謙益輯 清順治九年(1652)毛氏汲古閣刻本 二十四册 缺二卷(丁集十至十一)

620000－1141－0002017 851.69/566(wx)
鐵崖詩集三種二十六卷 (元)楊維禎著

(清)樓卜瀍注　(清)吴復編　清光緒十四年(1888)諸暨樓氏崇德坐補刻本　六册

620000－1141－0002018　851.7/635(wx)
國朝湖州詩續錄十六卷　(清)鄭佶編　(清)沈惇彝校勘　清道光十一年(1831)小谷口刻本　六册

620000－1141－0002019　847.5/510－2(wx)
大雲山房文槀初集四卷二集四卷大雲山房言事二卷　(清)惲敬撰　清嘉慶二十年(1815)南昌甲戌坊刻本　十册

620000－1141－0002020　(wx)
龍威祕書十集一百七十七種三百二十五卷　(清)馬俊良輯　清乾隆五十九年至嘉慶元年(1794－1796)石門馬氏大酉山房刻本　七十八册　存三百三卷(一至一百十、一百二十一至一百四十一、一百五十四至三百二十五)

620000－1141－0002021　845.1/245(wx)
姜白石全集十一卷　(宋)姜夔撰　**附錄五卷**　清宣統二年(1910)埽葉山房石印本　三册

620000－1141－0002022　(wx)
茶香室叢鈔二十三卷　(清)俞樾輯　清光緒九年(1883)吴下春在堂刻本　六册

620000－1141－0002023　(wx)
寄園寄所寄十二卷　(清)趙吉士輯　清康熙三十四年(1695)文德堂刻本　八册

620000－1141－0002024　084/757(wx)
懷豳雜俎叢書十二種十七卷　徐乃昌輯　清光緒、宣統間南陵徐氏刻本　十册

620000－1141－0002025　855.6/151/:1－:4(wx)
笠翁傳奇十種二十卷　(清)李漁編　(清)虞巍等評述　清康熙書聯屋刻本　二十册

620000－1141－0002026　830/193(wx)
悔餘菴樂府四卷　(清)何栻撰　清同治四年(1865)半畝園刻本　二册

620000－1141－0002027　070/312(wx)
援鶉堂筆記五十卷　(清)姚範撰　**㮣誤一卷㮣誤補遺一卷**　(清)方東樹撰　清道光十六年(1836)刻本　十二册

620000－1141－0002028　082/627/3:1－:12(wx)
海山仙館叢書五十六種四百九十二卷　(清)潘仕成編　清道光、咸豐間番禺潘氏刻光緒補刻本　一百二十册

620000－1141－0002029　847.5/462/2:(wx)
太乙舟文集八卷　(清)陳用光撰　清道光十七年(1837)刻本　六册

620000－1141－0002030　834.7/131(wx)
古文喈鳳新編八卷　(清)汪基鈔輯　(清)鮑欽承　(清)俞宗潮校　清道光二年(1822)文發堂刻本　八册

620000－1141－0002031　847.4/073－3(wx)
重訂西青散記八卷　(清)史震林撰　清嘉慶十年(1805)醉墨樓刻本　四册

620000－1141－0002032　821/564(wx)
筠石山房詩話鈔不分卷　(清)楊霈輯　清道光二十七年(1847)粵東糧道署刻本　六册

620000－1141－0002033　843.53/432－3(wx)
庾子山集十六卷　(北周)庾信撰　(清)倪璠注　清同治八年(1869)刻本　十二册

620000－1141－0002034　847.8/448(wx)
寒松閣集二十卷　(清)張鳴珂撰　清光緒十年至三十二年(1884－1906)刻本　六册

620000－1141－0002035　(wx)
田叔禾小集十二卷　(明)田汝成撰　清光緒二十三年(1897)嘉惠堂刻本　六册

620000－1141－0002036　845.7/462(wx)
太乙舟文集八卷　(清)陳用光撰　**附觀象居詩鈔二卷**　(清)陳蘭瑞撰　清道光二十三年(1843)孝友堂刻本　八册

620000－1141－0002037　847.2/454(wx)
陳檢討四六二十卷　(清)陳維崧譔　(清)程師恭註　(清)陳明善校閲　清乾隆三十五年(1770)亦園刻本　六册

620000－1141－0002038　847－7/544(wx)
霜紅龕集四十卷　(清)傅山撰　(清)張廷鑑

（清）張廷銓拾遺　（清）劉霦補輯　清咸豐四年（1854）刻本　八册

620000－1141－0002039　（wx）
中州集十卷首一卷樂府一卷　（元）元好問輯　明末毛氏汲古閣刻本　二十一册

620000－1141－0002040　847/472（wx）
倚晴樓集九種五十六卷　（清）黄燮清撰　清咸豐至光緒間海鹽黄氏拙宜園刻本　十册　缺一種二十四卷（國朝詞綜續編二十四卷）

620000－1141－0002041　847.6/152（wx）
寒支初集十卷二集六卷　（清）李世熊撰　清道光八年（1828）刻本　十四册

620000－1141－0002042　834.76/152（wx）
養一齋文集二十卷　（清）李兆洛撰　清光緒四年（1878）刻本　八册

620000－1141－0002043　854/747（wx）
寧都三魏全集八十三卷　（清）林時益輯　清康熙易堂刻本　三十四册　缺八卷（魏叔子詩集一至八）

620000－1141－0002044　830.75/788（wx）
鐵橋漫稿八卷　（清）嚴可均撰　清光緒十一年（1885）心鉅齋刻本　四册

620000－1141－0002045　847.4/312I2/1（wx）
惜抱轩全集八十八卷　（清）姚鼐撰　清光緒三十三年（1907）校經山房刻本　十六册

620000－1141－0002046　847.5/461（wx）
陳忠裕全集三十卷兵垣奏議一卷首一卷末一卷自著年譜三卷　（明）陳子龍撰　（清）王昶輯　（清）王鴻逵等編訂　清嘉慶八年（1803）簳山草堂刻本　十二册

620000－1141－0002047　847.5/462－2（wx）
陳忠裕全集三十卷兵垣奏議一卷首一卷末一卷自著年譜三卷　（明）陳子龍撰　（清）王昶輯　（清）王鴻逵等編訂　清嘉慶八年（1803）簳山草堂刻本　十册

620000－1141－0002048　925.67/405（wx）
增訂徐文定公集六卷首二卷　（明）徐光啟撰　清宣統元年（1909）鉛印本　四册

620000－1141－0002049　847.4/718－2（wx）
戴東原集十二卷坿季譜一卷札記一卷　（清）戴震撰　清宣統二年（1910）刻本　五册

620000－1141－0002050　927.61/547/2：
［乾隆］欽定皇輿西域圖志四十八卷首四卷　（清）傅恒等修　（清）褚廷璋等纂　（清）英廉等增纂　清光緒十九年（1893）杭州便益書局石印本　十二册

620000－1141－0002051　927.61/547－2/：1－：4
［乾隆］欽定皇輿西域圖志四十八卷首四卷　（清）傅恒等修　（清）褚廷璋等纂　（清）英廉等增纂　清光緒鉛印大字本　二十四册

620000－1141－0002052　921.14/632（wx）
通志二百卷　（宋）鄭樵撰　清乾隆十二年（1747）刻本　一册　存一卷（一百五十）

620000－1141－0002053　851.51/793/：2－：3（wx）
施註蘇詩四十二卷　（宋）蘇軾撰　（宋）施元之　（宋）顧禧注　（清）邵長蘅等補　清刻本　八册　存二十八卷（十五至四十二）

620000－1141－0002054　847.4/203/：1－：2（wx）
道古堂文集四十八卷詩集二十六卷　（清）杭世駿撰　清乾隆四十年至四十一年（1775－1776）杭賓仁刻本　二十册

620000－1141－0002055　851.78/409（wx）
花磚日影集十卷　（清）徐琪撰　清光緒三十四年（1908）刻本　五册

620000－1141－0002056　421.5/137（wx）
隸釋二十七卷隸續二十一卷汪本隸釋刊誤一卷　（宋）洪适撰　（清）黄丕烈校勘　清嘉慶二十一年（1816）汪日秀刻本　八册

620000－1141－0002057　821/396（wx）
道咸同光四朝詩史甲集八卷首一卷　（清）孫雄編　清宣統二年（1910）刻本　十册

620000－1141－0002058　（wx）
春秋列國地形口號一卷附錄一卷　（清）顧棟

高著　(清)華玉湇參　清光緒陝西求友齋刻本　一冊

620000－1141－0002059　089.7/305－2(wx)
春在堂全書二十八種四百九卷　(清)俞樾輯　清同治、光緒間刻本　一百十冊

620000－1141－0002060　(wx)
覆瓿集十三種四十卷　(清)張文虎撰　清同治、光緒間刻本　四冊　存五種十五卷(舒藝室隨筆三卷、鼠壤餘蔬一卷、舒藝室詩續存一卷、舒藝室尺牘偶存一卷、舒藝室詩存七卷笑索二卷)

620000－1141－0002061　424/309(wx)
古音諧八卷首一卷　(清)姚文田撰　清晚期刻本　四冊

620000－1141－0002062　846.8/242(wx)
金忠節公文集八卷　(明)金聲撰　清光緒十四年(1888)黟邑李氏刻本　四冊

620000－1141－0002063　846.8/242:2(wx)
金忠節公文集八卷　(明)金聲撰　清光緒十四年(1888)黟邑李氏刻本　四冊

620000－1141－0002064　855.3/182(wx)
庶幾堂今樂二集　(清)余治撰　清同治十二年(1873)刻本　十冊

620000－1141－0002065　845.14/793－1/2:(wx)
蘇文忠公詩集五十卷　(宋)蘇軾撰　(清)紀昀評點　清同治八年(1869)韞玉山房刻朱墨套印本　十二冊

620000－1141－0002066　846.4/154/:1－:4(wx)
懷麓堂集一百卷首一卷　(明)李東陽著　清嘉慶八年(1803)刻本　二十冊

620000－1141－0002067　(wx)
樓山堂集二十七卷　(明)吳應箕著　清咸豐三年(1853)刻本　八冊

620000－1141－0002068　845.14/277/:1－:2(wx)
東坡先生編年詩五十卷　(宋)蘇軾撰　(清)查慎行補註　**年表一卷**　(□)□□編　清乾隆二十六年(1761)查開香雨齋刻本　十冊

620000－1141－0002069　851.7/380(wx)
忠雅堂文集十二卷詩集二十七卷詩補遺二卷銅絃詞二卷　(清)蔣士銓撰　清同治成都楊會元堂刻本　六冊　缺十二卷(文集十二卷)

620000－1141－0002070　845.6/044－2/4(wx)
元遺山詩集箋注十四卷附錄一卷補載一卷　(元)元好問撰　(元)張德輝類次　(清)施國祁箋　(清)蔣炳校　清道光七年(1827)苕溪吳氏醉六堂刻本　六冊

620000－1141－0002071　(wx)
道咸同光四朝詩史一斑錄十三編　(清)孫雄輯　清光緒三十四年至宣統二年(1908－1910)油印本　十四冊

620000－1141－0002072　847.8/452(wx)
儀顧堂集十六卷　(清)陸心源譔　清同治十三年(1874)刻本　四冊

620000－1141－0002073　851.51/507(wx)
蘇文忠詩合註五十卷首一卷目錄一卷　(宋)蘇軾撰　(清)馮應榴輯訂　**東坡先生[蘇軾]年譜一卷**　(宋)王宗稷編　清乾隆六十年(1795)桐鄉馮氏踵息齋刻本　八冊　存二十二卷(一至十九、首一卷、目錄一卷,東坡先生年譜一卷)

620000－1141－0002074　851.76/250(wx)
龍岡山人詩鈔十八卷　(清)洪良品撰　清光緒四年(1878)刻本　五冊　存十四卷(一至十四)

620000－1141－0002075　834.7/737(wx)
南澗甲乙稿二十二卷　(宋)韓元吉撰　(清)吳榮光重修　清道光八年(1828)刻本　九冊

620000－1141－0002076　845.15/793Ⅰ2(wx)＋845.15/793－4/:1－:3(wx)
三蘇全集四種二百六卷　(清)弓翊清校　清道光十二年(1832)眉州三蘇祠刻本　八十冊

620000－1141－0002077　851－2/403(wx)
國朝松陵詩徵二十卷　(清)袁景輅編　(清)

費周仁　(清)周汝雨輯　(清)沈德潛鑒定　清乾隆三十二年(1767)愛晗齋刻本　五冊

620000－1141－0002078　851.78/118(wx)
金陵詩徵四十四卷　(清)朱緒曾編　清光緒十八年(1892)刻本　十六冊

620000－1141－0002079　851.72/783(wx)
詩林韶濩選二十卷　(清)顧嗣立輯　(清)周煌選　清乾隆刻本　六冊

620000－1141－0002080　851.6/463(wx)
石遺室詩集十卷補遺一卷朱絲詞二卷石遺室詩續集八卷　(清)陳衍撰　清光緒三十一年(1905)刻本　七冊

620000－1141－0002081　851.77/088(wx)
白圭堂詩鈔八卷續鈔六卷　(清)江之紀撰　(清)孫人鏡校　清同治三年(1864)刻本　四冊

620000－1141－0002082　847.5/424(wx)
鑑止水齋集二十卷　(清)許宗彥撰　清咸豐八年(1858)許穀刻本　六冊

620000－1141－0002083　847.2/737(wx)
有懷堂文藁二十二卷詩藁六卷　(清)韓菼撰　清康熙四十二年(1703)刻本　六冊

620000－1141－0002084　851.51/507－2/:1－:4(wx)
蘇文忠詩合註五十卷首一卷目錄一卷　(宋)蘇軾撰　(清)馮應榴輯訂　**東坡先生[蘇軾]年譜一卷**　(宋)王宗稷編　清乾隆六十年(1795)桐鄉馮氏踵息齋刻本　二十四冊

620000－1141－0002085　846.5/155－2/:1－:2(wx)
空同先生集六十三卷　(明)李夢陽撰　明嘉靖刻本(有抄補)　八冊

620000－1141－0002086　831.6/306(wx)
弘正四傑詩集七十八卷　(清)張祖同輯　清光緒二十一年(1895)長沙張氏湘雨樓刻本　十六冊

620000－1141－0002087　851.77/460(wx)
太乙舟詩集十三卷　(清)陳用光著　清咸豐四年至五年(1854－1855)孝友堂刻本　六冊

620000－1141－0002088　831.7/556(wx)
香禪精舍集十種二十九卷附一種一卷另附四種四卷　(清)潘鐘瑞撰　清光緒九年(1883)吳郡潘氏香禪精舍刻本　十六冊

620000－1141－0002089　925/564(wx)
京塵雜錄四卷　(清)楊掌生著　清光緒十二年(1886)上海同文書局鉛印本　一冊

620000－1141－0002090　925/564/2:(wx)
京塵雜錄四卷　(清)楊掌生著　清光緒十二年(1886)上海同文書局鉛印本　一冊

620000－1141－0002091　851.76/529(wx)
海天樓詩鈔十二卷　(清)喻福基撰　清道光二十七年(1847)刻本　四冊

620000－1141－0002092　851.6/387(wx)
四憶堂詩集六卷遺稿一卷　(清)侯方域著　(清)賈開宗等選註　清同治十三年(1874)刻本　二冊　存六卷(四憶堂詩集六卷)

620000－1141－0002093　(wx)
欽定熙朝雅頌集一百六卷首集二十六卷餘集二卷　(清)鐵保纂輯　(清)朱珪等校閱　(清)法式善等編次　清嘉慶九年(1804)刻本　三十二冊

620000－1141－0002094　851.79/129(wx)
吉林紀事詩四卷首一卷末一卷　(清)沈兆禔著並註　(清)沈世廉　(清)沈世康校勘　清宣統三年(1911)金陵湯明林鉛印本　二冊

620000－1141－0002095　831.54/781(wx)
金詩選四卷　(清)顧奎光選輯　(清)陶玉禾參評　清乾隆十六年(1751)刻本　四冊

620000－1141－0002096　851.76/368(wx)
童山詩選五卷　(清)李調元撰　清道光二十八年(1848)古棠書屋刻本　二冊

620000－1141－0002097　082/124(wx)
晨風閣叢書二十二種四十七卷　沈宗畸輯　清宣統元年(1909)番禺沈氏刻本　十六冊

620000－1141－0002098　851.7/632(wx)
閩詩錄四十一卷　(清)鄭杰輯　(清)陳衍補訂　清宣統三年(1911)刻本　十冊

620000－1141－0002099　847.8/756(wx)
庭聞憶畧二卷　(清)寶廷著　清光緒二十二年(1896)刻本　一冊

620000－1141－0002100　851/565(wx)
碧琅玕館詩鈔四卷續鈔四卷　(清)楊光儀撰　清光緒九年(1883)刻本　四冊

620000－1141－0002101　851.55/574(wx)
金源紀事詩八卷　(清)湯運泰著　(清)湯顯業　(清)湯顯幹注　清同治十二年(1873)淮南書局刻本　四冊

620000－1141－0002102　851.7/242(wx)
觀劇絕句三卷　(清)金德瑛等撰　葉德輝輯　清光緒三十四年(1908)葉氏觀古堂刻本　二冊

620000－1141－0002103　851.79/137(wx)
宋氏绵津詩鈔八卷　(清)宋犖譔　(清)邵長蘅選　清康熙三十四年(1695)刻本　七冊

620000－1141－0002104　831.6/118/2:1－:4(wx)
明詩綜一百卷　(清)朱彝尊錄　(清)汪森緝評　清康熙刻乾隆西泠清來堂吳氏印本　三十二冊

620000－1141－0002105　851/115l2(wx)
宋元明詩約鈔三百首二卷　(清)朱梓　(清)冷昌言編輯　(清)冷鵬參校　清道光二十一年(1841)南京李光明莊刻本　一冊

620000－1141－0002106　831.7/781(wx)
元詩選六卷補遺一卷　(清)顧奎光選輯　(清)陶瀚　(清)陶玉禾參評　清乾隆十六年(1751)刻本　六冊

620000－1141－0002107　851.76/643(wx)
白華山人詩集十六卷附詩說二卷　(清)厲志著　(清)厲學潮校　清光緒九年(1883)刻本　四冊

620000－1141－0002108　847.6/154(wx)
好雲樓初集二十八卷首一卷　(清)李聯琇著　清咸豐十一年(1861)恩養堂刻本　八冊

620000－1141－0002109　851.6/047(wx)
續尤西堂擬明史樂府一卷附仿元遺山論詩絕句一卷　(清)張晉撰　(清)劉汲評　(清)楊履道注　(清)周系英鑒定　清嘉慶十七年(1812)湘潭周系英寧武試院刻本　一冊

620000－1141－0002110　(wx)
御定全唐詩錄一百卷　(清)徐倬輯　(清)徐元正校　清康熙四十五年(1706)内府刻本　四十冊　存九十八卷(一至九十一、九十四至一百)

620000－1141－0002111　851.75/171(wx)
香蘇山館詩鈔三十六卷　(清)吳嵩梁撰　清道光刻本　六冊　存十五卷(今體詩鈔一至三、古體詩鈔三至十四)

620000－1141－0002112　(wx)
松陵文錄二十四卷　(清)淩淦輯　清同治十三年(1874)刻本　八冊

620000－1141－0002113　851.78/037(wx)
椒生詩草六卷附續草三卷　(清)王之春撰　清光緒十年(1884)刻本　三冊

620000－1141－0002114　831/411(wx)
本事詩十二卷　(清)徐釚編輯　清乾隆二十二年(1757)汪氏半松書屋刻本　四冊

620000－1141－0002115　831/730/:1－:2(wx)
詩歸五十一卷　(明)鍾惺　(明)譚元春選定　(明)劉斅重訂　明末刻本　十五冊　存四十九卷(一至七、十至五十一)

620000－1141－0002116　858.5/196
何仙姑寶卷二卷　(清)□□撰　清光緒三十年(1904)蘇城瑪瑙經房刻本　一冊

620000－1141－0002117　830.353/151(wx)
文選六十卷　(南朝梁)蕭統選　(唐)李善注　清同治八年(1869)金陵書局刻本　十冊

620000－1141－0002118　831.416/083－3

(wx)

白香山詩長慶集二十卷後集十七卷别集一卷補遺二卷 (唐)白居易撰 (清)汪立名編訂 **白香山[居易]年譜一卷** (清)汪立名譔 **白香山年譜舊本一卷** (宋)陳振孫撰 清康熙四十一年至四十二年(1702-1703)汪立名一隅草堂刻本 十册

620000-1141-0002119 831/039-520/2:1-:2(wx)
古詩箋三十二卷 (清)王士禛選 (清)聞人倓箋 清乾隆三十一年(1766)芷蘭堂刻本 十二册

620000-1141-0002120 831/040(wx)
八代詩選二十卷 王闓運撰 清光緒十六年(1890)江蘇書局刻本 八册

620000-1141-0002121 851.31/170(wx)
陶詩彙注四卷首一卷末一卷 (清)吴瞻泰輯 (清)程崟參訂 清光緒二十二年(1896)許印芳刻本 二册

620000-1141-0002122 851.72/128(wx)
道援堂集十卷 (清)屈大均撰 (清)沈用濟選 清康熙刻本 四册

620000-1141-0002123 831/039Ⅲ1-2(wx)
古唐詩合解十二卷古詩四卷 (清)王堯衢註 (清)李模 (清)李桓校 清道光二十五年(1845)德華堂刻本 六册

620000-1141-0002124 925.41/809(wx)
陸宣公奏議郎注十五卷制誥十卷附錄一卷 (唐)陸贄撰 (宋)郎曄注 清光緒十一年至十二年(1885-1886)淮南書局刻本 四册

620000-1141-0002125 845.7/048(wx)
建安七子集七卷 (清)楊逢辰輯 清光緒十六年(1890)楊氏坦園刻本 四册

620000-1141-0002126 852.72/463/:1-:2(wx)
迦陵詞全集三十卷 (清)陳維崧著 (清)宋琬等選 清康熙二十八年(1689)患立堂刻本 八册

620000-1141-0002127 834.72/171I3(wx)
續廣事類賦三十卷 (清)王鳳喈撰 清嘉慶二十五年(1820)芸生堂刻本 十二册

620000-1141-0002128 847/137(wx)
忠簡公集七卷宗忠簡集辨謌考異一卷 (宋)宗澤撰 (清)胡鳳丹校 清同治八年(1869)胡鳳丹退補齋刻本 二册

620000-1141-0002129 831.41/409(wx)
而菴説唐詩九卷首一卷 (清)徐增述 清乾隆二十三年(1758)集盛堂刻本 五册 存八卷(一至三、六至九,首一卷)

620000-1141-0002130 851/115(wx)
宋元明詩約鈔三百首二卷 (清)朱梓 (清)冷昌言編輯 (清)冷鵬參校 清光緒三年(1877)維揚有德堂刻本 二册

620000-1141-0002131 834.75/169(wx)
廣廣事類賦三十二卷 (清)吴世旃撰 清道光十八年(1838)務本堂刻本 六册

620000-1141-0002132 851.74/512(wx)
觀河集六卷 (清)彭紹升著 清光緒四年(1878)刻本 三册

620000-1141-0002133 428.2/711(wx)
謝疊山先生文章軌範七卷 (元)謝枋得輯 清光緒八年(1882)刻本 四册

620000-1141-0002134 834.75/169/2:(wx)
廣廣事類賦三十二卷 (清)吴世旃撰 清嘉慶元年(1796)敬堂刻本 六册

620000-1141-0002135 847.2/447/Ⅲ1(wx)
文貞公集十二卷 (清)張玉書著 清乾隆五十七年(1792)松蔭堂刻本 六册

620000-1141-0002136 851.414/429(wx)
杜詩註釋二十四卷首一卷 (清)許寶善編輯 (清)曹洪志參訂 (清)桂心堂校 清光緒三年(1877)吴縣朱氏刻本 十册

620000-1141-0002137 834.72/171/I2(wx)
重訂廣事類賦四十卷 (清)華希閔著 (清)鄒升恒參 (清)華希閔重訂 清乾隆二十九

年(1764)刻本　十冊

620000－1141－0002138　851.76/135Ⅲ1(wx)
借閒生詩三卷詞一卷　(清)汪遠孫撰　清道光二十年(1840)錢塘汪氏振綺堂刻光緒元年(1875)補修本　二冊

620000－1141－0002139　831.8/451/1(wx)
宋詩紀事補遺一百卷附宋詩紀事小傳補正四卷　(清)陸心源纂輯　清光緒十九年(1893)刻本　三十二冊

620000－1141－0002140　854.378/036(wx)
嘯亭雜錄十卷　(清)昭槤撰　清宣統元年(1909)中國圖書公司鉛印本　四冊

620000－1141－0002141　851.52/127(wx)
南宋雜事詩七卷　(清)沈嘉轍等撰　清同治十一年(1872)淮南書局刻本　四冊

620000－1141－0002142　094.2776/745(wx)
詩古微十五卷首一卷　(清)魏源撰　清光緒十三年(1887)刻本　十二冊

620000－1141－0002143　089.7/380/2:1－:12(wx)
隨園三十種二百五十六卷　(清)袁枚撰　清乾隆、嘉慶間刻本　九十六冊

620000－1141－0002144　(wx)
五言詩十七卷　(清)王士禛選　**五言今體詩鈔九卷**　(清)姚鼐輯　清同治五年(1866)刻本　五冊

620000－1141－0002145　823.11/159(wx)
詞律校勘記二十卷　(清)杜文瀾撰　清咸豐十一年(1861)刻曼陀羅華閣叢書本　二冊

620000－1141－0002146　847.5/340/2(wx)
退庵隨筆二十二卷　(清)梁章鉅編　清道光十七年(1837)刻本　八冊

620000－1141－0002147　846.9/040(wx)
王遵巖集八卷　(明)王慎中著　(清)張汝瑚選　清康熙二十一年(1682)郢雪書林刻本　八冊

620000－1141－0002148　851.78/242(wx)
陶廬雜憶一卷續詠一卷補詠一卷　金武祥撰　清光緒十三年(1887)刻續詠二十四年(1898)刻補詠三十一年(1905)刻本　二冊

620000－1141－0002149　848.9/040(wx)
精刊王壬秋全集三十卷　王闓運撰　清宣統二年(1910)上海國學扶輪社石印本　十二冊

620000－1141－0002150　082/152(wx)
李文公集十八卷　(唐)李翺撰　清光緒元年(1875)南海馮氏讀有用書齋刻本　二冊

620000－1141－0002151　(wx)
錢牧齋全集一百六十三卷　(清)錢謙益撰　(清)錢曾箋註　清宣統二年(1910)邃漢齋鉛印本　四十冊

620000－1141－0002152　847.7/449(wx)
躬厚堂全集二十五卷　(清)張金鏞著　清光緒四年(1878)刻本　六冊

620000－1141－0002153　(wx)
天咫偶聞十卷　震鈞撰　清光緒三十三年(1907)甘棠轉舍刻本　八冊

620000－1141－0002154　082/152/2:(wx)
孫可之文集十卷　(唐)孫樵撰　清光緒二年(1876)南海馮氏讀有用書齋刻三唐人集本　一冊

620000－1141－0002155　(wx)
揚州畫舫錄十八卷　(清)李斗著　清乾隆六十年(1795)刻同治印本　四冊

620000－1141－0002156　846.8/688(wx)
盧忠肅公集十二卷首一卷　(明)盧象昇著　(清)李庚校字　清光緒元年(1875)會稽施惠刻本　八冊

620000－1141－0002157　847.5/365(wx)
天真閣集五十四卷外集六卷　(清)孫原湘撰　清嘉慶五年(1800)刻本　十三冊

620000－1141－0002158　847.7/599(wx)
青草堂集十二卷二集十六卷三集十六卷　(清)趙國華著　清同治十一年至光緒十八年(1872－1892)豐潤趙國華刻本　十四冊

620000－1141－0002159　847.4/451(wx)
切問齋集十六卷　(清)陸耀撰　清嘉慶刻本　八册

620000－1141－0002160　082/152/3:(wx)
皇甫持正文集六卷補遺一卷　(唐)皇甫湜撰　清光緒二年(1876)南海馮氏讀有用書齋刻本　一册

620000－1141－0002161　854/450:1(wx)
養素堂文集三十五卷首一卷　(清)張澍撰　清道光十七年(1837)棗華書屋刻本　十六册

620000－1141－0002162　847.1/779(wx)
顧亭林先生遺書十種二十七卷　(清)顧炎武著　清光緒蓬瀛閣寫刻本　八册

620000－1141－0002163　834.7/426(wx)
明文才調集不分卷國朝文才調集不分卷　(清)許振禕輯　清光緒二十年(1894)鴻文書局石印本　六册

620000－1141－0002164　(wx)
英雲夢傳八卷　(清)震澤九容樓主人松雲氏撰　(清)掃花頭陀剩齋氏評　清乾隆刻本　八册

620000－1141－0002165　831.78/576/:1(wx)
樫華館全集十二卷　(清)路德撰　清光緒七年(1881)刻本　十册

620000－1141－0002166　830.353/340(wx)
文選旁證四十六卷　(清)梁章鉅撰　清光緒八年(1882)刻本　十二册

620000－1141－0002167　847.7/755(wx)
復堂類集三十八卷　(清)譚獻撰　清光緒十三年(1887)刻本　八册

620000－1141－0002168　834.76/571(wx)
南宋文錄錄二十四卷　(清)董兆熊輯　清光緒十七年(1891)蘇州書局刻本　六册

620000－1141－0002169　846.8/261(wx)
盧忠肅公集十二卷首一卷　(明)盧象昇著　(清)李庚校字　清光緒元年(1875)會稽施惠刻本　八册

620000－1141－0002170　847/748－2/:1－:2(wx)
寒松堂全集十二卷　(清)魏象樞撰　清康熙刻本　十二册

620000－1141－0002171　847.4/342/1:(wx)
清白士集二十八卷　(清)梁玉繩撰　清嘉慶五年(1800)刻本　十二册　存十三卷(一至七、二十三至二十八)

620000－1141－0002172　847.14/793－5(wx)
重栞明成化本東坡七集一百十卷　(宋)蘇軾撰　**宋史本傳一卷**　(元)脱脱撰　**校記二卷**　繆荃孫撰　**東坡先生[蘇軾]年譜一卷**　(宋)王宗稷編　**東坡先生墓誌銘一卷**　(宋)蘇轍撰　清光緒三十四年至宣統元年(1908－1909)浭陽端方寶華盦刻本　四十八册

620000－1141－0002173　834.7/580/:1－3(wx)
御選唐宋文醇五十八卷　(清)高宗弘曆選　清光緒三年(1877)浙江書局刻本　二十册

620000－1141－0002174　847.5/669(wx)
紀文達公遺集十六卷　(清)紀昀撰　(清)孫樹馨編　清嘉慶十七年(1812)刻本　十二册

620000－1141－0002175　834.76/196(wx)
東洲艸堂文鈔二十卷　(清)何紹基撰　**眠琴閣遺文一卷遺詩二卷**　(清)何慶涵撰　**浣月樓遺詩二卷**　(清)李楣撰　**坿刊一卷**　(清)何維棣撰　清光緒九年(1883)刻本　六册

620000－1141－0002176　851.74/580/:1－3(wx)
御選唐宋詩醇四十七卷目錄二卷　(清)高宗弘曆選　清光緒七年(1881)浙江書局刻本　二十册

620000－1141－0002177　834.7/557(wx)
裘文達公文集六卷補遺一卷詩集十八卷　(清)裘曰修撰　清嘉慶七年(1802)刻本　六册

620000－1141－0002178　844.13/161－567/2:1(wx)
杜詩鏡銓二十卷附錄一卷　(清)楊倫輯　清同治十一年(1872)望三益齋刻本　十册

620000－1141－0002179　922.604/401(ls)
續明紀事本末十八卷首一卷　(清)倪在田輯　清光緒二十九年(1903)育英學社鉛印本　五冊　缺二卷(十七至十八)

620000－1141－0002180　857.44/015(wx)
新編韓湘子九度文公道情全本三卷　(□)□□撰　清光緒七年(1881)有德堂刻本(中卷補配會文堂刻新編韓湘子九度藍關道情全本)　三冊

620000－1141－0002181　925.411/212/:1(ls)
故唐律疏議三十卷　(唐)長孫無忌等撰　清光緒十七年(1891)京師刻本　十二冊

620000－1141－0002182　630/041/:1－:3(wx)
二如亭羣芳譜三十卷首一卷　(明)王象晉纂輯　清沙村艸堂刻本　二十四冊

620000－1141－0002183　090/464(wx)
耐安類稿五種十卷　(清)陳偉撰　清光緒二十二年(1896)諸父瀚等刻本　六冊

620000－1141－0002184　851.7/316(wx)
夢筆山房繭甕集八卷續編一卷　(清)紀逵宜稿　(清)紀世安　(清)紀曾蔭輯錄　**附錄一卷**　清乾隆四十年(1775)家刻本　四冊　缺一卷(附錄一卷)

620000－1141－0002185　847/214(wx)
枝山文集四卷野記四卷　(明)祝允明撰　清光緒元年(1875)刻本　四冊

620000－1141－0002186　846.7/613(wx)
熊襄愍公集十卷首一卷末一卷　(明)熊廷弼撰　清同治三年(1864)刻本　十冊

620000－1141－0002187　(wx)
吳詩集覽二十卷補注二十卷　(清)吳偉業撰　(清)靳榮藩輯注　**吳詩談藪二卷拾遺一卷**　(清)靳榮藩輯　清乾隆四十年(1775)凌雲亭刻本　二十冊　缺一卷(拾遺一卷)

620000－1141－0002188　846.1/562(wx)
東里文集二十五卷別集不分卷　(明)楊士奇撰　清光緒二年至三年(1876－1877)刻本　八冊

620000－1141－0002189　094.17/036/2:1(wx)
欽定詩經傳說彙纂二十一卷首二卷詩序二卷　(清)王鴻緒等編　清雍正五年(1727)刻本　六冊　缺十九卷(三至二十一)

620000－1141－0002190　834.76/487(wx)
南宋文範七十卷外編四卷　(清)莊仲方編　清光緒十四年(1888)江蘇書局刻本　十六冊

620000－1141－0002191　821/486(wx)
芳菲菲堂詩話一卷　(清)畢希卓撰　清宣統元年(1909)海上嫏嬛社鉛印本　一冊

620000－1141－0002192　(wx)
廣陵先生文集二十卷拾遺一卷　(宋)王令撰　(宋)吳說編次　**附錄一卷**　(宋)王安石等撰　清佚名抄桂邦傑校、方爾謙覆校本　四冊

620000－1141－0002193　740.974/445(wx)
國朝畫徵錄三卷續錄二卷　(清)張庚著　(清)蔣泰　(清)湯之昱校　清光緒十三年(1887)掃葉山房刻本　二冊

620000－1141－0002194　847.2/227/:1－:2(wx)
邵子湘全集三十卷　(清)邵長蘅篹　**邵氏家錄二卷**　(清)宋犖等撰　清康熙青門草堂刻本　十二冊　存三十卷(邵子湘全集三十卷)

620000－1141－0002195　857.5/227/:1(wx)
繪圖筆生花十六卷　(清)心如女史著　清光緒二十年(1894)上海書局石印本　十六冊

620000－1141－0002196　830/165(wx)
蕙風叢書十一種三十七卷附一種一卷　況周儀輯　清光緒刻民國十四年(1925)上海中國書店印本　二冊　存三種六卷(選巷叢譚二卷、鹵底叢譚一卷、粵西詞見二卷附玉楳後詞一卷)

620000－1141－0002197　834.7/658(wx)
忠雅堂文集十二卷　(清)蔣士銓撰　清同治蔣志章益州薇署刻本　四冊

620000－1141－0002198　831/669(wx)

嶺南四家詩鈔不分卷　（清）劉彬華輯　清嘉慶十八年（1813）刻本　六冊

620000－1141－0002199　847.4/118/:1－:2（wx）
梅崖居士全集三十八卷首一卷　（清）朱仕琇撰　清乾隆四十七年（1782）刻本　十二冊

620000－1141－0002200　851.76/567（wx）
註釋續試帖青雲集六卷　（清）陸潤庠輯　清光緒十二年（1886）有益堂刻本　二冊

620000－1141－0002201　（wx）
錦上花四十八回　（清）□□撰　清同治十三年（1874）盛德堂刻本　十二冊

620000－1141－0002202　830.78/436（wx）
天花亂墜八卷二集八卷　（清）寅半生選輯　清光緒二十九年（1903）刻本　八冊

620000－1141－0002203　834/455（wx）
冷廬雜識八卷續編一卷　（清）陸以湉撰　清咸豐六年（1856）刻本　八冊

620000－1141－0002204　（wx）
飛龍全傳十二卷　（清）吳璿撰　清嘉慶二年（1797）刻本　十二冊

620000－1141－0002205　834.6/028（wx）
明文正氣集一卷後編一卷　（清）孫葆田編　清光緒十六年（1890）濟南尚志堂刻本　二冊

620000－1141－0002206　851.7/039（wx）
王侍御詩集六卷　（唐）王建著　清後期刻本　三冊

620000－1141－0002207　857.2/609.174（wx）
聊齋志異注十六卷　（清）呂湛恩輯　（清）呂應選　（清）呂應奎校　（清）于書佃　（清）王延慶訂　清道光五年（1825）姑蘇步月樓刻本　六冊

620000－1141－0002208　857.2/342（wx）
池上草堂筆記八卷　（清）梁恭辰著　清同治十二年（1873）刻本　八冊

620000－1141－0002209　071/461（wx）
掌録二卷　（清）陳祖范撰　清光緒十七年（1891）廣雅書局刻本　一冊

620000－1141－0002210　925.5/629（wx）
樊山集二十三卷樊山公牘二卷　樊增祥撰　清光緒二十年（1894）刻本　六冊

620000－1141－0002211　851.7/163（wx）
春闈雜詠一卷附錄一卷　（清）袁昶撰　（清）李德炳彙　清光緒二十一年（1895）刻本　一冊

620000－1141－0002212　833.5/507（wx）
宋六十一家詞選十二卷　（清）馮煦輯　清宣統二年（1910）埽葉山房石印本　四冊

620000－1141－0002213　857.457/770.2（wx）
第一才子書六十卷　（明）羅貫中著　（清）金人瑞　（清）毛宗崗評　清光緒二十九年（1903）上海點石齋石印本　十二冊

620000－1141－0002214　832.1/718（wx）
屈原賦注七卷通釋二卷音義三卷　（清）戴震撰　清光緒十七年（1891）廣雅書局刻本　一冊

620000－1141－0002215　830.7/165.2（wx）
兩浙輶軒錄補遺十卷　（清）阮元撰　清嘉慶八年（1803）刻本　六冊

620000－1141－0002216　847.6/171（wx）
望三益齋詩文鈔十二卷　（清）吳棠撰　（清）吳祥和校　清光緒七年（1881）刻本　六冊

620000－1141－0002217　820.2/449（wx）
國朝詩人徵略六十卷　（清）張維屏輯　清道光十年（1830）刻本　十冊

620000－1141－0002218　（wx）
正誼堂全書六十三種四百八十卷續刻五種四十六卷　（清）張伯行輯　（清）楊浚重輯　清同治五年（1866）福州正誼書院刻同治八年至光緒十三年（1869－1887）續刻本　一百五十一冊　缺三種三十一卷（唐陸宣公文集四卷首一卷、韓魏公集二十卷、司馬溫公文集一至六）

620000－1141－0002219　834.41/313－2（wx）
文粹一百卷　（宋）姚鉉纂　**補遺二十六卷**

（清）郭麐纂　清光緒十六年（1890）刻本　二十册

620000－1141－0002220　926.9/561/3：（ls）
歷代輿地沿革險要圖一卷　楊守敬　饒敦秩撰　清光緒五年（1879）東湖饒氏刻朱墨套印本　一册

620000－1141－0002221　63/63
痧脹源流一卷　（清）沈金鰲撰　清刻本　一册

620000－1141－0002222　012/516（ls）
經籍訪古志六卷補遺一卷　（清）森立之撰　清光緒十一年（1885）鉛印本　八册

620000－1141－0002223　015/464（ls）
越中觀感錄一卷　（清）陳錦編輯　清光緒九年（1883）刻本　一册

620000－1141－0002224
霍亂論二卷　（清）王士雄述　清咸豐元年（1851）吟香書屋刻潛齋醫書三種本　一册

620000－1141－0002225　011.9/475－2/：1－：3（ls）
慈溪黄氏日抄分類九十七卷　（宋）黄震編輯　清乾隆三十二年（1767）汪佩鍔刻本　二十四册　存九十四卷（一至八十、八十二至八十八、九十至九十一、九十三至九十七）

620000－1141－0002226　041/448（ls）
淵鑑類函四百五十卷目錄四卷　（清）張英（清）王士禎等纂　清光緒十三年（1887）上海同文書局石印本　四十八册

620000－1141－0002227　013.278/227（ls）
四庫簡明目錄標注二十卷附錄一卷　（清）邵懿辰撰　（清）孫仲容等校　清宣統三年（1911）刻本　六册

620000－1141－0002228　013.2/015（ls）
八史經籍志三十卷　（清）張壽榮輯　清光緒九年（1883）刻本　十六册

620000－1141－0002229　015.878/732（ls）
藝風藏書記八卷續記八卷　繆荃孫撰　清光緒二十六年至二十七年（1900－1901）刻本　六册

620000－1141－0002230　J120.9/8（ls）
辛丑銷夏記五卷　（清）吳榮光撰　（清）瞿樹辰等訂　清光緒三十一年（1905）郎園刻本　五册

620000－1141－0002231　k244.06/23（ls）
包孝肅公奏議十卷　（宋）包拯撰　清光緒三十一年（1905）刻本　二册

620000－1141－0002232　041/628（ls）
藝文類聚一百卷　（唐）歐陽詢編　（明）王元貞校　清光緒五年（1879）宏達堂刻本　三十六册

620000－1141－0002233　041/574/：1（ls）
北堂書鈔一百六十卷首一卷　（唐）虞世南撰　（清）孔廣陶校註　清光緒十四年（1888）南海孔氏三十有三萬卷堂影宋刻本　二十册

620000－1141－0002234　041/644/：1－：2（ls）
蘭雪堂古事苑定本十二卷　（明）鄧志謨編輯　（清）戴璁等參訂　清康熙二十五年（1686）蘭雪堂刻本　十册

620000－1141－0002235　J120.9/9（ls）
庚子銷夏記八卷附閒者軒帖考一卷　（清）孫承澤著　清乾隆二十五年至二十六年（1760－1761）鮑廷博、鄭竺刻本　六册

620000－1141－0002236　J292.42/5（ls）
歷朝印識一卷補遺一卷附國朝印識二卷近編一卷　（清）馮承輝纂　清末西泠印社鉛印印學叢書本　二册

620000－1141－0002237　K249.06/48（ls）
皇清奏議六十八卷首一卷　（清）琴川居士編輯　（清）張爾耆校正　清光緒二十八年（1902）麓澤學會石印本　八册

620000－1141－0002238　K249.05/1（ls）
聖武記十四卷　（清）魏源撰　清道光二十六年（1846）刻本　十二册

620000－1141－0002239　K239.1/3（ls）

陳書三十六卷　(唐)姚思廉撰　清光緒十八年(1892)武林竹簡齋石印本　一冊

620000－1141－0002240　k239.1/1(ls)
南齊書五十九卷　(南朝梁)蕭子顯撰　清光緒十八年(1892)武林竹簡齋石印本　二冊

620000－1141－0002241　K328.6/54(ls)
中外輿地彙鈔十四卷　(清)馬冠群輯　清光緒二十年(1894)蘇州文瑞樓石印本　四冊

620000－1141－0002242　K239.1/2(ls)
梁書五十六卷　(唐)姚思廉撰　清光緒十八年(1892)武林竹簡齋石印本　二冊

620000－1141－0002243　K293.2/2(ls)
北齊書五十卷　(隋)李百藥撰　清光緒十八年(1892)武林竹簡齋石印本　二冊

620000－1141－0002244　K252.06/13/:1(ls)
樊山政書二十卷　樊增祥撰　清宣統二年(1910)鉛印本　十冊

620000－1141－0002245　K244/1(ls)
宋書一百卷　(南朝梁)沈約撰　清光緒十八年(1892)武林竹簡齋石印本　六冊

620000－1141－0002246　K247/6(ls)
元朝祕史十五卷首一卷　(清)李文田注　清光緒二十二年(1896)通隱堂刻本　四冊

620000－1141－0002247　K252.06/15(ls)
駱文忠公奏稿十卷　(清)駱秉章撰　清光緒十八年(1892)刻本　十冊

620000－1141－0002248　K252.06/14(ls)
彭剛直公奏稿八卷　(清)彭玉麟撰　清末鉛印本　四冊

620000－1141－0002249　K242/11(ls)
東萊先生音註唐鑑二十四卷　(宋)范祖禹譔　(宋)呂祖謙註　清光緒十八年(1892)浙江書局影宋刻本　四冊

620000－1141－0002250　075.7/124(ls)
懷小編二十卷　(清)沈濂撰　清咸豐四年(1854)始言堂刻本　六冊

620000－1141－0002251　075/566(ls)
讀書舉要二卷　(清)楊希閔撰　清光緒八年(1882)津河廣仁堂刻本　一冊

620000－1141－0002252　075.71/127(ls)
灤源答問十二卷　(清)沈可培撰　清嘉慶二十年(1815)雪浪齋刻本　六冊

620000－1141－0002253　075.74/487(ls)
潛邱劄記六卷　(清)閻若璩撰　**左汾近稾一卷**　(清)閻詠稾　**鄭耕老勸學一卷**　(宋)鄭耕老撰　清乾隆十年(1745)閻學林眷西堂刻本　六冊

620000－1141－0002254　075.525/037－2(ls)
校訂困學紀聞集證二十卷　(宋)王應麟撰　(清)萬希槐輯　(清)屠繼序補　清嘉慶二十四年(1819)山壽齋刻本　十冊

620000－1141－0002255　072/1339(ls)
十三經札記二十二卷群書札記十六卷　(清)朱亦棟撰　清光緒四年(1878)武林竹簡齋刻本　十二冊

620000－1141－0002256　075.77/458/12:(ls)
東塾讀書記二十五卷　(清)陳澧撰　清光緒二十四年(1898)紉蘭書館刻本　五冊　缺十卷(原缺十三至十四、十七至二十、二十二至二十五)

620000－1141－0002257　075.73/190/:1(ls)
義門讀書記五十八卷附行狀一卷　(清)何焯撰　清光緒六年(1880)刻本　十六冊

620000－1141－0002258　080/664(ls)
普天忠憤集十四卷首一卷　(清)孔廣德編　(清)賓璋等分校　(清)鮑文蔚參校　清光緒二十一年(1895)石印本　十二冊

620000－1141－0002259　080/367/:1－:6(ls)
平津館叢書四十二種二百五十四卷　(清)孫星衍輯　清光緒十一年(1885)吳縣朱氏槐廬家塾刻本　四十六冊　缺六種九卷(物理論一卷、譙周古史考一卷、華氏中藏經三卷、素女方一卷、秘制清寧丸方一卷、建立伏博士始末二卷)

620000－1141－0002260　080/044/:1－:2(ls)
小萬卷樓叢書十七種七十二卷　(清)錢培名輯　清光緒四年(1878)金山錢氏刻本　十六冊　缺一卷(中論附逸文一卷)

620000－1141－0002261　082/124/:1－:2(ls)
晨風閣叢書二十二種四十七卷　沈宗畸輯　清宣統元年(1909)番禺沈氏刻本　十六冊

620000－1141－0002262　082/459/:1－:2(ls)
麓山精舍叢書九十種一百二十七卷　(清)陳運溶輯　清光緒、宣統間湘西陳氏刻本　十二冊

620000－1141－0002263　089.74/203(ls)
杭大宗七種叢書十八卷　(清)杭世駿撰　清乾隆五十七年(1792)杭賓仁羊城刻本　六冊

620000－1141－0002264　082/418:1(ls)
式訓堂叢書十五種四十三卷　(清)章壽康撰　清光緒六年(1880)會稽章氏刻本　十二冊

620000－1141－0002265　096.22/311(ls)
春秋左傳杜注三十卷　(清)姚培謙輯　清光緒九年(1883)江南書局刻本　十冊

620000－1141－0002266　093.9/745/2:(ls)
書古微十二卷首一卷　(清)魏源撰　清光緒四年(1878)淮南書局刻本　四冊

620000－1141－0002267　095.322/048－2(ls)
大戴禮記補注十三卷　(清)孔廣森撰　清同治十三年(1874)淮南書局刻本　四冊

620000－1141－0002268　094.17/291(ls)
詩瀋二十卷　(清)范家相輯　清乾隆三十九年(1774)古趣亭刻本　三冊

620000－1141－0002269　096.222/571(ls)
春秋繁露十七卷漢廣川董子集一卷　(漢)董仲舒著　(明)孫鑛評　(明)沈鼎新　(明)朱養純參評　(明)朱養和訂　**下馬陵詩文集二卷**　(漢)董國輔輯　**附錄一卷**　清康熙二十七年(1688)董文昌等刻本　四冊　缺二卷(下馬陵詩文集二卷)

620000－1141－0002270　091.337/180(ls)
古經解鉤沉三十卷　(清)余蕭客撰　清乾隆六十年(1795)刻道光二十年(1840)京江魯氏重修本　十二冊

620000－1141－0002271　093.34/687(ls)
尚書古文疏證八卷　(清)閻若璩撰　**朱子古文書疑一卷**　(清)閻詠輯　清乾隆十年(1745)眷西堂刻本　八冊　缺一卷(尚書古文疏證三)

620000－1141－0002272　091.39/361(ls)
古微書三十六卷　(清)孫瑴著錄　清嘉慶二十一年(1816)對山問月樓刻本　六冊

620000－1141－0002273　092.6/174(ls)
周易八卷首一卷　(宋)程頤傳　(宋)朱熹本義　(宋)呂祖謙音訓　清光緒十五年(1889)江南書局刻本　八冊

620000－1141－0002274　091.3/165－4(ls)
皇清經解編目十六卷　(清)淩忠照編輯　(清)張紹銘分輯　清光緒十八年(1892)上海古香閣石印本　四冊

620000－1141－0002275　093.6/579(ls)
書經集傳音釋六卷首一卷　(宋)蔡沈集傳　(元)鄒季友音釋　清光緒十五年(1889)江南書局刻本　六冊

620000－1141－0002276　094.16/424(ls)
詩二十卷附札記一卷　(宋)朱熹集傳　(元)許謙音釋　(元)羅復纂輯　清光緒十五年(1889)江南書局刻本　四冊

620000－1141－0002277　094.17522/174(ls)
呂氏家塾讀詩記三十二卷　(宋)呂祖謙撰　清乾隆刻本　十冊

620000－1141－0002278　091/369(ls)
問經堂叢書二十八種九十卷　(清)孫馮翼輯　清嘉慶承德孫氏刻本　十四冊

620000－1141－0002279　097.6/640(ls)
孟子外書一卷　(宋)熙時子注　(清)盧文弨　(清)丁小山訂正　(清)金紹綸校　清嘉慶二十三年(1818)星帶草堂刻本　一冊

620000－1141－0002280　099.51/3.13(ls)
歷代石經畧二卷　(清)桂馥撰　清光緒九年(1883)刻本　二冊

620000－1141－0002281　087/090/:1(ls)
靈鶼閣叢書六集五十六種一百卷　(清)江標輯　清光緒二十一年(1895)元和江氏湖南使院刻本　二十四冊　存三集三十九種六十三卷(韓詩遺說二卷訂譌一卷、尚書大傳七卷、皇象本急就章一卷、說文解字索隱一卷補例一卷、漢事會最人物志三卷、菉友肊說一卷附錄一卷、教童子法一卷、洨民遺文一卷、欽定四庫全書總目提要四部類敘一卷、先正讀書訣一卷、朔方備乘札記一卷、使德日記一卷、德國議院章程一卷、英軺私記一卷、新嘉坡風土記一卷、中西度量權衡表一卷、光論一卷、人參攷一卷、積古齋藏器目一卷、平安館藏器目一卷、清儀閣藏器目一卷、懷米山房藏器目一卷、兩罍軒藏器目一卷、木庵藏器目一卷、梅花草盦藏器目一卷、簠齋藏器目一卷、愙齋藏器目一卷、天壤閣雜記一卷、董華亭書畫錄一卷、畫友詩一卷、士禮居藏書題跋記續二卷、江寧金石待訪目二卷、山左南北朝石刻存目一卷、漢鼓吹鐃歌十八曲集解一卷、碧城仙館詩鈔八卷、聽園西疆雜述詩四卷、瓊州雜事詩一卷、匪石山人詩一卷、衎波詞一卷)

620000－1141－0002282　121.33/261(ls)
南華真經解不分卷　(清)宣穎著　(清)王暉吉校　清康熙六十年(1721)刻本　六冊

620000－1141－0002283　097.32/687(ls)
校正四書釋地八卷附孟子生卒年月考一卷　(清)閻若璩著　(清)顧問重編　清嘉慶八年(1803)刻本　四冊

620000－1141－0002284　091.2/022/:1－:4(ls)
七經孟子考文並補遺二百卷　(日本)山井鼎輯　(日本)物觀纂修　清嘉慶二年(1797)儀徵阮氏小琅嬛僊館刻本　十六冊

620000－1141－0002285　089.76/252(ls)
讀書叢錄二十四卷　(清)洪頤煊撰　清道光四年(1824)廣東富文齋刻本　十二冊

620000－1141－0002286　093.7/039(ls)
欽定書經傳說彙纂二十一卷首二卷　(清)王頊齡等纂修　清光緒十四年(1888)江南書局刻本　十二冊

620000－1141－0002287　084/456－2(ls)
笠澤叢書九卷附攷一卷　(唐)陸龜蒙纂　(清)許槤校　清嘉慶二十四年(1819)刻本　二冊

620000－1141－0002288　091.3/165－2(ls)
皇清經解一百九十卷首一卷　(清)阮元主編　清光緒十四年(1888)石印本　二十四冊

620000－1141－0002289　082/130/:1(ls)
古經解彙函三十種三百三卷　(清)鍾謙鈞輯　清光緒十五年(1889)湘南書局刻本　八十冊

620000－1141－0002290　082/562(ls)
連筠簃叢書十五種二百二十三卷　(清)楊尚文輯　清道光二十八年(1848)靈石楊氏刻本　三十冊　缺三種一百十三卷(說文解字義證五十卷,永樂大典目錄六十卷,原缺群書治要四、十三、二十)

620000－1141－0002291　079.476/510(ls)
求闕齋讀書錄十卷　(清)曾國藩著　(清)王定安編輯　清光緒二年(1876)刻本　六冊

620000－1141－0002292　075/561(ls)
丹鉛總錄二十七卷　(明)楊慎著集　明嘉靖三十三年(1554)梁佐刻本　六冊

620000－1141－0002293　857.088/475/:1－4(ls)
廣虞初新志四十卷　(清)黄承增輯　清嘉慶八年(1803)寄鷗閒舫刻本　二十冊

620000－1141－0002294　916/817(ls)
五洲圖考不分卷　(清)龔柴　(清)許彬撰　清光緒二十四年(1898)上海徐家滙印書舘鉛印本　四冊

620000－1141－0002295　071/337(ls)
文房肆攷圖說八卷展卷一卷　(清)唐秉鈞纂

（清）康愷繪圖　清乾隆四十三年（1778）唐氏竹映山莊刻本（有抄補）　四冊

620000－1141－0002296　854.3974/598(ls)
松雪齋集十卷外集一卷　（元）趙孟頫撰　**趙公行狀一卷**　（元）楊載狀　清清德堂刻本　六冊

620000－1141－0002297　847.5/539(ls)
雕菰集二十四卷目錄一卷　（清）焦循著　**蜜梅花館文錄一卷詩錄一卷**　（清）焦廷琥著　清道光四年（1824）蘇州文學山房活字印本　八冊

620000－1141－0002298　075.65/191(ls)
春秋井鑑四卷續編四卷林泉偶得二卷　（明）何永達編　清咸豐六年（1856）枹罕香遠堂刻本　七冊　缺一卷（春秋井鑑一）

620000－1141－0002299　K248.06/26(ls)
卓廬初草不分卷　（清）陳墉著　清晚期刻本　三冊

620000－1141－0002300
新增四書備旨靈捷解八卷　（清）張素存著　（清）鄒蒼崖補　清光緒二十年（1894）裕德局刻本　三冊　存四卷（五至八）

620000－1141－0002301　080/732(ls)
蕅香零拾三十九種一百二卷　繆荃孫輯　清光緒二十二年至宣統二年（1896－1910）刻本　三十二冊

620000－1141－0002302　851.74/169(ls)
蓮洋集選十二卷　（清）吳雯著　（清）王士禛評定　（清）賈澤洛校　清乾隆十五年（1750）劉組曾刻本　六冊

620000－1141－0002303　075.71/779－3/2:1(ls)
日知錄集釋三十二卷　（清）顧炎武著　（清）黄汝成集釋　**日知錄栞誤二卷**　（清）黄汝成撰　清同治十一年（1872）湖北崇文書局刻本　七冊　存十六卷（集釋十九至三十二、栞誤二卷）

620000－1141－0002304　902/570(ls)
歷代紀元彙考一卷　（清）萬斯同編　（清）姚元之增刪　（清）袁開第校　清同治十二年（1873）刻本　一冊

620000－1141－0002305　851.6/780(ls)
顧亭林先生詩箋注十七卷校補一卷首一卷　（清）顧炎武撰　（清）徐嘉輯　清光緒二十六年（1900）徐氏味靜齋刻本　六冊

620000－1141－0002306　851.4/065(ls)
九僧詩一卷　（清）石韞玉編　清道光十五年（1835）刻本　一冊

620000－1141－0002307　089－7/151(ls)
李文忠公全集一百六十五卷首一卷　（清）李鴻章撰　（清）吳汝綸編　清光緒三十四年（1908）金陵刻本　一百冊

620000－1141－0002308　857.34/662/:1－:2(ls)
唐人説薈一百六十四種一百六十八卷　（清）陳世熙輯　清宣統三年（1911）掃葉山房石印本　十六冊

620000－1141－0002309　857.1/459(ls)
郎潛紀聞十四卷　（清）陳康祺著　清光緒十年（1884）琴川刻本　五冊

620000－1141－0002310　916/127(ls)
五洲屬國紀略四卷　（清）沈林一撰　清光緒二十四年（1898）錫山沈氏練青軒鉛印本　四冊

620000－1141－0002311　916/328－2(ls)
瀛環志略十卷續編四卷　（清）徐繼畬撰　清光緒二十四年（1898）埽葉山房石印本　八冊

620000－1141－0002312　857.365/039(ls)
震澤長語二卷　（明）王鏊撰　明刻本　二冊

620000－1141－0002313　916/050(ls)
中外地輿圖説集成一百三十卷首三卷　（清）俞正燮著　清光緒二十年（1894）上海積山書局石印本　十六冊　存九十卷（一至六、十二至十七、三十四至四十三、五十二至七十三、八十八至一百三十，首三卷）

620000－1141－0002314　857.24/297(ls)

酉陽雜俎二十卷 （唐）段成式撰 清光緒三年（1877）湖北崇文書局刻本 四册

620000－1141－0002315 916/745－2/:1(ls)

海國圖志一百卷 （清）魏源撰 清光緒六年（1880）刻本 十八册

620000－1141－0002316 847.8/064－1:1(ls)

左文襄公奏疏初編三十八卷續編七十六卷三編六卷 （清）左宗棠撰 清光緒十六年（1890）上海圖書集成局石印本 十四册 缺三十八卷（初編三十八卷）

620000－1141－0002317 915/157:1(ls)

新輯時務匯通一百八卷 （清）李作棟輯 清光緒二十九年（1903）上海崇新書局石印本 三十二册

620000－1141－0002318 920/040:1－:2(ls)

十七史商榷一百卷 （清）王鳴盛譔 清末上海鴻章書局石印本 十六册

620000－1141－0002319 847.9/579/2:1(ls)

范文正公集四十八卷 （宋）范仲淹撰 **范忠宣公集二十五卷** （宋）范純仁撰 清宣統二年（1910）刻本 十六册

620000－1141－0002320 781/054(wx)

竟山樂錄四卷 （清）毛奇齡稿 清康熙刻西河合集本 一册

620000－1141－0002321 847.1/779(ls)

亭林先生補遺十種十二卷不分卷一次 （清）顧炎武撰 **顧亭林先生[炎武]年譜一卷附錄一卷** （清）吳映奎輯 清光緒十一年（1885）上海埽葉山房書坊刻本（聖安紀事補配清光緒三十二年刻本） 九册

620000－1141－0002322 847.4/039(ls)

葆淳閣集二十四卷附易說二卷首一卷 （清）王杰撰 清嘉慶刻本 十二册

620000－1141－0002323 847.5/510/:1(ls)

大雲山房初集四卷二集四卷言事二卷 （清）惲敬著 清同治八年（1869）刻本 十册

620000－1141－0002324 857.084/037(ls)

唐代叢書一百六十四種一百七十卷 （清）王文誥輯 清嘉慶十一年（1806）刻本 二十四册 缺五種五卷（耒耜經一卷、五木經一卷、肉攫部一卷、樂府雜錄一卷、羯鼓錄一卷）

620000－1141－0002325 847.1/464(ls)

午亭文編五十卷 （清）陳廷敬撰 （清）林佶輯 清康熙四十七年（1708）林佶寫刻乾隆四十三年（1778）印本 十六册

620000－1141－0002326 847/726－3/:1－:5(ls)

庸庵全集七種四十七卷 （清）薛福成撰 清光緒無錫薛氏刻本（籌洋芻議一卷補配清光緒二十四年長沙鑄新齋刻本） 四十册 缺四卷（庸庵文外編一至四）

620000－1141－0002327 846.7/613(ls)

熊襄愍公集十卷首一卷末一卷 （明）熊廷弼撰 清同治三年（1864）刻本 十册

620000－1141－0002328 845/668(ls)

錢塘遺事十卷 （元）劉一清編 清後期刻本 二册

620000－1141－0002329 845.75/643(ls)

歐陽文公圭齋集十五卷首一卷附錄一卷 （元）歐陽玄撰 清道光十四年（1834）刻本 五册

620000－1141－0002330 847/276(ls)

庸庵全集七種四十七卷 （清）薛福成撰 清光緒無錫薛氏刻本 二十五册 缺三種二十二卷（出使奏疏二卷、出使公牘十卷、出使日記續刻十卷）

620000－1141－0002331 845.74/574(ls)

道園學古錄不分卷 （元）虞集著 明刻清雍正二年（1724）裘思通增補本 八册

620000－1141－0002332 846.7/158(ls)

變雅堂遺集二十卷 （清）杜濬撰 清光緒二十年（1894）鄂省三佛閣陶子麟局刻本 六册

620000－1141－0002333 845.1/721/1:(ls)

剡源集三十卷札記一卷 （元）戴表元譔 清

道光二十年(1840)上海郁氏刻本　六册

620000－1141－0002334　845/065(ls)
新雕徂徠石先生文集二十卷附録一卷　(宋)石介撰　清光緒十年(1884)刻本　四册

620000－1141－0002335　846.1/173/:1－:4(ls)
宋學士全集三十二卷　(明)宋濂撰　**附録一卷**　清康熙四十八年(1709)彭始摶刻本　三十二册

620000－1141－0002336　845.1/253(ls)
容齋隨筆十六卷續筆十六卷三筆十六卷四筆十六卷五筆十卷　(宋)洪邁撰　明崇禎三年(1630)馬元調刻本　十四册

620000－1141－0002337　830.75/788－2(ls)
鐵橋漫稿十三卷　(清)嚴可均撰　清道光十八年(1838)刻本　三册

620000－1141－0002338　846.9/168(ls)
樓山堂集二十七卷　(明)吳應箕著　清咸豐三年(1853)刻本　六册

620000－1141－0002339　821.7/142(ls)
韓詩内傳徵四卷補遺一卷　(漢)韓嬰撰　(清)宋綿初纂　清乾隆六十年(1795)志學堂刻本　四册

620000－1141－0002340　830.353/295(ls)
文選考異十卷　(清)胡克家撰　清同治八年(1869)湖北崇文書局刻本　四册

620000－1141－0002341　821.3/644(ls)
詩雙聲疊韻譜一卷　(清)鄧廷楨撰　清道光十八年(1838)刻本　一册

620000－1141－0002342　831/576(ls)
御製圓明園圖詠二卷　(清)高宗弘曆撰　清光緒十三年(1887)天津石印書屋石印本　二册

620000－1141－0002343　843.53/192－2(ls)
何水部集二卷　(南朝梁)何遜撰　(清)江昉校　清乾隆十九年(1754)江昉貽清堂刻本　一册

620000－1141－0002344　830.353/295(ls)
文選六十卷　(南朝梁)蕭統選　(唐)李善注　清同治八年(1869)湖北崇文書局刻本　二十册

620000－1141－0002345　830－7/796:1(ls)
虚受堂文集十六卷詩存十六卷書札二卷　王先謙撰　清光緒二十六年至三十三年(1900－1907)刻本　十一册

620000－1141－0002346　834.7/191(ls)
皇朝經世文四編五十二卷　(清)何良棟輯　清光緒二十八年(1902)上海書局石印本　十一册

620000－1141－0002347　834.7/539(ls)
詳批策論正宗四卷　(清)集成書屋主人編輯　清光緒二十四年(1898)刻本　二册

620000－1141－0002348　834.7/471/3:(ls)
皇朝經世文新編二十一卷　(清)麥仲華輯　清光緒二十八年(1902)上海書局石印本　十五册　存二十卷(一至二十上)

620000－1141－0002349　834.51/710/2:(ls)
謝疊山公文集六卷　(元)謝枋得撰　清康熙六十年(1721)謝氏藴德堂刻本　三册　存五卷(一、三至六)

620000－1141－0002350　385.99/750(ls)
江南製造局記十卷首一卷附録一卷　(清)魏允恭撰　清光緒三十一年(1905)上海文寶書局石印本　十册

620000－1141－0002351　423.18/042/2:(ls)
文字蒙求廣義四卷　(清)蒯光典撰　清光緒二十七年(1901)江楚書局刻本　五册

620000－1141－0002352　380.092/285/2:1－:2(ls)
讀史兵略四十六卷　(清)胡林翼纂　清咸豐十一年(1861)武昌節署刻本　十六册

620000－1141－0002353　423.162/484(ls)
班馬字類二卷　(宋)婁機撰　清光緒九年(1883)後知不足齋刻本　二册

620000－1141－0002354　082/233/:1－:2(ls)

貸園叢書初集十二種四十九卷　（清）周永年輯　清乾隆五十四年（1789）歷城周氏竹西書屋據益都李文藻刻版重編印本　十六册

620000－1141－0002355　422.12/430（ls）
爾雅三卷　（晉）郭璞注　（唐）陸德明音義　清嘉慶二十二年（1817）刻本　三册

620000－1141－0002356　350.927/691（ls）
皇朝謚法考五卷　（清）鮑康輯　**續編三卷**　（清）王鵬運輯　清同治三年（1864）刻本　一册

620000－1141－0002357　356.66/448（ls）
重刊補註洗冤録集證五卷　（宋）宋慈撰　（清）王又槐增輯　（清）李觀瀾補輯　（清）阮其新補註　（清）孫光烈參閲　（清）王又梧校訂　（清）張錫蕃重訂　**續增洗冤録辨正參考三卷**　（清）瞿中溶等撰　（清）李璋煜重訂　（清）文晟等校　清同治十一年（1872）刻四色套印本　二册

620000－1141－0002358　422.12/422（ls）
爾雅疏十卷　（晉）郭璞註　（清）邢昺等校訂　清乾隆刻本　二册

620000－1141－0002359　423.1/422（ls）
汗簡箋正七卷汗簡書目箋正一卷　（宋）郭忠恕撰　（清）鄭珍箋正　清光緒十五年（1889）廣雅書局刻本　四册

620000－1141－0002360　928/779/：1－：5（ls）
天下郡國利病書一百二十卷　（清）顧炎武輯　（清）龍萬育訂　清道光龍萬育敷文閣刻本　五十册

620000－1141－0002361　423.134/309（ls）
説文校議十五卷　（清）姚文田　（清）嚴可均撰　清同治十三年（1874）歸安姚氏刻本　四册

620000－1141－0002362　425.88/542（ls）
廣續方言四卷　（清）程先甲輯　清光緒二十三年（1897）刻本　二册

620000－1141－0002363　423－14/250/4：（ls）
乾隆府廳州縣圖志五十卷　（清）洪亮吉撰　清光緒五年（1879）授經堂刻本　二十册

620000－1141－0002364　K244.06/24（ls）
函海一百五十二種八百五十六卷　（清）李調元輯　清乾隆綿州李氏萬卷樓刻道光五年（1825）李朝夔補刻本　四册　存十一種二十七卷（鄭氏古文尚書十卷、靖康傳信録三卷、淳熙薦士録一卷、江南馀載二卷、江淮異人録二卷、青溪弄兵録一卷、張氏可書一卷、珍席放談二卷、鶴山筆録一卷、建炎筆録三卷、辯誣筆録一卷）

620000－1141－0002365　324/593（ls）
列國政要一百三十二卷　（清）戴鴻慈　（清）端方輯　清光緒三十三年（1907）商務印書館石印本　十六册

620000－1141－0002366　834.78/634/3：（ls）
盛世危言六卷二編四卷三編六卷　（清）鄭觀應著　清光緒二十四年（1898）圖書集成局鉛印本　六册

620000－1141－0002367　306/667（ls）
洋務時事彙編八卷　（清）葛士濬輯　清光緒二十四年（1898）上海書局石印本　十二册

620000－1141－0002368　922.2/133（ls）
漢書地理志校本二卷　（清）汪遠孫撰　清道光二十八年（1848）錢塘汪氏振綺堂刻本　二册

620000－1141－0002369　252/361（ls）
禮法捷徑一卷　（清）馬復初撰　清咸豐八年（1858）刻本　一册

620000－1141－0002370　250/361（ls）
據理質証一卷　（清）馬復初著　清同治四年（1865）刻本　一册

620000－1141－0002371　340/584/：4（ls）
甘肅清理財政説明書四編八卷目録一卷　（清）傅秉鑒撰　清宣統石印本　八册

620000－1141－0002372　240/672Ⅰ2（ls）
天方典禮擇要解二十卷後編一卷　（清）劉智

纂述　(清)俞楷點訂　清康熙楊斐菉刻本　六册

620000－1141－0002373　230/360(ls)
大化總歸二卷　(清)馬開科著　(清)馬復初校訂　清同治四年(1865)刻本　二册

620000－1141－0002374　250/358(ls)
清真指南九卷　(清)馬注著　清光緒十一年(1885)寶真堂刻本　一册　存一卷(一)

620000－1141－0002375　226.29/678(ls)
成唯識論述記六十卷　(唐)釋窺基撰　清光緒二十七年(1901)石埭楊文會刻本　二十册

620000－1141－0002376　092.27/673(ls)
周易補註十一卷　(清)德沛輯　清乾隆六年(1741)刻本　六册　存六卷(一至六)

620000－1141－0002377　226.9/200(ls)
十二門論宗致義記三卷　(唐)釋法藏述　清光緒二十一年(1895)金陵刻經處刻本　一册

620000－1141－0002378　240/672/3:(ls)
天方典禮擇要解二十卷後編一卷　(清)劉智纂述　(清)俞楷點訂　清康熙楊斐菉刻本　五册　缺二卷(天方典禮擇要解一至二)

620000－1141－0002379　226.9/200(ls)
十二門論一卷　(天竺)龍樹菩薩造　(後秦)釋鳩摩羅什譯　清光緒二十一年(1895)金陵刻經處刻本　一册

620000－1141－0002380　221.11/226(ls)
佛說長阿含經二十二卷　(後秦)釋竺佛念譯　清光緒十三年(1887)姑蘇刻經處刻本　六册

620000－1141－0002381　424/779(ls)
顧氏音學五書三十八卷　(清)顧炎武撰　清光緒十一年(1885)湘陰郭氏岵瞻堂刻本　十二册

620000－1141－0002382　221.13/798(ls)
增壹阿含經五十卷　(前秦)釋曇摩難提譯　清光緒十二年(1886)江北刻經處刻本　十二册

620000－1141－0002383　226.29/061(ls)
成唯識論十卷　(天竺)護法等菩薩造　(唐)釋玄奘譯　清光緒二十二年(1896)金陵刻經處刻本　二册

620000－1141－0002384　220/200(ls)
翻譯名義集二十卷　(宋)釋法雲編　清光緒四年(1878)金陵刻經處刻本　六册

620000－1141－0002385　223.5/619(ls)
寶藏論一卷　(後秦)釋僧肇著　清光緒二十三年(1897)金陵刻經處刻本　一册

620000－1141－0002386　223.7/619(ls)
維摩詰所説經註八卷　(後秦)釋鳩摩羅什譯　(後秦)釋僧肇註　清光緒十三年(1887)金陵刻經處刻本　二册

620000－1141－0002387　210/078(ls)
四典要會四卷　(清)馬復初著　清咸豐九年(1859)刻本　四册

620000－1141－0002388　192.9/546(ls)
醒世箴一卷　(清)馬復初纂輯　清同治二年(1863)刻本　一册

620000－1141－0002389　127.18/735－1(ls)
顏氏學記十卷　(清)戴望述　清同治八年(1869)刻本　四册

620000－1141－0002390　223.3/582(ls)
中論六卷　(天竺)龍樹菩薩造　(天竺)青目菩薩釋　(後秦)釋鳩摩羅什譯　清光緒三十三年(1907)揚州藏經院刻本　二册

620000－1141－0002391　192.9/450(ls)
小學集解六卷　(清)張伯行輯註　(清)李蘭校訂　清同治六年(1867)湖北崇文書局刻本　五册

620000－1141－0002392　120.9/365(ls)
理學宗傳二十六卷　(清)孫奇逢輯　清光緒七年(1881)浙江書局刻本　十二册

620000－1141－0002393　323.35/135(ls)
欽定學政全書八十六卷　(清)童璜等纂修　清嘉慶十七年(1812)刻本　二十四册

620000－1141－0002394　226.29/533(ls)
四教義六卷　(隋)釋智顗撰　清後期刻本　二册

620000－1141－0002395　921.4/328(ls)
左傳紀事本末五十三卷　(清)高士奇撰　清同治十二年(1873)江西書局刻本　十二册

620000－1141－0002396　921.4/211(ls)
中東戰紀本末八卷續編四卷文學興國策二卷　蔡爾康纂輯　清光緒二十三年(1897)上海圖書集成局鉛印本　十二册　缺一卷(文學興國策一)

620000－1141－0002397　221.24/637(ls)
華嚴法界玄鏡三卷　(唐)釋澄觀述　清光緒二十一年(1895)金陵刻經處刻本　一册

620000－1141－0002398　921－8/558(ls)
史事論十卷　(清)雷瑨編輯　清光緒刻本　十九册

620000－1141－0002399　921.13/445(ls)
校刊史記集解索隱正義札記五卷　(清)張文虎撰　清同治十一年(1872)金陵書局刻本　二册

620000－1141－0002400　921.143/357(ls)
文獻通考輯要二十四卷　湯壽潛編輯　清光緒二十五年(1899)上海圖書集成局鉛印本　十册

620000－1141－0002401　921.137/223(ls)
史記辨證十卷　(清)尚鎔著　清同治七年(1868)刻本　二册

620000－1141－0002402　921.137/069/1(ls)
史記評林一百三十卷首一卷　(明)淩稚隆輯　清光緒十年(1884)湘鄉劉鴻年耕雲讀月之室刻本　三十册

620000－1141－0002403　921/331(ls)
史略六卷　(宋)高似孫撰　清光緒九年(1883)虞山鮑氏刻本　二册

620000－1141－0002404　121/750(ls)
諸子彙函二十六卷　(明)歸有光輯　(明)文震孟參訂　明天啟刻本　二十册

620000－1141－0002405　921.3/061(ls)
欽定歷代職官表七十二卷首一卷　(清)紀昀等纂修　清光緒二十二年(1896)廣雅書局刻本　二十二册

620000－1141－0002406　847.4/215/2:(ls)
綏服紀略圖詩一卷　(清)松筠撰　清乾隆六十年(1795)刻本　一册

620000－1141－0002407　921.24/544/:1(ls)
御批歷代通鑑輯覽一百二十卷　(清)傅恒等編纂　清光緒三十年(1904)上海錦章書局石印本　二十八册

620000－1141－0002408　226.1/553(ls)
廣弘明集三十卷　(唐)釋道宣集　清光緒二十二年(1896)刻本　一册　存二卷(八至九)

620000－1141－0002409　252/361(ls)
天方詩法一卷　(清)馬安禮譯　清同治四年(1865)榆城馬復初刻本　一册

620000－1141－0002410　921.5/597－2(ls)
廿二史劄記三十六卷補遺一卷　(清)趙翼撰　清光緒二十年(1894)廣雅書局刻本　十二册

620000－1141－0002411　845.6/044I2(ls)
元遺山詩集箋注十四卷附錄一卷補載一卷　(元)元好問撰　(元)張德輝類次　(清)施國祁箋　(清)蔣炳校　清道光七年(1827)苕溪吳氏醉六堂刻本　六册

620000－1141－0002412　921.173/752/:1(ls)
史記一百三十卷　(漢)司馬遷撰　(明)歸有光評點　**方望溪評點四卷**　(清)方苞撰　清光緒二年(1876)武昌張氏刻本　二十册

620000－1141－0002413　921.3/297/:1－:2(ls)
歷代統紀表十三卷　(清)段長基述　(清)段搢書編次　**歷代沿革表三卷疆域表三卷**　(清)段長基編輯　(清)段搢書參註　清同治四年(1865)曾守誠刻本　二十二册

620000－1141－0002414　921.27/174(ls)

大事記十二卷通釋三卷解題十二卷　（宋）呂祖謙撰　清乾隆五十一年（1786）武英殿活字印本　八冊

620000－1141－0002415　921.4/784/：1（ls）
綱鑒正史約三十六卷　（明）顧錫疇編　（清）陳宏謀增訂　清同治八年（1869）浙江書局刻本　二十冊

620000－1141－0002416　K249.06/52（ls）
國朝文錄續編四十九種六十五卷附一種四卷　（清）李祖陶輯　清同治七年（1868）敖陽李氏刻本　三十冊　缺一種四卷（附錄邁堂文畧四卷）

620000－1141－0002417　921.4/380/3：1（ls）
通鑑紀事本末二百三十九卷　（宋）袁樞編輯　（明）張溥論正　清同治十二年（1873）江西書局刻本　八十冊

620000－1141－0002418　921.3/061－1（ls）
欽定歷代職官表七十二卷首一卷　（清）紀昀等纂　清乾隆内府刻本　三十六冊

620000－1141－0002419　921/461（ls）
史餘二十卷補錄一卷　（清）陳堯松著　（清）陳慶颺注　清同治三年（1864）刻本　六冊

620000－1141－0002420　921.73/153（ls）
鑑史精華十九卷　（清）李有芳纂輯　清道光十八年（1838）刻本　六冊

620000－1141－0002421　922.177/384/2：（ls）
國語二十一卷　（春秋）左丘明撰　（明）陳仁錫　（明）鍾惺評　明崇禎刻本　四冊

620000－1141－0002422　921/464（ls）
史緯三百三十卷首一卷　（清）陳允錫刪修　（清）羅大春刊補　清光緒二十九年（1903）文來書局石印本　六十冊

620000－1141－0002423　844.1/338（wx）
六如居士全集七卷補遺一卷外集六卷畫譜三卷制義一卷　（明）唐寅著　（清）唐仲冕編　清嘉慶六年（1801）石印本　六冊

620000－1141－0002424　321.8/243（ls）
史眼十章　（日本）西師意撰　清光緒二十七年（1901）刻本　一冊

620000－1141－0002425　63/925
救偏瑣言五卷　（清）費啟泰著　（清）費英等校　**附瑣言備用良方一卷**　清道光二十一年（1841）大文堂刻本　三冊

620000－1141－0002426　830.7/165/：1－6（wx）
兩浙輶軒錄四十卷補遺十卷　（清）阮元訂　清嘉慶八年（1803）刻本　二十四冊

620000－1141－0002427　921.5/327（ls）
事物紀原十卷　（宋）高承撰　（明）李果訂　（清）李錫齡校　清道光二十六年（1846）宏道書院刻咸豐八年（1858）續刻惜陰軒叢書本　十冊

620000－1141－0002428　922.1134/167（ls）
寫定尚書一卷　（清）吳汝綸著　清光緒十八年（1892）刻本　一冊

620000－1141－0002429　921.5/178（ls）
讀史提要錄十二卷　（清）夏之蓉編　清同治四年（1865）高沙汲古山房刻本　四冊

620000－1141－0002430　847.1/779I3（wx）
亭林先生遺書彙輯二十三種六十二卷附錄三種三卷首一卷　（清）顧炎武撰　清光緒十一年至三十二年（1885－1906）朱氏槐廬家塾刻本　二十四冊

620000－1141－0002431　922.22/129/2：（ls）
後漢書疏證三十卷　（清）沈欽韓撰　清光緒二十六年（1900）浙江官書局刻本　十六冊

620000－1141－0002432　338.62/037（ls）
中外通商始末記二十卷　（清）王之春編　（清）彭玉麟審定　清光緒二十一年（1895）寶善書局石印本　六冊

620000－1141－0002433　096.227/038（ls）
春秋稗疏二卷　（清）王夫之譔　清同治四年（1865）湘陰曾氏刻本　一冊

620000－1141－0002434　921.7/636：1－：2（ls）
諸史提要十五卷　（宋）錢瑞禮撰　（清）張英

補　清康熙五十二年(1713)內府刻本　十二册

620000－1141－0002435　921.81/806(ls)
讀史論略不分卷　(清)杜詔撰　**步天歌不分卷輿地略不分卷括地略不分卷**　(□)□□撰　清道光刻本　二册

620000－1141－0002436　921.7/625(ls)
讀史鏡古編三十二卷　(清)潘世恩輯　清同治十三年(1874)飛霞閣刻本　六册

620000－1141－0002437　921.7/250－2(ls)
四史發伏十卷　(清)洪亮吉著　清光緒八年(1882)小石山房刻本　四册

620000－1141－0002438　921.77/135(ls)
國語明道本考異四卷　(清)汪遠孫撰　清光緒二年(1876)尊經書院刻本　一册

620000－1141－0002439　921.8/144(ls)
讀史大畧六十卷附錄小沙子史畧一卷　(清)沙張白著　清道光二十五年(1845)刻本　十二册

620000－1141－0002440　921/680(ls)
歷代史略六卷　(□)□□撰　清末江楚書局刻本　八册

620000－1141－0002441　825/242　I2(ls)
貫華堂第六才子書西廂記八卷　(元)王德信　(元)關漢卿撰　(清)金人瑞批點　**才子西廂醉心篇一卷**　(清)陳維崧訂　清刻本　三册

620000－1141－0002442　921.8/154/:1－:3(ls)
藏書六十八卷　(明)李贄輯著　明汪修能刻本　二十四册

620000－1141－0002443　(wx)
常州先哲遺書第一集四十一種三百六十七卷附三種七十四卷後編三十種三百二卷　盛宣懷輯　清光緒二十一年至三十三年(1895－1907)武進盛氏思惠齋刻宣統彙印本　六十四册　缺三十種三百三卷(後編鴻慶居士集補遺二十卷、三朝野紀三卷、像象管見四卷序測一卷例略一卷題辭一卷易傳五卷、毛詩日箋六卷、皇明名臣琬琰錄二十四卷後錄二十二卷續錄八卷、恩卹諸公志略一卷、天山自訂年譜一卷、荆溪外紀二十五卷、長安客話八卷、雜静一卷、玄晏齋困思鈔二卷、韻石齋筆談二卷、午風堂叢談八卷、飲淥軒隨筆二卷、炙硯瑣談三卷、暨陽答問四卷、教經堂談藪六卷、黽巢稿二十卷補遺一卷、方山先生文錄二十二卷、張水南文集十一卷、賜餘堂集十四卷、漱泉閣詩集十四卷文集十六卷、正誼堂詩集十七卷文友文選三卷蓉渡詞三卷、清芬樓遺稿四卷、宛鄰文集六卷附蓬室偶吟一卷、止庵遺集文一卷詩一卷詞一卷、丹稜文鈔四卷、端虛勉一居文集三卷、初月樓論書隨筆一卷、初月樓古文緒論一卷)

620000－1141－0002444　921.72/203(ls)
漢書蒙拾一卷後漢書蒙拾一卷晉書補傳贊一卷　(清)杭世駿鈔撮　清光緒七年(1881)刻本　一册

620000－1141－0002445　847.1/779:2(wx)
亭林先生補遺十種十二卷　(清)顧炎武撰　**顧亭林先生[炎武]年譜一卷附一卷神道表一卷同志贈言一卷**　清光緒十一年(1885)上海埽葉山房書坊刻本　八册　存十五卷(亭林軼詩一種嗣刻)

620000－1141－0002446　851.78/433(wx)
南海先生詩集十三卷　康有為撰　梁啟超手寫　清宣統三年(1911)刻本　一册　存四卷(一至四)

620000－1141－0002447　921.8/501(ls)
危言四卷　湯壽潛撰　清光緒十八年(1892)刻本　四册

620000－1141－0002448　(wx)
念初堂詩集四卷　(清)張翽撰　清嘉慶六年(1801)刻本　一册

620000－1141－0002449　921.83/252(ls)
諸史考異十八卷　(清)洪頤煊撰　清光緒十五年(1889)廣雅書局刻本　三册

620000－1141－0002450　921.81/458(ls)
庸書内篇二卷外篇二卷　(清)陳次亮著　清光緒二十三年(1897)刻本　四冊

620000－1141－0002451　922.17/042－2/:1－:9(ls)
十朝東華錄五百二十四卷附同治朝東華續錄一百卷　王先謙編　清光緒二十五年(1899)石印本(同治朝東華續錄補配清光緒二十四年文瀾書局石印本)　八十八冊

620000－1141－0002452　921.83/696/:1－4(ls)
廿二史攷異一百卷附諸史補遺五卷三史補遺五卷　(清)錢大昕撰　清同治、光緒間刻本　二十四冊

620000－1141－0002453　921.13/069－4/:1－:3(ls)
史記一百三十卷　(漢)司馬遷撰　(南朝宋)裴駰集解　(唐)司馬貞索隱　(唐)張守節正義　(明)徐孚遠　(明)陳子龍測議　**補一卷**　(唐)司馬貞補并註　(明)徐孚遠　(明)陳子龍測議　明末聚錦堂刻本　二十四冊

620000－1141－0002454　922－7/597(ls)
皇朝武功紀盛四卷　(清)趙翼撰　清刻本　一冊

620000－1141－0002455　922－181/326－4/:1(ls)
國語十六卷　(三國吳)韋昭解　**校刊明道本韋氏解國語札記一卷**　(清)黄丕烈撰　**國語明道本攷異四卷**　(清)汪遠孫撰　清同治八年(1869)湖北崇文書局刻本　五冊

620000－1141－0002456　922.22/709(ls)
七家後漢書十九卷坿失氏名後漢書一卷　(清)汪文臺輯　清光緒八年(1882)太平崔國榜等刻本　六冊

620000－1141－0002457　922.55/631(ls)
遼史拾遺二十四卷　(清)厲鶚撰　清光緒元年(1875)江蘇書局刻本　八冊

620000－1141－0002458　922－181/326－4/:2(ls)
戰國策三十三卷　(漢)高誘注　**重刻剡川姚氏本戰國策札記三卷**　(清)黄丕烈撰　清同治八年(1869)湖北崇文書局刻本　五冊

620000－1141－0002459　922.5704/455(ls)
元史紀事本末二十七卷　(明)陳邦瞻編輯　(明)張溥論正　清同治十三年(1874)江西書局刻本　四冊

620000－1141－0002460　922.483/291－3(ls)
東萊先生音註唐鑑二十四卷　(宋)范祖禹撰　(宋)吕祖謙註　清同治十三年(1874)蓉城尊經書院刻本　四冊

620000－1141－0002461　922.53/447(ls)
西夏紀事本末三十六卷首二卷　(清)張鑑春著　清光緒十一年(1885)刻本　三冊

620000－1141－0002462　922.115/363/2:1(ls)
欽定書經圖說五十卷　(清)孫家鼐等總修　清光緒三十一年(1905)石印本　十六冊

620000－1141－0002463　922.52/697(ls)
南宋書六十八卷　(明)錢士升增削　(明)許重熙贊　清嘉慶二年(1797)南沙席氏掃葉山房刻宋遼金元別史五種本　十冊

620000－1141－0002464　922.21/129(ls)
漢書疏證三十六卷　(清)沈欽韓撰　清光緒二十六年(1900)浙江書局刻本　二十四冊

620000－1141－0002465　921/359(ls)
繹史一百六十卷　(清)馬驌撰　清康熙刻本　二十五冊　存八十卷(八十一至一百六十)

620000－1141－0002466　922.2/322/:1－:4(ls)
漢書評林一百卷　(明)淩稚隆輯校　清光緒十七年(1891)星沙養翮書齋刻本　三十冊

620000－1141－0002467　422.6/464(ls)
埤雅二十卷　(宋)陸佃撰　清康熙寫刻本　二冊

620000－1141－0002468　922.2/387/:1－:2(ls)
前後漢紀六十卷　(漢)荀悅　(晉)袁宏撰　**兩漢紀字句異同考一卷**　(清)蔣國祚撰　清康熙三十五年(1696)蘿邨蔣氏刻五十年

(1711)印本　二十冊

620000－1141－0002469　922.23/340(ls)
三國志旁證三十卷　(清)梁章鉅撰　清道光三十年(1850)致曲山館刻本　八冊

620000－1141－0002470　922.42/464/:1(ls)
五代史記七十四卷　(宋)歐陽修撰　(清)彭元瑞注　清道光八年(1828)刻本　四十冊

620000－1141－0002471　925.2/696(ls)
廣雅書局叢書一百六十六種二千三百七十七卷　(清)廣雅書局輯　清光緒十三年至十四年(1887－1888)廣雅書局刻本　八冊　存三種四十二卷(漢書辨疑二十二卷、後漢書辨疑十一卷、續漢書辨疑九卷)

620000－1141－0002472　925.2/105(ls)
諭摺彙存二十二卷　(清)擷華書局編　清光緒二十九年(1903)上海慎記書莊石印本　二十四冊

620000－1141－0002473　072/232(ls)
志雅堂雜鈔二卷　(宋)周密纂　清嘉慶十四年(1809)刻本　一冊

620000－1141－0002474　922.604/178/3:(ls)
明史紀事本末八十卷　(清)谷應泰編輯　清同治十三年(1874)江西書局刻本　二十冊

620000－1141－0002475　925/042(ls)
王先生十七史蒙求十六卷　(宋)王令撰　**李氏蒙求補注五卷**　(清)金三俊輯　清道光二十八年(1848)刻本　六冊

620000－1141－0002476　922.51/041(ls)
東都事畧一百三十卷　(宋)王偁撰　清嘉慶三年(1798)埽葉山房刻本　十四冊

620000－1141－0002477　922.57/696(ls)
元史氏族表三卷　(清)錢大昕撰　清嘉慶十一年(1806)江蘇書局刻本　二冊

620000－1141－0002478　922.7/459(ls)
掌故叢編十七卷　(清)□□編　(清)埽葉山房校　清光緒二十九年(1903)埽葉山房石印本　六冊

620000－1141－0002479　922.605/034－2(ls)
明季稗史彙編十六種二十七卷　(清)留雲居士輯　清都城琉璃廠刻本　十二冊

620000－1141－0002480　922.7/037(ls)
通商始末紀二十卷　(清)王之春撰　(清)彭玉麟定　清光緒二十七年(1901)上海申昌社石印本　五冊

620000－1141－0002481　922.6/544(ls)
明書一百七十一卷　(明)傅維鱗纂　清光緒五年至十八年(1879－1892)定州王氏謙德堂刻畿輔叢書本　四十八冊

620000－1141－0002482　922.504/506(ls)
宋史紀事本末一百九卷　(明)馮琦編　(明)陳邦瞻增訂　(明)張溥論正　清同治十三年(1874)江西書局刻本　二十冊

620000－1141－0002483　922.9/309(ls)
[嘉慶]廣陵事略七卷　(清)姚文田輯　清嘉慶十七年(1812)歸安姚氏開封節院刻本　四冊

620000－1141－0002484　K225.04/13(ls)
春秋經傳集解三十卷　(晉)杜預輯　(唐)陸德明音義　清乾隆四十八年(1783)武英殿刻本　十六冊

620000－1141－0002485　921.23/154/:1－:10(ls)
續資治通鑑長編五百二十卷目錄二卷　(宋)李燾撰　清光緒七年(1881)浙江書局刻本　一百十五冊　存四百九十八卷(一至二百五、二百三十至五百二十,目錄二卷)

620000－1141－0002486　921.23/788I2(ls)
資治通鑑補二百九十四卷　(宋)司馬光編集　(元)胡三省音註　(明)嚴衍補　(明)談允厚參　清光緒二年(1876)思補樓木活字印本　八十冊

620000－1141－0002487　922.57/510/:1(ls)
元書一百二卷首一卷　曾廉撰　清宣統三年(1911)層漪堂刻本　二十冊

620000－1141－0002488　922.23/711/2:1－:4(ls)
季漢書六十卷正論一卷答問一卷　(明)謝陛撰　(明)鍾人傑教　明末鍾人傑刻本　十六册

620000－1141－0002489　921.8/422(ls)
讀通鑑綱目劄記二十卷　(清)章邦元著　(清)孫鏘鳴　(清)劉瑞芬審定　清光緒十六年(1890)銅陵章氏刻本　八册

620000－1141－0002490　922.5/346　I2/:1－:6(ls)
宋遼金元別史五種三百七卷　(清)席世臣輯　清乾隆、嘉慶間南沙席氏埽葉山房刻本　五十二册

620000－1141－0002491　922.41/643－3(ls)
唐書二百二十五卷　(宋)歐陽修　(宋)宋祁等撰　清同治十二年(1873)浙江書局刻本　四十册

620000－1141－0002492　925/481(ls)
辛卯侍行記六卷　陶保廉撰　清光緒二十三年(1897)養樹山房刻本　六册

620000－1141－0002493　922.41/670.4(ls)
舊唐書二百十四卷　(五代)劉昫撰　清同治十一年(1872)浙江書局刻本　四十册

620000－1141－0002494　922.17/042/:1－:14(ls)
東華録一百九十五卷(天命朝至雍正朝)東華續録二百三十卷(乾隆朝至道光朝)　王先謙編　(清)周潤蕃　(清)周瀹蕃校　清光緒十三年(1887)鉛印本　七十六册

620000－1141－0002495　740.9/135(ls)
揚州畫苑録四卷　(清)汪鋆輯　清光緒十一年(1885)刻本　二册

620000－1141－0002496　328/078(ls)
乙巳年交涉要覽二篇五卷　(清)北洋洋務局纂輯　清光緒三十三年(1907)北洋官報局鉛印本　五册

620000－1141－0002497　925.37/122(ls)
沈文肅公政書七卷首一卷　(清)沈葆楨撰　清光緒六年(1880)吳門節署鉛印本　十二册

620000－1141－0002498　922.23/433(ls)
三國志補義十三卷　(清)康發祥撰　清咸豐十年至十一年(1860－1861)刻本　四册

620000－1141－0002499　925.51/595(ls)
趙忠定奏議四卷　(宋)趙汝愚撰　葉德輝編輯　清宣統二年(1910)葉氏觀古堂刻本　二册

620000－1141－0002500　925.21/339:1(ls)
史記志疑三十六卷附録三卷　(清)梁玉繩撰　清光緒十三年(1887)廣雅書局刻本　十四册

620000－1141－0002501　834/773/2:1－:18(ls)
全上古三代秦漢三國六朝文七百四十六卷　(清)嚴可均校輯　清光緒二十年(1894)刻本　一百册

620000－1141－0002502　922.7/144(ls)
約章分類輯要三十八卷首一卷附辛丑合約文件彙録一卷　蔡乃煌等纂修　清光緒二十八年(1902)上海宜今室石印本　三十三册

620000－1141－0002503　925/444/:1－:6(ls)
歷代名臣奏議三百十九卷　(明)張溥編次　明崇禎八年(1635)文德堂刻本　六十册

620000－1141－0002504　925.7/318(ls)
拳匪紀略八卷前編二卷後編二卷圖一卷　(清)僑析生輯　清光緒二十九年(1903)上洋書局石印本　六册

620000－1141－0002505　922.704/152－1(ls)
平定粵匪紀略十八卷附記四卷　(清)杜文瀾撰　清光緒刻本　六册

620000－1141－0002506　925/152(ls)
元耶律楚材西遊録一卷　(元)耶律楚材撰　(元)盛如梓刪略　(清)李文田注　清光緒二十三年(1897)會稽施氏鄦鄭學廬刻本　一册

620000－1141－0002507　925.34/235(ls)

南北史捃華八卷　(清)周嘉猷輯　清同治四年(1865)刻本　四册

620000－1141－0002508　329.248/050(ls)
中俄約章會要三卷　(清)總理衙門輯　清光緒八年(1882)同文館鉛印本　三册

620000－1141－0002509　329.248/050(ls)
中俄約章續編一卷　(清)總理衙門輯　清光緒十九年(1893)鉛印本　一册

620000－1141－0002510　925.37/512(ls)
彭剛直公詩集八卷奏稿八卷　(清)彭玉麟撰　清光緒十七年(1891)刻本　八册

620000－1141－0002511　921/173(ls)
十國春秋一百十六卷　(清)吳任臣譔　(清)牛奐閱　(清)周昂校　**拾遺一卷備考一卷**　(清)周昂輯　清乾隆五十三年至五十八年(1788－1793)周昂此宜閣刻本(卷五十七至七十八補配清康熙彙賢齋刻本)　二十册

620000－1141－0002512　921.4/563(ls)
三藩紀事本末四卷　(清)楊陸榮編　清雍正刻本　四册

620000－1141－0002513　925.76/151(ls)
李肅毅伯奏議二十卷　(清)李鴻章撰　(清)章洪鈞　(清)吳汝綸編輯　清光緒二十五年(1899)上海鴻文書局石印本　十三册

620000－1141－0002514　925.6/364(ls)
二申野錄八卷　(清)孫之騄輯　清光緒二十一年(1895)京都琉璃廠刻本　二册

620000－1141－0002515　925.69/570(ls)
續編綏寇紀略五卷　(清)葉夢珠纂輯　清晚期鉛印本　二册

620000－1141－0002516　925.6/668(ls)
蜀龜鑑七卷首一卷　(清)劉景伯輯　清宣統三年(1911)刻本　四册

620000－1141－0002517　925.7/124(ls)
遵議滿漢通行刑律一卷　沈家本等纂　清光緒三十三年(1907)法律館鉛印本　一册

620000－1141－0002518　925.7/035(ls)
湘軍記二十卷　(清)王定安撰　清光緒十五年(1889)江南書局刻本　八册

620000－1141－0002519　925.7/065/2:(ls)
平浙紀略十六卷　(清)秦緗業等輯　清同治十二年(1873)浙江書局刻本　四册

620000－1141－0002520　925.71/252(ls)
奏對合編二種三卷　(清)□□輯　清光緒十六年(1890)刻本　二册

620000－1141－0002521　925.7/181/:1(ls)
大清壹統史十一卷　(日本)佐藤楚材編輯　清光緒二十八年(1902)石印本　十六册

620000－1141－0002522　925.6/133(ls)
史外八卷　(清)汪有典著　清光緒三年(1877)刻本　八册

620000－1141－0002523　925.7/573(ls)
皇朝經世文續編一百二十卷　(清)葛士濬輯　清光緒十四年(1888)圖書集成局鉛印本　三十二册

620000－1141－0002524　925.78/215(ls)
撫吳公牘五十卷附曾胡批牘二卷　(清)丁日昌撰　清宣統元年(1909)南洋官書局石印本　七册

620000－1141－0002525　925/501(ls)
熙朝紀政八卷　(清)王慶雲述　清光緒二十八年(1902)上海書局鉛印本　四册

620000－1141－0002526　925.78/100(ls)
西巡回鑾始末記六卷　(日本)吉田良太郎彙錄　(清)八詠樓主人刊正　清光緒二十八年(1902)石印本　六册

620000－1141－0002527　925.7/037(ls)
國朝柔遠記十八卷附編二卷　(清)王之春編　(清)彭玉麟審定　清光緒二十二年(1896)湖北書局刻本　六册

620000－1141－0002528　925.77/447(ls)
張靖達公奏議八卷首一卷　(清)張樹聲撰　清光緒二十五年(1899)刻朱印本　八册

620000－1141－0002529　925.77/506(ls)

校邠廬抗議不分卷　(清)馮桂芬著　清光緒九年(1883)廣仁堂木活字印本　二冊

620000－1141－0002530　925.7/048(ls)
豫軍紀略十二卷　(清)尹耕雲　(清)李汝鈞總纂　(清)康曾定等纂　(清)許以保校對　清同治十一年(1872)刻本　六冊

620000－1141－0002531　925.76/350(ls)
中西紀事二十四卷　(清)夏燮撰　清同治四年(1865)刻本　六冊

620000－1141－0002532　925.77/105(ls)
平定粵匪功臣戰績圖一卷附題詠一卷　(清)吳嘉猷繪　(清)艾颺春輯　清光緒二十年(1894)石印本　一冊

620000－1141－0002533　925.77/684(ls)
駱文忠公奏稿十卷　(清)駱秉章著　清光緒十八年(1892)刻本　十冊

620000－1141－0002534　925.77/154(ls)
思痛記二卷　(清)李圭撰　清光緒六年(1880)師一齋刻本　一冊

620000－1141－0002535　925.78/796(ls)
翼教叢編七卷　(清)蘇輿編　清光緒二十五年(1899)石印本　四冊

620000－1141－0002536　925.77/083(ls)
蕩平髮逆圖記二十二卷首一卷　(清)杜文瀾撰　(清)白雲山人繪　清光緒十四年(1888)上海漱六山莊石印本　四冊

620000－1141－0002537　925.78/447(ls)
同治中興京外奏議約編八卷　(清)陳弢編輯　清光緒元年(1875)篋劍囊琴之室刻本　八冊

620000－1141－0002538　925.378/156/2:(ls)
合肥李勤恪公政書十卷首一卷　(清)李瀚章撰　清光緒三十二年(1906)石印本　十冊

620000－1141－0002539　925.79/307(ls)
華延年室題跋三卷　(清)傅以禮撰　清宣統元年(1909)鉛印本　三冊

620000－1141－0002540　925.78/737(ls)
戊申大政記四十卷　(清)擷華主人輯　清光緒三十四年(1908)鉛印本　八冊

620000－1141－0002541　925/065Ⅱ1(ls)
平番奏議四卷輿圖一卷　(清)那彥成撰　清咸豐三年(1853)刻本　四冊

620000－1141－0002542　926.13/103(ls)
禹貢班義述三卷漢糜水入尚龍谿考一卷　(清)成蓉鏡撰　清光緒十一年(1885)刻本　一冊

620000－1141－0002543　925.78/191(ls)
新政眞詮六編　(清)何啟　(清)胡禮垣撰　清光緒二十七年(1901)吳雲記廣譯書局鉛印本　八冊

620000－1141－0002544　925.78/726(ls)
浙東籌防錄四卷　(清)薛福成纂輯　(清)楊楷等參訂　清光緒十四年(1888)刻本　四冊

620000－1141－0002545　926.17/542(ls)
春秋地名辯異三卷附晉書地理志證今一卷　(清)程廷祚撰　(清)傅春官校　清光緒三十二年(1906)江寧傅氏晦齋刻本　一冊

620000－1141－0002546　I214.82/21(ls)
史忠正公集四卷首一卷末一卷　(明)史可法撰　清光緒四年(1878)金谿趙承恩刻本　三冊

620000－1141－0002547　925.7/036/:1(ls)
求闕齋弟子記三十二卷　(清)王定安撰　清光緒二年(1876)刻本　十六冊

620000－1141－0002548　925.78/726/3:(ls)
浙東籌防錄四卷　(清)薛福成纂輯　(清)楊楷等參訂　清光緒十四年(1888)刻本　四冊

620000－1141－0002549　925.78/283/:1－:7(ls)
讀史碎金六卷註八十卷　(清)胡文炳編輯　清光緒元年(1875)刻本　六十九冊　缺十卷(註五十一至六十)

620000－1141－0002550　925.7/735(ls)
約章成案匯覽甲篇十卷乙篇四十二卷　(清)

顔世清纂修　清光緒三十一年(1905)上海點石齋石印本　四十五冊　缺二卷(乙篇二十三下、二十四)

620000－1141－0002551　925/196－3/1:2(ls)
朔方備乘八十一卷　(清)何秋濤撰　清光緒三年(1877)畿輔通志局刻本　二十四冊

620000－1141－0002552　925/253/:1－:2(ls)
夷堅志甲集二卷乙集二卷丙集二卷丁集二卷戊集二卷己集二卷庚集二卷辛集二卷壬集二卷癸集二卷　(宋)洪邁著　清乾隆四十三年(1778)周棨耕煙草堂刻本　二十冊

620000－1141－0002553　I214.92/30(ls)
湘綺樓全集三十卷　王闓運撰　清宣統二年(1910)國學扶輪社石印本　十二冊

620000－1141－0002554　I214.22/9(ls)
枝山文集四卷　(明)祝允明著　清光緒元年(1875)刻本　二冊

620000－1141－0002555　I214.92/34(ls)
壯悔堂文集十卷　(清)侯方域著　清光緒四年(1878)刻本　六冊

620000－1141－0002556　I214.82/6(ls)
三餘齋文稿一卷詩草一卷　(清)江得符撰　清乾隆五十一年至五十六年(1786－1791)江汝楫刻本　一冊

620000－1141－0002557　I214.92/37(ls)
癸巳存稿十五卷　(清)俞正燮撰　清光緒十年(1884)刻本　六冊

620000－1141－0002558　I214.82/5(ls)
金忠節公文集八卷　(明)金聲著　清光緒十四年(1888)黟邑李氏刻本　四冊

620000－1141－0002559　I214.82/18(ls)
史忠正公集四卷首一卷附錄一卷　(明)史可法著　清光緒五年至十八年(1879－1892)定州王氏謙德堂刻畿輔叢書本　一冊

620000－1141－0002560　I214.92/36(ls)
制義叢話二十四卷　(清)梁章鉅撰　清咸豐九年(1859)刻本　八冊

620000－1141－0002561　I214.92/29(ls)
養一齋文集二十卷　(清)李兆洛著　清光緒四年(1878)刻本　八冊

620000－1141－0002562　I217.82/4(ls)
楊椒山先生集四卷　(明)楊繼盛撰　清道光二十一年(1841)刻本　二冊

620000－1141－0002563　I214.22/7(ls)
唐陸宣公集二十四卷　(唐)陸贄撰　(清)耆英重訂　(清)文晟　(清)華廷傑校　清道光二十七年(1847)刻本　八冊

620000－1141－0002564　I214.42/5(ls)
道園文集不分卷　(元)虞集著　清乾隆六年(1741)刻本　七冊

620000－1141－0002565　I214.92/20/:1(ls)
江忠烈公遺集二卷附錄一卷　(清)江忠源撰　**江忠烈公行狀不分卷**　(清)左宗棠　(清)郭嵩燾撰　清同治十二年(1873)刻本　三冊

620000－1141－0002566　I/:1(ls)
胡文忠公遺集八十六卷　(清)胡林翼撰　(清)鄭敦謹　(清)曾國荃纂輯　(清)胡鳳丹重編　(清)涂家櫟校正　清光緒十四年(1888)石印本　八冊

620000－1141－0002567　I214.92/35(ls)
炳燭齋文集初刻一卷續刻一卷　(明)顧大韶著　清宣統元年(1909)國學扶輪社鉛印本　二冊

620000－1141－0002568　922.33/489(ls)
十六國春秋輯補一百卷　(清)湯球撰　清光緒二十一年(1895)廣雅書局刻本　十冊

620000－1141－0002569　731.3/132/:2－:5(ls)
飛鴻堂印譜初集八卷二集八卷三集八卷四集八卷五集八卷　(清)汪啟淑撰　清乾隆刻鈐印本　十二冊　存二十四卷(二集八卷、四集八卷、五集八卷)

620000－1141－0002570　731.5/740(ls)
集古官印攷十七卷集古虎符魚符攷一卷　(清)瞿中溶編輯　(清)瞿樹鎬校　清同治十

三年(1874)刻本　六冊

620000－1141－0002571　081.3/435(ls)
稗海四十六種二百八十五卷續二十四種一百四十一卷　(明)商濬編　明萬曆商氏半埜堂刻本　七冊　存十二種四十六卷(雲溪友議六至十二、獨異志三卷、杜陽雜編三卷、北夢瑣言一至九、因話錄六卷、玉泉子一卷、夢溪筆談二十五至二十六補筆談一卷、東坡先生志林一至八、學齋佔畢纂一卷、儲華谷祛疑說纂一卷、泊宅編三卷、閑窓括異志一卷)

620000－1141－0002572　731.3/740(ls)
集古印譜不分卷　(清)瞿鏞編　清咸豐八年(1858)刻鈐印本　八冊

620000－1141－0002573　I214.92/42/:1－:2(ls)
樂善堂全集定本三十卷　(清)高宗弘曆撰　清乾隆二十四年(1759)内府刻本　十八冊

620000－1141－0002574　I222/8(ls)
戒庵詩草六卷　(清)張晉撰　清宣統三年(1911)刻本　二冊

620000－1141－0002575　I222/10(ls)
香樹齋詩續集三十六卷　(清)錢陳羣撰　清乾隆十九年(1754)刻本　十冊

620000－1141－0002576　I215.22/4(ls)
攜雪堂全集七卷　(清)吳可讀撰　(清)郭嵐　(清)李崇洸輯　清光緒十九年(1893)刻本　五冊

620000－1141－0002577　I214.92/14－2(ls)
胡文忠公遺集十卷首一卷　(清)胡林翼撰　清同治七年(1868)刻本　六冊

620000－1141－0002578　K121/21(ls)
二酉堂叢書二十一種三十一卷　(清)張澍輯　清道光元年(1821)武威張澍二酉堂刻本　十一冊　缺五種六卷(涼州記一卷、涼州異物志一卷、西河舊事一卷、西河記一卷、段國沙州記一卷附錄一卷)

620000－1141－0002579　I222/10(ls)
庚子秋詞二卷　(清)王鵬運等著　清光緒二十六年(1900)石印本　二冊

620000－1141－0002580　I214.92/41(ls)
皇朝經世文續編一百二十卷　(清)葛士濬輯　清光緒二十二年(1896)寶善書局石印本　十六冊

620000－1141－0002581　I214.22/8(ls)
洪度集一卷　(唐)薛濤著　(清)陳矩校　清光緒三十二年(1906)靈峰草堂刻本　一冊

620000－1141－0002582　K225/3(ls)
春秋宗朱辨義十二卷首一卷　(清)張自超著　清光緒七年(1881)刻本　八冊

620000－1141－0002583　K206/112/:1(ls)
續古文辭類纂三十四卷　王先謙纂集　清光緒八年(1882)長沙王氏刻本　十冊

620000－1141－0002584　I222/11(ls)
擊鉢吟十四卷　(清)洪仁和輯　清同治刻本　十二冊

620000－1141－0002585　I126/20(ls)
湛園未定藁六卷　(清)姜宸英撰　清二老閣刻本　八冊

620000－1141－0002586　I222.2/1(ls)
古唐詩合解十二卷古詩四卷　(清)王堯衢註　(清)李模　(清)李桓校　清光緒十七年(1891)掃葉山房刻本　六冊

620000－1141－0002587　K206/13(ls)
寄園寄所寄十二卷　(清)趙吉士輯　清中晚期刻本　六冊　存六卷(一至六)

620000－1141－0002588　423－14/250(ls)
洪北江全集二十三種二百二十三卷　(清)洪亮吉撰　清光緒洪用懃授經堂刻本　二十八冊　存十三種七十八卷(附鲒軒詩八卷、更生齋詩餘二卷、擬兩晉南北史樂府二卷、附鲒軒外集唐宋小樂府一卷、北江詩話六卷、曉讀書齋初錄二卷二錄二卷三錄二卷四錄二卷、傳經表二卷通經表二卷、六書轉注錄十卷、弟子職箋釋一卷、史目表二卷、春秋左傳詁二十

卷、漢魏音四卷、比雅十卷）

620000－1141－0002589　K252.06/19(ls)
校邠廬抗議二卷　（清）馮桂芬著　（清）潘霨校　清光緒十八年(1892)敏德堂潘霨刻本　一冊

620000－1141－0002590　k234.04/1/:1(ls)
漢書引經異文錄證六卷　（清）繆祐孫學　清光緒十一年(1885)刻本　二冊

620000－1141－0002591　Ⅰ 214.82/20(ls)
西堂全集二種五十五卷　（清）尤侗撰　**湘中草六卷**　（清）湯傳楹譔　清康熙刻本　二十冊

620000－1141－0002592　925/658(ls)
麗濾薈錄十四卷附爽鳩要錄二卷　（清）蔣超伯著　清同治五年(1866)刻本　六冊

620000－1141－0002593　K236/1(ls)
三國志六十五卷　（晉）陳壽撰　（南朝宋）裴松之注　清光緒十八年(1892)武林竹簡齋石印本　四冊

620000－1141－0002594　K256.3/5(ls)
籌洋芻議一卷　（清）薛福成撰　清光緒十一年(1885)刻本　一冊

620000－1141－0002595　K204.2/1(ls)
史記一百三十卷　（漢）司馬遷撰　清光緒十八年(1892)武林竹簡齋石印本　八冊

620000－1141－0002596　K207/65(ls)
宋司馬文正公通鑑論二卷補遺一卷　（清）毛慶善輯錄　清道光二十六年(1846)刻本　一冊

620000－1141－0002597　K206/11(ls)
鑑撮四卷　（清）曠敏本編　清同治十三年(1874)琉璃廠二酉齋刻本　四冊

620000－1141－0002598　K206/110(ls)
皇朝輿地畧一卷　（清）六承如撰　清晚期刻本　一冊

620000－1141－0002599　K239.2/3(ls)
北史一百卷　（唐）李延壽撰　清光緒十八年(1892)武林竹簡齋石印本　八冊

620000－1141－0002600　(ls)
漢西域圖考七卷首一卷　（清）李光廷撰　（清）李承緒繪　（清）李邁平　（清）李邁庸校　清光緒十九年(1893)寶善書局石印本　七冊

620000－1141－0002601　926/151/2:(ls)
李氏五種合刊二十八卷　（清）李兆洛輯　（清）六承如等編集　清光緒十八年(1892)金陵書局刻本　十六冊

620000－1141－0002602　K242/2(ls)
舊唐書二百卷　（五代）劉昫撰　清光緒十八年(1892)石印本　十六冊

620000－1141－0002603　927.2/773(ls)
三省邊防備覽十四卷　（清）嚴如熤輯　清道光二年(1822)刻本　八冊

620000－1141－0002604　927.61/155－2(ls)
漢西域圖考七卷首一卷　（清）李光廷撰　（清）李承緒繪　清末上海鴻文書局石印本　四冊

620000－1141－0002605　926/151(ls)
李氏五種合刊二十八卷　（清）李兆洛輯　（清）六承如等編集　清光緒十八年(1892)長沙竹素書局刻本　十六冊

620000－1141－0002606　927－61/155－2(ls)
漢西域圖考七卷首一卷　（清）李光廷撰　清光緒十九年(1893)寶善書局石印本　七冊

620000－1141－0002607　927－23/426(ls)
談浙四卷　（清）許瑤光輯　清光緒十四年(1888)刻本　二冊

620000－1141－0002608　927(ls)
十六國疆域志十六卷　（清）洪亮吉撰　（清）洪用懃校　清光緒四年(1878)授經堂刻本　四冊

620000－1141－0002609　927/－250(ls)
乾隆府廳州縣圖志五十卷　（清）洪亮吉撰　清光緒二十三年(1897)三味書室刻本　二

十册

620000－1141－0002610　926－91/680(ls)
歷代地理沿革圖一卷　(清)六嚴撰　(清)馬徵麟增輯　清同治十一年(1872)刻本　一册

620000－1141－0002611　927(ls)
東晉疆域志四卷　(清)洪亮吉撰　(清)洪用懃校　清光緒四年(1878)授經堂刻本　二册

620000－1141－0002612　928/691(ls)
輿地廣記三十八卷札記二卷　(清)黄丕烈撰　清嘉慶十七年(1812)刻本　四册

620000－1141－0002613　982.27/720(ls)
爵秩全覽不分卷新增爵秩全覽不分卷　(□)□□編　清光緒三十年(1904)刻本　六册

620000－1141－0002614　927(ls)
補三國疆域志二卷　(清)洪亮吉撰　(清)洪用懃校　清光緒四年(1878)授經堂刻本　二册

620000－1141－0002615　928.26/409－2(ls)
西域三種八卷　(清)徐松撰　清光緒十九年(1893)寶善書局石印本　八册

620000－1141－0002616　982.621/034(ls)
姑蘇名賢小記二卷　(明)文震孟撰　清光緒九年(1883)長洲蔣香生心矩齋刻本　一册

620000－1141－0002617　927.21/123－155(ls)
[嘉慶]溧陽縣志十六卷　(清)李景嶧　(清)陳鴻壽修　(清)史炳　(清)史津纂　清光緒二十二年(1896)刻本　十册

620000－1141－0002618　982.276/510－036(ls)
曾文正公事略四卷　(清)王安定撰　(清)李鴻章審定　清光緒元年(1875)琉璃廠龍文齋刻本　二册

620000－1141－0002619　927.21/401－171(ls)
光緒丙子清河縣志二十六卷　(清)胡裕燕修　(清)吳昆田　(清)魯蕡纂　清光緒五年(1879)刻本　六册

620000－1141－0002620　927.21/313－589(ls)
[嘉慶]重刊荆溪縣志四卷首一卷　(清)唐仲冕修　(清)甯楷纂　清光緒八年(1882)刻宜興荊溪舊志五種本　二册

620000－1141－0002621　982.278/726(ls)
出使英法義比四國日記六卷　(清)薛福成撰　清光緒十八年(1892)石印本　三册

620000－1141－0002622　62/090.1/2:
增補大生要旨五卷　(清)唐千頃纂　(清)馬振蕃續增　清道光五年(1825)慎德堂刻本　一册

620000－1141－0002623　928.112/462(ls)
閩產錄異六卷　(清)郭柏蒼輯　清光緒十二年(1886)刻本　五册

620000－1141－0002624　982.278/571(ls)
英軺日記十二卷　(清)載振撰　清光緒二十八年(1902)鉛印本　四册

620000－1141－0002625　982.377/115(ls)
中興將帥別傳續編六卷　(清)朱孔彰撰　清光緒三十二年(1906)刻本　二册

620000－1141－0002626　927.21/313－589:2(ls)
[嘉慶]重刊宜興縣舊志十卷首一卷末一卷　(清)李先榮原本　(清)阮升基增修　(清)甯楷增纂　清光緒八年(1882)刻宜興荊溪舊志五種本　十册

620000－1141－0002627　982.39/545(ls)
李鴻章十二章　梁啟超撰　清光緒二十七年(1901)鉛印本　一册

620000－1141－0002628　927.66/022(ls)
西藏通覽不分卷　(日本)山縣初男編著　(日本)三原辰次校閱　清宣統元年(1909)四川西藏研究會鉛印本　四册

620000－1141－0002629　928/779－2/:1(ls)
郡國利病書一百二十卷　(清)顧炎武撰　清後期抄本　六十册

620000－1141－0002630　927.66/472(ls)
西藏圖考八卷首一卷　(清)黄沛翹輯　清光緒二十三年(1897)刻本　六册

620000－1141－0002631　928/348(ls)

月令粹編二十四卷圖説一卷 (清)秦嘉謨編　清嘉慶十七年(1812)刻本　六册

620000－1141－0002632　928/686(ls)
續夷堅志四卷 (元)元好問纂　**遺山先生年譜畧一卷** (清)翁方綱輯　清嘉慶十三年(1808)杭郡余集大梁書院寫刻本　一册

620000－1141－0002633　928－2/808－4/:1－:2(ls)
水經四十卷 (漢)桑欽撰　(北魏)酈道元注　清康熙五十三年至五十四年(1714－1715)項絪羣玉書堂刻本　二十册

620000－1141－0002634　928.13/040(ls)
湘軍志十六卷 王闓運撰　清光緒十一年(1885)養翮皛刻本　四册

620000－1141－0002635　927.21/313－589:1(ls)
[嘉慶]重刊宜興縣志四卷首一卷 (清)阮升基修　(清)甯楷纂　清光緒八年(1882)刻宜興荊溪舊志五種本　二册

620000－1141－0002636　931.1/042(ls)
日本源流考二十卷 王先謙撰　清光緒二十八年(1902)思賢書局刻本　十册

620000－1141－0002637　927.21/313－589(ls)
[光緒]宜興荊谿縣新志十卷首一卷末一卷 (清)施惠　(清)錢志澄修　(清)吴景牆等纂　清光緒八年(1882)刻宜興荊溪舊志五種本　八册

620000－1141－0002638　928.2/561－2(ls)
水經注圖四十卷補一卷 楊守敬　(清)熊會貞繪　清光緒三十一年(1905)楊氏觀海堂刻朱墨套印本　八册

620000－1141－0002639　929.9/304/2:(ls)
癸巳類稿十五卷 (清)俞正燮撰　清道光十三年至十六年(1833－1836)刻本　六册

620000－1141－0002640　931.5/065(ls)
日本新史攬要七卷 (日本)石村貞一編輯　(清)游瀛主人譯　清光緒二十五年(1899)石印本　七册

620000－1141－0002641　982.251/570－368(ls)
石林遺事三卷附一卷 葉德輝編撰　清宣統三年(1911)刻本　二册

620000－1141－0002642　929.9/304(ls)
癸巳存稿十五卷 (清)俞正燮撰　清光緒十年(1884)刻本　六册

620000－1141－0002643　938.36/493(ls)
越南地輿圖説六卷越南全圖一卷 (清)盛慶紱纂輯　清光緒九年(1883)刻本　二册

620000－1141－0002644　932.16/726(ls)
東藩紀要十二卷補録一卷 (清)薛培榕編輯　(清)吴承裕校訂　清光緒八年(1882)上海申報館鉛印本　四册

620000－1141－0002645　931.5/642(ls)
日本外史二十二卷 (日本)賴久太郎著　清光緒元年(1875)粤東粿花書屋刻本　八册　存十四卷(一至十二、二十一至二十二)

620000－1141－0002646　927.56/－170(ls)
黔語二卷 (清)吴振棫纂　清咸豐四年(1854)刻本　一册

620000－1141－0002647　932.3/643(ls)
蒙古史二卷 (日本)河野元三述　(清)歐陽瑞驊編譯　清宣統三年(1911)江南圖書館鉛印本　二册

620000－1141－0002648　930.6/064(ls)
新編東亞三國地誌二卷 (日本)辻武雄著　清光緒二十六年(1900)鉛印本　一册　存一卷(二)

620000－1141－0002649　937.1/14512(ls)
大英治理印度新政考三十三章 (英國)亨德偉良撰　(清)任申甫譯　清光緒三十年(1904)上海商務印書館鉛印本　六册

620000－1141－0002650　982.1/069－452(ls)
元祐黨人傳十卷 (清)陸心源纂　清光緒十五年(1889)刻本　四册

620000－1141－0002651　982.1/111.1－3(ls)
歷代名臣言行錄二十四卷 (清)朱桓編輯

(清)潘永季校定　清嘉慶十二年(1807)刻本　三十二册

620000－1141－0002652　931.1/472(ls)
日本國志四十卷首一卷　(清)黄遵憲編纂　清光緒二十四年(1898)浙江書局刻本　十册

620000－1141－0002653　982.1/111.2(ls)
五朝名臣言行錄前集十卷後集十四卷續集八卷別集二十六卷外集十七卷　(宋)朱熹撰　清同治七年(1868)刻本　十二册

620000－1141－0002654　982.27/697(ls)
文獻徵存錄十卷　(清)錢林輯　(清)王藻編　清中晚期有嘉樹軒刻本　十册

620000－1141－0002655　991/413/2:(ls)
兩漢金石記二十二卷　(清)翁方綱撰　清乾隆五十四年(1789)南昌使院刻本　八册

620000－1141－0002656　993.2/644(ls)
隨軒金石文字不分卷　(清)徐渭仁鈎摹　**建昭鴈足鐙考二卷**　(清)徐渭仁錄　清道光十七年(1837)、二十四年(1844)春暉堂刻同治七年(1868)補刻本　四册

620000－1141－0002657　985.26/528－665(ls)
華盛頓傳七十六章　(清)蔡國昭　(清)黎汝謙譯　清光緒十二年(1886)刻本　八册

620000－1141－0002658　991.5/170(ls)
金石存十五卷　(清)吳玉搢纂　清嘉慶二十四年(1819)刻本　四册

620000－1141－0002659　993/169/2:(ls)
兩罍軒彝器圖釋十二卷　(清)吳雲撰　清同治十二年(1873)刻本　六册

620000－1141－0002660　851.51/793/2:(wx)
施註蘇詩四十二卷總目二卷　(宋)蘇軾撰　(宋)施元之　(宋)顧禧注　(清)宋至等刪補　**蘇詩續補遺二卷**　(宋)蘇軾撰　(清)馮景補註　**王註正譌一卷**　(清)邵長蘅撰　**東坡先生[蘇軾]年譜一卷**　(宋)王宗稷編　(清)邵長蘅重訂　清康熙三十八年(1699)宋犖刻本　清蔣生跋並錄清查慎行批校本　十册

620000－1141－0002661　847/726Ⅲ1/:1－:3(wx)
明文在一百卷　(清)薛熙纂　(清)何絜輯　清康熙三十二年(1693)古淥水園刻本　二十册

620000－1141－0002662　851.74/694/:1－:2(wx)
牧齋初學集詩註二十卷有學集詩註十四卷　(清)錢謙益撰　(清)錢曾箋註　(清)朱梅校　清玉詔堂刻本　十四册

620000－1141－0002663　831.5/170/2:1－:4(wx)
宋詩鈔初集九十五卷　(清)呂留良　(清)吳之振　(清)吳爾堯編　清康熙十年(1671)吳氏鑑古堂刻本　四十册

620000－1141－0002664　831.5/170/:1－:4(wx)
宋詩鈔初集九十五卷　(清)呂留良等編　清康熙十年(1671)吳氏鑑古堂刻本　十六册

620000－1141－0002665　423.134/430(wx)
汗簡箋正七卷汗簡書目箋正一卷　(宋)郭忠恕撰　(清)鄭珍箋正　清光緒十五年(1889)廣雅書局刻本　四册

620000－1141－0002666　845/570Ⅲ1－Ⅲ2(wx)
水心文集二十九卷　(宋)葉適撰　清乾隆二十年(1755)刻本　十册

620000－1141－0002667　075.72/192－2(wx)
義門讀書記五十八卷　(清)何焯撰　清乾隆三十四年(1769)蔣研溪、何雲龍刻本　十二册

620000－1141－0002668　851.72/242/:1－:2(wx)
青邱高季迪先生詩集十八卷遺詩一卷　(明)高啟撰　(清)金檀輯注　**扣舷集一卷鳧藻集五卷**　(明)高啟撰　(清)金檀輯　**附錄一卷**　(清)金檀輯　**年譜一卷**　(清)金檀撰　清雍正六年至七年(1728－1729)金氏文瑞樓刻乾隆墨華池館印本　八册

620000－1141－0002669　933.3/669/2:(wx)
長安獲古編二卷　(清)劉喜海編　**補一卷**　(清)王孝禹補編　清同治丹徒劉鶚刻光緒三十一年(1905)補刻本　二冊

620000－1141－0002670　423.1/635(wx)
說文本經答問二卷　(清)鄭知同撰　清光緒十六年(1890)廣雅書局刻本　一冊

620000－1141－0002671　852.72/463/:2(wx)
陳迦陵文集六卷儷體文集十卷　(清)陳維崧撰　(清)黃宗羲等選　**崇祀鄉賢錄一卷**　清康熙二十六年(1687)陳宗石患立堂刻本　四冊　存六卷(陳迦陵文集六卷)

620000－1141－0002672　991.2/148(wx)
金石文字辨異十二卷　(清)邢澍撰　清嘉慶十五年(1810)刻本　六冊

620000－1141－0002673　821/461(wx)
協律鉤元四卷外集一卷　(清)陳本禮箋註　清嘉慶十三年(1808)裛露軒刻本　四冊

620000－1141－0002674　855.6/803(wx)
旗亭記二卷　(清)金兆燕撰　清乾隆二十四年(1759)盧氏雅雨堂刻本　四冊

620000－1141－0002675　857.1/039－2(wx)
香祖筆記十二卷　(清)王士禛撰　清康熙四十四年(1705)刻本　四冊

620000－1141－0002676　847.3/366/:1－:2(wx)
唐丞相曲江張文獻公集十二卷千秋金鑑錄五卷　(唐)張九齡撰　**附錄一卷**　清雍正十三年(1735)張世緯、張世績、張世綱刻本(有抄補)　八冊

620000－1141－0002677　851.67/542(wx)
松圓浪淘集十八卷松圓偈菴集二卷耦耕詩集三卷文集二卷　(明)程嘉燧著　明崇禎刻清康熙二十八年(1689)陸廷燦重修本　二冊　存八卷(松圓浪淘集一至八)

620000－1141－0002678　846.5/788(wx)
鈐山堂集四十卷　(明)嚴嵩撰　清嘉慶十一年(1806)刻本　十冊

620000－1141－0002679　846.1/579(wx)
解文毅公集十六卷首一卷附錄一卷　(明)解縉撰　清乾隆三十二年(1767)刻本(有抄補)　六冊

620000－1141－0002680　831.6/115/:1－:2(wx)
明人詩鈔十四卷續集十四卷　(清)朱琰編次　清乾隆二十五年(1760)樊桐山房刻本　十六冊

620000－1141－0002681　847.5/048/:1(wx)
顨軒孔氏所著書七種六十卷　(清)孔廣森撰　清嘉慶二十二年(1817)曲阜孔氏儀鄭堂刻本　十二冊

620000－1141－0002682　834.7/350(wx)
半舫齋古文八卷　(清)夏之榮著　(清)戴祖啟批點　清乾隆三十六年(1771)刻本　四冊

620000－1141－0002683　844.1/737(wx)
歲華紀麗四卷　(唐)韓鄂撰　(明)胡震亨(明)毛晉訂　明萬曆刻本　二冊

620000－1141－0002684　821/447(wx)
初白菴詩評三卷　(清)查慎行撰　(清)張載華輯　**詞綜偶評一卷**　(清)許昂霄撰　(清)張載華輯　清乾隆四十二年(1777)張氏涉園觀樂堂刻本　四冊

620000－1141－0002685　424.1/674(wx)
洪武正韻十六卷　(明)樂韶鳳　(明)宋濂等撰　**玉鑑一卷**　(明)張士佩撰　明天啟元年(1621)司禮監刻本　五冊

620000－1141－0002686　831/384(wx)
才調集十卷　(五代)韋縠集　清康熙四十三年(1704)垂雲堂刻本　四冊

620000－1141－0002687　927.21/123－155(ls)
[光緒]溧陽縣續志十六卷末一卷　(清)朱畯等修　(清)馮煦等纂　清光緒二十五年(1899)活字印本　八冊

620000－1141－0002688　927.21/313－589(ls)
[道光]重刊續纂宜荊縣志十卷首一卷　(清)顧名　(清)龔潤森修　(清)吳德旋纂　清道

光二十年(1840)刻本　四册

620000－1141－0002689　821.414/126(wx)
杜詩偶評四卷　(清)沈德潛纂　(清)潘承松校閲　清乾隆十二年(1747)潘承松賦閒草堂刻本　二册

620000－1141－0002690　847.2/412
李義山文集十卷　(唐)李商隱撰　(清)徐樹穀箋　(清)徐炯註　清康熙四十七年(1708)徐氏花谿草堂刻雍正印本　三册

620000－1141－0002691　993.4/726/2:(ls)
歷代鐘鼎彝器款識法帖二十卷　(宋)薛尚功撰　清嘉慶二年(1797)儀徵阮氏小琅環僊館刻本　四册

620000－1141－0002692　994.51/155/2:1(ls)
觀妙齋藏金石文考略十六卷　(清)李光暎纂　清道光十七年(1837)拜石山房刻本　十六册

620000－1141－0002693　B251/1(ls)
精刊龔定盦全集十七卷　(清)龔自珍撰　清宣統元年(1909)國學扶輪社鉛印本　七册

620000－1141－0002694　993.52/065(ls)
石鼓文定本十六卷　(清)沈梧撰　清光緒十六年(1890)古華山館刻本　八册

620000－1141－0002695　997/579(ls)
陶齋藏石記四十四卷首一卷附藏甎記二卷　(清)端方撰　清宣統元年(1909)石印本　十二册

620000－1141－0002696　B234.2/1(ls)
春秋左氏傳賈服註輯述二十卷　(清)李貽德學　清光緒八年(1882)江蘇書局刻本　六册

620000－1141－0002697　993/340/2:(ls)
西清古鑑四十卷錢録十六卷　(清)梁詩正等編纂　(清)陳孝泳等摹篆　(清)梁觀等繪圖　清光緒十四年(1888)上海鴻文書局石印本　二十四册

620000－1141－0002698　B244.6/1(ls)
二程全書六十五卷　(宋)程顥　(宋)程頤撰　(明)趙燿等校正　明萬曆二十年(1592)蔣春芳刻本　十册　存五十卷(一至二十三、三十九至六十五)

620000－1141－0002699　(ls)
貨布文字攷四卷　(清)馬昂考釋　(清)錢培益校　清道光二十二年(1842)刻本　二册

620000－1141－0002700　B95/2(ls)
天方性理圖傳五卷首一卷註釋一卷　(清)劉智撰　清同治五年(1866)敬畏堂刻本　六册　缺一卷(註釋一卷)

620000－1141－0002701　997.13/205－214(ls)
安陽縣金石録十二卷　(清)武虛谷著　清嘉慶二十四年(1819)鐵嶺貴泰刻本　四册

620000－1141－0002702　B249.1/3(ls)
日知録集釋三十二卷　(清)顧炎武撰　(清)黄汝成集釋　**日知録刊誤二卷**　(清)黄汝成撰　清光緒元年(1875)湖北崇文書局刻本　十六册

620000－1141－0002703　993.65/399/2:1(ls)
古今錢略三十二卷首一卷末一卷　(清)倪模述　清光緒五年(1879)刻本　十六册

620000－1141－0002704　993/167(ls)
筠清館金石文字五卷　(清)吳榮光撰　清道光二十二年(1842)刻本　五册

620000－1141－0002705　997.11/124/2:1(ls)
常山貞石志二十四卷　(清)沈濤撰　清道光二十二年(1842)刻本　二十四册

620000－1141－0002706　993.3/041/:1－:4(ls)
皇朝禮器圖式十八卷　(清)允祿等修　(清)汪浩存等纂　(清)黄衎等繪圖謄錄　(清)福隆安等校勘　清乾隆三十一年(1766)武英殿刻本(有抄補)　三十二册

620000－1141－0002707　731.3/040(ls)
集古印譜六卷　(明)王常編　(明)顧從德校　明萬曆三年(1575)顧氏芸閣刻朱印本　六册

620000－1141－0002708　991/447/2:(ls)

重定金石契不分卷首一卷附錄一卷續錄一卷 （清）張燕昌撰　清光緒二十二年（1896）貴池劉氏聚學軒刻本　四冊

620000－1141－0002709　C53/39（ls）
壯悔堂文集十卷 （清）侯方域撰　清嘉慶十九年（1814）侯資燦刻本　六冊

620000－1141－0002710　993.65/150/2：（ls）
古泉匯首集四卷元集十四卷亨集十四卷利集十八卷貞集十四卷 （清）李佐賢撰　清同治三年（1864）利津李氏刻石泉書屋全集本　十五冊

620000－1141－0002711　B222.05/2（ls）
儒家宗派十六卷 （清）萬斯同撰　清宣統三年（1911）上海國學扶輪社鉛印本　二冊

620000－1141－0002712　240/672（ls）
天方性理圖傳五卷首一卷註釋一卷 （清）劉智撰　清同治五年（1866）敬畏堂刻本　一冊　存一卷（首一卷）

620000－1141－0002713　994.6/161（ls）
古玉圖攷不分卷 （清）吳大澂撰　清光緒十五年（1889）上海同文書局石印本　四冊

620000－1141－0002714　996.5/162（ls）
封泥攷略十卷 （清）吳式芬　（清）陳介祺輯　清光緒三十年（1904）吳氏、陳氏石印本　十冊

620000－1141－0002715　982.91/159（ls）
歷代名人年譜十卷附存疑及生卒年月無攷一卷 （清）吳榮光撰　（清）譚錫慶校　清晚期刻本　十冊

620000－1141－0002716　B941/10（ls）
佛說造像量度經一卷 （清）工布查布譯　清同治十三年（1874）金陵刻經處刻本　一冊

620000－1141－0002717　H12/7（ls）
鐘鼎字源五卷附錄一卷 （清）汪立名撰　清康熙五十五年（1716）汪氏一隅草堂刻本　一冊　存二卷（一至二）

620000－1141－0002718　D691.5/9（ls）
沈文肅公政書七卷首一卷 （清）沈葆楨撰　清光緒六年（1880）吳門節署鉛印本　十二冊

620000－1141－0002719　C53/37/1：（ls）
庸盦全集三種二十一卷 （清）薛福成撰　清光緒二十三年（1897）上海醉六堂石印本　十二冊

620000－1141－0002720　993/517/：1－：2（ls）
三古圖四十二卷 （清）黃晟輯　明萬曆二十八年至三十年（1600－1602）吳萬化刻清乾隆十七年（1752）天都黃氏亦政堂重印本　三十二冊

620000－1141－0002721　993.65/218/：1（ls）
泉布統誌九卷首一卷附一卷 （清）孟麟輯　清道光十三年（1833）刻本　三十二冊

620000－1141－0002722　D829/44（ls）
西輶日記四冊 （清）黃楙材撰　清末刻本　一冊

620000－1141－0002723　H161/10（ls）
唐寫本說文解字木部箋異（倣唐寫本說文解字木部箋異）一卷 （清）莫友芝撰　清同治三年（1864）湘鄉曾國藩安慶刻本　一冊

620000－1141－0002724　C53/37（ls）
庸盦全集三種二十一卷 （清）薛福成撰　清光緒二十三年（1897）上海醉六堂石印本　六冊　存一種十卷（庸菴文編四卷續編二卷外編四卷）

620000－1141－0002725　B924/9/：1（ls）
妙法蓮華經臺宗會義七卷妙法蓮華經綸貫不分卷教觀綱宗不分卷教觀總綱釋義不分卷 （明）釋智旭述　清宣統三年（1911）刻本　十七冊

620000－1141－0002726　990.8/779/2：（ls）
學古齋金石叢書四集十二種七十二卷 （清）葛元煦輯　清光緒崇川葛氏學古齋刻本　二十冊

620000－1141－0002727　D691.5/12/：1（ls）
牧令書二十三卷 （清）徐棟輯　清道光二十

八年(1848)刻本　十八册

620000－1141－0002728　E294.9/6(ls)
敏果齋七種六十四卷　(清)許乃釗編　清道光十二年至二十九年(1832－1849)錢塘許氏刻彙印本　三册　存二種十六卷(武備輯要六卷、武備輯要續編十卷)

620000－1141－0002729　H131.2/3(ls)
爾雅郭注義疏二十卷　(清)郝懿行學　清光緒十三年至十四年(1887－1888)湖北官書處刻本　八册

620000－1141－0002730　992.5/752－4(ls)
殷商貞卜文字考一卷　羅振玉撰　清宣統二年(1910)玉簡齋石印本　一册

620000－1141－0002731　858.5/196/2:
何仙姑寶卷二卷　(清)□□撰　清光緒三十年(1904)蘇城瑪瑙經房刻本　一册

620000－1141－0002732　K295.3/2(ls)
吴郡圖經續記三卷　(宋)朱長文撰　清同治十二年(1873)江蘇書局刻本　一册

620000－1141－0002733　993.65/168(ls)
泉幣圖説六卷　(清)吴文炳等纂輯　清嘉慶五年(1800)香雪山莊刻本　二册

620000－1141－0002734　H124.3/1(ls)
漢碑徵經一卷　(清)朱百度著　清光緒十五年(1889)廣雅書局刻本　一册

620000－1141－0002735　K297.5/11(ls)
西藏圖考八卷首一卷　(清)黄沛翹輯　清光緒二十九年(1903)上海書局石印本　六册

620000－1141－0002736　H161/11(ls)
説文引經攷證八卷　(清)陳瑑學　(清)徐鄘參校　清同治十三年(1874)湖北崇文書局刻本　二册

620000－1141－0002737　H11/11(ls)
五方元音二卷　(清)樊騰鳳撰　(清)年希堯增補　清雍正五年(1727)善成堂刻本　四册

620000－1141－0002738　C53/35(ls)
曾惠敏公全集十七卷　(清)曾紀澤撰　清光緒二十年(1894)石印本　四册

620000－1141－0002739　K928.6/50(ls)
山海經十八卷圖讚一卷　(晉)郭璞傳　(清)郝懿行箋疏　**訂譌一卷**　(清)郝懿行撰　清光緒二十三年(1897)上海梧岡精舍石印本　六册

620000－1141－0002740　K91/10(ls)
瀛環志略十卷　(清)徐繼畬輯著　清同治十二年(1873)掞雲樓刻本　五册

620000－1141－0002741　K877.2/12(ls)
兩浙金石志十八卷補遺一卷　(清)阮元編錄　清光緒十六年至十七年(1890－1891)浙江書局刻本　十二册

620000－1141－0002742　K892/9(ls)
都門彙纂不分卷　(□)□□撰　**菊部群英一卷**　(清)小游仙客撰　清同治十二年至十三年(1873－1874)刻本　八册

620000－1141－0002743　B942/10/:1－:2(ls)
楞嚴經指掌疏十卷懸示一卷　(清)釋達天通理述　**首楞嚴經指掌疏事義十卷懸示一卷**　(清)釋心興纂　清乾隆四十一年(1776)江寧臧倫芳刻本　十二册

620000－1141－0002744　K877.9/3(ls)
華亭縣積穀倉徵信錄一卷　(清)吴恒等撰　清光緒十八年(1892)刻本　一册

620000－1141－0002745　K85/11(ls)
兩罍軒彝器圖釋十二卷　(清)吴雲撰　清同治十二年(1873)刻本　四册

620000－1141－0002746　K916/3(ls)
五洲圖考不分卷　(清)龔柴　(清)許彬撰　清光緒二十四年(1898)上海徐家滙印書舘鉛印本　四册

620000－1141－0002747　825/196(ls)
朔方備乘六十八卷首十二卷　(清)何秋濤纂　清光緒七年(1881)石印本　八册

620000－1141－0002748　K916/3(ls)
徐文定公集四卷　(明)徐光啟撰　清光緒二

十二年(1896)上海慈母堂鉛印本　一冊

620000－1141－0002749　K298.1/1(ls)
滇緬劃界圖說一卷　(清)薛福成撰　清光緒二十八年(1902)石印本　一冊

620000－1141－0002750　K928.6/32(ls)
東晉南北朝輿地表二十七卷　(清)徐文范撰　清光緒二十四年(1898)廣雅書局刻本　十冊

620000－1141－0002751　K928.6/37(ls)
宸垣識畧十六卷　(清)吳長元輯　清乾隆五十三年(1788)池北草堂刻本(附圖)　六冊

620000－1141－0002752　K928.6/38(ls)
禹貢會箋十二卷山水一卷圖一卷　(清)徐文靖箋　(清)趙弁訂　清同治十三年(1874)慈谿何氏刻本　三冊　存十二卷(禹貢會箋一至十、山水一卷、圖一卷)

620000－1141－0002753　K916/2/:6－1(ls)
海國圖志一百卷續集二十五卷　(清)魏源撰　清光緒二十八年(1902)文賢閣石印本　十六冊

620000－1141－0002754　K928.6/42(ls)
皇朝中外壹統輿圖(大清中外一統輿圖)三十卷首一卷　(清)鄒世詒等編　(清)李廷簫增訂　清同治二年(1863)湖北撫署刻本　十二冊

620000－1141－0002755　K928.6/33(ls)
十六國疆域志十六卷補三國疆域志二卷　(清)洪亮吉撰　(清)洪用懃校　清光緒四年(1878)授經堂刻本　五冊

620000－1141－0002756　K928.6/40(ls)
皇朝輿地畧一卷　(清)六承如輯　**皇朝輿地韻編一卷**　(清)李兆洛編　**皇朝內府輿地圖縮摹本一卷**　(清)六嚴繪　清晚期江陰六氏摹崇仁謝氏刻本　一冊

620000－1141－0002757　K928.6/55(ls)
水道提綱二十八卷　(清)齊召南編錄　清光緒四年(1878)刻本　八冊

620000－1141－0002758　K928.6/49(ls)
讀史方輿紀要十卷　(清)顧祖禹著　清道光三十年(1850)刻本　十冊

620000－1141－0002759　K928.6/52(ls)
皇朝直省輿地全圖一卷　(法國)蔡尚質繪　清光緒二十八年(1902)上海中西譯書會石印本　一冊

620000－1141－0002760　Z121/12(ls)
懷豳雜俎叢書十二種十七卷　徐乃昌輯　清光緒、宣統間南陵徐氏刻本　十冊

620000－1141－0002761　K928.6/39(ls)
天下郡國利病書一百二十卷　(清)顧炎武輯　(清)龍萬育訂　清光緒慎記書莊石印本　二十四冊

620000－1141－0002762　K928.6/53(ls)
歷代輿地沿革險要圖說一卷　楊守敬　饒敦秩撰　清光緒二十七年(1901)石印本　一冊

620000－1141－0002763　Z121/11/:2(ls)
功順堂叢書十八種八十一卷　(清)潘祖蔭輯　清光緒吳縣潘氏刻本(有補配)　三十一冊　缺八卷(春秋左氏傳補注一至四、原缺周人經說五至八)

620000－1141－0002764　(ls)
新民叢報彙編不分卷　梁啟超編　清光緒三十二年(1906)文會書社石印本　六冊

620000－1141－0002765　Z124/1(ls)
惜抱軒遺書三種十二卷　(清)姚鼐撰　清光緒五年(1879)桐城徐宗亮刻本　四冊

620000－1141－0002766　Z121/20(ls)
平播全書十五卷　(明)李化龍著　清光緒五年至十八年(1879－1892)定州王氏謙德堂刻畿輔叢書本　十三冊

620000－1141－0002767　Z124/3(ls)
校訂困學紀聞集證二十卷　(宋)王應麟撰　清嘉慶十八年(1813)埽葉山房刻本　十冊

620000－1141－0002768　Z126/21/:1－:2(ls)
桐城吳先生全書五種十八卷　(清)吳汝綸撰

（清）吴闓生編次　清光緒三十年（1904）王恩紱等刻本　二十册

620000－1141－0002769　K239.1/4（ls）
南史八十卷　（唐）李延壽撰　清光緒十八年（1892）武林竹簡齋石印本　六册

620000－1141－0002770　Z126/25（ls）
黄忠端公明誠堂十四札疏證一卷題詞一卷（清）黄彭年編録　清光緒十五年（1889）貴筑黄氏刻陶樓雜著本　一册

620000－1141－0002771　K243.1/1（ls）
舊五代史一百五十卷　（宋）薛居正等撰　清光緒十八年（1892）武林竹簡齋石印本　六册

620000－1141－0002772　K246.1/1（ls）
遼史一百十六卷　（元）脱脱等修　清光緒十八年（1892）武林竹簡齋石印本　三册

620000－1141－0002773　K247/2：1（ls）
宋史四百九十六卷　（元）脱脱等修　清光緒十八年（1892）武林竹簡齋石印本　三十二册

620000－1141－0002774　Z22/3（ls）
表異録二十卷　（明）王志堅輯　清刻惜陰軒叢書本　二册

620000－1141－0002775　K242/1（ls）
唐書二百二十五卷　（宋）歐陽修　（宋）宋祁等撰　**釋音二十五卷**　（宋）董衝撰　清光緒十八年（1892）武林竹簡齋石印本　十六册

620000－1141－0002776　K237/1（ls）
晋書一百三十卷　（唐）房玄齡等撰　**音義三卷**　（唐）何超撰　清光緒十八年（1892）武林竹簡齋石印本　八册

620000－1141－0002777　K247/1（ls）
元史二百十卷　（明）宋濂等修　清光緒十八年（1892）武林竹簡齋石印本　十四册

620000－1141－0002778　K928.6/35（ls）
李氏五種合刊二十八卷　（清）李兆洛輯　（清）六承如等編集　清光緒刻本　十册　存三種二十三卷（歷代地理志韻編今釋二十卷、皇朝輿地韻編二卷、歷代地理沿革圖一卷）

620000－1141－0002779　K234.2/1（ls）
後漢書一百二十卷　（南朝宋）范曄撰　（唐）李賢注　清光緒十八年（1892）武林竹簡齋石印本　八册

620000－1141－0002780　K241/2（ls）
隋書八十五卷　（唐）魏徵撰　清光緒十八年（1892）武林竹簡齋石印本　六册

620000－1141－0002781　K246.4/1（ls）
金史一百三十五卷　（元）脱脱等修　清光緒十八年（1892）武林竹簡齋石印本　八册

620000－1141－0002782　K239.2/1（ls）
魏書一百十四卷　（北齊）魏收撰　清光緒十八年（1892）武林竹簡齋石印本　八册

620000－1141－0002783　K234.1/1（ls）
前漢書一百卷　（漢）班固撰　（唐）顔師古注　清光緒十八年（1892）武林竹簡齋石印本　八册

620000－1141－0002784　K248/1：1（ls）
明史三百三十二卷　（清）張廷玉等總裁　（清）孫嘉淦纂修　清光緒十八年（1892）武林竹簡齋石印本　二十四册

620000－1141－0002785　K224/1（ls）
周書五十卷　（唐）令狐德棻等撰　清光緒十八年（1892）武林竹簡齋石印本　二册

620000－1141－0002786　K243.1/2（ls）
新五代史七十四卷　（宋）歐陽修撰　清光緒十八年（1892）武林竹簡齋石印本　二册

620000－1141－0002787　I262.2/1（ls）
名賢手札不分卷　（清）郭慶藩輯　清光緒十九年（1893）上海寶文書局石印本　二册

620000－1141－0002788　921.7/316（ls）
史通削繁四卷　（清）紀昀撰　清光緒二十二年（1896）新化三味堂刻本　四册

620000－1141－0002789　Z225/：8/：1（ls）
四書人物類典串珠四十卷　（清）臧志仁編輯　清光緒八年（1882）刻本　十二册

620000－1141－0002790　847.2/564（ls）

楊忠愍公集四卷　(明)楊繼盛撰　清光緒九年(1883)甘肅藩署刻本　四册

620000－1141－0002791　K249.06/55(ls)
熙朝紀政六卷　(清)王慶雲述　清光緒二十七年(1901)上海天章書局石印本　三册

620000－1141－0002792　O112/1(ls)
數學精詳十一卷首一卷末一卷　(清)屈曾發輯　清光緒二十二年(1896)石印本　五册

620000－1141－0002793　847.2/564:2(ls)
楊忠愍公集四卷附靈驗記　(明)楊繼盛撰　清光緒十一年(1885)上海刻本　四册

620000－1141－0002794　K249.06/53/:1(ls)
恪靖侯盾鼻餘瀋不分卷　(清)左宗棠撰　(清)柳葆元　(清)易策謙錄　(清)石本清覆校　清光緒七年(1881)刻本　二册

620000－1141－0002795　075.525(ls)
困學紀聞二十卷　(宋)王應麟撰　(清)閻若璩箋　清乾隆三年(1738)馬氏叢書樓刻本　七册　存十八卷(三至二十)

620000－1141－0002796　Z812.255/2(ls)
浙江藏書樓甲編書目五卷附補遺一卷乙編書目一卷補遺一卷日文書目一卷　楊復輯　清光緒三十三年(1907)杭州華豐書局鉛印本　三册

620000－1141－0002797　K250.6(ls)
國朝先正事略六十卷　(清)李元度纂　(清)許時庚校　清光緒十二年(1886)鉛印本　九册　存四十七卷(一至四十七)

620000－1141－0002798　Z126/24(ls)
程氏家塾讀書分年日程三卷　(元)程端禮述　清光緒十八年(1892)蘭州督學節署刻本　二册

620000－1141－0002799　K249.06/51(ls)
寒松堂全集十二卷　(清)魏象樞著　**寒松老人[魏象樞]年譜一卷**　(清)魏象樞口授　(清)魏學誠等錄　清嘉慶十六年(1811)刻本　十三册

620000－1141－0002800　Z126/23(ls)
經學通論五卷　(清)皮錫瑞撰　清光緒三十三年(1907)思賢書局刻本　五册

620000－1141－0002801　127.1/779/17:(ls)
日知錄集釋三十二卷刊誤二卷附續刊誤二卷　(清)顧炎武著　(清)黄汝成集釋　清光緒元年(1875)湖北崇文書局刻本　十六册

620000－1141－0002802　(ls)
宋本十三經注疏附校勘記四百十六卷　(清)阮元校勘　清光緒十三年(1887)脈望仙館石印本　三十二册

620000－1141－0002803　Q/:1－:3(ls)
道園學古錄不分卷　(元)虞集著　清刻本　三册

620000－1141－0002804　(ls)
嚴侯官全集十二卷首一卷　嚴復著　清光緒二十九年(1903)石印本　十二册

620000－1141－0002805　K207/1(ls)
重刊校正唐荊川先生文集十二卷新刊荊川先生外集三卷荊川集補遺五卷　(明)唐順之撰　清光緒三十年(1904)江南書局刻本　十册

620000－1141－0002806　095.3/:1(ls)
禮記十卷　(元)陳澔集傳　清同治十一年(1872)湖南省尊經閣刻本　十册

620000－1141－0002807　(ls)
皇朝經世文四編五十二卷　(清)何良棟撰　清光緒二十八年(1902)鴻寶書局石印本　十二册

620000－1141－0002808　089.67/283(ls)
少室山房筆叢四十八卷　(明)胡應麟撰　清光緒廣雅書局刻廣雅書局叢書本　十二册

620000－1141－0002809　834.7/462(ls)
皇朝新政文編二十六卷　(清)金匱闕鑄補齋編輯　清光緒二十八年(1902)中西譯書會石印本　六册　存二十三卷(二至三、六至二十六)

620000－1141－0002810　094.17/291(ls)

三家詩拾遺十卷附夏小正輯註四卷　(清)范家相撰　清嘉慶十五年(1810)刻本　三冊

620000－1141－0002811　082/444－1(ls)
二酉堂叢書二十一種三十一卷　(清)張澍輯　清道光元年(1821)武威張澍二酉堂刻本　十二冊

620000－1141－0002812　921.4/380/:1－2(ls)
歷朝紀事本末七種五百六十六卷　(清)陳如升　(清)朱記榮輯　清光緒十四年(1888)上海書業公所鉛印本　五十冊

620000－1141－0002813　847/745(ls)
古微堂内集三卷外集七卷　(清)魏源著　清光緒四年(1878)淮南書局刻本　四冊

620000－1141－0002814　847.6/542－2(ls)
青溪文集十二卷續編八卷　(清)程廷祚撰　(清)唐大沛校　清道光十七年至十八年(1837－1838)東山草堂刻本　八冊

620000－1141－0002815　921.7/250(ls)
四史發伏十卷　(清)洪亮吉著　清光緒八年(1882)小石山房刻本　二冊

620000－1141－0002816　847.6/745(ls)
古微堂内集二卷外集八卷　(清)魏源著　清宣統元年(1909)國學扶輪社鉛印本　六冊

620000－1141－0002817　921.7/414/:1－:4(ls)
廿二史文鈔一百九卷　(清)納蘭常安選評　清乾隆刻本　三十七冊　存八十六卷(前漢書七卷、後漢書十卷、蜀書四卷、吳書三卷、魏書四卷、晉書七卷、宋書四卷、南齊書三卷、梁書四卷、陳書三卷、魏書五卷、北齊書三卷、周書二卷、隋書四卷、南史三卷、北史二卷、唐書六卷、五代史四卷、宋史八卷)

620000－1141－0002818　847/027(ls)
柏堂遺書二十二種一百六十七卷　(清)方宗誠述　**毅齋遺集五卷**　(清)方培濬撰　清光緒桐城方氏刻本　四冊　存四種十六卷(讀文雜記一卷、說詩章義三卷、志學錄八卷續錄三卷、周子通書講義一卷)

620000－1141－0002819　847.6/209(ls)
溫經日記六卷　(清)林昌彝撰　清光緒十六年(1890)刻本　六冊

620000－1141－0002820　847.7/782(ls)
孟晉齋文集五卷　(清)顧壽楨撰　清同治五年(1866)見素抱樸齋刻本　三冊

620000－1141－0002821　847/363(ls)
孫淵如先生全集二十二卷　(清)孫星衍撰　**閱問字堂集贈言一卷**　(清)錢大昕撰　清光緒十一年(1885)吳縣朱氏刻本　十冊

620000－1141－0002822　847.8/064/:1(ls)
左文襄公全集七種一百十九卷首一卷　(清)左宗棠撰　**附二種十四卷**　清光緒刻本　一百二十八冊

620000－1141－0002823　925.7/512(ls)
蜀碧四卷　(清)彭遵泗編述　清乾隆二十八年(1763)刻本　二冊

620000－1141－0002824　084/625(ls)
古逸書三十卷首一卷末一卷　(明)潘基慶選註　明萬曆刻本　十二冊

620000－1141－0002825　925.21/210(ls)
漢雋十卷　(宋)林鉞輯　(明)吳繼安校　明萬曆二十八年(1600)吳繼安刻本　二冊

620000－1141－0002826　921.15/624/:1－:2(ls)
函史上編八十二卷下編二十一卷　(明)鄧元錫纂　(明)王其玉校　明萬曆金陵刻本　六十冊

620000－1141－0002827　080/268/:1－:14(ls)
新編古今事文類聚前集六十卷後集五十卷續集二十八卷別集三十二卷　(宋)祝穆編　**新集三十六卷外集十五卷**　(元)富大用編集　明書林明實堂刻本(前集卷六至八補配明萬曆三十二年書林唐富春德壽堂刻本;後集卷一至十九、二十五至二十六、三十二至四十五,新集卷十一至三十六補配明萬曆三十五年書林劉雙松安正堂刻本;新集卷一至十補配明嘉靖四十年書林楊歸仁刻本)　八十

六册

620000－1141－0002828　901.3/293/:1－:2(ls)
茅鹿門先生批評史記抄一百四卷　(明)茅坤撰　明天啟元年(1621)茅兆海刻本　十六册

620000－1141－0002829　921.7/322(ls)
增定史記纂不分卷　(明)淩稚隆校閲　明萬曆刻本　二十二册

620000－1141－0002830　847.3/643(ls)
東城雜記二卷　(清)厲鶚撰　清道光三十年(1850)刻粤雅堂叢書本　一册　存一卷(一)

620000－1141－0002831　994.51/147(ls)
周秦刻石釋音一卷　(宋)楊文昺撰　清同治刻本　一册

620000－1141－0002832　854.3/039－3(ls)
香祖筆記十二卷　(清)王士禛撰　清康熙四十四年(1705)刻本　六册

620000－1141－0002833　K204.2/17(ls)
史記一百三十卷　(漢)司馬遷撰　(南朝宋)裴駰集解　(唐)司馬貞索隱　(唐)張守節正義　(明)陳仁錫評　**難字直音一卷**　明末程正揆刻本　清孔憲曾跋並錄　明歸有光評點　四十册

620000－1141－0002834　921/782(ls)
新鐫歷朝捷錄四卷　(明)顧充編著　(明)陳繼儒彙糸　清初刻本　四册

620000－1141－0002835　K892.9/9(ls)
讀禮通考一百二十卷　(清)徐乾學撰　清康熙三十五年(1696)刻本　十六册

620000－1141－0002836　847.1/695/:1－:3(ls)
牧齋初學集詩註二十卷有學集詩註十四卷　(清)錢謙益撰　(清)錢曾箋註　(清)朱梅校　清玉詔堂刻本　三十二册

620000－1141－0002837　041/168－2/:1－:4(ls)
子史精華一百六十卷　(清)允祿等監脩　(清)吳士玉等總裁　(清)吳襄等纂　(清)張廷玉等校對　清雍正五年(1727)武英殿刻本　三十六册

620000－1141－0002838　072/373(ls)
格致鏡原一百卷　(清)陳元龍輯　清康熙五十六年(1717)刻雍正十三年(1735)印本　二十四册

620000－1141－0002839　834/408/:1－:4(ls)
古文淵鑒六十四卷　(清)徐乾學等編注　清康熙刻本　二十四册

620000－1141－0002840　834/557(ls)
古文約選不分卷　(清)允禮輯　清雍正十一年(1733)果親王府刻本　十册

620000－1141－0002841　927.16/303－312(ls)
[光緒]重修華亭縣志二十四卷首一卷末一卷　(清)楊開第修　(清)姚光發等纂　清光緒五年(1879)刻本　十册

620000－1141－0002842　221.24/637/2(ls)
華嚴一乘十玄門一卷　(唐)釋智儼撰　清光緒二十二年(1896)金陵刻經處刻本　一册

620000－1141－0002843　221.24/637/2(ls)
華嚴五十要問答二卷　(唐)釋智儼集　清光緒二十二年(1896)金陵刻經處刻本　與620000－1141－0002842合册　存一卷(上)

620000－1141－0002844　221.24/637/3(ls)
解迷顯智成悲十明論一卷　(唐)李通玄撰　清同治八年(1869)如皋刻經處刻本　一册

620000－1141－0002845　925/266/:1(ls)
欽定五省方畧四百十卷　(清)奕訢等總纂　清光緒二十二年(1896)鉛印本　四百十二册

620000－1141－0002846　846.1/481－2/:1－:14(ls)
說郛一百二十卷　(明)陶宗儀纂　清順治三年(1646)李際期宛委山堂刻本(有抄補)　一百二十八册

620000－1141－0002847　221.24/637/3(ls)
略釋新華嚴經修行次第決疑論四卷　(唐)李通玄撰　清同治九年(1870)如皋刻經處刻本　一册

620000－1141－0002848　221.24/637/4(ls)
華嚴經旨歸一卷　(唐)釋法藏述　清同治九年(1870)如皋刻經處刻本　一冊

620000－1141－0002849　221.24/637/4(ls)
修華嚴奧旨妄盡還源觀一卷　(唐)釋法藏述　清同治十一年(1872)如皋刻經處刻本　與620000－1141－0002848合冊

620000－1141－0002850　221.24/637/4(ls)
華嚴經義海百門一卷　(唐)釋法藏述　清光緒二十一年(1895)金陵刻經處刻本　與620000－1141－0002848合冊

620000－1141－0002851　221.24/637/5(ls)
大華嚴經略策一卷　(唐)釋澄觀述　清光緒二十一年(1895)金陵刻經處刻本　一冊

620000－1141－0002852　221.24/637/5(ls)
答順宗心要法門一卷　(唐)釋澄觀述　清光緒二十三年(1897)金陵刻經處刻本　與620000－1141－0002851合冊

620000－1141－0002853　221.24/637/5(ls)
三聖圓融觀門一卷　(唐)釋澄觀述　清光緒二十三年(1897)金陵刻經處刻本　與620000－1141－0002851合冊

620000－1141－0002854　221.24/637/5(ls)
原人論一卷　(唐)釋宗密述　清同治十三年(1874)雞園刻經處刻本　與620000－1141－0002851合冊

620000－1141－0002855　221.24/637/6(ls)
大方廣佛華嚴經吞海集三卷　(宋)釋道通述　清光緒十三年(1887)金陵刻經處刻本　一冊

620000－1141－0002856　221.24/637/6(ls)
法界觀披雲集一卷　(宋)釋道通述　清光緒十六年(1890)金陵刻經處刻本　與620000－1141－0002855合冊

620000－1141－0002857　221.24/637/7(ls)
大方廣佛華嚴經要解一卷　(宋)釋戒環集　清同治十一年(1872)金陵刻經處刻本　一冊

620000－1141－0002858　221.24/637/8(ls)
賢首五教義開蒙一卷　(清)釋續法集　(清)釋證詢校　清光緒二年(1876)長沙刻經處刻本　一冊

620000－1141－0002859　221.24/637/8(ls)
法界宗五祖略記一卷　(清)釋續法輯　清光緒二十二年(1896)金陵刻經處刻本　與620000－1141－0002858合冊

620000－1141－0002860　221.24/637/9(ls)
華嚴金師子章一卷　(唐)釋法藏述　清同治九年(1870)如皋刻經處刻本　一冊

620000－1141－0002861　221.24/637/9(ls)
華嚴經明法品內立三寶章一卷　(唐)釋法藏述　清光緒二十一年(1895)金陵刻經處刻本　與620000－1141－0002860合冊

620000－1141－0002862　221.24/637/9(ls)
流轉章一卷　(唐)釋法藏述　清光緒二十一年(1895)金陵刻經處刻本　與620000－1141－0002860合冊

620000－1141－0002863　221.24/637/9(ls)
法界緣起章一卷　(唐)釋法藏述　清光緒二十一年(1895)金陵刻經處刻本　與620000－1141－0002860合冊

620000－1141－0002864　221.24/637/9(ls)
法身章一卷　(唐)釋法藏述　清光緒二十一年(1895)金陵刻經處刻本　與620000－1141－0002860合冊

620000－1141－0002865　221.24/637/9(ls)
十世章一卷　(唐)釋法藏述　清光緒二十一年(1895)金陵刻經處刻本　與620000－1141－0002860合冊

620000－1141－0002866　221.24/637/9(ls)
玄義章一卷　(唐)釋法藏述　清光緒二十一年(1895)金陵刻經處刻本　與620000－1141－0002860合冊

620000－1141－0002867　221.24/637/9(ls)
圓音章一卷　(唐)釋法藏述　清光緒二十

一年(1895)金陵刻經處刻本　與620000－1141－0002860合册

620000－1141－0002868　921.137/069/:1－:4(wx)
史記評林一百三十卷　(明)淩稚隆輯校　**補史記一卷**　(唐)司馬貞補并註　(明)淩稚隆輯校　明萬曆二年至四年(1574－1576)淩稚隆刻本　四十册

620000－1141－0002869　62.081/386:3
醫學三字經四卷　(清)陳念祖著　(清)龍萬育訂　清樟藹書屋刻南雅堂醫書全集本　二册

620000－1141－0002870　847.7/669/2:
藝槩六卷　(清)劉熙載撰　清同治十二年(1873)刻本　四册

620000－1141－0002871　63/090.3
雜病證治類方八卷　(明)王肯堂輯　清康熙三十八年(1699)刻本　十册

620000－1141－0002872　922.42/036
五代會要三十卷　(宋)王溥撰　清光緒十二年(1886)江蘇書局刻本　六册

620000－1141－0002873　847.4/132
學治臆説二卷續説一卷説贅一卷　(清)汪輝祖著　清光緒二十二年(1896)甘肅藩署刻本　一册

620000－1141－0002874　847.4/132
佐治藥言一卷續一卷　(清)汪輝祖著　清光緒二十二年(1896)甘肅藩署刻本　一册

620000－1141－0002875　62.51/906－62
傅氏眼科審視瑶函六卷首一卷附秘製驗方一卷　(明)傅仁宇纂輯　(明)林長生較補　清初周亮節刻本　三册　存四卷(一、三至四,首一卷)

620000－1141－0002876　62/755
痘疹正宗二卷　(清)宋麟祥著　清乾隆八年(1743)刻本　一册

620000－1141－0002877　63.92/329
四時病機十四卷　(清)邵登瀛輯　(清)邵炳揚述　(清)邵景康　(清)邵景堯校　清宣統元年(1909)江南醫學公會石印本　三册

620000－1141－0002878　63/900/:2－:3
傅青主先生男女科全編四卷　(清)傅山撰　清光緒十年(1884)刻本　二册　存二卷(男科上、女科上)

620000－1141－0002879　921/069/9:6－1－3
宋書一百卷　(南朝梁)沈約撰　清同治十一年(1872)金陵書局刻本　十六册

620000－1141－0002880　62.081/386/9:
金匱要略淺註方論合編十卷　(清)陳念祖著　嚴嶽蓮輯　嚴式誨校補　劉彝銘覆校　祝宗懷參校　清宣統元年(1909)渭南嚴氏刻民國十二年(1923)嚴式誨增刻醫學初階本　六册

620000－1141－0002881　927.61/215/3:+928.15/215－2
伊犁三種十四卷　(清)松筠　(清)祁韻士撰　清嘉慶十六年(1811)程振甲也園刻本　八册

620000－1141－0002882　997.15/486
關中金石記八卷　(清)畢沅撰　**目録一卷**　(清)蔡錫棟編次　**附記一卷**　(清)蔡汝霖編輯　清道光二十七年(1847)渭邑焦氏醇敬堂刻本　二册

620000－1141－0002883　852.78/630
比竹餘音四卷　鄭文焯撰　清光緒二十八年(1902)吳興沈氏刻本　一册

620000－1141－0002884
認禮切要一卷　(清)馬啟榮編　清光緒三十二年(1906)廣州懷聖光塔寺刻本　一册

620000－1141－0002885
四典要會四卷首一卷　(清)馬德新撰　清光緒二十八年(1902)刻本　一册　存一卷(二)

西北師範大學圖書館古籍普查登記目録

全國古籍普查登記目録

國家圖書館出版社
National Library of China Publishing House

《西北師範大學圖書館古籍普查登記目録》

編委會

主　編：許　萍

編　委：鈕婉姮　沈　蕙　楊　媛　吳永萍　朱曉雷　白蒲嬰
　　　　李　霞

《西北師範大學圖書館古籍普查登記目録》

前　言

西北師範大學圖書館發端於 1902 年建立的京師大學堂師範館圖書室。百餘年的發展歷程積澱了豐富的館藏資源，形成了以古籍文獻、民國時期文獻以及新中國成立後五六十年代文獻爲特色的館藏體系，現爲“甘肅省古籍重點保護單位”。本館藏有 15 世紀以來的中文綫裝古籍 9 萬餘冊，其中尤以善本古籍 500 餘種 7700 餘冊最爲珍貴。鑒於本館悠久的歷史和豐富的古籍文獻典藏，利用古籍目録提供的考證綫索，深入探究古代文化以及古籍版本源流十分必要。但由於種種原因，多年來我館始終缺乏一套著録完整的古籍目録，給讀者查閱治學和古籍整理保護工作帶來了不便。

2010 年始，伴隨着新中國成立以來全國範圍内第一次古籍文獻全面深入調查，我館根據國務院辦公廳、文化部和甘肅省人民政府辦公廳的相關文件精神要求，在歷任館領導的高度重視下，積極組織各方專業人員，投入大量人力物力，歷經四載，對本館 1912 年以前的古籍文獻展開了普查工作，最終形成了《西北師範大學圖書館古籍普查登記目録》一書，共計收録 1912 年以前的館藏古籍文獻 2778 條。這是我館自建館以來首次對館藏古籍文獻最全面、詳盡、細緻的調查和編目，同時也是我館古籍文獻書本式目録和電子版目録的同步編製。

珍貴古籍名録申報中，我館已有 22 種善本古籍入選《國家珍貴古籍名録》，83 種古籍入選《甘肅省珍貴古籍名録》。在我館《古籍普查登記目録》付梓之時，借此感謝我館古籍部工作人員爲此所做的努力，感謝支持這項工作順利完成的有關專家及參與編目工作的各位同學。希望本目録的完成能爲讀者利用提供幫助。

由於水平有限、時間倉促，疏漏之處在所難免，敬希讀者指正。

西北師範大學圖書館

2016 年 5 月 27 日

620000－1142－0000001　011.6/599
花近樓叢書序跋記二卷　（清）管庭芬撰　清宣統三年(1911)上海國學扶輪社鉛印張氏適園叢書本　一册

620000－1142－0000002　013.2317/162
補晉書經籍志四卷　（清）吳士鑑纂　清光緒二十一年(1895)刻朱印本　一册

620000－1142－0000003　012.8/061－3
欽定四庫全書簡明目錄二十卷　（清）紀昀等纂　（清）金佑基　（清）廖廷相校勘　清同治七年(1868)廣東書局刻本　十二册

620000－1142－0000004　014.1/117
經籍訪古志六卷補遺一卷　（日本）澁江全善　（日本）森立之撰　清光緒十一年(1885)鉛印本　八册

620000－1142－0000005　012/528
國史經籍志六卷　（明）焦竑輯　（明）徐象橒校　明徐象橒曼山館刻本　五册

620000－1142－0000006　011.6/009
武林藏書錄三卷首一卷末一卷　（清）丁申錄　清光緒二十六年(1900)嘉惠堂刻本　二册

620000－1142－0000007　011.7/499
敦煌石室遺書不分卷　羅振玉輯　清宣統元年(1909)鉛印本　三册

620000－1142－0000008　011.8/299
古書疑義舉例七卷　（清）俞樾著　清光緒十四年(1888)南菁書院刻皇清經解續編本　二册

620000－1142－0000009　011.5/473
宋元舊本書經眼錄三卷附錄二卷　（清）莫友芝撰　清晚期刻本　一册

620000－1142－0000010　014.12/326
史略二卷　（宋）高似孫撰　清光緒九年(1883)虞山鮑氏刻本　一册

620000－1142－0000011　013.29/380
八旗藝文編目四卷補一卷訂一卷　（清）巴嚕特恩華詠春輯　清光緒二年(1876)鉛印本　二册

620000－1142－0000012　011.7/408
隋經籍志考證十三卷　（清）章宗源撰　清光緒元年(1875)湖北崇文書局刻本　四册

620000－1142－0000013　014.5/473
郘亭知見傳本書目十六卷　（清）莫友芝著　清宣統元年(1909)北京德興堂鉛印本　四册

620000－1142－0000014　011.6/465
士禮居藏書題跋記六卷續錄二卷　（清）黃丕烈撰　清光緒十年(1884)滂喜齋刻本　六册

620000－1142－0000015　014.5/473－1
郘亭知見傳本書目十六卷　（清）莫友芝著　清同治十二年(1873)鉛印本　八册

620000－1142－0000016　011.7/499－1
敦煌石室遺書不分卷　羅振玉輯　清宣統元年(1909)鉛印本　三册

620000－1142－0000017　925.3/443
陸文慎公奏議不分卷　（清）陸寶忠撰　唐文治選　清宣統三年(1911)鉛印本　一册

620000－1142－0000018　011.7/557－1
藏書紀事詩六卷　葉昌熾撰　清光緒二十三年(1897)長沙學使署刻本　十二册

620000－1142－0000019　015.823/64
古越藏書樓書目二十卷　（清）徐樹蘭編　清光緒三十年(1904)崇實書局石印本　八册

620000－1142－0000020　015.87/109
行素堂目覩書錄十卷附汲古閣珍藏秘本書目一卷　（清）朱記榮輯　（清）毛扆著　清光緒十年(1884)古吳白堤孫谿槐廬家刻本　十册

620000－1142－0000021　015.87/433
愛日精廬藏書志三十六卷續志四卷　（清）張金吾藏並撰　清道光七年(1827)張氏家刻本　八册

620000－1142－0000022　015.87/682
曝書雜記三卷　（清）錢泰吉著　清光緒刻校經山房叢書本　二册

620000－1142－0000023　011.6/554
楹書隅錄五卷續編四卷　(清)楊紹和藏并撰　清光緒二十四年(1898)聊城楊氏海源閣刻本　七冊

620000－1142－0000024　015.87/716
藝風藏書記八卷續記八卷　繆荃孫撰　清光緒二十六年(1900)刻本　六冊

620000－1142－0000025　847/428.3
養素堂文集十七卷　(清)張澍著　清刻本　八冊

620000－1142－0000026　015.87/716－1
藝風藏書記八卷續記八卷　繆荃孫撰　清光緒二十六年(1900)刻本　二冊　缺八卷(續記八卷)

620000－1142－0000027　011.7/557
藏書紀事詩七卷　葉昌熾撰　清宣統二年(1910)刻本　六冊

620000－1142－0000028　015.87/726－1
鐵琴銅劍樓藏書目錄二十四卷　(清)瞿鏞撰　清光緒二十三年(1897)誦芬室刻本　十冊

620000－1142－0000029　013.2/428
識小類編八卷　(清)夏大觀編輯　(清)李大珩校　清嘉慶四年(1799)刻本　八冊

620000－1142－0000030　016.42/695
小學考五十卷　(清)謝啟昆錄　清光緒十五年(1889)石印本　六冊

620000－1142－0000031　015.875/362
孫氏祠堂書目內編四卷外篇三卷　(清)孫星衍撰　清光緒德化李氏刻木犀軒叢書本　三冊

620000－1142－0000032　041/453:1
天中記六十卷　(明)陳耀文撰　(明)屠隆校　清光緒四年(1878)聽雨山房刻本　三十冊

620000－1142－0000033　016.42/115
小學鉤沉十八卷　(清)任大椿學　(清)王念孫校正　清光緒十年(1884)龍氏刻本　四冊

620000－1142－0000034　040/196
元和姓纂十卷　(唐)林寶撰　(清)孫星衍　(清)洪瑩校　清嘉慶七年(1802)古歙洪氏刻本　四冊

620000－1142－0000035　015.87/726/1:
鐵琴銅劍樓藏書目錄二十四卷　(清)瞿鏞撰　清光緒二十四年(1898)常熟瞿氏刻本　十冊

620000－1142－0000036　041/306
角山樓增補類腋六十八卷　(清)姚培謙原本　(清)趙克宜增輯　清咸豐十年(1860)角山樓刻本　二冊

620000－1142－0000037　041/162
策學備纂三十二卷目錄三十二卷首一卷　(清)蔡啟盛　(清)吳熲炎輯　清光緒二十年(1894)袖海山房石印本　三十二冊

620000－1142－0000038　041/402－1
初學記三十卷校勘記補遺一卷　(唐)徐堅撰　(清)黃加焜校　清光緒十四年(1888)黃加焜刻蘊石齋叢書本　十六冊

620000－1142－0000039　016.42/695－1
小學考五十卷　(清)謝啟昆錄　清光緒十四年(1888)浙江書局刻本　十二冊

620000－1142－0000040　042/675
小知錄十二卷　(清)陸鳳藻輯　清同治十二年(1873)淮南書局刻本　四冊

620000－1142－0000041　016.853/.39
曲錄六卷　王國維撰　清宣統元年(1909)刻晨風閣叢書本　三冊

620000－1142－0000042　071/359
札迻十二卷　(清)孫詒讓撰　清光緒十九年(1893)刻本　二冊

620000－1142－0000043　071/681－1
十駕齋養新錄二十卷餘錄三卷　(清)錢大昕學　清嘉慶長沙龍氏家塾刻本　九冊

620000－1142－0000044　070/786
忍齋叢說一卷　(清)李佳繼昌撰　清光緒二十八年(1902)刻本　一冊

620000－1142－0000045　072/181－1
義門讀書記五十八卷　(清)何焯撰　清乾隆三十四年(1769)石香齋刻本　八冊

620000－1142－0000046　072/110
無邪堂答問五卷　(清)朱一新撰　清光緒二十一年(1895)廣雅書局刻本　五冊

620000－1142－0000047　046/335
二思堂叢書六種五十一卷　(清)梁章鉅撰　清同治十二年至光緒元年(1873－1875)福州梁氏刻本　十六冊

620000－1142－0000048　014.1/117－1
經籍訪古志六卷補遺一卷　(日本)澁江全善　(日本)森立之撰　清光緒十一年(1885)鉛印本　八冊

620000－1142－0000049　071/761－463－2
日知録集釋三十二卷　(清)顧炎武著　(清)黄汝成集釋　**日知録刊誤二卷續刊誤二卷**　(清)黄汝成撰　清同治八年(1869)刻本　十六冊

620000－1142－0000050　074/038
表異録二十卷　(明)王志堅輯　清咸豐八年(1858)刻惜陰軒叢書本　二冊

620000－1142－0000051　047/299.1
曲園褋纂五十卷　(清)俞樾撰　清同治、光緒間刻春在堂全書本　八冊

620000－1142－0000052　071/036
校訂困學紀聞集證二十卷　(宋)王應麟撰　(清)何焯等校補　清嘉慶二十二年(1817)刻本　十二冊

620000－1142－0000053　059/313
新譯列國歳計政要譯語三卷　(日本)□□編譯　清光緒二十七年(1901)海上譯社鉛印本　十二冊

620000－1142－0000054　072/557
石林燕語十卷　(宋)葉夢得撰　(宋)宇文紹奕攷異　清光緒三十三年(1907)刻本　二冊

620000－1142－0000055　046/142
時務通考三十一卷　(清)杞廬主人編　清光緒二十三年(1897)上海點石齋石印本　二十四冊

620000－1142－0000056　046/142－1
時務通攷續編三十一卷　(清)杞廬主人編　清光緒二十七年(1901)上海點石齋石印本　十六冊

620000－1142－0000057　074/531
通藝録不分卷　(清)程瑤田撰　清嘉慶八年(1803)刻本　二十四冊

620000－1142－0000058　074/036
椒生隨筆八卷　(清)王之春撰　清光緒七年(1881)刻本　四冊

620000－1142－0000059　071/036－406－2
困學紀聞注二十卷　(清)翁元圻輯　清道光五年(1825)刻本　十四冊

620000－1142－0000060　071/248
容齋隨筆十六卷續筆十六卷三筆十六卷四筆十六卷五筆十卷　(宋)洪邁撰　清光緒元年(1875)新豐洪氏刻本　十四冊

620000－1142－0000061　071/654
愈愚録六卷　(清)劉寶楠撰　清光緒十五年(1889)廣雅書局刻本　二冊

620000－1142－0000062　074/163
學海堂集十六卷　(清)阮元輯　清道光五年(1825)啟秀山房刻本　六冊

620000－1142－0000063　074/163－1
學海堂二集二十二卷　(清)吳蘭修編校　清道光十八年(1838)啟秀山房刻本　十冊

620000－1142－0000064　071/036－406－1
困學紀聞注二十卷　(清)翁元圻輯　清道光五年(1825)刻本　十六冊

620000－1142－0000065　074/163－2
學海堂三集二十四卷　(清)張維屏輯　清咸豐九年(1859)啟秀山房刻本　八冊

620000－1142－0000066　073/340
藤花亭十種六十四卷　(清)梁廷枏輯　清道

光八年至十年(1828－1830)刻本　二冊　存二種六卷(南漢叢錄二卷、南漢文字略四卷)

620000－1142－0000067　074/586
賓退錄十卷　(宋)趙與時撰　清光緒江陰繆氏刻對雨樓叢書本　四冊

620000－1142－0000068　071/761－463
日知錄集釋三十二卷　(清)顧炎武著　(清)黃汝成集釋　**日知錄刊誤二卷續刊誤二卷**　(清)黃汝成撰　清同治十一年(1872)湖北崇文書局刻本　十六冊

620000－1142－0000069　079/155
漢律輯證六卷　(清)杜貴墀撰　清光緒二十五年(1899)湘水校經堂刻桐華閣叢書本　一冊

620000－1142－0000070　078/453
時事新編初集六卷　(清)陳燿卿編輯　(清)劉蔚生　(清)吳文欽校訂　清光緒二十一年(1895)鉛印本　六冊

620000－1142－0000071　074/118
泖東草堂筆記二十卷　(清)沈宗祉撰　清宣統二年(1910)上海集成圖書公司鉛印本　一冊

620000－1142－0000072　078/335－5
中國魂二卷　梁啓超編輯　清光緒二十八年(1902)上海廣智書局鉛印本　二冊

620000－1142－0000073　079/475.1
國學叢刊不分卷　羅振玉輯　清宣統三年(1911)石印本　二冊

620000－1142－0000074　014.1/008
善本書室藏書志四十卷附錄一卷　(清)丁丙輯　清光緒二十七年(1901)錢塘丁氏刻本　十六冊

620000－1142－0000075　074/299
癸巳存稿十五卷　(清)俞正燮撰　清光緒十年(1884)刻本　八冊

620000－1142－0000076　079/040－1
讀書雜志八十二卷餘編二卷　(清)王念孫撰　清同治九年(1870)金陵書局刻本　二十四冊

620000－1142－0000077　830/727－1
文選六十卷　(南朝梁)蕭統選　(唐)李善注　(清)葉樹藩参訂　清乾隆刻本　二十四冊

620000－1142－0000078　074/658
食舊悳齋襍箸一卷　(清)劉嶽雲撰　清光緒二十二年(1896)尊經書院刻本　一冊

620000－1142－0000079　082/286－1
十種古逸書三十卷　(清)茆泮林輯　清道光十四年(1834)梅瑞軒刻二十二年(1842)重印本　六幅

620000－1142－0000080　082/590
五經歲徧齋校書三種二十二卷　(清)翟云升撰　清道光刻本　十冊

620000－1142－0000081　079/674
羣書拾補三十七卷　(清)盧文弨撰　清光緒十三年(1887)上海蜚英館石印本　八冊

620000－1142－0000082　014.1/008－1
善本書室藏書志四十卷附錄一卷　(清)丁丙輯　清光緒二十七年(1901)錢塘丁氏刻本　十六冊

620000－1142－0000083　082/286
十種古逸書三十卷　(清)茆泮林輯　清道光二十二年(1842)梅瑞軒刻本　六冊

620000－1142－0000084　074/413－1
信摭一卷　(清)章學誠著　(清)鄧實校　清宣統二年(1910)鉛印本　一冊

620000－1142－0000085　074/413
乙卯劄記一卷　(清)章學誠撰　清宣統風雨樓鉛印本　一冊

620000－1142－0000086　074/449－3
東塾讀書記二十五卷　(清)陳澧撰　清光緒二十四年(1898)紉蘭書館刻本　四冊

620000－1142－0000087　074/621
增訂盛世危言新編十四卷　(清)鄭觀應纂箸　清光緒二十三年(1897)成都刻本　八冊

620000－1142－0000088　074/299－1

癸巳存稿十五卷　(清)俞正燮撰　清光緒十年(1884)刻本　六册

620000－1142－0000089　074/495

智囊補二十八卷　(明)馮夢龍輯　清光緒五年(1879)玉文堂刻本　八册

620000－1142－0000090　082/362－2

漢官七種九卷補遺二卷　(漢)叔孫通撰　(清)孫星衍校集　清光緒九年(1883)虞山後知不足齋刻本　二册

620000－1142－0000091　082/148

集虚草堂叢書甲集九種七十卷　李國松輯　清光緒三十年至三十二年(1904－1906)合肥李氏刻本　二十四册

620000－1142－0000092　082/113

結一廬朱氏賸餘叢書四種一百十二卷　(清)朱澂輯　清光緒三十一年(1905)仁和朱氏刻本　二十二册　缺二卷(札記一卷、今存碑目一卷)

620000－1142－0000093　079/040－2

讀書雜志八十二卷餘編二卷　(清)王念孫撰　清同治九年(1870)金陵書局刻本　二十四册

620000－1142－0000094　074/429

勸學篇二卷　(清)張之洞著　清光緒二十四年(1898)兩湖書院刻本　二册

620000－1142－0000095　074/452

歸雲别集七十四卷　(明)陳士元撰　(清)吳毓梅校　清道光十三年(1833)寶善堂刻本　二十四册

620000－1142－0000096　079/040－3

讀書雜志八十二卷餘編二卷　(清)王念孫撰　清同治九年(1870)金陵書局刻本　二十四册

620000－1142－0000097　074/429/1：

勸學篇二卷　(清)張之洞著　清光緒二十四年(1898)兩湖書院刻本　二册

620000－1142－0000098　082/148－1

集虚草堂叢書甲集九種七十卷　李國松輯　清光緒三十年至三十二年(1904－1906)合肥李氏刻本　二十四册

620000－1142－0000099　074/187

一鐙精舍甲部藁五卷　(清)何秋濤著　清光緒五年(1879)淮南書局刻本　一册

620000－1142－0000100　082/159

拜經樓叢書(愚谷叢書)二十三種六十五卷　(清)吳騫輯　清乾隆、嘉慶間海昌吳氏刻彙印本　十册　存十四種三十七卷(國山碑考一卷補遺一卷、詩譜補亡後訂一卷、許氏詩譜鈔一卷、孫氏爾雅正義拾遺一卷、拙政園詩餘三卷附録一卷、玉窗遺稿一卷、棠湖詩稿一卷、梅花園存稿一卷、孟子外書四篇四卷、論印絕句一卷續編一卷、拜經樓詩集十二卷續編四卷、萬花漁唱一卷、珠樓遺稿一卷、哀蘭絕句一卷)

620000－1142－0000101　079/115

述記不分卷　(清)任兆麟述　清嘉慶映雪草堂刻本　十二册

620000－1142－0000102　082/159－1

重刊拜經樓叢書七種二十三卷　(清)吳騫輯　清光緒十一年(1885)會稽章氏鄂渚刻本　六册

620000－1142－0000103　074/449－1

東塾讀書記二十五卷　(清)陳澧撰　清光緒二十四年(1898)紉蘭書館刻本　五册　存十五卷(一至十二、十五至十六、二十一)

620000－1142－0000104　074/449－1

東塾讀書記二十五卷　(清)陳澧撰　清光緒二十四年(1898)紉蘭書館刻本　五册　存十五卷(一至十二、十五至十六、二十一)

620000－1142－0000105　082/401－2

懷豳雜俎十二種十七卷　徐乃昌輯　清光緒、宣統間南陵徐氏刻本　十册

620000－1142－0000106　082/401－1－2

積學齋叢書二十種六十三卷　徐乃昌輯　清

光緒南陵徐氏刻本　二十冊

620000－1142－0000107　082/399

春暉堂叢書十二種三十七卷　（清）徐渭仁輯　清道光、咸豐間上海徐渭仁刻同治九年至十年（1870－1871）徐允臨補刻彙印本　十冊

620000－1142－0000108　079/117

全謝山先生經史問答十卷　（清）全祖望撰　清乾隆三十年（1765）刻本　四冊

620000－1142－0000109　071/761－463－4

日知錄集釋三十二卷　（清）顧炎武著　（清）黃汝成集釋　**日知錄刊誤二卷續刊誤二卷**　（清）黃汝成撰　清同治八年（1869）刻本　十六冊

620000－1142－0000110　082/649

鐵華館叢書六種四十五卷　（清）蔣鳳藻輯　清光緒十年（1884）長洲蔣氏影刻本　八冊

620000－1142－0000111　080/431

澤存堂五種五十卷　（清）張士俊輯　清光緒十四年（1888）上海蜚英館石印本　八冊

620000－1142－0000112　082/418

榆園叢刻十五種七十卷附娛園叢刻十一種十五卷　（清）許增輯　清同治、光緒間刻本　二十四冊

620000－1142－0000113　089.7/111

春雨樓叢書六種三十三卷　（清）朱士端學　清同治刻本　六冊

620000－1142－0000114　012.8/061

欽定四庫全書簡明目錄二十卷　（清）紀昀等纂　（清）金佑基　（清）廖廷相校勘　清同治七年（1868）廣東書局刻本　十二冊

620000－1142－0000115　083/118/2:1

晨風閣叢書二十二種四十八卷　沈宗畸輯　清宣統元年（1909）番禺沈氏刻本　十六冊

620000－1142－0000116　082/716

雲自在龕叢書五集十九種八十七卷　繆荃孫輯　清光緒江陰繆氏刻本　二十四冊

620000－1142－0000117　089.7/156

海嶽軒叢刻十種十六卷　（清）杜俞撰　清光緒二十六年（1900）申江鉛印本　十冊

620000－1142－0000118　082/405

鄦齋叢書二十種四十六卷不分卷一次　徐乃昌輯　清光緒二十六年（1900）南陵徐氏刻本　十六冊

620000－1142－0000119　083/118

晨風閣叢書二十二種四十八卷　沈宗畸輯　清宣統元年（1909）番禺沈氏刻本　十六冊

620000－1142－0000120　083/118:1

晨風閣叢書二十二種四十八卷　沈宗畸輯　清宣統元年（1909）番禺沈氏刻本　十六冊

620000－1142－0000121　089.6/266

七修類藁五十一卷　（明）郎瑛述　清光緒六年（1880）廣州翰墨園刻本　十六冊

620000－1142－0000122　082/411

式訓堂叢書初集十五種五十五卷　（清）章壽康輯　清光緒會稽章氏刻本　十六冊　缺十二卷（原缺乾道臨安志四至十五）

620000－1142－0000123　082/401－1－1

積學齋叢書二十種六十三卷　徐乃昌輯　清光緒南陵徐氏刻本　二十冊

620000－1142－0000124　082/649

鐵華館叢書六種四十五卷　（清）蔣鳳藻輯　清光緒長州蔣氏影宋刻本　六冊

620000－1142－0000125　082/738

萬國分類時務大成續集四十四卷　（清）雙管閣主人輯　清光緒二十九年（1903）譯書公會石印本　二十四冊

620000－1142－0000126　089.7/156－1

海嶽軒叢刻九種十七卷　（清）杜俞撰　清光緒三十三年（1907）蘇省刷印總局鉛印本　八冊

620000－1142－0000127　088/029

桐城方氏七代遺書二十種二十六卷　（清）方昌翰輯　清光緒十四年（1888）刻本　十冊

620000－1142－0000128　082/761－1

小石山房叢書三十八種六十四卷　（清）顧湘輯　清道光刻同治十三年（1874）虞山顧氏補刻本　二十冊

620000－1142－0000129　089.7/479
崔東壁先生遺書八種五十四卷附一種一卷　（清）崔述著　清道光四年（1824）陳履和東陽刻本　二十六冊　缺一卷（遺經樓文稿一卷）

620000－1142－0000130　089.7/558
董方立遺書八種十六卷　（清）董祐誠撰　清同治八年（1869）成都刻本　八冊

620000－1142－0000131　080/716－1
對雨樓叢書五種三十五卷　繆荃孫輯　清光緒間江陰繆氏影刻本　十冊

620000－1142－0000132　089.7/477
味經齋遺書十二種四十二卷　（清）莊存與撰　清光緒八年（1882）陽湖莊氏刻本　十冊

620000－1142－0000133　089.7/761－1
亭林先生遺書匯輯六十八卷　（清）顧炎武撰　清光緒三十二年（1906）朱氏校經山房刻本　二十四冊

620000－1142－0000134　091.29/021
七經孟子考文並補遺二百卷　（日本）山井鼎輯　（日本）物觀纂修　（日本）石之清等校　清嘉慶二年（1797）儀徵阮氏小琅嬛僊館刻本　十四冊

620000－1142－0000135　089.7/738
雙楳景闇叢書十六種二十六卷　葉德輝輯　清光緒、宣統間長沙葉氏郎園刻本　六冊　缺一種一卷（秦雲擷英小譜一卷）

620000－1142－0000136　091.3/089
經解入門八卷　（清）江藩纂　清光緒十四年（1888）鴻寶齋石印本　二冊

620000－1142－0000137　091.3/622
鄭氏佚書二十三種七十九卷　（漢）鄭玄撰　（清）袁鈞輯　（清）袁堯年校補　清光緒十四年（1888）浙江書局刻本　八冊

620000－1142－0000138　089.7/207－1
杭氏七種十五卷　（清）杭世駿著　清咸豐元年（1851）長沙小嫏嬛山館刻本　六冊

620000－1142－0000139　092.27/449
易箋（定齋易箋）八卷圖說一卷首一卷　（清）陳法著　清乾隆二十七年（1762）陳弘謀刻三十年（1765）敬和堂修光緒補刻本　六冊

620000－1142－0000140　091.3/317
皇清經解橫直縮編目十六卷　（清）淩忠照輯　清光緒十八年（1892）上海古香閣石印本　四冊

620000－1142－0000141　082/761
小石山房叢書三十八種六十四卷　（清）顧湘輯　清道光刻同治十三年（1874）虞山顧氏補刻本　十六冊

620000－1142－0000142　082/489
湯文正公全集四種三十九卷　（清）湯斌撰　清同治九年（1870）蘇廷魁等刻本　十六冊

620000－1142－0000143　089.7/158
揅經室集四十五卷　（清）阮元著　清道光三年（1823）文選樓刻本　十六冊

620000－1142－0000144　092.6/528－590
焦氏易林校略十六卷附校正古今人表不分卷　（清）翟云升撰　清道光二十八年（1848）刻本　九冊

620000－1142－0000145　094.1/111－4
詩經八卷　（宋）朱熹集傳　清光緒三十年（1904）錫山日升山房刻本　六冊

620000－1142－0000146　089.7/565
鄒叔子遺書六種三十卷附二種二卷　（清）鄒漢勛撰　清光緒八年（1882）鄒代鈞刻本　十六冊　缺一種一卷（鄒君墓田記行述一卷）

620000－1142－0000147　121.61/707
管子校正二十四卷　（清）戴望纂　清同治十一年（1872）刻本　四冊

620000－1142－0000148　094.127/354－1
毛詩傳箋通釋三十二卷　（清）馬瑞辰撰　清光緒十四年（1888）廣雅書局刻本　十一冊

620000－1142－0000149　041/453
分類時務通纂三百卷　(清)陳昌紳撰　清光緒二十八年(1902)上海文瀾書局石印本　四十八册

620000－1142－0000150　093.27/038
書經精華十卷　(清)薛嘉穎輯　清道光魏氏古香閣刻本　五册

620000－1142－0000151　094.1/111－1
詩經八卷　(宋)朱熹集傳　清嘉慶十年(1805)刻本　四册

620000－1142－0000152　094.1/111－2
詩八卷　(宋)朱熹集傳　清末刻本　四册

620000－1142－0000153　094.127/354－2
毛詩傳箋通釋三十二卷　(清)馬瑞辰撰　清光緒十四年(1888)廣雅書局刻本　十二册

620000－1142－0000154　094.1/111－5
詩八卷　(宋)朱熹集傳　清光緒十五年(1889)京都文興堂刻本　四册

620000－1142－0000155　094.127/279－1
毛詩後箋三十卷　(清)胡承珙撰　清光緒十六年(1890)廣雅書局刻本　十二册

620000－1142－0000156　094.1/111－6
詩經八卷　(宋)朱熹集傳　清光緒三十四年(1908)學部圖書局石印本　四册

620000－1142－0000157　094.1/111－6/1：
詩經八卷　(宋)朱熹集傳　清光緒三十四年(1908)學部圖書局石印本　四册

620000－1142－0000158　121.21/362
孔子集語十七卷　(清)孫星衍撰　清光緒三年(1877)浙江書局刻本　四册

620000－1142－0000159　089.7/749
羅忠節公遺集十七卷　(清)羅澤南撰　清咸豐至同治刻本　八册

620000－1142－0000160　094.1/111－7
詩八卷　(宋)朱熹集傳　清光緒二十九年(1903)京都打磨廠文成堂刻本　四册

620000－1142－0000161　040/036
玉海二百卷附辭學指南四卷　(宋)王應麟編　清嘉慶十一年(1806)刻本　一百册

620000－1142－0000162　094.1/111－7/2：
詩經八卷　(宋)朱熹集傳　清光緒十六年(1890)蘭州刻本　四册

620000－1142－0000163　121.21/038－1
孔氏家語十卷　(三國魏)王肅注　清康熙刻本　四册

620000－1142－0000164　094.127/279－2
毛詩後箋三十卷附毛詩天文考一卷　(清)胡承珙撰　清光緒十六年至十七年(1890－1891)廣雅書局刻本　十四册

620000－1142－0000165　121.21/038
孔氏家語十卷　(三國魏)王肅注　**札記一卷**　劉世珩撰　清光緒二十四年(1898)貴池劉氏刻玉海堂景宋叢書本　四册　缺一卷(札記一卷)

620000－1142－0000166　080/648
求實齋叢書十五種二十五卷　(清)蔣德鈞輯　清光緒湘鄉蔣氏求實齋刻本　八册

620000－1142－0000167　095.127/450
周禮精華六卷　(清)陳龍標編輯　清嘉慶二十一年(1816)益美堂刻本　六册

620000－1142－0000168　097.627/528－1
孟子正義三十卷　(清)焦循譔集　清晚期刻本　十册

620000－1142－0000169　089.7/449－1
番禺陳氏東塾叢書五種三十四卷　(清)陳澧撰　清咸豐至光緒間刻本　十册

620000－1142－0000170　094.127/354
毛詩傳箋通釋三十二卷　(清)馬瑞辰撰　清光緒十四年(1888)廣雅書局刻本　十二册

620000－1142－0000171　126/244
菜根譚一卷　(明)洪應明著　清光緒十三年(1887)揚州藏經禪院刻本　一册

620000－1142－0000172　097.42/449

大學衍義輯要六卷補十二卷 （清）陳宏謀纂 清同治五年(1866)明德堂刻本 十四冊

620000－1142－0000173 096.22/761
左傳杜解補正三卷 （清）顧炎武撰 清光緒十四年(1888)刻本 一冊

620000－1142－0000174 094.127/657
讀詩日錄十三卷 （清）劉士毅著 清光緒六年(1880)刻本 四冊

620000－1142－0000175 096.2/764
春秋大事表五十卷 （清）顧棟高撰 清同治十二年(1873)山東尚志堂刻本 二十冊

620000－1142－0000176 089.7/449
番禺陳氏東塾叢書五種三十四卷 （清）陳澧撰 清咸豐至光緒間刻本 十冊

620000－1142－0000177 094.127/455－2
詩毛氏傳疏三十卷 （清）陳奐學 清光緒十年(1884)朱記榮孫谿槐廬刻陳氏毛詩五種本 十二冊

620000－1142－0000178 095.127/450－1
周禮精華六卷 （清）陳龍標編輯 清嘉慶十一年(1806)刻本 四冊

620000－1142－0000179 121.61/599－659
管子二十四卷 （春秋）管仲著 （唐）房玄齡注 清光緒三十年(1904)采新石印局石印本 四冊

620000－1142－0000180 121.61/599－190－2
管子二十四卷 （春秋）管仲著 （唐）房玄齡注 （明）劉績補 清光緒二年(1876)浙江書局刻本 六冊

620000－1142－0000181 094.1251/628
毛詩本義十六卷 （宋）歐陽修撰 清道光十四年(1834)瀛塘別墅刻本 四冊

620000－1142－0000182 094.127/353
新刻詩經備旨善本輯要八卷 （清）汪右衡鑒定 （清）馬大猷輯 清嘉慶九年(1804)富文堂刻本 八冊

620000－1142－0000183 094.127/764
毛詩訂詁八卷 （清）顧棟高著 清光緒二十二年(1896)江蘇書局刻本 四冊

620000－1142－0000184 095.16/722
禮部韻略五卷 （宋）丁度撰 清光緒二年(1876)川東官舍刻本 五冊

620000－1142－0000185 093.31/123
禹貢因一卷 （清）沈練集註 清光緒十八年(1892)歸安縣署刻本 一冊

620000－1142－0000186 096.32/558－1
董子春秋繁露十七卷附錄一卷 （漢）董仲舒撰 清光緒二年(1876)浙江書局刻本 二冊

620000－1142－0000187 223/121
續原教論二卷 （明）沈士榮著 清光緒元年(1875)金陵刻經處刻本 一冊

620000－1142－0000188 094.127/147
詩經傳註八卷 （清）李塨撰 清道光二十四年(1844)四存學會活字印本 四冊

620000－1142－0000189 094.127/450
毛詩稽古編三十卷附攷一卷 （清）陳啟源述 （清）龐佑清校 清嘉慶十八年(1813)刻本 八冊

620000－1142－0000190 093.31/290
禹貢一卷 （清）芮曰松釋 清嘉慶刻本 一冊

620000－1142－0000191 094.127/762
學詩詳說三十卷正詁五卷 （清）顧廣譽著 清光緒三年(1877)刻本 十冊

620000－1142－0000192 095.127/450.1
白虎通疏證十二卷 （清）陳立撰 清光緒元年(1875)淮南書局刻本 四冊

620000－1142－0000193 090/226
五經類編二十八卷 （清）周世樟輯 清晚期刻本 十冊

620000－1142－0000194 098.6/761
五經同異三卷 （清）顧炎武撰 （清）蔣光弼校 （清）錢朝錦參校 清光緒十一年(1885)上海掃葉山房書坊刻本 三冊

620000－1142－0000195　121.41/635－2
墨子十六卷　(戰國)墨翟著　清光緒二年(1876)浙江書局刻本　四册

620000－1142－0000196　093.31/114
禹貢正解一卷圖表一卷　(清)朱鎮撰　清光緒三十年(1904)刻知止軒家塾印本　一册

620000－1142－0000197　372.2/487
欽定學政全書八十六卷　(清)童璜纂　清嘉慶十七年(1812)武英殿刻本　十六册

620000－1142－0000198　121.2/360
理學宗傳二十六卷　(清)孫奇逢輯　(清)魏一鼇　(清)孫立雅編　清光緒六年至七年(1880－1881)浙江書局刻本　十二册

620000－1142－0000199　121.33/780
莊子内篇註四卷　(明)釋德清註　清光緒十四年(1888)金陵刻經處刻本　二册

620000－1142－0000200　093.31/137
禹貢指南四卷　(宋)毛晃撰　(清)項家達等校勘　清末刻本　二册

620000－1142－0000201　097.252/111－1
四書章句集注十九卷　(宋)朱熹注　(清)陳奂校　清光緒九年(1883)京都文興堂刻本　六册

620000－1142－0000202　097/093
四書講義四卷　(清)安維峻著　清宣統三年(1911)隴右樂善書局刻本　四册

620000－1142－0000203　220/018
大乘起信論直解二卷　(明)釋德清解　清光緒十六年(1890)金陵刻經處刻本　一册

620000－1142－0000204　097/712
增補四書精繡圖像人物備考十二卷　(明)陳仁錫增訂　清光緒刻本　六册

620000－1142－0000205　093.31/144
禹貢易知編十二卷　(清)李慎儒輯　(清)李壽慈等校　清光緒二十五年(1899)刻本　四册

620000－1142－0000206　121.2/528
養正圖解不分卷　(明)焦竑纂　清光緒二十一年(1895)武英殿刻本　六册

620000－1142－0000207　094/127
詩經精華十卷　(清)薛嘉穎撰　清道光五年(1825)刻本　四册

620000－1142－0000208　090/425
新學僞經考十四卷　康有爲撰　清光緒十七年(1891)刻本　六册

620000－1142－0000209　097.327/547
日講四書解義二十六卷　(清)格爾古德撰　清光緒十八年(1892)蘭州刻本　十六册

620000－1142－0000210　121.29/037
文中子中説十卷　(隋)王通撰　清光緒二年(1876)淛江書局刻本　二册

620000－1142－0000211　094.122/618
毛詩傳箋不分卷　(漢)鄭玄箋　清道光七年(1827)立本齋刻本　四册

620000－1142－0000212　094.17/078
毛詩禮徵十卷　(清)包世榮述　清道光八年(1828)刻本　六册

620000－1142－0000213　094.122/618－1
毛鄭詩三十卷附詩譜音義一卷　(漢)鄭玄箋　清嘉慶二十一年(1816)木瀆周氏刻本　三册

620000－1142－0000214　094.1241/048－1
毛詩注疏三十卷　(漢)鄭玄箋　(唐)陸德明音義　(唐)孔穎達疏　清光緒四年(1878)淮南書局刻本　十册　存十一卷(二十至三十)

620000－1142－0000215　230/477
三十代天師虚靖真君語録二卷　(宋)張繼先著　(清)施道淵訂　清初刻本　二册

620000－1142－0000216　121.29/125
法言疏證十三卷　(清)汪榮寶撰　清宣統三年(1911)金薤琊齋鉛印本　四册

620000－1142－0000217　094.127/452
毛詩異文箋十卷　(清)陳玉樹撰　清光緒十三年(1887)刻本　六册

620000－1142－0000218　425.8/507－1
輶軒使者絕代語釋别國方言十三卷補遺一卷　(漢)揚雄紀　(晉)郭璞注　清嘉慶刻本　二册

620000－1142－0000219　121.2/463
學案小識十四卷首一卷末一卷　(清)唐鑑撰　清光緒十年(1884)上海文瑞樓石印本　六册

620000－1142－0000220　094.14/215
毛詩品物圖攷七卷　(日本)岡元鳳纂輯　清末刻本　三册

620000－1142－0000221　097.325/111
論語二十卷　(宋)朱熹集註　清光緒仁記書莊刻本　二册

620000－1142－0000222　125.2/531－2
河南程氏全書六種六十七卷　(宋)程頤　(宋)程顥撰　(宋)朱熹輯　清康熙禦兒吕氏寶誥堂刻本　十二册

620000－1142－0000223　192.8/042
格言彙編一卷　(清)王乃徵輯　清光緒三十四年(1908)郡治印書局石印本　八册

620000－1142－0000224　121.33
莊子集解八卷　王先謙撰　清宣統元年(1909)思賢書局刻本　三册

620000－1142－0000225　094.127/199
毛詩識小三十卷　(清)林柏桐撰　清同治二年(1863)南海伍氏粤雅堂刻本　四册

620000－1142－0000226　097.37/550
論語發隱一卷孟子發隱一卷　(清)楊文會註　清光緒刻本　一册

620000－1142－0000227　082/536
南菁札記十四種二十二卷　(清)溥良輯　清光緒二十年(1894)江陰使署刻本　六册

620000－1142－0000228　097.27/131
四書纂言三十四卷　(清)宋翔鳳輯　清道光二十六年(1846)刻本　十七册

620000－1142－0000229　126/557
草木子四卷　(明)葉子奇撰　清光緒五年(1879)葉氏居德堂刻本　二册

620000－1142－0000230　097.37/550－1
論語發隱一卷孟子發隱一卷　(清)楊文會註　清光緒刻本　一册

620000－1142－0000231　094.122/618－2
毛詩補箋二十卷　(漢)鄭玄箋　王闓運補箋　清光緒三十一年(1905)江西官書局鉛印本　八册

620000－1142－0000232　097.37/086
鄉黨圖考十卷　(清)江永著　清光緒富裕堂刻本　四册

620000－1142－0000233　094.127/162.2
詩經申義八卷　(清)吳士模著　清光緒十七年(1891)刻本　四册

620000－1142－0000234　082/536－1
南菁札記十四種二十二卷　(清)溥良輯　清光緒二十年(1894)江陰使署刻本　六册

620000－1142－0000235　121.26/463
孟子師説七卷　(清)黄宗羲著　(清)王梅生　(清)王棣生校　清光緒八年(1882)醉經閣刻本　四册

620000－1142－0000236　094.14/049
詩名物攷略二卷　(清)尹繼美編纂　(清)尹作鴻校　清光緒六年(1880)刻本　一册

620000－1142－0000237　122.6/629
太玄十卷　(漢)揚雄著　(清)吳汝綸點校　清宣統二年(1910)衍星社鉛印本　一册

620000－1142－0000238　121.33/422－3
莊子南華真經十卷　(晉)郭象注　明刻本　十册

620000－1142－0000239　121.27/042－3/2：
荀子二十卷　(唐)楊倞注　王先謙集解　清光緒十七年(1891)刻本　六册

620000－1142－0000240　121.64/042－1
韓非子集解二十卷　(清)王先慎撰　清光緒二十二年(1896)刻本　六册

620000－1142－0000241　121.27/042－2
荀子二十卷　(唐)楊倞注　王先謙集解　清光緒十七年(1891)思賢講舍刻本　六册

620000－1142－0000242　125/151
文子纘義十二卷　(宋)杜道堅撰　清光緒九年(1883)湖南傳忠書局刻本　四册

620000－1142－0000243　121.64/042－2
韓非子集解二十卷　(清)王先慎撰　清光緒二十二年(1896)刻本　六册

620000－1142－0000244　094.12/053
毛詩要義二十卷　(宋)魏了翁著　清光緒八年(1882)刻本　十二册

620000－1142－0000245　127/332－1
學案小識十四卷首一卷末一卷　(清)唐鑑撰　清道光二十六年(1846)四砭齋刻本　八册

620000－1142－0000246　121.27/042－3
荀子二十卷　(唐)楊倞注　王先謙集解　清光緒十七年(1891)刻本　六册

620000－1142－0000247　121.64/724
韓非子二十卷　(戰國)韓非撰　(清)吳汝綸點勘　清末鉛印本　二册

620000－1142－0000248　122.1/368
鹽鐵論十卷附考證一卷　(漢)桓寬撰　清嘉慶十二年(1807)刻本　三册

620000－1142－0000249　095.3/159
禮記纂言三十六卷　(元)吳澄撰　(清)朱軾校　清光緒二十三年(1897)刻本　十五册

620000－1142－0000250　121.27/042－3/1：
荀子二十卷　(唐)楊倞注　王先謙集解　清光緒十七年(1891)刻本　六册

620000－1142－0000251　122.1/654－321
淮南子二十一卷　(漢)劉安撰　(漢)高誘注　(清)莊逵吉校　清嘉慶九年(1804)姑蘇聚文堂刻本　四册

620000－1142－0000252　094.127/162.1
毛詩復古錄十二卷　(清)吳懋清著　清光緒二十年(1894)刻本　六册

620000－1142－0000253　094.127/162
詩小學三十卷　(清)吳樹聲學　清同治七年(1868)壽光官廨刻本　十二册

620000－1142－0000254　121.64/724－1
韓非子二十卷　(戰國)韓非撰　清嘉慶九年(1804)聚文堂刻本　三册

620000－1142－0000255　095.3/722
禮記十卷　(元)陳澔集說　清同治十年(1871)刻本　十册

620000－1142－0000256　121.33/477/1：
莊子十卷　(戰國)莊周著　(清)吳汝綸點勘　清宣統元年(1909)鉛印本　一册　存六卷(一至六)

620000－1142－0000257　093.5/358
欽定書經圖說五十卷　(清)孫家鼐等纂修　清光緒三十一年(1905)石印本　十六册

620000－1142－0000258　095.227/434
欽定儀禮義疏四十八卷首二卷　(清)允祿等撰　清光緒十四年(1888)江南書局刻本　二十八册

620000－1142－0000259　121.32/444－1
列子八卷　(晉)張湛注　清光緒二年(1876)浙江書局刻本　二册

620000－1142－0000260　094.17/029
朱子詩義補正八卷　(清)方苞著　(清)單作哲編次　清道光二十年(1840)刻本　四册

620000－1142－0000261　095.4/722
新定三禮圖二十卷　(宋)聶崇義撰　清光緒上海同文書局石印本　二册

620000－1142－0000262　121.41/359
墨子閒詁十五卷目錄一卷附錄一卷後語二卷　(清)孫詒讓撰　清光緒三十三年(1907)上海涵芬樓石印本　八册

620000－1142－0000263　125.2/531－1
河南二程全書六種六十七卷　(宋)程頤　(宋)程顥撰　(宋)朱熹輯　清同治五年(1866)河南嵩邑兩程故里刻本　二十册

620000－1142－0000264　122.1/654－321－1
淮南子二十一卷　（漢）劉安撰　（漢）高誘注　（清）莊逵吉校　清嘉慶九年（1804）姑蘇聚文堂刻本　三册　存十二卷（一至十二）

620000－1142－0000265　094.16/589
詩經音韻譜五卷附章句觸解一卷　（清）甄士林音釋　清道光五年（1825）刻本　五册

620000－1142－0000266　095.127/462
周官精義十二卷　（清）連斗山編次　清中期刻本　五册　缺二卷（一至二）

620000－1142－0000267　121.41/359/1：
墨子閒詁十五卷目録一卷附録一卷後語二卷　（清）孫詒讓撰　清光緒三十三年（1907）上海涵芬樓石印本　八册

620000－1142－0000268　323.1/314
九通目録四十卷　（清）雷春彦輯　清光緒二十九年（1903）上海圖書集成印書局石印本　十二册

620000－1142－0000269　082/355
玉函山房輯佚書六百二十二種七百三十七卷附目耕帖一種三十一卷　（清）馬國翰輯　清光緒九年（1883）長沙嫏嬛館刻本　一百册

620000－1142－0000270　922.363/695
西魏書二十四卷　（清）謝啟昆撰　清乾隆六十年（1795）刻本　四册

620000－1142－0000271　857.41/753－2
新刻粉粧樓傳記十卷　（明）羅貫中著　清大文堂刻本　十册

620000－1142－0000272　323.17/037
熙朝紀政六卷　（清）王慶雲述　清光緒二十七年（1901）上海天章書局石印本　二册

620000－1142－0000273　323.121/402－1
西漢會要七十卷　（宋）徐天麟撰　清光緒十年（1884）江蘇書局刻本　十册

620000－1142－0000274　126/463.1
明儒學案六十二卷　（清）黄宗羲著　清道光元年（1821）刻本　十六册

620000－1142－0000275　096.5/266
春秋三傳十六卷　（晉）杜預等注　清同治十年（1871）刻本　十四册

620000－1142－0000276　323.17/144
資治新書三十四卷首一卷　（清）李漁編　（清）沈心友訂　清光緒二十年（1894）上海圖書集成印書局鉛印本　十二册

620000－1142－0000277　291/218
皇極經世緒言九卷首二卷　（宋）邵雍著　（清）劉斯組輯　（清）包耀復參校　清道光十年（1830）錢塘徐樹堂刻本　十二册

620000－1142－0000278　196/542
大清通禮五十四卷　（清）來保等纂修　（清）穆克登額等續纂　清道光四年（1824）内府刻本　二十四册

620000－1142－0000279　121.27/555－1
荀子二十卷　（唐）楊倞注　清光緒二年（1876）淛江書局刻本　六册

620000－1142－0000280　233.5/302
弘明集十四卷　（南朝梁）釋僧祐集　清光緒二十二年（1896）金陵刻經處刻本　四册

620000－1142－0000281　170/009
性學舉隅十四章　（美國）丁韙良著　清光緒二十四年（1898）美華書館鉛印本　一册

620000－1142－0000282　192/160
呻吟語六卷　（明）吕坤著　（清）吕燕昭校　清刻本　四册

620000－1142－0000283　225/486
觀世音菩薩本行經二卷　（宋）釋普明集　清末刻本　二册

620000－1142－0000284　125.6/448
陸象山先生文集三十六卷　（宋）陸九淵著　（清）李紱點次　（清）周毓齡校　**學則辯一卷**　（明）徐階著　**陸梭山公家制一卷**　（宋）陸九淵撰　**陸象山先生文集校勘略一卷**　（清）喻震孟書　清同治十年（1871）刻本　十二册

620000－1142－0000285　082/088－1

元和江氏靈鶼閣叢書六集五十六種一百卷 (清)江標輯 清光緒元和江氏湖南使院刻本 四十八册

620000－1142－0000286 122.1
賈子次詁十六卷 (清)王耕心撰 清光緒二十九年(1903)正定王氏刻本 二册

620000－1142－0000287 223.5/302－1
弘明集十四卷 (南朝梁)釋僧祐集 清光緒二十二年(1896)金陵刻經處刻本 四册

620000－1142－0000288 228.2/542
高僧傳二集四十卷 (唐)釋道宣撰 清光緒十六年(1890)江北刻經處刻本 十册

620000－1142－0000289 225/660
太華山紫金嶺兩世修行劉香寶卷二卷 (清)瑪瑙經房輯 清光緒杭城瑪瑙經房刻本 二册

620000－1142－0000290 223/570
維摩詰所説經註八卷 (後秦)釋鳩摩羅什譯 清光緒十三年(1887)金陵刻經處刻本 二册

620000－1142－0000291 221.1/545
佛説觀無量壽佛經一卷附圖頌一卷 (南朝宋)釋畺良耶舍譯 清光緒二十一年(1895)刻本 一册

620000－1142－0000292 121.33/477
莊子十卷 (戰國)莊周著 (清)吳汝綸點勘 清宣統元年(1909)鉛印本 二册

620000－1142－0000293 121.81/362
晏子春秋七卷 (春秋)晏嬰撰 清光緒元年(1875)浙江書局刻本 四册

620000－1142－0000294 323.17/170
欽定臺規四十二卷首一卷 (清)延煦修 清光緒十八年(1892)刻本 二十四册

620000－1142－0000295 121.31/038
老子道德經二篇 (晉)王弼注 **音義一卷** (唐)陸德明撰 清光緒元年(1875)浙江書局刻本 一册

620000－1142－0000296 323.17/489－2
皇朝文獻通考輯要二十六卷 (清)嵇璜等纂修 湯壽潛輯 清光緒二十五年(1899)鉛印本 六册

620000－1142－0000297 121.71/456
鬼谷子三卷 (南朝梁)陶宏景注 清嘉慶十年(1805)江都秦氏刻本 三册

620000－1142－0000298 228.2/542－1
高僧傳二集四十卷 (唐)釋道宣撰 清光緒十六年(1890)江北刻經處刻本 五册

620000－1142－0000299 424.1/218
古今韻略五卷 (清)宋犖閲定 (清)邵長蘅纂 (清)宋至校 清康熙三十五年(1696)刻本 二册

620000－1142－0000300 121.84/321
吕氏春秋二十六卷 (秦)吕不韋著 清光緒元年(1875)浙江書局刻本 六册

620000－1142－0000301 098.2/141
爾雅疏十卷 (晉)郭璞注 (宋)邢昺等校定 (□)□□音 **校勘記十卷** (清)阮元撰 (清)盧宣旬摘録 清嘉慶二十年(1815)江西南昌府學重刊宋本十三經註疏附校勘記本 五册

620000－1142－0000302 323.14/328
大唐六典三師三公尚書都省三十卷 (唐)玄宗李隆基撰 (唐)李林甫注 清嘉慶五年(1800)掃葉山房刻本 六册

620000－1142－0000303 098.2/141－1
孝經注疏九卷 (唐)玄宗李隆基注 (宋)邢昺疏 **校勘記九卷** (清)阮元撰 (清)盧宣旬摘録 清嘉慶二十年(1815)江西南昌府學重刊宋本十三經註疏附校勘記本 一册

620000－1142－0000304 125.6/448/1:
陸象山先生文集三十六卷 (宋)陸九淵著 (清)李紱點次 (清)周毓齡校 **學則辯一卷** (明)徐階著 **陸梭山公家制一卷** (宋)陸九淵刊 **陸象山先生文集校勘略一卷** (清)喻震孟撰 清同治十年(1871)刻本 十二册

620000－1142－0000305　121.29/166
呂子呻吟語節鈔六卷　(明)呂坤著　(明)陳榕門節鈔　清同治十年(1871)刻本　二册

620000－1142－0000306　324.1/703
列國政要一百三十二卷　(清)戴鴻慈　(清)端方輯　清光緒三十三年(1907)石印本　三十二册

620000－1142－0000307　323.1/097
明會要八十卷　(清)龍文彬纂　清光緒廣雅書局刻本　二十册

620000－1142－0000308　330/130
富國策三卷　(美國)丁韙良撰　(清)汪鳳藻譯　清光緒二十五年(1899)上海美華書館鉛印本　一册

620000－1142－0000309　325.91/402
保甲書四卷　(清)徐棟輯　清道光二十八年(1848)刻本　二册

620000－1142－0000310　226.8/570
淨土十要十卷　(後秦)釋鳩摩羅什譯　(明)釋智旭解　清光緒二十年(1894)廣陵藏經禪院刻本　四册

620000－1142－0000311　323.17/290
欽定中樞政考三十二卷　(清)保寧纂　清嘉慶八年(1803)刻本　十六册

620000－1142－0000312　324.1/703－1
列國政要一百三十二卷　(清)戴鴻慈　(清)端方輯　清光緒三十三年(1907)石印本　三十二册

620000－1142－0000313　392.2/138
辛丑和約全稿一卷　(清)中外日報館輯　清光緒鉛印本　一册

620000－1142－0000314　331/772－1
原富不分卷　(英國)斯密亞丹撰　嚴復譯　清光緒二十七年(1901)南洋公學譯書院鉛印本　八册

620000－1142－0000315　323.914/617
晉政輯要四十卷　(清)鄭源璹纂修　清光緒二十五年(1899)刻本　三十二册

620000－1142－0000316　328.26/621
交涉要覽類編四卷　(清)鄭貞來譯　(清)陳鈺校　清光緒二十八年(1902)湖北洋務譯書局鉛印本　四册

620000－1142－0000317　323.44/055
欽定科場條例五十八卷首一卷　(清)禮部纂　清嘉慶九年(1804)刻本　十七册

620000－1142－0000318　329.2/050.1
中外條約易檢錄不分卷　(清)褚蘭生輯　清光緒元年(1875)鉛印本　四册

620000－1142－0000319　323.17/402－1
保甲書四卷　(清)徐棟輯　清道光二十八年(1848)刻本　三册

620000－1142－0000320　329.2/642/1
約章分類輯要三十八卷　蔡乃煌纂　清光緒二十六年(1900)湖南商務局刻本　三十册

620000－1142－0000321　329/484
各國約章纂要七卷附錄一卷　勞乃宣輯　清光緒十七年(1891)吳橋官廨刻本　四册

620000－1142－0000322　323.1/046
唐會要一百卷　(宋)王溥撰　清光緒刻本　二十八册

620000－1142－0000323　126.4/035－3
王文成公全書三十八卷　(明)王守仁著　(明)徐愛輯　清晚期刻本　二十四册

620000－1142－0000324　323.17/402－1/1：
保甲書四卷　(清)徐棟輯　清道光二十八年(1848)刻本　四册

620000－1142－0000325　328.26/076
乙巳年交涉要覽五卷　(清)北洋洋務局纂輯　清光緒三十四年(1908)北洋官報局鉛印本　四册

620000－1142－0000326　329.2/285
中俄國際約註五卷　(清)施紹常編　清光緒三十一年(1905)上海商務印書館鉛印本　二册

620000－1142－0000327　328.319/668
日本外史二十二卷　（日本）賴久太郎著　（日本）保岡元吉校　清光緒七年（1881）刻本　十二册

620000－1142－0000328　332.2028/562
農工商部統計表一卷　（清）農工商部統計處編　清光緒三十四年（1908）鉛印本　二册

620000－1142－0000329　323.17/489－1
欽定續文獻通考輯要二十六卷　湯壽潛輯　清光緒二十五年（1899）通雅堂鉛印本　十册

620000－1142－0000330　346/363
理財攷鏡十卷　（清）孫德全著　清宣統二年（1910）鉛印本　三册

620000－1142－0000331　328.29/058
五千年中外交涉史九十七卷　（清）屯廬主人輯　清光緒二十九年（1903）上海蜚英書局鉛印本　二十册

620000－1142－0000332　348.3/144
淮鹺備要十卷　（清）李澄輯　清道光三年（1823）刻本　四册

620000－1142－0000333　323.17/402
牧令書二十三卷　（清）徐棟輯　清道光二十八年（1848）楚興國、李煒刻本　十八册

620000－1142－0000334　223.74/138
華嚴金師子章一卷　（唐）釋法藏述　（宋）釋淨源解　清光緒二十一年（1895）金陵刻經處刻本　一册

620000－1142－0000335　332.231/422
閩產錄異六卷　（清）郭柏蒼輯　清光緒十二年（1886）刻本　三册

620000－1142－0000336　347.92/655
廣西財政沿革利弊詳細説明書十三卷首一卷　（清）廣西財政清理局編　清宣統二年（1910）廣西官書局鉛印本　十四册

620000－1142－0000337　223.842/192
梵網經菩薩戒本疏十卷　（唐）釋法藏撰　清光緒二十五年（1899）金陵刻經處刻本　二册

620000－1142－0000338　352/642
律例便覽八卷處分則例圖要六卷　（清）蔡逢年著　清同治十一年（1872）刻本　六册

620000－1142－0000339　226.29/516
相宗八要解不分卷　（唐）釋玄奘譯　（唐）釋窺基解　（明）釋明昱贅言　清光緒二十八年（1902）金陵刻經處刻本　三册

620000－1142－0000340　323.17/402/1:1－2
牧令書二十三卷　（清）徐棟輯　清道光二十八年（1848）楚興國、李煒刻本　十八册

620000－1142－0000341　334.8/553
籌濟編三十二卷首一卷　（清）楊景仁輯　清道光九年（1829）刻本　八册

620000－1142－0000342　348.3/131
山東鹽法志二十二卷首一卷附編援證十卷　（清）宋湘纂修　清嘉慶十三年（1808）刻本　二十四册

620000－1142－0000343　329.2/642
約章分類輯要三十八卷　蔡乃煌纂　清光緒二十六年（1900）湖南商務局刻本　三十册

620000－1142－0000344　368.1/008
樂善錄十卷首一卷　（清）丁丙編　清光緒二十六年（1900）錢塘丁氏刻本　八册

620000－1142－0000345　094.127/039
詩經拾遺一卷詩問七卷　（清）郝懿行撰　清光緒八年（1882）東路廳署刻郝氏遺書本　六册

620000－1142－0000346　399.9/284
越諺三卷附賸語二卷　（清）范寅輯　（清）黄以周審定　（清）王詒壽閱定　清光緒八年（1882）谷應山房刻本　三册

620000－1142－0000347　352.75/780
增修籌餉事例條款四卷　（清）□□輯　清同治魁文堂書坊刻本　四册

620000－1142－0000348　342.092/754
東盛和債案報告十六卷　（清）羅飴編　清宣統元年（1909）上海商務印書館鉛印本　八册

620000－1142－0000349　279/218
吉祥花六卷　(清)邵紀棠輯評　清同治九年(1870)聚經堂刻本　二册

620000－1142－0000350　380.92/449
權制八卷　(清)陳澹然述　清光緒二十六年(1900)長沙徐崇立刻本　六册

620000－1142－0000351　392/675－1
大清通禮五十四卷　(清)來保等纂修　(清)穆克登額等續纂　清光緒九年(1883)江蘇書局刻本　二十四册

620000－1142－0000352　095/467
禮書通故五十卷　(清)黄以周述　清光緒十九年(1893)黄氏試館刻本　三十二册

620000－1142－0000353　399.9/284/1:
越諺三卷附賸語二卷　(清)范寅輯　(清)黄以周審定　(清)王詒壽閲定　清光緒八年(1882)谷應山房刻本　三册

620000－1142－0000354　420/692
文字發凡四卷　(清)龍志澤編輯　清光緒三十一年(1905)上海廣智書局鉛印本　二册

620000－1142－0000355　399.9/284/3:
越諺三卷附賸語二卷　(清)范寅輯　(清)黄以周審定　(清)王詒壽閲定　(清)王詒壽校勘　清光緒八年(1882)谷應山房刻本　三册

620000－1142－0000356　228/313
神僧傳九卷　(明)成祖朱棣撰　清宣統元年(1909)常州天寧寺刻經處刻本　四册

620000－1142－0000357　095/450
禮書一百五十卷　(宋)陳祥道撰　清光緒二年(1876)刻本　十四册

620000－1142－0000358　393.2/032
文廟丁祭譜一卷　(清)江蘇書局編　清同治七年(1868)江蘇書局刻本　一册

620000－1142－0000359　352.75/204
故唐律疏議三十卷　(唐)長孫無忌等撰　清光緒十七年(1891)京師刻本　十二册

620000－1142－0000360　420/452
小學集注六卷　(明)陳選集注　清同治十年(1871)刻本　四册

620000－1142－0000361　323.17/489
文獻通考輯要二十六卷　(元)馬端臨撰　湯壽潛輯　清光緒二十五年(1899)圖書集成局鉛印本　十册

620000－1142－0000362　423.14/035
王氏六書存微八卷　王闓運撰　(清)陳兆奎輯存　(清)喻謙述微　清咸豐六年(1856)東州刻本　十二册

620000－1142－0000363　423.9/643
千金裘二十七卷　(清)蔣義彬纂　清嘉慶二十一年(1816)刻本　二册

620000－1142－0000364　352.75/204－1
故唐律疏議三十卷　(唐)長孫無忌等撰　清光緒十七年(1891)京師刻本　十二册

620000－1142－0000365　352/534
大清律例增修統纂集成四十卷附督捕則例二卷　(清)沈之奇撰　清光緒十七年(1891)上洋珍藝書局鉛印本　二十四册

620000－1142－0000366　228.2/628
高僧傳初集十五卷　(南朝梁)釋慧皎撰　清光緒十年(1884)金陵刻經處刻本　四册

620000－1142－0000367　422.6/531
選雅二十卷　(清)程先甲述　清光緒二十八年(1902)刻千一齋叢書本　八册

620000－1142－0000368　422/368
札樸十卷　(清)桂馥撰　清嘉慶十八年(1813)小李山房刻會稽徐氏補刻本　八册

620000－1142－0000369　423.9/367
證俗文十九卷　(清)郝懿行著　清光緒十年(1884)曬書堂刻本　六册

620000－1142－0000370　228.2/628－1
高僧傳初集十五卷　(南朝梁)釋慧皎撰　清光緒十年(1884)金陵刻經處刻本　四册

620000－1142－0000371　422.6/531－1
選雅二十卷　(清)程先甲述　清光緒二十八

年(1902)刻千一齋叢書本　八冊

620000 - 1142 - 0000372　399/152
古謠諺一百卷　(清)杜文瀾輯　清咸豐十一年(1861)曼陀羅華閣刻本　二十冊

620000 - 1142 - 0000373　356/702
日本裁判所構成法不分卷　(日本)齋藤十一郎述　清宣統元年(1909)鉛印本　二冊

620000 - 1142 - 0000374　322.41705/607
東觀奏記三卷　(唐)裴庭裕撰　清光緒三十四年(1908)刻本　一冊

620000 - 1142 - 0000375　422.5/431
廣雅十卷　(北魏)張揖撰　(隋)曹憲音　清同治十三年(1874)刻本　一冊

620000 - 1142 - 0000376　421.5/427
隸釋二十卷隸續二十一卷清本隸釋勘誤一卷　(宋)洪适著　清同治十一年(1872)皖南洪氏晦木齋刻本　八冊

620000 - 1142 - 0000377　422/368 - 1
札樸十卷附蘇詩查注補正四卷姑蘇名賢小記二卷　(清)桂馥撰　清光緒九年(1883)長洲蔣氏刻心矩齋叢書本　八冊

620000 - 1142 - 0000378　422.5/657 - 1
釋名八卷　(漢)劉熙撰　清光緒十五年(1889)長洲吳氏璜川書屋刻小學彙函本　一冊

620000 - 1142 - 0000379　380.92/279
讀史兵略四十六卷　(清)胡林翼纂　清咸豐十一年(1861)武昌節署刻本　十六冊

620000 - 1142 - 0000380　323.07/463 - 1
明夷待訪錄一卷　(清)黄宗羲撰　(清)黄承乙校　清光緒五年(1879)黄氏五桂樓刻本　一冊

620000 - 1142 - 0000381　422.5/040 - 1
廣雅疏證十卷附博雅音十卷　(清)王念孫學　清光緒五年(1879)淮南書局刻本　八冊

620000 - 1142 - 0000382　322.23083/247
諸史考異十八卷　(清)洪頤煊撰　清光緒十五年(1889)廣雅書局刻本　四冊

620000 - 1142 - 0000383　422.127/367 - 3
爾雅郭注義疏二十卷　(清)郝懿行學　清光緒十年(1884)滎縣蜀南閣刻本　八冊

620000 - 1142 - 0000384　423.9/467
校增字學舉隅不分卷　(清)黄虎癡(黄本驥)輯　清同治十三年(1874)刻本　二冊

620000 - 1142 - 0000385　423.9/469 - 2
字彙十二卷首一卷　(明)梅膺祚撰　清嘉慶五年(1800)書業堂刻本　一冊　存一卷(首一卷)

620000 - 1142 - 0000386　423.1/422
汗簡七卷書目一卷　(宋)郭忠恕撰　(清)鄭珍箋正　清光緒十五年(1889)廣雅書局刻本　四冊

620000 - 1142 - 0000387　399.9/284/2:
越諺三卷附賸語二卷　(清)范寅輯　(清)黄以周審定　(清)王詒壽閱定　(清)王詒壽校勘　清光緒八年(1882)谷應山房刻本　一冊

620000 - 1142 - 0000388　423.9/643
千金裘二集二十六卷　(清)蔣義彬　(清)徐元麟纂　清嘉慶二十三年(1818)刻本　二冊

620000 - 1142 - 0000389　423.1/422 - 1
汗簡七卷書目一卷　(宋)郭忠恕撰　(清)鄭珍箋正　清光緒十五年(1889)廣雅書局刻本　四冊

620000 - 1142 - 0000390　394/079
朱子家禮十卷首一卷末一卷　(宋)朱熹撰　**四禮初稿一卷**　(明)宋纁撰　**四禮約言一卷**　(明)吕維祺撰　清嘉慶六年(1801)寶寧堂刻本　八冊

620000 - 1142 - 0000391　422.5/657
釋名疏證補八卷續釋名一卷補遺一卷補坿一卷　王先謙譔集　清光緒二十二年(1896)長沙王氏刻本　四冊

620000 - 1142 - 0000392　422.6/735
駢雅七卷序目二卷訓纂十六卷　(明)朱謀𡐋

著　(清)魏茂林纂　清光緒七年(1881)成都淪雅齋刻本　八册

620000－1142－0000393　422.6/735/1：

駢雅七卷序目二卷訓纂十六卷　(明)朱謀㙔著　(清)魏茂林纂　清光緒七年(1881)成都淪雅齋刻本　八册

620000－1142－0000394　423.1/113

說文通訓定聲十八卷東韻一卷說雅一卷古今韻準一卷　(清)朱駿聲記錄　(清)朱鏡蓉參訂　清道光二十八年(1848)刻本　二十四册

620000－1142－0000395　422.6/348

拾雅二十卷　(清)夏味堂述　清嘉慶二十四年(1819)遂園刻本　十册

620000－1142－0000396　422.5/042

釋名疏證補八卷續釋名一卷補遺一卷補坿一卷　王先謙譔集　清光緒二十二年(1896)長沙王氏刻本　四册

620000－1142－0000397　392/701

漢官儀二卷　(漢)應劭撰　(清)孫星衍校集　清光緒十七年(1891)順德龍氏刻知服齋叢書本　一册

620000－1142－0000398　424/039－1

音韻闡微十八卷　(清)李光地編　(清)王蘭生纂修　清光緒七年(1881)淮南書局刻本　五册

620000－1142－0000399　424/585

剔弊廣增分韻五方元音二卷附增補剔弊五方元音一卷　(清)樊騰鳳手著　(清)趙培梓改正新編　清嘉慶十五年(1810)善成堂刻本　三册

620000－1142－0000400　359.1/515

各國交涉公法論十六卷末一卷　(英國)費利摩羅巴德著　**英國水師律例四卷**　(英國)德麟　(英國)極福德纂　清光緒二十四年(1898)小倉山房石印本　八册

620000－1142－0000401　423.9/063

類篇四十五卷　(宋)司馬光等纂修　清光緒二年(1876)川東官舍刻本　十五册

620000－1142－0000402　421.8/484

簡字全譜一卷　勞乃宣撰　清光緒三十三年(1907)金陵刻本　一册

620000－1142－0000403　424.1/654

佩文韻遡原五卷　(清)劉家鎮編輯　清道光十九年(1839)石芝山館刻本　二册

620000－1142－0000404　424/628

禮部韻略五卷　(宋)丁度撰　清光緒二年(1876)川東官舍刻本　五册

620000－1142－0000405　359.1/515－1

各國交涉公法論十六卷末一卷　(英國)費利摩羅巴德著　清光緒二十二年(1896)慎記書莊石印本　八册

620000－1142－0000406　424/093

韻徵十六卷　(清)安吉纂輯　(清)安念祖纂錄　(清)華湛恩校　清道光十七年(1837)親仁堂刻本　五册

620000－1142－0000407　424.5/086－128

四聲切韻表補正五卷首一卷末一卷　(清)江永編　(清)汪曰楨補　清光緒元年(1875)成都志古堂刻本　四册

620000－1142－0000408　424.1/449－1

切韻考外篇三卷　(清)陳澧著　清光緒十年(1884)鉛印本　一册

620000－1142－0000409　857.41/478

新刻天花藏批評玉嬌梨四卷　(清)荻岸散人編次　明末清初刻本　四册

620000－1142－0000410　424.3/162

韻補五卷附韻補正一卷　(宋)吳棫撰　(清)顧炎武補　(清)徐幹校　清光緒九年(1883)邵武徐氏刻本　三册

620000－1142－0000411　423.14/529

六書分類十二卷首一卷　(清)傅世垚輯纂　(清)傅錫桂等校閱　清乾隆五十四年(1789)傅應奎刻本　十三册

620000－1142－0000412　423/040－1

文字蒙求四卷　(清)王筠著　清光緒十三年(1887)刻本　二冊

620000－1142－0000413　422.12/422
爾雅註疏十一卷　(晉)郭璞註　(宋)邢昺疏　清嘉慶七年(1802)刻本　六冊

620000－1142－0000414　424.1/144
李氏音鑑六卷　(清)李汝珍著　清光緒十四年(1888)木樨山房刻本　四冊

620000－1142－0000415　424.5/427
詩韻全璧五卷附虚字韻藪一卷　(清)湯祥瑟校正　清光緒十二年(1886)上海積山書局石印本　五冊

620000－1142－0000416　424.1/692－2
古韻通説二十卷　(清)龍啟瑞著　清光緒九年(1883)四川尊經書局刻本　二冊

620000－1142－0000417　423.9/063
類篇四十五卷　(宋)司馬光等纂修　清光緒二年(1876)川東官舍刻本　十五冊

620000－1142－0000418　424.1/761
音學五書三十八卷　(清)顧炎武著　清光緒十六年(1890)思賢講舍刻本　十二冊

620000－1142－0000419　422.7/420
親屬記二卷　(清)鄭珍撰　清光緒十八年(1892)廣雅書局刻本　一冊

620000－1142－0000420　423.1/416－1
説文解字三十卷　(漢)許慎記　(宋)徐鉉等校定　清同治十三年(1874)刻本　三冊

620000－1142－0000421　422.127/267－3
爾雅郭注義疏二十卷　(清)郝懿行學　清光緒十年(1884)榮縣蜀南閣刻本　八冊

620000－1142－0000422　423.9/262
字典考證十二卷　(清)王引之撰　清光緒二年(1876)崇文書局刻本　六冊

620000－1142－0000423　424.1/692－1
古韻通説二十卷　(清)龍啟瑞著　清光緒九年(1883)四川尊經書局刻本　四冊

620000－1142－0000424　423.9/784
增廣字學舉隅四卷　(清)鐵珊輯　(清)淩振家閲　(清)王寶鏞書　清同治十三年(1874)蘭州郡署刻本　四冊

620000－1142－0000425　423.1/261
説文聲母歌括四卷　(清)宣澍甘輯　清宣統元年(1909)石印本　二冊

620000－1142－0000426　423.9/784－3
增廣字學舉隅四卷　(清)鐵珊輯　清同治十三年(1874)蘭州郡署刻本　四冊

620000－1142－0000427　423.9/461－1
字彙十二集首一卷末一卷　(明)梅膺祚音釋　清同治七年(1868)刻本　十四冊

620000－1142－0000428　424/468
古今韻會舉要三十卷　(宋)黄公紹編　(元)熊忠撰　清光緒九年(1883)淮南書局刻本　十冊

620000－1142－0000429　425.8/207－429
續方言二卷　(清)杭世駿原本　(清)張慎儀校補　清光緒三十一年(1905)刻本　一冊

620000－1142－0000430　423.15/462
漢學諧聲二十四卷説文補考一卷　(清)戚學標學　清嘉慶九年(1804)刻本　八冊

620000－1142－0000431　428.1/421
韻史二卷補一卷　(清)許遯翁著　(清)繼芳校勘　(清)朱玉岑補　清光緒十六年(1890)上海廣百宋齋刻本　一冊

620000－1142－0000432　424/468
古今韻會舉要三十卷　(宋)黄公紹編　(元)熊忠撰　清光緒九年(1883)淮南書局刻本　十冊

620000－1142－0000433　423.9/054
分韻字攷不分卷　(□)□□撰　清嘉慶十八年(1813)刻本　六冊

620000－1142－0000434　423.133/294－1
説文解字三十二卷　(漢)許慎撰　(清)段玉裁注　清同治六年(1867)蘇州保息局刻本

十六册

620000－1142－0000435　323.121/210
漢禮器制度六卷　(漢)叔孫通編　清光緒十七年(1891)順德龍氏刻知服齋叢書本　一册

620000－1142－0000436　428.1/727
龍文鞭影四卷　(明)蕭良有纂輯　(明)楊臣諍增訂　(清)李恩綬校補　清光緒十四年(1888)鎮江文成堂刻本　四册

620000－1142－0000437　323.1/046－1
五代會要三十卷　(宋)王溥撰　清光緒二十一年(1895)刻本　六册

620000－1142－0000438　424/468－1
古今韻會舉要三十卷　(宋)黄公紹編　(元)熊忠撰　清光緒九年(1883)淮南書局刻本　十册

620000－1142－0000439　423.9/109
駢雅七卷　(明)朱謀㙔撰　(清)魏茂林學　清道光二十五年(1845)有不爲齋刻本　七册

620000－1142－0000440　323.1/293
九通序例全録不分卷　(清)□□輯　清光緒二十八年(1902)鴻寶齋石印本　六册

620000－1142－0000441　425.8/684
輶軒使者絕代語釋别國方言箋疏十三卷　(清)錢繹撰集　(清)王文韶校　清光緒十六年(1890)紅蝠山房校刻本　六册

620000－1142－0000442　422.15/422
爾雅三卷　(晉)郭璞註　清光緒十年(1884)上海同文書局石印本　二册

620000－1142－0000443　323.11/466
營田輯要三卷首一卷　(清)黄輔辰述　清同治五年(1866)刻本　一册

620000－1142－0000444　423.1/144
説文辨字正俗八卷　(清)李富孫學　清同治九年(1870)刻本　四册

620000－1142－0000445　431.04/310
鼇頭增字日本大玉編不分卷　(日本)後藤常太郎編輯　清光緒二十三年(1897)刻本　一册

620000－1142－0000446　424.1/434
古韻發明不分卷附切字肆考不分卷　(清)張耕著　清道光六年(1826)芸心堂刻本　四册

620000－1142－0000447　424.1/237
佩文詩韻釋要五卷　(清)周兆基撰　清光緒十八年(1892)廣東學院刻本　一册

620000－1142－0000448　422.15/422－1
爾雅三卷　(晉)郭璞註　清光緒十年(1884)上海點石齋石印本　四册

620000－1142－0000449　093/039
尚書後案三十卷後辨一卷　(清)王鳴盛學　清乾隆四十五年(1780)刻本　八册

620000－1142－0000450　424.1/345
述均十卷　(清)夏燮著　清咸豐五年(1855)番陽官廨刻本　二册

620000－1142－0000451　423/359
名原二卷　(清)孫詒讓記　清光緒三十一年(1905)刻本　一册

620000－1142－0000452　097.37/042
論語經正録二十卷附年譜一卷　(清)王肇晉學　(清)王用誥述　清光緒二十年(1894)刻本　十一册

620000－1142－0000453　425.8/125
方言釋字一卷　(清)王汲輯　清同治二年(1863)金雅堂刻本　一册

620000－1142－0000454　097.3276/654－1
論語正義二十四卷　(清)劉寶楠學　(清)劉恭冕述　清同治五年(1866)刻本　六册

620000－1142－0000455　500/354
藝學統纂八十八卷　(清)馬建忠編輯　清光緒二十八年(1902)上海文林石印本　二十四册

620000－1142－0000456　423.133/294－4
説文解字三十二卷　(漢)許慎撰　(清)段玉裁注　清宣統二年(1910)鉛印本　八册

620000－1142－0000457　423.14/040

文字蒙求廣義四卷　(清)王筠原本　(清)蒯光典增注　清光緒二十七年(1901)江楚書局刻本　五册

620000－1142－0000458　390/155

典禮質疑六卷　(清)杜貴墀撰　清光緒二十六年(1900)刻本　二册

620000－1142－0000459　426.6/378

虛字說一卷　(清)袁仁林著　清咸豐刻惜陰軒叢書本　一册

620000－1142－0000460　097.3276/654－1

論語正義二十四卷　(清)劉寶楠學　(清)劉恭冕述　清同治五年(1866)刻本　六册

620000－1142－0000461　382/109

重刊武經七書彙解七卷首一卷末一卷　(清)朱墉纂輯　(清)朱之翰原鑒　(清)朱圻原訂　清光緒二年(1876)嶺南古經閣書坊刻本　十册

620000－1142－0000462　630.92/063－1

農桑輯要七卷　(元)司農司撰　**蠶事要略一卷**　(清)張行孚撰　清光緒二十一年(1895)桐廬袁氏漸西村舍刻本　二册

620000－1142－0000463　094.17522/174－1

呂氏家塾讀詩記三十一卷　(宋)呂祖謙撰　清嘉慶十六年(1811)谿上聽彝堂刻本　十册

620000－1142－0000464　427/614

蒼崖先生金石例十卷　(元)潘昂霄著　**札記一卷**　繆荃孫撰　清光緒至民國南陵徐氏刻隨盦叢書本　二册

620000－1142－0000465　633.31/370

捕蝗要說一卷附除蝻八要一卷　(清)錢炘和著　清同治八年(1869)楚北崇文書局刻本　一册

620000－1142－0000466　519.45/749

代微積拾級十八卷　(美國)羅密士譔　(英國)偉烈亞力口譯　(清)李善蘭筆述　清咸豐九年(1859)墨海刻本　三册

620000－1142－0000467　423.135/368

說文解字義證五十卷　(清)桂馥學　清同治九年(1870)湖北崇文書局刻本　三十二册

620000－1142－0000468　520/144－1

談天十八卷　(英國)侯失勒原本　(英國)偉烈亞力口譯　(清)李善蘭刪述　清咸豐九年(1859)墨海活字印本　三册

620000－1142－0000469　121.33/422.1

莊子集釋十卷　(清)郭慶藩輯　清光緒二十年(1894)思賢講舍刻本　八册

620000－1142－0000470　630.9241/204

奉天全省農業調查書五編　(清)奉天省農業試驗場編　清宣統元年(1909)奉天農業試驗場鉛印本　三册

620000－1142－0000471　528/343

月令粹編二十四卷圖說一卷　(清)秦嘉謨編　清嘉慶十七年(1812)琳琅仙館刻本　六册

620000－1142－0000472　630.92/425

欽定授時通考七十八卷　(清)張廷玉等纂修　清乾隆七年(1742)江西書局刻本　二十四册

620000－1142－0000473　632.2/284

農務土質論二卷　(美國)金福蘭格令希蘭撰　(美國)衛理口譯　(清)范熙庸筆述　清光緒二十六年(1900)製造局刻本　二册

620000－1142－0000474　121.33/422.1－1

莊子集釋十卷　(清)郭慶藩輯　清光緒二十年(1894)思賢講舍刻本　八册

620000－1142－0000475　528/681

三統術衍三卷三統術鈐一卷　(清)錢大昕撰　(清)李鋭校　清嘉慶六年(1801)刻本　三册

620000－1142－0000476　427/331

讀書作文譜十二卷父師善誘法二卷　(清)唐彪輯著　(清)唐正心等校　清嘉慶八年(1803)敦化堂刻本　三册　缺四卷(四至七)

620000－1142－0000477　121.33/422.1－2

莊子集釋十卷　(清)郭慶藩輯　清光緒二十年(1894)思賢講舍刻本　八册

620000－1142－0000478　423.15/657－1
四音定切四卷首一卷　(清)劉熙載　(清)黄晉参輯　清光緒四年(1878)刻本　二册

620000－1142－0000479　121.33/422.1－3
莊子集釋十卷　(清)郭慶藩輯　清光緒二十年(1894)思賢講舍刻本　八册

620000－1142－0000480　644.4/042
浙西水利備考不分卷　(清)王鳳生纂　清光緒四年(1878)刻本　四册

620000－1142－0000481　121.61/599－190
管子二十四卷　(春秋)管仲撰　(唐)房玄齡注　(明)劉績補　清光緒二十九年(1903)新政書局刻本　四册

620000－1142－0000482　424/591
切音捷訣一卷附幼學切音便讀一卷　(清)鄺珩撰　清光緒六年(1880)摭古堂刻本　一册

620000－1142－0000483　748/035.1
冶梅槑譜不分卷　(清)王寅著　清光緒十八年(1892)上海振華圖書社石印本　四册

620000－1142－0000484　423.15/657
説文疊韵三卷首一卷　(清)劉熙載撰　清光緒五年(1879)刻本　二册

620000－1142－0000485　679.92/556
墨表四卷　(清)萬壽祺撰　清嘉慶二十三年(1818)刻本　一册

620000－1142－0000486　121.61/599－1
管子二十四卷　(春秋)管仲撰　(唐)房玄齡註　清光緒五年(1879)影宋刻本　四册

620000－1142－0000487　427/098
文徵五卷　(清)艮思氏輯　清光緒三十一年(1905)鉛印本　四册

620000－1142－0000488　094.127/038
毛詩讀三十卷　(清)王劼撰　清咸豐四年(1854)成都熊即心齋刻本　十二册

620000－1142－0000489　507/144
游藝録三卷附大清便用萬年曆一卷　(清)李洇纂　(清)李逸叔校　(清)李致和參訂　清光緒二十年(1894)醉月山房刻本　九册

620000－1142－0000490　422.127/367－1
爾雅郭注義疏二十卷　(清)郝懿行學　清同治四年(1865)刻本　八册

620000－1142－0000491　820.1/656－647－3
文心雕龍十卷　(南朝梁)劉勰撰　(清)黄叔琳注　(清)紀昀評　清道光十三年(1833)兩廣節署刻朱墨套印本　四册

620000－1142－0000492　820.1/656－647
文心雕龍十卷　(南朝梁)劉勰撰　(清)黄叔琳注　(清)紀昀評　清道光十三年(1833)兩廣節署刻朱墨套印本　一册

620000－1142－0000493　423.135/040－3
説文解字句讀八十九卷　(漢)許慎記　(清)王筠撰集　清光緒十七年(1891)刻本　三十六册

620000－1142－0000494　820.1/656－647:1
文心雕龍十卷　(南朝梁)劉勰撰　(清)黄叔琳注　(清)紀昀評　清光緒十九年(1893)思賢講舍刻本　四册

620000－1142－0000495　679.93/163
端谿硯史三卷　(清)吳蘭修編　**筆史一卷頻羅庵論書一卷**　(清)梁元穎著　清道光十四年(1834)許增刻本　一册

620000－1142－0000496　740/643
墨林今話十八卷續編一卷　(清)蔣寳齡撰　清咸豐二年(1852)刻本　四册

620000－1142－0000497　423.167/359
古籀拾遺三卷附宋政和禮器文字攷一卷　(清)孫詒讓記　清光緒十六年(1890)刻本　四册

620000－1142－0000498　424.1/761－2
音學五書三十八卷　(清)顧炎武著　清光緒十六年(1890)思賢講舍刻本　十二册

620000－1142－0000499　821/036.1
聲調三譜不分卷　(清)王祖源輯　清光緒八年(1882)福山王氏刻天壤閣叢書本　二冊

620000－1142－0000500　424.1/304
古音諧八卷首一卷　(清)姚文田撰　清道光二十五年(1845)蘇州振新書社刻本　六冊

620000－1142－0000501　644.485/144
三省黄河全圖不分卷　(清)李鴻章監修　清光緒十六年(1890)上海鴻文書局石印本　五冊

620000－1142－0000502　821/134－1
柳亭詩話三十卷　(清)宋長白纂　(清)宋澤元校　清光緒八年(1882)懺花盦刻本　八冊

620000－1142－0000503　614.1/148－2
本草綱目五十二卷圖三卷　(明)李時珍編輯　(清)張紹棠重校　清光緒十一年(1885)合肥張氏味古齋刻本　三十冊

620000－1142－0000504　423.167/359－1
古籀拾遺三卷附宋政和禮器文字攷一卷　(清)孫詒讓記　清光緒十六年(1890)刻本　四冊

620000－1142－0000505　424.5/427－1
詩韻合璧五卷附虚字韻藪并補遺一卷　(清)湯文潞撰　清中晚期繡谷謝文盛堂刻本　五冊

620000－1142－0000506　423.135/040－2
説文解字句讀三十卷　(清)王筠撰集　清同治四年(1865)刻本　十六冊

620000－1142－0000507　749.9/541
詩畫舫不分卷　(清)點石齋輯　清光緒三十年(1904)上海點石齋石印本　六冊

620000－1142－0000508　423.15/285
説文聲讀表七卷　(清)苗夔纂　清道光二十二年(1842)山東福山王氏刻本　二冊

620000－1142－0000509　423.135/040－1
説文釋例二十卷　(清)王筠學　清同治四年(1865)刻本　十冊

620000－1142－0000510　781.1/217
律音彙考八卷補正一卷　(清)邱之稑著　**琴旨申邱一卷**　(清)劉人熙譔　清宣統三年(1911)刻本　四冊

620000－1142－0000511　614.1/148－2
本草綱目拾遺十卷　(清)趙學敏輯　清光緒十一年(1885)合肥張紹棠刻本　八冊

620000－1142－0000512　424.3/761
韻補正一卷　(清)顧炎武撰　清光緒三十二年(1906)校經山房刻本　一冊

620000－1142－0000513　614.1/148－2
本草萬方鍼線八卷　(清)蔡烈先輯　(清)范錫堯　(清)朱銘華校　清光緒十一年(1885)合肥張氏味古齋刻本　二冊

620000－1142－0000514　424.3/761
聖安紀事二卷　(清)顧炎武譔　(清)朱記榮校字　清光緒三十二年(1906)上海校經山房刻本　一冊

620000－1142－0000515　749.1/743
虚齋名畫錄十六卷　(清)龐元濟藏　清宣統元年(1909)烏程龐氏申江刻本　十六冊

620000－1142－0000516　424.3/761
顧氏譜系考一卷　(清)顧炎武撰　清光緒三十二年(1906)校經山房刻本　一冊

620000－1142－0000517　747.09/217
歷代畫史彙傳七十二卷附總目二卷　(清)邱步洲重輯　清同治十三年(1874)三楚邱氏畊餘堂刻本　三十二冊

620000－1142－0000518　746.2/341
蘭亭考十三卷續考二卷　(宋)桑世昌集　清刻知不足齋叢書本　四冊

620000－1142－0000519　793/659
漢官儀三卷　(宋)劉攽撰　清道光四年(1824)歙縣鮑氏影宋刻本　一冊

620000－1142－0000520　749.1/743
虚齋名畫錄十六卷　(清)龐元濟藏　清宣統元年(1909)烏程龐氏申江刻本　十六冊

620000－1142－0000521　746.2/469
東觀餘論二卷附録一卷　(宋)黄伯思撰　(清)徐榦校　清光緒邵武徐氏刻本　二册

620000－1142－0000522　793.4/297
酒令叢鈔四卷　(清)俞敦培輯　清光緒四年(1878)藝雲軒刻本　二册

620000－1142－0000523　743.1/048
嶽雪樓書畫録五卷　(清)孔廣陶編　清光緒十五年(1889)三十有三萬卷堂刻本　五册

620000－1142－0000524　323.4/166
實政録七卷　(明)呂坤著　清同治七年(1868)湖北崇文書局刻本　四册

620000－1142－0000525　513/025
代數通藝録十六卷　(清)方愷撰　清光緒十六年(1890)刻本　四册

620000－1142－0000526　927.21/205－447
[乾隆]婁縣志三十卷首二卷　(清)謝庭薰修　(清)陸錫熊纂　清乾隆五十一年至五十三年(1786－1788)刻本　六册

620000－1142－0000527　323.35/165
海豐吴氏硃卷不分卷　吴重憙輯録　清光緒七年(1881)吴重憙陳州府署刻本　四册

620000－1142－0000528　323.17/053
皇朝政典挈要八卷　(日本)增田貢原著　(清)毛淦補編　(清)汪厚昌　(清)顧梓田訂正　清光緒二十八年(1902)鉛印本　四册

620000－1142－0000529　821.7/114
静志居詩話二十四卷　(清)朱彝尊著　清嘉慶二十四年(1819)扶荔山房刻本　二十册

620000－1142－0000530　793.5/331
中外戲法圖説十二卷　(清)唐芸洲著　清光緒十五年(1889)上海廣益書局石印本　六册

620000－1142－0000531　821.7/679
田間詩學六卷　(清)錢澄之述　清康熙二十八年(1689)刻本　八册

620000－1142－0000532　823.1/053
詞學全書四種十六卷附一種一卷　(清)查培繼輯　清乾隆十一年(1746)世德堂刻本　十二册

620000－1142－0000533　830.7/118
篷窗隨録十四卷附録二卷續録二卷　(清)沈兆澐輯　(清)沈維璥校　清光緒二十年(1894)南書房刻本　十四册

620000－1142－0000534　823.1/455－2
白雨齋詞話八卷詞存一卷詩鈔一卷　(清)陳延焯著　清光緒二十年(1894)海寧許正詩等刻本　四册

620000－1142－0000535　830/362－1
續古文苑二十卷　(清)孫星衍撰　清光緒九年(1883)江蘇書局刻本　六册

620000－1142－0000536　821/584
甌北詩話十二卷　(清)趙翼撰　清同治十三年(1874)紅杏山房刻本　四册

620000－1142－0000537　511.7/206
數學精詳十一卷首一卷末一卷　(清)屈曾發輯　清同治十年(1871)學海堂刻本　五册

620000－1142－0000538　749.9/637
任渭長木刻人物畫不分卷　(清)任渭長繪　清咸豐六年(1856)刻本　四册

620000－1142－0000539　927.23/223－111
[光緒]上虞縣志四十八卷首一卷末一卷　(清)唐煦春修　(清)朱士黻纂　清光緒十七年(1891)刻本　二十册

620000－1142－0000540　830/727－11
文選六十卷　(南朝梁)蕭統撰　(唐)李善注　清同治八年(1869)金陵書局刻本　十册

620000－1142－0000541　830/727－10/1：
重訂文選集評十五卷首一卷末一卷　(清)于光華編次　(清)于垶等校字　清同治十一年(1872)江蘇書局刻本　十六册

620000－1142－0000542　821/428
帶經堂詩話三十卷首一卷　(清)王士禛撰　(清)張宗柟編　清同治十二年(1873)廣州藏脩堂刻本　十册

620000－1142－0000543　831/150

左庵詩餘不分卷　(清)李佳継昌撰　清光緒二十八年(1902)刻本　四冊

620000－1142－0000544　831/402.1

玉臺新詠十卷　(南朝陳)徐陵編　(清)吳兆宜原注　(清)程琰刪補　清光緒五年(1879)宏達堂刻本　三冊

620000－1142－0000545　830/485

御選語錄八卷附栴堂山居詩一卷　(清)世宗胤禛選　清光緒十一年(1885)金陵刻經處刻本　一冊　存三卷(御選語錄三、八,栴堂山居詩一卷)

620000－1142－0000546　831.7/391

庚子記念圖一卷　(清)烏目山僧繪　清光緒二十七年(1901)鉛印本　一冊

620000－1142－0000547　830/727－14

文選理學權輿八卷補一卷坿考異四卷李注補正四卷　(清)汪師韓撰　清光緒十五年(1889)刻本　十冊

620000－1142－0000548　831.7/144

蜀詩續鈔八卷　(清)李炳靈　(清)釋含澈選　清光緒二十二年(1896)刻本　八冊

620000－1142－0000549　831/449－1

詩比興箋四卷　(清)陳沆譔　清光緒九年(1883)刻本　二冊

620000－1142－0000550　752/713

點石齋畫報不分卷　(清)尊聞閣主人輯　清光緒十年(1884)上海點石齋石印本　四冊

620000－1142－0000551　830.2/433－1

漢魏六朝女子文選二卷　(清)張維學　清咸豐元年(1851)海鹽朱是刻本　一冊

620000－1142－0000552　830.2/433－2

漢魏六朝女子文選二卷　(清)張維學　清咸豐元年(1851)海鹽朱是刻本　四冊

620000－1142－0000553　830//727－12

文選旁證四十六卷　(清)梁章鉅撰　清光緒八年(1882)吳下刻本　十二冊

620000－1142－0000554　511/144

九章算術細草圖說九卷附海島算經細草圖說一卷　(三國魏)劉徽注　(唐)李淳風注釋　(清)李潢譔　清光緒二十二年(1896)上海文淵山房石印本　四冊

620000－1142－0000555　832/431－1

賦鈔六卷　(清)張惠言輯　清光緒二十三年(1897)江蘇書局刻本　五冊

620000－1142－0000556　511.7/454

中西算學大成一百卷　(清)陳維祺纂　清光緒二十七年(1901)陳氏辮貞諒室石印本　二十冊

620000－1142－0000557　831.7/181.1

舘閣試律說註釋二卷　(清)孫奎審定　(清)何汾　(清)何湘輯釋　清嘉慶六年(1801)刻本　四冊

620000－1142－0000558　323.142/035－1

五代會要三十卷　(宋)王溥撰　清光緒二十一年(1895)刻本　六冊

620000－1142－0000559　832/431

賦鈔六卷　(清)張惠言輯　清道光元年(1821)合河康氏刻本　六冊

620000－1142－0000560　831/039

八代詩選二十卷　王闓運撰　清光緒七年(1881)四川尊經書局刻本　六冊

620000－1142－0000561　323.123/553

三國會要二十二卷首一卷　(清)楊晨撰　清光緒二十六年(1900)江蘇書局刻本　六冊

620000－1142－0000562　830.7/740

蜀秀集九卷　(清)譚宗浚輯　清光緒五年(1879)成都試院刻本　八冊

620000－1142－0000563　830/727－6－2

文選六十卷　(南朝梁)蕭統撰　(唐)李善注　**考異十卷**　(清)胡克家撰　清宣統三年(1911)上海會文堂書局石印本　十六冊

620000－1142－0000564　423.135/285

苗氏說文四種四十六卷　(清)苗夔撰　清咸

豐元年(1851)刻本　四冊

620000－1142－0000565　323.41/1189
歷代刑官考二卷　沈家本撰　清宣統元年(1909)修訂法律館鉛印本　一冊

620000－1142－0000566　324/703－1
歐美政治要義不分卷　(清)戴鴻慈　(清)端方編　清光緒三十三年(1907)石印本　四冊

620000－1142－0000567　325.91/421
鄉守輯要十卷　(清)許乃釗編輯　清咸豐元年(1851)史致康刻本　四冊

620000－1142－0000568　831/449
詩比興箋四卷　(清)陳沆譔　清光緒九年(1883)刻本　二冊

620000－1142－0000569　830/727－6－1
文選六十卷　(南朝梁)蕭統撰　(唐)李善注　**考異十卷**　(清)胡克家撰　清晚期上海著易堂石印本　十六冊

620000－1142－0000570　831.7/361
國朝杭郡詩輯三十二卷　(清)吳顥原本　(清)孫振棫重編　清同治十三年(1874)杭州丁氏刻本　十二冊

620000－1142－0000571　832.1/038
楚辭通釋十四卷　(清)王夫之譔　清同治四年(1865)湘鄉曾氏金陵節署刻本　二冊　存七卷(一至七)

620000－1142－0000572　832.1/042－2
楚辭釋十一卷　(漢)王逸章句　王闓運注　清光緒十二年(1886)成都尊經書院刻本　二冊

620000－1142－0000573　832.1/111－4
楚辭八卷辯證二卷後語四卷　(宋)朱熹集注　清光緒八年(1882)江蘇書局刻本　四冊

620000－1142－0000574　832.1/660－042
楚辭十七卷　(漢)劉向集　(漢)王逸章句　清同治十一年(1872)金陵書局刻本　四冊

620000－1142－0000575　832.12/683
離騷一卷　(清)錢杲之集傳　清光緒三年(1877)湖北崇文書局刻本　一冊

620000－1142－0000576　833/053－1
三二家宮詞不分卷　(明)毛晉輯　清同治十二年(1873)淮南書局刻本　一冊

620000－1142－0000577　423.135/681－712
潛揅堂說文答問疏證六卷　(清)薛傳均撰　清道光元年(1821)廣雅書局刻本　一冊

620000－1142－0000578　831.7/181
臺灣雜詠合刻一卷　(清)王凱泰撰　清光緒七年(1881)刻本　一冊

620000－1142－0000579　830/727－8
文選六十卷　(南朝梁)蕭統選　(唐)李善注　清光緒十八年(1892)上海廣百宋齋鉛印本　十二冊

620000－1142－0000580　741/446－1
吳越所見書畫錄六卷　(清)陸時化編輯　清光緒五年(1879)懷烟閣刻本　六冊

620000－1142－0000581　831/431.1－1
宛鄰書屋古詩錄十二卷　(清)張琦撰　清同治八年(1869)刻本　四冊

620000－1142－0000582　830/411
古文苑二十一卷　(宋)章樵註　(清)黃加焜　(清)曾培校　清光緒十四年(1888)刻蘊石齋叢書本　四冊

620000－1142－0000583　830.7/761
亭林文集六卷附救文各論一卷雜錄一卷　(清)顧炎武著　清光緒十一年(1885)上海埽葉山房刻本　二冊

620000－1142－0000584　830.7/464
倚晴樓集九種五十六卷　(清)黃燮清撰　清咸豐、同治間海鹽黃氏拙宜園刻本　十六冊

620000－1142－0000585　741/446
吳越所見書畫錄六卷　(清)陸時化編輯　清光緒五年(1879)懷烟閣刻本　六冊

620000－1142－0000586　831/422－5
樂府詩集一百卷　(宋)郭茂倩編次　清光緒元年(1875)湖北崇文書局刻本　十六冊

620000－1142－0000587　830.8/015

八旗文經五十六卷作者攷三卷敍錄一卷　(清)盛昱編　清光緒二十七年(1901)武昌府刻本　十二冊

620000－1142－0000588　830/727－10

重訂文選集評十五卷首一卷末一卷　(清)于光華編次　(清)于埈等校字　清同治十一年(1872)江蘇書局刻本　十六冊

620000－1142－0000589　423.12/404－1

說文解字通釋四十卷　(宋)徐鍇傳釋　清光緒二年(1876)平江吳氏刻本　十二冊

620000－1142－0000590　830.8/015－1

八旗文經五十六卷作者攷三卷敍錄一卷　(清)盛昱編　清光緒二十七年(1901)武昌府刻本　十二冊

620000－1142－0000591　831.7/456

國朝畿輔詩傳六十卷　(清)陶樑輯　(清)崔旭校　清道光十九年(1839)紅豆樹館刻本　十六冊

620000－1142－0000592　831.51/218

坡門酬唱二十三卷　(宋)邵浩輯　清宣統三年(1911)貴池劉氏玉海堂影宋刻本　六冊

620000－1142－0000593　830/455

陸氏傳家集十六種十八卷附一種一卷　(清)陸迺普輯　清同治十一年(1872)羲經堂刻本　五冊

620000－1142－0000594　831/431.1

宛鄰書屋古詩錄十二卷　(清)張琦編　清咸豐六年(1856)掃葉山房石印本　四冊

620000－1142－0000595　832.1/206

楚辭十七卷　(漢)劉向集　(漢)王逸章句　清同治十一年(1872)金陵書局刻本　四冊

620000－1142－0000596　830/206.1

屈賈文合編九卷附賈子新書十卷　(清)夏獻雲編　清光緒三年(1877)長沙刻本　四冊

620000－1142－0000597　834/042－1

續古文辭類纂三十四卷　王先謙輯　清光緒八年(1882)王氏刻本　八冊

620000－1142－0000598　830/727－6－1

文選六十卷　(南朝梁)蕭統撰　(唐)李善注　**考異十卷**　(清)胡克家撰　清晚期上海著易堂石印本　十六冊

620000－1142－0000599　832.1/206－042－1

楚辭十七卷　(漢)劉向編集　(漢)王逸注　清嘉慶六年(1801)刻本　六冊

620000－1142－0000600　830.7/761－1

亭林詩集五卷附餘集一卷佚詩一卷　(清)顧炎武著　清光緒十一年(1885)上海埽葉山房刻本　二冊

620000－1142－0000601　844.13/154－2

杜工部集二十卷首一卷　(唐)杜甫撰　(明)王世貞　(清)王士禛等評述　清道光十四年(1834)芸葉盦刻六色套印本　八冊

620000－1142－0000602　834/309－2

古文辭類纂七十四卷　(清)姚鼐纂集　清光緒三十三年(1907)上海商務印書館鉛印本　八冊

620000－1142－0000603　832.1/206－042－1/1:

楚辭十七卷　(漢)劉向編集　(漢)王逸注　清嘉慶六年(1801)刻本　四冊

620000－1142－0000604　831/422

樂府詩集一百卷　(宋)郭茂倩編次　清同治十三年(1874)刻本　十六冊

620000－1142－0000605　833/350

歷朝名人詞選十三卷　(清)夏秉衡選　清宣統元年(1909)掃葉山房石印本　六冊

620000－1142－0000606　831.41/435

全唐詩三十二卷　(清)曹寅　(清)彭定求等編纂　清光緒十三年(1887)上海同文書局石印本　三十二冊

620000－1142－0000607　832.1/206－1

楚辭十七卷　(漢)劉向集　(漢)王逸章句　清同治十一年(1872)金陵書局刻本　四冊

620000－1142－0000608　834.7/471

皇朝經世文新編三十二卷　(清)麥仲華輯　清光緒二十八年(1902)上海古香閣石印本　十六册

620000－1142－0000609　830/355
文選旁證四十六卷　(清)梁章鉅撰　清道光十八年(1838)刻本　十二册

620000－1142－0000610　834.7/472.1
國朝常州駢體文録三十一卷坿結一宧文一卷　屠寄輯　清光緒十六年(1890)刻本　十册

620000－1142－0000611　834.7/130
廣陵思古編二十九卷　(清)汪廷儒編　清道光二十九年(1849)揚州儀徵汪氏刻本　十册

620000－1142－0000612　834.7/453
皇朝經世文三編八十卷　(清)陳忠倚輯　清光緒二十八年(1902)上海書局石印本　十六册

620000－1142－0000613　833/350－1
清綺軒詞選十三卷　(清)夏秉衡選　(清)榮勳校　清光緒二十一年(1895)刻本　四册

620000－1142－0000614　844.1/434
唐丞相曲江張文獻公集十二卷附録一卷千秋金鑑録五卷　(唐)張九齡著　清光緒十八年(1892)張曉如刻本　六册

620000－1142－0000615　834.7/560
皇朝經世文續編一百二十卷　(清)葛士濬輯　清光緒二十七年(1901)上海久敬齋鉛印本　二十四册

620000－1142－0000616　830./335/1:1
文選旁證四十六卷　(清)梁章鉅撰　清道光十四年(1834)刻本　十二册

620000－1142－0000617　844.13/154－2
杜工部集二十卷首一卷　(唐)杜甫撰　清光緒二年(1876)粤東翰墨園刻五色套印本　十册

620000－1142－0000618　844.13/154－1
杜工部集二十卷首一卷　(唐)杜甫撰　清光緒二年(1876)粤東翰墨園刻五色套印本　十册

620000－1142－0000619　834/149
駢體文鈔三十一卷　(清)李兆洛編　清光緒八年(1882)上海刻本　十二册

620000－1142－0000620　845.1/063－1
司馬溫公文集八十二卷　(宋)司馬光撰　清同治四年(1865)刻本　二十四册

620000－1142－0000621　845.1/343－2
淮海集十七卷後集二卷詞一卷補遺一卷續補遺一卷　(宋)秦觀著　**攷證一卷**　(清)王敬之等撰　**重編淮海先生年譜節要一卷**　(清)秦瀛編　(清)王敬之節要　清道光十七年(1837)王敬之等刻二十一年(1841)增刻本　六册　缺一卷(續補遺一卷)

620000－1142－0000622　845.1/343－1
淮海集十七卷後集二卷詞一卷補遺一卷續補遺一卷　(宋)秦觀著　**攷證一卷**　(清)王敬之等撰　**重編淮海先生年譜節要一卷**　(清)秦瀛編　(清)王敬之節要　清道光十七年(1837)王敬之等刻二十一年(1841)增刻本　六册　缺一卷(續補遺一卷)

620000－1142－0000623　844.13/154－640
杜工部草堂詩箋二十二卷附年譜一卷　(唐)杜甫撰　(宋)蔡夢弼會箋　**詩話二卷**　(宋)魯訔輯　清光緒元年(1875)巴陵方氏碧琳琅館刻本　四册

620000－1142－0000624　844.18/157－497－1
樊川詩集四卷外集一卷别集一卷補遺一卷　(唐)杜牧撰　(清)馮集梧注　清嘉慶六年(1801)刻本　四册

620000－1142－0000625　834.7/142
皇朝經濟文編一百二十八卷　梁啟超編輯　清光緒二十七年(1901)慎記書莊石印本　二十四册

620000－1142－0000626　844.1/273－3
柳文四十三卷别集二卷外集二卷附録一卷　(唐)柳宗元撰　(唐)劉禹錫編　(宋)穆脩訂　(清)楊季鸞重校　清同治七年(1868)補

刻本　六冊

620000－1142－0000627　844.1/724－1
昌黎先生集四十卷外集十卷　(唐)韓愈撰　清同治八年(1869)江蘇書局刻本　十冊

620000－1142－0000628　844.13/150－1
李翰林集三十卷　(唐)李白撰　清光緒三十二年(1906)西泠印社景宋刻本　六冊

620000－1142－0000629　832.1/206－3
楚辭十七卷　(漢)劉向集　(漢)王逸章句　清同治十一年(1872)金陵書局刻本　四冊

620000－1142－0000630　839.21/218
海虞文徵三十卷　(清)邵松年編輯　清光緒三十一年(1905)鴻文書局石印本　十六冊

620000－1142－0000631　832.1/206－2
楚辭十七卷　(漢)劉向集　(漢)王逸章句　清同治十一年(1872)金陵書局刻本　四冊

620000－1142－0000632　845.1/035－2
王臨川全集一百卷　(宋)王安石著　清光緒九年(1883)聽香館刻本　二十冊

620000－1142－0000633　831/656
歷朝詩約選九十三卷　(清)劉大櫆編　清光緒二十一年至二十三年(1895－1897)文徵閣刻本　二十四冊

620000－1142－0000634　834.7/472
皇朝經世文編一百二十卷　(清)賀長齡輯　清光緒二十八年(1902)上海煥文書局鉛印本　二十四冊

620000－1142－0000635　834/149－1
駢體文鈔三十一卷　(清)李兆洛編　清光緒八年(1882)上海刻本　八冊

620000－1142－0000636　834.7/201
林嚴文鈔四卷　林紓　嚴復著　清宣統元年(1909)國學扶輪社鉛印本　四冊

620000－1142－0000637　833.5/042
四印齋彙刻宋元三十一家詞不分卷　(清)王鵬運編　清光緒十九年(1893)四印齋刻本　四冊

620000－1142－0000638　831.7/113
國朝金陵詩徵四十八卷續六卷　(清)朱緒曾編　清光緒十一年(1885)刻本　二十六冊

620000－1142－0000639　844.13/154－680
杜工部集二十卷附錄一卷年譜一卷附諸家詩話一卷唱酬題詠附錄一卷　(唐)杜甫撰　(清)錢謙益注　清宣統三年(1911)時中書局石印本　八冊

620000－1142－0000640　844.18/157－497－2
樊川詩集四卷外集一卷別集一卷補遺一卷　(唐)杜牧撰　(清)馮集梧注　清嘉慶六年(1801)德裕堂刻本　四冊

620000－1142－0000641　834/042
駢文類纂四十六卷　王先謙纂集　清光緒二十八年(1902)思賢書局刻本　二十四冊

620000－1142－0000642　833.5/047
宋七家詞選七卷　(清)戈順卿輯　清宣統三年(1911)掃葉山房石印本　三冊

620000－1142－0000643　845.2/149
梁溪先生文集一百八十卷附錄一卷　(宋)李綱著　清道光十四年(1834)刻本　三十五冊

620000－1142－0000644　845.2/220
岳忠武王文集八卷首一卷末二卷　(宋)岳飛著　清光緒八年(1882)刻本　六冊

620000－1142－0000645　844.1/145－4
李義山詩集三卷　(唐)李商隱撰　(清)朱彝尊等評　(清)朱鶴齡箋註　(清)沈厚塽輯評　清光緒二十四年(1898)聶氏刻本　四冊

620000－1142－0000646　834.7/453－1
皇朝經世文新增時務續編四十八卷　(清)李端棻輯　清光緒二十三年(1897)埽葉山房石印本　六冊

620000－1142－0000647　844.1/724－1
韓集點勘四卷　(清)陳景雲撰　清同治九年(1870)江蘇書局刻本　一冊

620000－1142－0000648　833.7/042
庚子秋詞二卷　(清)王鵬運等著　清光緒刻

本　二册

620000－1142－0000649　843.53/424－2
庾子山集十六卷附總釋一卷　(北周)庾信著　(清)倪璠註釋　清道光十九年(1839)善成堂刻本　十册

620000－1142－0000650　846/147
滄溟先生集三十卷附録一卷　(明)李攀龍撰　清道光二十七年(1847)景福堂刻本　八册

620000－1142－0000651　831/073
全史宫詞十二卷　(清)史夢蘭編　清光緒十九年(1893)刻本　八册

620000－1142－0000652　845.22/442－9
劍南詩鈔六卷　(宋)陸游著　(清)楊大鶴選　清光緒八年(1882)文苑山房刻本　八册

620000－1142－0000653　834.7/471－1
皇朝經世文新編二十一卷　(清)麥仲華輯　清光緒二十八年(1902)上海書局石印本　十六册

620000－1142－0000654　844.1/442－107
唐陸宣公集二十二卷　(唐)陸贄撰　(清)年羹堯重訂　(清)王汝驤　(清)張泰基校　清光緒二十四年(1898)上海著易堂石印本　四册

620000－1142－0000655　833.68/343
啟禎宫詞二卷　(清)秦蘭徵撰　(清)瞿紹基校　清嘉慶十六年(1811)海隅鐵琴銅劍樓刻本　四册

620000－1142－0000656　844.1/037－643
王子安集註二十卷首一卷末一卷　(唐)王勃撰　(清)蔣清翊註　清光緒九年(1883)吳縣蔣氏雙唐碑館刻本　六册

620000－1142－0000657　845.6/039
滹南遺老王先生文集四十五卷續集一卷　(金)王若虚著　清光緒十二年(1886)刻本　六册

620000－1142－0000658　845.2/450/1：
龍川文集三十卷附録二卷　(宋)陳亮撰　**辨譌考異二卷**　(清)胡鳳丹撰　清光緒元年(1875)湖北崇文書局刻本　十册

620000－1142－0000659　845.22/442－9－1
劍南詩鈔六卷　(宋)陸游著　(清)楊大鶴選　清光緒八年(1882)文苑山房刻本　八册

620000－1142－0000660　845.2/553－1
誠齋詩集十六卷　(宋)楊萬里著　(清)徐達源校　清嘉慶五年(1800)刻本　八册

620000－1142－0000661　845.22/442－10
劍南詩鈔六卷　(宋)陸游著　(清)楊大鶴選　清光緒八年(1882)文苑山房刻本　六册　缺二卷(五言絕一卷、七言絕一卷)

620000－1142－0000662　846/032－1
甫田集三十六卷　(明)文徵明撰　清宣統三年(1911)鉛印本　十二册

620000－1142－0000663　846/549
楊忠烈公文集五卷　(明)楊漣撰　清嘉慶九年(1804)刻本　六册

620000－1142－0000664　845.25/032
廬陵宋丞相信國公文忠烈先生全集十六卷　(宋)文天祥撰　清刻本　八册

620000－1142－0000665　844.1/146
李長吉歌詩四卷首一卷外集一卷　(唐)李賀著　(清)王琦彙解　清光緒四年(1878)宏达堂刻本　四册

620000－1142－0000666　846/452
陳臥子先生安雅堂稿十五卷附兵垣奏議二卷　(明)陳子龍撰　清宣統二年(1910)上海時中書局鉛印本　八册

620000－1142－0000667　846/740
譚襄敏公遺集三卷首一卷末一卷附譚襄敏公奏議三卷　(明)譚綸撰　清嘉慶二十四年(1819)刻本　六册

620000－1142－0000668　845.7/334
新喻梁石門先生集十卷首一卷末一卷　(元)梁寅撰　清光緒十五年(1889)新喻縣學宫刻本　六册

620000－1142－0000669　846/555
清江楊忠節公遺集八卷首一卷　(明)楊廷麟撰　清光緒五年(1879)蕭江書院刻本　八册

620000－1142－0000670　845.7/561
虞文靖公道園全集五十二卷附道園詩遺稿八卷　(元)虞集撰　清道光十七年(1837)岷陽鵝溪村舍刻本　十六册

620000－1142－0000671　014.1/008－2
善本書室藏書志四十卷附録一卷　(清)丁丙輯　清光緒二十七年(1901)錢塘丁氏刻本　十六册

620000－1142－0000672　846/263
枝山文集四卷　(明)祝允明著　(清)李文楷編校　清同治十三年(1874)元和祝氏刻本　二册

620000－1142－0000673　843.2/456－3
陶淵明集十卷　(晉)陶淵明撰　清光緒五年(1879)廣州翰墨園刻朱墨套印本　四册

620000－1142－0000674　846/674
明大司馬盧公集十二卷首一卷　(明)盧象昇著　(清)李庚校字　清光緒元年(1875)刻本　八册

620000－1142－0000675　846/463
陶菴集二十二卷首一卷末一卷　(明)黄淳耀撰　清光緒五年(1879)上海時中書局刻本　八册

620000－1142－0000676　846/263－1
枝山文集四卷　(明)祝允明著　(清)李文楷編校　清同治十三年(1874)元和祝氏刻本　二册

620000－1142－0000677　846/166－1
呻吟語六卷附録一卷　(明)吕坤著　清道光七年(1827)開封府署刻本　六册

620000－1142－0000678　846.5/327－1
六如居士全集六種二十三卷　(明)唐寅著　(清)唐仲冕編　(清)魏標校　清嘉慶六年(1801)長沙唐仲冕刻本　六册

620000－1142－0000679　846/554－1
鐵崖詩集三種二十六卷　(元)楊維禎撰　(清)樓卜瀍注　清乾隆三十九年(1774)聯桂堂刻光緒十四年(1888)諸暨樓氏崇德樓補刻本　六册

620000－1142－0000680　845.2/450
龍川文集三十卷附録二卷　(宋)陳亮撰　**辨譌考異二卷**　(清)胡鳳丹撰　清光緒元年(1875)湖北崇文書局刻本　十册

620000－1142－0000681　846/333
重刊校正唐荆川先生文集十二卷補遺五卷外集三卷附録一卷　(明)唐顺之撰　清光緒三十年(1904)江南書局刻本　十册

620000－1142－0000682　843.2/465－5
靖節先生集十卷年譜攷異二卷　(晉)陶潛著　(清)陶澍編集　清光緒九年(1883)江蘇書局刻本　四册

620000－1142－0000683　845.1/450
龍川文集三十卷首一卷附録二卷　(宋)陳亮撰　**辨譌考異二卷**　(清)胡鳳丹撰　清同治七年(1868)胡鳳丹退補齋刻本　十册

620000－1142－0000684　846/554－1－1
鐵崖詩集三種二十六卷　(元)楊維禎撰　(清)樓卜瀍注　清乾隆三十九年(1774)聯桂堂刻光緒十四年(1888)諸暨樓氏崇德樓補刻本　十册

620000－1142－0000685　846/398
青谿漫稿二十四卷補遺一卷附録一卷　(明)倪岳撰　清光緒二十六年(1900)嘉惠堂刻本　六册

620000－1142－0000686　844.13/154－428
讀書堂杜工部詩集註解二十卷　(唐)杜甫撰　(清)張溍評註　(清)張榕端校訂　清道光二十一年(1841)讀書堂刻本　二十四册

620000－1142－0000687　846/166－2
實政録七卷　(明)吕坤著　清道光七年(1827)開封府署刻本　六册

620000－1142－0000688　846/431－1
重刻張太岳先生文集四十八卷　(明)張居正撰　(清)陳鑾參訂　(清)李廷錫校　(清)陶澍閱定　清道光八年(1828)刻本　十六册

620000－1142－0000689　846/166
去僞齋集十卷附録一卷闕疑一卷　(明)吕坤著　清道光七年(1827)開封府署刻本　十册

620000－1142－0000690　847/036
函雅堂集三十二卷　(清)王詠霓撰　清光緒二十二年(1896)刻本　八册

620000－1142－0000691　847/029－1
望溪先生文集十八卷集外文十卷集外文補遺二卷年譜一卷　(清)方望溪著　清宣統二年(1910)上海集成圖書公司鉛印本　十册

620000－1142－0000692　846/393
倪文僖公集三十二卷補遺一卷　(明)倪謙撰　清光緒二十六年(1900)錢塘丁氏刻本　六册

620000－1142－0000693　846/606
熊襄愍公集十卷首一卷末一卷　(明)熊廷弼撰　清同治三年(1864)刻本　十册

620000－1142－0000694　846/326
高子遺書十二卷附録一卷　(明)高攀龍撰　清光緒二年(1876)刻本　八册

620000－1142－0000695　847/035.1
拙菴詩草一卷　(清)王炳麟著　清宣統二年(1910)鉛印本　一册

620000－1142－0000696　847/038.2
細陽小草一卷　王樹中撰　清光緒三十二年(1906)石印本　一册

620000－1142－0000697　846/606
熊襄愍公尺牘四卷　(明)熊廷弼撰　清光緒三十四年(1908)湖北武昌璞園刻本　四册

620000－1142－0000698　846/431
楊園先生全集五十四卷附年譜一卷　(清)張履祥著　(清)姚璉原輯　(清)萬斛泉編次　清同治十年(1871)江蘇書局刻本　十六册

620000－1142－0000699　847/114－363
曝書亭集二十三卷　(清)朱彝尊著　(清)孫銀槎輯注　(清)黄河清較勘　清嘉慶五年(1800)刻本　八册

620000－1142－0000700　847/042
湘綺樓詩八卷　王闓運著　清光緒二十六年(1900)東州講舍刻本　四册

620000－1142－0000701　847/042
湘綺樓文集八卷　王闓運撰　清光緒二十六年(1900)烝陽刻本　四册

620000－1142－0000702　847/621
素心閣詩草二卷　(清)鄭蕙撰　清光緒九年(1883)刻本　一册

620000－1142－0000703　847/073
全史宫詞二十卷　(清)史夢蘭編　清咸豐八年(1858)刻本　八册

620000－1142－0000704　847/108
尺雲軒全集八卷　(清)朱實發著　清光緒十三年(1887)陽湖學署木活字印本　四册

620000－1142－0000705　847/127－1
汪梅村先生集十二卷外集一卷　(清)汪士鐸撰　清光緒七年(1881)刻本　四册

620000－1142－0000706　847/114－1
曝書亭集外詩八卷　(清)朱彝尊撰　(清)馮登府編輯　清光緒二年(1876)刻本　四册

620000－1142－0000707　847/164.2
有正味齋駢文十六卷　(清)吴錫麒著　(清)葉聯芬箋註　清同治七年(1868)刻本　八册

620000－1142－0000708　847/128
容甫先生遺詩五卷附録一卷　(清)汪中撰　清宣統二年(1910)順德鄧氏鉛印本　一册

620000－1142－0000709　847/111
沓甫先生四種六卷　(清)朱文炑撰　清光緒十五年(1889)甘肅藩署刻本　三册

620000－1142－0000710　844.13/154－555
杜詩鏡銓二十卷　(清)楊倫編輯　清同治十一年(1872)望三益齋刻本　十二册

620000－1142－0000711　847/035
晚聞居士遺集九卷首一卷　(清)王宗炎著　清道光十年(1830)杭州愛日軒刻本　四册

620000－1142－0000712　847/129
秋影樓詩集九卷　(清)汪繹纂　(清)查慎行校定　清光緒二十三年(1897)常熟瞿氏鐵琴銅劍樓刻本　二册

620000－1142－0000713　847/128－3
述學六卷附校勘記一卷　(清)汪中撰　清同治八年(1869)揚州書局刻本　二册

620000－1142－0000714　847/207
道古堂文集七十七卷　(清)杭世駿撰　清光緒十四年(1888)泉塘汪氏振綺堂刻本　十六册

620000－1142－0000715　847/500.1
彭剛直公詩集八卷　(清)彭玉麟撰　清光緒十七年(1891)吳下刻本　二册

620000－1142－0000716　847/165.1
柈湖文集十二卷　(清)吳敏樹著　清光緒十九年(1893)思賢講舍刻本　四册

620000－1142－0000717　847/165.1－1
柈湖詩錄六卷首一卷　(清)吳敏樹著　清同治八年(1869)刻本　三册

620000－1142－0000718　847/165
梅村家藏藁五十八卷補遺一卷　(清)吳偉業撰　**梅村先生[吳偉業]年譜四卷**　(清)顧師軾撰　清宣統三年(1911)武進董氏誦芬氏刻本　八册

620000－1142－0000719　847/128－2
述學六卷附校勘記一卷　(清)汪中撰　清嘉慶二十年(1815)刻本　三册

620000－1142－0000720　847/354
日損益齋古今體詩十八卷　(清)馬疏著　清咸豐八年(1858)馬氏家塾刻本　二册

620000－1142－0000721　833.7/428
詞壇妙品十卷　(清)張淵懿選定　(清)田茂遇評　(清)錢芳標參閲　清宣統三年(1911)石印本　五册

620000－1142－0000722　847/498.2
大雲山房文稾初集四卷二集四卷　(清)惲敬撰　(清)惲元復校勘　清光緒十四年(1888)刻本　八册

620000－1142－0000723　847/402.1
新疆賦一卷　(清)徐松撰　清光緒八年(1882)元尚居刻本　一册

620000－1142－0000724　847/146
思痛記二卷　(清)李圭撰　清光緒六年(1880)師一齋刻十三年(1887)補刻本　一册

620000－1142－0000725　847/406
宦遊隨筆四卷　(清)翁祖烈著　清光緒六年(1880)侯官翁氏刻本　四册

620000－1142－0000726　847/489
金源紀事詩八卷　(清)湯運泰著　(清)湯顯業　(清)湯顯榦註　清同治十二年(1873)淮南書局刻本　四册

620000－1142－0000727　847/268－1
鐵笛僊館宦游草六卷從戎草二卷後從戎草二卷　(清)柏春撰　清同治二年(1863)刻本　二册

620000－1142－0000728　847/464.1
思貽堂詩集十二卷　(清)黃文琛撰　清咸豐元年(1851)刻本　三册　存九卷(一至九)

620000－1142－0000729　834.7/396
唐市徵獻錄二卷　(清)倪賜輯　(清)張璐錄　清光緒二十五年(1899)亭林書院刻本　二册

620000－1142－0000730　847/273
蘧盦詩鈔七卷文鈔一卷　(清)柳商賢撰　清光緒十五年(1889)閑存小舍刻本　四册

620000－1142－0000731　847/151
海嶽軒叢刻十七卷　(清)杜俞著　清光緒二十三年(1897)刻本　十册

620000－1142－0000732　833.7/358
同人詞選不分卷　(清)孫灦輯　清咸豐三年

(1853)刻本　三册

620000－1142－0000733　847/115

留春草堂詩鈔七卷　(清)伊秉綬撰　清嘉慶十九年(1814)刻本　四册

620000－1142－0000734　847/303

東溟文集六卷文外集四卷後湘詩九卷後湘二集五卷　(清)姚瑩撰　清道光十三年(1833)刻本　四册

620000－1142－0000735　847/148

李文恭公文集十六卷詩集八卷　(清)李星沅著　清同治四年(1865)芋香山館刻本　十册

620000－1142－0000736　847/705－1

戴東原集十二卷　(清)戴震撰　清光緒十年(1884)刻本　四册

620000－1142－0000737　847/147.1

容齋千首詩不分卷　(清)李天馥著　(清)李孚青　(清)李孚蒼校　(清)毛奇齡選　清光緒十二年(1886)刻本　六册

620000－1142－0000738　847/162

吴摯甫文集四卷　(清)吴摯甫著　清宣統二年(1910)上海國學扶輪社石印本　五册

620000－1142－0000739　847/114－144

曝書亭集詞註七卷　(清)朱彝尊著　(清)李富孫纂　(清)嚴榮參　清嘉慶十九年(1814)刻本　二册

620000－1142－0000740　833.7/579

薇省同聲集五卷　(清)端木埰著　清光緒十六年(1890)刻本　一册

620000－1142－0000741　847/468.1

壹齋集二十五卷　(清)黄鉞撰　清嘉慶二十年(1815)刻本　六册

620000－1142－0000742　847/165－1

梅村家藏藁五十八卷補遺一卷　(清)吴偉業撰　**梅村先生[吴偉業]年譜四卷**　(清)顧師軾撰　清宣統三年(1911)武進董氏誦芬室刻本　八册

620000－1142－0000743　847/528－2

雕菰集二十四卷附蜜梅花館集二卷　(清)焦循著　清道光四年(1824)嶺南節署刻本　十二册

620000－1142－0000744　847/498.1

甌香館集十二卷首一卷末一卷　(清)惲格著　(清)將光煦輯　清光緒七年(1881)刻本　四册

620000－1142－0000745　847/127

汪梅村先生集十二卷外集一卷悔翁詩鈔十五卷詩補遺一卷詩餘五卷筆記六卷　(清)汪士鐸撰　清光緒七年(1881)合肥味古齋刻本　八册

620000－1142－0000746　847/498.1－1

甌香館集十二卷補遺一卷附録一卷　(清)惲格著　(清)蔣光煦輯　清道光十八年(1838)刻本　四册

620000－1142－0000747　847/611

三松堂集二十卷　(清)潘奕雋撰　清嘉慶刻本　六册

620000－1142－0000748　847/446.1

冷廬雜識八卷　(清)陸以湉著　清咸豐六年(1856)刻本　四册

620000－1142－0000749　847/402

未灰齋文集八卷外集一卷　(清)徐鼒著　清咸豐十一年(1861)福甯郡齋刻本　四册

620000－1142－0000750　847/446

雙白燕堂文集二卷外集八卷詩集八卷唐詩二卷金石續編二十一卷　(清)陸耀遹撰　清道光二十二年至光緒四年(1842－1878)刻本　八册

620000－1142－0000751　847/440

復盦文集二十三卷　(清)曹允源撰　清光緒三十年(1904)青州刻本　六册

620000－1142－0000752　847/158

揅經室集六十二卷　(清)阮元撰　清道光三年(1823)文選樓刻本　二十四册

620000－1142－0000753　847/432.1

積石文稾十八卷 （清）張履著　清光緒二十年（1894）刻本　八册

620000－1142－0000754　847/400
不慊齋漫存九卷 （清）徐賡陛著　清光緒八年（1882）南海官署刻本　八册

620000－1142－0000755　847/653
拙尊園叢稿六卷 （清）黎庶昌撰　清光緒十九年（1893）刻本　四册

620000－1142－0000756　847/489－1
金源紀事詩八卷 （清）湯運泰著　（清）湯顯業　（清）湯顯斡註　清同治十二年（1873）淮南書局刻本　四册

620000－1142－0000757　847/217
揮麈拾遺六卷 （清）邱煒萲著　清光緒二十七年（1901）鉛印本　一册

620000－1142－0000758　847/656.1
海峰文集十卷補遺一卷海峰詩集八卷制藝四卷 （清）劉大櫆著　清光緒十四年（1888）桐城吳大有堂刻本　十二册

620000－1142－0000759　847.6/657－1
孟塗先生遺詩二卷 （清）劉開撰　清光緒十二年（1886）刻本　一册

620000－1142－0000760　847/737
寒松堂全集十二卷附年譜一卷 （清）魏象樞著　清嘉慶十六年（1811）刻本　十三册

620000－1142－0000761　847/401
愴園全集三十六卷 （清）徐乾學撰　清光緒九年（1883）鉏月唫館刻本　十二册

620000－1142－0000762　847/712
庸盦海外文編四卷外編四卷 （清）薛福成著　清光緒二十三年（1897）湖南新學書局刻本　七册

620000－1142－0000763　847.6/657－1－1
孟塗先生遺詩二卷 （清）劉開撰　清光緒十二年（1886）刻本　一册

620000－1142－0000764　927.13/403－753
臥龍崗志二卷 （清）羅景輯　（清）羅鈵校　清刻本　二册

620000－1142－0000765　842.2/009－2
曹集銓評十卷附遺文一卷年譜一卷 （清）丁晏編　清同治十一年（1872）刻本　四册

620000－1142－0000766　847/454
湖海樓文集五十卷補遺一卷 （清）陳維崧著　（清）陳淮等校　（清）任光奇重校　清光緒十七年（1891）弇山鐸署刻本　十六册

620000－1142－0000767　847/476
靈巖山人詩集四十卷 （清）畢沅撰　清乾隆五十五年（1790）刻本　十五册

620000－1142－0000768　847.5/659
史忠正公文集四卷首一卷 （明）史可法撰　清同治十二年（1873）劉質慧刻本　二册

620000－1142－0000769　847/227
十六國宮詞二卷 （清）周昇撰并註　清道光十四年（1834）刻本　二册

620000－1142－0000770　842.5/663
諸葛忠武侯文集六卷首一卷 （三國蜀）諸葛亮撰　（清）劉質慧校　清同治十二年（1873）述荆堂刻本　四册

620000－1142－0000771　847/268
鐵簝僊館宦游草六卷 （清）柏春撰　清咸豐十一年（1861）毓齋刻本　二册

620000－1142－0000772　847/360
天真閣集五十四卷 （清）孫原湘著　清嘉慶五年（1800）刻本　十二册

620000－1142－0000773　927.23/103－529－3
西湖志四十八卷 （清）李衛等修　（清）傅王露等纂　清乾隆刻本　二十册

620000－1142－0000774　847/464
唐堂集五十卷補遺二卷續集八卷冬錄一卷 （清）黃之雋撰　清乾隆刻本　十二册

620000－1142－0000775　842.2/641－2
蔡中郎集十卷外紀一卷外集四卷傳表一卷 （漢）蔡邕撰　清光緒十六年（1890）海源閣刻本　五册

620000－1142－0000776　847/428.3－1
養素堂詩集二十六卷　(清)張澍撰　清道光二十二年(1842)棗華書屋刻本　十四冊

620000－1142－0000777　847/685
衎石齋記事稿十卷續稿十卷刻楮集四卷旅逸小稿二卷續良吏述一卷　(清)錢儀吉著　清光緒六年(1880)錢彝甫廣州刻本　十二冊

620000－1142－0000778　847.4/681－1
潛研堂文集五十卷　(清)錢大昕著　清嘉慶十一年(1806)刻本　十六冊

620000－1142－0000779　842.2/641－1
蔡中郎集十卷外紀一卷外集四卷傳表一卷　(漢)蔡邕撰　清光緒十六年(1890)海源閣刻本　四冊

620000－1142－0000780　847/309
惜抱軒文集十六卷首一卷後集十卷　(清)姚鼐撰　清光緒九年(1883)刻本　六冊

620000－1142－0000781　853.51/687
繡像十五貫十六卷　(清)鴛湖逸史撰　清同治十一年(1872)刻本　四冊

620000－1142－0000782　847/658
尚絅堂詩集五十二卷箏船詞二卷駢體文二卷附録一卷　(清)劉嗣綰著　清同治八年(1869)刻本　十六冊

620000－1142－0000783　847/740.1
復堂類集二十一卷　(清)譚獻撰　清光緒十一年(1885)刻本　六冊

620000－1142－0000784　853.5/679－1
繪圖綴白裘十二集四十八卷　(清)玩花主人輯　(清)錢德蒼增輯　清光緒二十一年(1895)上海書局石印本　十二冊

620000－1142－0000785　847/406.1
梅莊遺艸六卷　(清)翁白著　(清)梁章鉅(清)祝昌泰較　清嘉慶十七年(1812)留香室刻本　二冊

620000－1142－0000786　847/339
兩般秋雨盦隨筆四卷　(清)梁紹壬纂　清道光十七年(1837)錢塘汪氏振綺堂刻本　四冊

620000－1142－0000787　847/718
存研樓文集十六卷　(清)儲大文著　清光緒元年(1875)靜遠堂刻本　十冊

620000－1142－0000788　847.4/681－2
潛研堂詩集十卷續集十卷　(清)錢大昕著　清嘉慶刻本　十冊

620000－1142－0000789　855.5/213
綉像芙蓉洞全傳十卷　(清)陳遇乾撰　(清)俞秀山校閲　清道光十六年(1836)刻本　十冊

620000－1142－0000790　847.1/165
梅村家藏藁五十八卷補遺一卷　(清)吴偉業撰　**梅村先生[吴偉業]年譜四卷**　(清)顧師軾撰　清宣統三年(1911)武進董氏誦芬室刻本　八冊

620000－1142－0000791　847.6/657
孟塗文集四十四卷　(清)劉開撰　清道光六年(1826)同里姚氏檗山草堂刻本　七冊

620000－1142－0000792　847/432
篤素堂文集四卷　(清)張英撰　清光緒六年(1880)張紹文刻本　一冊

620000－1142－0000793　847/494－1
顯志堂稿十二卷附夢柰詩稿一卷　(清)馮桂芬著　清光緒二年(1876)校邠廬刻本　十冊

620000－1142－0000794　855.5/295.1
錯中錯二卷　(清)勉癡子編　清道光九年(1829)懷清堂刻本　八冊

620000－1142－0000795　847/489.2
湯子遺書三十二卷　(清)湯斌著　清同治九年(1870)刻本　二十四冊

620000－1142－0000796　847/677
壽藤齋詩三十五卷　(清)鮑倚雲著　清同治十二年(1873)刻本　八冊

620000－1142－0000797　847/343
經餘閒墨四卷　(清)秦嘉澤著　清光緒二十五年(1899)刻本　四冊

620000－1142－0000798　847/372
棃雲館類定袁中郎先生全集十五卷杂著四卷　(明)袁宏道著　清道光九年(1829)袁憲健刻本　十六册

620000－1142－0000799　847/494－2
顯志堂稿十二卷附夢柰詩稿一卷　(清)馮桂芬著　清光緒二年(1876)校邠廬刻本　六册

620000－1142－0000800　847/646
忠雅堂文集十二卷詩集二十七卷　(清)蔣士銓著　清道光二十三年(1843)蔣志章成都刻本　十四册

620000－1142－0000801　855.5/453
綉像義妖全傳二十八卷　(清)陳遇乾著　(清)陳士奇　(清)俞秀山評定　清同治八年(1869)刻本　十二册

620000－1142－0000802　847/620
巢經巢遺文五卷　(清)鄭珍著　清光緒十九年(1893)貴筑高氏資州官署刻本　四册

620000－1142－0000803　855.6/565
綉像鳳凰圖六卷　(清)□□撰　清同治三年(1864)味蘭軒刻本　六册

620000－1142－0000804　855.5/428
梅花夢二卷三十四折　(清)張道填詞　清光緒二十年(1894)刻本　二册

620000－1142－0000805　855.6/734
儒酸福傳奇二卷　(清)魏熙元填詞　(清)汪繩武正譜　(清)倪星垣評文　(清)劉承幹校　清光緒十年(1884)杭州魏氏玉玲瓏館刻本　一册

620000－1142－0000806　927.14/367－523
[乾隆]蒲州府志二十四卷圖一卷　(清)周景柱等纂修　清乾隆十九年(1754)刻本　十册

620000－1142－0000807　857.08/453
唐人說薈十六卷　(清)陳世熙纂　清宣統三年(1911)上海掃葉山房石印本　十六册

620000－1142－0000808　857.1/443
嗇庵隨筆六卷附錄一卷　(清)陸文衡著　(清)陸同壽校　清光緒二十三年(1897)陸同壽刻本　二册

620000－1142－0000809　857.08/161
說鈴前集三十八種四十五卷後集十七種二十六卷　(清)吳震方輯　清嘉慶五年(1800)明新堂刻本　三十二册　缺二種四卷(前集分甘餘話二卷、後集言鯖二卷)

620000－1142－0000810　857.1/442－2
老學庵筆記十卷　(宋)陸游撰　清光緒元年(1875)湖北崇文書局刻三十三種叢書本　四册

620000－1142－0000811　857.1/442
老學庵筆記十卷　(宋)陸游撰　清光緒元年(1875)湖北崇文書局刻三十三種叢書本　二册

620000－1142－0000812　847.7/025
柏堂遺書二十二種一百六十七卷附一種五卷　(清)方宗誠述　清光緒桐城方氏刻本　二十四册　存二種九十九卷(柏堂集前編十四卷、次編十三卷、續編二十二卷、後編二十二卷、餘編八卷、補存三卷、外編十二卷,附毅斋遺集五卷)

620000－1142－0000813　857.1/434
可書一卷　(宋)張知甫撰　(清)陸心源校　清光緒三年(1877)陸氏十萬卷樓刻本　一册

620000－1142－0000814　847.6/158.2
廣陵詩事八卷　(清)阮元記　清光緒十六年(1890)刻本　一册

620000－1142－0000815　857.1/422
山海經十八卷　(晉)郭璞傳　清光緒三年(1877)浙江書局刻本　三册

620000－1142－0000816　855.6/264
義貞記二卷三十二齣　(清)郁州山人填詞　清光緒五年(1879)文奎堂刻本　二册

620000－1142－0000817　857.1/418
蘭苕館外史十卷　(清)許奉恩著　清光緒十九年(1893)上海二友居石印本　五册

620000－1142－0000818　456/471－1
秦淮畫舫録二卷首一卷餘譚一卷　（清）捧花生著　清嘉慶二十一年（1816）刻本　六册

620000－1142－0000819　857.08/163
新刻京臺公餘勝覽國色天香十卷　（明）吴敬所編輯　清道光裕元堂刻本　十册

620000－1142－0000820　847.5/335－2
歸田瑣記八卷　（清）梁章鉅撰　清道光二十五年（1845）北東園刻本　二册

620000－1142－0000821　856/265
青南輿頌六卷首一卷續刻一卷　（清）芸香草堂編　清刻本　八册

620000－1142－0000822　857.1/025
蕉軒隨録十二卷續録二卷　（清）方濬師撰　清同治十一年（1872）退一步齋刻本　十四册

620000－1142－0000823　853/449
玉獅堂傳奇十種十五卷　（清）陳烺撰　清光緒十一年（1885）刻本　八册

620000－1142－0000824　847.5/335－1
浪跡叢談十一卷　（清）梁章鉅撰　清道光二十七年（1847）亦東園刻本　二册

620000－1142－0000825　847.5/335
浪跡續談八卷　（清）梁章鉅撰　清道光二十八年（1848）亦東園刻本　二册

620000－1142－0000826　856.1/443
潛園友朋書問十二卷　（清）李鴻章等撰　清末影印本　四册

620000－1142－0000827　927/037－1
九域志（元豐九域志）十卷　（宋）王存等撰　清光緒八年（1882）金陵書局刻本　四册

620000－1142－0000828　847.1/148－1
李徵君二曲全集二十六卷　（清）李顒撰　清嘉慶十五年（1810）蘭山書院刻本　八册

620000－1142－0000829　982.9/689
程山謝明學先生［文洊］年譜一卷　（清）謝鳴謙輯　清道光三十年（1850）劉煜刻謝程山先生全書本　一册

620000－1142－0000830　855.6/415－1
瘞雲巖傳奇二卷　（清）許善長填詞　（清）停雲逸客評點　清光緒三年（1877）碧聲吟館刻本　一册

620000－1142－0000831　855.6/313
綉像雙珠鳳全傳十二卷　（清）□□撰　清光緒十八年（1892）淨雅書屋刻本　十二册

620000－1142－0000832　857.1/036－2
唐語林八卷附校勘記二卷　（宋）王讜撰　（清）錢熙祚校　清光緒十九年（1893）湖北官書處刻本　四册

620000－1142－0000833　855.6/464.1
桃谿雪二卷　（清）黄燮清填詞　（清）李光溥評文　（清）瞿傳鼎　（清）余炘正譜　清道光二十七年（1847）馴雲閣刻本　一册

620000－1142－0000834　855.6/430
芙蓉碣傳奇二卷　（清）張雲驤填詞　（清）吴孝緒按拍　（清）王以慜評點　清光緒九年（1883）刻本　二册

620000－1142－0000835　857.1/434
東原錄一卷　（宋）龔鼎臣撰　清光緒三年（1877）陸氏十萬卷樓刻本　一册

620000－1142－0000836　857.1/434
地理葬書集注一卷　（清）吴文正删定　（元）鄭謐注釋　（清）陸心源校　清光緒五年（1879）陸氏十萬卷樓刻本　一册

620000－1142－0000837　857.1/039.1
劍俠傳四卷　（□）□□撰　（清）王齡校　清咸豐八年（1858）王氏養龢堂刻本　二册

620000－1142－0000838　847.5/787－1
龔定盦全集十四卷　（清）龔自珍撰　清光緒二十三年（1897）萬本書堂刻本　六册

620000－1142－0000839　857.1/158
瀛舟筆談十二卷首一卷　（清）阮亨撰　清嘉慶二十五年（1820）刻本　六册

620000－1142－0000840　855.6/415
風雲會傳奇二卷　（清）許善長填詞　（清）梅

豁逸叟訂譜　清光緒三年(1877)碧聲吟館刻本　四册

620000－1142－0000841　855.5/018
三笑新編十二集　(清)吳毓昌撰　(清)周秋帆批評　清光緒四年(1878)刻本　十二册

620000－1142－0000842　857.1/158
閲微草堂筆記二十四卷　(清)紀昀撰　清道光十三年(1833)羊城刻本　十册

620000－1142－0000843　857.08/209－3
繪圖今古奇觀四十卷　(明)抱甕老人輯　清光緒三十二年(1906)上海書局石印本　六册　存六卷(一至六)

620000－1142－0000844　855.6/454
紅樓夢傳奇八卷　(清)陳鍾麟填詞　清道光十五年(1835)刻本　八册

620000－1142－0000845　855.6/035－3
如是山房增訂金批西廂四卷首一卷末一卷　(元)王實甫著　(清)金人瑞批點　清光緒二年(1876)如是山房刻朱墨套印本　六册

620000－1142－0000846　855.6/035－5
第六才子書八卷西廂文一卷　(元)王實甫著　(明)金人瑞評點　清嘉慶五年(1800)文盛堂刻本　六册

620000－1142－0000847　926.199/655
楚漢諸侯疆域志三卷　(清)劉文淇撰　清光緒二年(1876)金陵刻本　一册

620000－1142－0000848　926.32/245－2－1
東晉疆域志四卷　(清)洪亮吉學　清嘉慶元年(1796)京師刻本　二册

620000－1142－0000849　926.32/245－2－2
東晉疆域志四卷　(清)洪亮吉撰　清光緒十七年(1891)廣雅書局刻本　二册

620000－1142－0000850　926.32/245－2
東晉疆域志四卷　(清)洪亮吉學　清嘉慶元年(1796)京師刻本　一册

620000－1142－0000851　927.12/203－149
[光緒]滋陽縣志十四卷　(清)莫熾修　(清)黄恩彤纂　(清)李兆霖等續修　(清)黄師誾等續纂　清光緒十四年(1888)刻本　十册

620000－1142－0000852　926/147
元和郡縣志四十卷　(唐)李吉甫撰　清道光二十七年(1847)武英殿聚珍版刻本　十五册

620000－1142－0000853　926.22/245
十六國疆域志十六卷　(清)洪亮吉學　清嘉慶三年(1798)京師刻本　四册

620000－1142－0000854　926.7/441
東三省輿地圖說一卷　(清)曹廷杰撰　清光緒二十四年(1898)鉛印本　一册

620000－1142－0000855　927.11/203－165
[乾隆]天津縣志二十四卷　(清)朱奎揚修　(清)吳廷華纂　清乾隆四年(1739)刻本　八册

620000－1142－0000856　855.5/438
綉像九美圖全傳十二卷　(清)曹春江編　清道光二十三年(1843)刻本　二十四册

620000－1142－0000857　927.11/373－159
[同治]深州風土記二十二卷附表五卷　(清)吳汝綸纂修　清光緒二十六年(1900)文瑞書院刻本　八册

620000－1142－0000858　927.11/136－627
[光緒]蔚州志二十卷首一卷　(清)慶之金修　(清)楊篤纂　清光緒三年(1877)蘿川公廨刻本　八册

620000－1142－0000859　927.12/347－732
[嘉慶]昌樂縣志三十二卷首一卷　(清)魏禮焯　(清)時銘修　(清)閻學夏　(清)黄方遠纂　清嘉慶十四年(1809)刻本　六册

620000－1142－0000860　926.7/245
乾隆府廳州縣圖志五十卷　(清)洪亮吉撰　清光緒五年(1879)授經堂刻本　二十册

620000－1142－0000861　927.15/187－425－1
[正德]武功縣志三卷　(明)康海纂修　清同治十三年(1874)彭城刻正德武功朝邑縣志本

一册

620000－1142－0000862　927.12/405－049
[同治]黄縣志十四卷首一卷末一卷　(清)尹繼美纂修　清同治十年(1871)刻本　四册

620000－1142－0000863　927.12/439－429
[光緒]益都縣圖志五十四卷首一卷　(清)張承燮修　(清)法偉堂等纂　清光緒三十三年(1907)刻本　十六册

620000－1142－0000864　927.14/201－653
[道光]大同縣志二十卷首一卷末一卷　(清)黎中輔纂修　清道光十年(1830)刻本　八册

620000－1142－0000865　927.14/131－403
[嘉慶]介休縣志十四卷　(清)徐品山　(清)陸元鏸修　(清)熊兆占等纂　清嘉慶二十四年(1819)刻本　八册

620000－1142－0000866　927.14/131－403
[嘉慶]介休縣志十四卷　(清)徐品山　(清)陸元鏸修　(清)熊兆占等纂　清嘉慶二十四年(1819)刻本　八册

620000－1142－0000867　927.15/187－425－2
[正德]朝邑縣志二卷　(明)王道修　(明)韓邦靖纂　清同治十三年(1874)彭城刻正德武功朝邑縣志本　一册

620000－1142－0000868　927.12/213－651
[光緒]泗水縣誌十五卷首一卷　(清)趙英祚修　(清)黄承膺纂　清光緒十八年(1892)刻本　八册

620000－1142－0000869　926.7/245－3
乾隆府廳州縣圖志五十卷　(清)洪亮吉撰　清嘉慶八年(1803)刻本　十册

620000－1142－0000870　927.15/151－432－2
[隆慶]華州志二十四卷　(明)李可久修　(明)張光孝纂　清光緒八年(1882)合刻華州志本　四册

620000－1142－0000871　927.12/220
[雍正]山東通志三十六卷首一卷　(清)岳濬　(清)法敏修　(清)杜詔　(清)顧瀛纂　清乾隆元年(1736)刻本　四十二册

620000－1142－0000872　927.15/215－740－1
[道光]重修略陽縣志四卷　(清)譚瑀修　(清)黎成德等纂　清光緒三十年(1904)刻本　四册

620000－1142－0000873　927.13/205－206
[嘉慶]安陽縣志二十八卷首一卷　(清)貴泰修　(清)武穆淳纂　**安陽縣金石録十二卷**　(清)武億　(清)趙希璜纂　清嘉慶二十四年(1819)刻本　十四册

620000－1142－0000874　927.11/761
營平二州地名記一卷　(清)顧炎武　(清)朱記榮校　清光緒十四年(1888)刻槐廬叢書本　一册

620000－1142－0000875　927.11/203－165
[同治]續天津縣志二十卷首一卷　(清)吴惠元修　(清)蔣玉虹　(清)俞樾纂　清同治九年(1870)刻本　八册

620000－1142－0000876　857.1/359
二申野録八卷　(清)孫之騄輯　清光緒二十一年(1895)京都琉璃廠刻本　四册

620000－1142－0000877　927.11/123－32
[光緒]通州志十卷首一卷末一卷　(清)高建勛等修　(清)王維珍等纂　清光緒五年(1879)刻本　十二册

620000－1142－0000878　927.11/373－159－2
[同治]深州風土記二十二卷附表五卷　(清)吴汝綸纂修　清光緒二十六年(1900)文瑞書院刻本　八册

620000－1142－0000879　927.15/119－472
[光緒]三原縣新志八卷　(清)焦雲龍修　(清)賀瑞麟纂　清光緒六年(1880)刻本　四册

620000－1142－0000880　927.15/151－432－2
[隆慶]華州志二十四卷　(明)李可久修　(明)張光孝纂　清光緒八年(1882)合刻華州志本　四册

620000－1142－0000881　926.33/245－1
十六國疆域志十六卷　(清)洪亮吉撰　清光緒十七年(1891)廣雅書局刻本　四册

620000－1142－0000882　927.11/373－159－1
[同治]深州風土記二十二卷附表五卷　(清)吴汝綸纂修　清光緒二十六年(1900)文瑞書院刻本　八册

620000－1142－0000883　927/182
三國郡縣表八卷　(清)吴增僅學　清光緒二十一年(1895)刻本　四册

620000－1142－0000884　927.14/101
[光緒]山西通志一百八十四卷首一卷　(清)曾國荃　(清)張煦等修　(清)王軒　(清)楊篤等纂　清光緒十三年(1887)刻本　五册　存五卷(山西疆域沿革圖譜五卷)

620000－1142－0000885　927.14/125－364
[乾隆]汾州府志三十四卷首一卷　(清)孫和相修　(清)戴震纂　清乾隆三十六年(1771)刻本　十六册

620000－1142－0000886　927.12/123－645
[道光]泰安縣志十二卷首一卷末一卷　(清)徐宗幹修　(清)蔣大慶纂　清道光八年(1828)刻本　十四册

620000－1142－0000887　927.27/505－323
[光緒]西充縣志十四卷圖一卷　(清)高培穀修　(清)劉藻纂　清光緒二年(1876)刻本　六册

620000－1142－0000888　927.13/101－599
[康熙]開封府志四十卷　(清)管竭忠修　(清)張沐纂　清同治二年(1863)補刻本　十二册

620000－1142－0000889　927.15/151－432－1
[康熙]續華州志四卷　(清)馮昌奕修　(清)劉遇奇纂　清光緒八年(1882)合刻華州志本　四册

620000－1142－0000890　927.15/135－724
[正德]朝邑縣志二卷　(明)王道修　(明)韓邦靖纂　清同義文會刻本　一册

620000－1142－0000891　927.15/151－128－1
[乾隆]再續華州志十二卷　(清)汪以誠修　(清)史蓴纂　清光緒八年(1882)合刻華州志本　二册

620000－1142－0000892　927.15/155－042
[光緒]蒲城縣新志十三卷首一卷　(清)李體仁修　(清)王學禮纂　清光緒三十一年(1905)刻本　四册

620000－1142－0000893　927.15/151－128－2
[光緒]三續華州志十二卷　(清)吴炳南修　(清)劉域纂　清光緒八年(1882)合刻華州志本　六册

620000－1142－0000894　927.16/103－163
[乾隆]皋蘭縣志二十卷　(清)吴鼎新修　(清)黄建中纂　清乾隆四十三年(1778)刻本　四册

620000－1142－0000895　927.15/249－111
[光緒]鳳縣志十卷首一卷　(清)朱子春修　(清)段澍霖纂　清光緒十八年(1892)刻本　四册

620000－1142－0000896　927.11/367－741
[道光]直隸定州志二十二卷首一卷　(清)寶琳　(清)勞沅恩纂修　清道光三十年(1850)刻本　十册

620000－1142－0000897　927.15/466
三志合編七卷　(清)黄本驥編　(清)蔣瓌校　清道光二十七年(1847)湘陰蔣瓌刻三長物齋叢書本　一册　存三卷(一至三)

620000－1142－0000898　927.22/145
皖志便覽六卷　(清)李應玨著　清光緒十八年(1892)刻本　二册

620000－1142－0000899　927.15/038
[道光]陝西志輯要六卷首一卷　(清)王志沂纂　**[道光]秦疆治略一卷**　(清)盧坤撰　**關中漢唐存碑跋一卷**　(清)王志沂撰　**漢南游草一卷**　(清)王志沂撰　清道光七年(1827)

賜書堂刻本　九册

620000－1142－0000900　927.14/217－368
[乾隆]渾源州志十卷　(清)桂敬順纂修　清乾隆二十八年(1763)刻本　五册

620000－1142－0000901　927.15/329－325
[光緒]綏德直隸州志八卷首一卷　(清)孔繁樸修　(清)高維嶽纂　清光緒三十一年(1905)刻朱印本　六册

620000－1142－0000902　927.6/329－325
[道光]鎮原縣志二十二卷首一卷　(清)李從圖纂修　清道光二十七年(1847)刻本　十二册

620000－1142－0000903　927.15/211－357
[光緒]重修甯羌州志五卷　(清)馬毓華修　(清)鄭書香　(清)曹良楧纂　清光緒十四年(1888)刻本　五册

620000－1142－0000904　927.15/219－193
[光緒]定遠廳志二十六卷首一卷末一卷　(清)余修鳳纂修　清光緒五年(1879)刻本　六册

620000－1142－0000905　831.57/045
中州集十卷首一卷樂府一卷　(元)元好問集　明末海虞毛氏汲古閣刻古松堂印本　十二册

620000－1142－0000906　927.21/119－404
[光緒]丹陽縣志三十六卷首一卷　(清)劉誥　(清)淩焯等修　(清)徐錫麟　(清)姜璘纂　清光緒十一年(1885)鳴鳳書院刻本　十六册

620000－1142－0000907　927.21/105－282
[乾隆]句容縣志十卷首一卷末一卷　(清)曹襲先纂修　**[乾隆]句容縣誌斠勘記略**　(清)楊世沅撰　清光緒二十六年(1900)楊世沅刻本　八册

620000－1142－0000908　927.16/201－173
[光緒]重纂秦州直隸州新志二十四卷首一卷　(清)余澤春修　(清)王權纂　清光緒十五年(1889)隴南書院刻本　二十册

620000－1142－0000909　927.14/101－714
[道光]陽曲縣志十六卷　(清)李培謙　(清)華典修　(清)閻士驤　(清)鄭起昌纂　清道光二十三年(1843)葛英繁刻本　十册

620000－1142－0000910　927.23/131－228
[光緒]烏程縣志三十六卷　(清)潘玉璿　(清)馮健修　(清)周學濬　(清)汪曰楨纂　清光緒七年(1881)刻本　十二册

620000－1142－0000911　853/125
後緹縈南曲一卷　(清)汪宗沂填曲　(清)夏嘉穀評點　清光緒十一年(1885)泰州夏氏刻本　一册

620000－1142－0000912　927.21/401－163－2
光緒丙子清河縣志二十六卷　(清)胡裕燕修　(清)吳昆田　(清)魯蕡纂　清光緒五年(1879)刻本　七册　存五卷(十八至二十二)

620000－1142－0000913　927.21/307－603
[光緒]吳江縣續志四十卷首一卷　(清)金福曾等修　(清)熊其英等纂　清光緒五年(1879)刻本　八册

620000－1142－0000914　927.12/207－323
[光緒]甯陽縣志二十四卷　(清)高陞榮修　(清)黃恩彤纂　清光緒五年(1879)刻本　十二册

620000－1142－0000915　927.11/439－280
[光緒]廣平府志六十三卷首一卷　(清)吳中彥修　(清)胡景桂纂　清光緒二十年(1894)刻本　二十四册

620000－1142－0000916　927.21/113－472
[光緒]六合縣志八卷圖説一卷附錄一卷　(清)謝延庚　(清)呂憲秋修　(清)賀廷壽　(清)唐毓和纂　清光緒十年(1884)刻本　十册

620000－1142－0000917　927.16/405－700
[道光]重修鎮番縣志十卷首一卷　(清)許協修　(清)謝集成纂　清道光五年(1825)刻本

五册

620000－1142－0000918　927.21/117－674
[嘉定]鎮江志二十二卷首一卷　(宋)盧憲纂　**附録一卷校勘記二卷**　(清)劉文淇　(清)劉毓崧撰　清宣統二年(1910)丹徒朱氏金陵刻本　八册

620000－1142－0000919　927.15/131－523
[嘉靖]喬三石耀州志十一卷附五臺山志一卷　(明)李廷寶修　(明)喬世寧纂　清乾隆二十七年(1762)汪灝刻本　四册

620000－1142－0000920　927.16/329－040
[宣統]新修固原直隸州志十一卷附一卷　(清)王學伊修　(清)錫麟纂　**[宣統]新修硝河城志一卷**　(清)楊修德纂　清宣統元年(1909)官報書局鉛印本　十二册

620000－1142－0000921　927.15/205－042
[康熙]城固縣志十卷　(清)王穆纂修　清光緒四年(1878)徐德懷刻本　一册

620000－1142－0000922　927.14/129－199
[光緒]平遙縣志十二卷　(清)恩端修　(清)武達材　(清)王舒萼纂　清光緒八年(1882)刻本　八册

620000－1142－0000923　927.21/213－479
[光緒]金山縣志三十卷首一卷　(清)龔寶琦　(清)崔廷鏞修　(清)黄厚本等纂　清光緒四年(1878)刻本　八册

620000－1142－0000924　927.21/419－654
[咸豐]重修興化縣志十卷　(清)梁園棣修　(清)鄭之僑　(清)趙彦俞纂　清咸豐二年(1852)刻本　八册

620000－1142－0000925　927.23/419－082－1
[光緒]宣平縣志二十卷首一卷　(清)皮樹棠修　(清)祝鳳梧纂　清光緒四年(1878)刻本　八册

620000－1142－0000926　927.21/103－473
[同治]上江兩縣志二十九卷首一卷　(清)莫祥芝　(清)甘紹盤修　(清)王士鐸等纂　清同治十三年(1874)刻本　十二册

620000－1142－0000927　927.21/415
揚州畫舫録十八卷首一卷　(清)李斗著　清嘉慶二年(1797)刻本　六册

620000－1142－0000928　927.23/419－082－2
[光緒]宣平縣志二十卷首一卷　(清)皮樹棠修　(清)祝鳳梧纂　清光緒四年(1878)刻本　八册

620000－1142－0000929　927.43/097
黑龍江外記八卷　(清)西清撰　清光緒二十一年(1895)桐廬袁氏刻漸西村舍彙刊本　二册

620000－1142－0000930　927.21/313－285－1
[嘉慶]重刊荊溪縣志四卷首一卷　(清)唐仲冕修　(清)甯楷纂　清光緒八年(1882)刻宜興荊溪舊志五種本　二册

620000－1142－0000931　927.21/323－549
[光緒]泰興縣志二十六卷首一卷末一卷　(清)楊激雲修　(清)顧曾烜纂　清光緒十二年(1886)刻本　十册

620000－1142－0000932　927.21/207－429
[光緒]南匯縣志二十二卷首一卷末一卷　(清)金福曾　(清)顧思賢修　(清)張文虎等纂　清光緒五年(1879)刻本　十二册

620000－1142－0000933　927.21/401－163－1
光緒丙子清河縣志二十六卷　(清)胡裕燕修　(清)吳昆田　(清)魯蕡纂　清光緒五年(1879)刻本　一册

620000－1142－0000934　927.15/131－523－1
[乾隆]續耀州志十一卷　(清)汪灝修　(清)鍾麟書纂　清乾隆二十七年(1762)刻本　四册

620000－1142－0000935　927.21/313－285－2
[光緒]宜興荊谿縣新志十卷首一卷末一卷　(清)施惠　(清)錢志澄修　(清)吳景牆等纂　清光緒八年(1882)刻宜興荊溪舊志五種本　七册

620000－1142－0000936　927.21/319－219
[光緒]通州直隸州志十六卷首一卷末一卷　(清)梁悅馨　(清)莫祥芝修　(清)季念詒　(清)沈鍠纂　清光緒元年(1875)刻本　十六册

620000－1142－0000937　927.16/321－147
[乾隆]涇州誌二卷　(清)張延福修　(清)李瑾纂　清乾隆十九年(1754)刻本　二册

620000－1142－0000938　927.21/513－149
[同治]宿遷縣志十九卷　(清)李德溥修　(清)方駿謨纂　清同治十三年(1874)刻本　六册

620000－1142－0000939　926.353/248
補梁疆域志四卷　(清)洪齮孫纂　清光緒十七年(1891)廣雅書局刻本　二册

620000－1142－0000940　927.21/205－136
[嘉慶]松江府志八十四卷首二卷圖一卷　(清)宋如林修　(清)孫星衍　(清)莫晉纂　清嘉慶二十三年(1818)松江府學明倫堂刻本　四十册

620000－1142－0000941　927.15/167－134
[嘉慶]扶風縣志十八卷首一卷　(清)宋世犖修　(清)吳鵬翱　(清)王樹棠纂　清嘉慶二十四年(1819)刻本　四册

620000－1142－0000942　927.23/111－254
淳祐臨安志□□卷　(宋)施諤纂　清光緒九年(1883)刻武林掌故叢編本　四册　存六卷(五至十)

620000－1142－0000943　927.21/303－743
[光緒]常昭合志稿四十八卷首一卷末一卷　(清)鄭鍾祥　(清)張瀛修　(清)龐鴻文等纂　清光緒三十年(1904)活字印本　十七册

620000－1142－0000944　927.16/103－325
[康熙]臨洮府志二十二卷　(清)高錫爵修　(清)郭巍纂　清康熙二十六年(1687)刻本(卷二、九、十三、十五至十六、二十二均有補配頁,卷十七至十九全卷爲補配)　八册

620000－1142－0000945　927.23/103－529
[雍正]西湖志四十八卷　(清)李衛等修　(清)傅王露等纂　清光緒四年(1878)淛江書局刻本　二十册

620000－1142－0000946　927.21/309－477
[光緒]武陽志餘十二卷首一卷附團練紀實二卷　(清)莊毓鋐　(清)陸鼎翰纂修　清光緒十四年(1888)活字印本　十六册

620000－1142－0000947　927.21/511－652
[咸豐]邳州志二十卷首一卷　(清)董用威　(清)馬軼羣修　(清)魯一同纂　清咸豐元年(1851)刻光緒二十一年(1895)印本　八册

620000－1142－0000948　926.353/248－1
補梁疆域志四卷　(清)洪齮孫纂　清光緒十七年(1891)廣雅書局刻本　四册

620000－1142－0000949　927.23/125－176
[光緒]石門縣志十一卷首一卷　(清)余麗元等纂修　清光緒五年(1879)刻本　十二册

620000－1142－0000950　927.21/421－037
[道光]泰州志三十六卷首一卷　(清)王有慶等修　(清)陳世鎔等纂　清道光七年(1827)刻本　十册

620000－1142－0000951　927.21/425－284
[道光]重修寶應縣志二十八卷首一卷　(清)孟毓蘭修　(清)喬載繇等纂　清道光二十年(1840)湯氏沐華堂刻本　十册

620000－1142－0000952　927.23/129－772
[光緒]桐鄉縣志二十四卷首四卷　(清)嚴辰纂　**楊園淵源錄四卷**　(清)沈曰富輯　清光緒十三年(1887)蘇州陶漱藝齋刻本　二十四册

620000－1142－0000953　927.23/141－654
[同治]孝豐縣志十卷首一卷　(清)劉濬修　(清)潘宅仁等纂　清光緒五年(1879)刻本　十册

620000－1142－0000954　927.23/121－089
[光緒]重修嘉善縣志三十六卷首一卷　(清)

江峰青修　(清)顧福仁等纂　清光緒二十年(1894)刻本　十六冊

620000－1142－0000955　927.23/428
[大德]昌國州圖志七卷首一卷末一卷　(元)郭薦　(元)馮福京纂修　清咸豐四年(1854)刻宋元四明六志本　一冊

620000－1142－0000956　927.23/113－647
[嘉慶]於潛縣志十六卷首一卷末一卷　(清)蔣光弼修　(清)張變纂　清嘉慶十七年(1812)木活字印本　十二冊

620000－1142－0000957　927.23/139－429
[同治]安吉縣志十八卷首一卷　(清)汪榮　(清)劉蘭敏修　(清)張行孚　(清)丁寶書纂　清同治十三年(1874)刻本　十六冊

620000－1142－0000958　927.23/119－068
[光緒]嘉興縣志三十七卷首二卷末一卷　(清)趙惟崳修　(清)石中玉　(清)吳受福纂　清光緒二十四年(1898)修二十七年(1901)刻本　二十四冊

620000－1142－0000959　927.23/417－105
[同治]雲和縣志十六卷首一卷　(清)伍承吉修　(清)涂冠續修　(清)王士鈖纂　清同治三年(1864)刻本　六冊

620000－1142－0000960　927.21/117－166
[光緒]丹徒縣志六十卷首四卷　(清)何紹章　(清)馮壽鏡修　(清)呂耀斗纂　清光緒五年(1879)刻本　二十八冊

620000－1142－0000961　927.23/428
四明它山水利備覽二卷　(宋)魏峴撰　清咸豐四年(1854)刻宋元四明六志本　一冊

620000－1142－0000962　927.23/111－626
[咸淳]臨安志一百卷　(宋)潛說友纂　**校栞札記三卷**　(清)黄士珣撰　清道光十年(1830)錢塘汪氏振綺堂刻本　二十四冊　缺五卷(原缺六十四、九十、九十八至一百)

620000－1142－0000963　927.23/127－500
[光緒]平湖縣志二十五卷首一卷末一卷附平湖殉難錄一卷　(清)彭潤章等修　(清)葉廉鍔等纂　清光緒十二年(1886)刻本　十三冊

620000－1142－0000964　927.27/407－294－1
[乾隆]富順縣志五卷首一卷　(清)段玉裁　(清)李芝纂修　清光緒八年(1882)刻本　五冊

620000－1142－0000965　927.27/407－294－2
[乾隆]富順縣志五卷首一卷　(清)段玉裁　(清)李芝纂修　清光緒八年(1882)刻本　五冊

620000－1142－0000966　927.23/403－500
[同治]麗水縣志十五卷　(清)彭潤章等纂修　清同治十三年(1874)刻本　八冊

620000－1142－0000967　927.23/145
浙志便覽十卷　(清)李應珏著　清光緒二十二年(1896)杭城吏隱齋刻本　四冊

620000－1142－0000968　927.27/428
[嘉慶]蜀典十二卷　(清)張澍編輯　清光緒二年(1876)尊經書館刻本　四冊

620000－1142－0000969　927.23/428
宋元四明六志校勘記九卷　(清)徐時棟纂　(清)陳子湘補纂　清咸豐四年(1854)刻宋元四明六志本　三冊

620000－1142－0000970　927.15/135－147
咸豐初朝邑縣志三卷附志例一卷志例後錄一卷　(清)李元春纂　清光緒七年(1881)同義文會刻本　二冊

620000－1142－0000971　927.23/133－582
[同治]長興縣志三十二卷　(清)趙定邦修　(清)周學濬　(清)丁寶書纂　清光緒元年(1875)刻本　十六冊

620000－1142－0000972　927.21/205－136
[光緒]松江府續志四十卷首一卷圖一卷　(清)博潤修　(清)姚光發纂　清光緒十年(1884)刻本　二十四冊

620000－1142－0000973　927.21/417－225
[嘉慶]東臺縣志四十卷　(清)周古修

(清)蔡復午等纂　清嘉慶二十二年(1817)刻本　十册

620000-1142-0000974　927.23/201-681
[乾隆]鄞縣志三十卷首一卷　(清)錢維喬修　(清)錢大昕等纂　清道光二十六年(1846)刻本　二十册

620000-1142-0000975　927.21/307-398
[乾隆]震澤縣志三十八卷首一卷　(清)陳和志修　(清)沈彤　(清)倪師孟纂　清光緒十九年(1893)吳郡徐元圃刻本　八册

620000-1142-0000976　927.23/225-108
[道光]嵊縣志十四卷首一卷末一卷　(清)李式圃修　(清)朱滁等纂　清道光八年(1828)刻本　十册

620000-1142-0000977　927.27/335-036
[嘉慶]峩眉縣志十卷首一卷　(清)王燮修　(清)張希縉　(清)張希珝纂　清嘉慶十八年(1813)刻本　四册

620000-1142-0000978　121.41/635
墨子十六卷　(戰國)墨翟撰　(清)吳汝綸點勘　清宣統二年(1910)衍星社鉛印桐城吳先生點勘諸子七種本　二册

620000-1142-0000979　927.23/305-308
[同治]江山縣志十二卷首一卷末一卷　(清)王彬修　(清)朱寶慈纂　清同治十二年(1873)文溪書院刻本　八册

620000-1142-0000980　927.23/203-494
[光緒]慈谿縣志五十六卷附編一卷　(清)楊泰亨　(清)馮可鏞纂　清光緒二十五年(1899)劉一柱校補德潤書院刻本　二十四册

620000-1142-0000981　927.23/205-428-1
[光緒]奉化縣志四十卷首一卷　(清)李前泮修　(清)張美翊等纂　清光緒三十四年(1908)刻本　十二册

620000-1142-0000982　927.23/207-299
[光緒]鎮海縣志四十卷　(清)于萬川修　(清)俞樾等纂　清光緒五年(1879)鯤池書院刻本　十六册

620000-1142-0000983　927.23/225-640-1
[嘉定]剡錄十卷　(宋)史安之修　(宋)高似孫纂　清同治九年(1870)刻本　二册

620000-1142-0000984　927.23/337-632
[光緒]分水縣志十卷首一卷末一卷　(清)陳常鏵　(清)馮圻修　(清)臧承宣纂　清光緒三十二年(1906)刻本　六册

620000-1142-0000985　927.23/205-428
[光緒]奉化縣志四十卷首一卷　(清)李前泮修　(清)張美翊等纂　清光緒三十四年(1908)刻本　十二册

620000-1142-0000986　927.23/131-228.1
[同治]湖州府志九十六卷首一卷　(清)宗源瀚　(清)郭式昌修　(清)周學濬　(清)陸心源纂　清同治十三年(1874)愛山書院刻本　二十八册

620000-1142-0000987　927.23/413-765
[光緒]龍泉縣志十二卷首一卷　(清)顧國詔修　(清)張世堉纂　清光緒四年(1878)刻本　六册

620000-1142-0000988　927.23/239-039
光緒太平續志十八卷首一卷　(清)陳汝霖修　(清)王棻等纂　清光緒二十二年(1896)刻本　八册

620000-1142-0000989　927.23/119-284
[康熙]秀水縣志十卷　(清)任之鼎掌修　(清)范正輅編輯　(清)袁日華校訂　清康熙二十四年(1685)刻本　八册

620000-1142-0000990　927.23/301-284
[嘉慶]西安縣志四十八卷首一卷　(清)姚寶煃修　(清)范崇楷等纂　清嘉慶十六年(1811)刻本　十册

620000-1142-0000991　927.23/223-401
[光緒]上虞縣志校續五十卷首一卷末一卷　(清)儲家藻修　(清)徐致靖纂　清光緒二十五年(1899)刻本　二十册

620000－1142－0000992　927.23/213－125
[光緒]定海廳志三十卷首一卷　(清)史致馴修　(清)陳重威　(清)黄以周纂　清光緒十一年(1885)黄樹藩刻二十八年(1902)補刻本　十册

620000－1142－0000993　927.23/215－109－1
[嘉慶]山陰縣志三十卷首一卷　(清)徐元梅修　(清)朱文翰等纂　清嘉慶八年(1803)刻本　八册

620000－1142－0000994　927.23/219－630
[乾隆]諸暨縣志四十四卷首一卷末一卷　(清)沈椿齡修　(清)樓卜瀍等纂　清乾隆三十八年(1773)刻本(卷六至九爲抄補)　十四册

620000－1142－0000995　927.23/107－126
[光緒]富陽縣志二十四卷首一卷　(清)汪文炳修　(清)蔣敬時　(清)何鎔纂　清光緒三十二年(1906)刻本　十六册

620000－1142－0000996　927.23/239－039－1
光緒太平續志十八卷首一卷　(清)陳汝霖修　(清)王棻等纂　清光緒二十二年(1896)刻本　八册

620000－1142－0000997　927.23/239－462
嘉慶太平縣志十八卷首一卷　(清)慶霖纂修　清光緒二十二年(1896)古閩陳其昌刻本　十册

620000－1142－0000998　927.23/225－640
[同治]嵊縣志二十六卷首一卷末一卷　(清)嚴思忠　(清)陳仲麟修　(清)蔡以瑺等纂　清同治九年(1870)刻本　十二册

620000－1142－0000999　927.23/221－223
[光緒]餘姚縣志二十七卷首一卷末一卷　(清)周炳麟修　(清)邵友濂　(清)孫德祖纂　清光緒二十五年(1899)刻本　十六册

620000－1142－0001000　927.23/215－064
[乾隆]紹興府志八十卷首一卷　(清)李亨特修　(清)平恕　(清)徐嵩纂　清乾隆五十七年(1792)刻本　四十六册

620000－1142－0001001　927.23/229－248－1
[康熙]臨海縣志十五卷首一卷　(清)洪若臯編輯　清康熙二十二年(1683)東壁樓刻本　八册

620000－1142－0001002　927.23/313－333
光緒蘭谿縣志八卷首一卷附補遺一卷　(清)秦簧　(清)邵秉經修　(清)唐壬森纂　清光緒十五年(1889)刻本　十册

620000－1142－0001003　927.23/319－613
[光緒]永康縣志十六卷首一卷　(清)李汝為　(清)郭文翹修　(清)潘樹棠纂　清光緒十八年(1892)刻本　十二册

620000－1142－0001004　927.23/307－147－1
[光緒]常山縣志六十八卷首一卷末一卷　(清)李瑞鍾修　(清)朱昌泰等纂　清光緒十二年(1886)刻本　十二册

620000－1142－0001005　927.23/333－536
[光緒]遂昌縣志十二卷首一卷附外編四卷　(清)胡壽海　(清)史恩緯修　(清)褚成允纂　清光緒二十二年(1896)尊經閣刻本　十二册

620000－1142－0001006　927.23/329－145
[光緒]淳安縣志十六卷首一卷　(清)李詩續修　(清)陳中元　(清)竺士彥纂　清光緒十年(1884)淳安縣署刻本　八册

620000－1142－0001007　927.21/307－420
黎里志十六卷首一卷　(清)徐達原纂輯　清嘉慶十年(1805)吳江徐氏孚遠堂刻本　四册

620000－1142－0001008　927.23/309－613
[光緒]開化縣志十四卷首一卷　(清)徐名立　(清)潘紹詮修　(清)潘樹棠纂　清光緒二十四年(1898)天香書院刻本　十册

620000－1142－0001009　927.23/213－716
[康熙]定海縣志八卷　(清)繆燧修　(清)陳瑄等纂　清康熙五十四年(1715)刻本　十二册

620000－1142－0001010　927.21/307－420

黎里續志十六卷首一卷 (清)蔡丙圻纂輯 清光緒二十五年(1899)禊湖書院刻本 六冊

620000－1142－0001011 857.1/625
棗林雜俎六卷附錄一卷 (明)談遷撰 清宣統三年(1911)上海國學扶輪社鉛印張氏適園叢書本 六冊

620000－1142－0001012 927.23/428
[乾道]四明圖經十二卷 (宋)張津等撰 清咸豐四年(1854)刻宋元四明六志本 四冊

620000－1142－0001013 927.23/423－038
[嘉慶]瑞安縣志十卷首一卷 (清)張德標修 (清)王殿金 (清)黃徵義纂 清嘉慶十三年(1808)刻本 八冊

620000－1142－0001014 927.23/415－073－2
[光緒]慶元縣志十二卷首一卷 (清)林步瀛 (清)史恩緯修 (清)史恩緒等纂 清光緒三年(1877)刻本 十冊

620000－1142－0001015 927.23/415－073－1
[光緒]慶元縣志十二卷首一卷 (清)林步瀛 (清)史恩緯修 (清)史恩緒等纂 清光緒三年(1877)刻本 十冊

620000－1142－0001016 927.23/415－073
[光緒]慶元縣志十二卷首一卷 (清)林步瀛 (清)史恩緯修 (清)史恩緒等纂 清光緒三年(1877)刻本 十冊

620000－1142－0001017 927.23/401－478
[乾隆]溫州府志三十卷首一卷 (清)李琬修 (清)齊召南 (清)汪沆纂 清乾隆三十九年(1774)刻同治四年(1865)周開錫、陳思燏補刻本 二十冊

620000－1142－0001018 927.21/311－343
[光緒]無錫金匱縣志四十卷首一卷殉難紳民表二卷列女姓氏錄二卷 (清)裴大中等修 (清)秦緗業等纂 清光緒七年(1881)刻本 二十冊

620000－1142－0001019 927.23/327－655
[淳熙]嚴州圖經三卷 (宋)董弅修 (宋)喻彥先檢訂 (宋)陳公亮重修 (清)劉文富訂正 清光緒二十二年(1896)刻漸西村舍彙刊本 二冊

620000－1142－0001020 927.21/309－467
[道光]武進陽湖縣合志三十六卷首一卷附志餘十二卷團練紀實二卷 (清)孫琬 (清)王德茂修 (清)李兆洛 (清)周儀暐纂 清光緒十二年(1886)活字印本 三十冊

620000－1142－0001021 927.23/428－2
至正四明續志十二卷 (元)王元恭修 (元)王厚孫 (元)徐亮纂 清咸豐四年(1854)刻宋元四明六志本 六冊

620000－1142－0001022 927.23/428－1
[寶慶]四明志二十一卷 (宋)胡榘修 (宋)方萬里 (宋)羅濬纂 清咸豐四年(1854)刻宋元四明六志本 九冊

620000－1142－0001023 927.23/327－162
[光緒]嚴州府志三十八卷首一卷 (清)吳士進原本 (清)吳世榮續修 (清)鄒伯森等續纂 清光緒八年(1882)刻本 二十八冊

620000－1142－0001024 927.23/429－200
分疆錄十二卷首一卷 (清)林鶚纂輯 (清)林用霖續編 (清)董憲曾參校 清光緒四年至五年(1878－1879)浙甌梅師古齋刻本 六冊

620000－1142－0001025 927.23/428
[延祐]四明志二十卷 (元)馬澤修 (元)袁桷纂 清咸豐四年(1854)刻宋元四明六志本 十二冊

620000－1142－0001026 927.21/319－219－1
[光緒]通州直隸州志十六卷首一卷末一卷 (清)梁悅馨 (清)莫祥芝修 (清)季念詒 (清)沈鍠纂 清光緒元年(1875)刻本 十六冊

620000－1142－0001027 927.23/431－166
[光緒]玉環廳志十四卷首一卷 (清)杜冠英 (清)胥壽榮修 (清)呂鴻燾等纂 清光緒六年(1880)刻本 六冊

620000 - 1142 - 0001028　927.23/421 - 226
[同治]景甯縣志十四卷首一卷末一卷　(清)周杰修　(清)嚴用光　(清)葉篤貞纂　清同治十二年(1873)刻本　十四册

620000 - 1142 - 0001029　927.25/121 - 038
[同治]續輯漢陽縣志二十八卷　(清)黄式度修　(清)王柏心纂　清同治七年(1868)刻本　二十册

620000 - 1142 - 0001030　927.25/201 - 039
[光緒]襄陽府志二十六卷志餘一卷　(清)恩聯等修　(清)王萬芳等纂　清光緒十一年(1885)刻本　十六册

620000 - 1142 - 0001031　927.24/088
江西全省輿圖十四卷首一卷　(清)曾國藩等纂修　清同治七年(1868)刻本　十五册

620000 - 1142 - 0001032　927.23/405 - 037
[光緒]青田縣志十八卷首一卷　(清)雷銑修　(清)王芬纂　清光緒二年(1876)刻本　十四册

620000 - 1142 - 0001033　927.26/111 - 430
[嘉慶]湘潭縣志四十卷　(清)張雲璈等修　(清)周系英等纂　清嘉慶二十三年(1818)刻本　十八册

620000 - 1142 - 0001034　927.26/111 - 452
[光緒]湘潭縣志十二卷　(清)陳嘉榆等修　王闓運等纂　清光緒十五年(1889)刻本　十册

620000 - 1142 - 0001035　927.26/103 - 164
[光緒]善化縣志三十四卷首一卷　(清)吳兆熙等修　(清)張先掄等纂　清光緒三年(1877)刻本　二十册

620000 - 1142 - 0001036　927.25/301 - 038
[同治]續修東湖縣誌三十卷首一卷續補藝文一卷　(清)金大鏞修　(清)王柏心纂　清同治三年(1864)奎星樓刻本　十册

620000 - 1142 - 0001037　927.26/105 - 422
[光緒]湘陰縣圖志三十四卷首一卷末一卷　(清)郭嵩燾等纂修　清光緒六年(1880)湘陰縣志局刻本　十四册

620000 - 1142 - 0001038　927.27/129 - 429
[光緒]重修彭縣志十三卷首一卷末一卷附補遺一卷　(清)張龍甲修　(清)呂調陽等纂　清光緒六年(1880)刻本　十册

620000 - 1142 - 0001039　927.23/257 - 646
[光緒]酆都縣志四卷首一卷　(清)田秀栗　(清)徐濬鏞修　(清)徐昌緒纂　(清)蔣履泰增纂　清光緒十九年(1893)刻本　六册

620000 - 1142 - 0001040　927.27/129 - 429 - 1
[光緒]重修彭縣志十三卷首一卷末一卷附補遺一卷　(清)張龍甲修　(清)呂調陽等纂　清光緒六年(1880)刻本　十册

620000 - 1142 - 0001041　927.23/229 - 248
[康熙]臨海縣志十五卷首一卷　(清)洪若臯編輯　清康熙二十二年(1683)東壁樓刻本　十二册

620000 - 1142 - 0001042　927.23/407 - 187
[光緒]縉雲縣志十六卷首一卷末一卷　(清)何乃容　(清)葛華修　(清)潘樹棠纂　清光緒七年(1881)刻本　十六册

620000 - 1142 - 0001043　927.27/101
[同治]重修成都縣志十六卷首一卷　(清)李玉宣等修　(清)衷興鑑等纂　清同治十二年(1873)刻本　十六册

620000 - 1142 - 0001044　927.31/101 - .36
[萬曆]閩都記三十三卷　(明)王應山纂　清道光十一年(1831)求放心齋刻本　六册

620000 - 1142 - 0001045　927.27/551 - 691
[道光]安岳縣志十六卷首一卷　(清)濮瑗修　(清)周國頤纂　清道光十六年(1836)刻本　十二册

620000 - 1142 - 0001046　927.23/119 - 418
[光緒]嘉興府志八十八卷首二卷　(清)許瑤光修　(清)吳仰賢等纂　清光緒四年(1878)鵝湖書院刻本　四十八册

620000－1142－0001047　927.27/325
［光緒］大甯縣志八卷首一卷　（清）高維嶽修　（清）魏遠猷等纂　清光緒十一年（1885）刻本　八册

620000－1142－0001048　927.27/541－145
［道光］中江縣新志八卷首一卷　（清）楊霈修　（清）李福源　（清）范泰衡纂　清道光十九年（1839）刻本　八册

620000－1142－0001049　927.23/403－223
［光緒］處州府志三十卷首一卷末一卷　（清）潘紹詒修　（清）周榮椿等纂　清光緒三年（1877）刻本　三十二册

620000－1142－0001050　927.27/235－431
［同治］增修萬縣志三十六卷首一卷　（清）王玉鯨　（清）張琴等修　（清）范泰衡等纂　清同治五年（1866）萬川書院刻本　六册

620000－1142－0001051　927.51/434－1
蒙古游牧記十六卷　（清）張穆撰　（清）何秋濤校　清同治六年（1867）壽陽祁氏刻本　四册

620000－1142－0001052　927.51/434－2
蒙古游牧記十六卷　（清）張穆撰　（清）何秋濤校　清同治六年（1867）壽陽祁氏刻本　四册

620000－1142－0001053　927.51/434
蒙古游牧記十六卷　（清）張穆撰　（清）何秋濤校　清同治六年（1867）壽陽祁氏刻本　四册

620000－1142－0001054　927.42/725
［道光］吉林外紀十卷　（清）薩英額纂　清光緒二十一年（1895）刻漸西村舍彙刊本　二册

620000－1142－0001055　927.6/419
西北邊界圖地名譯漢攷證二卷　（清）許景澄撰　清光緒二十二年（1896）刻本　三册

620000－1142－0001056　927.6/419－1
西北邊界圖地名譯漢攷證二卷　（清）許景澄撰　清光緒二十二年（1896）刻本　三册

620000－1142－0001057　927.23/131－443
［光緒］歸安縣志五十二卷首一卷　（清）李昱修　（清）陸心源纂　清光緒八年（1882）刻本　八册

620000－1142－0001058　927.31/201－227
［道光］厦門志十六卷　（清）周凱等纂修　清道光十九年（1839）玉屏書院刻本　十二册

620000－1142－0001059　927.6/419－2
西北邊界圖地名譯漢攷證二卷　（清）許景澄撰　清光緒二十二年（1896）刻本　三册

620000－1142－0001060　927.14/335－139
［乾隆］解州全志十八卷圖一卷　（清）言如泗修　（清）吕瀶等纂　清乾隆二十九年（1764）刻本　四册

620000－1142－0001061　672.34/429.524
景定嚴州續志十卷　（宋）錢可則修　（宋）鄭瑤　（宋）方仁榮纂　清光緒二十二年（1896）刻漸西村舍彙刊本　二册

620000－1142－0001062　927.35/101－708
［道光］昆明縣志十卷　（清）戴絅孫纂修　清光緒二十七年（1901）刻本　六册

620000－1142－0001063　927.27/117－431
［道光］新都縣志十八卷首一卷　（清）張奉書等修　（清）張懷洵等纂　清道光二十四年（1844）刻本　十二册

620000－1142－0001064　927.27/227－726
［同治］合江縣志五十四卷首一卷　（清）秦湘修　（清）楊致道纂　清同治十年（1871）增刻本　十二册

620000－1142－0001065　927.23/331－160
［康熙］桐廬縣志四卷　（清）童煒修　（清）吳文緯　（清）王僉吉纂　清康熙二十二年（1683）刻本（有抄補）　十二册

620000－1142－0001066　927.61/012
［光緒］西域記八卷　（清）七十一纂　清光緒十一年（1885）聚英堂刻本　二册

620000－1142－0001067　927.27/109－658－1

[同治]續漢州志二十四卷首一卷補志一卷 (清)張超等修 (清)曾履中 (清)張敏行纂 清同治八年(1869)刻本 八冊

620000－1142－0001068 927.33/574－1
廣東輿地全圖不分卷 (清)張人駿編 清光緒二十三年(1897)廣州石經堂石印本 二冊

620000－1142－0001069 927.32/348
全臺輿圖一卷 (清)夏獻綸編 清光緒五年(1879)刻本 一冊

620000－1142－0001070 927.23/311－9
[康熙]金華府志三十卷 (清)張藎修 (清)沈麟趾等纂 清康熙二十二年(1683)刻本(有抄補) 二十四冊

620000－1142－0001071 927.27/109－658
[嘉慶]漢州志四十卷首一卷末一卷 (清)劉長庚修 (清)侯肇元 (清)張懷泗纂 清嘉慶二十二年(1817)刻本 十二冊

620000－1142－0001072 922.9/128
廣陵通典十卷 (清)汪中撰 清道光三年(1823)刻本 二冊

620000－1142－0001073 927.66/044－1
西藏賦一卷 (清)和寧譔 **卜魁城賦一卷** (清)英和撰 **新疆賦一卷** (清)徐松撰 清光緒八年(1882)元尚居刻本 二冊

620000－1142－0001074 927.66/076
西藏通覽不分卷 (日本)山縣初男纂 清宣統元年(1909)四川西藏研究會鉛印本 四冊

620000－1142－0001075 927/145
朔方備乘札記不分卷 (清)李文田撰 **元耶律楚材西遊錄不分卷** (清)盛如梓刪略 (清)李文田注 **和林詩不分卷** (清)李文田注 清光緒二十三年(1897)會稽施氏許鄭學廬刻本 二冊

620000－1142－0001076 927.6/148
漢西域圖考七卷首一卷 (清)李光廷撰 清光緒十九年(1893)寶善書局石印本 七冊

620000－1142－0001077 927.6/148－1
漢西域圖考七卷首一卷 (清)李光廷撰 清光緒八年(1882)陽湖趙氏壽萱草堂活字印本 四冊

620000－1142－0001078 922.9/476－1
華陽國志十二卷 (晉)常璩撰 **補三州郡縣目錄一卷** (清)廖寅撰 清嘉慶十九年(1814)廖寅題襟館刻本 四冊

620000－1142－0001079 927.21/139
官書錄二卷 (清)志書局輯 清光緒六年(1880)刻本 一冊

620000－1142－0001080 927.16/511－776
[道光]敦煌縣志七卷首一卷 (清)蘇履吉修 (清)曾誠纂 清道光十一年(1831)刻本 四冊

620000－1142－0001081 926.2/128
漢書地理志二卷 (清)汪遠孫纂 清同治十年(1871)刻本 一冊

620000－1142－0001082 928/449
漢書地理志水道圖說七卷 (清)陳澧撰 **附考正德清胡氏禹貢圖一卷** (清)陳宗誼撰 清同治刻本 一冊

620000－1142－0001083 927.15/135－724
[萬曆]續朝邑縣志八卷 (明)郭實修 (明)王學謨纂 清康熙五十一年(1712)王兆鰲刻本 二冊

620000－1142－0001084 927.23/111－558
[宣統]臨安縣志八卷首一卷末一卷 (清)彭循堯修 (清)董運昌 (清)周鼎纂 清宣統二年(1910)木活字印本 六冊

620000－1142－0001085 927.15/135－724
[康熙]朝邑縣後志八卷 (清)王兆鰲修 (清)王鵬翼纂 清康熙五十一年(1712)刻本 三冊

620000－1142－0001086 927.6/194
西陲要略四卷 (清)祁韻士輯 清道光十七年(1837)筠淥山房刻本 四冊

620000－1142－0001087 928.29/526

荊州萬城隄續志十卷首一卷末一卷 (清)倪文蔚纂 清光緒二十年(1894)刻本 四冊

620000－1142－0001088 927.23/103－529－1
西湖志四十八卷 (清)李衛等修 (清)傅王露等纂 清乾隆刻本 二十冊

620000－1142－0001089 928.323/343
重修南海普陀山志二十卷首一卷 (清)秦耀曾編輯 (清)釋能崙校訂 清道光十二年(1832)佛經流通處刻本 四冊

620000－1142－0001090 927.15/215－740
[光緒]新續畧陽縣志一卷 (清)桂超修 (清)侯龍光纂 清光緒三十年(1904)刻本 一冊

620000－1142－0001091 927.27/301－494
[同治]蘇州府志一百五十卷首三卷 (清)李銘皖 (清)譚鈞培修 (清)馮桂芬纂 清光緒八年(1882)江蘇書局刻本 八十冊

620000－1142－0001092 927.21/301－494－1
[同治]蘇州府志一百五十卷首三卷 (清)李銘皖 (清)譚鈞培修 (清)馮桂芬疏 清光緒八年(1882)江蘇書局刻本 八十冊

620000－1142－0001093 928.28/158
浙江圖攷一卷 (清)阮元撰 清嘉慶八年(1803)刻本 一冊

620000－1142－0001094 926.5/042
輿地紀勝二百卷首一卷 (宋)王象之編 清咸豐五年(1855)南海伍氏粤雅堂刻本 二十四冊 缺三十三卷(原缺十三至十六、五十至五十四、一百三十六至一百四十四、一百六十八至一百七十三、一百九十三至二百,首一卷)

620000－1142－0001095 927.23/123－403
[光緒]海鹽縣志二十二卷首一卷末一卷 (清)王彬修 (清)徐用儀纂 清光緒三年(1877)蔚文書院刻本 十六冊

620000－1142－0001096 927.23/123－403－1
[光緒]海鹽縣志二十二卷首一卷末一卷附圖說一卷敘錄一卷 (清)王彬修 (清)徐用儀纂 清光緒三年(1877)蔚文書院刻本 十六冊

620000－1142－0001097 928.29/400
敏果齋七種六十四卷 (清)許乃釗編 清道光十二年至二十九年(1832－1849)錢塘許氏刻本 二冊

620000－1142－0001098 927.33/453－1
[道光]廣東通志三百三十四卷首一卷 (清)阮元修 (清)陳昌齊纂 清同治三年(1864)刻本 一百二十冊

620000－1142－0001099 916/731－1
海國圖志續集二十五卷首一卷 (英國)麥高爾輯著 (美國)林樂知 (清)瞿昂來譯 清光緒二十一年(1895)上海書局石印本 二冊

620000－1142－0001100 927.11/101－162
宸垣識畧十六卷 (清)吳長元輯 清光緒二年(1876)刻本 八冊

620000－1142－0001101 921.8/402
寰宇分合志八卷 (明)徐樞編輯 (明)盛稔等校 **增輯一卷** (清)鄭元慶等編 清光緒二十八年(1902)湘潭楊氏刻本 八冊

620000－1142－0001102 927.23/103－529
[雍正]西湖志四十八卷 (清)李衛等修 (清)傅王露等纂 清乾隆刻本 二十冊

620000－1142－0001103 927.23/120
[雍正]浙江通志二百八十卷首三卷 (清)李衛 (清)嵇曾筠等修 (清)沈翼機 (清)傅王露等纂 清光緒二十五年(1899)浙江書局刻本 一百二十冊

620000－1142－0001104 927.11/466
[同治]畿輔通志三百卷首一卷 (清)李鴻章 (清)黄彭年等修 清光緒十年(1884)刻本 二百四十冊

620000－1142－0001105 927.23/101－529
西湖志四十八卷 (清)李衛等修 (清)傅王露等纂 清乾隆刻本 二十冊

620000－1142－0001106　926.7/018

大清一統志五百卷　(清)和珅等纂修　清光緒二十三年(1897)杭州竹簡齋石印本　六十册

620000－1142－0001107　927.65/101－55

[乾隆]西寧府新志四十卷　(清)楊應琚纂修　清乾隆十二年(1747)刻二十七年(1762)印本　十二册

620000－1142－0001108　927.11/101－474

天咫偶聞十卷　震鈞輯　清光緒三十三年(1907)甘棠轉舍刻本　八册

620000－1142－0001109　916/731－1

海國圖志一百卷　(清)魏源撰　清光緒二十一年(1895)上海積山書局石印本　十四册

620000－1142－0001110　927.33/325－225

[乾隆]潮州府志四十二卷首一卷　(清)周碩勛纂修　清光緒十九年(1893)刻本　二十五册

620000－1142－0001111　916/731

海國圖志一百卷　(清)魏源撰　清同治六年(1867)郴州陳氏刻本　二十四册

620000－1142－0001112　927/662

太平寰宇記二百卷目錄二卷　(宋)樂史撰　(清)陳蘭森輯　清嘉慶六年(1801)刻本　四十册

620000－1142－0001113　927/662－1

太平寰宇記二百卷目錄二卷　(宋)樂史撰　(清)樂之篪　(清)樂蕤賓校　(清)陳蘭森輯　清刻本　四十册

620000－1142－0001114　927.33/325－225－1

[乾隆]潮州府志四十二卷首一卷　(清)周碩勛纂修　清光緒十九年(1893)刻本(第二册爲補配本)　二十五册

620000－1142－0001115　916/731－2

海國圖志一百卷　(清)魏源撰　清光緒十三年(1887)巴蜀善成堂刻本　二十四册

620000－1142－0001116　916/404

瀛環志畧十卷　(清)徐繼畬輯著　清道光二十八年(1848)刻本　六册

620000－1142－0001117　916/404－1

瀛環志略十卷　(清)徐繼畬輯著　清同治十二年(1873)掞雲樓刻本　六册

620000－1142－0001118　928.28/789－584－3

今水經一卷　(清)黄宗羲學　清光緒六年(1880)會稽章氏式訓堂刻本　一册

620000－1142－0001119　927.33/453－1

[道光]廣東通志三百三十四卷首一卷　(清)阮元修　(清)陳昌齊纂　清同治三年(1864)刻本　一百二十册

620000－1142－0001120　927.21/145

江蘇海塘新志八卷首一卷　(清)曾國荃　(清)剛毅鑒定　(清)李慶雲總纂　清光緒十六年(1890)刻本　四册

620000－1142－0001121　928.321/161

焦山志二十六卷首一卷　(清)吳雲輯　清同治四年(1865)刻本　八册

620000－1142－0001122　928.27/041

海道圖說十五卷　(英國)金約翰輯　(英國)傅蘭雅口譯　(清)王德均筆述　**附長江圖說一卷**　(英國)金約翰輯　(美國)金楷理口譯　(清)王德均筆述　清光緒江南製造局刻本　十册

620000－1142－0001123　928.4/354

莫愁湖志六卷首一卷　(清)馬士圖輯著　清光緒八年(1882)刻本　二册

620000－1142－0001124　928.331/558

武夷山志二十四卷首一卷　(清)董天工編　清道光二十六年(1846)羅良嵩刻本　八册

620000－1142－0001125　928.315/147

華嶽志八卷首一卷　(清)李榕纂輯　(清)楊翼武評閲　清道光十一年(1831)刻光緒三十年(1904)補刻本　四册

620000－1142－0001126　927.15/239－526

[道光]石泉縣志四卷　(清)舒鈞纂修　清道

光二十九年(1849)刻本　二冊

620000－1142－0001127　928.286/123
洞庭湖志十四卷　(清)陶雲汀修　(清)沈筠堂纂　(清)綦世基原本　(清)夏大觀補輯　(清)萬年淳再訂　清道光八年(1828)刻本(卷十至十二、二十三爲補配)　九冊

620000－1142－0001128　928.211/165
畿輔河道水利叢書八種十四卷　(清)吴邦慶輯　清道光四年(1824)益津吴氏刻本　十冊　缺一卷(畿輔水利私議一卷)

620000－1142－0001129　928.28/789－584－1
水經釋地八卷　(清)孔繼涵撰　清光緒六年(1880)會稽章氏式訓堂刻本　三冊

620000－1142－0001130　927.33/343－159
[光緒]嘉應州志三十二卷首一卷　(清)吴宗焯　(清)李慶榮修　(清)溫仲和纂　清光緒二十四年(1898)刻本　十四冊

620000－1142－0001131　928.28/789－584－2
水經注圖説殘槀四卷　(清)董祐誠撰　清光緒六年(1880)會稽章氏刻本　一冊

620000－1142－0001132　928.41/554
洛陽伽藍記五卷　(北魏)楊衒之撰　清光緒二年(1876)刻本　一幅

620000－1142－0001133　927.11/111－150
[光緒]續永清縣志十四卷　(清)李秉鈞　(清)吴欽修　(清)魏邦翰纂　清光緒元年(1875)刻本　四冊

620000－1142－0001134　928.321/674
金山志十卷　(清)盧見曾撰　清光緒二十七年(1901)刻本　四冊

620000－1142－0001135　928.29/397
荊州萬城隄志十卷首一卷末一卷　(清)倪文蔚纂　清光緒二年(1876)刻本　六冊

620000－1142－0001136　928.202/127
水經注圖一卷附録一卷　(清)汪士鐸撰　清末石印本　一冊

620000－1142－0001137　928.28/434
禹貢水道便覽一卷　(清)張先振輯　清同治六年(1867)張氏家塾刻本　一冊

620000－1142－0001138　928.316/434
崆峒山志二卷　(清)張伯魁纂修　清同治十一年(1872)刻本　二冊

620000－1142－0001139　928.28/789－1:1
水經注四十卷首一卷　(北魏)酈道元撰　王先謙校　**附録二卷**　(清)趙一清輯　清光緒十八年(1892)思賢講舍刻本　十六冊

620000－1142－0001140　928.28/572－1
水道提綱二十八卷　(清)齊召南編録　清光緒二十四年(1898)新化三味書室刻本　八冊

620000－1142－0001141　928.321/165－1
焦山續志八卷　(清)陳任暘輯　清光緒刻本　二冊

620000－1142－0001142　928.28/789－1:2
水經注四十卷首一卷　(北魏)酈道元撰　王先謙校　**附録二卷**　(清)趙一清輯　清光緒十八年(1892)思賢講舍刻本　十六冊

620000－1142－0001143　927.27/553
[嘉慶]四川通志二百四卷首二十二卷　(清)常明等修　(清)楊芳燦等纂　清嘉慶二十一年(1816)刻本　一百六十冊

620000－1142－0001144　928.28/655
揚州水道記四卷　(清)劉文淇撰　清同治十一年(1872)淮南書局補刻本　二冊

620000－1142－0001145　928.202/549
水經注圖四十卷補一卷　楊守敬著　(清)黄明誠校　清光緒三十一年(1905)楊氏觀海堂刻朱墨套印本　八冊　缺一卷(補一卷)

620000－1142－0001146　926.21/549
前漢地理圖一卷　楊守敬繪　清光緒三十年(1904)鄰蘇園刻本　一冊

620000－1142－0001147　928.281/354
長江圖説十二卷首一卷　(清)馬徵麟撰　(清)黄翼升閲定　(清)王香倬　(清)吴漢東參　清同治九年(1870)金陵提署刻本

四册

620000－1142－0001148　928.28/789－548:2
水經注釋四十卷首一卷附錄二卷水經注箋刊誤十二卷　（清）趙一清撰　清光緒六年（1880）會稽章氏式訓堂刻本　十七册

620000－1142－0001149　928.154/441
東北邊防輯要二卷　（清）曹廷杰撰　清光緒十一年（1885）鉛印本　一册

620000－1142－0001150　928.316/434－1
崆峒山志二卷　（清）張伯魁纂修　清嘉慶二十四年（1819）刻本　二册

620000－1142－0001151　928.321/674
續金山志二卷　（清）釋秋崖撰　清光緒二十七年（1901）刻本　二册

620000－1142－0001152　928.28/276
皇朝輿地水道源流五卷　（清）胡宣慶纂輯　清光緒四年（1878）刻本　二册

620000－1142－0001153　928.282/362
河防紀畧四卷　（清）孫鼎臣撰　清咸豐九年（1859）刻本　一册

620000－1142－0001154　928.321/165
焦山續志八卷　（清）陳任暘輯　清光緒刻本　一册

620000－1142－0001155　928.226/194
湘湖攷畧一卷　（清）於士達著　（清）王熙參訂　清道光二十七年（1847）學忍堂刻本　一册

620000－1142－0001156　929/399－1
遊記不分卷　（明）徐宏祖著　（清）李寄輯　（清）季夢良編　清嘉慶十三年（1808）葉氏水心齋刻本　十二册

620000－1142－0001157　928.157/518－1
防海新論十八卷　（德國）希理哈撰　（英國）傅蘭雅口譯　（清）華蘅芳筆述　清同治十二年（1873）刻本　六册

620000－1142－0001158　929/607－1
河海崑崙錄四卷　（清）裴景福著　清宣統元年（1909）上海文明書局鉛印本　四册

620000－1142－0001159　929/607
河海崑崙錄四卷　（清）裴景福著　清宣統元年（1909）上海文明書局鉛印本　四册

620000－1142－0001160　928.47/516
忠武祠墓志七卷首一卷末一卷　（清）李復心彙輯　清道光刻本　四册

620000－1142－0001161　929.15/429
游城南記一卷　（宋）張禮撰　**攄鞍錄一卷**　（清）楊應琚著　清光緒二十七年（1901）刻本　一册

620000－1142－0001162　930.9/781
大唐西域記十二卷　（唐）釋玄奘譯　（唐）釋辯機撰　清宣統元年（1909）刻本　四册

620000－1142－0001163　928.288/232
太湖備考十六卷首一卷附湖程紀略一卷　（清）金友理纂述　（清）金友琯校　清光緒二十九年（1903）刻本　八册

620000－1142－0001164　929/433
桂游日記三卷　（清）張維屏撰　清道光十七年（1837）刻本　一册

620000－1142－0001165　928.4/429
粵西筆述一卷　（清）張祥河輯　清光緒二十二年（1896）刻本　一册

620000－1142－0001166　928.42/052
日下尊聞錄五卷　（□）□□撰　清咸豐二年（1852）刻本　一册

620000－1142－0001167　928.321/117－550
京口山水志十八卷首一卷末一卷　（清）楊棨譔　清宣統三年（1911）鉛印本　四册

620000－1142－0001168　928.5/144
黔記四卷　（清）李宗昉撰　清道光十四年（1834）刻本　一册

620000－1142－0001169　928.331/558－1
武夷山志二十四卷首一卷　（清）董天工編　清道光二十六年（1846）羅良崧刻本　八册

620000－1142－0001170　928.157/518

防海新論十八卷　(德國)希理哈撰　(英國)傅蘭雅口譯　(清)華蘅芳筆述　清同治十二年(1873)刻本　六册

620000－1142－0001171　928.321/036－1

錫山景物畧十卷　(明)王永積輯　(清)王淑高　(清)王洸高校　清光緒二十四年(1898)刻本　五册

620000－1142－0001172　927.66/463

西藏圖考八卷首一卷　(清)黄沛翹輯　清光緒十二年(1886)刻本　四册

620000－1142－0001173　928.321/036

錫山景物畧十卷　(明)王永積輯　(清)王淑高　(清)王洸高校　清光緒二十四年(1898)刻本　五册

620000－1142－0001174　927.66/221－1

[嘉慶]衛藏通志十六卷首一卷　(清)松筠纂　清光緒二十二年(1896)刻漸西村舍彙刊本　八册

620000－1142－0001175　928.4/441－1

蜀中名勝記三十卷　(明)曹學佺著　清宣統二年(1910)四川官印刷局刻本　八册

620000－1142－0001176　927.66/221

[嘉慶]衛藏通志十六卷首一卷　(清)松筠纂　清光緒二十二年(1896)刻漸西村舍彙刊本　八册

620000－1142－0001177　928.288/232

太湖備考續編四卷　(清)鄭言紹輯　(清)葉慶禔　(清)鄭思敏校訂　清光緒二十九年(1903)刻本　四册

620000－1142－0001178　929.23/101－041

湖山便覽十二卷　(清)翟灝　(清)翟瀚輯　(清)王維翰重訂　清光緒元年(1875)王氏槐蔭堂刻本　六册

620000－1142－0001179　928.4/441－2

蜀中名勝記三十卷　(明)曹學佺著　清宣統二年(1910)刻本　十册

620000－1142－0001180　929.22/405

皖詞紀勝一卷　徐乃昌纂修　清光緒三十年(1904)南陵徐氏小檀欒室刻本　一册

620000－1142－0001181　928.44/583

平山堂圖志十卷首一卷　(清)趙之壁編纂　清光緒九年(1883)歐陽利見刻本　四册

620000－1142－0001182　929.1566/207

西招圖畧一卷　(清)松筠纂　清道光二十七年(1847)刻本　二册

620000－1142－0001183　929/793

鴻雪因緣圖記三集　(清)麟慶撰　清光緒十二年(1886)上海同文書局石印本　三册

620000－1142－0001184　929.27/456

蜀輶日記四卷　(清)陶澍撰　清道光七年(1827)刻本　二册

620000－1142－0001185　926/162

資治通鑑地理今釋十六卷　(清)吳熙載撰　清光緒八年(1882)江蘇書局刻本　三册

620000－1142－0001186　929.23/101－076－2

西湖遊覽志二十四卷志餘二十六卷　(明)田汝成撰　清光緒二十二年(1896)錢塘丁氏嘉惠堂刻本　十二册

620000－1142－0001187　926/149－1

歷代地理志韻編今釋二十卷坿皇朝輿地韻編二卷　(清)李兆洛輯　(清)六承如等編集　清同治九年(1870)合肥李氏刻本　八册

620000－1142－0001188　928.43/483

御製圓明園圖詠不分卷　(清)高宗弘曆撰　清光緒十三年(1887)天津石印書屋石印本　二册

620000－1142－0001189　926/149

歷代地理志韻編今釋二十卷坿皇朝輿地韻編二卷　(清)李兆洛輯　(清)六承如等編集　清同治九年(1870)合肥李氏刻本　八册

620000－1142－0001190　929.5/623

秦輶日記一卷　(清)潘祖蔭撰　清咸豐八年(1858)刻本　一册

620000－1142－0001191　929.23/101－076－1
西湖遊覽志二十四卷志餘二十六卷　(明)田汝成撰　清光緒二十二年(1896)錢塘丁氏嘉惠堂刻本　十二冊

620000－1142－0001192　931.6/463
日本國志四十卷首一卷　(清)黃遵憲編纂　清光緒十六年(1890)羊城富文齋刻本　十四冊

620000－1142－0001193　931.29/463－1
日本國志四十卷首一卷　(清)黃遵憲編纂　清光緒二十四年(1898)滙文書局刻本　十六冊

620000－1142－0001194　931.14/668
日本外史二十二卷　(日本)賴久太郎著　(日本)保岡元吉校　清光緒三十一年(1905)賴氏鉛印本　六冊

620000－1142－0001195　940.1/401
歐羅巴通史不分卷　(日本)箕作元八　(日本)峰岸米造纂　胡景伊等譯　清光緒二十六年(1900)東亞譯書會鉛印本　四冊

620000－1142－0001196　948.9/473
中亞洲俄屬遊記二卷　(英國)蘭士德著　(清)莫鎮藩譯　清光緒二十年(1894)鉛印本　二冊

620000－1142－0001197　927.22/333－035
[光緒]盱眙縣志稾十七卷首一卷　(清)王錫元修　(清)高延第等纂　清光緒十七年(1891)刻本　八冊

620000－1142－0001198　927.33/206
廣東新語二十八卷　(清)屈大均譔　清康熙三十九年(1700)水天閣刻本　十冊

620000－1142－0001199　927.36/076
黔書二卷　(清)田雯編　清康熙三十七年(1698)古歡堂刻本　六冊

620000－1142－0001200　940.39/038－1
歐洲族類源流畧五卷　王樹枏撰　清光緒二十八年(1902)中衛縣署刻陶廬叢稿本　二冊

620000－1142－0001201　940.39/038
歐洲族類源流畧五卷　王樹枏撰　清光緒二十八年(1902)中衛縣署刻陶廬叢稿本　四冊

620000－1142－0001202　927.12/301－450
[宣統]聊城縣志十二卷首一卷　(清)陳慶蕃修　(清)葉錫麟　(清)靳維熙纂　清宣統二年(1910)刻本　四冊

620000－1142－0001203　940.27/038.1
普法戰紀二十卷　(清)張宗良口譯　(清)王韜撰輯　清光緒二十一年(1895)弢園王氏活字印本　十冊

620000－1142－0001204　931.1/042
日本源流考二十二卷　王先謙撰　清光緒二十八年(1902)思賢書局刻本　十冊

620000－1142－0001205　940.14/038－2
歐洲列國戰事本末二十二卷　王樹枏撰　清光緒二十八年(1902)中衛縣署刻陶廬叢稿本　六冊

620000－1142－0001206　940.14/038
歐洲列國戰事本末二十二卷　王樹枏撰　清光緒二十八年(1902)中衛縣署刻陶廬叢稿本　六冊

620000－1142－0001207　981/158－2
疇人傳四十六卷　(清)阮元撰　清嘉慶四年(1799)揚州阮氏琅嬛仙館刻本　八冊

620000－1142－0001208　931.27/215
尊攘紀事八卷正訂尊攘紀事補遺四卷　(日本)岡千仞撰　清光緒十年(1884)東京龍雲堂刻本　六冊

620000－1142－0001209　929/793－1
鴻雪因緣圖記三集　(清)麟慶著　清光緒十二年(1886)上海同文書局石印本　三冊

620000－1142－0001210　982.27/111－1
中興名臣事略八卷　(清)朱孔彰撰　清光緒二十四年(1898)上海書局石印本　四冊

620000－1142－0001211　982/126
史姓韻編二十四卷　(清)汪輝祖輯　清光緒

二十九年(1903)上海文蘭書局石印本　八冊

620000－1142－0001212　982.1/009
百將圖傳二卷　(清)丁日昌輯　清同治八年(1869)江蘇書局刻本　二冊

620000－1142－0001213　982.1/111.1
歷代名臣言行錄二十四卷　(清)朱桓編輯　(清)潘永季校　清光緒二十四年(1898)聚興書局石印本　八冊

620000－1142－0001214　927.35/514
[光緒]雲南課吏館全滇紀要編輯章程不分卷　(清)雲南課吏館編輯　清光緒三十一年(1905)鉛印本　十冊

620000－1142－0001215　983.1/131.1
浦陽人物記二卷　(明)宋濂撰　(清)胡鳳丹校　清同治八年(1869)退補齋刻金華叢書本　一冊

620000－1142－0001216　982.1/477
碧血錄五卷　(清)莊仲方撰　清光緒八年(1882)上海同文書局石印本　五冊

620000－1142－0001217　982.1/289
高士傳三卷圖二卷　(晉)皇甫謐撰　(清)王錫齡校　清咸豐八年(1858)王氏養龢堂刻本　二冊

620000－1142－0001218　982.1/009－1
百將圖傳二卷　(清)丁日昌輯　清同治八年(1869)江蘇書局刻本　二冊

620000－1142－0001219　982.27/111
中興將帥別傳三十卷　(清)朱孔彰撰　清光緒二十三年(1897)江寧刻本　十二冊

620000－1142－0001220　940.26/224
節本泰西新史攬要八卷　(英國)李提摩太譯　(清)周慶雲節錄　清光緒二十七年(1901)夢坡室刻本　二冊

620000－1142－0001221　927.23/105－682
海昌備志五十二卷圖一卷附錄二卷　(清)錢泰吉等纂修　清道光二十七年(1847)刻本　十四冊

620000－1142－0001222　927.23/131－128
[咸豐]南潯鎮志四十卷首一卷　(清)汪曰楨纂　清同治二年(1863)刻本　十冊

620000－1142－0001223　982.27/147
國朝先正事略六十卷首一卷　(清)李元度纂　(清)康錫勳重校　清光緒二十七年(1901)詞源閣石印本　二冊

620000－1142－0001224　982.27/147－1
國朝先正事略六十卷首一卷　(清)李元度纂　清光緒二十七年(1901)上海千頃堂石印本　八冊

620000－1142－0001225　982.1/681
疑年錄四卷　(清)錢大昕編　(清)吳修校　清嘉慶十八年(1813)刻本　一冊

620000－1142－0001226　982.1/681.1
疑年賡錄二卷　(清)張鳴珂編　清光緒二十四年(1898)寒松閣刻本　一冊

620000－1142－0001227　927.23/428－3
[開慶]四明續志十二卷　(宋)吳潛修　(宋)梅應發　(宋)劉錫纂　清咸豐四年(1854)刻宋元四明六志本　四冊

620000－1142－0001228　927.66/207
[嘉慶]西招圖畧一卷圖說一卷　(清)松筠纂　清道光二十七年(1847)刻本　一冊

620000－1142－0001229　982.1/681.3
續疑年錄四卷　(清)吳修編　清嘉慶刻本　一冊

620000－1142－0001230　982.1/681.2
補疑年錄四卷　(清)錢椒編　清道光十八年(1838)刻本　一冊

620000－1142－0001231　927.23/103－722
[萬曆]錢塘縣志十紀　(明)聶心湯纂修　清光緒十九年(1893)武林丁氏刻武林掌故叢編本　六冊

620000－1142－0001232　982.1/681.4
三續疑年錄十卷　(清)陸心源編　清光緒五年(1879)刻本　三冊

620000－1142－0001233　982.1/489
洛學編六卷　(清)湯斌輯　(清)尹會一續輯　(清)郭程先補輯　清光緒二年(1876)有不為齋刻本　二册

620000－1142－0001234　927.23/201－433
[同治]鄞縣志七十五卷　(清)戴枚修　(清)張恕　(清)董沛等纂　清光緒三年(1877)刻本　三十四册

620000－1142－0001235　927.23/103－121
[嘉靖]仁和縣志十四卷　(明)沈朝宣纂　清光緒十九年(1893)武林丁氏刻本　四册

620000－1142－0001236　982.1/048
闕里文獻考一百卷首一卷末一卷　(清)孔繼汾撰　清光緒十七年(1891)湘陰李氏刻本　十二册

620000－1142－0001237　982.27/111－2
咸豐以來功臣别傳三十卷　(清)朱孔彰撰　(清)鮑鳳翰校　清光緒二十四年(1898)漸學廬石印本　六册

620000－1142－0001238　927.23/201－433－1
[同治]鄞縣志七十五卷　(清)戴枚修　(清)張恕　(清)董沛等纂　清光緒三年(1877)刻本　三十四册

620000－1142－0001239　927.23/105－147
[嘉靖]海寧縣志九卷首一卷　(明)蔡完修　(明)董穀纂　清光緒二十四年(1898)許仁沐刻本　四册

620000－1142－0001240　927.23/231－036
[光緒]黄巖縣志四十卷首一卷　(清)陳寶善　(清)孫熹修　(清)王棻纂　(清)陳鍾英　(清)鄭錫滜續修　(清)王詠霓續纂　清光緒三年(1877)刻本　十六册

620000－1142－0001241　982.1/226
楚寶四十卷外篇五卷　(明)周聖楷輯纂　清道光九年(1829)刻本　十八册

620000－1142－0001242　982.1/477－1
碧血錄五卷　(清)莊仲方撰　清光緒八年(1882)上海同文書局石印本　五册

620000－1142－0001243　927.23/237－428
[光緒]甯海縣志二十四卷首一卷　(清)王瑞成　(清)程雲驤修　(清)張濬等纂　清光緒二十八年(1902)刻本　十六册

620000－1142－0001244　940.26/224－1
節本泰西新史攬要八卷　(英國)李提摩太譯　(清)周慶雲節錄　清光緒二十七年(1901)夢坡室刻本　二册

620000－1142－0001245　927.23/235－039
光緒仙居志二十四卷首一卷　(清)王壽頤　(清)潘紀恩修　(清)王棻　(清)李仲昭纂　清光緒二十年(1894)活字印本　十八册

620000－1142－0001246　982.1/604
學統五十三卷　(清)熊賜履撰　(清)張華蓮等校勘　清光緒十七年(1891)三餘草堂刻本　十二册

620000－1142－0001247　982.27/147－1－1
國朝先正事略續編三十卷　(清)朱孔彰撰　清光緒二十六年(1900)石印本　二册　存四卷(一至四)

620000－1142－0001248　982.26/467
明貢舉考畧二卷　(清)黄崇蘭輯　清光緒五年(1879)金陵文英堂刻本　一册

620000－1142－0001249　982.251/111－1
宋名臣言行錄五集七十五卷　(宋)朱熹　(宋)李幼武纂集　清同治七年(1868)臨川桂氏刻本　四册

620000－1142－0001250　982.32/050
中國女史二十一卷　(清)金炳麟　(清)王以銓輯　清宣統元年(1909)杭州中合公司鉛印本　六册

620000－1142－0001251　982.32/164
燕蘭小譜一卷坿海鷗小譜一卷　(清)安樂山樵吟　清宣統三年(1911)長沙葉氏刻本　一册

620000－1142－0001252　982.6/565.1

道齊正軌二十卷　(清)鄒鳴鶴纂述　(清)蘇源生編校　清道光三十年(1850)刻本　六册

620000－1142－0001253　982.616/062
甘肅忠義録十七卷　(清)楊昌濬輯　清光緒十六年(1890)刻本　六册

620000－1142－0001254　982.27/682
文獻徵存録十卷　(清)錢林輯　(清)王藻原編　清咸豐八年(1858)有嘉樹軒刻本　十册

620000－1142－0001255　982.84/036
魏鄭公諫録五卷　(唐)王方慶輯　**續録一卷**　(元)翟思忠輯　清光緒五年至十八年(1879－1892)定州王氏謙德堂刻畿輔叢書本　一册

620000－1142－0001256　927.54/101－313
[道光]承德府志六十卷首二十六卷　(清)海忠纂修　清光緒十三年(1887)延杰、李世寅重訂本　二十四册

620000－1142－0001257　927.54/101－313－1
[道光]承德府志六十卷首二十六卷　(清)海忠纂修　清光緒十三年(1887)延杰、李世寅重訂本　二十四册

620000－1142－0001258　927/187
朔方備乘六十八卷首十二卷　(清)何秋濤纂　清光緒石印本　八册

620000－1142－0001259　982.26/467.1
國朝貢舉考畧三卷　(清)黄崇蘭輯　(清)趙學會續　清嘉慶八年(1803)刻本　二册

620000－1142－0001260　927/187－1
朔方備乘六十八卷首十二卷　(清)何秋濤纂　清光緒石印本　八册

620000－1142－0001261　927/187－2
朔方備乘六十八卷首十二卷　(清)何秋濤纂　清光緒石印本　八册

620000－1142－0001262　982.87/223
濟剛節公表忠録一卷　(清)周莊山輯　清光緒二十七年(1901)刻本　一册

620000－1142－0001263　927.66/097.1
西藏記二卷　(清)□□纂　清刻本　二册

620000－1142－0001264　927/187－3
朔方備乘六十八卷首十二卷　(清)何秋濤纂　清光緒石印本　八册

620000－1142－0001265　982.87/144－335:2
李鴻章十二章　梁啟超著　清光緒二十七年(1901)鉛印本　一册

620000－1142－0001266　982.87/115
任學士功績録不分卷　(清)□□撰　清光緒二十一年(1895)刻本　二册

620000－1142－0001267　927/187－4
朔方備乘六十八卷首十二卷　(清)何秋濤纂　清光緒石印本　八册

620000－1142－0001268　982.27/720
爵秩全覽不分卷(清宣統三年秋季)　(清)□□輯　清宣統三年(1911)刻本　六册

620000－1142－0001269　927.21/425－654
[道光]寶應圖經六卷首二卷　(清)劉寶楠纂　清光緒九年(1883)淮南書局刻本　三册

620000－1142－0001270　982.87/144－335:1
李鴻章十二章　梁啟超著　清光緒二十七年(1901)鉛印本　一册

620000－1142－0001271　982.87/144－335
李鴻章十二章　梁啟超著　清光緒二十七年(1901)鉛印本　一册

620000－1142－0001272　982/701
增廣尚友録統編二十二卷　(清)應祖錫編輯　清光緒二十八年(1902)鴻寶齋石印本　十二册

620000－1142－0001273　927.21/421－037
泰州新志刊謬二卷首一卷　(清)任鈺　(清)宫錫祚纂輯　清道光十年(1830)刻本　二册

620000－1142－0001274　982.87/499－035
求闕齋弟子記三十二卷　(清)王定安撰　清光緒二年(1876)都門刻本　十六册

620000－1142－0001275　982.9/068

左文襄公[宗棠]年譜十卷　(清)羅正鈞纂　清光緒二十三年(1897)湘陰左氏刻本　十册

620000－1142－0001276　982.87/677－453
霆軍紀略十六卷　(清)陳昌編輯　(清)王樹棠　(清)王澤校勘　清光緒八年(1882)鉛印本　六册

620000－1142－0001277　982.27/036
國朝虞陽科名錄四卷首一卷　(清)王元鐘輯　清宣統三年(1911)刻本　六册

620000－1142－0001278　988.7/496
國朝畫識十七卷　(清)馮金伯纂輯　清道光十一年(1831)刻本　八册

620000－1142－0001279　982.84/036
魏鄭公文集三卷詩集一卷　(唐)魏徵著　(清)王灝輯　清光緒五年至十八年(1879－1892)定州王氏謙德堂刻畿輔叢書本　二册

620000－1142－0001280　982.26/127
史外八卷　(清)汪有典著　清同治四年(1865)刻本　四册

620000－1142－0001281　982.1/727
歷代名臣傳節錄三十卷　(清)蕭培元錄訂　(清)崇厚增輯　(清)惲寶楨　(清)嵩申校勘　清同治九年(1870)刻本　十册

620000－1142－0001282　982.9/041
王壯武公[鑫]年譜二卷　(清)羅正鈞纂　清光緒十八年(1892)湘鄉王氏江甯刻本　一册

620000－1142－0001283　982.91/139－2
歷代名人年譜十卷附存疑及生卒年月無攷一卷　(清)吳榮光撰　(清)瞿樹辰　(清)吳彌光校　清光緒二年(1876)京都寶經書坊刻本　十册

620000－1142－0001284　982.9/661－213
德壯果公[楞泰]年譜三十二卷首一卷　(清)花沙納撰　(清)王正璽增修　清咸豐六年(1856)刻本　十六册

620000－1142－0001285　982.87/712
出使日記續刻十卷　(清)薛福成撰　清光緒二十七年(1901)石印本　十册

620000－1142－0001286　991.3/432
重定金石契不分卷首一卷附錄一卷續錄一卷　(清)張燕昌輯　清光緒二十二年(1896)聚學軒刻朱印本　四册

620000－1142－0001287　988.747/702
增訂支那畫家人名辭書不分卷　(日本)齋藤謙編纂　(日本)今泉雄作校閲　清光緒三十四年(1908)鉛印本　四册

620000－1142－0001288　928.15/276
籌海圖編十三卷　題(明)胡宗憲輯議　(明)胡維極重校　(明)胡階慶等刪　明天啟四年(1624)胡維極刻本　十四册

620000－1142－0001289　988.745/628
國朝書人輯略十一卷首一卷　震鈞輯　清光緒三十四年(1908)金陵刻本　八册

620000－1142－0001290　089.7/705
微波榭叢書十五種一百四十六卷　(清)孔繼涵輯　清乾隆曲阜孔氏刻本　四十三册　缺六種二十四卷(水經釋地八卷、雜體文稿七卷、同度記一卷、長行經一卷、紅櫚書屋詩集四卷、斲冰詞三卷)

620000－1142－0001291　858.519/045.9
延壽卷一卷　(清)華倫錄　清光緒六年(1880)抄本　一册

620000－1142－0001292　982.284/728－674
關聖帝君聖蹟圖誌全集五卷　(清)盧湛編　清嘉慶二年(1797)刻本　五册

620000－1142－0001293　982.9/674
駱文忠公自訂年譜二卷　(清)駱秉章編　清光緒二十一年(1895)思賢書局刻本　二册

620000－1142－0001294　858.519/045.5
節義寶卷一卷　(清)□□撰　清光緒二十六年(1900)蘇城瑪瑙經房刻本　一册

620000－1142－0001295　988.7/496
墨香居畫識十卷　(清)馮金伯撰　清道光刻本　四册

620000－1142－0001296　921.8/293－1
史通削繁四卷　(清)紀昀撰　清道光十三年(1833)兩廣節署刻朱墨套印本　四册

620000－1142－0001297　982.9/714－434
閻潛丘先生[若璩]年譜四卷　(清)張穆編　清道光二十六年(1846)刻本　一册

620000－1142－0001298　928.28/527
水道提綱二十八卷　(清)齊召南編錄　清乾隆四十一年(1776)刻本　八册

620000－1142－0001299　921.8/293
史通削繁四卷　(清)紀昀撰　清道光十三年(1833)兩廣節署刻朱墨套印本　四册

620000－1142－0001300　982.9/358－433
孫淵如先生[星衍]年譜二卷　(清)張紹南撰　清光緒二十三年(1897)刻本　一册

620000－1142－0001301　993.3/579
陶齋吉金錄八卷　(清)端方輯　清光緒三十四年(1908)石印本　八册

620000－1142－0001302　989/728
關中同官錄不分卷　(清)胡延校定　清光緒二十六年(1900)刻本　六册

620000－1142－0001303　991.3/399
隨軒金石文字九卷　(清)徐渭仁鉤摹　清同治七年(1868)刻本　四册

620000－1142－0001304　921.8/293－2
史通削繁四卷　(清)紀昀撰　清光緒元年(1875)湖北崇文書局刻本　四册

620000－1142－0001305　991.2/761－2
求古錄一卷　(清)顧炎武撰　(清)朱記榮校　清光緒十四年(1888)刻槐廬叢書本　一册

620000－1142－0001306　989/610－614
大阜潘氏支譜十二卷首一卷　(清)潘觀保纂修　清光緒十三年(1887)刻本　六册

620000－1142－0001307　991.4/558
廣川書跋十卷　(宋)董逌著　(清)朱記榮校訂　清光緒十三年(1887)行素艸堂刻本　四册

620000－1142－0001308　858.4/032－1
兒女英雄傳四十回　(清)文康撰　(清)董恂評　清光緒十四年(1888)上海蜚英館石印本　六册

620000－1142－0001309　993.3/161
恒軒所見所藏吉金錄不分卷　(清)吳大澂輯　清光緒十一年(1885)刻本　二册

620000－1142－0001310　857.41/012.1
十粒金丹六十六回　(□)□□撰　清光緒鉛印本　十二册

620000－1142－0001311　922.23/335－1
三國志旁證三十卷　(清)梁章鉅撰　清道光三十年(1850)致曲山館刻本　十六册

620000－1142－0001312　922.2/035
漢書補注七卷　(清)王榮商撰　清光緒十七年(1891)刻本　二册

620000－1142－0001313　922.22/126
七家後漢書二十一卷　(清)汪文臺輯　清光緒八年(1882)刻本　六册

620000－1142－0001314　927.16/115
[乾隆]狄道州志十六卷　(清)呼延華國修　(清)吳鎮纂　清宣統元年(1909)刻本　一册　存四卷(七至十)

620000－1142－0001315　927.12/205－613
[乾隆]曲阜縣志一百卷　(清)潘相等纂修　清乾隆三十九年(1774)刻本　十二册

620000－1142－0001316　993.65/150
續泉匯十四卷首集一卷補遺二卷　(清)李佐賢　(清)鮑康編　清光緒元年(1875)刻本　四册

620000－1142－0001317　857.4/032－1.1
兒女英雄傳評話四十回　(清)文康撰　(清)董恂評　清光緒六年(1880)上海著易堂書局石印本　六册

620000－1142－0001318　927.12/203－450
[乾隆]兗州府志三十二卷首一卷圖考一卷　(清)覺羅普爾泰修　(清)陳顧𤅯纂　清乾隆

刻本　十二册

620000－1142－0001319　997.12/761
山東考古錄一卷　(清)顧炎武著　清光緒八年(1882)山東書局刻本　一册

620000－1142－0001320　857.4/032－2
兒女英雄傳四十回　(清)文康著　清光緒六年(1880)石印本　十六册

620000－1142－0001321　928.1/428
三輔黄圖六卷　(漢)□□撰　(明)張遂辰閲　明刻本　二册

620000－1142－0001322　927.23/111－223
[乾道]臨安志十五卷　(宋)周淙纂　清光緒刻本　三册　缺十二卷(四至十五)

620000－1142－0001323　993.65/150－1
續泉匯十四卷首集一卷補遺二卷　(清)李佐賢　(清)鮑康編　清光緒元年(1875)刻本　四册

620000－1142－0001324　857.4/753－633
四雪草堂重訂通俗隋唐演義二十卷一百回　(清)褚人獲撰　清光緒二十二年(1896)刻本　十册

620000－1142－0001325　994.51/557
語石十卷　葉昌熾撰　清宣統元年(1909)刻本　四册

620000－1142－0001326　928.28/572－2
水道提綱二十八卷　(清)齊召南編錄　清乾隆四十一年(1776)刻本　八册

620000－1142－0001327　927.23/401－572
[乾隆]溫州府志三十卷首一卷　(清)李琬修　(清)齊召南　(清)汪沆纂　清乾隆二十七年(1762)刻本　十六册

620000－1142－0001328　993.65/244
泉志十五卷附譜雙五卷　(宋)洪遵撰　清同治十三年(1874)隸釋齋刻本　二册

620000－1142－0001329　993.69/466
歷朝史印十卷　(清)黄學圯篆　(清)吴叔元釋　清道光九年(1829)刻鈐印本　六册

620000－1142－0001330　927.23/201－441
[雍正]寧波府志三十六卷首一卷　(清)曹秉仁等修　(清)萬經等纂　清雍正十一年(1733)刻乾隆六年(1741)色超刻本　十六册

620000－1142－0001331　994.522/247
平津讀碑記八卷續記一卷　(清)洪頤煊撰　(清)朱記榮校　清光緒十二年(1886)吳縣朱氏家塾刻本　二册

620000－1142－0001332　925/279－2
胡文忠公遺集十卷首一卷　(清)胡林翼著　(清)閻敬銘等編　清同治五年(1866)漱芳齋刻本　四册

620000－1142－0001333　925.157/039.1
汝南遺事四卷　(元)王鶚撰　清光緒五年至十八年(1879－1892)定州王氏謙德堂刻三十二年(1906)彙印畿輔叢書本　一册

620000－1142－0001334　925.16/148
守汴日志一卷　(明)李光壂撰　清光緒二十四年(1898)刻本　二册

620000－1142－0001335　925.16/657
酌中志二十四卷　(明)劉若愚撰　清道光二十五年(1845)刻海山仙館叢書本　四册

620000－1142－0001336　925.17/049
豫軍紀略十二卷　(清)尹耕雲總纂　(清)李汝鈞分纂　清同治十一年(1872)刻本　十二册

620000－1142－0001337　925.37/122
沈文肅公政書七卷首一卷　(清)沈葆楨撰　清光緒六年(1880)木活字印本　八册

620000－1142－0001338　925.17/373
孤忠録二卷　(清)袁祖志編　清光緒十二年(1886)刻本　二册

620000－1142－0001339　925.177/431
兩淮戡亂記一卷　(清)張瑞墀著　清宣統元年(1909)鉛印本　一册

620000－1142－0001340　925.16/761－1
明季實錄一卷　(清)顧炎武輯　(清)朱記榮

校　清光緒十四年(1888)上海埽葉山房刻槐廬叢書本　一册

620000－1142－0001341　925.17/747
鄧家隊平黔戰事記一卷　(清)藍廷玉撰述　清光緒二十三年(1897)武陵刻本　一册

620000－1142－0001342　925.168/038
永麻實錄二十六卷　(清)王夫之譔　清同治四年(1865)湘鄉曾氏金陵節署刻本　三册　缺一卷(二十六)

620000－1142－0001343　925.37/308－1
籌藏芻議一卷附表一卷　(清)姚錫光撰　清光緒三十四年(1908)鉛印本　一册

620000－1142－0001344　925.37/308
籌蒙芻議二卷　(清)姚錫光撰　清光緒三十四年(1908)鉛印本　一册　缺一卷(下)

620000－1142－0001345　993.65/432
錢志新編二十卷首一卷　(清)張崇懿輯　(清)趙鈁校　**論泉絕句二卷**　(清)劉喜海著　清咸豐五年(1855)刻本　三册

620000－1142－0001346　925.37/247
奏摺譜一卷　(清)饒旬宣纂　清光緒十六年(1890)京都二酉齋刻本　一册

620000－1142－0001347　925.37/247
經略洪承疇奏對筆記二卷　(清)洪承疇撰　清光緒十六年(1890)京都二酉齋刻本　一册

620000－1142－0001348　925.37/194.1
聖朝名公奏議八卷　(清)陳弢編輯　清光緒元年(1875)上海中西書局石印本　六册

620000－1142－0001349　993.65/150－2
古泉匯五集六十四卷　(清)李佐賢撰　清同治三年(1864)刻本　十六册

620000－1142－0001350　925.37/030
軍牘彙存四卷　(清)方德驥校編　清光緒九年(1883)刻本　四册

620000－1142－0001351　993.65150－1
古泉匯五集六十四卷　(清)李佐賢撰　清同治三年(1864)刻本　十六册

620000－1142－0001352　925.37/500－1
彭剛直公奏稿八卷　(清)彭玉麟撰　清光緒石印本　四册

620000－1142－0001353　925.35/557
石林奏議十五卷　(宋)葉夢德撰　(宋)葉模編　(清)陸心源校　清光緒十一年(1885)吳興陸氏皕宋樓刻本　二册

620000－1142－0001354　925.37/122－1
沈文肅公政書七卷首一卷　(清)沈葆楨撰　清光緒六年(1880)木活字印本　八册

620000－1142－0001355　925.351/078
廬陽三賢集十九卷　(清)張樹聲輯　清光緒元年(1875)合肥張氏毓秀堂刻本　四册

620000－1142－0001356　925.37/147
合肥李勤恪公政書十卷首一卷　(清)李瀚章撰　(清)李經畬編　清光緒合肥李氏石印本　十册

620000－1142－0001357　925.37/452
陳忠裕全集三十卷兵垣奏議一卷首一卷末一卷自著年譜三卷　(明)陳子龍撰　(清)王昶輯　(清)王鴻逵等編訂　清嘉慶八年(1803)簳山草堂刻本　十二册

620000－1142－0001358　925.35/557－1
石林奏議十五卷　(宋)葉夢德撰　(宋)葉模編　(清)陸心源校　清光緒十一年(1885)吳興陸氏皕宋樓刻本　二册

620000－1142－0001359　925.55/193
頤情館聞過集十二卷　(清)宗源瀚撰　清光緒三年(1877)刻本　六册

620000－1142－0001360　925.37/053
變法自強奏議彙編二十卷　(清)毛佩之彙纂　清光緒二十七年(1901)上海書局石印本　十册

620000－1142－0001361　925.37/194
己庚編二卷　(清)祁韻士編　清光緒二十年(1894)刻本　二册

620000－1142－0001362　925.36/606

熊襄愍公集十卷首一卷末一卷　(明)熊廷弼撰　清同治三年(1864)刻本　十册

620000－1142－0001363　925.37/429
張大司馬奏稿四卷　(清)張亮基撰　清晚期刻本　四册

620000－1142－0001364　925.37/588
趙恭毅公賸藁八卷　(清)趙申喬撰　(清)趙侗斅編　清光緒十八年(1892)浙江書局刻本　四册

620000－1142－0001365　925.37/101
同治中興京外奏議約編八卷　(清)陳弢編輯　清光緒元年(1875)篋劍囊琴之室刻本　八册

620000－1142－0001366　928.28/572－3
水道提綱二十八卷　(清)齊召南編錄　清同治、光緒間刻本　八册

620000－1142－0001367　925.5/629
樊山批判十四卷　樊增祥撰　清光緒二十三年(1897)刻本　七册

620000－1142－0001368　927.23/307－147
[光緒]常山縣志六十八卷首一卷末一卷　(清)李瑞鍾修　(清)朱昌泰等纂　清光緒十二年(1886)刻本　十二册

620000－1142－0001369　925.37/787
龔端毅公奏疏八卷附一卷　(清)龔鼎孶撰　清光緒十年(1884)刻本　五册

620000－1142－0001370　927.21/219－452
[嘉定]赤城志四十卷　(宋)黃罃　(宋)齊碩修　(宋)陳耆卿纂　清嘉慶二十三年(1818)刻台州叢書乙集本　六册

620000－1142－0001371　997.21/103－772
江甯金石記八卷待訪目二卷　(清)嚴觀輯　清宣統二年(1910)江楚編譯書局刻本　二册

620000－1142－0001372　080/476
經訓堂叢書二十一種一百六十八卷　(清)畢沅輯　清光緒十三年(1887)上海大同書局石印本　二十册

620000－1142－0001373　997.12/761
續山東考古錄三十二卷首一卷圖一卷　(清)葉圭綬述　清光緒八年(1882)山東書局刻本　六册

620000－1142－0001374　994.6/161
古玉圖攷不分卷　(清)吳大澂編輯　清光緒十五年(1889)上海同文書局石印本　二册

620000－1142－0001375　994.6/161－1
古玉圖攷不分卷　(清)吳大澂編輯　清光緒十五年(1889)上海同文書局石印本　二册

620000－1142－0001376　991.1/162
攈古錄金文三卷　(清)吳式芬譔　吳重憙校　清光緒二十一年(1895)刻山陰吳氏遯盦金石叢書本　九册

620000－1142－0001377　993.2/042
鐘鼎款識一卷　(宋)王厚之輯　清嘉慶七年(1802)儀徵阮氏積古齋刻本　一册

620000－1142－0001378　991.2/159
筠清館金石文字五卷　(清)吳榮光撰　(清)瞿樹辰校　清道光二十二年(1842)南海吳氏刻本　五册

620000－1142－0001379　991.3/681
潛研堂金石文字目錄八卷　(清)錢大昕撰　(清)瞿中溶輯　清嘉慶十年(1805)刻本　二册

620000－1142－0001380　991.13/681
潛研堂金石文跋尾六卷續七卷又續六卷三續六卷　(清)錢大昕撰　清嘉慶十年(1805)刻嘉定錢氏潛研堂全書本　八册

620000－1142－0001381　927.12/829－076
長河志籍考十卷　(清)田雯編　清康熙三十七年(1698)古歡堂刻本　一册

620000－1142－0001382　925.37/658
劉壯肅公奏議十卷首一卷　(清)劉銘傳撰　清光緒三十二年(1906)鉛印本　六册

620000－1142－0001383　925.37/408
李肅毅伯奏議二十卷　(清)李鴻章撰　(清)

章洪鈞 (清)吳汝綸編輯 清光緒二十五年(1899)上海鴻文書局石印本 二十冊

620000－1142－0001384 927.55/201
[乾隆]宣化府志四十二卷首一卷 (清)王者輔原本 (清)張志奇續修 (清)黄可潤續纂 清乾隆二十二年(1757)增刻本 十六冊

620000－1142－0001385 991.1/036－1
金石萃編一百六十卷 (清)王昶譔 清嘉慶十年(1805)刻本 四十八冊

620000－1142－0001386 925.37/500
彭剛直公奏稿八卷 (清)彭玉麟撰 清光緒十七年(1891)吳下刻本 六冊

620000－1142－0001387 925.37/500－2
彭剛直公奏稿八卷 (清)彭玉麟撰 清光緒十七年(1891)吳下刻本 五冊

620000－1142－0001388 927.15/139－361
[乾隆]郃陽縣全志四卷 (清)席奉乾修 (清)孫景烈纂 清乾隆三十四年(1769)刻本 四冊

620000－1142－0001389 997.23/148
栝蒼金石志十二卷續志四卷 (清)李遇孫輯 (清)鄒柏森校補 清同治十三年(1874)處州府署刻本 六冊

620000－1142－0001390 853.5/558－1
芝龕記六卷 (清)董榕著 清乾隆十六年(1751)刻道光二年(1822)補刻本 六冊

620000－1142－0001391 925.17/657
天津拳匪變亂紀事二卷 劉孟揚著 清宣統二年(1910)民興報館鉛印本 一冊

620000－1142－0001392 925.17/717
皇朝瑣屑錄四十四卷 (清)鍾琦撰 清光緒二十三年(1897)刻本 十二冊

620000－1142－0001393 926/761－1
歷代帝王宅京記二十卷 (清)顧炎武撰 (清)朱記榮校 清光緒十四年(1888)刻本 五冊

620000－1142－0001394 989/679－682
[江蘇常州]錢氏宗譜十六卷 (清)錢紀麟等纂修 清光緒二十六年(1900)貽忠堂木活字印本 十七冊

620000－1142－0001395 994.51/279
山右石刻叢編四十卷 (清)胡聘之撰 清光緒二十七年(1901)刻本 二十四冊

620000－1142－0001396 847.8/629－1
樊山集二十八卷樊山公牘二卷 樊增祥著 清光緒二十年(1894)渭南縣署刻本 八冊

620000－1142－0001397 925.37/101－1
同治中興京外奏議約編八卷 (清)陳弢編輯 清光緒元年(1875)篋劍囊琴之室刻本 八冊

620000－1142－0001398 997.23/705
東甌金石志十二卷 (清)戴咸弼纂輯 (清)孫詒讓校補 清光緒九年(1883)刻本 四冊

620000－1142－0001399 927.14/125－145
[乾隆]汾陽縣志十四卷首一卷 (清)李文起修 (清)戴震纂 清乾隆三十七年(1772)刻本 八冊

620000－1142－0001400 925.37/101－2
同治中興京外奏議約編八卷 (清)陳弢編輯 清光緒元年(1875)篋劍囊琴之室刻本 八冊

620000－1142－0001401 991.1/493－1－1
金石索十二卷首一卷 (清)馮雲鵬 (清)馮雲鵷輯 清道光元年(1821)刻本 十二冊

620000－1142－0001402 857.41/147
原本海公大紅袍傳十卷 (明)李春芳編 清同治三年(1864)利文堂刻本 十冊

620000－1142－0001403 857.4/556
常言道四卷十六回 (清)落魄道人編 清光緒元年(1875)刻本 四冊

620000－1142－0001404 855.6/077
繡像文武香球十二卷 (清)申江逸史編著 清同治二年(1863)二酉室刻本 十二冊

620000－1142－0001405 927.14/125－145－1

[乾隆]汾陽縣志十四卷首一卷　(清)李文起修　(清)戴震纂　清乾隆三十七年(1772)刻本　六册

620000－1142－0001406　857.1/293－1
閱微草堂筆記二十四卷　(清)紀昀撰　清道光十三年(1833)羊城刻本　十册

620000－1142－0001407　857.4/163－3
齊省堂增訂儒林外史五十六回　(清)吳敬梓著　清同治十三年(1874)刻本　二十册

620000－1142－0001408　928.331/468
鼓山志十四卷首一卷　(清)黃任脩輯　(清)張伯謨參訂　清乾隆三十七年(1772)刻本　六册

620000－1142－0001409　857.1/293－3
閱微草堂筆記二十四卷　(清)紀昀撰　清道光二十七年(1847)小蓬萊山館刻本　十二册

620000－1142－0001410　857.7/293－2
閱微草堂筆記二十四卷　(清)紀昀撰　清道光十五年(1835)刻本　十二册

620000－1142－0001411　991.1/493－1－2
金石索十二卷首一卷　(清)馮雲鵬　(清)馮雲鵷輯　清道光元年(1821)刻本　十二册

620000－1142－0001412　857.2/595－166
詳註聊齋志異圖詠十六卷　(清)蒲松齡著　(清)呂湛思註　清光緒十二年(1886)上海同文書局石印本　八册

620000－1142－0001413　930.1/629
東洋史要二卷附圖一卷　(日本)桑原隲藏著　樊炳清譯　清光緒二十五年(1899)鉛印本　四册

620000－1142－0001414　993.65/432－1
嘉蔭簃論泉截句二卷　(清)劉喜海著　(清)趙鈁校　清咸豐五年(1855)綵衣堂刻本　一册

620000－1142－0001415　930.6/100
新編東亞三國地誌二卷　(日本)辻武雄著　清光緒二十六年(1900)東京合資會社鉛印本　二册

620000－1142－0001416　857.4/020
增像全圖清烈傳四十卷　(清)□□撰　清光緒二十年(1894)珍藝書局石印本　八册

620000－1142－0001417　857.4/097
繡像綠野仙踪全傳八十回　(清)李百川著　清道光十年(1830)刻本　二十册

620000－1142－0001418　857.2/299
茶香室叢鈔二十三卷目錄一卷　(清)俞樾著　清光緒九年(1883)春在堂刻本　八册

620000－1142－0001419　857.3/133
耐冷譚十六卷　(清)宋咸熙譔　(清)施嵩定　清道光九年(1829)刻本　四册

620000－1142－0001420　930/428
東西洋考十二卷　(清)張燮著　(清)李錫齡校　清道光二十六年(1846)刻本　四册

620000－1142－0001421　857.4/097.1
後續大宋楊家將文武曲星包公狄青初傳十四卷　(清)李雨堂編　清光緒四年(1878)羊城長慶堂刻本　十四册

620000－1142－0001422　857.4/670.1
繪圖英雄奇緣傳十卷五十七回　(清)隨安散人撰　清光緒二十四年(1898)上海書局石印本　六册

620000－1142－0001423　930.18/583
東亞將來大勢論一卷　(日本)持地六三郎原著　(清)趙必振譯　清光緒二十九年(1903)上海廣智書局鉛印本　一册

620000－1142－0001424　857.4/166
精訂鋼鑑廿四史通俗衍義二十六卷　(清)呂撫輯　清光緒十四年(1888)廣百宋齋鉛印本　六册

620000－1142－0001425　925.37/068－4
左文襄公奏稿初編三十八卷續編七十六卷三編六卷　(清)左宗棠撰　清光緒二十八年(1902)上海古香閣石印本　十二册

620000－1142－0001426　991.1/493－1

金石索十二卷首一卷　(清)馮雲鵬　(清)馮雲鵷輯　清光緒三十二年(1906)上海文新局石印本　二十四册

620000－1142－0001427　857.4/455
繡像三國演義續編八卷繡像後三國演義四卷　(清)陳氏尺蠖齋評釋　清光緒十九年(1893)廣百宋齋鉛印本　八册

620000－1142－0001428　857.1/450－1
燕下鄉脞錄十六卷　(清)陳康祺著　清光緒七年(1881)暨陽刻本　四册

620000－1142－0001429　857.41/144
迴文傳十六卷　(清)李漁著　清道光六年(1826)大文堂刻本　六册

620000－1142－0001430　857.41/634
繪圖新史奇觀八卷　(清)蓬蒿子編　清光緒十九年(1893)上海珍藝局石印本　四册

620000－1142－0001431　857.2/595－171
聊齋志異新評十六卷　(清)蒲松齡著　(清)王士正評　(清)但明倫新評　清道光二十二年(1842)廣順但氏刻朱墨套印本　十六册

620000－1142－0001432　928.2/902
西域水道記五卷漢書西域傳補注二卷附新疆賦一卷　(清)徐松撰　清晚期上海鴻文書局石印本　四册

620000－1142－0001433　857.1/450
郎潛紀聞十四卷　(清)陳康祺著　清光緒八年(1882)琴川刻本　四册

620000－1142－0001434　857.2/717
繡像封神演義一百回　(明)許仲琳撰　(明)鍾惺評釋　清光緒十五年(1889)廣百宋齋刻本　十册

620000－1142－0001435　928.4123/499
天童寺志十卷首一卷　(清)黄毓奇輯　清咸豐元年(1851)刻本　四册

620000－1142－0001436　991.1/493－2
金索十二卷首一卷　(清)馮雲鵬輯　清光緒三十二年(1906)文新局石印本　二十四册

620000－1142－0001437　857.1/682
履園叢話二十四卷　(清)錢泳輯　清道光五年(1825)述德堂刻本　六册

620000－1142－0001438　857.4/162－1
西遊真詮一百回　(清)陳士斌詮解　清光緒十年(1884)埽葉山房刻本　二十册

620000－1142－0001439　928.282/442
山東運河備覽十二卷圖説一卷　(清)陸燿等撰　清乾隆四十一年(1776)陸燿切問齋刻本　六册

620000－1142－0001440　857.1/682－1
履園叢話二十四卷　(清)錢泳輯　清道光三年(1823)虞山錢氏刻同治九年(1870)重修本　十二册

620000－1142－0001441　857.41/564
新鐫批評出相韓湘子三十回　(清)雉衡山人編次　(清)泰和仙客評閲　清嘉慶二十五年(1820)步月樓刻本　八册

620000－1142－0001442　857.41/292
再造天十六卷　(清)侯芝著　清同治八年(1869)刻本　八册

620000－1142－0001443　993.65/395
古今錢略三十二卷首一卷末一卷　(清)倪模述　清光緒三年(1877)望江倪氏兩彊勉齋刻本　十八册

620000－1142－0001444　857.1/682－2
履園叢話二十四卷　(清)錢泳輯　清道光刻同治九年(1870)錢曰壽重修本　八册

620000－1142－0001445　855.6/167
綉像落金扇全傳八卷　(清)吹竽先生著　清同治十二年(1873)刻本　八册

620000－1142－0001446　857.4/163－1
儒林外史五十六卷　(清)吴敬梓撰　(清)張文虎評　清光緒七年(1881)鉛印本　十册

620000－1142－0001447　847.8/629－2
樊山續集二十八卷二家詩詞五卷　樊增祥著　清光緒二十八年(1902)西安臬署刻本

九册

620000－1142－0001448　857.5/438
新刻綉像換空箱全傳二十一卷　（清）□□撰　清光緒十三年（1887）瑞錦樓刻本　六册

620000－1142－0001449　847.8/629－3
樊山續集二十八卷　樊增祥著　清光緒二十八年（1902）西安臬署刻本　一册　存二卷（十八至十九）

620000－1142－0001450　997/579
匋齋藏石記四十四卷附藏甎記二卷　（清）端方輯　清宣統元年（1909）石印本　十二册

620000－1142－0001451　857.4/216
爭春園全傳四十八回　（□）□□撰　清道光二十九年（1849）一也軒刻本　八册

620000－1142－0001452　997/579－1
陶齋吉金錄八卷　（清）端方輯　清光緒三十四年（1908）石印本　八册

620000－1142－0001453　857.4/437－11
增評補像全圖金玉緣一百二十回首一卷　（清）曹霑　（清）高鶚撰　（清）姚燮等評　清光緒石印本　一册　存一卷（首一卷）

620000－1142－0001454　857.41/065
繪圖巧奇冤全傳八卷　（清）□□撰　清光緒二十年（1894）珍藝書局鉛印本　六册

620000－1142－0001455　857.4/348
野叟曝言二十卷　（清）夏敬渠著　清光緒八年（1882）石印本　二十册

620000－1142－0001456　910.7/018
三才略三卷　（清）蔣德鈞輯　清光緒二十六年（1900）廣雅書局刻本　一册

620000－1142－0001457　857.4/068
忠烈俠義傳一百二十回　（清）石玉崑述　清光緒五年（1879）刻本　二十四册

620000－1142－0001458　857.4/144
鏡花緣二十卷　（清）李汝珍著　清道光二十一年（1841）刻本　二十四册

620000－1142－0001459　857.41/135
繡像宋史奇書十二卷六十六回　（□）□□撰　清光緒十九年（1893）上海書局石印本　六册

620000－1142－0001460　857.41/399
繡像京本雲合奇蹤玉茗英烈全傳十卷　（明）徐渭編　清嘉慶十三年（1808）刻本　十册

620000－1142－0001461　857.4/670－1
林蘭香八卷六十四回　（清）隨緣下士輯　（清）寄旅散人批點　清道光十八年（1838）刻本　八册

620000－1142－0001462　857.41/216
爭春園全傳四十八回　（□）□□撰　清道光二十六年（1846）刻本　六册

620000－1142－0001463　857.4/343－1
續紅樓夢三十卷　（清）秦雪塢著　清嘉慶四年（1799）抱甕軒刻本　十二册

620000－1142－0001464　857.4/343－1－2
續紅樓夢三十卷　（清）秦雪塢著　清嘉慶四年（1799）抱甕軒刻本　十四册

620000－1142－0001465　921.13/031
史記注補正一卷　（清）方苞譔　清光緒二十年（1894）廣雅書局刻本　一册

620000－1142－0001466　857.4/312
刪訂二奇合傳四十回　（清）芸香館居士考訂　清咸豐十一年（1861）刻本　十册

620000－1142－0001467　857.5/097
綉像百花臺初集四卷　（清）□□撰　清光緒元年（1875）刻本　四册

620000－1142－0001468　857.4/437－12
增評補圖石頭記一百二十回　（清）曹雪芹（曹霑）原本　（清）護花主人評　（清）蛟川大某山民加評　（清）海角居士校正　清光緒二十六年（1900）石印本　十六册

620000－1142－0001469　857.5/464
綉像荆釵全傳六卷　（清）黄彦著　清光緒二年（1876）古虞喜雨山房刻本　十册

620000－1142－0001470　921.2/206
歷代紀年備考二十卷　(清)武文斌編輯　清道光二十二年(1842)刻本　八冊

620000－1142－0001471　857.5/500
繪圖繡像四雲亭新書全傳二十四卷　(清)彭靚娟輯　清光緒二十五年(1899)石印本　八冊

620000－1142－0001472　857.5/015
八美圖二集四十九卷　(清)□□撰　清同治三年(1864)芸香閣刻本　八冊

620000－1142－0001473　857.41/537－1
新編五代梁史評話十卷　(清)董康輯　清宣統三年(1911)刻本　二冊

620000－1142－0001474　921.13/429
校刊史記集解索隱正義札記五卷　(清)張文虎撰　清同治十一年(1872)金陵書局刻本　二冊

620000－1142－0001475　927.14/101－1
[光緒]山西通志一百八十四卷首一卷　(清)曾國荃　(清)張煦等修　(清)王軒　(清)楊篤等纂　清光緒十八年(1892)刻本　二冊　存四卷(山西疆域沿革圖譜一至三、首一卷)

620000－1142－0001476　857.5/391
錦上花四十八回　(清)修目閣主人撰　清同治十三年(1874)盛德堂刻本　十二冊

620000－1142－0001477　857.41/097
醒世姻緣一百回　(清)西周生輯著　(清)然藜子校定　清同治九年(1870)刻本　二十四冊

620000－1142－0001478　847/428.4
蕭亭詩選六卷　(清)張實居著　(清)王士禎批點　清雍正刻本　二冊

620000－1142－0001479　847/164.3
蘭山詩草不分卷　(清)吴鎮著　(清)楊芳燦選　清乾隆刻本　八冊

620000－1142－0001480　844.1/724－198
韓文起十二卷　(唐)韓愈著　(清)林雲銘評註　(清)鄭郊　(清)林沅校勘　清康熙三十二年(1693)刻本　六冊

620000－1142－0001481　857.5/738
綉像雙珠鳳全傳十二卷　(清)□□撰　清光緒十八年(1892)淨雅書屋刻本　十二冊

620000－1142－0001482　857.4/162－658
西遊原旨一百回首一卷　(元)丘處機著　(清)劉一明解　清嘉慶十三年(1808)刻本　二十四冊

620000－1142－0001483　922.57/480
元朝秘史十卷續二卷　(元)□□撰　清光緒三十四年(1908)刻本　六冊

620000－1142－0001484　922.5703/681－2
元史氏族表三卷　(清)錢大昕撰　清嘉慶十一年(1806)刻本　三冊

620000－1142－0001485　857.5/095
再生緣全傳二十卷　(清)陳瑞生撰　清光緒二年(1876)刻本　二十四冊

620000－1142－0001486　922.5304/433
西夏紀事本末三十六卷　(清)張鑑著　清光緒十一年(1885)金陵刻本　三冊

620000－1142－0001487　922.6/165－2
綏寇紀略十二卷補遺三卷　(清)吴偉業纂輯　(清)張海鵬重校　清嘉慶刻本　八冊

620000－1142－0001488　922.6/165－1
綏寇紀略十二卷補遺三卷　(清)吴偉業纂輯　(清)張海鵬重校　清嘉慶刻本　六冊

620000－1142－0001489　842.5/663－1
諸葛武侯集四卷首一卷　(三國蜀)諸葛亮撰　清同治七年(1868)楚醴景萊書室刻本　四冊

620000－1142－0001490　921.2/199
古史紀年十四卷　(清)林春溥纂　清嘉慶二十五年(1820)刻本　六冊

620000－1142－0001491　857.4/670
林蘭香八卷六十四回　(清)隨緣下士編

(清)寄旅散人批點　清光緒二十年(1894)維新堂刻本　十二册

620000－1142－0001492　857.2/400
玉芝堂談薈三十六卷首一卷　(明)徐應秋輯　清光緒元年(1875)蒨園刻本　三十四册

620000－1142－0001493　857.5/209
來生福彈詞三十六回　(清)橘中逸叟編　清同治九年(1870)資善堂刻本　二十册

620000－1142－0001494　857.5/292
金閨傑十六回　(清)香葉閣主人撰　清道光四年(1824)懷古堂刻本　十六册

620000－1142－0001495　858.519/710
惻隱寶卷一卷　(□)□□撰　清同治十二年(1873)華德浩抄本　一册

620000－1142－0001496　858.519/045.1
希奇寶卷一卷　(清)□□撰　清同治五年(1866)蘇城元妙觀得見齋刻本　一册

620000－1142－0001497　857.41/062
新刻玉釧緣全傳三十二卷　(□)□□撰　清道光二十二年(1842)静觀齋刻本　三十二册

620000－1142－0001498　839.5/563
關中書院課士詩四卷　(清)路德編　清道光十八年(1838)刻本　四册

620000－1142－0001499　921.21/400
竹書紀年統箋十二卷　(南朝梁)沈約注　(清)徐文靖統箋　(清)馬陽　(清)崔萬烜校訂　清光緒三年(1877)浙江書局刻本　四册

620000－1142－0001500　921.3/337
人表攷九卷　(清)梁玉繩撰　清光緒十四年(1888)廣雅書局刻本　四册

620000－1142－0001501　921.21/400－1
竹書紀年統箋十二卷　(南朝梁)沈約注　(清)徐文靖統箋　(清)馬陽　(清)崔萬烜校訂　清光緒三年(1877)浙江書局刻本　四册

620000－1142－0001502　843.2/456
靖節先生集十卷附年譜二卷諸本序錄一卷　(晉)陶潛著　(清)陶澍編集　清光緒九年(1883)江蘇書局刻本　四册

620000－1142－0001503　922.6/165
綏寇紀略十二卷補遺三卷　(清)吳偉業纂輯　(清)張海鵬重校　清嘉慶刻本　十册

620000－1142－0001504　921/041
李氏蒙求補注六卷　(五代)李瀚撰　(清)金三俊輯　清道光九年(1829)京口敦經堂刻本　三册

620000－1142－0001505　921.23/063
資治通鑑目錄三十卷　(宋)司馬光編集　清同治八年(1869)江蘇書局刻本　十册

620000－1142－0001506　921.29/726
鑑撮四卷附讀史論略一卷　(清)曠敏本編　清同治十三年(1874)琉璃廠文英堂刻本　五册

620000－1142－0001507　857.5/093
安邦誌二十卷　(□)□□撰　清道光三十年(1850)廣東富文堂刻本　二十册

620000－1142－0001508　921/041.1
王先生十七史蒙求十六卷　(宋)王令撰　(清)金三俊輯注　清道光九年(1829)京口敦經堂刻本　三册

620000－1142－0001509　921.13/337
史記志疑三十六卷附錄三卷　(清)梁玉繩撰　清光緒十三年(1887)廣雅書局刻本　十四册

620000－1142－0001510　857.5/093－1
安邦誌二十卷　(□)□□撰　清道光二十九年(1849)刻本　二十册

620000－1142－0001511　910/710
洋務經濟通考十六卷　(清)應祖錫纂定　(清)徐毓洙　(清)沈維埥校正　清光緒二十七年(1901)鴻寶齋石印本　十二册

620000－1142－0001512　922.6/048
尤西川先生擬學小記六卷續錄二卷　(明)尤

時熙撰 (明)李根編次 (明)孟化鯉校錄 清同治三年(1864)刻本 四冊

620000－1142－0001513 922.6/406
海東逸史十八卷 (清)翁洲老民手稿 (清)楊泰亨校 清光緒十年(1884)刻本 二冊

620000－1142－0001514 857.4/095－1
再生緣全傳二十卷 (清)陳瑞生撰 清光緒二年(1876)刻本 四十冊

620000－1142－0001515 921/039－2
十七史商榷一百卷 (清)王鳴盛譔 清光緒十九年(1893)廣雅書局刻本 十八冊

620000－1142－0001516 923.2/491
淮揚水利圖說一卷 (清)馮道立著 清道光十九年(1839)刻本 一冊

620000－1142－0001517 926.2/127
漢書地理志校本二卷 (清)汪遠孫撰 清刻本 二冊

620000－1142－0001518 921/039
十七史商榷一百卷 (清)王鳴盛述 清光緒六年(1880)太原王氏刻本 二十四冊

620000－1142－0001519 921/421
韻史二卷補一卷 (清)許遯翁著 清光緒十年(1884)上海同文書局石印本 一冊

620000－1142－0001520 926.23/245－699
三國疆域志補注十九卷 (清)洪亮吉撰 (清)謝鍾英補注 清晚期刻本 八冊

620000－1142－0001521 921.3/556
歷代史表五十九卷 (清)萬斯同撰 清光緒十五年(1889)廣雅書局刻本 六冊

620000－1142－0001522 928.43/145
洛陽名園記一卷 (宋)李廌撰 (明)毛晉訂 明崇禎毛氏汲古閣刻津逮秘書本 一冊

620000－1142－0001523 921/039－1
十七史商榷一百卷 (清)王鳴盛述 清光緒六年(1880)太原王氏刻本 二十四冊

620000－1142－0001524 928.43/145
老學庵筆記十卷 (宋)陸游撰 明末汲古閣刻本 一冊 存五卷(一至五)

620000－1142－0001525 857.2/595－1
聊齋志異新評十六卷 (清)蒲松齡著 (清)王士正評 (清)但明倫新評 清道光二十二年(1842)刻本 十六冊

620000－1142－0001526 921.83/681
諸史拾遺五卷 (清)錢大昕撰 清嘉慶十二年(1807)嘉興郡齋刻本 二冊

620000－1142－0001527 921.13/063－3
史記一百三十卷 (漢)司馬遷著 (明)歸有光評點 **方望溪評點史記四卷** (清)方苞撰 清光緒二年(1876)武昌張氏刻本 二十冊

620000－1142－0001528 922.177/127
國語校注本三種二十九卷 (清)汪遠孫撰 清道光二十六年(1846)刻振綺堂遺書本 六冊

620000－1142－0001529 922.1802/199
孔門師弟年表一卷後說一卷孟子時事年表一卷後說一卷 (清)林春溥撰 清嘉慶二十一年(1816)竹柏山房刻本 一冊

620000－1142－0001530 921/192
中國史學通論續編一卷首一卷 (清)京師大學堂編 清光緒三十年(1904)京師學務處官書局鉛印本 一冊

620000－1142－0001531 921.407/211
平定關隴紀畧十三卷 (清)易孔昭等纂 清光緒十三年(1887)刻本 十三冊

620000－1142－0001532 922.177/365
國語二十一卷 (三國吳)韋昭注 **校勘明道本韋氏解國語札記一卷** (清)黃丕烈撰 **國語明道本考異四卷** (清)汪遠孫撰 清同治八年(1869)湖北崇文書局刻本 五冊

620000－1142－0001533 921.83/554
史筌五卷首一卷讀史論略二卷 (清)楊銘柱撰 清道光二十六年(1846)刻本 二冊

620000－1142－0001534 921.8/428

歷代史論十二卷宋史論三卷元史論二卷 （明）張溥論正 **左傳史論二卷** （明）高士奇論正 **明史論四卷** （清）谷應泰論正 清光緒五年（1879）西江裴氏刻本 八册

620000－1142－0001535 844.1/429
龍筋鳳髓判四卷 （唐）張鷟撰 （明）劉允鵬原註 （清）陳春補正 清嘉慶十六年（1811）蕭山陳氏湖海樓刻本 四册

620000－1142－0001536 926/549－2
歷代沿革圖一卷 （清）厲雲官繪 清同治九年（1870）無錫周氏刻本 一册

620000－1142－0001537 922.1802/199
戰國紀年六卷附戰國地輿一卷戰國年表一卷 （清）林春溥纂 清道光十八年（1838）竹柏山房刻本 六册

620000－1142－0001538 921.3/572－2
歷代帝王年表不分卷 （清）齊召南編 （清）阮福續 清同治二年（1863）武林葉敦怡堂刻本 四册

620000－1142－0001539 922.1802/199－1
孔子世家補訂一卷孟子列傳纂一卷附孟子外書補證一卷 （清）林春溥撰 清道光十四年至咸豐四年（1834－1854）竹柏山房刻本 一册

620000－1142－0001540 919/147
環遊地球新録四卷 （清）李圭撰 清光緒四年（1878）鉛印本 四册

620000－1142－0001541 921.8/428
歷代史論十二卷宋史論三卷元史論二卷 （明）張溥論正 **左傳史論二卷** （明）高士奇論正 **明史論四卷** （清）谷應泰論正 清光緒八年（1882）西江裴氏刻本 八册

620000－1142－0001542 921.8/314
史通通釋二十卷附録一卷 （清）浦起龍釋 （清）方懋福等參釋 （清）浦錫齡重校 清光緒十九年（1893）上海文瑞樓石印本 八册

620000－1142－0001543 921.3/572
歷代帝王年表不分卷 （清）齊召南編 **帝王廟謚年諱譜一卷** （清）陸費墀撰 清道光四年（1824）小琅嬛僊館刻本 六册 缺一卷（帝王廟謚年諱譜一卷）

620000－1142－0001544 843.52/700
謝宣城詩集五卷 （南朝齊）謝朓撰 清嘉慶二年（1797）刻本 一册

620000－1142－0001545 921.83/429
校刊史記集解索隱正義札記五卷 （清）張文虎撰 清同治十一年（1872）金陵書局刻本 二册

620000－1142－0001546 922.1803/042
鮮虞中山國事表疆域圖説一卷 王先謙撰 清光緒十九年（1893）長沙王氏刻本 一册

620000－1142－0001547 922.181/321－303
戰國策三十三卷 （漢）高誘注 清同治八年（1869）湖北崇文書局刻本 五册

620000－1142－0001548 926/149－1
李氏五種二十八卷 （清）李兆洛撰 清光緒十四年（1888）上海埽葉山房刻本 十二册

620000－1142－0001549 926.353/248－1
史記天官書補目一卷 （清）孫星衍撰 清光緒十三年（1887）廣雅書局刻本 一册

620000－1142－0001550 922.7/208
皇清開國方略三十二卷首一卷 （清）彭紹觀等纂修 清光緒十五年（1889）上海廣百宋齋鉛印本 六册

620000－1142－0001551 921.3/149－1
紀元編三卷末一卷 （清）李兆洛撰 （清）六承如集録 清光緒十八年（1892）金陵書局刻本 三册

620000－1142－0001552 926.353/248－1
毛詩天文考一卷 （清）洪亮吉撰 清光緒十三年（1887）廣雅書局刻本 一册

620000－1142－0001553 926.7/364
皇朝輿地四言便蒙三十五卷首一卷 （清）孫傳㭿編 清光緒二十五年（1899）鉛印本 三

冊　存十六卷(一至十六)

620000－1142－0001554　926/149－2
李氏五種二十八卷　(清)李兆洛撰　清光緒十四年(1888)上海埽葉山房刻本　十六冊

620000－1142－0001555　921.3/149－2
紀元編三卷末一卷　(清)李兆洛撰　(清)六承如集錄　清道光十一年(1831)輩學齋刻本　二冊

620000－1142－0001556　926.7/289
皇朝輿地通考二十三卷　(清)通文主人輯　清光緒二十九年(1903)上海通文書局石印本　四十冊

620000－1142－0001557　926.18/531
國策地名考二十卷　(清)程恩澤纂　(清)狄子奇箋　清咸豐三年(1853)南海伍氏粤雅堂刻本　六冊

620000－1142－0001558　921/657
九通通二百四十八卷　(清)劉可毅輯　清光緒二十八年(1902)武進劉氏石印本　六十冊

620000－1142－0001559　911/068
世界通史三十卷　(日本)石川利之著　清光緒二十八年(1902)日清書館石印本　十冊

620000－1142－0001560　922.54/131－2
元史二百十卷目錄二卷　(明)宋濂等修　清同治十三年(1874)江蘇書局刻本　四十冊

620000－1142－0001561　922.6/658
明宫史八卷　(明)劉若愚編述　清宣統二年(1910)國學扶輪社石印本　二冊

620000－1142－0001562　921.13/063－4
古香齋鑒賞袖珍史記一百三十卷　(漢)司馬遷撰　(南朝宋)裴駰集解　(唐)司馬貞索隱　(唐)張守節正義　**補史記一卷**　(唐)司馬貞撰　清光緒八年(1882)刻本　二十四冊

620000－1142－0001563　921.23/063－4
御批歷代通鑑輯覽一百十六卷附明唐桂二王本末四卷　(清)傅恒等編纂　清光緒二十九年(1903)鑄記書局石印本　九冊

620000－1142－0001564　922.2/165－1
兩漢刊誤補遺十卷　(宋)吳仁傑撰　(清)傅鑫校　清光緒十八年(1892)寄傲軒刻本　二冊

620000－1142－0001565　922.22/657－1
東觀漢記二十四卷　(漢)劉珍等撰　清嘉慶桐華館刻桐華館史翼五種本　二冊

620000－1142－0001566　922.23/685
三國志證聞三卷　(清)錢儀吉撰　清光緒十一年(1885)江蘇書局刻本　二冊

620000－1142－0001567　922.2303/226
三國紀年表一卷　(清)周嘉猷撰　清光緒十七年(1891)廣雅書局刻本　一冊

620000－1142－0001568　922.6/489
乾坤兩卦解一卷　(清)湯斌撰　清同治九年(1870)蘇廷魁等刻湯文正公全集本　一冊

620000－1142－0001569　844.1/452
陳伯玉文集三卷詩集二卷附錄一卷　(唐)陳伯玉著　(清)柯道鱗校　清道光二十二年(1842)刻本　四冊

620000－1142－0001570　909.8/475
問影樓輿地叢書第一集十五種四十四卷　胡思敬輯　清光緒三十四年(1908)新昌胡氏京師鉛印本　十冊

620000－1142－0001571　922.6/489
洛學編五卷　(清)湯斌輯　(清)湯定祥校　清同治九年(1870)刻本　一冊

620000－1142－0001572　844.13/154－429
杜詩百篇二卷　(唐)杜甫撰　(清)張燮承集解　清咸豐九年(1859)古汲郡賀氏刻本　二冊

620000－1142－0001573　926/692
歷代輿地沿革表二十卷　(清)龍學泰撰　清光緒三十三年(1907)石印本　二十冊

620000－1142－0001574　921.7/613
讀史鏡古編三十二卷　(清)潘世恩輯　清同治十三年(1874)冶城飛霞閣刻本　六冊

思敬輯　清光緒三十四年(1908)新昌胡氏京師鉛印本　十冊

620000－1142－0001575　922.22/284
後漢書九十卷　(南朝宋)范曄撰　(唐)李賢注　清光緒十三年(1887)金陵書局刻本　二十冊

620000－1142－0001576　921.3/572－1
歷代帝王年表不分卷　(清)齊召南編　**帝王廟謚年諱譜一卷**　(清)陸費墀撰　清道光四年(1824)小琅嬛僊館刻本　二冊

620000－1142－0001577　922.21/384
兩漢紀六十卷　(漢)荀悅　(晉)袁宏撰　清光緒二年(1876)嶺南述古堂刻本　十二冊

620000－1142－0001578　921.8/716
歷代史事政治論二百八卷　(清)金詠榴等編　(清)繆筱珊鑒定　清光緒二十九年(1903)上海點石齋書局石印本　二十八冊

620000－1142－0001579　922.22/123
後漢書注又補一卷　(清)沈銘彝撰　清光緒十四年(1888)廣雅書局刻本　一冊

620000－1142－0001580　922.605/210
仁廟聖政記二卷　(明)□□撰　清宣統元年(1909)番禺沈氏刻本　一冊

620000－1142－0001581　922.2103/692
校漢書八表八卷　(清)夏燮撰　(清)孫誠楨校　清光緒十六年(1890)江城公所刻本　六冊

620000－1142－0001582　922.2/165
兩漢刊誤補遺十卷　(宋)吳仁傑撰　清同治七年(1868)金陵書局活字印本　二冊

620000－1142－0001583　922.69/402
小腆紀年坿攷二十卷　(清)徐鼒撰　(清)宋左夫等參校　清光緒十二年(1886)扶桑使廨鉛印本　十二冊

620000－1142－0001584　922.604/169－1
明史紀事本末八十卷　(清)谷應泰編輯　清同治十三年(1874)江西書局刻本　二十冊

620000－1142－0001585　909.8/475－1
問影樓輿地叢書第一集十五種四十四卷　胡

620000－1142－0001586　922.69/402－1
小腆紀年坿攷二十卷　(清)徐鼒撰　(清)宋左夫等參校　清咸豐十一年(1861)刻本　十冊

620000－1142－0001587　921.23/467
續資治通鑑長編拾補六十卷　(清)秦緗業　(清)黃以周輯注　清光緒九年(1883)浙江書局刻本　十六冊

620000－1142－0001588　926/549－1
歷代輿地圖四十四種四十四卷　楊守敬撰　(清)熊會貞等繪　清光緒三十二年至宣統三年(1906－1911)刻套印本　三十四冊

620000－1142－0001589　921.3/402
甲子紀年表一卷　(清)徐壽基編次　清光緒十二年(1886)刻本　一冊

620000－1142－0001590　921.7/677
史鑑節要便讀六卷　(清)鮑東里編輯　清同治六年(1867)顧悅廷刻本　二冊

620000－1142－0001591　926.08/475
問影樓輿地叢書第一集十五種四十四卷　胡思敬輯　清光緒三十四年(1908)新昌胡氏京師鉛印本　十冊

620000－1142－0001592　927.2/226
楚寶四十卷外篇五卷　(明)周聖楷輯纂　清道光九年(1829)刻本　三十二冊

620000－1142－0001593　922.7/449
明紀六十卷　(清)陳鶴簒　(清)陳克家參訂　清同治十年(1871)江蘇書局刻本　二十冊

620000－1142－0001594　922.22/367－1
續後漢書九十卷附札記四卷　(元)郝經譔　(元)荀宗道注　(清)郁松年撰　清道光二十二年(1842)刻本　二十六冊

620000－1142－0001595　921.3/118－1
廿一史四譜五十四卷　(清)沈炳震鈔　清同治十年(1871)武林吳氏清來堂刻本　十六冊

620000－1142－0001596　989/128
史姓韻編六十四卷　(清)汪輝祖輯　(清)馮祖憲校　清光緒十年(1884)慈溪耕餘樓書局鉛印本　十六册

620000－1142－0001597　927.6/526
[乾隆]欽定皇輿西域圖志四十八卷首四卷　(清)傅恒等修　(清)褚廷璋等纂　(清)英廉等增纂　清光緒鉛印本　二十三册

620000－1142－0001598　921.8/038
二十四史策案十二卷　(清)王鎏輯　清光緒十三年(1887)上海大同書局石印本　二册

620000－1142－0001599　922.605/123
野獲編三十卷補遺四卷　(清)沈德符著　(清)錢枋輯　清道光七年(1827)錢塘姚氏羊城扶荔山房刻同治八年(1869)補刻本　二十册

620000－1142－0001600　921.29/594
歷代通鑑纂要九十二卷　(明)李東陽等撰　清光緒二十三年(1897)廣雅書局刻本　四十八册

620000－1142－0001601　922.6805/147
崇禎朝記事四卷　(明)李遜之著　清光緒二十三年(1897)刻本　四册

620000－1142－0001602　922.2/159
漢書疏證三十六卷　(清)沈欽韓撰　清光緒二十六年(1900)浙江官書局刻本　二十四册

620000－1142－0001603　922.61/657
明朝國初事蹟一卷　(明)劉辰撰　(清)胡鳳丹校　清同治八年(1869)退補齋刻本　一册

620000－1142－0001604　926.08/005
蓬萊軒輿地學叢書十一種二十七卷　(清)丁謙撰　清光緒二十八年(1902)石印本　四册

620000－1142－0001605　922.705/430
杭州八旗駐防營志略二十五卷　(清)張大昌輯　清光緒十九年(1893)浙江書局刻本　六册

620000－1142－0001606　922.602
明通鑑九十卷首一卷前編四卷附編六卷　(清)夏燮編　清光緒二十三年(1897)湖北官書處刻本　四十册

620000－1142－0001607　922.23/335
三國志旁證三十卷　(清)梁章鉅撰　清光緒十五年(1889)廣雅書局刻本　六册

620000－1142－0001608　922.704/731
聖武記十四卷　(清)魏源譔　清道光二十四年(1844)古微堂刻本　十二册

620000－1142－0001609　922.704/452
襄理軍務紀畧六卷　(清)陳世勳等編　清宣統元年(1909)石印本　六册

620000－1142－0001610　922.2/159－1
後漢書疏證三十卷　(清)沈欽韓撰　清光緒二十六年(1900)浙江官書局刻本　十六册

620000－1142－0001611　922.704/428
金陵省難紀略一卷　(清)張汝南述　清光緒十六年(1890)上海著易堂書局鉛印本　一册

620000－1142－0001612　922.704/138
嘯亭雜錄十卷續錄三卷　(清)昭槤著　清光緒六年(1880)刻本　十二册　存十卷(雜錄一至八、續錄一至二)

620000－1142－0001613　948.8/187
北徼彙編十九種六卷　(清)何秋濤輯　清同治四年(1865)京都龍威閣刻本　六册

620000－1142－0001614　910/314
五洲列國志彙一百六十一卷　(清)閔萃祥編輯　(清)席裕琨校訂　清光緒二十八年(1902)麗澤學會石印本　三十二册

620000－1142－0001615　922.704/731－1
聖武記十四卷　(清)魏源譔　清道光二十二年(1842)刻本　十册

620000－1142－0001616　921.23/476－1
續資治通鑑二百二十卷　(清)畢沅編集　清同治八年(1869)刻江蘇書局刻資治通鑑彙刻本　六十册

620000－1142－0001617　922.77/343

平浙紀略十六卷 （清）秦緗業等輯 清同治十二年（1873）浙江書局刻本 四冊

620000－1142－0001618 922.704/195
庚辛泣杭録十六卷 （清）丁丙輯 清光緒二十一年（1895）錢塘丁氏刻本 八冊

620000－1142－0001619 922.605/750－1
南天痕二十六卷 （清）淩雪纂修 （清）汪成教 （清）江鏡清校訂 清宣統二年（1910）復古社鉛印本 六冊

620000－1142－0001620 922.704/226
六合紀事四卷 （清）周長森撰 清宣統三年（1911）鉛印本 一冊

620000－1142－0001621 922.605/750
南天痕二十六卷 （清）淩雪撰 （清）汪成教 （清）汪鏡清校訂 清宣統二年（1910）復古社鉛印本 六冊

620000－1142－0001622 922.5302/160－1
西夏書事四十二卷 （清）吳廣成纂 清道光六年（1826）刻本 十四冊

620000－1142－0001623 922.704/761
菰中隨筆不分卷 （清）顧炎武著 清光緒十一年（1885）上海埽葉山房書局刻本 一冊

620000－1142－0001624 922.704/704
東牟守城紀畧一卷附東牟守城詩一卷 （清）戴燮著 清同治八年（1869）羊城刻本 一冊

620000－1142－0001625 922.705/088
國朝事略八卷 （清）江楚編譯局編 清光緒三十二年（1906）金陵江楚編譯官書局石印本 四冊

620000－1142－0001626 922.7/042－2
十朝東華錄十卷 王先謙編 （清）周潤蕃校 清光緒二十五年（1899）石印本 六十四冊

620000－1142－0001627 921.23/772
資治通鑑補二百九十四卷 （宋）司馬光編集 （元）胡三省音註 （明）嚴衍補 （明）談允厚參 清光緒二年（1876）思補樓刻本 八十冊

620000－1142－0001628 922.77/152
平定粵寇紀畧十八卷附記四卷 （清）杜文瀾撰 清光緒元年（1875）詒穀堂刻本 八冊

620000－1142－0001629 911/356
泰西新史攬要二十三卷附記一卷 （英國）馬懇西元本 （英國）李提摩太譯 蔡爾康述稿 清光緒二十三年（1897）鉛印本 八冊

620000－1142－0001630 911/148
萬國通史前編十卷 （英國）李思倫白約翰輯譯 蔡爾康紀述 清光緒二十六年（1900）上海廣學會鉛印本 十冊

620000－1142－0001631 922.77/152－1
平定粵匪紀略十八卷附記四卷 （清）杜文瀾撰 清同治八年（1869）羣玉齋刻本 十冊

620000－1142－0001632 922.605/123－1
野獲編三十卷補遺四卷 （清）沈德符著 （清）錢枋輯 清道光七年（1827）錢塘姚氏羊城扶荔山房刻同治八年（1869）補刻本 二十冊

620000－1142－0001633 911/148:1
萬國通史續編十卷 （英國）李思倫白約翰輯譯 （清）曹曾涵纂述 清光緒三十年（1904）上海廣學會鉛印本 十冊

620000－1142－0001634 922.505/790
庚申外史二卷 （清）權衡編 清道光二十七年（1847）刻本 一冊

620000－1142－0001635 922.33/489－1
十六國春秋纂錄校本十卷附校勘記一卷 （清）湯球輯 清光緒二十年（1894）廣雅書局刻本 二冊

620000－1142－0001636 922.787/425
戊戌奏稿一卷 康有為著 清宣統三年（1911）鉛印本 一冊

620000－1142－0001637 923.5/036
漢制攷四卷 （宋）王應麟著 （明）毛晉閲 明崇禎毛氏汲古閣刻津逮秘書本 四冊

620000－1142－0001638 911/148:2

萬國通史三編十卷　(英國)李思倫白約翰輯譯　(清)曹曾涵纂述　清光緒三十一年(1905)上海廣學會鉛印本　十冊

620000－1142－0001639　922.788/566
拳匪紀略十二卷　(清)僑析生輯　清光緒二十九年(1903)上洋書局石印本　二冊

620000－1142－0001640　922.8/402
紫光閣功臣小像一卷湘軍平定粵匪戰圖一卷　(清)彭鴻年撰　(清)吳嘉猷等繪　清光緒二十七年(1901)石印本　一冊

620000－1142－0001641　922.91/761
京東攷古錄一卷山東攷古錄一卷譎觚十事一卷　(清)顧炎武撰　(清)朱記榮校字　清光緒十一年(1885)上海埽葉山房書坊刻本　一冊

620000－1142－0001642　922.8/150
柏垣瑣志一卷　(清)李佳繼昌輯　清光緒二十九年(1903)刻本　一冊

620000－1142－0001643　922.77/152－2
平定粵寇紀畧十八卷附記四卷　(清)杜文瀾撰　清光緒元年(1875)校經堂刻本　十冊

620000－1142－0001644　922.2304/681
三史拾遺五卷諸史拾遺五卷　(清)錢大昕撰　清嘉慶十二年(1807)嘉定李賡芸刻本　四冊

620000－1142－0001645　921.23/147
續資治通鑑長編五百二十卷　(宋)李燾撰　清光緒七年(1881)浙江書局刻本　一百二十冊

620000－1142－0001646　922.705/683
吳中平寇記八卷　(清)錢勖撰　清同治四年(1865)刻本　二冊

620000－1142－0001647　921.8/453
史見二卷　(清)陳遇夫撰　清道光三十年(1850)南海伍氏粵雅堂刻本　一冊

620000－1142－0001648　921.4/149
續通鑑紀事本末一百十卷　(清)李銘漢編輯　清光緒二十九年至三十二年(1903－1906)武威李氏刻本　三十二冊

620000－1142－0001649　922.78/638
中東戰紀本末八卷　(美國)林樂知著　蔡爾康纂輯　清光緒二十二年(1896)上海廣學會鉛印本　八冊

620000－1142－0001650　921.7/324
史漢合鈔十一卷　(清)高梅亭集評　清乾隆五十三年(1788)刻本　十冊

620000－1142－0001651　922.72/663
親征平定朔漠方略四十八卷首一卷　(清)溫達　(清)張玉書撰　清康熙四十七年(1708)内府刻本(卷一、六、十二、四十五至四十八爲抄補)　四十九冊

620000－1142－0001652　922.705/683
吳中平寇記八卷　(清)錢勖撰　清同治四年(1865)刻本　一冊　存四卷(一至四)

620000－1142－0001653　922.363/695－1
西魏書二十四卷　(清)謝啟昆撰　清光緒九年(1883)刻本　六冊

620000－1142－0001654　922.363/695－2
西魏書二十四卷　(清)謝啟昆撰　清光緒九年(1883)刻本　六冊

620000－1142－0001655　926/761
天下郡國利病書一百二十卷　(清)顧炎武輯　(清)龍萬育訂　清道光龍萬育敷文閣刻本　六十冊

620000－1142－0001656　923.5/089
新雕皇朝類苑七十八卷　(宋)江少虞撰　清宣統三年(1911)武進董氏刻本　十二冊

620000－1142－0001657　922.705/192
清秘述聞十六卷　(清)法式善編　清嘉慶四年(1799)刻本　四冊

620000－1142－0001658　832.1/452
江都陳氏叢書七種一百五卷　(清)陳本禮　(清)陳逢衡撰　清嘉慶、道光間陳氏讀騷樓刻本　六冊　存三種十五卷(屈辭精義六卷，

漢樂府三歌牋註三卷、急就搜奇一卷,協律鉤元四卷外集一卷)

620000－1142－0001659　926/762－2
讀史方輿紀要一百三十卷輿圖要覽四卷附歷代州域形勢紀要九卷　(清)顧祖禹輯著　(清)彭元瑞校定　(清)龍萬育校刊　清嘉慶十七年(1812)成都龍氏敷文閣刻光緒五年(1879)蜀南薛氏桐華書屋修補本　六十四册

620000－1142－0001660　922.77/343
平浙紀略十六卷　(清)秦緗業等輯　清同治十二年(1873)浙江書局刻本　四册

620000－1142－0001661　922.41105/162
貞觀政要十卷　(唐)吴兢類輯　(元)戈直集論　(清)席世臣校訂　清嘉慶三年(1798)埽葉山房刻本　六册

620000－1142－0001662　922.704/731
聖武記十四卷　(清)魏源譔　清道光二十六年(1846)古微堂刻本　十册

620000－1142－0001663　922.705/192－1
清秘述聞十六卷續十六卷補一卷　(清)法式善原編　(清)錢維福重校　清光緒十四年(1888)刻本　八册

620000－1142－0001664　922.48/284－1
吴越備史四卷補遺一卷　(宋)范坰　(宋)林禹撰　(清)張海鵬訂　清嘉慶十年(1805)照曠閣刻本　二册

620000－1142－0001665　922.602/740
明大政纂要六十三卷　(明)譚希思編輯　清光緒二十一年(1895)湖南思賢書局刻本　二十八册

620000－1142－0001666　922.705/192－2
清秘述聞十六卷續十六卷補一卷　(清)法式善原編　(清)錢維福重校　清光緒十四年(1888)刻本　八册

620000－1142－0001667　923.42/035
五代會要三十卷　(宋)王溥撰　清道光十一年(1831)秀州王氏百花萬卷草堂活字印本　十六册

620000－1142－0001668　922.704/731－2
聖武記十四卷　(清)魏源譔　清道光二十六年(1846)古微堂刻本　十册

620000－1142－0001669　423.5/765
澤存堂五種五十卷　(清)張士俊輯　清康熙四十三年至五十三年(1704－1714)吴郡張氏澤存堂刻本　十六册

620000－1142－0001670　922.34/118
南史識小錄十四卷北史識小錄十四卷　(清)沈名蓀　(清)朱昆田輯　(清)張應昌補正　清同治十年(1871)武林吴氏清來堂刻本　十二册

620000－1142－0001671　908.8/233
皇朝藩屬輿地叢書二十八種一百四十六卷　(清)蒲□輯　清光緒二十九年(1903)金匱浦氏静寄東軒石印本　四十八册　缺十卷(七至八、十三、十六至十七、十九至二十一、二十五、二十八)

620000－1142－0001672　921.8/453
迂言百則一卷　(清)陳遇夫撰　清道光三十年(1850)南海伍氏粤雅堂刻本　與620000－1142－0001715合函合册

620000－1142－0001673　922.33/489－2
十六國春秋輯補一百卷　(清)湯球譔　清光緒二十一年(1895)廣雅書局刻本　十册

620000－1142－0001674　922.52/557
宋忠定趙周王别錄八卷附刻一卷藏書十約一卷游藝卮言二卷　葉德輝輯　清光緒三十四年(1908)長沙葉氏刻本　五册

620000－1142－0001675　922.31/223－1
晉畧六十六卷　(清)周濟譔　清光緒二年(1876)味雋齋刻本　十册

620000－1142－0001676　922.31/223－3
晉畧六十六卷　(清)周濟譔　清光緒二年(1876)味雋齋刻本　十册

620000－1142－0001677　922.2/042－3

漢書補注一百卷首一卷 （漢）班固撰 （唐）顏師古注 王先謙補注 清光緒二十六年(1900)長沙王氏刻本 三十二册

620000－1142－0001678 922.7/566
東華錄詳節二十四卷 （清）鄔樹庭編 （清）李葆璋 （清）李盛校 清光緒二十六年(1900)上海東文學堂石印本 十六册

620000－1142－0001679 922.23083/225
三國志注證遺四卷補四卷 （清）周壽昌學 清光緒八年(1882)刻本 二册

620000－1142－0001680 922.23083/613－2
三國志攷證八卷 （清）潘眉撰 清光緒十五年(1889)廣雅書局刻本 二册

620000－1142－0001681 922.23083/613－1
三國志攷證八卷 （清）潘眉撰 清光緒十五年(1889)廣雅書局刻本 二册

620000－1142－0001682 922.46/340
藤花亭十種六十四卷 （清）梁廷枏撰 清道光八年至十年(1828－1830)刻本 八册 存四種四十二卷(南漢書十八卷、南漢書考異十八卷、南漢書文字略四卷、南漢叢錄二卷)

620000－1142－0001683 922.504/403－1
三朝北盟會編二百五十卷 （宋）徐夢莘編 清光緒三十四年(1908)刻本 四十册

620000－1142－0001684 919/549
海錄一卷 （清）楊炳南撰 清咸豐元年(1851)刻海山仙館叢書本 一册

620000－1142－0001685 921.8/500
二十二史感應錄二卷 （清）彭希涑輯 清道光二十九年(1849)刻海山仙館叢書本 一册

620000－1142－0001686 922.521/603
中興小紀四十卷 （宋）熊克撰 清光緒十七年(1891)廣雅書局刻本 六册

620000－1142－0001687 922.504/403
三朝北盟會編二百五十卷 （宋）徐夢莘編集 **校勘記二卷補遺一卷** （清）袁祖安撰 清光緒四年(1878)如皋袁氏鉛印本 四十二册

620000－1142－0001688 922.7/042－4
同治東華續錄一百卷 王先謙編 （清）張式恭校 清光緒二十四年(1898)文瀾書局石印本 二十四册

620000－1142－0001689 857.41/753－1
平妖傳八卷 （明）羅貫中著 清嘉慶十七年(1812)講德齋刻本 八册

620000－1142－0001690 922.7/042－4－2
同治東華續錄一百卷 王先謙編 （清）張式恭校 清光緒二十四年(1898)文瀾書局石印本 二十四册

620000－1142－0001691 922.35107/123
宋瑣語不分卷 （清）郝懿行撰 清嘉慶二十年(1815)刻本 二册

620000－1142－0001692 922.5108/038
宋論十五卷 （清）王夫之撰 清同治四年(1865)湘鄉曾氏金陵節署刻本 五册

620000－1142－0001693 922.6/280
欽定明鑑二十四卷首一卷 （清）胡敬纂 清嘉慶二十三年(1818)刻本 十二册

620000－1142－0001694 922.78/111
東華續錄二百二十卷(光緒朝) （清）朱壽朋編 （清）潘鴻鼎校 清宣統元年(1909)鉛印本 六十四册

620000－1142－0001695 922.7/042－1
十朝東華錄三十二卷附同治朝東華續錄四十四卷 王先謙編 （清）周潤蕃 （清）周瀹蕃校 清光緒十年(1884)鉛印本 七十六册

620000－1142－0001696 926.353/248－1
宋遼金元四史朔閏攷二卷 （清）錢大昕撰 清光緒十七年(1891)廣雅書局刻本 一册

620000－1142－0001697 922.51/042－3
東都事畧一百三十卷 （宋）王偁撰 清嘉慶三年(1798)埽葉山房刻宋遼金元別史五種本 十二册

620000－1142－0001698 922.704/035－1

湘軍記二十卷 （清）王定安撰　清光緒十六年（1890）袖海山房石印本　四册

620000－1142－0001699　922.704/035
湘軍記二十卷 （清）王定安撰　清光緒十五年（1889）江南書局刻本　八册

620000－1142－0001700　922.55/631－1
遼史拾遺二十四卷 （清）厲鶚撰　清道光二年（1822）錢塘汪氏振綺堂刻本　八册

620000－1142－0001701　922.704/035－2
湘軍記二十卷 （清）王定安撰　清光緒十五年（1889）江南書局刻本　八册

620000－1142－0001702　922.7/042－3
東華録天命朝四卷天聰朝十一卷崇德朝八卷順治朝三十六卷康熙朝一百十卷雍正朝二十六卷東華續録乾隆朝一百二十卷嘉慶朝五十卷道光朝六十卷咸豐朝一百卷同治朝一百卷 王先謙編　（清）周潤蕃　（清）周瀹蕃校　清光緒上海圖書集成印書局鉛印本　六十四册　存四百二十五卷（東華録天命朝四卷、天聰朝十一卷、崇德朝八卷、順治朝三十六卷、康熙朝一百十卷、雍正朝二十六卷，東華續録乾隆朝一百二十卷、嘉慶朝五十卷、道光朝六十卷）

620000－1142－0001703　922.51/042－4
東都事畧一百三十卷 （宋）王偁撰　清嘉慶三年（1798）埽葉山房刻宋遼金元别史五種本　八册　存一百六卷（一至一百六）

620000－1142－0001704　922.55/631－1
遼史拾遺二十四卷 （清）厲鶚撰　清道光二年（1822）錢塘汪氏振綺堂刻本　八册

620000－1142－0001705　922.55/631－1
遼史拾遺補五卷 （清）楊復吉輯　清道光七年（1827）錢唐汪氏振綺堂刻本　二册

620000－1142－0001706　922.704/038－1
湘軍志十六篇 王闓運撰　清光緒十二年（1886）成都墨香書屋刻本　四册

620000－1142－0001707　922.55/631
遼史拾遺二十四卷 （清）厲鶚撰　清道光元年（1821）錢塘汪氏振綺堂刻本　八册

620000－1142－0001708　921.8/500
洛陽名園記一卷 （宋）李格非撰　清道光二十六年（1846）刻海山仙館叢書本　與620000－1142－0001753合册

620000－1142－0001709　922.703/193
宗室王公世職章京爵秩襲次全表十卷 （清）牟其汶編纂　清光緒三十二年（1906）石印本　十册

620000－1142－0001710　922.55/631
遼史拾遺補五卷 （清）楊復吉輯　清道光七年（1827）錢唐汪氏振綺堂刻本　二册

620000－1142－0001711　925.37/144
李文忠公奏稿八十卷首一卷 （清）李鴻章撰　（清）吴汝綸編録　清光緒三十一年（1905）金陵刻三十四年（1908）印李文忠公全集本　五十一册

620000－1142－0001712　922.54/670
欽定遼史語解十卷 清光緒四年（1878）江蘇書局刻本　二册

620000－1142－0001713　922.54/131
金史一百三十五卷附考證 （元）托克托撰
欽定國語解一卷 清同治十三年（1874）江蘇書局刻本　二十册

620000－1142－0001714　991.2/761
金石文字記六卷附石經考一卷 （清）顧炎武撰　清刻本　三册

620000－1142－0001715　922.6/489
潛菴先生擬明史稿二十卷 （清）湯斌擬　（清）田蘭芳評　清同治九年（1870）刻本　六册　存十二卷（一至十二）

620000－1142－0001716　982.615/496
關學編五卷首一卷 （明）馮從吾撰　（清）李元春續編　清道光、咸豐間刻桐閣全書本　二册

620000－1142－0001717　922.5/149

宋李忠定公靖康傳信録三卷建炎進退志四卷建炎時政記三卷　(宋)李綱撰　(清)徐幹校　清光緒十八年(1892)吉林探源書舫刻本　三册

620000－1142－0001718　982.87/498
曾文正公手書日記不分卷　(清)曾國藩撰　清宣統元年(1909)上海中國圖書公司影印本　四十册

620000－1142－0001719　855.4/589
繡像碧玉環十二卷　(□)□□撰　清道光二十三年(1843)刻本　十二册

620000－1142－0001720　922.54/131.1
遼史一百十五卷附考證　(元)托克托撰　清同治十二年(1873)江蘇書局刻本　十二册

620000－1142－0001721　925/279
胡文忠公遺集八十六卷　(清)胡林翼撰　(清)鄭敦謹　(清)曾國荃纂輯　(清)胡鳳丹重編　清光緒元年(1875)湖北崇文書局刻本　三十二册

620000－1142－0001722　925.37/144－2
李文忠公譯署函稿二十卷　(清)李鴻章撰　(清)吳汝綸編録　清光緒三十一年(1905)金陵刻三十四年(1908)印李文忠公全集本　十册

620000－1142－0001723　927/140
皇朝藩部要略十八卷世系表四卷　(清)祁韻士纂　(清)毛嶽生編次　(清)宋景昌校　(清)張穆覆審　清道光十九年(1839)刻本　八册

620000－1142－0001724　727.11/761－1
昌平山水記二卷　(清)顧炎武著　清乾隆、嘉慶間刻本　一册

620000－1142－0001725　922.2/042－2
漢書補注一百卷首一卷　(漢)班固撰　(唐)顔師古注　王先謙補注　清光緒二十六年(1900)長沙王氏刻本　三十二册

620000－1142－0001726　902/150
四裔編年表不分卷　(清)李鳳苞彙編　(美國)林樂知　嚴良勳譯　清光緒二十三年(1897)石印本　四册

620000－1142－0001727　922.54/670
欽定元史語解二十四卷　清光緒四年(1878)江蘇書局刻本　六册

620000－1142－0001728　922.5213/145－1
建炎以來繫年要録二百卷　(宋)李心傳撰　清光緒五年(1879)仁壽蕭氏寫刻本　六十册

620000－1142－0001729　919/544
英軺日記十二卷　(清)載振撰　清光緒二十九年(1903)上海文明編譯書局鉛印本　四册

620000－1142－0001730　922.21/042
漢書補注一百卷首一卷　(漢)班固撰　(唐)顔師古注　王先謙補注　清光緒二十六年(1900)長沙王氏刻本　四十册

620000－1142－0001731　922.21/042－1
漢書補注一百卷首一卷　(漢)班固撰　(唐)顔師古注　王先謙補注　清光緒二十六年(1900)長沙王氏刻本　三十二册

620000－1142－0001732　922.7/042
十朝東華録三十二卷附同治朝東華續録四十四卷　王先謙編　(清)周潤蕃　(清)周瀹蕃校　清光緒十七年(1891)上海廣百宋齋鉛印本　七十六册

620000－1142－0001733　922.57/498
元書一百二卷　曾廉譔　清宣統三年(1911)刻本　二十册

620000－1142－0001734　922.31/223
晉畧六十六卷　(清)周濟撰　清道光十九年(1839)刻本　六册

620000－1142－0001735　922.57/498
元書一百二卷　曾廉譔　清宣統三年(1911)刻本　二十册

620000－1142－0001736　922.57/498－1
元書一百二卷　曾廉譔　清宣統三年(1911)刻本　二十册

620000－1142－0001737　922.57/498－1
元書一百二卷　曾廉譔　清宣統三年(1911)刻本　二十册

620000－1142－0001738　922.54/670
欽定金史語解十二卷　清光緒四年(1878)江蘇書局刻本　二册

620000－1142－0001739　925.37/144－3
李文忠公遷移蠶池口教堂函稿一卷　(清)李鴻章撰　(清)吴汝綸編録　清光緒三十一年(1905)金陵刻三十四年(1908)印李文忠公全集本　一册

620000－1142－0001740　922.7/042－3－2
東華續録九十六卷(咸豐朝)　(清)潘頤福編　(清)盧秉政校　清光緒十八年(1892)上海圖書集成印書局石印本　十六册

620000－1142－0001741　922.31/223－2
晉畧六十六卷　(清)周濟譔　清光緒二年(1876)味雋齋刻本　十册

620000－1142－0001742　922.57/145
元朝祕史十五卷　(清)李文田注　清光緒二十九年(1903)石印本　四册

620000－1142－0001743　922.42/500
五代史記七十四卷　(宋)歐陽脩撰　(宋)徐無黨原注　(清)彭元瑞注　(清)劉鳳誥排次　清道光八年(1828)刻本　四十册

620000－1142－0001744　925.37/144－4
李文忠公海軍函稿四卷　(清)李鴻章撰　(清)吴汝綸編録　清光緒三十一年(1905)金陵刻三十四年(1908)印李文忠公全集本　二册

620000－1142－0001745　925.37/144－1
李文忠公朋僚函稿二十卷　(清)李鴻章撰　(清)吴汝綸編録　清光緒三十一年(1905)金陵刻三十四年(1908)印李文忠公全集本　十册

620000－1142－0001746　925.37/144－5
李文忠公電稿四十卷　(清)李鴻章撰　(清)吴汝綸編録　清光緒三十一年(1905)金陵刻三十四年(1908)印李文忠公全集本　二十六册

620000－1142－0001747　925.37/470
硃批諭旨三百六十卷　(清)鄂爾泰編　(清)世宗胤禛批　清光緒十三年(1887)上海點石齋縮印本　六十册

620000－1142－0001748　922.42/500－1
五代史記七十四卷　(宋)歐陽脩撰　(宋)徐無黨原注　(清)彭元瑞注　(清)劉鳳誥排次　清道光八年(1828)刻本　四十册

620000－1142－0001749　931.14/525
野史二百九十一卷　(日本)飯田忠彦修　(日本)飯田文彦訓點　(日本)竹中邦香校　清光緒七年(1881)刻本　二十三册

620000－1142－0001750　925.37/674
駱文忠公奏議十六卷奏稿十一卷附録三卷　(清)駱秉章撰　清光緒四年(1878)刻本　三十二册

620000－1142－0001751　982.242/563
九國志十二卷　(宋)路振撰　(宋)張唐英補　清道光二十七年(1847)刻海山仙館叢書本　二册

620000－1142－0001752　922.5605/248
松漠紀聞一卷續一卷補遺一卷　(宋)洪皓撰　**考異一卷**　(清)洪佩聲撰　清同治十二年(1873)涇縣洪氏三瑞堂刻本　一册

620000－1142－0001753　922.31/223－4
晉畧六十六卷　(清)周濟譔　清光緒三年(1877)刻本　十册

620000－1142－0001754　925.37/068－3
左恪靖伯奏稿三十八卷　(清)左宗棠撰　清同治七年(1868)刻本　三十八册

620000－1142－0001755　922.605/449－1
荆駝逸史五十二種八十三卷　(清)陳湖逸士輯　清宣統三年(1911)中國圖書館石印本　十六册　缺二種三卷(江陰守城記一卷、三朝

野紀五至六）

620000－1142－0001756　925.5/449
培遠堂偶存稿四十八卷　（清）陳宏謀著　（清）龍錫慶重訂　（清）章嘉謀等重校　清光緒二十二年（1896）鄂藩署鉛印本　二十四册

620000－1142－0001757　925/279－1
胡文忠公遺集八十六卷首一卷　（清）胡林翼撰　（清）鄭敦謹　（清）曾國荃編輯　清同治六年（1867）刻本　三十二册

620000－1142－0001758　922.52105/220
鄂國金佗稡編二十八卷續編三十卷　（宋）岳珂編　清光緒九年（1883）浙江書局刻本　十二册

620000－1142－0001759　922.33/479－2
十六國春秋一百卷　（北魏）崔鴻撰　清光緒元年（1875）湖北崇文書局刻本　十二册

620000－1142－0001760　921.2307/041
讀通鑑論十六卷附宋論十五卷　（清）王夫之譔　清光緒三十年（1904）上海商務印書館鉛印本　十册

620000－1142－0001761　921.2/450
歷代籌邊略八十四卷附目錄類編三卷　（清）陳麟圖輯并評註　清光緒二十三年（1897）四川廣安州學署刻本　四十册

620000－1142－0001762　922.42/628
五代史記七十四卷　（宋）歐陽修撰　（宋）徐無黨注　清宣統三年（1911）貴池劉氏玉海堂影宋刻本　十二册

620000－1142－0001763　082/145
函海一百六十種七百九十四卷　（清）李調元編　清光緒七年至八年（1881－1882）廣漢鍾登甲樂道齋刻本　一百六十册

620000－1142－0001764　857.41/044－1
新註二度梅奇説全集四卷　（清）天花主人編　清末經文堂刻本　四册

620000－1142－0001765　070/697
約書十二卷　（清）謝階樹著　（清）杜璘光校　清光緒二十八年（1902）刻本　四册

620000－1142－0001766　080/418
娱園叢刻十種十五卷　（清）許增輯　清光緒十五年（1889）刻本　十二册

620000－1142－0001767　080/428
二酉堂叢書（張氏叢書）二十一種三十一卷　（清）張澍輯　清道光元年（1821）二酉堂刻本　十二册

620000－1142－0001768　082/149
惜陰軒叢書三十四種三百三卷續編二十一卷　（清）李錫齡輯　清道光二十六年至咸豐八年（1846－1858）刻本　一百二十册

620000－1142－0001769　922.57/284
三河創業記五卷　（清）范壽金編輯　清光緒三十三年（1907）石印本　二册

620000－1142－0001770　928.1/361
古香齋鑒賞袖珍春明夢餘錄七十卷　（清）孫承澤撰　清光緒八年（1882）刻本　二十四册

620000－1142－0001771　922.41/284－1
東萊先生音註唐鑑二十四卷　（宋）范祖禹譔　（宋）吕祖謙註　清光緒十八年（1892）浙江書局影宋刻本　四册

620000－1142－0001772　922.56/257
金史詳校十卷首一卷附史論五答一卷　（清）施國祁學　清光緒六年（1880）會稽章氏刻本　十册

620000－1142－0001773　922.56/257－1
金史詳校十卷首一卷附史論五答一卷　（清）施國祁學　清光緒六年（1880）會稽章氏刻本　十册

620000－1142－0001774　926.353/248－1
宋遼金元四史朔閏攷二卷　（清）錢大昕撰　清光緒十七年（1891）廣雅書局刻本　一册

620000－1142－0001775　847/232
藕船精華錄三卷　（朝鮮）李尚迪著　清同治八年（1869）木活字印本　一册

620000－1142－0001776　857.2/400－1

玉芝堂談薈三十六卷首一卷 (明)徐應秋輯 清光緒元年(1875)蒨園刻本 三十六冊

620000－1142－0001777 922.41/121
新舊唐書合鈔二百六十卷首一卷 (清)沈炳震輯 **唐書宰相世系表訂譌十二卷** (清)沈炳震撰 **新舊唐書合鈔補正六卷** (清)丁子復撰 清嘉慶海昌查氏刻同治十年(1871)武林吳氏清來堂補刻本 八十冊

620000－1142－0001778 831.41/038
古唐詩合解十二卷古詩四卷 (清)王堯衢註 (清)李模 (清)李桓校 清光緒十二年(1886)刻本 六冊

620000－1142－0001779 080/443
十萬卷樓叢書三編五十一種一百八十八卷 (清)陸心源輯 清光緒歸安陸氏刻本 四十八冊

620000－1142－0001780 856.6/080
摩兜堅齋汲古集聯一卷三續一卷四續一卷五續一卷 (清)白遇道纂 清光緒三十四年至宣統元年(1908－1909)鉛印本(續五石印本) 四冊

620000－1142－0001781 080/477
長恩書室叢書二集十九種六十五卷 (清)莊肇麟輯 清咸豐四年(1854)新昌莊氏過客軒刻本 十二冊

620000－1142－0001782 927.57/195－1
元朝祕史十五卷首一卷 (清)李文田注 清光緒二十九年(1903)史學齋編譯石印書局石印本 六冊

620000－1142－0001783 991.3/434
張叔未解元所藏金石文字不分卷 (清)張廷濟輯 清光緒十年(1884)四會嚴氏鶴緣齋石印本 二冊

620000－1142－0001784 927.33/574
廣東輿地全圖五卷 (清)張人駿編 清光緒刻本 五冊

620000－1142－0001785 982.9/245
洪文惠公[适]年譜一卷 (清)錢大昕編 清刻本 一冊

620000－1142－0001786 982.9/158
陸放翁先生[遊]年譜一卷 (清)錢大昕編 清刻本 一冊

620000－1142－0001787 982.9/558
還讀我書室老人手訂年譜二卷 (清)董恂編 清刻本 二冊

620000－1142－0001788 982.1/594
歷代臣鑒三十七卷 (明)宣宗朱瞻基撰 清活字印本 八冊

620000－1142－0001789 857.1/032
玉壺野史十卷 (宋)釋文瑩撰 (清)錢熙祚校 清道光二十四年(1844)金山錢氏刻守山閣叢書本 一冊

620000－1142－0001790 040/561
北堂書鈔一百六十卷 (唐)虞世南撰 (清)孔廣陶校註 清光緒十四年(1888)南海孔氏三十有三萬卷堂刻本 二十冊

620000－1142－0001791 989/428
姓氏尋源四十五卷姓氏辯誤三十卷 (清)張澍篹 清道光棗華書屋刻本 十冊

620000－1142－0001792 830/727
文選六十卷 (南朝梁)蕭統輯 (唐)李善注 (清)葉樹藩參訂 清乾隆三十七年(1772)葉氏海錄軒刻朱墨套印本 十二冊

620000－1142－0001793 921.4/354
繹史一百六十卷 (清)馬驌撰 清康熙刻本 三十六冊

620000－1142－0001794 982.9/111－38－1
朱子[熹]年譜四卷考異附錄二卷 (清)王懋竑撰 清乾隆刻本 四冊

620000－1142－0001795 922.605/032－1
明季稗史彙編十六種二十七卷 (清)留雲居士輯 清都城琉璃廠刻本 十六冊

620000－1142－0001796 921.83/681－2
諸史拾遺五卷 (清)錢大昕撰 清乾隆刻本

三册

620000－1142－0001797　929.9/629
鑾書十卷　(唐)樊綽撰　清光緒桐廬袁氏刻漸西村舍彙刊本　一册

620000－1142－0001798　922.605/032－1－2
明季稗史彙編十六種二十七卷　(清)留雲居士輯　清都城琉璃廠刻本　十册

620000－1142－0001799　922.605/032－1－1
明季稗史彙編十六種二十七卷　(清)留雲居士輯　清都城琉璃廠刻本　十册

620000－1142－0001800　857.1/036.1
重論文齋筆錄十二卷　(清)王端履輯　清咸豐刻本　四册

620000－1142－0001801　080/105
粵十三家集十三種一百九十一卷　(清)伍元薇輯　清道光二十年(1840)海南伍氏詩雪軒刻本　三十册

620000－1142－0001802　082/039
檀几叢書第一集六十七卷　(清)王晫輯　(清)張潮校　清康熙三十四年(1695)新安張氏霞舉堂刻本　六册

620000－1142－0001803　853/042
霓裳續譜八卷　(清)王廷紹訂　清乾隆六十年(1795)集賢堂刻本　四册

620000－1142－0001804　847/427
質園詩集三十二卷　(清)商盤著　清乾隆刻本　八册

620000－1142－0001805　080/476－1
經訓堂叢書二十一種一百六十八卷　(清)畢沅輯　清光緒十三年(1887)上海大同書局石印本　二十册

620000－1142－0001806　847/765
耳提錄一卷　(清)顧黄公緒論　(清)顧昌述　(清)顧仕絃等校錄　清乾隆二十年(1755)刻本　一册

620000－1142－0001807　040/649－2
欽定古今圖書集成總目四十卷　(清)蔣廷錫等校　清光緒十年(1884)上海同文書局石印本　二十册

620000－1142－0001808　080/428－2
二酉堂叢書(張氏叢書)二十一種三十一卷　(清)張澍輯　清道光元年(1821)二酉堂刻本　十二册

620000－1142－0001809　922.605/032－1－3
明季稗史彙編十六種二十七卷　(清)留雲居士輯　清都城琉璃廠刻本　十六册

620000－1142－0001810　847/765
白茅堂集四十六卷　(清)顧景星撰　(清)顧昌校輯　清康熙刻乾隆增刻本　十九册　缺二卷(一至二)

620000－1142－0001811　041/425
御定駢字類編二百四十卷　(清)吴士玉　(清)沈宗敬等編纂　清光緒十三年(1887)上海同文書局石印本　四十八册

620000－1142－0001812　927.21/103－455
金陵瑣志五種九卷續刊二種二卷　陳作霖撰　清光緒江寧陳氏可園刻本　二册　缺二種二卷(續刊鍾南淮北區域志一卷、石城山志一卷)

620000－1142－0001813　041/628
藝文類聚一百卷　(唐)歐陽詢撰　(明)王元貞校　清光緒五年(1879)華陽宏達堂刻本　四十册

620000－1142－0001814　080/611－1
功順堂叢書十八種八十一卷　(清)潘祖蔭輯　清光緒吴縣潘氏刻本　三十二册　缺四卷(原缺周人經説五至八)

620000－1142－0001815　089.7/048－2
顨軒孔氏所著書七種六十卷　(清)孔廣森撰　清嘉慶二十二年(1817)曲阜孔氏儀鄭堂刻本　十册

620000－1142－0001816　982.27/475
國朝歷科題名碑錄初集不分卷附明洪武至崇禎各科題名錄不分卷　(清)李周望等輯　清

康熙五十九年(1720)刻雍正、乾隆、嘉慶、道光遞增刻本　十二冊

620000－1142－0001817　082/088
元和江氏靈鶼閣叢書六集五十六種一百卷　(清)江標輯　清光緒元和江氏湖南使院刻本　二十八冊　缺十一種二十六卷(國語校文一卷、嘉蔭簃藏器目一卷、愛吾鼎齋藏器目一卷、石泉書屋藏器目一卷、雙虞壺齋藏器目一卷、簠齋藏器目第二本一卷、選青閣藏器目一卷、藏書紀事詩六卷、沅湘通藝錄八卷四書文二卷、日本華族女學校規則一卷、黃蕘圃先生年譜二卷)

620000－1142－0001818　982.27/425
逆臣傳四卷　(清)國史館纂　清光緒十五年(1889)刻本　二冊

620000－1142－0001819　982.77/425－1
貳臣傳十二卷　(清)國史館纂　清光緒十五年(1889)刻本　六冊

620000－1142－0001820　089.7/048－1
顨軒孔氏所著書七種六十卷　(清)孔廣森撰　清嘉慶二十二年(1817)曲阜孔氏儀鄭堂刻本　十冊

620000－1142－0001821　922.21/035
西漢年紀三十卷　(宋)王益之撰　清嘉慶四年(1799)南沙席氏掃葉山房刻本　四冊

620000－1142－0001822　922.704/552
三藩紀事本末四卷　(清)楊陸榮編　清刻本　二冊

620000－1142－0001823　922.57/218
續弘簡錄元史類編四十二卷　(清)邵遠平學　清刻本　十六冊

620000－1142－0001824　922.57/455－1
元史紀事本末四卷　(明)陳邦瞻撰　(明)臧懋循補　(明)徐申　(明)劉曰梧校　明萬曆三十四年(1606)刻本　二冊

620000－1142－0001825　082/073
止園叢書二十三種一百五十三卷　(清)史夢蘭撰　清道光至光緒間刻本　四十冊　存十五種一百二十一卷(爾爾書屋詩草八卷、爾爾書屋文鈔二卷、全史宮詞二十卷、疊雅十三卷、異號類編二十卷、古今風謠一卷古今諺一卷、古今風謠拾遺四卷、古今諺拾遺六卷、燕說四卷、雙名錄一卷、止園筆談八卷、放言百首箋注一卷、永平三子遺書四卷、永平詩存二十四卷、永平詩存續編四卷)

620000－1142－0001826　080/206－1
武英殿聚珍版書一百四十八種二千九百九卷　(清)陸錫熊等纂修　清光緒二十五年(1899)廣雅書局刻本　八百冊

620000－1142－0001827　089.7/048－3
顨軒孔氏所著書七種六十卷　(清)孔廣森撰　清嘉慶二十二年(1817)曲阜孔氏儀鄭堂刻本　十二冊

620000－1142－0001828　922.27/163
國朝館選爵里謚法考六卷　(清)吳鼎雯輯　(清)勞崇光等續修　清道光二十八年(1848)刻本　四冊

620000－1142－0001829　922.5703/681－1
元史氏族表三卷　(清)錢大昕補　清嘉慶十一年(1806)刻本　二冊

620000－1142－0001830　925.5/032
卞制軍政書四卷　(清)卞寶第撰　清光緒刻本　四冊

620000－1142－0001831　922.41/284
東萊先生音註唐鑑二十四卷　(宋)范祖禹譔　(宋)呂祖謙註　清刻本　四冊

620000－1142－0001832　082/105
粵雅堂叢書三編一千八百三卷　(清)伍崇曜輯　清道光、光緒間南海伍氏刻本　二百八十冊　缺五十九種四百九十三卷[孟子音義二卷、兩漢博聞十二卷、春秋無禮例宗十卷(原缺四至六)、兒易外儀十五卷、春秋國都爵姓考一卷附補一卷、儀禮管見三卷附錄一卷、孝經今文音義一卷、孝肅包公奏議十卷、續世說十二卷、寶刻雷便八卷、書義主意六卷、羣

英書義二卷、焦氏類林八卷、續談助五卷、益齋亂稿十卷拾遺一卷附集誌一卷、靜齋至正直記四卷、鳳氏經說三卷、比雅事九卷、廣釋名二卷首一卷、求表捷術九卷、乾道臨安志十五卷、京口耆舊傳九卷、輿地碑記目四卷、紹興題名錄一卷、寶祐登科錄一卷、河朔訪古記三卷、長物志十二卷、墨志一卷、唐昭陵石蹟考略五卷、瘞鶴銘考一卷、小山畫譜二卷、雲中紀程二卷、漢唐事箋前集十二卷後集八卷、馭交紀十二卷、西域釋地一卷、三國志補注六卷、述學内篇三卷外篇一卷補遺一卷別錄一卷、黔書四卷、續黔書八卷、梅邊吹笛曲譜二卷補錄一卷、帝範二卷、臣軌二卷、群書治要五十卷、四聲等子一卷、周易新講義十卷、泰軒易傳六卷、崔舍人玉堂類稿二十卷西垣類稿二卷附錄一卷、唐才子傳十卷、樂經律呂通解五卷、六書轉注錄十卷、延令宋版書目一卷、墨緣彙觀錄四卷、兒易内儀以六卷、蜀中名勝紀三十卷、補宋書刑法志一卷、補宋書食貨志一卷、晉宋書故一卷、姑溪居士文集五十卷後集二十卷、授堂文鈔八卷、南北朝文鈔二卷]

620000 - 1142 - 0001833　922.787/335 - 1
戊戌政變記九卷　梁啟超撰　清末鉛印本　三冊

620000 - 1142 - 0001834　080/587
涇川叢書五十一種八十五卷　(清)趙紹祖　(清)趙繩祖輯　清道光十二年(1832)古墨齋鉛印本　二十四冊

620000 - 1142 - 0001835　080/677.1
後知不足齋叢書四十七種一百六十九卷　(清)鮑廷爵編輯　清同治、光緒間刻本　六十四冊

620000 - 1142 - 0001836　922.787/335 - 2
戊戌政變記九卷　梁啟超撰　清末鉛印本　三冊

620000 - 1142 - 0001837　082/145 - 1
函海一百五十二種八百三十七卷　(清)李調元輯　清乾隆綿州李氏萬卷樓刻嘉慶十四年(1809)李鼎元重校印本　一百四十四冊　缺十二卷(素履子三、龍洲集十卷、異魚圖贊補三)

620000 - 1142 - 0001838　080/677
續知不足齋叢書十七種四十四卷　(清)高承勳輯　清渤海高氏刻本　十六冊

620000 - 1142 - 0001839　080/142
西政叢書三十二種一百十一卷　梁啟超輯　清光緒二十三年(1897)慎記書莊石印本　三十二冊

620000 - 1142 - 0001840　922.22/658 - 1
續漢書八志三十卷　(南朝梁)劉昭注補　清末刻本　三冊

620000 - 1142 - 0001841　082/362
新斠平津館叢書十集三十四種二百七十六卷　(清)孫星衍編　清光緒十年至十五年(1884 - 1889)吳縣朱氏槐廬家塾刻本　五十冊

620000 - 1142 - 0001842　922.22/658 - 2
續漢書八志三十卷　(南朝梁)劉昭注補　清末刻本　二冊

620000 - 1142 - 0001843　922.22/658 - 3
續漢書八志三十卷　(南朝梁)劉昭注補　清末刻本　二冊

620000 - 1142 - 0001844　082/008
武林往哲遺箸五十六種三百十五卷後編十種一百三十五卷　(清)丁丙輯　清光緒錢塘丁氏嘉惠堂刻本　九十六冊　缺一種二卷(原缺錢唐韋先生文集一至二)

620000 - 1142 - 0001845　082/401
隨盦徐氏叢書十種五十二卷續編十種四十一卷　徐乃昌輯　清光緒至民國南陵徐氏刻本　二十四冊

620000 - 1142 - 0001846　080/206
武英殿聚珍版書一百三十八種二千四百十六卷　(清)陸錫熊等纂修　清同治十三年(1874)江西書局刻本　一百二十八冊　缺五

十四種四百四十四卷(郭氏傳家易說十一卷總論一卷、易象意言一卷、易緯十二卷、禹貢指南四卷、融堂書解二十卷、續呂氏家塾讀詩記三卷、絜齋毛詩經筵講義四卷、儀禮識誤三卷、儀禮釋宮一卷、春秋傳說例一卷、春秋辨疑四卷附校勘記一卷、鄭志三卷拾遺一卷附校勘記一卷、水經注四十卷附御製文一卷、五代史纂誤三卷、魏鄭公諫續錄二卷、宋朝事實二十卷、直齋書錄解題二十二卷、欽定武英殿聚珍版程式一卷、漢官舊儀二卷補遺一卷、鄴中記一卷、嶺表錄異三卷、麟臺故里五卷拾遺二卷附考異一卷、傅子一卷、帝範四卷、公是弟子記四卷、明本釋三卷、農桑輯要七卷、孫子算經三卷、海島算經一卷、五曹算經五卷、夏侯陽算經三卷、五經算經二卷、墨法集要一卷、雲谷雜記四卷首一卷末一卷、甕牖閒評八卷、考古質疑六卷、澗泉日記三卷、敬齋古今黈八卷拾遺五卷、老子道德經註二卷、涑水記聞十六卷、南陽集六卷拾遺一卷、學易集八卷、文恭集四十卷拾遺一卷、后山詩十二卷、陶山集十六卷、絜齋集二十四卷拾遺一卷、蒙齋集二十四卷拾遺一卷、茶山集八卷拾遺一卷、拙軒集六卷、金淵集六卷、文苑英華辯證十卷拾遺一卷、歲寒堂詩話二卷、溪詩話十卷、浩然齋雅談三卷)

620000－1142－0001847　082/401－1

隨盦徐氏叢書十種五十二卷續編十種四十一卷　徐乃昌輯　清光緒至民國南陵徐氏刻本　八冊

620000－1142－0001848　080/452

湖海樓叢書十二種一百十卷　(清)陳春輯　清嘉慶蕭山陳氏刻本　二十四冊

620000－1142－0001849　831/039－1

八代詩選二十卷　王闓運撰　清光緒七年(1881)四川尊經書局刻本　八冊

620000－1142－0001850　830/411－1

古文苑二十一卷　(宋)章樵註　清末刻本　六冊

620000－1142－0001851　982.91/159－1

歷代名人年譜十卷附存疑及生卒年月無攷一卷　(清)吳榮光撰　(清)瞿樹辰　(清)吳彌光校　清光緒二年(1876)京都寶經書坊刻本　十冊

620000－1142－0001852　922.3/037

元經薛氏傳十卷　(隋)王通撰　(唐)薛收傳　(宋)阮逸註　清晚期刻本　一冊　存三卷(一至三)

620000－1142－0001853　082/306－1

咫進齋叢書三集三十七種九十三卷　(清)姚覲元輯　清光緒九年(1883)歸安姚氏刻本　三十冊

620000－1142－0001854　089.7/528

焦氏遺書十種一百二十四卷附二種二卷　(清)焦循撰　清嘉慶、道光間江都焦氏雕菰樓刻光緒二年(1876)衡陽魏氏補刻本　四十冊　缺一種一卷(附詩品一卷)

620000－1142－0001855　094.12/077

詩經詳說九十四卷　(清)冉覲祖輯撰　清光緒七年(1881)大梁書局刻本　六十四冊

620000－1142－0001856　921.5/317

史記短長說二卷　(明)淩稚隆訂正　清道光二十七年(1847)刻海山仙館叢書本　一冊

620000－1142－0001857　989/317－1

氏族博攷十四卷　(明)淩迪知纂　(明)吳京校　明萬曆刻本　四冊

620000－1142－0001858　080/142－1

西政叢書三十二種一百十一卷　梁啟超輯　清光緒二十三年(1897)慎記書莊石印本　三十二冊

620000－1142－0001859　921.5/317

順宗實錄五卷　(唐)韓愈撰　清道光二十六年(1846)刻海山仙館叢書本　與620000－1142－0001856合冊

620000－1142－0001860　927.6/402

大興徐氏三種八卷　(清)徐松撰　清道光刻本　八冊

620000－1142－0001861　927.6/402－1
大興徐氏三種八卷　(清)徐松撰　清道光刻本　八册

620000－1142－0001862　082/767
讀畫齋叢書四十六種二百十卷　(清)顧修輯　清嘉慶四年(1799)讀畫齋刻本　六十四册

620000－1142－0001863　857.08/209－4
繡像今古奇觀四十卷　(明)抱甕老人輯　清光緒刻本　十二册

620000－1142－0001864　922.7205/411
康熙政要二十四卷　(清)章梫纂　清宣統二年(1910)鉛印本　十二册

620000－1142－0001865　082/362－2
新斠平津館叢書十集三十四種二百七十六卷　(清)孫星衍編　清光緒十年至十五年(1884－1889)吳縣朱氏槐廬家塾刻本　五十册

620000－1142－0001866　082/362－1
新斠平津館叢書十集三十四種二百七十六卷　(清)孫星衍編　清光緒十年至十五年(1884－1889)吳縣朱氏槐廬家塾刻本　五十册

620000－1142－0001867　082/362－3
新斠平津館叢書十集三十四種二百七十六卷　(清)孫星衍編　清光緒十年至十五年(1884－1889)吳縣朱氏槐廬家塾刻本　五十册

620000－1142－0001868　855.6/248－1
長生殿傳奇二卷　(清)洪昇填詞　(清)吳人論文　清五柳居刻本　四册

620000－1142－0001869　424.1/705－1
聲類表九卷首一卷聲韵攷四卷　(清)戴震譔　清宣統三年(1911)渭南嚴氏孝義家塾刻本　三册

620000－1142－0001870　857.2/701
赤雅三卷　(明)鄺露篹　清乾隆三十四年(1769)知不足齋刻本　一册

620000－1142－0001871　855.6/199
鸎鵡媒二卷　(清)錢維喬填詞　清乾隆五十三年(1788)刻本　二册

620000－1142－0001872　424.1/705
聲類表九卷首一卷聲韵攷四卷　(清)戴震譔　清宣統三年(1911)渭南嚴氏孝義家塾刻本　三册

620000－1142－0001873　082/042
南菁書院叢書八集四十一種一百四十五卷　王先謙　繆荃孫輯　清光緒十四年(1888)江陰南菁書院刻本　四十册

620000－1142－0001874　082/042－1
南菁書院叢書八集四十一種一百四十五卷　王先謙　繆荃孫輯　清光緒十四年(1888)江陰南菁書院刻本　三十二册

620000－1142－0001875　922.184/373
越絕書十五卷　(漢)袁康撰　清康熙刻本　一册

620000－1142－0001876　832.1/198
楚辭燈四卷楚懷襄二王在位事蹟攷一卷　(清)林雲銘論述　(清)林沅等較　**屈原列傳一卷**　(漢)司馬遷撰　清康熙三十六年(1697)晉安挹奎樓刻本　二册

620000－1142－0001877　921.23/063－279
資治通鑑二百九十四卷　(宋)司馬光等撰　(元)胡三省注　**通鑑釋文辨誤十二卷**　(元)胡三省撰　清中期刻本　一百册

620000－1142－0001878　922.505/038
燕翼貽謀錄五卷　(宋)王栐撰　清刻本(首卷卷端爲抄補)　二册

620000－1142－0001879　082/456－1
士禮居黃氏叢書二十種一百九十五卷　(清)黃丕烈輯　清光緒十三年(1887)上海蜚英館影印本　三十册

620000－1142－0001880　511.08/048
算經十書三十七卷　(清)孔繼涵輯　清乾隆曲阜孔氏刻本　八册

620000－1142－0001881　080/452－1
湖海樓叢書十二種一百十卷　(清)陳春輯　清嘉慶蕭山陳氏刻本　二十四册

620000－1142－0001882　089.7/724
振綺堂叢書初集十種二十一卷　(清)汪康年輯　清宣統二年(1910)鉛印本　四册　缺二種二卷(聖祖五幸江南恭錄一卷、澳門公牘錄存一卷)

620000－1142－0001883　082/428.1
昭代叢書四百二卷　(清)張潮輯　(清)沈楙悳校　清道光十三年(1833)吴江沈氏世楷堂刻本　一百二十册

620000－1142－0001884　080/452－2
湖海樓叢書十二種一百十卷　(清)陳春輯　清嘉慶蕭山陳氏刻本　三十二册

620000－1142－0001885　511.7/461
下學盦算術三種三卷　(清)項名達撰　清光緒十三年(1887)刻本　三册

620000－1142－0001886　089.7/294
經韻樓叢書八種一百十二卷　(清)段玉裁撰　清乾隆、道光間金壇段氏刻本　二十四册

620000－1142－0001887　091.3/402－1
通志堂經解一百四十種一千八百六十卷　(清)納蘭成德輯　清同治十二年(1873)粤東書局刻本　四百八十册

620000－1142－0001888　082/428.1－1
昭代叢書五百種五百二卷别集四十二卷　(清)張潮輯　(清)沈楙悳校　清道光世楷堂刻本　九十册

620000－1142－0001889　921.21/123
竹書紀年二卷　題(南朝梁)沈約注　清刻本　一册

620000－1142－0001890　821.7/430
達觀堂詩話八卷　(清)張晉本著　清同治十二年(1873)芋園刻本　四册

620000－1142－0001891　082/264
宜稼堂叢書七種二百五十六卷　(清)郁松年輯　清道光上海郁氏刻本　四十九册

620000－1142－0001892　823.1/556－2
詞律校勘記二十卷　(清)杜文瀾撰　清咸豐十一年(1861)刻曼陀羅華閣叢書本　二册

620000－1142－0001893　921.8/585
廿二史劄記三十六卷補遺一卷　(清)趙翼撰　(清)鄒永修校　清晚期刻本　十二册

620000－1142－0001894　921.8/314－1
史通通釋二十卷　(清)浦起龍釋　清晚期刻本　六册

620000－1142－0001895　921.2/063
司馬溫公稽古錄二十卷　(宋)司馬光撰　明刻本　二册

620000－1142－0001896　921.2/761
通鑑注辯正二卷　(清)錢大昕撰　清刻本　一册

620000－1142－0001897　380/286－1
武備志二百四十卷　(明)茅元儀輯　清末刻本　八十册

620000－1142－0001898　857.2/422
穆天子傳六卷　(晉)郭璞注　(明)程榮校　明萬曆二十年(1592)刻漢魏叢書本(有抄補)　一册

620000－1142－0001899　857.4/255－233－2
第五才子書水滸傳七十五卷　(明)施耐庵撰　(明)金人瑞評述　清雍正十二年(1734)刻本　二十四册

620000－1142－0001900　780/148
古樂經傳五卷　(清)李光地註　清雍正五年(1727)刻本　三册

620000－1142－0001901　121.61/599－190－1
管子二十四卷　(春秋)管仲撰　(唐)房玄齡注　清宣統二年(1910)衍星社鉛印桐城吴先生點勘諸子七種本　二册

620000－1142－0001902　091.31/717
古經解彙函十六種一百三十卷附小學彙函十四種一百五十三卷　(清)鍾謙鈞等輯　清光

緒十四年(1888)上海蜚英館石印本　二十冊

620000－1142－0001903　089.7/452
左海全集十種三十六卷　(清)陳壽祺撰　清嘉慶、道光間陳紹墉刻本　二十四冊

620000－1142－0001904　080/429
西學自強叢書七十六種二百九十六卷　(清)張之洞輯　清光緒二十四年(1898)石印本　六十冊

620000－1142－0001905　846.552
總纂升菴合集七十種二百五十四卷　(明)楊慎撰　清光緒八年(1882)刻本　六十冊

620000－1142－0001906　352/275
大清法規大全三百一卷　(清)孫家鼐撰　清光緒二十七年至宣統元年(1901－1909)石印本　六十六冊

620000－1142－0001907　857.08/209－2
繡像今古奇觀四十卷　(明)抱甕老人輯　清光緒大文堂刻本　八冊

620000－1142－0001908　857.1/294－2
酉陽雜俎二十卷　(唐)段成式撰　(明)毛晉訂　明崇禎毛氏汲古閣刻津逮秘書本　六冊

620000－1142－0001909　091.3/158
皇清經解一百九十卷　(清)陶治元編輯　(清)李師善　(清)王鳳藻分輯　清光緒十七年(1891)鴻寶齋石印本　二十四冊

620000－1142－0001910　091.3/158－1
皇清經解一百九十種一千四百八卷　(清)阮元編　清道光九年(1829)廣東學海堂刻咸豐十一年(1861)補刻本　三百六十二冊

620000－1142－0001911　091.2/048
重刊宋本十三經注疏四百十六卷　校勘記四百十六卷　(清)阮元撰　(清)盧宣旬摘錄　**校勘記識語四卷**　(清)汪文臺撰　清光緒十八年(1892)湖南寶慶務本局刻本　一百八十冊　缺四卷(校勘記識語四卷)

620000－1142－0001912　083/282
刻鵠齋叢書十三種五十六卷　(清)胡念修輯　清光緒二十三年至二十六年(1897－1900)刻本　三十二冊　存十種四十六卷(璿璣遺述六卷圖一卷、尚書通義殘稿六至七、潘瀾筆記二卷、懺摩錄一卷、紀慎齋求雨全書二卷、綠蘿山莊駢體文集十二卷、崇雅堂駢體文鈔四卷、汪容甫先生詩集六卷附錄一卷、易義來源四卷、蠡菅五卷)

620000－1142－0001913　922.9/073
釣磯立談一卷　(宋)史虛白撰　清康熙四十五年(1706)揚州使院刻本　一冊

620000－1142－0001914　085.31/044－1
佚存叢書十七種一百十卷　(日本)林衡輯　清光緒八年(1882)上海黄氏木活字印本　三十六冊

620000－1142－0001915　926/762－1
讀史方輿紀要一百三十卷輿圖要覽四卷　(清)顧祖禹輯著　(清)彭元瑞校定　清嘉慶十七年(1812)成都龍氏敷文閣刻清宏道堂重修本　六十冊　缺四卷(輿圖要覽四卷)

620000－1142－0001916　989/428－1
姓氏辯誤三十卷　(清)張澍纂　清道光刻本　八冊

620000－1142－0001917　083/716
藕香零拾三十九種一百二卷　繆荃孫輯　清光緒二十二年至宣統二年(1896－1910)刻本　三十二冊

620000－1142－0001918　082/611
滂喜齋叢書五十種九十六卷　(清)潘祖蔭輯　清同治十一年(1872)吴縣潘氏八喜齋京師刻本　三十二冊

620000－1142－0001919　858.519/045.6
妙英寶卷一卷　(□)□□撰　清刻本　一冊

620000－1142－0001920　082/611/:1
滂喜齋叢書五十種九十六卷　(清)潘祖蔭輯　清同治十一年(1872)吴縣潘氏八喜齋京師刻本　三十二冊

620000－1142－0001921　091.377/502

經學五書四十一卷 （清）惠周惕等著　清嘉慶二年至十七年（1797－1812）刻本　十五冊

620000－1142－0001922　511.9/434
翠薇山房數學十五種三十八卷 （清）張作楠撰 （清）江臨泰繪　清光緒二十三年（1897）上海鴻寶齋石印本　八冊

620000－1142－0001923　082/355－1
玉函山房輯佚書六百二十二種七百三十七卷附目耕帖一種三十一卷 （清）馬國翰輯　清光緒九年（1883）長沙嫏嬛館刻本　一百冊

620000－1142－0001924　847/452
卓廬初草不分卷別草不分卷 （清）陳墉著　清刻本　五冊

620000－1142－0001925　857.41/260.1
孫龐演義四卷二十回 （明）吳門嘯客著　清刻本　四冊

620000－1142－0001926　857.5/235
新刻雅調唱口平陽傳金臺全傳十二卷 （清）□□著　清刻本　十二冊

620000－1142－0001927　082/616
海山仙館叢書五十六種四百九十二卷 （清）潘仕成輯　清道光、咸豐間番禺潘氏刻光緒補刻本　一百二十冊

620000－1142－0001928　080/453－2
唐代叢書一百六十四種一百七十卷 （清）陳世熙輯　清光緒二十二年（1896）上海賜書堂石印本　十二冊

620000－1142－0001929　089.7/299－1
春在堂全書二十二種三百三十卷 （清）俞樾撰　清光緒九年（1883）重定二十五年（1899）刻本　八十冊

620000－1142－0001930　857.41/260.2
新編批評繡像後七國樂田演義四卷十八回 （清）徐震撰　清會文堂刻本　四冊

620000－1142－0001931　424/087
江氏音學十書七種附一種十二卷 （清）江有誥著　清嘉慶、道光間刻本　八冊

620000－1142－0001932　089.7/299
春在堂全書二十一種三百七十一卷 （清）俞樾撰　清光緒八年（1882）重定同治十年（1871）刻本　一百冊

620000－1142－0001933　089.7/166
觀象廬叢書十八種一百十四卷 （清）呂調陽撰　清光緒十四年（1888）彭門吳氏刻本　六十冊

620000－1142－0001934　089.7/400
徐位山六種一百一卷 （清）徐文靖撰　清光緒二年（1876）刻本　二十六冊

620000－1142－0001935　082/355－2
玉函山房輯佚書五百九十三種七百六卷附目耕帖一種三十一卷 （清）馬國翰輯　清光緒十八年（1892）刻本　一百二十冊

620000－1142－0001936　082/355－3
玉函山房輯佚書六百卷 （清）馬國翰輯　清光緒九年（1883）長沙嫏嬛館刻本　一百冊

620000－1142－0001937　082/490
崇文書局彙刻書（三十三種叢書）三十一種二百八十三卷 （清）崇文書局輯　清光緒三年（1877）湖北崇文書局刻本　八十冊

620000－1142－0001938　089.7/206
授堂遺書七種七十九卷 （清）武億著　清道光二十三年（1843）偃師武氏刻本　十六冊

620000－1142－0001939　352/118
大清現行刑律案語不分卷 沈家本 （清）俞廉三輯　清宣統元年（1909）法律館鉛印本　五十二冊

620000－1142－0001940　089.7/206－1
授堂遺書七種七十九卷 （清）武億著　清道光二十三年（1843）偃師武氏刻本　十六冊

620000－1142－0001941　613.11/464
黃帝內經靈樞十二卷 （宋）史崧音釋 （清）黃以周校勘　清晚期刻本　二冊

620000－1142－0001942　422.6/448－1
埤雅二十卷 （宋）陸佃撰　清康熙寫刻本

四冊

620000－1142－0001943　875.5/193－1
定國志安邦中集二十卷　(清)學海主人編　清刻本　二十冊

620000－1142－0001944　082/306－2
咫進齋叢書三集三十七種九十三卷　(清)姚覲元輯　清光緒九年(1883)歸安姚氏刻本　二十四冊

620000－1142－0001945　857.1/145
唐國史補三卷　(唐)李肇撰　明末汲古閣刻本　三冊

620000－1142－0001946　089.7/445－1
陸桴亭先生遺書二十一種四十一卷首一卷附一種一卷　(清)陸世儀撰　清光緒二十五年(1899)太倉唐受祺京師刻本　二十冊

620000－1142－0001947　329.2/701
約章成案匯覽五十二卷　(清)北洋洋務局纂輯　清光緒三十一年(1905)上海點石齋石印本　四十六冊

620000－1142－0001948　082/306
咫進齋叢書三集三十七種九十三卷　(清)姚覲元輯　清光緒九年(1883)歸安姚氏刻本　二十四冊

620000－1142－0001949　424/425－1
佩文韻府一百六卷附韻府拾遺一百六卷　(清)張玉書等纂修　清光緒二十年(1894)上海點石齋石印本　六十冊

620000－1142－0001950　847/772
海雲堂詩鈔八卷文鈔一卷　(清)嚴學淦撰　清嘉慶二十二年(1817)刻本　二冊

620000－1142－0001951　089.7/445
陸桴亭先生遺書二十一種四十一卷首一卷附一種一卷　(清)陸世儀撰　清光緒二十五年(1899)太倉唐受祺京師刻本　十九冊

620000－1142－0001952　857.41/368
桃花計四卷五十六回　(□)□□撰　清刻本　四冊

620000－1142－0001953　857.41/478－1
新刻天花藏批評平山冷燕四卷二十回　(清)荻岸散人編次　清晚期刻本　四冊

620000－1142－0001954　082/438
湖北叢書三十種二百九十三卷　(清)趙尚輔輯　清光緒十七年(1891)三餘艸堂刻本　一百冊

620000－1142－0001955　857.5/195
陰陽扇後代臥龍太子走國前集十二卷　(□)□□撰　清刻本　四冊

620000－1142－0001956　511/162
白芙堂算學叢書四十九種八十九卷　(清)丁取忠輯　清光緒二十二年(1896)石印本　八冊

620000－1142－0001957　082/438－1
湖北叢書三十種二百九十三卷　(清)趙尚輔輯　清光緒十七年(1891)三餘艸堂刻本　一百冊

620000－1142－0001958　091.31/685－1
經苑二十五種二百五十一卷　(清)錢儀吉輯　清道光、咸豐間大梁書院刻同治七年(1868)王儒行等印本　六十六冊

620000－1142－0001959　847/585
甌北詩鈔六卷　(清)趙翼著　清乾隆五十六年(1791)刻本　六冊

620000－1142－0001960　091.31/685－1－1
經苑二十五種二百五十一卷　(清)錢儀吉輯　清道光、咸豐間大梁書院刻同治七年(1868)王儒行等印本　七十二冊

620000－1142－0001961　857.41/425－1
新鐫批評出像通俗奇俠禪真逸史八卷　(明)清溪道人著　(明)心心僊侶評訂　清初文新堂刻本　十二冊

620000－1142－0001962　082/653
古逸叢書二十六種二百十卷　(清)黎庶昌輯　清光緒八年至十年(1882－1884)黎庶昌日本東京使署影刻本　四十七冊

620000 - 1142 - 0001963　855.6/158

批點燕子箋二卷　(明)阮大鋮撰　(明)湯若士評　清宣統二年(1910)貴池劉氏暖紅室刻本　二冊

620000 - 1142 - 0001964　082/653 - 1

古逸叢書二十六種二百十卷　(清)黎庶昌輯　清光緒八年至十年(1882 - 1884)黎庶昌日本東京使署影刻本　四十九冊

620000 - 1142 - 0001965　082/653 - 2

古逸叢書二十六種二百十卷　(清)黎庶昌輯　清光緒八年至十年(1882 - 1884)黎庶昌日本東京使署影刻本　四十九冊

620000 - 1142 - 0001966　082/653 - 3

古逸叢書二十六種二百十卷　(清)黎庶昌輯　清光緒八年至十年(1882 - 1884)黎庶昌日本東京使署影刻本　四十九冊

620000 - 1142 - 0001967　855.6/403

殺狗記二卷三十六齣　(明)徐畛撰　(明)馮夢龍訂定　清宣統元年(1909)貴池劉氏暖紅室刻彙刻傳奇本　二冊

620000 - 1142 - 0001968　847/165 - 559 - 3

吳詩集覽二十卷補注二十卷吳詩談藪二卷拾遺一卷　(清)吳偉業撰　(清)顧湄　(清)許旭編　(清)靳榮藩輯　清乾隆刻本　十六冊　存二十卷(吳詩集覽二十卷)

620000 - 1142 - 0001969　424.1/705 - 2

聲類表九卷首一卷聲韵攷四卷　(清)戴震譔　清宣統三年(1911)渭南嚴氏孝義家塾刻本　二冊　缺四卷(聲韵攷四卷)

620000 - 1142 - 0001970　731.1/132 - 1

飛鴻堂印譜五集四十卷　(清)汪啟淑編　清乾隆刻鈐印本　十六冊

620000 - 1142 - 0001971　012.8/061

欽定四庫全書總目二百卷首四卷　(清)紀昀等撰　清同治七年(1868)廣東書局刻本　一百十二冊

620000 - 1142 - 0001972　012.8/061 - 1

欽定四庫全書總目二百卷首四卷　(清)紀昀等撰　清同治七年(1868)廣東書局刻本　一百二十冊

620000 - 1142 - 0001973　041/432

淵鑑類函四百五十卷目錄四卷　(清)張英等修　(清)徐秉義等纂　清光緒十三年(1887)上海同文書局石印本　四十八冊

620000 - 1142 - 0001974　832.1/111 - 3

楚辭後語六卷　(宋)朱熹輯　清道光刻本　一冊

620000 - 1142 - 0001975　422.3/048

小爾雅一卷　(漢)孔鮒著　清刻本　一冊

620000 - 1142 - 0001976　041/432 - 2

淵鑑類函四百五十卷目錄四卷　(清)張英等修　(清)徐秉義等纂　清光緒十三年(1887)上海同文書局石印本　四十八冊

620000 - 1142 - 0001977　422.3/048

吳越春秋十卷　(漢)趙曄撰　清刻本　一冊

620000 - 1142 - 0001978　830.51/166 - 1

宋文鑑一百五十卷目錄三卷　(宋)呂祖謙編　清刻本　二十四冊

620000 - 1142 - 0001979　080/453 - 3

唐代叢書一百六十四種一百七十卷　(清)陳世熙輯　清宣統三年(1911)上海天寶書局石印本　十二冊

620000 - 1142 - 0001980　094.17/036 - 2

欽定詩經傳説彙纂二十一卷首二卷詩序二卷　(清)王鴻緒等撰　清康熙至乾隆間刻御纂七經本　十冊　缺十卷(四至九、十三至十四,首二卷)

620000 - 1142 - 0001981　422.7/701

匡謬正俗八卷　(唐)顏師古撰　清刻小學彙函本　二冊

620000 - 1142 - 0001982　422/266

五雅全書三十七卷　(明)郎奎金輯　明末刻本　十冊

620000 - 1142 - 0001983　847/114.1

梅崖居士全集三十卷外集八卷　(清)朱仕琇著　清乾隆四十七年(1782)刻本　十六册

620000－1142－0001984　323.121/402
西漢會要七十卷　(宋)徐天麟撰　清刻本　十册

620000－1142－0001985　845/431
南軒先生文集四十四卷　(宋)張栻著　清刻本　六册　缺二十卷(一至二十)

620000－1142－0001986　847/048.1
艮齋倦稾詩集十一卷　(清)尤侗著　清刻西堂全集本　三册

620000－1142－0001987　847/162.1
虚白齋存藁二卷　(清)吳壽昌著　清乾隆刻本　一册

620000－1142－0001988　846/552－2－1
升菴外集一百卷　(明)楊慎著　(明)焦竑編　(明)顧起元校　清道光二十四年(1844)影明刻本　二十四册

620000－1142－0001989　821/182－1
歷代詩話五十八卷　(清)何文焕輯　清乾隆三十五年(1770)刻本　三十二册

620000－1142－0001990　830.7/218
皇朝經世文統編十種一百七卷　(清)邵之棠輯　清光緒二十七年(1901)上海寶善齋石印本　五十二册

620000－1142－0001991　424/006
集韻十卷　(宋)丁度等修訂　清光緒二年(1876)川東官舍刻本　十册

620000－1142－0001992　839.8/684
陽湖錢氏家集五種十九卷不分卷三次　錢振鍠輯著　清光緒三十三年(1907)木活字印本　四册

620000－1142－0001993　823.108/343
詞學叢書六種二十三卷　(清)秦恩復輯　清光緒六年(1880)刻本　十二册

620000－1142－0001994　423.9/461
字彙十二集首一卷末一卷　(明)梅膺祚音釋　清乾隆七年(1742)刻本　十一册

620000－1142－0001995　839.23/184
越中文獻輯存書十種十七卷　(清)紹興公報社輯　清宣統三年(1911)紹興公報社鉛印本　八册

620000－1142－0001996　926/549－2－1
歷代輿地沿革險要圖註一卷　楊守敬　饒敦秩撰　清光緒二十二年(1896)石印本　一册

620000－1142－0001997　834.3/456
六朝四家全集二十二卷　(清)胡鳳丹輯　清同治九年(1870)永康胡氏退補齋刻本　八册

620000－1142－0001998　834.3/456－1
六朝四家全集二十二卷　(清)胡鳳丹輯　清同治九年(1870)永康胡氏退補齋刻本　六册

620000－1142－0001999　833/405
小檀欒室彙刻閨秀詞十集一百種一百十二卷附一種十七卷　徐乃昌編　清光緒二十一年至二十二年(1895－1896)南陵徐氏刻本　二十册

620000－1142－0002000　845.1/464－115－1
黄詩全集五十八卷　(宋)黄庭堅著　(宋)任淵注　清乾隆五十四年(1789)南康謝氏樹經堂刻本　二十册

620000－1142－0002001　845.1/464－115－2
黄詩全集五十八卷　(宋)黄庭堅著　(宋)任淵注　清乾隆五十四年(1789)南康謝氏樹經堂刻本　二十册

620000－1142－0002002　830/428
漢魏六朝百三家集(漢魏六朝一百三家集)一百十四卷　(明)張溥輯　清光緒五年(1879)彭懋謙信述堂刻本　一百册

620000－1142－0002003　843.53/727
梁簡文帝御製集二卷　(南朝梁)蕭綱著　(明)張溥閲　清刻本　三册

620000－1142－0002004　845.1/498－2
南豐先生元豐類藁五十卷集外文二卷續附一卷曾南豐全集五十三卷　(宋)曾鞏著　清光

緒江西玉隱刊書處影印本　十二冊

620000－1142－0002005　830.78/716
夢筆生花四編三十二卷　(清)繆艮選　(清)李監監校　清光緒二十年(1894)上海文新書局石印本　六冊

620000－1142－0002006　921.3/572－1
歷代帝王年表不分卷　(清)齊召南編　**帝王廟謚年諱譜一卷**　(清)陸費墀撰　清道光四年(1824)小琅嬛僊館刻本　二冊

620000－1142－0002007　846/147－184
擬古樂府二卷　(明)李東陽著　(明)何夢春註釋　清乾隆刻光緒六年(1880)修補印何燕泉三種本　二冊

620000－1142－0002008　089.7/038－1
船山遺書四十五種二百八十九卷補遺一種一卷補刊三種七卷　(清)王夫之著　清同治四年(1865)湘鄉曾氏金陵刻光緒十三年(1887)船山書院補刻本　八十冊

620000－1142－0002009　830.7/472－2
皇朝經世文編一百二十卷　(清)賀長齡輯　清光緒二十一年(1895)蜚英書局石印本　十二冊

620000－1142－0002010　830.7/472－1
皇朝經世文編補一百二十卷姓名總目二卷　(清)賀長齡編　清咸豐元年(1851)刻本　一百冊

620000－1142－0002011　830.7/472－3
皇朝經世文編一百二十卷　(清)賀長齡輯　清光緒二十五年(1899)上海中西書局石印本　十二冊

620000－1142－0002012　080/453
唐代叢書一百六十四種一百七十卷　(清)陳世熙輯　(清)周克達訂　清同治十年(1871)刻本　十八冊　存一百三十九種一百四十五卷(隋唐嘉話一卷、朝野僉載一卷、尚書故實一卷、中朝故事一卷、金鑾秘記一卷、杜陽雜編三卷、幽閑鼓吹一卷、桂苑叢談一卷、劉賓客嘉話錄一卷、松窗雜記一卷、次柳氏舊聞一卷、大唐傳載一卷、開元天寶遺事一卷、開天傳信記一卷、大唐新語一卷、明皇雜錄一卷、常侍言旨一卷、雲溪友議一卷、國史補一卷、因話錄一卷、劇談錄一卷、法苑珠林一卷、南楚新聞一卷、宣室志一卷、甘澤謠一卷、金華子雜編一卷、耳目記一卷、瀟湘錄一卷、玉泉子一卷、小說舊聞記一卷、摭言一卷、記事珠一卷、諧噱錄一卷、義山雜纂一卷、龍城錄一卷、嶺表錄異一卷、來南錄一卷、平泉山居草木記一卷、北戶錄一卷、終南十志一卷、洞天福地記一卷、北里志一卷、迷樓記一卷、海山記一卷、開河記一卷、吳地記一卷、南部煙花記一卷、洛中九老會一卷、教坊記一卷、湘中怨詞一卷、二十四詩品一卷、本事詩一卷、比紅兒詩一卷、貞娘墓詩一卷、書法一卷、畫學秘訣一卷、續畫品錄一卷、貞觀公私畫史一卷、歌者葉記一卷、嘯旨一卷、李謩吹笛記一卷、衛公故物記一卷、茶經三卷、十六湯品一卷、煎茶水記一卷、食譜一卷、醉鄉日月一卷、花九錫一卷、紫花梨記一卷、耒耜經一卷、五木經一卷、肉攫部一卷、樂府雜錄一卷、羯鼓錄一卷、小名錄一卷、藥譜一卷、異疾志一卷、大藏治病藥一卷、夢遊錄一卷、三夢記一卷、妝樓記一卷、柳毅傳一卷、仙吏傳一卷、英雄傳一卷、劍俠傳一卷、廣陵妖亂志一卷、周秦行紀一卷、梅妃傳一卷、楊太真外傳二卷、長恨歌傳一卷、紅線傳一卷、劉無雙傳一卷、霍小玉傳一卷、牛應貞傳一卷、謝小娥傳一卷、李娃傳一卷、楊娼傳一卷、章臺柳傳一卷、非煙傳一卷、揚州夢記一卷、杜秋傳一卷、龍女傳一卷、妙女傳一卷、神女傳一卷、雷民傳一卷、會真記一卷、黑心符一卷、南柯記一卷、枕中記一卷、酉陽雜俎二卷、諾皋記一卷、支諾皋一卷、前定錄一卷、卓異記一卷、摭異記一卷、志怪錄一卷、集異記一卷、集異志一卷、博異志一卷、幽怪錄一卷、續幽怪錄一卷、聞奇錄一卷、冤債志一卷、屍媚傳一卷、奇鬼傳一卷、才鬼記一卷、妖妄傳一卷、夜怪錄一卷、靈鬼志一卷、物怪錄一卷、靈怪錄一卷、人虎傳一卷、白猿傳一卷、獵狐記一卷、任氏傳一卷、袁氏傳一卷、夜叉傳一卷、金剛經鳩異一卷、

鸜鵒舍利塔記一卷)

620000－1142－0002013　630/654－1
佩文齋廣羣芳譜一百卷　(清)汪灝纂　清同治七年(1868)刻本　三十六册

620000－1142－0002014　630/654
佩文齋廣羣芳譜一百卷　(清)汪灝纂　清同治七年(1868)刻本　三十六册

620000－1142－0002015　512.08/008－1
白芙堂算學叢書二十二種八十九卷　(清)丁取忠輯　清同治、光緒間長沙古荷花池精舍刻本　三十二册

620000－1142－0002016　830.7/471
皇朝經世文新編二十一卷　(清)麥仲華輯　清光緒二十八年(1902)瑤林書館石印本　二十册

620000－1142－0002017　823.1/556－1
詞律二十卷　(清)萬樹撰　清康熙二十六年(1687)萬氏堆絮園刻本　八册

620000－1142－0002018　845.1/461
宛陵集六十卷附錄一卷　(宋)梅堯臣撰　(清)柯炌輯　清刻本　八册

620000－1142－0002019　921.3/594
歷代年號記畧一卷附一卷　(清)□□撰　清末鉛印本　一册

620000－1142－0002020　842.5/428
忠武侯諸葛孔明先生全集十一卷　(清)張澍纂　清同治元年(1862)聚珍齋木活字印本　八册

620000－1142－0002021　830.7/560
皇朝經世文續編一百二十卷　(清)葛士濬輯　清光緒十四年(1888)圖書集成書局石印本　三十二册

620000－1142－0002022　922.6./035
明史藁三百十卷目錄三卷　(清)王鴻緒編撰　清雍正敬慎堂刻本　六十八册

620000－1142－0002023　847/164
松花菴全集十種十二卷　(清)吳鎮撰　清宣統二年(1910)狄道後學刻本　十二册

620000－1142－0002024　847/164－1
松花菴全集十種十二卷　(清)吳鎮撰　清宣統二年(1910)狄道後學刻本　八册　缺一卷(蘭山詩草一卷)

620000－1142－0002025　323.122/402－2
東漢會要四十卷　(宋)徐天麟撰　清刻本　八册

620000－1142－0002026　323.122/402－3
東漢會要四十卷　(宋)徐天麟撰　清刻本　八册

620000－1142－0002027　830.7/560－1
皇朝經世文續編一百二十卷　(清)葛士濬輯　清光緒十四年(1888)圖書集成書局石印本　三十二册

620000－1142－0002028　424/456－2
新增說文韻府羣玉二十卷　(元)陰時夫編輯　(元)陰中夫編註　(明)王元貞校正　清刻本　二十册

620000－1142－0002029　834/159－1
涵芬樓古今文鈔一百卷　(清)吳曾祺纂　清宣統二年(1910)上海商務印書館鉛印本　一百册

620000－1142－0002030　821.5/631
宋詩紀事一百卷　(清)厲鶚輯　清乾隆十一年(1746)刻本　二十四册

620000－1142－0002031　922.48/165
十國春秋一百十六卷拾遺備考補一卷　(清)吳任臣撰　清乾隆刻本　十八册

620000－1142－0002032　830/455－1
文選補遺四十卷　(宋)陳仁子輯　(宋)譚紹烈纂類　清道光刻本　十六册

620000－1142－0002033　082/434
正誼堂全書六十三種四百八十卷續刻五種四十六卷　(清)張伯行輯　(清)楊浚重輯　清同治五年(1866)福州正誼書院刻同治八年至光緒十三年(1869－1887)續刻本　一百六

十冊

620000－1142－0002034　834.4/327
御選唐宋文醇五十八卷　(清)高宗弘曆輯　清光緒三年(1877)浙江書局刻本　二十冊

620000－1142－0002035　831.7/038.1
國初十大家詩鈔七十五卷　(清)王相輯　清道光十年(1830)秀水王氏信芳閣木活字印本(首冊抄補)　四十八冊

620000－1142－0002036　922.69/262－5
明季北略二十四卷　(清)計六奇編輯　清都城琉璃廠半松居士木活字印本　十冊

620000－1142－0002037　922.69/262－6
明季北略二十四卷　(清)計六奇編輯　清都城琉璃廠半松居士木活字印本　十二冊

620000－1142－0002038　922.69/262－7
明季北略二十四卷　(清)計六奇編輯　清都城琉璃廠半松居士木活字印本　十六冊

620000－1142－0002039　922.69/262－1
明季南畧十八卷　(清)計六奇編輯　清都城琉璃廠半松居士木活字印本　八冊

620000－1142－0002040　922.69/262－2
明季南畧十八卷　(清)計六奇編輯　清都城琉璃廠半松居士木活字印本　十冊

620000－1142－0002041　922.69/262－3
明季南畧十八卷　(清)計六奇編輯　清都城琉璃廠半松居士木活字印本　十二冊

620000－1142－0002042　922.69/262－4
明季南畧十八卷　(清)計六奇編輯　清都城琉璃廠半松居士木活字印本　十二冊

620000－1142－0002043　855.6/035－1
箋註第六才子書釋解八卷　(元)王實甫著　(清)金人瑞批點　(清)鄧汝寧音義　清致和堂刻本　六冊

620000－1142－0002044　830/727－3
文選六十卷　(南朝梁)蕭統輯　(唐)李善注　(清)葉樹藩參訂　清乾隆三十七年(1772)葉氏海録軒刻朱墨套印本　十二冊

620000－1142－0002045　857.5/550
廿一史彈詞註十卷　(明)楊慎編著　(清)張三異增定　(清)張仲璜註　**明史彈詞註一卷**　(清)張三異著　清乾隆五十一年(1786)張任佐視履堂刻本　十二冊

620000－1142－0002046　830/727－4
文選六十卷　(南朝梁)蕭統輯　(唐)李善注　清乾隆二十六年(1761)文盛堂刻本　十六冊

620000－1142－0002047　423.9/722
干支便覽四卷　(清)聶銑敏纂輯　清刻本　二冊

620000－1142－0002048　424.1/761－3
音學五書三十八卷　(清)顧炎武纂著　清康熙六年(1667)張弨符山堂刻本　八冊

620000－1142－0002049　857.5/565
鳳凰山七十二卷七十二回　(□)□□撰　清海陵軒刻本　三十二冊

620000－1142－0002050　857.5/565－1
鳳凰山七十二卷七十二回　(□)□□撰　清海陵軒刻本　三十二冊

620000－1142－0002051　857.41/580
增異說唐秘本全傳十四卷六十八回　(□)□□撰　清刻本　八冊

620000－1142－0002052　857.41/758
映旭齋增訂北宋三遂平妖全傳十八卷　(明)羅貫中著　(清)馮猶龍增定　清刻本　八冊

620000－1142－0002053　831/038.2
新鐫五言千家詩箋註二卷　(清)王相選註　(清)鄭漢校　清刻本　一冊

620000－1142－0002054　832.1/206－042－2
楚辭十七卷　(漢)王逸章句　清道光四川成都存古書局刻本　二冊

620000－1142－0002055　857.41/738
新刻全本雙金錠東調六卷　(□)□□撰　清刻本　六冊

620000－1142－0002056　857.4/263－1

異說征西演義全傳六卷四十回　(清)悔莊主人編次　清乾隆十八年(1753)刻本　四册

620000－1142－0002057　831/038
古詩箋三十二卷　(清)王士禛選　(清)聞人倓箋　清乾隆三十一年(1766)芷蘭堂刻本　十二册

620000－1142－0002058　831/038.1
古唐詩合解十二卷古詩四卷　(清)王堯衢註　(清)李模　(清)李桓校　清晚期刻本　八册　缺四卷(古詩四卷)

620000－1142－0002059　831.41/655
唐詩合選詳解十二卷　(清)劉文蔚註釋　清刻本　六册

620000－1142－0002060　831/038.1－2
古唐詩合解十二卷古詩四卷　(清)王堯衢註　(清)李模　(清)李桓校勘　清中晚期刻本　一册　存四卷(古唐詩合解一至四)

620000－1142－0002061　831.7/037
江蘇詩徵一百八十三卷　(清)王豫輯　清刻本　四十册

620000－1142－0002062　847/114－2
曝書亭集八十卷附録一卷　(清)朱彝尊著　清光緒十五年(1889)刻本　十四册

620000－1142－0002063　731.3/165
紅樓夢人名西廂記詞句印玩不分卷　(清)趙穆篆刻　清光緒三十年(1904)刻鈐印本　六册

620000－1142－0002064　845.1/464－4
山谷詩集注二十卷山谷外集詩注十七卷山谷别集詩注二卷　(宋)黄庭堅著　(宋)任淵等注　清光緒二十一年至二十五年(1895－1899)刻本　二十册

620000－1142－0002065　845.1/464－115
山谷詩集注二十卷山谷外集詩注十七卷山谷别集詩注二卷　(宋)黄庭堅著　(宋)任淵等注　清光緒二十一年至二十五年(1895－1899)刻本　二十册

620000－1142－0002066　424/456－1
新增說文韻府羣玉二十卷　(元)陰時夫編輯　(元)陰中夫編註　(明)王元貞校正　清三讓堂刻本　二十册

620000－1142－0002067　823.1/556
詞律二十卷拾遺八卷補遺一卷　(清)萬樹撰　(清)徐本立拾遺　(清)杜文瀾補遺　清光緒二年(1876)吳下刻本　十六册

620000－1142－0002068　570.2/162－1
植物名實圖考長編二十二卷　(清)吳其濬著　(清)陸應穀校　清晚期刻本　二十二册

620000－1142－0002069　847/144－1
笠翁别集十卷　(清)李漁著　(清)沈心友　(清)李將芳訂　清康熙三年(1664)刻本　一册

620000－1142－0002070　857.41/097.1
後續大宋楊家將文武曲星包公狄青初傳十四卷　(清)李雨堂編　清光緒四年(1878)羊城長慶堂刻本　十四册

620000－1142－0002071　847/747－1
鹿洲全集七種三十七卷　(清)藍鼎元著　(清)曠敏本評　清雍正刻光緒修補本　十二册　存二十八卷(鹿洲初集二十卷、平臺紀略一卷、東征集六卷、鹿洲奏疏一卷)

620000－1142－0002072　857.2/054
新編分門古今類事二十卷　(宋)宋□撰　清光緒十八年(1892)歸安陸氏刻十萬卷樓叢書本　五册

620000－1142－0002073　853.5/738
繡刻演劇六十種(六十種曲)一百二十卷　(明)毛晉編　明末毛氏汲古閣刻本　二册　存七種十四卷(雙珠記二卷、繡襦記二卷、鸞鎞記二卷、香囊記二卷、邯鄲記二卷、還魂記二卷、鳴鳳記二卷)

620000－1142－0002074　855.4/561
西園記二卷　(明)吳炳編　(明)西園公子評　明末刻兩衡堂印粲花新樂府四種本　二册

620000－1142－0002075　094.1/111
詩經八卷　(宋)朱熹集傳　清康熙十一年(1672)朱錫旂崇道堂刻五經四書本　四册

620000－1142－0002076　857.4/437－3
紅樓夢一百二十回　(清)曹霑　(清)高鶚撰　清三讓堂刻本　二十四册

620000－1142－0002077　921.19/726
鑑撮四卷附讀史論略一卷　(清)曠敏本編　清同治十三年(1874)琉璃廠文英堂刻本　四册

620000－1142－0002078　845.1/776.1－1
欒城先生全集録六卷　(宋)蘇轍撰　(清)儲欣錄　清康熙四十二年(1703)松鱗堂刻唐宋八大家全集録本　二册

620000－1142－0002079　845.1/035－3
王臨川全集一百卷　(宋)王安石著　清刻本　十六册

620000－1142－0002080　844.1/434－1
曲江集十二卷首一卷附録一卷　(唐)張九齡著　清光緒十六年(1890)鏡芙精舍刻本　五册

620000－1142－0002081　845/248
鄱陽集四卷首一卷末一卷　(宋)洪皓撰　清同治九年(1870)三瑞堂刻本　一册

620000－1142－0002082　857.4/147.1
水石緣六卷　(清)李春榮編輯　(清)雲間慕空子鑒訂　清乾隆三十九年(1774)刻本　六册

620000－1142－0002083　857.1/564
情史類畧二十四卷　(明)詹詹外史輯　清刻本　十二册

620000－1142－0002084　925.37/068
左恪靖侯奏稿初編三十八卷續編七十六卷三編六卷　(清)左宗棠撰　(清)羅大春編　清光緒刻本　七十册

620000－1142－0002085　857.1/646
麗濾薈録十四卷附窺豹集二卷　(清)蔣超伯著　清道光刻本　八册

620000－1142－0002086　857.4/064
水滸後傳八卷四十回　(明)陳忱撰　明萬曆三十六年(1608)刻本　十二册

620000－1142－0002087　857.4/064－1
水滸後傳十卷四十回　(明)陳忱編輯　(清)蔡元放(蔡奡)評定　清乾隆刻本　十册

620000－1142－0002088　847.4/646
紅雪樓九種曲十三卷　(清)蔣士銓撰　清乾隆紅雪樓刻本　十册

620000－1142－0002089　921.13/063－404
史記一百三十卷　(漢)司馬遷撰　(明)徐孚遠　(明)陳子龍測議　**補一卷**　(唐)司馬貞補并註　(明)徐孚遠　(明)陳子龍測議　明末刻本　二十四册

620000－1142－0002090　853.5/062
玉尺樓傳奇二卷　(清)朱夻撰　清刻本　四册

620000－1142－0002091　853.5/726
鶴歸來傳奇二卷　(清)瞿頡填詞　(清)周昂評點　清道光刻本　二册

620000－1142－0002092　857.2/017
搜神記六卷　(晉)干寶著　明末刻本　一册

620000－1142－0002093　857.2/321－1
御覽闕史二卷　(唐)高彦休撰　清刻本　一册

620000－1142－0002094　845/659－1
岳忠武王文集八卷首一卷末一卷　(宋)岳飛撰　清同治十二年(1873)述荊堂刻本　四册

620000－1142－0002095　845/659
宋宗忠簡公文集四卷首一卷補遺一卷附録遺事二卷　(宋)宗澤著　清同治十二年(1873)述荆堂刻本　四册

620000－1142－0002096　855.6/144
慎鸞交傳奇二卷　(清)李漁編次　(清)匡廬居士評　(清)雲間木叟評　清乾隆刻本　四册

620000－1142－0002097　855.6/466

石榴記傳奇四卷　(清)黄振填詞　清乾隆三十七年(1772)柴灣村舍刻本　四册

620000－1142－0002098　857.4/206

繡像東西漢全傳二種十八卷　(明)甄偉　(明)謝詔撰　(明)鍾惺批評　清經綸堂刻本　十二册

620000－1142－0002099　857.1/419

新刻註釋故事白眉十卷　(明)許以忠集　(明)鄧志謨校　明崇文堂刻本　四册

620000－1142－0002100　857.08/611

宋稗類鈔八卷　(清)潘永因編輯　(清)潘永圜訂定　清康熙刻本　八册

620000－1142－0002101　982.817/383

晏子春秋七卷　(春秋)晏嬰撰　清光緒十八年(1892)思賢講舍刻本　二册

620000－1142－0002102　982.825/434

忠武誌十卷　(清)張鵬翮輯　清嘉慶十九年(1814)刻本　四册

620000－1142－0002103　857.4/117

新刻異説反唐演傳十卷一百回　(清)如蓮居士編次　清乾隆十八年(1753)刻本　五册

620000－1142－0002104　921.26/111

資治通鑑綱目五十九卷首一卷　(宋)朱熹撰　清雍正十三年(1735)崇正堂刻本　八十册

620000－1142－0002105　857.4/117－2

説唐前傳十卷六十八回後傳六卷首二卷四十二回　(清)如蓮居士編次　(清)巖野山人校正　清刻本　九册

620000－1142－0002106　855.6/035－2

第六才子書八卷　(清)金人瑞批點　清康熙七年(1668)敦化堂刻本　六册

620000－1142－0002107　855.6/035－6

西廂記二卷　(元)王德信著　清刻本　二册

620000－1142－0002108　857.4/062

新鐫玉茗堂批評按鑑参補南宋志傳十卷五十回楊家將傳十卷五十回　(明)研石山樵訂正　清啓元堂刻本　二十册

620000－1142－0002109　857.4/062－1

新鐫玉茗堂批評按鑑参補南宋志傳十卷五十回楊家將傳十卷五十回　(明)研石山樵訂正　清啓元堂刻本　二十册

620000－1142－0002110　857.1/038.1

唐宋叢書九十二種三百二十一卷　(明)鍾人傑　(明)張遂辰編　明末刻説郛及説郛續重編印本　六册　存二種十三卷(野客叢談十二卷、野老紀聞一卷)

620000－1142－0002111　847/165－559

吴詩集覽二十卷補注二十卷吴詩談藪二卷拾遺一卷　(清)吳偉業撰　(清)顧湄　(清)許旭編　(清)靳榮藩輯　清乾隆刻本　十六册

620000－1142－0002112　847/165－559－1

吴詩集覽二十卷補注二十卷吴詩談藪二卷拾遺一卷　(清)吳偉業撰　(清)顧湄　(清)許旭編　(清)靳榮藩輯　清乾隆刻本　十六册　存二十卷(吴詩集覽二十卷)

620000－1142－0002113　847/165－559－2

吴詩集覽二十卷補注二十卷吴詩談藪二卷拾遺一卷　(清)吳偉業撰　(清)顧湄　(清)許旭編　(清)靳榮藩輯　清乾隆刻本　二十册　存二十卷(吴詩集覽二十卷)

620000－1142－0002114　857.4/300

結水滸全傳七十卷七十回末一卷結子一回　(清)俞萬春著　(清)范辛來　(清)邵祖恩參評　清咸豐刻本　二十册

620000－1142－0002115　857.4/232

金石緣全傳八卷　(清)□□撰　清刻本　八册

620000－1142－0002116　982.9/294－500

段容思先生年譜紀畧一卷　(明)彭澤編輯　(清)張仲英參訂　(清)段殿公挍録　清同治六年(1867)刻本　一册

620000－1142－0002117　982.9/429

張制軍年譜二卷　(清)林紹年輯　清光緒三十一年(1905)刻本　二册

620000－1142－0002118　853.2/557
納書楹曲譜正集四卷續集四卷補遺四卷外集二卷納書楹玉茗堂四夢全譜八卷　(清)葉堂訂譜　(清)王文治參訂　清乾隆五十七年至五十九年(1792－1794)葉氏納書楹刻本　二十二册

620000－1142－0002119　855.5/399
徐文長四聲猿一卷　(明)徐渭著　(明)袁宏道評點　明末刻本　二册

620000－1142－0002120　857.4/437－4
後紅樓夢三十二卷　(清)□□撰　清刻本　十二册

620000－1142－0002121　855.6/035－4
第六才子書七卷西厢文一卷　(元)王德信著　(明)金人瑞批點　清乾隆文英堂刻本　六册

620000－1142－0002122　989/317
古今萬姓統譜一百四十卷歷代帝王姓系統譜六卷氏族博考十四卷　(明)淩迪知輯　(明)吳京校勘　明萬曆刻本　四十八册

620000－1142－0002123　857.4/255－233－4
第五才子書十二卷一百二十四回　(明)施耐庵撰　(明)羅貫中叅訂　(明)李贄　(清)金人瑞鑒定　清刻本　十二册

620000－1142－0002124　857.1/131
筠廊偶筆二卷　(清)宋犖著　清康熙刻本　二册

620000－1142－0002125　856/212
一夕話六卷　(清)咄咄夫輯　清康熙五十七年(1718)致和堂刻本　二册

620000－1142－0002126　855.6/686
誠齋樂府三十卷　(明)朱有燉撰　明永樂、宣德、正統間自刻本　三册　存三種三卷(新編十美人慶賞牡丹園一卷、新編天香圃牡丹品一卷、新編洛陽風月牡丹僊一卷)

620000－1142－0002127　082/035
畿輔叢書一百二十六種一千五百十四卷　(清)王灝編　清光緒五年(1879)定州王氏謙德堂刻本　四百二十四册　缺六卷(元和郡縣圖志十九至二十、二十三至二十四、三十五至三十六)

620000－1142－0002128　121/299
諸子平議三十五卷　(清)俞樾撰　清刻本　八册

620000－1142－0002129　329.2/460
通商各國條約不分卷　(清)總理各國事務衙門編　清光緒鉛印本　十六册

620000－1142－0002130　857.4/194
續英烈傳五卷三十四回　(□)空谷老人編次　清刻本　二册

620000－1142－0002131　094.12/111
毛詩名物畧四卷　(清)朱桓編纂　(清)朱麟徵校　(清)潘永季參訂　清乾隆二十八年(1763)刻本　四册

620000－1142－0002132　857.4/431
新説西遊記一百回　(清)張書紳訂　清乾隆十三年(1748)刻本　二十四册

620000－1142－0002133　857.4/166.1
新刻逸田叟女仙外史大奇書一百回　(清)呂熊撰　清康熙五十年(1711)釣璜軒刻本　二十册

620000－1142－0002134　921.4/354－1
繹史一百六十卷　(清)馬驌著　清康熙刻本　三十六册

620000－1142－0002135　921.8/122
二十一史論贊三十六卷首一卷　(明)沈國元閲　明崇禎十年(1637)大來堂刻本(有抄補)　四十册　缺七卷(二十三至二十八、首一卷)

620000－1142－0002136　091.39/361
古微書十種三十六卷　(明)孫瑴著録　清嘉慶二十一年(1816)對山問月樓刻本　四册

620000－1142－0002137　982.9/674－1
駱公[秉章]年譜不分卷　(清)□□撰　清同治六年(1867)刻本　二册

620000－1142－0002138　323.1/466
二十四史九通政典類要合編三百二十卷　(清)黄書霖輯　清光緒二十八年(1902)石印本　六十册

620000－1142－0002139　925.3/428
歷代名臣奏議三百十九卷　(明)黄淮　(明)楊士奇輯　(明)張溥删正　明末刻本(有抄補)　六十五册

620000－1142－0002140　091.2/048－1
仿宋刻阮本十三經注疏四百十六卷　校勘記四百十六卷　(清)阮元撰　(清)盧宣旬摘録　**校勘記識語四卷**　(清)汪文臺撰　清光緒三十年(1904)脈望仙館石印本　三十二册　缺四卷(校勘記識語四卷)

620000－1142－0002141　922.6/035－3
明史藁三百十卷目録三卷　(清)王鴻緒編撰　清雍正敬慎堂刻本　六十四册

620000－1142－0002142　922.6/035－1
明史藁三百十卷目録三卷　(清)王鴻緒編撰　清雍正敬慎堂刻本　八十册

620000－1142－0002143　091.3/042
皇清經解續編二百九卷　王先謙輯　清光緒十五年(1889)上海蜚英館石印本　三十二册

620000－1142－0002144　922.6/035－2
明史藁三百十卷目録三卷　(清)王鴻緒編撰　清雍正敬慎堂刻本　八十册

620000－1142－0002145　926/017
欽定日下舊聞考一百六十卷　(清)于敏中等修　清乾隆刻本　四十册

620000－1142－0002146　091.29/114
經義考三百卷　(清)朱彝尊編　(清)李濤校　清光緒二十三年(1897)浙江書局刻本　五十册

620000－1142－0002147　511.7/431
御製數理精藴五十三卷　(清)張樹聲等纂修　清光緒八年(1882)廣東藩司刻本　四十册

620000－1142－0002148　857.1/038
池北偶談二十六卷　(清)王士禎著　清康熙刻本　八册

620000－1142－0002149　831.41/425
全唐詩九百卷　(清)曹寅　(清)彭定求等編纂　清光緒元年(1875)雙峰書屋刻本　一百十一册

620000－1142－0002150　982.9/762－434
顧亭林先生[炎武]年譜一卷　(清)張穆撰　清道光二十四年(1844)刻本　一册

620000－1142－0002151　982.9/762－163
顧亭林先生[炎武]年譜一卷　(清)吴映奎輯　**同志贈言一卷**　(清)沈岱瞻纂　清光緒十一年(1885)上海掃葉山房刻本　一册

620000－1142－0002152　086.33/105
嶺南遺書六集五十九種三百四十八卷　(清)伍元薇　(清)伍崇曜輯　清道光十一年至同治二年(1831－1863)南海伍氏粤雅堂文字歡娱室刻光緒三十三年(1907)彙印本　八十册

620000－1142－0002153　857.4/640－1
東周列國全志二十三卷一百八回　(清)蔡昇評點　清乾隆刻本　十六册

620000－1142－0002154　857.4/640
東周列國全志二十三卷一百八回　(清)蔡昇評點　清乾隆刻本　二十册

620000－1142－0002155　845/776－492
蘇文忠詩合註五十卷首一卷　(清)馮應榴輯訂　清乾隆五十八年(1793)踵息齋刻本　二十四册

620000－1142－0002156　086.33/105－1
嶺南遺書六集五十九種三百四十八卷　(清)伍元薇　(清)伍崇曜輯　清道光十一年至同治二年(1831－1863)南海伍氏粤雅堂文字歡娱室刻光緒三十三年(1907)彙印本　七册

存九種二十七卷(雙槐歲鈔十卷、百越先賢志四卷、楊議郎著書一卷、異物志一卷、交州記二卷、始興記一卷、南漢紀五卷、南漢地理志一卷、南漢金石志二卷)

620000-1142-0002157　089.7/452-1
左海續集(小琅嬛館叢書)九種八十四卷　(清)陳壽祺撰　清道光至同治間刻本　二十八册　存五種三十四卷(三家詩遺說攷二十卷、毛詩鄭箋改字說四卷、齊詩翼氏學疏證二卷敍錄一卷、詩緯集證四卷敍錄一卷、禮堂經說二卷)

620000-1142-0002158　833.7/147
一笠菴北詞廣正譜十八卷附南戲北詞正謬一卷　(明)徐慶卿原稿　(清)鈕少雅樂句　(清)李玉更定　清康熙青蓮書屋刻文靖書院印本　四册

620000-1142-0002159　857.4/117-1
說唐前傳十卷六十八回後傳六卷首二卷四十二回　(清)如蓮居士編次　(清)巖野山人校正　清刻本　十八册

620000-1142-0002160　857.4/068.1
品花寶鑑六十四回　(清)陳森著　清刻本　二十四册

620000-1142-0002161　121/012
十子全書一百二十九卷　(清)王子興輯　清嘉慶十二年(1807)姑蘇聚文堂刻本　四十册

620000-1142-0002162　121/004-1
二十二子三百三十九卷　(清)浙江書局輯　清光緒浙江書局刻本　八十三册

620000-1142-0002163　982.31/577
滿洲名臣傳四十八卷漢名臣傳三十二卷貳臣傳八卷逆臣傳二卷　(清)國史館輯　清菊花書屋刻本　八十册　缺十卷(貳臣傳八卷、逆臣傳二卷)

620000-1142-0002164　857.4/015.1
英雲夢傳八卷　(清)九容樓主人松雲氏撰　(清)掃花頭陀剩齋氏評　清聚秀堂刻本　八册

620000-1142-0002165　857.4/015.1-1
英雲夢傳八卷　(清)九容樓主人松雲氏撰　(清)掃花頭陀剩齋氏評　清刻本　八册

620000-1142-0002166　847.2/463-1
黄梨洲遺書八種四十三卷　(清)黄宗羲撰　清光緒三十一年(1905)石印本　十二册

620000-1142-0002167　857.4/046
新鐫異說五虎平西珍珠旗演義狄青前傳十四卷　(清)□□著　清道光刻本　十四册

620000-1142-0002168　857.4/044
新鐫批評繡像後西遊記四十回　(清)天花才子評點　清刻本　十二册

620000-1142-0002169　847/309-1
惜抱軒全集十種八十八卷　(清)姚鼐著　清同治五年(1866)省心閣刻本　二十二册

620000-1142-0002170　834.4/718
唐宋八大家類選十四卷　(明)儲欣評述　明末刻本(卷一爲手抄補配)　六册

620000-1142-0002171　853.5/628
新刻出像點板時尚崑腔雜出醉怡情八卷　(明)菰蘆釣叟點次　清古吳致和堂刻本　八册

620000-1142-0002172　847/431-2
楊園先生全集三十二卷　(清)張履祥纂　清同治九年(1870)刻本　六册

620000-1142-0002173　847/431-1
楊園先生全集三十二卷　(清)張履祥纂　清同治九年(1870)刻本　五册

620000-1142-0002174　824/401
古文淵鑒六十四卷　(清)徐乾學等編注　清宣統二年(1910)學部圖書局石印本　二十四册

620000-1142-0002175　847/680-1
牧齋全集五十卷　(清)錢謙益撰　(清)錢曾箋註　清宣統二年(1910)邃漢齋鉛印本　四十册

620000-1142-0002176　830.7/472-5

皇朝經世文編一百二十卷　(清)賀長齡輯　清光緒十三年(1887)上海廣百宋齋石印本　二十四册

620000－1142－0002177　847/431－3
楊園先生全集五十四卷附年譜一卷　(清)張履祥著　(清)姚璉原輯　(清)萬斛泉編次　清同治十年(1871)江蘇書局刻本　十六册

620000－1142－0002178　348.2/062
甘肅秦州直隸州禮縣光緒十六年民欠未完糧石徵信册一卷　(清)□□編　清光緒十六年(1890)刻本　一册

620000－1142－0002179　982.9/426
孱守齋所編年譜五種五卷　(清)錢大昕編　清嘉慶嘉興郡齋刻本　一册　存二種二卷(深寧先生年譜一卷、弇州山人年譜一卷)

620000－1142－0002180　853.5/324
鏡香園傳奇第七才子書十二卷　(元)高明撰　(清)毛宗崗評　(清)從周增訂　(清)王重點校　清三多齋刻本　八册

620000－1142－0002181　982.9083/048
先聖生卒年月日攷二卷　(清)孔廣牧述　清光緒十五年(1889)廣雅書局刻本　一册

620000－1142－0002182　857.4/738.1
雙鳳奇緣傳二十卷　(清)□□撰　清三讓堂刻本　十册

620000－1142－0002183　982.9083/048－1
先聖生卒年月日攷二卷　(清)孔廣牧述　清光緒十五年(1889)廣雅書局刻本　一册

620000－1142－0002184　845.1/464
宋黃文節公全集三十二卷首一卷　(宋)黃庭堅撰　清光緒二十年(1894)義寧州署刻本　二十八册

620000－1142－0002185　846/552－2
升菴外集一百卷　(明)楊慎著　(明)焦竑編　(明)顧起元校　清道光二十四年(1844)影明刻本　二十四册

620000－1142－0002186　752/713－1
點石齋畫報不分卷　(清)尊聞閣主人輯　清光緒末點石齋石印本　三十五册

620000－1142－0002187　857.2/585.1－1
寄園寄所寄十二卷　(清)趙吉士輯　(清)馮雲驌等校訂　清刻本　十六册

620000－1142－0002188　857.4/753－147
殘唐五代史演義傳十二卷六十回　(明)羅本編輯　(明)李贄批評　清刻本　一册　缺六卷(一至六)

620000－1142－0002189　855.5/656
綉像鳳凰圖六卷　(清)□□撰　清道光刻本　六册

620000－1142－0002190　120/038－1
子書百家一百一種五百九卷　(清)崇文書局輯　清光緒元年(1875)湖北崇文書局刻本　一百十册

620000－1142－0002191　857.2/663
明齋小識十二卷　(清)諸聯輯著　清刻本　六册

620000－1142－0002192　853/144
笠翁十種曲二十卷　(清)李漁編次　清刻本　二十册

620000－1142－0002193　125.5/111－1－1
淵鑒齋御纂朱子全書六十六卷　(宋)朱熹撰　(清)李光地等纂修　清康熙五十三年(1714)内府刻本　二十四册

620000－1142－0002194　125.5/111－1－2
淵鑒齋御纂朱子全書六十六卷　(宋)朱熹撰　(清)李光地等纂修　清康熙五十三年(1714)内府刻本　二十五册

620000－1142－0002195　857.1/495－1
智囊補二十八卷　(明)馮夢龍輯　(明)朱名鼎删訂　明末刻本　八册

620000－1142－0002196　853.5/080
東郭記二卷　(明)孫鍾齡撰　清初刻本　二册

620000－1142－0002197　853.2/494

吟香堂曲譜四卷 (清)馮起鳳著 清乾隆馮懋才吟香堂刻本 二冊 存二卷(長生殿上、下)

620000－1142－0002198 846/131
宋學士全集三十二卷 (明)宋濂撰 (清)胡鳳丹校 清同治十三年(1874)胡鳳丹退補齋刻本 四十冊

620000－1142－0002199 996.3/443
千甓亭古塼圖釋二十卷 (清)陸心源輯 清光緒十七年(1891)吳興陸氏石印本 四冊

620000－1142－0002200 845.1/776
重栞明成化本東坡七集一百十卷 (宋)蘇軾撰 **宋史本傳一卷** (元)脱脱撰 **校記二卷** 繆荃孫撰 **東坡先生[蘇軾]年譜一卷** (宋)王宗稷編 **東坡先生墓誌銘一卷** (宋)蘇轍撰 清光緒三十四年至宣統元年(1908－1909)湮陽端方寶華盦刻本 四十八冊

620000－1142－0002201 857.1/468
金壺七墨十八卷 (清)黄鈞宰撰 清同治十二年(1873)松江普照寺刻本 八冊

620000－1142－0002202 857.08/445
古今説海一百四十二卷 (明)陸楫輯 清道光元年(1821)苕溪邵氏酉山堂刊本 四十冊

620000－1142－0002203 847/657－1
劉武慎公遺書二十五卷附年譜三卷 (清)劉長佑著 清光緒二十六年(1900)刻本 二十八冊

620000－1142－0002204 847/657
劉武慎公遺書二十五卷附年譜三卷 (清)劉長佑著 清光緒二十六年(1900)刻本 二十八冊

620000－1142－0002205 982.68/701－147
顔習齋先生[元]年譜二卷 (清)李塨纂 (清)王源訂 清光緒三十四年(1908)國學保存會鉛印本 一冊

620000－1142－0002206 982.31/039
於越先賢像傳贊二卷 (清)王齡撰 清光緒三年(1877)刻本 二冊

620000－1142－0002207 839.8/373
項城袁氏家集七種六十六卷 (清)丁振鐸輯 清宣統三年(1911)清芬閣鉛印本 五十六冊

620000－1142－0002208 355/263
刑案匯覽六十卷首一卷末一卷拾遺備考一卷續增十六卷 (清)祝慶祺編 **新增刑案匯覽十六卷首一卷** (清)潘文舫輯 清光緒十二年(1886)上海圖書集成印書局鉛印本 四十冊

620000－1142－0002209 081/186
廣漢魏叢書七十六種四百四十三卷 (明)何允中輯 明萬曆二十年(1592)刻本 六十七冊 缺八十五卷(四十九至一百三十三)

620000－1142－0002210 827.9/456
説郛續四十六卷 (明)陶珽輯 清順治三年(1646)宛委山堂刻本(有抄補) 四十八冊

620000－1142－0002211 847/498－1
曾文正公全集十五種一百八十三卷 (清)曾國藩撰 清同治、光緒間傳忠書局刻本 八十二冊 缺八十九卷(曾文正公奏稿七、十八家詩鈔二十八卷、經史百家雜鈔二十六卷、求闕齋讀書錄十卷、曾文正公年譜十二卷、曾文正公家書十卷、曾文正公家訓二卷)

620000－1142－0002212 857.4/032－1
兒女英雄傳評話四十回 (清)文康撰 (清)董恂評 清光緒十四年(1888)上海蜚英館石印本 六冊

620000－1142－0002213 922.6/147
三朝野紀七卷 (明)李遜之輯 清道光古槐山房木活字印荊駝逸史本 六冊

620000－1142－0002214 921/063－2
二十四史三千二百十三卷 (清)不著撰者 清光緒五洲同文局石印本 六百七十七冊 缺四十四卷(宋史一百十二至一百十八,金史四十三至六十八、一百五至一百十五)

620000－1142－0002215　355/263－1
刑案匯覽六十卷首一卷末一卷拾遺備考一卷續增十六卷　(清)祝慶祺編　**新增刑案匯覽十六卷首一卷**　(清)潘文舫輯　清光緒十二年(1886)上海圖書集成印書局鉛印本　三十九冊

620000－1142－0002216　094.12/456
詩經註疏大全纂十二卷　(明)陶其情纂　(明)俞彥閱　明刻本　四冊

620000－1142－0002217　853/646
紅雪樓九種曲十三卷　(清)蔣士銓撰　清道光刻本　四冊

620000－1142－0002218　921/063－3
三國志六十五卷　(晉)陳壽撰　(南朝宋)裴松之注　清光緒二十九年(1903)五洲同文局石印本　十四冊

620000－1142－0002219　921/063/2:4－11
三國志六十五卷　(晉)陳壽撰　(南朝宋)裴松之注　清光緒二十九年(1903)五洲同文局石印本　八冊

620000－1142－0002220　921/063/2:1－1
陳書三十六卷　(唐)姚思廉撰　清光緒二十九年(1903)五洲同文局石印本　六冊

620000－1142－0002221　921/063/2:1－1
陳書三十六卷　(唐)姚思廉撰　清光緒二十九年(1903)五洲同文局石印本　六冊

620000－1142－0002222　921/063/2:1
南齊書五十九卷　(南朝梁)蕭子顯撰　清光緒二十九年(1903)五洲同文局石印本　八冊

620000－1142－0002223　921/063/2:1－1
南齊書五十九卷　(南朝梁)蕭子顯撰　清光緒二十九年(1903)五洲同文局石印本　八冊

620000－1142－0002224　982.32/211
典故列女傳四卷　(□)□□撰　清光緒六年(1880)刻本　四冊

620000－1142－0002225　982.616/282
甘州明季成仁錄四卷　(清)胡秉虔輯　清道光四年(1824)績溪胡氏受經堂刻本　一冊

620000－1142－0002226　424/425－2
佩文韻府一百六卷附韻府拾遺一百六卷　(清)張玉書等纂修　清光緒二十年(1894)上海點石齋石印本　六十冊

620000－1142－0002227　091.3/042－1
皇清經解續編一千四百三十卷　王先謙輯　清光緒十四年(1888)南菁書院刻本　三百三冊　缺七十二卷(七百七十八至八百二十、一千二百九十二至一千三百二十)

620000－1142－0002228　833.51/053－2
宋六十名家詞八十九卷　(明)毛晉編　清光緒十四年(1888)錢塘汪氏刻本　二十四冊

620000－1142－0002229　833.51/053－2－1
宋六十名家詞八十九卷　(明)毛晉編　清光緒十四年(1888)錢塘汪氏刻本　二十四冊

620000－1142－0002230　094.127/529
御纂詩義折中二十卷　(清)傅恒　(清)陳兆崙等纂　清乾隆二十年(1755)武英殿刻本　八冊

620000－1142－0002231　094.14/403
毛詩名物圖說九卷　(清)徐鼎輯　清乾隆三十六年(1771)徐氏遺經書屋刻本　四冊

620000－1142－0002232　853/646－3
紅雪樓九種曲十三卷　(清)蔣士銓撰　清乾隆紅雪樓刻本　十三冊

620000－1142－0002233　093.31/276
禹貢錐指二十卷附圖一卷　(清)胡渭學　清康熙四十四年(1705)漱六軒刻本　十冊

620000－1142－0002234　853/646－1
紅雪樓九種曲十三卷　(清)蔣士銓撰　清道光刻本　八冊

620000－1142－0002235　853/646－2
紅雪樓九種曲十三卷　(清)蔣士銓撰　清道光刻本　十二冊

620000－1142－0002236　847/747
鹿洲全集七種三十七卷　(清)藍鼎元撰　清

雍正十年(1732)刻光緒五年(1879)藍謙修補刻本　二十四册

620000－1142－0002237　094.14/464
詩集傳名物鈔八卷　(元)許謙撰　(清)納蘭成德校訂　清同治鍾謙鈞刻通志堂經解本　八册

620000－1142－0002238　370.8/123
教育叢書全集三卷　(日本)原亮三郎編　(清)沈紘譯　清光緒二十七年(1901)教育世界出版所刻本　三十册

620000－1142－0002239　094.14/444
毛詩草木鳥獸蟲魚疏廣要二卷　(唐)陸璣撰　(明)毛晉參　明崇禎毛氏汲古閣刻津逮秘書本　四册

620000－1142－0002240　982.68/701－147
顔習齋先生[元]年譜二卷　(清)李塨纂　(清)王源訂　清刻本　二册

620000－1142－0002241　370.8/123－1
教育叢書全集三卷　(日本)原亮三郎編　(清)沈紘譯　清光緒二十七年(1901)教育世界出版所刻本　三十三册

620000－1142－0002242　857.41/044.1
新刻濟顛大師醉菩提全傳四卷　(清)天花藏舉編次　清同治四年(1865)刻本　四册

620000－1142－0002243　982.621/032
姑蘇名賢小記二卷　(明)文震孟論次　清光緒九年(1883)長洲蔣氏心矩齋刻本　一册

620000－1142－0002244　982.87/498－035－1
曾文正公事畧四卷　(清)王定安譔　(清)李鴻章審定　清光緒元年(1875)都門琉璃廠龍文齋刻本　二册

620000－1142－0002245　097/057
四書小參一卷問答一卷　(明)朱斯行撰　清光緒三年(1877)姑蘇刻經處刻本　一册

620000－1142－0002246　982.87/326
宦遊紀畧二卷　(清)高廷瑤撰　清同治元年(1862)刻本　二册

620000－1142－0002247　424/063－1
切韻指掌圖二卷　(宋)司馬光撰　清光緒九年(1883)上海同文局石印本　一册

620000－1142－0002248　857.4/147
夢中緣四卷十五回　(清)李子乾著　清光緒十一年(1885)文成堂刻本　四册

620000－1142－0002249　096/388
春秋集古傳注二十六卷首一卷　(清)郜坦撰　清光緒二年(1876)淮南書局刻本　六册

620000－1142－0002250　857.2/359
二申野錄八卷　(清)孫之騄輯　清同治六年(1867)吟香館刻本　四册

620000－1142－0002251　096.22/153
春秋左傳五十卷　(晉)杜預　(宋)林堯叟註釋　(唐)陸德明音義　(明)鍾惺等批點　清光緒二十七年(1901)寶慶務本書局刻本　十六册

620000－1142－0002252　424/008
形聲類篇五卷　(清)丁履恒著　清光緒十五年(1889)虎林刻本　一册

620000－1142－0002253　845.1/199
林和靖詩集四卷拾遺一卷　(宋)林逋撰　清同治十二年(1873)長洲朱氏刻本　二册

620000－1142－0002254　846/087
猊嶠書屋文集十二卷詩集六卷　(明)江南錦著　清道光二十四年(1844)刻本　四册

620000－1142－0002255　846/389
壯悔堂文集十卷　(清)侯方域著　(清)徐作肅　(清)宋犖等評點　清嘉慶十九年(1814)侯資燦刻本　四册

620000－1142－0002256　846/554.1
楊忠愍公集四卷　(明)楊繼盛撰　(清)魏光燾　(清)周漢校　清光緒九年(1883)甘肅藩署刻本　二册

620000－1142－0002257　746/606－1
熊襄愍公尺牘四卷　(明)熊廷弼撰　清光緒三十四年(1908)湖北武昌璞園刻本　四册

620000－1142－0002258　846/726－1
瞿忠宣公集十卷　(明)瞿式耜著　清光緒十三年(1887)刻本　四册

620000－1142－0002259　847/038.3
澹粹軒詩草二卷續草一卷　(清)王志瀜著　清嘉慶二十五年(1820)刻本　三册

620000－1142－0002260　857.2/145.1
醉茶誌怪四卷　(清)李慶辰著　清光緒十八年(1892)津門刻本　四册

620000－1142－0002261　847/039
小言集不分卷　(清)王敬之著　清道光二十八年(1848)刻本　四册

620000－1142－0002262　847/233.1
觀劇絶句三卷　(清)金桧門撰　清光緒三十四年(1908)葉氏觀古堂刻本　一册

620000－1142－0002263　847/262
萃錦唫七卷　(清)奕訢集　清光緒十六年(1890)刻本　四册

620000－1142－0002264　847/304
景詹閣遺文不分卷　(清)姚諶著　清宣統三年(1911)歸安陵氏刻本　二册

620000－1142－0002265　845.1/424
寇忠愍公詩集三卷附碑文一卷　(宋)寇凖著　清宣統三年(1911)中華圖書館影印本　二册

620000－1142－0002266　982.87/712－1
出使英法義比四國日記六卷　(清)薛福成撰　清光緒十八年(1892)石印本　三册

620000－1142－0002267　845.2/144
四印齋所刻詞二十種六十七卷附四印齋彙刻宋元三十一家詞三十一卷　(清)王鵬運輯　清光緒十四年(1888)臨桂王氏家塾刻本　一册　存二種二卷(漱玉詞一卷、斷腸詞一卷)

620000－1142－0002268　845.1/383.1
小山詞鈔一卷補鈔一卷　(宋)晏幾道著　清光緒十一年(1885)揚州刻本　一册

620000－1142－0002269　121.64/724－3
韓子二十卷　(戰國)韓非撰　明刻本　四册

620000－1142－0002270　082/418－1
榆園叢刻十五種七十卷附娱園叢刻十一種十五卷　(清)許增輯　清同治、光緒間刻本　十七册　缺九種十二卷(藏書記要所附流通古書約一卷、雪堂墨品一卷、筆史一卷、金粟箋説一卷、端谿硯史三卷、陽羨名陶録二卷、書畫説鈴一卷、頻羅庵論書一卷、賞延素心録一卷)

620000－1142－0002271　857.4/121
諧鐸十二卷　(清)沈起鳳著　清光緒十五年(1889)廣百宋齋石印本　二册

620000－1142－0002272　846/569
浮槎閣集十七卷附録二卷　(明)鄔鳴雷著　清光緒二十三年(1897)環江書屋刻本　六册

620000－1142－0002273　857.2/129
山海經存九卷　(清)汪紱釋　(清)盧葆辰等校　清光緒二十一年(1895)樵立雪齋石印本　四册

620000－1142－0002274　857.1/557
石林燕語十卷　(宋)葉夢得撰　(宋)宇文紹奕攷異　清咸豐四年(1854)刻本　二册

620000－1142－0002275　857.4/389
新刊繡像昇仙傳演義八卷　(清)依雲氏著　清光緒十八年(1892)三義堂刻本　四册

620000－1142－0002276　857.4/432
繪圖平金川四卷　(清)小山居士編次　清光緒二十六年(1900)煥文書局刻本　四册

620000－1142－0002277　857.1/692
龍圖公案十卷　(□)□□撰　清嘉慶十四年(1809)刻本　四册

620000－1142－0002278　847/068－1
慎盦文鈔二卷詩鈔二卷　(清)左宗植著　清光緒元年(1875)武昌刻本　四册

620000－1142－0002279　982.9/168
孔子編年四卷　(清)狄子奇撰　清光緒十三年(1887)浙江書局刻本　一册

620000－1142－0002280　857.1/692－1
龍圖公案十卷　(□)□□著　清刻本　四冊

620000－1142－0002281　040/649－1
古今圖書集成一萬卷目錄三十二卷　(清)蔣廷錫　(清)陳夢雷等輯　清光緒十年(1884)上海圖書集成印書局鉛印本　一千六百二十八冊

620000－1142－0002282　830.7/472－4
皇朝經世文編一百二十卷　(清)賀長齡輯　清光緒十四年(1888)上海廣百宋齋石印本　二十四冊

620000－1142－0002283　845.1/776－4
施註蘇詩四十二卷總目二卷　(宋)蘇軾撰　(宋)施元之　(宋)顧禧註　(清)宋至等刪補　**蘇詩續補遺二卷**　(宋)蘇軾撰　(清)馮景補註　**王註正譌一卷**　(清)邵長蘅撰　**東坡先生[蘇軾]年譜一卷**　(宋)王宗稷編　(清)邵長蘅重訂　清康熙三十八年(1699)宋犖刻本　四冊　存五卷(總目二卷、蘇詩續補遺二卷、東坡先生年譜一卷)

620000－1142－0002284　121.61/599－3
管子二十四卷　(春秋)管仲撰　(唐)房玄齡註　清光緒五年(1879)影宋刻本　四冊

620000－1142－0002285　927.36/133－620
[道光]遵義府志四十八卷　(清)平翰等修　(清)鄭珍　(清)莫友芝纂　清道光二十一年(1841)刻本　二十冊

620000－1142－0002286　921.83/681－1
廿二史攷異一百卷　(清)錢大昕學　清乾隆四十五年(1780)錢氏潛研堂刻本　二十冊

620000－1142－0002287　921.83/681－3
廿二史攷異一百卷　(清)錢大昕學　清乾隆四十五年(1780)錢氏潛研堂刻本　三十四冊

620000－1142－0002288　831.41/326－201
明高廷禮唐詩正聲二十二卷　(日本)東褧伯傾箋註　清道光二十二年(1842)刻本　十冊

620000－1142－0002289　997.13/554
中州金石目錄八卷　(清)楊鐸輯　清末刻本　二冊

620000－1142－0002290　032/206
東亞報八卷　(日本)橋本海關譯　清光緒二十四年(1898)鉛印本　八冊

620000－1142－0002291　122.1/654－321
淮南鴻烈解二十一卷　(漢)劉安撰　(漢)高誘注　(明)茅坤批評　明末刻本　六冊

620000－1142－0002292　853/781
奢摩他室曲叢一卷　(明)灌隐主人著　(清)吳梅輯　清宣統二年(1910)長洲吳氏刻朱印本　一冊

620000－1142－0002293　921/063－3
二十四史三千二百十三卷　(清)不著撰者　清光緒五洲同文書局石印本　七百十三冊

620000－1142－0002294　032.21/381
時務報六十九卷　(清)時務報館編　清光緒二十二年(1896)石印本　六十九冊

620000－1142－0002295　050/475.1
國粹學報八卷　(清)國學保存會編　清光緒三十三年(1907)鉛印本　八冊

620000－1142－0002296　050/475.1－1
國粹學報九卷　(清)國學保存會編　清光緒三十三年(1907)鉛印本　九冊

620000－1142－0002297　050/475.1－2
國粹學報一卷　(清)國學保存會編　清光緒三十一年(1905)鉛印本　一冊

620000－1142－0002298　050/475.1－3
國粹學報一卷　(清)國學保存會編　清光緒三十二年(1906)鉛印本　一冊

620000－1142－0002299　050/475.1－4
國粹學報一卷　(清)國學保存會編　清光緒三十二年(1906)鉛印本　一冊

620000－1142－0002300　050/475.1－5
國粹學報二卷　(清)國學保存會編　清光緒三十四年(1908)鉛印本　一冊

620000－1142－0002301　857.1/158－1

瀛舟筆談十二卷首一卷　(清)阮亨撰　清嘉慶二十五年(1820)刻本　六冊

620000－1142－0002302　993.65/432

嘉蔭簃論泉截句二卷　(清)劉喜海著　(清)趙鈁校　清咸豐五年(1855)綵衣堂刻本　一冊

620000－1142－0002303　845.1/776－036

蘇長公小品四卷　(宋)蘇軾撰　(明)王納諫輯并評　明淩啟康刻套印本　四冊

620000－1142－0002304　032.21/265

南洋官報不分卷　(清)南洋官報局編　清光緒三十年(1904)鉛印本　一百八冊

620000－1142－0002305　922.5705/187

校正元親征錄一卷　(清)何秋濤撰　清道光二十九年(1849)刻本　一冊

620000－1142－0002306　922.181/660

鮑氏國策十卷　(宋)鮑彪校注　明嘉靖七年(1528)吳門龔雷刻本　四冊

620000－1142－0002307　845.13/628－2

宋大家歐陽文忠公文抄三十二卷　(宋)歐陽脩撰　(明)茅坤批評　明萬曆七年(1579)歸安茅一桂刻朱墨套印本　十二冊

620000－1142－0002308　011.6/679

讀書敏求記四卷　(清)錢曾撰　清乾隆十年(1745)刻本　二冊

620000－1142－0002309　830/402

古文淵鑒六十四卷　(清)徐乾學等編注　清康熙刻五色套印本　二十四冊

620000－1142－0002310　922.55/537

遼史一百十六卷　(元)脫脫修　(明)張邦奇校　明嘉靖八年(1529)南京國子監刻本　八冊

620000－1142－0002311　014/116

庸行編八卷　(清)史典原輯　(清)牟允中衆補　(清)尚朝柱校　清康熙三十一年(1692)尚朝柱澹寧堂刻本　四冊

620000－1142－0002312　925.352/149

宋丞相李忠定公奏議六十九卷附錄九卷　(宋)李綱撰　(明)朱欽彙校　(明)洪翺校正　明正德十一年(1516)泰和蕭泮刻本　六冊

620000－1142－0002313　846/148－3

空同先生集六十三卷　(明)李夢陽撰　明嘉靖刻本　十二冊

620000－1142－0002314　040/040

冊府元龜一千卷目錄十卷　(宋)王欽若等輯　(明)李嗣京訂正　(明)胡維霖參閱　(明)黃國琦較釋　明崇禎十五年(1642)黃國琦刻本　二百四十冊

620000－1142－0002315　096.5/153

春秋四傳三十八卷綱領一卷提要一卷列國東坡圖說一卷春秋二十國年表一卷諸國興廢說一卷　(宋)胡安國撰　(明)樊獻科重訂　明嘉靖吉澄刻樊獻科重修本　二十冊

620000－1142－0002316　041/402

初學記三十卷　(唐)徐堅等撰　明嘉靖十三年(1534)刻本　十六冊

620000－1142－0002317　040/296

唐類函二百卷目錄二卷　(明)俞安期彙纂　(明)徐顯卿校訂　明萬曆三十一年(1603)刻文盛堂重修本　四十八冊

620000－1142－0002318　844.1/273－2

河東先生集四十五卷外集二卷龍城錄二卷附錄二卷傳一卷　(唐)柳宗元撰　(唐)劉禹錫編　(宋)廖瑩中校正　明東吳郭雲鵬濟美堂刻本　二十冊

620000－1142－0002319　041/181

分類字錦六十四卷　(清)何焯　(清)陳鵬年等纂輯　(清)張廷玉等校　清康熙六十一年(1722)内府刻本　六十四冊

620000－1142－0002320　831/727

選詩七卷附詩人世次爵里一卷　(南朝梁)蕭統選　(明)郭正域批點　(明)淩濛初輯評　明淩濛初刻朱墨套印本　三冊

620000－1142－0002321　832/727

選賦六卷附名人爵里一卷　（南朝梁）蕭統選　明淩氏鳳笙閣刻朱墨套印本　三冊

620000－1142－0002322　847.4/320

御製詩四集一百卷目錄二卷　（清）高宗弘曆撰　清乾隆刻本　三十六冊

620000－1142－0002323　830/144－3

文選六十卷　（南朝梁）蕭統選　（唐）李善注　明成化二十三年（1487）刻本　十八冊

620000－1142－0002324　041/263

新編古今事文類聚前集六十卷後集五十卷續集二十八卷別集三十二卷新集三十六卷外集十五卷遺集十五卷　（宋）祝穆輯　明萬曆三十二年（1604）唐富春德壽堂刻本　六十冊

620000－1142－0002325　081.1/038

野客叢書三十卷附錄一卷　（宋）王楙撰　明嘉靖四十一年（1562）刻本　十二冊

620000－1142－0002326　422.6/448

增修埤雅廣要四十二卷　（明）陸佃撰　（明）吳從政音註　（明）牛衷增修　明天順元年（1457）刻本　八冊

620000－1142－0002327　094.17/445

陸堂詩學十二卷附讀詩總論一卷　（清）陸奎勳著　清康熙五十三年（1714）浙江平湖小瀛山閣刻本　四冊

620000－1142－0002328　831.4/552

唐詩批點始音一卷正音十四卷　（元）楊士弘編　（明）顧璘批點　明嘉靖二十年（1541）刻本　六冊

620000－1142－0002329　831.61/323

唐詩正聲二十二卷　（明）高棅編選　（明）王懋明校正　明嘉靖三十三年（1554）韓詩家塾刻本　四冊

620000－1142－0002330　041/452

格致鏡原一百卷　（清）陳元龍撰　清雍正十三年（1735）刻本　二十四冊

620000－1142－0002331　834.51/773

三蘇先生文粹七十卷　（宋）蘇洵等撰　明刻本　十六冊

620000－1142－0002332　094.25/724

新刻韓詩外傳十卷　（漢）韓嬰著　（明）胡文煥校　明萬曆杭州文會堂刻本　二冊

620000－1142－0002333　041/494

經濟類編一百卷　（明）馮琦纂　（明）吳光義等校　明萬曆三十二年（1604）刻本　五十冊

620000－1142－0002334　627.3/221

飲膳正要三卷　（元）忽斯慧撰　明景泰七年（1456）刻本　二冊　缺一卷（三）

620000－1142－0002335　041/528

焦氏類林八卷　（明）焦竑輯　（明）王元貞校　明萬曆十五年（1587）王元貞刻本　八冊

620000－1142－0002336　095.12/029

周官析疑三十六卷攷工記析疑四卷　（清）陳秉之等訂　（清）方苞著　清乾隆八年（1743）抗希堂刻本　八冊

620000－1142－0002337　046/590

通俗編三十八卷　（清）翟灝撰　清乾隆十六年（1751）翟灝無不宜齋刻本　十二冊

620000－1142－0002338　095.127/402

讀禮通考一百二十卷　（清）徐乾學撰　清康熙三十五年（1696）昆山徐氏刻本　二十四冊

620000－1142－0002339　096.22/153－1

春秋左傳五十卷　（晉）杜預　（宋）林堯叟註釋　（唐）陸德明音義　（明）鍾惺等評點　清三多齋刻本　十冊

620000－1142－0002340　121.61/599－190

管子二十四卷　（春秋）管仲撰　（唐）房玄齡註　明萬曆十年（1582）刻本　六冊

620000－1142－0002341　041/628－1

藝文類聚一百卷　（唐）歐陽詢撰　（明）王元貞校　明萬曆十五年（1587）王元貞刻本　四十冊

620000－1142－0002342　122.6/507－063－1

新纂門目五臣音註揚子法言十卷　（晉）李軌

等注　明刻本　六册

620000－1142－0002343　125.5/111－1
淵鑒齋御纂朱子全書六十六卷　(宋)朱熹撰　(清)李光地等纂修　清康熙五十三年(1714)内府刻本　二十五册

620000－1142－0002344　125.5/557
近思錄集解十四卷　(宋)朱熹原編　(宋)葉采集解　清吳門程氏刻本　四册

620000－1142－0002345　322.4105/657
大唐新語十三卷　(唐)劉肅撰　明刻本　三册

620000－1142－0002346　126.4/035－4
王陽明先生全集二十二卷　(明)王守仁撰　(清)俞嶙重編　清康熙十二年(1673)是政堂刻本　十四册　缺二卷(傳習錄一卷、語錄一卷)

620000－1142－0002347　097.1/448
四書大全四十六卷　(清)陸隴其輯　清康熙陸氏三魚堂刻本　二十册

620000－1142－0002348　120/604
學統五十六卷　(清)熊錫履編　清康熙二十五年(1686)退補齋刻本　十六册

620000－1142－0002349　121.21/436
逸語十卷　(清)曹庭棟輯註　清乾隆十二年(1747)刻本　一册

620000－1142－0002350　226.5/170
宗鏡錄一百卷　(宋)釋延壽集　清雍正十三年(1735)刻本　二十册

620000－1142－0002351　292/280
卜法詳考四卷　(清)胡煦輯　清雍正六年(1728)胡氏葆璞堂刻本　四册

620000－1142－0002352　082/647.1
雅雨堂藏書十三種一百三十八卷　(清)盧見曾輯　清乾隆二十一年(1756)德州盧氏刻本　二十八册

620000－1142－0002353　070/624
蘭雪堂古事苑定本十二卷　(清)鄧志謨編輯　(清)戴珉等參定　清康熙二十五年(1686)蘭雪堂刻本　八册

620000－1142－0002354　071/039
學林十卷　(宋)王觀國撰　清道光十年(1830)刻本　五册

620000－1142－0002355　092.26/209
梁山來知德先生易經集註十六卷　(明)來知德纂註　(清)崔華重訂　清乾隆十一年(1746)刻本　三册

620000－1142－0002356　121.33/422－2
南華眞經旁注五卷　(戰國)莊周著　(晉)郭象評　(晉)向秀注　清康熙五十五年(1716)刻本　三册

620000－1142－0002357　121.333/445
南華眞經副墨八卷　(明)陸西星述　(明)孫大綬重校　明萬曆十三年(1585)刻本　四册

620000－1142－0002358　323.09/113
治平畧增定全書三十三卷　(明)朱健　(明)朱徽著　(清)蔣先庚重訂　清康熙三年(1664)刻本　十四册

620000－1142－0002359　323.17/115
大清會典一百六十二卷　(清)伊桑阿等纂修　清康熙二十九年(1690)刻本　六十四册

620000－1142－0002360　323.17/103
大清會典二百五十卷　(清)允祿　(清)尹泰等纂修　清雍正十年(1732)刻本　一百册

620000－1142－0002361　323.4/434
詞林典故八卷　(清)張廷玉等修輯　清乾隆十三年(1748)武英殿刻本　八册

620000－1142－0002362　071/585－1
陔餘叢考四十三卷　(清)趙翼撰　清乾隆五十六年(1791)趙氏湛貽堂刻本　十册

620000－1142－0002363　071/585
陔餘叢考四十三卷　(清)趙翼撰　清乾隆五十六年(1791)趙氏湛貽堂刻本　十册

620000－1142－0002364　071/585－2

陔餘叢考四十三卷　(清)趙翼撰　清乾隆五十六年(1791)趙氏湛貽堂刻本　十二冊

620000－1142－0002365　071/585－3
陔餘叢考四十三卷　(清)趙翼撰　清乾隆五十六年(1791)趙氏湛貽堂刻本　十二冊

620000－1142－0002366　071/585－4
陔餘叢考四十三卷　(清)趙翼撰　清乾隆五十六年(1791)趙氏湛貽堂刻本　十六冊

620000－1142－0002367　121.61/599－160－1
管子二十四卷　(唐)房玄齡註釋　(唐)劉績增註　(明)朱長春通演　(明)沈鼎新(明)朱養純參評　(明)朱養和輯訂　明天啟五年(1625)刻本　六冊

620000－1142－0002368　323.4/531
麟臺故事五卷　(宋)程俱撰　清乾隆四十一年(1776)武英殿刻本　二冊

620000－1142－0002369　323.934/617－1
晉政輯要八卷　(清)鄭源璹纂輯　清乾隆五十四年(1789)刻本　八冊

620000－1142－0002370　348.1/695
松郡均役成書四卷　(清)李復興輯　清乾隆五十三年(1788)刻本　四冊

620000－1142－0002371　072/121－2
夢溪筆談二十六卷　(宋)沈括撰　清刻本　三冊

620000－1142－0002372　352.1/402
督捕則例二卷　(清)徐本等修　清刻本　二冊

620000－1142－0002373　399/193
說郛一百二十卷　(明)陶宗儀纂　清順治三年(1646)李際期宛委山堂刻本　一冊　缺二種二卷(荊楚歲時記一卷、南方草木狀一卷)

620000－1142－0002374　424/029－1
古今韻會舉要小補三十卷　(明)方日升編輯　(明)李維楨校正　明萬曆三十四年(1606)周士顯刻重修本　三十冊

620000－1142－0002375　421.5/765
隸辨八卷　(清)顧藹吉撰　清康熙五十七年(1718)項氏玉淵堂寫刻本　八冊

620000－1142－0002376　422.5/657－2
釋名疏證八卷　(漢)劉熙撰　(清)畢沅疏證　清乾隆五十四年(1789)靈巖山館刻本　二冊

620000－1142－0002377　422.6/029
通雅五十二卷首三卷　(明)方以智著　**通雅刊誤補遺一卷**　(清)張裕葉撰　清光緒桐城方氏刻本　十冊

620000－1142－0002378　093.31/276－1
禹貢錐指二十卷附圖一卷　(清)胡渭學　清康熙四十四年(1705)漱六軒刻本　十二冊

620000－1142－0002379　093.31/276－3
禹貢錐指二十卷附圖一卷　(清)胡渭學　清康熙四十四年(1705)漱六軒刻本　十二冊

620000－1142－0002380　422.6/029－1
通雅五十二卷首三卷　(明)方以智輯著(清)姚文燮較訂　清康熙五年(1666)姚文燮刻本　二十四冊

620000－1142－0002381　644.48/479
靳文襄公治河方略十卷首一卷　(清)崔應階重編　(清)俞調元等訂　清乾隆三十二年(1767)刻本　六冊

620000－1142－0002382　644.48/433.1
河防志十二卷　(清)張希良撰　清雍正三年(1725)刻本　十二冊

620000－1142－0002383　691.5/017
文獻通考三百四十八卷　(元)馬端臨著　明嘉靖三年(1524)司禮監刻本　十冊　存五十一卷(一百八十六至二百三十六)

620000－1142－0002384　635.4/449
秘傳花鏡六卷　(清)陳淏子訂輯　清康熙二十七年(1688)文治堂刻本　六冊

620000－1142－0002385　622.5/444
原本茶經三卷　(唐)陸羽撰　**續茶經三卷附錄一卷**　(清)陸廷燦輯　清雍正十三年

(1735)陸氏壽椿堂刻本　六冊

620000－1142－0002386　424.5/375
五先堂字學元元五卷　(明)袁子讓著　明萬曆二十九年(1601)刻本　二冊

620000－1142－0002387　644.48/529
行水金鑑一百七十五卷首一卷　(清)傅澤洪錄　清雍正三年(1725)淮揚官舍刻本　三十六冊

620000－1142－0002388　424.1/218－1
古今韻略五卷　(清)宋犖閱定　(清)邵長蘅纂　(清)宋至校　清康熙三十五年(1696)刻本　五冊

620000－1142－0002389　424.1/053
康熙甲子史館新刊古今通韻十二卷　(清)毛奇齡撰　清康熙二十四年(1685)刻本　四冊

620000－1142－0002390　740/364－1
佩文齋書畫譜一百卷　(清)孫岳頒等纂輯　清康熙四十七年(1708)內府刻本　六十四冊

620000－1142－0002391　424/425
佩文韻府一百六卷　(清)張玉書等纂修　清康熙刻本　九十四冊　缺一卷(一)

620000－1142－0002392　424/039
音韻闡微十八卷　(清)李光地編　(清)王蘭生纂修　清光緒七年(1881)淮南書局刻本　五冊

620000－1142－0002393　743.1/363
書畫跋跋三卷續三卷　(明)孫鑛著　(清)孫宗溥　(清)孫宗濂校　清乾隆五年(1740)刻本　六冊

620000－1142－0002394　746.7/068
草字彙十二卷　(清)石梁輯　清乾隆五十三年(1788)敬義齋刻本　六冊

620000－1142－0002395　749.9/038－1
芥子園畫傳五卷　(清)王安節整理增編　清康熙十八年(1679)刻套印本　五冊

620000－1142－0002396　422.9/360
文苑彙雋二十四卷　(明)屠隆參定　(明)孫丕顯匯纂　(明)劉朝箴校閱　明萬曆三十六年(1608)文萃堂刻本　十冊

620000－1142－0002397　820.1/656－467－4
文心雕龍十卷　(南朝梁)劉勰撰　(清)黃叔琳輯注　(清)顧進　(清)金甡參訂　清乾隆六年(1741)黃氏養素堂刻本　二冊

620000－1142－0002398　423.4/229
六書正譌五卷　(元)周伯琦編注　(明)胡正言訂篆　明崇禎七年(1634)胡正言十竹齋刻本　四冊

620000－1142－0002399　071/674
羣書拾補四卷　(清)盧文弨撰　清乾隆五十五年(1790)抱經堂刻本　四冊

620000－1142－0002400　071/767
經濟類考約編二卷　(清)顧九錫輯著　(清)西園書屋重校　清雍正九年(1731)六合堂刻本　六冊

620000－1142－0002401　072/111
朱子經濟文衡類編前集二十五卷後集二十五卷續集二十二卷　(宋)朱熹撰　(宋)滕珙編　清乾隆四年(1739)刻本　十二冊

620000－1142－0002402　323.151/150
宋朝事實二十卷　(宋)李攸撰　清刻本　八冊

620000－1142－0002403　821/199
聯新事備詩學大成三十卷　(元)林楨編集　明刻本　八冊

620000－1142－0002404　072/181
義門讀書記五十八卷　(清)何焯撰　清乾隆三十四年(1769)石香齋刻本　十冊

620000－1142－0002405　073/038
讀書後八卷　(明)王世貞撰　(清)唐文治　(清)顧思義校字　清光緒味菜廬木活字印本　四冊　存六卷(三至八)

620000－1142－0002406　073/460
鐵網珊瑚二十卷　(明)都穆撰　清乾隆二十三年(1758)刻本　四冊

620000－1142－0002407　423.5/404

說文解字韻譜五卷　(宋)徐鍇撰　明崇禎六年(1633)刻本　五冊

620000－1142－0002408　423.5/474

班馬字類五卷　(宋)婁機撰　清揚州馬氏小玲瓏山館刻吳興倪氏苕溪經鉏堂印本　四冊

620000－1142－0002409　821.7/038

漁洋詩話三卷　(清)王士禛著　(清)李文藻重校　清乾隆二十三年(1758)竹西書屋刻本　一冊

620000－1142－0002410　423.9/550

秇林伐山二十卷　(明)楊慎著　明刻本　六冊

620000－1142－0002411　821/282－1

漁隱叢話前集六十卷後集四十卷　(宋)胡仔纂集　清乾隆五年至六年(1740－1741)楊佑啟耘經樓刻本　十四冊

620000－1142－0002412　830/727－13

文選音義八卷　(清)余蕭客輯著　(清)金旦評　(清)朱燦華參定　清乾隆二十三年(1758)刻本　二冊

620000－1142－0002413　830/434

文選纂注評林十二卷　(南朝梁)蕭統選　(明)張鳳翼纂註　明刻本　十二冊

620000－1142－0002414　424/029

古今韻會舉要小補三十卷　(明)方日升編輯　(明)李維楨校正　明萬曆三十四年(1606)周士顯建陽刻本(有抄補)　二十冊

620000－1142－0002415　821.7/038－1

漁洋詩話三卷　(清)王士禛著　(清)李文藻重校　清乾隆二十三年(1758)竹西書屋刻本　一冊

620000－1142－0002416　830.6/148

合刻李何二先生全集□□卷　(明)李三才編　明萬曆三十年(1602)刻本　一冊　存九卷(李崆峒先生詩集二十二至二十七、何仲默先生詩集九至十一)

620000－1142－0002417　074/148

李氏焚書六卷　(明)李贄撰　明刻本　四冊

620000－1142－0002418　074/701

風俗通義十卷　(漢)應劭著　**人物志三卷**　(三國魏)劉邵著　明末刻本　二冊

620000－1142－0002419　830.6/687

古文小品冰雪攜不分卷　(清)衛泳箋　清順治刻本　四冊

620000－1142－0002420　831/029

紫陽方先生瀛奎律髓四十九卷　(元)方回編　(清)陳士泰校　清康熙四十九年(1710)刻本　十二冊

620000－1142－0002421　830.7/207

詞科掌錄十七卷餘話七卷　(清)杭世駿編輯　清乾隆仁和杭氏道古堂刻本　八冊

620000－1142－0002422　831/038

古詩箋三十二卷　(清)王士禛選　(清)聞人倓箋　清乾隆三十一年(1766)芷蘭堂刻本　十二冊

620000－1142－0002423　079/429

道驛集四卷　(清)張祖年著　清康熙四十六年(1707)刻本　八冊

620000－1142－0002424　832.1/206－464

楚辭(楚辭聽直)八卷合論一卷　(明)黃文煥聽直　明崇禎十六年(1643)刻清順治十四年(1657)續刻本(卷六至八及合論爲抄配本)　八冊

620000－1142－0002425　833/163

新刻李于鱗先生批評註釋草堂詩餘雋四卷　(明)吳從先彙編　(明)袁宏道增訂　(明)何偉然參校　明萬曆四十七年(1619)蕭少衢師儉堂刻本　四冊

620000－1142－0002426　830.7/262

同人集十二卷　(清)冒襄輯　清乾隆十八年(1753)刻本　十二冊

620000－1142－0002427　831/422－6

樂府詩集一百卷目錄二卷　(宋)郭茂倩編次

（明）毛晉訂正　（清）毛扆再訂　清初毛氏汲古閣刻本　二十册

620000－1142－0002428　831/552
詩岑二十二卷　（清）楊梓　（清）蕭殿颺選輯　清乾隆十四年（1749）積風樓刻本　八册

620000－1142－0002429　832.1/111
楚辭集注八卷　（宋）朱熹集註　清乾隆聽雨齋刻朱墨套印本　十册

620000－1142－0002430　831.4/038
十種唐詩選十七卷　（清）王士禛删纂　清康熙三十一年（1692）刻本　五册

620000－1142－0002431　830.51/166
校正重刊官板宋朝文鑑一百五十卷　（宋）呂祖謙銓次　明刻文林阁印本　三十二册

620000－1142－0002432　831.41/123－1
重訂唐詩别裁集二十卷　（清）沈德潛選　（清）沈種松校　清乾隆二十八年（1763）教忠堂刻本　十册

620000－1142－0002433　832.1/206－206
楚辭八卷末一卷　（清）屈復集註　（清）屈啟賢編　（清）屈來泰錄　（清）王垣校　清乾隆四十年（1775）居易堂刻本　四册

620000－1142－0002434　832/299
辭賦標義十八卷　（明）俞王言標義　（明）金溥參訂　明萬曆二十九年（1601）刻本　四册

620000－1142－0002435　831.4/038
唐賢三味集三卷　（清）王士禛編　清康熙二十七年（1688）蘿延齋刻本　一册

620000－1142－0002436　831.4/327
删訂唐詩解二十四卷　（明）唐汝詢選釋　（清）吳昌祺評定　（清）查象瑛　（清）吳鯤參訂　清康熙四十一年（1702）刻本　六册

620000－1142－0002437　831.4/435－1
全唐詩九百卷　（清）曹寅　（清）彭定求等編纂　清康熙四十六年（1707）刻本　一百二十册

620000－1142－0002438　831.41/123
唐詩别裁集十卷　（清）沈德潛　（清）陳培脈選　清康熙五十六年（1717）刻本　六册

620000－1142－0002439　831.7/123－1
國朝詩别裁集三十六卷　（清）沈德潛纂評　（清）蔣重光等輯　清乾隆二十四年（1759）刻本　十二册

620000－1142－0002440　831.5/128
宋詩畧十八卷　（清）汪景龍　（清）姚壎輯　清乾隆三十四年（1769）刻本　六册

620000－1142－0002441　831.7/038
感舊集十六卷　（清）王士禎選　（清）盧見曾補傳　清乾隆十七年（1752）刻本　十六册

620000－1142－0002442　832.1/042－1
楚辭十七卷　（漢）王逸章句　（宋）洪興祖補注　清初海虞毛氏汲古閣刻吳郡寶翰樓印本　六册

620000－1142－0002443　832.1/198－1
楚辭燈四卷楚懷襄二王在位事蹟攷一卷　（清）林雲銘論述　（清）林沅等較　**屈原列傳一卷**　（漢）司馬遷撰　清康熙三十六年（1697）晉安挹奎樓刻本　四册

620000－1142－0002444　831.57/045－2
中州集十卷首一卷樂府一卷　（元）元好問集　明末海虞毛氏汲古閣刻本　十册

620000－1142－0002445　832.1/446
楚辭（楚辭疏）十九卷讀楚辭語一卷楚辭雜論一卷　（明）陸時雍疏　（明）孫月峰批評　（明）周拱辰别注　**屈原列傳一卷**　（漢）司馬遷撰　明末周拱辰緝柳齋刻本　四册

620000－1142－0002446　831/038.1－1
古唐詩合解十二卷古詩四卷　（清）王堯衢註　（清）李模　（清）李桓校　清雍正十年（1732）宏道堂刻本　五册　缺四卷（古詩四卷）

620000－1142－0002447　831.51/224
宋四名家詩不分卷　（清）周之鱗　（清）柴升選　清康熙三十二年（1693）弘訓堂刻本

六册

620000－1142－0002448　831/123－1
古詩源十四卷　（清）沈德潛選　清康熙五十八年（1719）刻本　六册

620000－1142－0002449　831.57/765
元詩選十集　（清）顧嗣立集　清康熙顧氏秀野草堂刻本　三十六册

620000－1142－0002450　833/550
四家宫詞二卷　（明）楊慎批評　（明）朱萬選校訂　明刻本　二册

620000－1142－0002451　834/198
古文析義二編八卷　（清）林雲銘評注　（清）林雲鏺　（清）林沅校　清康熙刻本　六册　存六卷（三至八）

620000－1142－0002452　844.1/442－1
唐陸宣公集二十二卷　（唐）陸贄撰　（清）年羹堯重訂　（清）王汝驤　（清）張泰基校　清雍正元年（1723）刻本　六册

620000－1142－0002453　844.1/448
重刊校正笠澤藂書四卷補遺一卷　（唐）陸龜蒙著　清雍正九年（1731）刻本　一册

620000－1142－0002454　844.1/724－2
昌黎先生集四十卷外集十卷遺文一卷　（唐）韓愈撰　（宋）廖瑩中校正　**朱子校昌黎先生集傳一卷**　（宋）朱熹撰　明東吴徐氏東雅堂刻本（有抄補）　十六册

620000－1142－0002455　843.2/456－434
箋註陶淵明集六卷附和陶一卷律陶一卷敦好齋律陶纂一卷　（晉）陶潛撰　（明）張自烈評閱　明崇禎敦化堂刻本　四册

620000－1142－0002456　843.53/424－1
庾子山集十六卷總釋一卷　（北周）庾信撰　（清）倪璠註釋　**庾子山［信］年譜一卷**　（清）倪璠編　清康熙二十六年（1687）崇岫堂刻本　二十册

620000－1142－0002457　844.1/724－3
昌黎先生集四十卷外集十卷遺文一卷　（唐）韓愈撰　（宋）廖瑩中校正　**朱子校昌黎先生集傳一卷**　（宋）朱熹撰　明東吴徐氏東雅堂刻本　二十四册

620000－1142－0002458　844.1/041－588
王右丞集二十八卷首一卷末一卷　（唐）王維撰　（清）趙殿成箋註　清乾隆刻本　八册

620000－1142－0002459　844.13/154－053－1
杜詩詳註二十五卷首一卷附編二卷　（唐）杜甫著　（清）仇兆鰲輯註　清康熙刻本　十四册

620000－1142－0002460　844.13/154－053－2
杜詩詳註二十五卷首一卷附編二卷　（唐）杜甫著　（清）仇兆鰲輯註　清康熙刻本　二十四册

620000－1142－0002461　844.13/154－085
杜詩集説二十卷末一卷年譜一卷　（唐）杜甫著　（清）江浩然纂輯　（清）江壎校　清乾隆四十八年（1783）刻本　二十册

620000－1142－0002462　844.1/145－3
李義山詩集十六卷　（唐）李商隱撰　（明）王原閲　（清）姚培謙箋　清乾隆五年（1740）松桂讀書堂刻本　六册

620000－1142－0002463　844.13/154－314
讀杜心解六卷首二卷　（清）浦起龍講解　（清）浦起麟参讀　清雍正二年至三年（1724－1725）浦氏寧我齋刻本　十六册

620000－1142－0002464　844.1/145－5
重訂李義山詩集箋注三卷外詩箋注一卷年譜一卷詩話一卷　（明）朱鶴齡元本　（清）程夢星刪補　清乾隆九年（1744）刻本　六册

620000－1142－0002465　844.1/273－6
唐大家柳柳州文抄十二卷　（唐）柳宗元著　（明）茅坤批評　明末刻本　二册

620000－1142－0002466　844.13/154－430
杜詩會粹二十四卷　（唐）杜甫著　（清）張遠箋　清康熙有文堂刻本　六册　存十二卷（一至十二）

620000－1142－0002467　844.1/273－4
柳文七卷　(唐)柳宗元撰　(明)茅坤評　明刻朱墨套印本　六冊

620000－1142－0002468　833/114－1
詞綜三十六卷　(清)朱彝尊著　(清)汪森增訂　(清)柯崇樸校　清乾隆九年(1744)刻本　十二冊

620000－1142－0002469　833/467
詞苑英華十種四十七卷　(明)毛晉編　明末毛氏汲古閣刻本　五冊　存二種二十卷(花菴絕妙詞選十卷、中興以來花菴絕妙詞選十卷)

620000－1142－0002470　090/550
大成通志十八卷首二卷終卷不分卷　(清)羅森訂証　(清)劉斗鑒定　(清)楊慶輯著　(清)孫際昌參閱　清康熙刻本　二十冊　缺一卷(十)

620000－1142－0002471　091.1/675
篆文六經六十三卷　(清)李光地等校閱　清乾隆刻本　二十六冊

620000－1142－0002472　091.3/177－1
古經解鉤沉三十卷　(清)余蕭客撰　清乾隆六十年(1795)刻道光二十年(1840)京江魯氏重修本　十冊

620000－1142－0002473　844.13/154－761
辟疆園杜詩註解十七卷　(清)顧宸著　(清)李壯　(清)畢忠吉評　清康熙二年(1663)顧氏辟疆園刻本　十冊

620000－1142－0002474　844.85/365
才調集十卷　(五代)韋縠集　清康熙四十三年(1704)垂雲堂刻本　四冊

620000－1142－0002475　991/039
三古圖四十二卷　(清)黃晟輯　明萬曆二十八年至三十年(1600－1602)吳萬化刻清乾隆十七年(1752)亦政堂重印本　二十八冊

620000－1142－0002476　844.17/080－533
香山詩鈔二十卷　(唐)白居易著　(清)楊大鶴選　清康熙四十年(1701)刻本　四冊

620000－1142－0002477　982.819/198－166
宗聖志十二卷　(明)曾承業撰　(明)呂兆祥重修　(明)孔胤植　(明)孔貞運參考　(明)呂維祺　(明)呂逢時編次　清刻本　五冊

620000－1142－0002478　982.27/193
欽定宗室王公功績表傳十二卷首一卷　(清)□□輯　清乾隆四十六年(1781)刻本　六冊

620000－1142－0002479　982.87/423
臯蘭政蹟一卷　(清)張尚廉輯　清雍正九年(1731)刻本　一冊

620000－1142－0002480　982.26/038
震澤紀聞二卷　(明)王鏊輯　**續一卷**　(明)王禹聲輯　明末刻本　三冊

620000－1142－0002481　982.852/220
岳鄂王金陀稡編二十卷首一卷續編八卷拾遺二卷　(宋)岳珂編　(清)岳士景重訂　清乾隆刻本　四冊　缺二卷(拾遺二卷)

620000－1142－0002482　991/333
文房肆攷圖說八卷展卷一卷　(清)唐秉鈞纂　(清)康愷繪圖　清乾隆四十三年(1778)唐氏竹映山莊刻本　八冊　缺一卷(展卷一卷)

620000－1142－0002483　423.5/590
隸篇十五卷續十五卷再續十五卷　(清)翟云升撰　清道光十八年(1838)楊以增等刻本　十四冊

620000－1142－0002484　991.9/628
集古錄十卷　(宋)歐陽脩著　(明)謝啟光校　清初謝啟光刻本　四冊

620000－1142－0002485　982.242/563－1
九國志十二卷　(宋)路振撰　(宋)張唐英補　清抄本　四冊

620000－1142－0002486　013.257/681－1
元史藝文志四卷　(清)錢大昕補　(清)顧蒓錄　(清)黃丕烈校　清嘉慶五年(1800)江蘇書局刻本　三冊

620000－1142－0002487　991/166－1
亦政堂重修考古圖十卷　(宋)呂大臨撰　明萬曆二十八年至三十年(1600－1602)吳萬化刻清乾隆十七年(1752)亦政堂重印本　五册

620000－1142－0002488　097.27/621
四書集註二十卷　(宋)朱熹集註　清道光四年(1824)劉氏勉行堂刻本　十四册

620000－1142－0002489　996.2/607
隨盦集瓦當文字不分卷　徐乃昌輯　(清)姚公蓼拓　清末民初拓印本　二册

620000－1142－0002490　093.34/687－1
尚書古文疏證九卷　(清)閻若璩撰　(清)武億校　**朱子古文書疑一卷**　(清)閻詠輯　清嘉慶元年(1796)吳氏天津刻本　十册　缺一卷(原缺三)

620000－1142－0002491　041/148－1
太平御覽一千卷目錄十五卷　(宋)李昉等編纂　(清)鮑崇城重校　清嘉慶十二年至十七年(1807－1812)鮑崇城刻二十三年(1818)印本　一百二十册

620000－1142－0002492　424.1/086
古韻標準四卷詩韻舉例一卷　(清)江永編　(清)戴震參定　清咸豐元年(1851)陸建瀛刻本　二册

620000－1142－0002493　927/037
九域志(元豐九域志)十卷　(宋)王存等奉旨删定　(清)馮集梧補校　清乾隆四十九年(1784)馮集梧刻本　五册

620000－1142－0002494　094.13/260
詩序廣義二十四卷　(清)姜炳璋輯　(清)周槱同等校字　清嘉慶二十年(1815)尊行堂刻本　十二册

620000－1142－0002495　927.21/403－161
淮關統志十四卷舊序一卷　(清)穆克登布撰　(清)伊齡阿修　(明)吳霦纂修　清乾隆四十三年(1778)刻本　六册

620000－1142－0002496　121.64/724－2
韓非子識誤三卷　(清)顧廣圻撰　清嘉慶二十四年(1819)刻本　二册

620000－1142－0002497　121.64/724－2
韓非子二十卷　(戰國)韓非著　清嘉慶二十四年(1819)刻本　六册

620000－1142－0002498　091.3/402
通志堂經解一百四十種一千八百六十卷　(清)納蘭成德輯　清康熙十九年(1680)通志堂刻乾隆五十年(1785)重修本　四百六十册

620000－1142－0002499　380/286
武備志二百四十卷　(明)茅元儀輯　明天啟元年(1621)刻本　一百册

620000－1142－0002500　834.7/431.1
狀元策不分卷　(清)□□輯　清乾隆六十年(1795)刻嘉慶補刻本　四册

620000－1142－0002501　845.2/621
鐵函心史六卷　(宋)鄭思肖撰　清同治二年(1863)活字印本　三册

620000－1142－0002502　580/147
蠕範八卷　(清)李元著　清乾隆五十六年(1791)刻道光二十四年(1844)補刻本　四册

620000－1142－0002503　749.9/214.1
芥子園畫傳四集四卷　(清)王概等輯　清芥子園刻本　一册　存一卷(仙佛圖一卷)

620000－1142－0002504　847/100
詒晉齋集八卷後集一卷隨筆一卷　(清)永瑆著　清道光二十八年(1848)載銳刻本　六册

620000－1142－0002505　830/362
續古文苑二十卷　(清)孫星衍撰　清嘉慶十七年(1812)刻本　十二册

620000－1142－0002506　847/591
味餘書室全集定本四十卷目錄四卷隨筆二卷　(清)仁宗顒琰著　清嘉慶五年(1800)內府刻本　三十二册

620000－1142－0002507　844.1/145－6
玉谿生詩詳註三卷附玉谿生[李商隱]年譜一卷　(唐)李商隱撰　(清)馮浩編訂　清乾隆

德聚堂刻本　四册

620000－1142－0002508　844.13/154
杜工部集二十卷首一卷　(唐)杜甫撰　(清)王士禛等評述　清道光十四年(1834)芸葉盦刻六色套印本　二十册

620000－1142－0002509　041/040
子史精華一百六十卷　(清)允祿　(清)張廷玉等修撰　清雍正五年(1727)刻本　四十八册

620000－1142－0002510　040/416
麗句集六卷　(明)許之吉選　(明)廖孔悅定　(明)謝于教閲　明末刻本　十二册

620000－1142－0002511　040/500
山堂肆考二百二十八卷補遺十二卷　(明)彭大翼編著　(明)熊瑞等校閲　明萬曆二十五年(1597)刻本　四十册

620000－1142－0002512　041/432－1
淵鑑類函四百五十卷目録四卷　(清)張英等修　(清)徐秉義等纂　清康熙四十九年(1710)内府刻本　一百四十册

620000－1142－0002513　041/628－2
藝文類聚一百卷　(唐)歐陽詢撰　明嘉靖六年(1527)刻本　二十四册

620000－1142－0002514　074/637
廣治平略四十四卷　(清)蔡方炳纂定　清雍正二年(1724)刻本　十二册

620000－1142－0002515　094.1/406
毛詩解八卷　(明)鍾惺著　(清)□□批註　(清)翁同龢手録　清翁同龢抄本　四册

620000－1142－0002516　847/431.1
船山詩草二十卷　(清)張問陶撰　清嘉慶二十年(1815)刻本　八册

620000－1142－0002517　094.1241/048
毛詩註疏二十卷　(漢)鄭玄箋　(唐)孔穎達疏　明嘉靖刻本　二十四册

620000－1142－0002518　857.1/294－1
酉陽雜俎二十卷　(唐)段成式撰　(明)毛晉訂　明崇禎毛氏汲古閣刻津逮秘書本　八册

620000－1142－0002519　857.1/607
改正湘山野録三卷續湘山野録一卷　(宋)釋文瑩撰　清咸豐三年(1853)刻朱印本　四册

620000－1142－0002520　831.26/114
明詩綜一百卷　(清)朱彝尊録　(清)汪森　(清)胡期恒緝評　清康熙刻乾隆西泠吴氏清來堂印本　二十四册

620000－1142－0002521　857.1/655－1
歸潛志十四卷　(元)劉祁撰　清乾隆武英殿活字印本　四册

620000－1142－0002522　831.7/216
清十家絶句二卷　(日本)服部孝編輯　(日本)大沼閲批　清咸豐二年(1852)刻本　二册

620000－1142－0002523　097.6/203－773
載詠樓重鐫硃批孟子二卷　(宋)蘇洵原本　(清)沈李龍較閲　清康熙三十三年(1694)刻朱墨套印本　二册

620000－1142－0002524　121.31/528
老子翼三卷　(明)焦竑輯　(明)王元貞校　明萬曆十六年(1588)刻本　六册

620000－1142－0002525　902/556.1
歷代史表五十九卷　(清)萬斯同著　清嘉慶元年(1796)留香閣刻本　八册

620000－1142－0002526　927.66/044
西藏賦一卷　(清)和寧著　清嘉慶二年(1797)刻本　一册

620000－1142－0002527　845.13/628－3
歐陽先生文粹二十卷　(宋)歐陽修撰　(宋)陳亮編　**遺粹十卷**　(明)郭雲鵬輯　明嘉靖二十六年(1547)吴會郭雲鵬寶善堂刻本　六册　缺十卷(遺粹十卷)

620000－1142－0002528　011.7/550
丹鉛總録二十七卷　(明)楊慎著集　(明)汪駿聲校訂　明萬曆十六年(1588)黄鏘刻本　五册

620000－1142－0002529　121.33/447－1
莊子南華真經四卷　(戰國)莊周著　(晉)郭象注　(明)閔齊伋校勘　明末閔齊伋刻朱墨套印本　五册

620000－1142－0002530　121.33/477－422
南華經十六卷　(戰國)莊周著　(晉)郭象註　(宋)林希逸口議　(宋)劉辰翁點校　(明)王世貞評點　(明)陳仁錫批注　明刻四色套印本　六册

620000－1142－0002531　121.61/599
管子二十四卷　(唐)房玄齡註釋　(明)劉績增註　(明)朱長春通演　(明)沈鼎新　(明)朱養純參評　(明)朱養和輯訂　明天啟五年(1625)刻本　六册

620000－1142－0002532　122.2/654
淮南鴻烈解二十一卷　(漢)劉安撰　(漢)高誘注　(明)茅坤批評　明刻套印本　十册

620000－1142－0002533　122.6/660－1
劉向新序十卷　(漢)劉向撰　(宋)曾鞏編校　明嘉靖八年(1529)刻本　四册

620000－1142－0002534　125/277
性理大全書七十卷　(明)胡廣等輯　(明)吳勉學重校　明萬曆吳勉學師古齋刻本　二十四册

620000－1142－0002535　222/661
百丈清規二卷　(元)釋德煇重編　(元)釋大訢校正　明嘉靖三十九年(1560)刻本　四册

620000－1142－0002536　834.4/457
御選唐宋文醇五十八卷　(清)高宗弘曆輯　清光緒三年(1877)浙江書局刻本　二十册　存二十卷(一至二十)

620000－1142－0002537　228.2/628－1
高僧傳十四卷　(南朝梁)釋慧皎撰　明萬曆三十九年(1611)静山寂照庵刻本　三册

620000－1142－0002538　352/018
大清律集解附例三十卷附圖一卷大清律集解名例一卷大清律附一卷　(清)吳達海等纂修　清康熙九年(1670)内府刻本　十册

620000－1142－0002539　393.2/048
幸魯盛典四十卷首一卷　(清)孔毓圻等纂修　清康熙二十八年(1689)刻本　十二册

620000－1142－0002540　847/431.1－1
船山詩草二十卷　(清)張問陶撰　清嘉慶二十年(1815)刻本　六册

620000－1142－0002541　834/772
全上古三代秦漢三國六朝文七百四十一卷　(清)嚴可均校輯　清光緒二十年(1894)刻本　一百册

620000－1142－0002542　834.41/558
欽定全唐文一千卷　(清)董誥等編　清嘉慶十九年(1814)揚州刻本　三百册

620000－1142－0002543　844.17/045－1
元白長慶集一百四十一卷　(明)馬元調編　明萬曆三十二年至三十四年(1604－1606)松江馬元調刻魚樂軒印本　十四册

620000－1142－0002544　846/039－1
正音擴言四卷　(明)王荔著　(明)王允嘉注　明崇禎元年(1628)刻本　四册

620000－1142－0002545　846/125
太函集一百二十卷　(明)汪道昆著　明萬曆十九年(1591)刻本　四十册

620000－1142－0002546　846/131－1
宋學士全集三十二卷附錄一卷　(明)宋濂撰　清康熙四十八年(1709)彭始搏刻本　十六册

620000－1142－0002547　846/399－1
徐文長逸稿二十四卷自著畸譜一卷　(明)徐渭撰　(明)張汝霖　(明)王思任評選　(明)張維城較輯　明天啟三年(1623)刻本　五册

620000－1142－0002548　846/321
高季迪先生大全集十八卷　(明)高啟撰　清康熙三十四年(1695)許廷鑅竹素園刻本　十册

620000－1142－0002549　423.1/416
說文解字十二卷說文異同一卷　題(漢)許慎撰　(宋)李燾重編　明萬曆二十六年(1598)陳大科刻本　八冊

620000－1142－0002550　846/399－2
徐文長文集三十卷補遺一卷　(明)徐渭撰　(明)袁宏道評點　(明)閔德美校訂　明萬曆四十二年(1614)鍾人傑刻本　十六冊

620000－1142－0002551　421.5/475
漢隸字源五卷碑目一卷附字一卷　(宋)婁機撰　明末毛氏汲古閣刻本　六冊

620000－1142－0002552　846/281
鳥鼠山人小集十六卷後集二卷近取編二卷願學編二卷擬漢樂府八卷可泉擬涯翁擬古樂府二卷附錄二卷補遺一卷雍音一卷唐雅八卷　(明)胡纘宗撰　**胡氏榮哀錄二卷**　明嘉靖刻清順治十三年(1656)周盛時補修本　十四冊　缺十二卷(近取編二卷、補遺一卷、雍音一卷、唐雅八卷)

620000－1142－0002553　830.41/308
重校正唐文粹一百卷　(宋)姚鉉纂　明嘉靖三年(1524)徐焴萬竹山房刻本　十冊

620000－1142－0002554　830/727－2
文選六十卷　(南朝梁)蕭統輯　(唐)李善注　(清)何焯評點　(清)葉樹藩參訂　清乾隆三十七年(1772)葉氏海錄軒刻朱墨套印本　十六冊

620000－1142－0002555　830/284
古學鴻裁十五卷詩學鴻裁二卷　(清)范樫　(清)周采選訂　清順治十七年(1660)刻本　十六冊

620000－1142－0002556　830/379
集錄真西山文章正宗三十卷　(宋)真德秀編　明嘉靖二十三年(1544)孔天胤刻本　二十冊

620000－1142－0002557　833/455
詞譜四十卷　(清)王奕清等編　清康熙五十四年(1715)內府刻套印本　十二冊

620000－1142－0002558　422.7/317
兩漢雋言十六卷　(宋)林鉞輯　(明)淩迪知校　明萬曆四年(1576)刻本　二冊

620000－1142－0002559　423.9/402－1
合併字學篇韻便覽二十三卷　(明)徐孝合併　明萬曆三十四年(1606)張元善刻本　二十冊　缺三卷(集篇所附拾遺一卷、重訂司馬溫公等韻圖經一卷、四聲類率譜一卷)

620000－1142－0002560　424/456
新增說文韻府羣玉二十卷　(元)陰時夫編輯　(元)陰中夫編註　(明)王元貞校正　清東觀閣刻本　十二冊

620000－1142－0002561　421.5/475－1
漢隸字源五卷碑目一卷附字一卷　(宋)婁機撰　明末毛氏汲古閣刻本　四冊　存四卷(上平聲、下平聲、上聲、去聲)

620000－1142－0002562　844.1/724－765
昌黎先生詩集注十一卷首一卷　(唐)韓愈撰　(清)顧嗣立刪補　清康熙三十八年(1699)顧氏秀野草堂刻本　四冊

620000－1142－0002563　832.1/042
楚辭十七卷附錄一卷　(漢)劉向編集　(漢)王逸章句　(明)馮紹祖校正　明三樂齋刻本　三冊

620000－1142－0002564　831/582
列朝詩集乾集二卷甲集前編十一卷甲集二十二卷乙集八卷丙集十六卷丁集十六卷閏集六卷　(清)錢謙益集　清順治九年(1652)毛氏刻本　二十八冊

620000－1142－0002565　847/164.1
林蕙堂文集十二卷　(清)吳綺著　(清)吳琥繡重校　清乾隆三十九年(1774)衷白堂刻本　四冊

620000－1142－0002566　847/038－1
漁洋文集十四卷　(清)王士禛著　(清)程哲校編　清雍正刻本　六冊

620000－1142－0002567　847/071

西青散記四卷　(清)史震林撰　清乾隆二年(1737)三餘堂刻本　四册

620000－1142－0002568　846/148
空同子集六十六卷目錄三卷附錄二卷　(明)李夢陽撰　(明)鄧雲霄蒐校　明萬曆三十年(1602)刻本　八册

620000－1142－0002569　847/114－550
曝書亭集詩註二十二卷　(清)楊謙簒　(清)李集參　**朱竹垞先生[彝尊]年谱一卷**　(清)楊謙簒　清乾隆木山閣刻本　十册

620000－1142－0002570　847/271
敬業堂詩集五十卷續集六卷　(清)查慎行撰　清康熙五十八年(1719)刻本　十四册

620000－1142－0002571　847/127.1
汪鈍翁文鈔十二卷　(清)汪琬著　(清)宋犖　(清)許汝霖選　(清)邵長蘅　(清)宋至定　清康熙刻本　四册

620000－1142－0002572　847/131.1
綿津山人詩集二十九卷雜著十二卷　(清)宋犖著　清康熙二十七年(1688)刻本　六册

620000－1142－0002573　847/248
南沙文集八卷　(清)洪若臯著　清康熙三十三年(1694)刻本　八册

620000－1142－0002574　847/271.1
銅鼓書堂遺稾三十二卷　(清)查禮著　清乾隆五十七年(1792)查淳刻本　四册

620000－1142－0002575　846/148－1
空同子集六十六卷目錄三卷附錄二卷　(明)李夢陽撰　(明)鄧雲霄蒐校　明萬曆三十年(1602)刻本　十二册

620000－1142－0002576　844.1/724－2
韓柳文一百卷　(唐)韓愈　(唐)柳宗元撰　(明)游居編　(明)莫如士重校　明嘉靖三十五年(1556)刻本　十二册

620000－1142－0002577　831/147
古今詩删二十四卷　(明)李攀龍選　(明)徐中行訂　明隆慶刻本　八册

620000－1142－0002578　834/552
秦漢文鈔六卷　(明)閔日斯選　(明)楊融博批點　明萬曆刻朱墨套印本　六册

620000－1142－0002579　831/717
詩歸五十一卷　(明)鍾惺　(明)譚元春選定　(明)吳德興　(明)閔振業校閲　明萬曆至崇禎間閔振業、閔振聲刻三色套印本　八册

620000－1142－0002580　424.5/131－1
洪武正韻十六卷　(明)樂韶鳳　(明)宋濂等撰　明萬曆三年(1575)司禮監刻本　五册

620000－1142－0002581　424.5/131
洪武正韻十六卷　(明)樂韶鳳　(明)宋濂等撰　明直隸監察御史劉以節刻本　五册

620000－1142－0002582　834.4/425
御選唐宋文醇五十八卷　(清)高宗弘曆輯　清乾隆三年(1738)内府刻四色套印本　二十册

620000－1142－0002583　423.9/573
正字通十二卷首一卷　(明)張自烈　(明)廖文英輯　清康熙九年(1670)刻本　四十册

620000－1142－0002584　847/618
板橋集六卷　(清)鄭燮著　清刻本　四册

620000－1142－0002585　847/304.1
類林新咏三十六卷　(清)姚之駰撰　清康熙四十七年(1708)刻本　六册

620000－1142－0002586　847/454－1
陳檢討四六二十卷　(清)陳維崧撰　(清)程師恭注　(清)陳明善校閲　清康熙三十三年(1694)刻本　六册

620000－1142－0002587　847/445
白蕉詞四卷　(清)陸培撰　清雍正八年(1730)刻本　二册

620000－1142－0002588　846/456－2
南村輟耕錄三十卷　(明)陶宗儀撰　(明)王圻重修　明玉蘭草堂刻萬曆三十二年(1604)王圻重修本　十六册

620000－1142－0002589　847/489.1

玉茗堂全集四十六卷　(明)湯顯祖著　明天啟刻清康熙三十三年(1694)阮峴等修補本　二十四册

620000－1142－0002590　847/618－1
板橋集六卷　(清)鄭燮著　清刻本　四册

620000－1142－0002591　922.51/063
涑水記聞十六卷　(宋)司馬光撰　清乾隆四十二年(1777)武英殿刻本　八册

620000－1142－0002592　857.4/255－233－3
第五才子書施耐菴水滸傳七十五卷七十回　(明)施耐庵撰　(明)金人瑞删節　明崇禎貫華堂刻本　四十八册

620000－1142－0002593　857.41/425
新鐫批評出像通俗演義禪真後史十集六十回　(明)方汝浩編次　(明)沖和居士評校　明末金衙刻本　十二册

620000－1142－0002594　922.3/037
元經薛氏傳十卷　(隋)王通撰　(唐)薛收傳　(宋)阮逸註　(明)程榮校　明萬曆程榮刻本　四册

620000－1142－0002595　922.177/365－1
國語二十一卷　(三國吴)韋昭解　(宋)宋庠補音　(明)穆文熙編纂　(明)石星校閲　明嘉靖刻本　三册

620000－1142－0002596　922.181/359
戰國策譚棷十卷　(宋)鮑彪校注　(元)吴師道重校　(明)張文爟校輯　**附録一卷**　(明)張文爟輯　明萬曆刻本　十二册

620000－1142－0002597　922.21/384－1
兩漢紀六十卷　(漢)荀悦　(晉)袁宏撰　明萬曆二十六年(1598)國子監刻本　十册

620000－1142－0002598　846/586
嘉靖癸未趙浚谷詩文集十五卷　(明)趙時春撰　明嘉靖刻本　十册　缺五卷(詩集五卷)

620000－1142－0002599　857.4/255－036
評論出像水滸傳二十卷七十回　(明)施耐菴著　(清)金人瑞評　清順治十四年(1657)醉耕堂刻本　二十册

620000－1142－0002600　921.2307/659
評鑑闡要十二卷　(清)劉統勛等輯　清乾隆三十六年(1771)武英殿刻本　六册

620000－1142－0002601　091.36/447
經典釋文三十卷　(唐)陸德明撰　**經典釋文序錄考證三十卷**　(清)盧文弨緝　清乾隆五十六年(1791)盧文弨抱經堂刻本　二十四册

620000－1142－0002602　845.25/032－1
宋文文山先生全集十八卷　(宋)文天祥著　(明)鍾越評閲　(明)鍾天均　(明)鍾天墀參閲　(明)鍾超較　明末刻本　三册

620000－1142－0002603　845/434
朱子文集十八卷　(宋)朱熹撰　(清)張伯行編訂　清康熙四十七年(1708)張伯行正誼堂刻本　十二册

620000－1142－0002604　845.1/776－1
東坡先生全集七十五卷　(宋)蘇軾著　明萬曆金閶寶翰樓刻本　三十册

620000－1142－0002605　847/724
有懷堂詩藁六卷文藁二十二卷　(清)韓菼著　清康熙四十二年(1703)韓氏有懷堂刻本　十六册

620000－1142－0002606　857.4/428－1
虞初新志二十卷　(清)張潮輯　清康熙三十九年(1700)刻本　六册

620000－1142－0002607　932.11/501
朝鮮史略六卷　(明)錢古訓撰　明萬曆四十五年(1617)刻本　六册

620000－1142－0002608　921.13/317
史記評林一百三十卷　(明)淩稚隆輯校　**補史記一卷**　(唐)司馬貞補并註　(明)淩稚隆輯校　明萬曆二年至四年(1574－1576)淩稚隆刻本　二十册

620000－1142－0002609　982.84/590
魏鄭公諫續錄二卷　(元)翟思忠撰　清乾隆三十八年(1773)刻本　二册

620000－1142－0002610　847/121.1－1

堯峰文鈔五十卷　(清)汪琬撰　(清)林佶編　清康熙二十九年至三十一年(1690－1692)林佶寫刻本　四冊

620000－1142－0002611　846/552

太史升菴全集八十一卷目錄二卷　(明)楊慎著　(明)陳大科校　清乾隆六十年(1795)養拙山房刻本　二十冊　缺八卷(三十九至四十六)

620000－1142－0002612　857.1/489

虞初志八卷續虞初志四卷　(明)湯顯祖評點　(明)鄧喬林校閲　明末刻本　四冊

620000－1142－0002613　846/552－1

太史升菴遺集二十六卷　(明)楊慎著　(明)楊金吾　(明)楊宗吾輯　(明)王象乾校　(明)湯日昭閲　明萬曆三十四年(1606)刻本　四冊

620000－1142－0002614　091.3/622－1

鄭氏佚書二十三種七十九卷　(漢)鄭玄撰　(清)袁鈞輯　(清)袁堯年校補　清光緒十四年(1888)浙江書局刻本　十冊

620000－1142－0002615　846/657

太師誠意伯劉文成公集十八卷　(明)劉基撰　(明)樊獻科編次　明萬曆三十六年(1608)刻本　八冊

620000－1142－0002616　846/738

震川先生文集二十卷　(明)歸有光著　(明)蔣以忠閲　(明)歸道傳編次　清乾隆二十三年(1758)刻本　十冊

620000－1142－0002617　857.1/275

封氏聞見記十卷　(唐)封演著　清乾隆二十一年(1756)刻本　二冊

620000－1142－0002618　857.1/248－1

容齋隨筆十六卷續筆十六卷三筆十六卷四筆十六卷五筆十卷　(宋)洪邁撰　清乾隆五十九年(1794)刻本　十四冊

620000－1142－0002619　857.1/039

揮麈前錄四卷後錄十一卷三錄三卷餘話二卷　(宋)王明清輯　(明)毛晉訂　明崇禎毛氏汲古閣刻津逮祕書本　十二冊

620000－1142－0002620　857.1/038－1

香祖筆記十二卷　(清)王士禛撰　清康熙四十四年(1705)刻本　六冊

620000－1142－0002621　857.1/035

唐摭言十五卷　(五代)王定保撰　清乾隆二十一年(1756)雅雨堂刻本　二冊

620000－1142－0002622　857.1/035－1

摭言十五卷　(五代)王定保撰　清乾隆二十一年(1756)雅雨堂刻本　二冊

620000－1142－0002623　856.2/361

宋孫仲益内簡尺牘十卷　(宋)孫覿撰　(宋)李祖堯編注　(清)蔡焯　(清)蔡龍孫增訂　清乾隆十二年(1747)刻本　四冊

620000－1142－0002624　853.5/558

芝龕記六卷題詞一卷　(清)繁露居士填　清乾隆十六年(1751)刻本　四冊

620000－1142－0002625　425.8/507

輶軒使者絕代語釋別國方言十三卷　(漢)揚雄撰　(晉)郭璞注　清乾隆武英殿活字印本　三冊

620000－1142－0002626　845.1/284.1－2

重刻范文正公忠宣公全集□□卷　(宋)范仲淹　(宋)范純仁撰　清康熙四十六年(1707)歲寒堂刻本　八冊　存十二卷(范文正公褒賢集五卷、范文正公集補編五卷、義莊規矩一卷，范忠宣公集補編一卷)

620000－1142－0002627　846/456－1

輟畊錄三十卷　(明)陶宗儀撰　明成化五年(1469)廣文堂刻本　六冊

620000－1142－0002628　846/281－1

鳥鼠山人小集十六卷後集二卷近取編二卷願學編二卷擬漢樂府八卷可泉擬涯翁擬古樂府二卷附錄二卷補遺一卷雍音一卷唐雅八卷　(明)胡纘宗撰　**胡氏榮哀錄二卷**　明嘉靖刻

清順治十三年(1656)周盛時補修本　二十三冊　缺十六卷(鳥鼠山人小集一至四、近取編二卷、補遺一卷、雍音一卷、唐雅八卷)

620000－1142－0002629　845/045
遺山先生詩集二十卷　(元)元好問撰　明崇禎刻本　六冊

620000－1142－0002630　926/165
山海經廣注十八卷山海經圖五卷　(清)吳任臣注　清乾隆五十一年(1786)刻本　六冊

620000－1142－0002631　857.1/489－1
廣虞初志四卷　(明)鄧喬林評選　(明)李長年校閱　明末刻本　一冊

620000－1142－0002632　845.1/766－4
施註蘇詩四十二卷總目二卷　(宋)蘇軾撰　(宋)施元之　(宋)顧禧註　(清)宋犖　(清)張榕端閱定　(清)宋至等刪補　**蘇詩續補遺二卷**　(宋)蘇軾撰　(清)馮景補注　**王註正譌一卷**　(清)邵長蘅撰　**東坡先生[蘇軾]年譜一卷**　(宋)王宗稷撰　(清)邵長蘅重訂　清康熙三十八年(1699)宋犖刻本　十六冊

620000－1142－0002633　845.2/260－1
白石詩集一卷詞集一卷　(宋)姜夔著　**諸家評論一卷**　(宋)陳藏一等撰　清雍正五年(1727)洪正治刻本　一冊　缺一卷(諸家評論一卷)

620000－1142－0002634　857.2/456
清異錄二卷　(宋)陶穀撰　**表異錄二十卷**　(明)王志堅輯　(清)陳世修校　清康熙四十七年(1708)刻本　二冊

620000－1142－0002635　424.5/724
大明萬曆己丑重刊改併五音類聚四聲篇十五卷五音集韻十五卷　(金)韓道昭撰　**經史正音切韻指南一卷**　(元)劉鑑撰　**新編篇韻貫珠集八卷附直指玉鑰匙門法一卷**　(明)釋真空撰　明崇禎二年至十年(1629－1637)金陵圓覺庵釋新仁刻本　二十六冊

620000－1142－0002636　857.3/362
北夢瑣言二十卷　(宋)孫光憲纂集　清乾隆二十一年(1756)刻本　四冊

620000－1142－0002637　857.2/595－3
聊齋志異十六卷　(清)蒲松齡著　(清)王士正評　清乾隆三十一年(1766)趙起杲青柯亭刻本　十六冊

620000－1142－0002638　853/346
惺齋新曲六種十三卷　(清)夏綸撰　(清)徐夢元評　清乾隆十八年(1753)夏氏世光堂刻本　十二冊

620000－1142－0002639　855.5/116
異方便淨土傳燈歸元鏡三祖實錄二卷　(清)釋智達頌　(清)釋德日閱錄　清乾隆四十九年(1784)龍王廟刻本　二冊

620000－1142－0002640　855.6/035
此宜閣增訂金批西廂四卷首一卷末一卷　(元)王德信著　(明)金人瑞批點　(清)陳勵增訂　清此宜閣刻朱墨套印本　六冊

620000－1142－0002641　857.41/450
雪月梅傳十卷五十回　(清)陳朗編輯　(清)董孟汾評釋　(清)邵松年校訂　清乾隆四十年(1775)德華堂刻本　十冊

620000－1142－0002642　091.31/260
九經補注八十三卷　(清)姜兆錫註疏　清雍正、乾隆間寅清樓刻本　四十八冊

620000－1142－0002643　857.41/162
飛龍傳六十回　(清)吳璿撰　清乾隆三十三年(1768)刻本　十六冊

620000－1142－0002644　925.155/039
焚椒錄一卷　(遼)王鼎撰　明崇禎毛氏汲古閣刻津逮秘書本　一冊

620000－1142－0002645　855.6/035－3
此宜閣增訂金批西廂四卷首一卷末一卷　(元)王德信著　(明)金人瑞批點　(清)陳勵增訂　清此宜閣刻朱墨套印本　十冊

620000－1142－0002646　925.17/500
蜀碧四卷　(清)彭遵泗編述　清刻本　二冊

620000－1142－0002647　857.41/572
新鐫全像通俗演義隋煬帝艷史八卷四十回　(明)齊東野人編演　(明)不經先生批評　清乾隆刻本　二十冊

620000－1142－0002648　857.5/550
廿一史彈詞註十卷　(明)楊慎編著　(清)張三異增定　(清)張仲璜註　**明史彈詞註一卷**　(明)張三異著　清乾隆五十一年(1786)張任佐視履堂刻本　十二冊

620000－1142－0002649　922.181/660－1
戰國策十卷元本目錄一卷　(宋)鮑彪校注　(元)吳師道注　(明)穆文熙編纂　(明)石星重校　明萬曆刻本　四冊

620000－1142－0002650　857.1/655－1
歸潛志十四卷　(元)劉祁撰　清刻本　二冊

620000－1142－0002651　845.1/498
元豐類稿五十卷續附一卷　(宋)曾鞏撰　(清)曾國光等重修　清康熙四十九年(1710)長嶺曾國光西爽堂刻本　十冊　缺一卷(續附一卷)

620000－1142－0002652　845.1/498－1
元豐類稿五十卷續附一卷　(宋)曾鞏撰　(清)曾國光等重修　清康熙四十九年(1710)長嶺曾國光西爽堂刻本　六冊　缺一卷(續附一卷)

620000－1142－0002653　925.16/657－1
酌中志六卷志餘二卷　(明)劉若愚撰　清中晚期抄本　八冊

620000－1142－0002654　845.1/464－3
宋黃文節公文集首四卷正集三十二卷外集二十四卷別集十九卷伐檀集二卷　(宋)黃庭堅著　清乾隆三十年(1765)緝香堂刻本　三十二冊

620000－1142－0002655　926/443
廣輿記二十四卷　(明)陸應陽原纂　(清)蔡方炳增輯　清康熙四十六年(1707)帶月樓刻本　十六冊

620000－1142－0002656　925.17/500－1
蜀碧四卷　(清)彭遵泗編述　清刻本　四冊

620000－1142－0002657　925.5/017
于清端公政書八卷外集一卷續集一卷　(清)于成龍撰　(清)蔡方炳　(清)諸匡鼎編次　(清)于準錄　清乾隆二十六年(1761)刻本　十一冊

620000－1142－0002658　925.37/053.1
上諭八旗十三卷上諭旗務議覆十二卷諭行旗務奏議十三卷　(清)允祿等輯　清雍正九年(1731)刻增修本　十四冊　存十三卷(諭行旗務奏議十三卷)

620000－1142－0002659　925.36/445
唐陸宣公翰苑集二十四卷　(唐)陸贄撰　清刻本　四冊

620000－1142－0002660　845.6/045－2
元遺山詩集八卷　(元)元好問撰　(清)萬廷蘭校訂　清乾隆四十三年(1778)南昌萬廷蘭刻本　八冊

620000－1142－0002661　845.15/724
安陽集五十卷　(宋)韓琦著　**別錄三卷**　(宋)王巖叟撰　**遺事一卷**　(宋)強至撰　**忠獻韓王家傳十卷**　(明)郭樸校　清乾隆四年(1739)書錦堂刻三十五年(1770)同安黃邦寧增修本　六冊

620000－1142－0002662　857.1/751
鶴林玉露二十四卷　(宋)羅大經著　(明)謝天瑞校　明萬曆二十九年(1601)刻本　四冊

620000－1142－0002663　857.1/658
漁洋說部精華十二卷附漁洋書籍跋尾二卷　(清)王士禎撰　(清)劉堅類次　清乾隆刻本　六冊　缺二卷(漁洋書籍跋尾二卷)

620000－1142－0002664　857.1/743
文昌雜錄六卷附補遺一卷　(宋)龐元英撰　清乾隆二十一年(1756)雅雨堂刻本　四冊

620000－1142－0002665　845.1/498－3
南豐先生元豐類藁五十三卷　(宋)曾鞏撰

(清)顧崧齡輯　清康熙五十六年(1717)長洲顧崧齡刻本　十册

620000－1142－0002666　857.1/624
精選黄眉故事十卷　(明)鄧志謨彙編　清乾隆七年(1742)刻本　三册

620000－1142－0002667　423.9/784－2
增廣字學舉隅四卷　(清)鐵珊輯　(清)淩振家閲　(清)王寶鏞書　清同治十三年(1874)蘭州郡署刻本　四册

620000－1142－0002668　845.1/284.1－1
范文正公集四十八卷　(宋)范仲淹撰　清康熙四十六年(1707)范氏歲寒堂刻本　十册　缺四卷(遺文一卷、祭文一卷、褒賢祠記二卷)

620000－1142－0002669　845.7/585
松雪齋集十卷外集一卷　(元)趙孟頫撰　清清德堂刻本　四册

620000－1142－0002670　845.7/585－1
松雪齋集十卷外集一卷　(元)趙孟頫撰　清清德堂刻本　四册

620000－1142－0002671　925.152/138
南渡錄不分卷竊憤錄不分卷竊憤續錄不分卷　(宋)辛棄疾著　**阿計替傳不分卷**　(宋)無名氏著　清抄本　四册

620000－1142－0002672　845.1/766－4－1
施註蘇詩四十二卷總目二卷　(宋)蘇軾撰　(宋)施元之　(宋)顧禧註　(清)宋犖　(清)張榕端閲定　(清)宋至等刪補　**蘇詩續補遺二卷**　(宋)蘇軾撰　(清)馮景補注　**王註正譌一卷**　(清)邵長蘅撰　**東坡先生[蘇軾]年譜一卷**　(宋)王宗稷撰　(清)邵長蘅重訂　清康熙三十八年(1699)宋犖刻本　十六册

620000－1142－0002673　845.22/442－10
劍南詩鈔六卷　(宋)陸游著　(清)楊大鶴選　清康熙二十四年(1685)毘陵楊氏刻本　六册

620000－1142－0002674　845.22/442－7
陸放翁全集一百五十八卷　(宋)陸游撰　明末海虞毛氏汲古閣刻本　十二册　存五十卷(渭南文集五十卷)

620000－1142－0002675　857.41/195
青石山十卷　(清)□□著　清抄本　十册

620000－1142－0002676　845.13/628－1
歐陽文忠公全集一百五十三卷附録五卷　(宋)歐陽修撰　(宋)胡柯輯　**廬陵歐陽文忠公[修]年譜一卷**　(宋)胡柯編　清乾隆十年至十一年(1745－1746)刻本　十八册　缺四十八卷(歐陽文忠公全集一至四十七、廬陵歐陽文忠公年譜一卷)

620000－1142－0002677　845.2/630
攻媿集一百十二卷　(宋)樓鑰撰　清刻本　二十册

620000－1142－0002678　845.1/464－115－3
黄詩全集三十九卷　(宋)黄庭堅撰　(宋)任淵注　清道光黄氏木活字印本　十二册

620000－1142－0002679　121.33/261
南華眞經解不分卷　(清)宣穎著　(清)王暉吉較　清康熙六十年(1721)郁文堂刻本　五册

620000－1142－0002680　821/375－2
隨園詩話十六卷補遺十卷　(清)袁枚著　清光緒十八年(1892)刻本　十二册

620000－1142－0002681　845.22/442－5
陸放翁全集一百五十八卷　(宋)陸游撰　明末海虞毛氏汲古閣刻本　四十八册

620000－1142－0002682　845.22/442－5－1
陸放翁全集一百五十八卷　(宋)陸游撰　明末海虞毛氏汲古閣刻本　四十六册

620000－1142－0002683　630.92/425－1
欽定授時通考七十八卷　(清)張廷玉等纂修　清乾隆七年(1742)刻本　二十四册

620000－1142－0002684　857.1/655
歸潛志十四卷　(元)劉祁撰　清刻本　四册

620000－1142－0002685　996.2/064

古粹一卷 (清)□□撰 清光緒稿本 一册

620000－1142－0002686 925.36/790
唐陸宣公集二十二卷 (唐)陸贄撰 (明)吳繼武校 明萬曆三十四年(1606)吳繼武光裕堂刻本 四册

620000－1142－0002687 845/780
石門文字禪三十卷 (宋)釋德洪撰 (宋)釋覺慈編錄 清康熙刻本 十六册

620000－1142－0002688 080/115
心齋十種二十一卷 (清)任兆麟撰 (清)陳昌言 (清)尤興讓校 清乾隆震澤任氏忠敏家塾刻本 四册

620000－1142－0002689 846/141
來禽館集二十八卷 (明)邢侗著 (明)范景文閱 明崇禎十年(1637)版築居刻本 二十册

620000－1142－0002690 846/101
貝清江先生全集四十一卷 (明)貝瓊撰 (清)金檀編輯 清康熙五十八年(1719)刻本 六册

620000－1142－0002691 845.1/657
忠肅集二十卷 (宋)劉摯撰 清刻本 八册

620000－1142－0002692 846/682
蘇長公集選二十二卷 (宋)蘇軾撰 (明)錢士鰲選 明萬曆二十六年(1598)刻本 四册

620000－1142－0002693 847/029.1
述本堂詩集十八卷 (清)方觀承輯 清乾隆二十年(1755)述本堂刻本 十册

620000－1142－0002694 845.1/063
司馬溫公文集八十二卷 (宋)司馬光撰 明崇禎元年(1628)吳時亮刻本 十六册

620000－1142－0002695 846/101－1
貝清江先生全集四十一卷 (明)貝瓊撰 (清)金檀編輯 清康熙五十八年(1719)刻本 五册

620000－1142－0002696 832.1/111－1
楚辭集注八卷 (宋)朱熹集註 清乾隆聽雨齋刻朱墨套印本 八册

620000－1142－0002697 832.1/111－2
楚辭集注八卷 (宋)朱熹集註 清乾隆聽雨齋刻朱墨套印本 四册

620000－1142－0002698 832.1/111－5
楚辭集注八卷 (宋)朱熹集註 清乾隆聽雨齋刻朱墨套印本 六册

620000－1142－0002699 845.2/751
羅鄂州小集六卷附遺文一卷 (宋)羅願撰 (清)程哲輯錄 清康熙五十二年(1713)七略書堂刻本 二册

620000－1142－0002700 845.14/778－1
蘇學士文集十六卷滄浪小志二卷 (宋)蘇舜欽撰 清康熙三十七年至三十八年(1698－1699)震澤徐惇復、徐惇孝白華書屋刻本 六册 缺二卷(滄浪小志二卷)

620000－1142－0002701 925.37/470－1
硃批諭旨不分卷 (清)鄂爾泰等編次 清乾隆三年(1738)刻朱墨套印本 一百十二册

620000－1142－0002702 926/443－1
廣輿記二十四卷 (明)陸應陽原纂 (清)蔡方炳增輯 清康熙五十六年(1717)聚錦堂刻本 十册

620000－1142－0002703 080/224
貸園叢書初集十二種四十九卷 (清)周永年輯 清乾隆五十四年(1789)歷城周氏竹西書屋據益都李文藻刊版重編印本 十六册

620000－1142－0002704 857.4/300－1
結水滸全傳七十卷七十回末一卷結子一回 (清)俞萬春著 (清)范辛來等參評 清同治十年(1871)刻本 二十册

620000－1142－0002705 044/724
歲華紀麗四卷 (唐)韓鄂撰 (明)胡震亨 (明)毛晉訂 明萬曆刻本 二册

620000－1142－0002706 011.7/036
漢藝文志攷證十卷 (宋)王應麟撰 清刻本 一册

620000－1142－0002707　071/365－1
白虎通德論二卷　(漢)班固撰　(明)程榮校　明萬曆新安程氏刻本　二册

620000－1142－0002708　072/586
朝野類要五卷　(宋)趙升撰　清刻本　一册

620000－1142－0002709　857.2/657
尚白齋鐫陳眉公家藏秘笈續函(寶顏堂續祕笈)五十種一百卷　(明)陳繼儒編　明萬曆沈氏尚白齋刻本　五册　存三種八卷(寶顏堂訂正賢奕編四卷附錄二卷、大學士高中玄公伏戎紀事一卷、寶顏堂訂正長水日抄一卷)

620000－1142－0002710　080/428－1
二酉堂叢書(張氏叢書)二十一種三十一卷　(清)張澍輯　清道光元年(1821)二酉堂刻本　十二册

620000－1142－0002711　844.1/488－498
溫飛卿詩集七卷外集一卷集外詩一卷　(唐)溫庭筠撰　(清)曾益謙注　(清)顧予咸補注　(清)顧嗣立重校　清光緒十三年(1887)秀野草堂刻本　二册

620000－1142－0002712　082/039－1
檀几叢書二集五帙五十卷　(清)王晫　(清)張潮輯　清康熙三十六年(1697)新安張氏霞舉堂刻本　五册

620000－1142－0002713　089.7/207
杭大宗七種十八卷　(清)杭世駿撰　清乾隆刻本　四册

620000－1142－0002714　921.19/453.1
紀元要略二卷　(清)陳景雲撰　**補輯一卷**　(清)陳黄中撰　清乾隆十九年(1754)蔣良驥刻文道十書四種本　三册

620000－1142－0002715　921.19/453
通鑑胡注舉正一卷　(清)陳景雲撰　清乾隆十九年(1754)蔣良騏刻文道十書四種本　一册

620000－1142－0002716　922.175/276
春秋胡傳三十卷諸國興廢說一卷　(宋)胡安國撰　明刻本　四册

620000－1142－0002717　847/389
四憶堂詩集六卷遺稿一卷　(清)侯方域著　(清)賈開宗等選註　清顺治刻本　二册

620000－1142－0002718　923.5/400
却掃編三卷　(宋)徐度撰　(明)毛晉訂　明崇禎毛氏汲古閣刻津逮秘書本　三册

620000－1142－0002719　922.704/747
平臺紀畧一卷　(清)藍鼎元著　(清)王者輔評　清雍正十年(1732)刻本　一册

620000－1142－0002720　632/509－1
齊民要術十卷　(北魏)賈思勰撰　明末刻本　六册

620000－1142－0002721　921.8/717
史懷十七卷　(明)鍾惺述　(明)陶珽評　(明)宋鈜等校　明末刻本　八册

620000－1142－0002722　921.8/468
史學提要箋釋五卷　(宋)黄繼善譔　(清)楊錫祜釋　清康熙五十五年(1716)積慶堂刻本　五册

620000－1142－0002723　922.5101/498
隆平集二十卷　(宋)曾鞏編譔　(清)湯來賓參　(清)彭期訂　清康熙四十七年(1708)七業堂刻本　六册

620000－1142－0002724　922.48/284
吴越備史四卷補遺一卷　(宋)范坰　(宋)林禹撰　清康熙十七年(1678)刻本　二册

620000－1142－0002725　922.5101/498－1
隆平集二十卷　(宋)曾鞏編譔　(清)湯來賓叅　(清)彭期訂　清康熙四十七年(1708)七業堂刻本　四册　缺七卷(四至十)

620000－1142－0002726　831/422－1
樂府詩集一百卷　(宋)郭茂倩編次　(明)毛晉訂正　(清)毛扆再訂　清初毛氏汲古閣刻本　十六册

620000－1142－0002727　921.1/053
鏡古錄八卷　(明)毛調元著　(明)毛生輝校

明萬曆四十四年(1616)紫陽書院刻本　八冊

620000－1142－0002728　921/093－1
十七史商榷一百卷　(清)王鳴盛述　清乾隆五十二年(1787)刻本　二十冊

620000－1142－0002729　922.36507/084
周書文鈔六卷　(唐)令狐德棻撰　(明)戴羲摘撰　明崇禎二年(1629)刻本　二冊

620000－1142－0002730　922.42083/164
五代史纂誤三卷　(宋)吳縝撰　清乾隆武英殿木活字印本　一冊

620000－1142－0002731　922.4/488
大唐創業起居注三卷　(唐)溫大雅撰　(明)沈士龍　(明)胡震亨校　明萬曆刻本　一冊

620000－1142－0002732　831.7/123
欽定國朝詩別裁集三十二卷　(清)沈德潛纂評　清乾隆二十六年(1761)刻本　十二冊

620000－1142－0002733　832.1/206－4
楚辭十七卷　(漢)劉向集　(漢)王逸章句　清初毛氏汲古閣刻本　六冊

620000－1142－0002734　832.1/042－3
楚辭十七卷附錄一卷　(漢)劉向編集　(漢)王逸章句　(明)馮紹祖校正　明三樂齋刻本　四冊

620000－1142－0002735　853.5/632－1
元曲選一百卷首一卷論曲一卷元曲論一卷　(明)臧懋循編　明萬曆吳興臧懋循雕蟲館刻博古堂印本　四十九冊

620000－1142－0002736　845.14/778－2
蘇學士文集十六卷滄浪小志二卷　(宋)蘇舜欽撰　清康熙三十七年至三十八年(1698－1699)震澤徐惇復、徐惇孝白華書屋刻本　二冊　缺二卷(滄浪小志二卷)

620000－1142－0002737　847/071－1
西青散記四卷　(清)史震林撰　清乾隆二年(1737)三餘堂刻本　四冊

620000－1142－0002738　847/445.1
三魚堂文集十二卷外集六卷附錄一卷　(清)陸隴其著　(清)席永恂　(清)席前席校　清康熙四十年(1701)琴川書屋刻本　八冊

620000－1142－0002739　853.5/728
元曲選一百卷首一卷論曲一卷元曲論一卷　(明)臧懋循編　明萬曆吳興臧懋循雕蟲館刻本　四十冊　缺二卷(論曲一卷、元曲論一卷)

620000－1142－0002740　846/399
徐文長文集三十卷補遺一卷　(明)徐渭著　(明)袁宏道評點　(明)閔德美校訂　明萬曆四十二年(1614)鍾人傑刻本　八冊

620000－1142－0002741　857.41/450－1
雪月梅傳十卷五十回　(清)陳朗編輯　(清)董孟汾評釋　(清)邵松年校訂　清乾隆四十年(1775)德華堂刻本　十冊

620000－1142－0002742　921.15/624
函史上編八十一卷下編二十一卷　(明)鄧元錫纂　明崇禎十一年(1638)刻清乾隆修補本　六十八冊

620000－1142－0002743　921.4/354－2
繹史一百六十卷世襲圖一卷目錄一卷年表一卷　(清)馬驌著　清康熙九年(1670)刻本　四十八冊

620000－1142－0002744　921.7/150－703
北史文鈔八卷　(唐)李延壽撰　(明)戴羲摘撰　明崇禎刻本　二冊

620000－1142－0002745　921.7/737－703
魏書文鈔十八卷　(北齊)魏收撰　(明)戴羲摘撰　明天啟刻本　五冊

620000－1142－0002746　922.1/749－1
重訂路史全本四十七卷　(宋)羅泌輯　(宋)羅苹注　(明)吳弘基　(明)吳思穆　(明)董聖麒訂　清嘉慶六年(1801)刻本　十冊　存二十六卷(前紀九卷、後紀十四卷、國名紀一至三)

620000－1142－0002747　922.1/749

路史前紀九卷後紀十四卷國名紀七卷發揮六卷餘論十卷　(宋)羅泌纂　(宋)羅苹註　(明)喬可傳校　明萬曆三十九年(1611)刻本　二十冊

620000－1142－0002748　922.1/749－2
路史前紀九卷後紀十四卷國名紀七卷發揮六卷餘論十卷　(宋)羅泌纂　(宋)羅苹註　(明)喬可傳校　明萬曆三十九年(1611)刻本　二十冊

620000－1142－0002749　922.17/266
欽定春秋傳說彙纂三十八卷首二卷　(清)王掞等撰　清康熙六十年(1721)刻本　二十四冊

620000－1142－0002750　922.33/479
十六國春秋一百卷　(北魏)崔鴻撰　(清)汪日桂重訂　清乾隆四十六年(1781)汪日桂欣託山房刻本　二十四冊

620000－1142－0002751　011.6/465－1
士禮居藏書題跋記六卷　(清)黄丕烈撰　清光緒十年(1884)滂喜齋刻本　四冊

620000－1142－0002752　121/738
諸子彙函十六卷　(明)歸有光蒐輯　(明)文震孟參訂　明末刻本　十四冊

620000－1142－0002753　922.33/479－1
十六國春秋一百卷　(北魏)崔鴻撰　(明)項琳之　(明)屠喬孫訂　明萬曆三十七年(1609)刻本　二十冊

620000－1142－0002754　922.5/218
弘簡錄二百五十四卷總目一卷　(明)邵經邦學　(清)邵遠平校閱　清乾隆刻本　四十八冊

620000－1142－0002755　922.51/042
東都事略一百三十卷　(宋)王稱撰　清寶華堂刻本　十冊

620000－1142－0002756　922.51/042－1
東都事略一百三十卷　(宋)王稱撰　清寶華堂刻本　十六冊

620000－1142－0002757　922.51/063－1
涑水記聞十六卷　(宋)司馬光撰　清道光刻本　四冊

620000－1142－0002758　922.51/063－2
涑水記聞十六卷　(宋)司馬光撰　清乾隆四十二年(1777)武英殿刻本　四冊

620000－1142－0002759　922.51/108
御覽曲洧舊聞十卷　(宋)朱弁撰　清乾隆四十九年(1784)錢塘汪汝瑮刻本　二冊

620000－1142－0002760　922.56/100
金史一百三十五卷附金國語解一卷　(元)脱脱修　(清)常錫布等奉旨重校修　清康熙二十五年(1686)刻本　二十四冊

620000－1142－0002761　922.57/218－1
續弘簡錄元史類編四十二卷　(清)邵遠平學　清刻本　十二冊

620000－1142－0002762　922.69/518
江變紀畧一卷　(明)華復蠡撰　清抄本　一冊

620000－1142－0002763　922.704/585
皇朝武功紀盛四卷附簷曝雜記六卷　(清)趙翼撰　清乾隆五十七年(1792)乾元堂刻本　四冊

620000－1142－0002764　928/457
乾隆縉紳錄不分卷　(清)□□編　清刻本　六冊

620000－1142－0002765　982.1/048－1
闕里文獻考一百卷首一卷末一卷　(清)孔繼汾撰　清乾隆二十七年(1762)刻本　八冊

620000－1142－0002766　121.61/599－190－3
管子二十四卷　(春秋)管仲撰　(唐)房玄齡注　(明)劉績補　清光緒二十九年(1903)新政書局刻本　四冊

620000－1142－0002767　082/357
龍威祕書十集一百七十七種三百二十五卷　(清)馬俊良輯　清乾隆五十九年(1794)石門馬氏大酉山房刻本　八十三冊　存一百二十

六種二百五十六卷(小爾雅一卷、群輔錄一卷、南方草木狀三卷、西京雜記六卷、海内十洲記一卷、搜神記八卷、神仙傳十卷、神異經一卷、穆天子傳六卷、漢武帝内傳一卷、飛燕外傳一卷、雜事祕辛一卷、述異記二卷、枕中書一卷、別國洞冥記四卷、詩品三卷、鼎錄一卷、竹譜一卷、古今刀劍錄一卷、五國故事二卷、故宮遺錄一卷、赤雅三卷、平臺紀略一卷、雲仙雜記一卷、本朝名家詩鈔小傳四卷、歸田詩話三卷、臨漢隱居詩話一卷、酉陽雜俎二卷、諾臯記一卷、博異志一卷、李泌傳一卷、仙吏傳一卷、英雄傳一卷、劍俠傳一卷、柳毅傳一卷、虯髯客傳一卷、馮燕傳一卷、蔣子文傳一卷、杜子春傳一卷、龍女傳一卷、妙女傳一卷、神女傳一卷、楊太真外傳二卷、長恨歌傳一卷、梅妃傳一卷、紅線傳一卷、劉無雙傳一卷、霍小玉傳一卷、牛應貞傳一卷、謝小娥傳一卷、李娃傳一卷、章臺柳傳一卷、非烟傳一卷、任氏傳一卷、袁氏傳一卷、揚州夢記一卷、妝樓記一卷、雷民傳一卷、離魂記一卷、再生記一卷、夢遊錄一卷、三夢記一卷、幽怪錄一卷、續幽怪錄一卷、幻戲志一卷、幻異志一卷、覊應傳一卷、才鬼記一卷、靈鬼志一卷、玄怪記一卷、續玄怪錄一卷、昌黎雜説一卷、錄異記一卷、飛燕遺事一卷、趙后遺事一卷、搜神後記一卷、窮怪錄一卷、幽怪錄一卷、古鏡記一卷、輶軒絕代語一卷、臆乘一卷、桯史一卷、仇池筆記一卷、東齋記事一卷、漁樵閒話一卷、廬陵雜説一卷、遺史記聞一卷、樜青雜説一卷、晰獄龜鑑一卷、搜神祕覽一卷、玉溪編事一卷、乘異記一卷、廣異記一卷、甄異記一卷、旌異記一卷、睽車志一卷、雞肋一卷、虎口餘生記一卷、陶說六卷、鬼董五卷、說郛雜著、乾𦠆子一卷、志林一卷、金樓子一卷、五色線一卷、雲齋廣錄一卷、田間書一卷、席上腐談一卷、王烈婦一卷、平定交南錄一卷、西北域記一卷、考槃餘事四卷、麗體金膏八卷、嶺南雜記一卷、封長白山記一卷、使琉球紀一卷、閩小紀二卷、臺灣紀略一卷、臺灣雜記一卷、安南紀遊一卷、粤述一卷、滇黔紀遊一卷、滇行紀程一卷續抄一卷、東還紀程一卷續抄一卷、李氏學樂錄二卷、論語稽求篇七卷、大學證文一卷、明堂問一卷、白鷺洲主客說詩一卷、續詩傳鳥名三卷、八紘譯史四卷、八紘荒史一卷、譯史紀餘四卷、西番譯語一卷、外國竹枝詞一卷、說文解字繫傳四十卷附錄一卷)

620000－1142－0002768　423.135/040－11:1
說文釋例二十卷　(清)王筠學　清同治四年(1865)刻本　十册

620000－1142－0002769　423.135/040－11:2
說文釋例二十卷　(清)王筠學　清同治四年(1865)刻本　十册

620000－1142－0002770　857.4/387－271
臯鶴堂批評第一奇書金瓶梅一百回首一卷題(清)李漁著　清康熙三十四年(1695)刻本　二十四册

620000－1142－0002771　857.4/387－434－1
第一奇書一百回首一卷　(清)張竹坡批評　清康熙三十四年(1695)影松軒刻本　二十四册

620000－1142－0002772　857.4/387－434－2
醒世奇書正續合編三十六卷一百六十回附太上感應篇陰陽無字解一卷　(清)張竹坡批評　清康熙三十四年(1695)崇經堂刻本　三十六册

620000－1142－0002773　094.127/279
毛詩後箋三十卷　(清)胡承珙撰　清道光十七年(1837)刻本　二十册

620000－1142－0002774　094.127/323
詩經體註大全合条八卷　(清)高朝瓔定　(清)沈世楷輯　(清)沈存仁参　(清)高景屺商　(清)高景陳校　清刻本　四册

620000－1142－0002775　096.37/573
何氏公羊解詁三十論一卷附尊卑表儀注表一卷　(清)廖平著　清刻本　一册

620000－1142－0002776　853.5/553
坦園傳奇六種六卷　(清)楊恩壽填詞　清光緒元年(1875)長沙楊氏刻本　四册　缺一種

十一卷(湯子遺書十卷首一卷)

620000－1142－0002777　853.5/624
審音鑑古録九種六十六齣　(清)□□評輯
清道光十四年(1834)刻本　八册

620000－1142－0002778　927.23/103－529－2
西湖志四十八卷　(清)李衛等修　(清)傅王露等纂　清乾隆刻本　二十册

甘肅農業大學圖書館古籍普查登記目録

全國古籍普查登記目録

國家圖書館出版社
National Library of China Publishing House

《甘肅農業大學圖書館古籍普查登記目録》

編委會

主　編：吉順平

編　委：王生林　張歲玲　陳　煒　崔立雲　曹力萌　黄曉霞
何　淵

《甘肅農業大學圖書館古籍普查登記目録》

前　言

甘肅農業大學圖書館前身爲創立於1946年的國立獸醫學院圖書室，後歷經西北獸醫學院圖書室、西北畜牧獸醫學院圖書室（館）至現名之變化。學院初創，資料匱乏，或受來校工作人員及社會人士慷慨捐贈，或自行采購，漸有古籍入藏。然終因學校性質及無專門從事農史等古文獻研究之需要，古籍訪求極爲有限，數量較少，種類亦乏。現存1912年以前之古籍共計20部324册，除明刻本兩部外，其餘皆爲清中晚期刻本。

2007年，爲了更好地保護和利用館藏古籍資源，圖書館籌備設立了特色文獻研究室，對原有的各類古籍與其他特色文獻進行了清點登記，專櫃陳列。時逢"中華古籍保護計劃"實施，開始在全國範圍内進行古籍普查，通過積極申報，館藏清袁芳瑛臥雪廬舊藏、明宋邦乂等刻宋啓明補修本《吕氏春秋》二十六卷，於2008年入選第一批《國家珍貴古籍名録》，給予館内古籍保護工作以莫大鼓勵。在進行古籍普查著録的同時，我們亦將原藏各類文獻包括1912年以後刻印、影印的古籍進行了編目整理，編印了《甘肅農業大學圖書館古籍目録》，厘清了家底。

在本書編纂過程中，由於編者水平有限，疏漏之處在所難免，敬請廣大同仁批評指正，以臻完善。

甘肅農業大學圖書館
2016年5月

620000－1143－0000001　經 001
禮經箋十七卷　（漢）鄭玄注　王闓運箋　清光緒十一年（1885）成都尊經書局刻本　五冊　存十五卷（一至六、九至十七）

620000－1143－0000002　經 002
春秋繁露十七卷附錄一卷　（漢）董仲舒著　明萬曆新安程榮刻漢魏叢書本　四冊

620000－1143－0000003　經 003
春秋經傳集解三十卷　（晉）杜預注　清同治至光緒刻本　十五冊

620000－1143－0000004　史 001
前漢書一百卷　（漢）班固撰　（唐）顏師古注　清同治至光緒刻本　二十一冊　存七十卷（四至十四、十六至二十、二十三至二十七、三十至五十二、六十二至六十五、七十至八十一、八十六至九十三、九十七至九十八）

620000－1143－0000005　史 002
三國志六十五卷　（晉）陳壽撰　（南朝宋）裴松之注　清同治十年（1871）成都書局刻本　十二冊　存四十五卷（魏志一至十一、十五至三十，蜀志一至八，吳志一至十）

620000－1143－0000006　史 003
十朝東華錄附東華續錄六百二十四卷　王先謙編　清光緒二十五年（1899）石印本　八十八冊

620000－1143－0000007　史 010
剡川姚氏本戰國策三十三卷　（漢）高誘注　**札記三卷**　（清）黄丕烈撰　清同治八年（1869）湖北崇文書局刻本　五冊

620000－1143－0000008　史 011
戰國策三十三卷　（漢）高誘注　清光緒刻本　三冊　存二十七卷（七至三十三）

620000－1143－0000009　史 013
國語二十一卷　（三國吳）韋昭解　**札記一卷**　（清）黄丕烈撰　**考異四卷**　（清）汪遠孫撰　清光緒二年（1876）成都尊經書局刻本　三冊　存十七卷（十至二十一、札記一卷、考異四卷）

620000－1143－0000010　史 016
月令廣義二十四卷首一卷　（明）馮應京輯　（明）戴任增釋　明萬曆秣陵陳邦泰刻本　一冊　存一卷（首一卷）

620000－1143－0000011　史 017
月令粹編二十四卷圖說一卷　（清）秦嘉謨編　清嘉慶十七年（1812）秦氏琳琅仙館刻本　八冊

620000－1143－0000012　史 019
天下郡國利病書一百二十卷　（清）顧炎武輯　清光緒五年（1879）蜀南桐華書屋薛氏家塾補刻本　五十七冊　存一百九卷（一至十、十三至四十七、五十至五十七、六十五至一百二十）

620000－1143－0000013　史 020
讀史方輿紀要一百三十卷　（清）顧祖禹撰　清光緒五年（1879）蜀南桐華書屋薛氏家塾補刻本　五十七冊　存一百四卷（一至五十二、五十四、五十七至五十九、六十二至六十三、七十至七十二、八十一至九十八、一百一至一百二十五）

620000－1143－0000014　子 018
三農記二十四卷　（清）張宗法著　清乾隆二十五年（1760）刻本　八冊

620000－1143－0000015　子 019
農候雜占四卷　（清）梁章鉅撰　清同治十二年（1873）浙江書局刻本　一冊　存二卷（一至二）

620000－1143－0000016　子 020
秘傳花鏡六卷　（清）陳淏子輯　清刻本　三冊　存五卷（二至六）

620000－1143－0000017　子 027
本草述鉤元三十二卷　（清）楊時泰輯　清道光二十二年（1842）刻本　十二冊

620000－1143－0000018　子 042
呂氏春秋二十六卷　（漢）高誘訓解　明宋邦乂等刻本　八冊

620000－1143－0000019　子 055

沖虛至德真經八卷　（宋）江遹解　清光緒三十二年（1906）成都二仙庵刻道藏輯要本　三冊

620000－1143－0000020　叢 003

懷豳雜俎叢書十二種十七卷　徐乃昌輯　清光緒三十三年至宣統二年（1907－1910）徐氏刻本　十冊

蘭州文理學院圖書館古籍普查登記目録

全國古籍普查登記目録

國家圖書館出版社
National Library of China Publishing House

《蘭州文理學院圖書館古籍普查登記目録》

編委會

主　編：王金壽

編　委：岳朋瑞　王作華　許　玲　程詩然　陳　帆　梁　强

《蘭州文理學院圖書館古籍普查登記目録》

前　言

蘭州文理學院圖書館館藏古籍文獻 264 種 6000 餘册,其中善本 41 種 1000 多册。2010 年 8 月,蘭州文理學院圖書館被確定爲第一批"甘肅省古籍重點保護單位",館藏《重校正唐文粹》《輟耕錄》《初學記》《淵鑑類函》《御選唐宋文醇》《六書故》《兩漢文》《宋學士全集》《宋詩紀事》《庚子銷夏記》等 10 部古籍入選《甘肅省珍貴古籍名録》。

蘭州文理學院圖書館所藏古籍主要是明清時期的版本,并且以清代古籍文獻爲館藏主體。

館藏明代古籍主要是明代中後期刻本,包括明代中期蘇州刻本、明末汲古閣刻本等具有很高版本價值的善本。比如:明嘉靖三年(1524)徐焴刻本《重校正唐文粹》、明崇禎六年(1633)刻本《兩漢文》、明刻本《湧幢小品》、明末毛氏汲古閣刻(《津逮秘書》本)廣文堂刻本《輟耕錄》等,這些都是館藏明刻本中的精品。

館藏清代版本是本館所藏古籍的主體,占 90% 以上。本館所藏清代版本包括内府刻本、官書局刻本、著名乾嘉學者精校精刻本及名家彙刻叢書,清同治、光緒時代名家刻本,清末石印本等。

蘭州文理學院圖書館館藏古籍文獻版本貫穿明、清兩個朝代,基本涵蓋了各種版本類型,反映了明清各個階段、各種類型的版本特點,構成一定規模的藏書體系,具有重要的文獻價值、藝術價值和文物價值,值得對其進行開發研究並加以利用。

蘭州文理學院圖書館
2016 年 5 月

620000－1153－0000001　善 0001
重校正唐文粹一百卷　(宋)姚鉉纂　明嘉靖三年(1524)徐焴刻本　十八册

620000－1153－0000002　善 0002
初學記三十卷　(唐)徐堅撰　(明)陳大科校　明萬曆二十五年至二十六年(1597－1598)陳大科刻清岱雲樓重修本　十册

620000－1153－0000003　善 0003
輟耕録三十卷　(明)陶宗儀撰　明末毛氏汲古阁刻(津逮秘書本)廣文堂刻本　十六册

620000－1153－0000004　善 0004
淵鑑類函四百五十卷目錄四卷　(清)王士禛編　清康熙四十九年(1710)刻本　一百四十四册

620000－1153－0000005　善 0005
御選唐宋文醇五十八卷　(清)高宗弘曆選編　清乾隆三年(1738)内府刻四色套印本　二十册

620000－1153－0000006　善 0006
六書故三十三卷　(宋)戴侗撰　(清)李鼎元校刊　清乾隆四十九年(1784)師竹斋刻本　十六册

620000－1153－0000007　善 0007
繹史一百六十卷　(清)馬驌著　清康熙九年(1670)刻本　四十四册　存一百五十五卷(六至一百六十)

620000－1153－0000008　善 0008
庚子銷夏記八卷　(清)孫承澤撰　清乾隆二十六年(1761)刻本　六册

620000－1153－0000009　善 0009
御選唐詩三十二卷目錄三卷　(清)聖祖玄燁輯　(清)陳廷敬編　清康熙五十二年(1713)朱墨套印本　十六册

620000－1153－0000010　善 0010
兩漢文四十卷　(明)張采輯　(明)周鐘　(明)張溥鑒定　明崇禎六年(1633)刻本　二十册

620000－1153－0000011　善 0011
正字通十二卷首一卷　(明)張自烈編　清康熙十年(1671)弘文書院刻本　四十册

620000－1153－0000012　善 0012
重訂李義山詩集箋注三卷年譜一卷李義山集外詩箋注一卷詩話一卷　(清)朱鶴齡著　(清)陳夢星刪補　清刻本　四册

620000－1153－0000013　善 0013
重刊校正笠澤叢書四卷補遺一卷續補遺一卷　(唐)陸龜蒙著　清刻本　四册

620000－1153－0000014　善 0014
明詩綜一百卷　(清)朱彝尊錄　(清)汪森輯評　清康熙四十四年(1705)刻本　二十册

620000－1153－0000015　善 0015
弇州山人四部稿一百七十四卷目錄十二卷　(明)王世貞著　明萬曆五年(1577)世經堂刻本　六十二册

620000－1153－0000016　善 0016
春秋十六卷陸氏三傳釋文音義十六卷　(唐)陸德明撰　(唐)□□輯　清刻本　十二册

620000－1153－0000017　善 0017
湧幢小品三十二卷　(明)朱國禎輯　明刻本　十册

620000－1153－0000018　善 0018
唐會要一百卷　(宋)王溥撰　清翻刻武英殿聚珍本　二十八册

620000－1153－0000019　善 0019
唐詩別裁集引典備注二十卷目錄一卷　(清)沈德潛選　(清)俞汝昌增注　清道光十八年(1838)富春堂刻本　十六册

620000－1153－0000020　善 0020
詩傳大全二十卷綱領一卷圖一卷詩序一卷　(明)胡广等輯　明刻本　十二册

620000－1153－0000021　善 0021
字彙十二卷首一卷　(明)梅膺祚音釋　(明)劉永懋重訂　清乾隆四十年(1775)崇文堂刻本　十三册

620000－1153－0000022　善 0022
二十一史彈詞注十一卷　(明)楊慎編著　(清)張三異增定　清雍正五年(1727)刻本　八册

620000－1153－0000023　善 0023
儀禮提綱一卷　(清)馬徵慶學　清末網舊聞齋綠格抄本　一册

620000－1153－0000024　善 0026
漁隱叢話前集六十卷後集四十卷　(宋)胡仔纂輯　清乾隆五年至六年(1740－1741)楊佑啟耘經樓刻本　八册

620000－1153－0000025　善 0027
[乾隆]皋蘭縣誌二十卷　(清)吳鼎新修　(清)黃建中纂　清乾隆四十三年(1778)刻本　四册　存十九卷(二至二十)

620000－1153－0000026　善 0028
晉政輯要八卷　(清)鄭源璹纂輯　清抄本　八册

620000－1153－0000027　善 0029
欽定詩經傳說匯纂二十一卷　(清)王鴻緒撰　清雍正五年(1727)刻本　二十四册

620000－1153－0000028　善 0030
太平寰宇記二百卷目錄二卷　(宋)乐史撰　清刻本　三十册　存八十一卷(一百二十至二百)

620000－1153－0000029　善 0031
全唐詩九百卷　(清)曹寅　(清)彭定求編修　清康熙四十六年(1707)刻本　一百四十八册

620000－1153－0000030　善 0032
釋名疏證八卷　(漢)劉熙著　清乾隆五十五年(1790)靈巖山館刻本　四册

620000－1153－0000031　善 0033
宋詩紀事一百卷　(清)厲鶚輯　(清)馬曰琯輯　清乾隆十一年(1746)刻本　三十二册

620000－1153－0000032　善 0034
宋學士全集三十三卷附錄一卷　(明)宋濂撰　(清)彭始摶重校刻　清康熙四十八年(1709)刻本　十六册

620000－1153－0000033　善 0035
北夢瑣言二十卷　(宋)孫光憲纂集　清乾隆二十一年(1756)刻雅雨堂叢書本　二册

620000－1153－0000034　善 0036
通志略五十二卷　(宋)鄭樵著　(明)陳宗夔校　清乾隆刻本　十六册

620000－1153－0000035　善 0037
前後漢紀六十卷　(漢)荀悅　(晉)袁宏撰　清康熙刻本　十二册

620000－1153－0000036　善 0038
硃批諭旨不分卷　(清)鄂爾泰　(清)張廷玉編次　清乾隆刻本　一百六册

620000－1153－0000037　善 0039
佩文韻府一百六卷　(清)張玉書編纂　清康熙五十年(1711)刻本　九十五册

620000－1153－0000038　善 0040
經訓堂叢書二十種一百五十四卷　(清)畢沅輯　清乾隆四十八年至四十九年(1783－1784)經訓堂刻本　四十二册

620000－1153－0000039　善 0041
雅雨堂藏書一百三十一卷　(清)盧見曾輯　清乾隆二十一年至二十五年(1756－1760)盧氏雅雨堂刻本　二十六册

620000－1153－0000040　善 0042
古文淵鑒六十四卷　(清)聖祖玄燁選　(清)徐乾學等編注　清康熙二十四年(1685)內府刻四色套印本　二十四册

620000－1153－0000041　經 0001
方言箋疏十三卷　(清)錢繹撰　清光緒十六年(1890)紅蝠山房刻本　六册

620000－1153－0000042　經 0002
爾雅注疏十一卷　(晉)郭璞注　(宋)刑昺疏　清嘉慶七年(1802)刻本　四册

620000－1153－0000043　經 0003
經籍籑詁一百六卷　(清)阮元撰集　清同治

十二年(1873)淮南書局刻本　六十册

620000－1153－0000044　經 0004
廣雅疏證十卷　(清)王念孫學　清嘉慶元年(1796)刻本　十册　存九卷(一至十上)

620000－1153－0000045　經 0005
説文古籀疏證六卷　(清)莊述祖撰　清光緒二十年(1894)刻本　四册

620000－1153－0000046　經 0007
尚書讀本二卷　(清)吳汝綸撰　清光緒三十四年(1908)鉛印本　二册

620000－1153－0000047　經 0009
哽經日記一卷　(清)劉爾炘撰　清光緒三十四年(1908)甘肅高等學堂刻本　一册

620000－1153－0000048　經 0010
禮記十卷　(元)陳澔集説　清同治十年(1871)刻本　十册

620000－1153－0000049　經 0011
欽定書經圖説五十卷　(清)孫家鼐　(清)徐郙纂輯　清光緒三十一年(1905)石印本　十六册

620000－1153－0000050　經 0012
四書人物類典串珠四十卷　(清)臧志仁編輯　清嘉慶四年(1799)周錫堂刻本　十二册

620000－1153－0000051　經 0013
顧氏音學五書三十八卷　(清)顧炎武撰　清光緒十六年(1890)刻本　十二册

620000－1153－0000052　經 0014
説文釋例二十卷　(清)王筠撰　清同治四年(1865)刻本　十册

620000－1153－0000053　經 0015
十三經集字摹本不分卷　(清)張小浦鑒定　(清)彭玉雯纂刊　(清)萬青銓校正　清咸豐二年(1852)京都琉璃廠刻本　八册

620000－1153－0000054　經 0016
説文解字義證五十卷　(清)桂馥撰　清同治九年(1870)崇文書局刻本　三十二册

620000－1153－0000055　經 0017
爾雅古注斠三卷蘭如詩鈔一卷　(清)葉蕙心撰　清光緒二年(1876)李氏半畝園刻本　二册

620000－1153－0000056　經 0019
漢隸字源五卷碑目一卷　(宋)婁機撰　(清)姚覲元栞　清光緒三年(1877)刻本　六册

620000－1153－0000057　經 0020
聲類表十卷　(清)戴震撰　清末刻本　二册

620000－1153－0000058　經 0021
爾雅正義二十卷釋文三卷　(清)邵晉涵撰　清乾隆五十三年(1788)刻本　八册

620000－1153－0000059　經 0022
經學輯要二十四卷　(清)李鼎祚集解　清光緒二十年(1894)點石齋石印本　十八册　存十四卷(一、五、九至十七、十八下至十九、二十四)

620000－1153－0000060　經 0023
六書分類十二卷　(清)傅世垚輯　清刻本　十二册

620000－1153－0000061　經 0024
書經衷要十二卷　(清)李式穀輯　(清)葉仝校刊　清嘉慶二十三年(1818)刻本　五册

620000－1153－0000062　經 0025
皇清經解一千四百八卷　(清)阮元編　清道光九年(1829)廣東學海堂刊咸豐十一年(1861)補刊本　三百五十册

620000－1153－0000063　經 0026
皇清經解續編一千四百三十卷　王先謙輯　清光緒十四年(1888)南菁書院刊本　三百二十册

620000－1153－0000064　經 0028
四書辯字(句)人物考一卷　(□)□□撰　清乾隆二十九年(1764)刻本　一册

620000－1153－0000065　經 0029
御定駢字類編二百四十卷　(清)沈宗敬編　清光緒十三年(1887)石印本　四十册

620000－1153－0000066　經 0030
周易費氏學八卷敘錄一卷　馬其昶學　清光緒三十年(1904)刻本　三冊

620000－1153－0000067　經 0031
小學類編七種三十六卷　(清)李祖望輯　清末江都李祖望半畝園刻本　八冊

620000－1153－0000068　史 0001
明通鑑九十卷首一卷前編四卷坿編六卷　(清)夏燮編輯　清同治十二年(1873)刻本　四十冊

620000－1153－0000069　史 0002
周季編略九卷　(清)黃式三纂　清同治十二年(1873)浙江書局刻本　四冊

620000－1153－0000070　史 0003
東華全錄四百二十五卷東華續錄六十九卷　王先謙編　清光緒十三年(1887)刻本　一百八十二冊　存四百七十九卷(一至十六、三十二至四百九十四)

620000－1153－0000071　史 0004
東華錄四百二十五卷　王先謙編　清光緒十三年(1887)擷華書局鉛印本　一百五十六冊

620000－1153－0000072　史 0005
小腆紀年坿攷二十卷　(清)徐鼒撰　清光緒十二年(1886)鉛印本　十二冊

620000－1153－0000073　史 0006
中外紀年通表　(清)齊召南編　清光緒二十三年(1897)著易堂石印本　八冊

620000－1153－0000074　史 0007
資治通鑑外紀十卷目錄五卷　(宋)劉恕編　清嘉慶十六年(1811)刻本　十二冊

620000－1153－0000075　史 0008
鄂國金佗稡编二十八卷　(宋)岳珂編　(清)王崇鼎校　清光緒九年(1883)浙江書局刻本　六冊

620000－1153－0000076　史 0009
鄂國金佗續編三十卷　(宋)岳珂編　清光緒九年(1883)浙江書局刻本　六冊

620000－1153－0000077　史 0010
出使英法義比四國日記六卷　(清)薛福成纂　清光緒十八年(1892)刻本　六冊

620000－1153－0000078　史 0011
曾文正公手書日記不分卷　(清)曾國藩著　清宣統元年(1909)石印本　四十冊

620000－1153－0000079　史 0012
國朝先正事略六十卷　(清)李元度　清同治五年(1866)刻本　二十一冊　存五十七卷(一至二十二、二十六至六十)

620000－1153－0000080　史 0013
普天忠憤全集十卷　(清)孔廣德編　清光緒二十四年(1898)石印本　八冊

620000－1153－0000081　史 0014
支那書畫名家詳傳二十卷　(日本)近藤元粹纂輯　清宣統元年(1909)刻本　十三冊

620000－1153－0000082　史 0015
五朝名臣言行錄前集十卷後集十四卷續集八卷別集二十六卷外集十七卷　(明)朱熹纂集　(宋)李衡校正　(宋)李幼武纂　清歙績學堂刻本　十二冊

620000－1153－0000083　史 0016
元和姓纂十卷　(唐)林寶撰　(清)孫星衍　(清)洪瑩校　清刻本　四冊

620000－1153－0000084　史 0017
[光緒]重纂秦州直隸州新志二十四卷圖一卷　(清)余澤春修　清光緒十五年(1889)隴南書院刻本　十六冊

620000－1153－0000085　史 0019
[光緒]鎮海縣志四十卷圖一卷　(清)俞樾纂　清光緒五年(1879)鯤池書院刻本　十六冊

620000－1153－0000086　史 0020
蜀典十二卷　(清)張澍輯　清光緒二年(1876)刻本　六冊

620000－1153－0000087　史 0021
[光緒]通州直隸州志十六卷首一卷末一卷　(清)梁悦馨　(清)莫祥之修　(清)季念詒

(清)沈鍠纂　清光緒元年(1875)刻本　十六冊

620000－1153－0000088　史 0022
[同治]蘇州府志一百五十卷首三卷　(清)李銘皖修　(清)馮桂芬纂　清光緒九年(1883)刻本　八十冊

620000－1153－0000089　史 0023
[光緒]嘉興府志八十八卷首二卷　(清)許瑤光重輯　清光緒五年(1879)鴛湖書院刻本　四十八冊

620000－1153－0000090　史 0024
[光緒]處州府志三十卷首一卷末一卷　(清)潘紹詒重修　清光緒三年(1877)刻本　二十八冊

620000－1153－0000091　史 0025
[乾隆]錫金識小錄十二卷　(清)黄印輯　清光緒二十二年(1896)活字印本　六冊

620000－1153－0000092　史 0027
讀史方輿紀要一百三十卷輿圖要覽四卷　(清)顧祖禹輯著　(清)彭元瑞校訂　清光緒五年(1879)刻本　六十四冊

620000－1153－0000093　史 0028
[雍正]浙江通志二百八十卷首三卷　(清)李衛　(清)嵇曾筠修　(清)沈翼機　(清)傅王露纂　清光緒二十五年(1899)刻本　一百二十冊

620000－1153－0000094　史 0029
[宣統]五洲地理志略三十六卷首一卷　王先謙撰　清宣統二年(1910)刻本　十二冊

620000－1153－0000095　史 0030
[同治]畿輔通志三百卷首一卷　(清)李鴻章修　(清)黄彭年纂　清光緒十年(1884)刻本　二百四十冊

620000－1153－0000096　史 0031
通志二百卷　(宋)鄭樵撰　清光緒二十七年(1901)上海圖書集成局石印本　五十九冊　存一百九十六卷(一至三上、五至十一、十五至二百)

620000－1153－0000097　史 0032
漢西域圖考七卷　(清)李光廷撰　清同治九年(1870)刻本　四冊

620000－1153－0000098　史 0033
武夷山志二十四卷首一卷　(清)董天工編　清道光二十六年(1846)刻本　八冊

620000－1153－0000099　史 0034
水經注四十卷補遺一卷附錄二卷　(北魏)酈道元注　(清)全祖望校　清光緒崇實書院刻本　十六冊

620000－1153－0000100　史 0035
朔方備乘六十八卷首十二卷　(清)何秋濤纂　清光緒七年(1881)石印本　八冊

620000－1153－0000101　史 0036
東西洋考十二卷　(明)張燮著　(明)李錫齡校刊　清道光刻本　四冊

620000－1153－0000102　史 0037
辛卯侍行記六卷　陶保廉撰　清光緒二十三年(1897)養樹山房刻本　六冊

620000－1153－0000103　史 0038
[同治]大清一統輿圖三十一卷首一卷　(清)胡林翼　(清)嚴樹森撰　清同治二年(1863)景恒樓刻本　八冊

620000－1153－0000104　史 0039
水經注圖一卷附錄一卷　(清)汪士鐸學　清咸豐十一年(1861)刻本　一冊

620000－1153－0000105　史 0041
授經堂重刊遺集二十三種二百二十二卷　(清)洪亮吉撰　清光緒中洪用懃授經堂刊本　八十四冊

620000－1153－0000106　史 0042
[乾隆]大清一統志五百卷　(清)高宗弘曆敕修　清光緒二十八年(1902)上海寶善齋石印本　六十冊

620000－1153－0000107　史 0043
天下郡國利病書二百二十卷　(清)顧炎武輯

清光緒五年(1879)蜀南桐花書屋薛氏家塾重修刻本　五十六冊

620000－1153－0000108　史 0044
皇朝通志一百二十六卷　(清)嵇璜　(清)劉墉編　清光緒二十七年(1901)上海圖書集成局石印本　十二冊

620000－1153－0000109　史 0045
海國圖志一百卷　(清)魏源撰　清光緒二十一年(1895)石印本　十四冊

620000－1153－0000110　史 0046
海國圖志續集二十四卷首一卷　(英國)麥高爾輯　(美國)林樂知　(清)瞿昂來譯　清光緒二十一年(1895)石印本　二冊

620000－1153－0000111　史 0047
欽定續通志六百四十卷　(清)嵇璜　(清)劉墉編纂　清光緒二十七年(1901)上海圖書集成局石印本　六十冊

620000－1153－0000112　史 0048
唐書二百六十卷首一卷唐書合鈔補正六卷唐書宰相世系表訂譌十二卷　(宋)歐陽修等撰　清同治十年(1871)武林吳氏清來堂補刻本　八十冊

620000－1153－0000113　史 0049
元書一百二卷首一卷　曾廉撰　清宣統三年(1911)刻本　二十冊

620000－1153－0000114　史 0050
十六國春秋一百卷　(北魏)崔鴻撰　清刻本　十六冊　存五十四卷(四十七至一百)

620000－1153－0000115　史 0051
元史譯文證補三十卷　(清)洪鈞撰　清光緒二十三年(1897)刻本　四冊

620000－1153－0000116　史 0052
金史紀事本末五十二卷首一卷末一卷　(清)李有棠編　清光緒二十九年(1903)刻本　十二冊

620000－1153－0000117　史 0053
明史紀事本末八十卷　(清)谷應泰撰　清同治十三年(1874)刻本　二十冊

620000－1153－0000118　史 0054
遼史紀事本末四十卷首一卷末一卷　(清)李有棠撰　清光緒二十九年(1903)刻本　八冊

620000－1153－0000119　史 0055
宋史紀事本末一百九卷　(明)馮琦編　(明)陳邦瞻增訂　(明)張溥論正　清同治十三年(1874)江西書局刻本　二十冊

620000－1153－0000120　史 0056
左傳紀事本末五十三卷　(清)高士奇撰　清同治十二年(1873)江西書局刻本　十二冊

620000－1153－0000121　史 0057
元史紀事本末二十七卷　(清)陳邦瞻輯　(明)張溥論　清同治十三年(1874)江西書局刻本　四冊

620000－1153－0000122　史 0058
通鑑紀事本末二百三十九卷　(宋)袁樞編輯　(明)張溥論正　清同治十二年(1873)刻本　八十冊

620000－1153－0000123　史 0059
金石萃編一百六十卷　(清)王昶撰　清嘉慶十年(1805)刻本　四十冊　存八十七卷(一至八十七)

620000－1153－0000124　史 0060
兩浙金石志十八卷　(清)阮元編錄　清光緒十六年(1890)刻本　十二冊

620000－1153－0000125　史 0061
語石十卷　葉昌熾撰　清宣統元年(1909)刻本　四冊

620000－1153－0000126　史 0062
欽定四庫全書總目提要二百卷　(清)紀昀編纂　清宣統二年(1910)石印本　三十二冊　存一百九十五卷(一至一百四十六、一百五十二至二百)

620000－1153－0000127　史 0063
鐵琴銅劍樓藏書目錄二十四卷　(清)瞿鏞編　清光緒二十四年(1898)刻本　十冊

620000－1153－0000128　史0064
兩漢策要十二卷　(宋)陶叔獻著　(清)張朝樂校閲　清乾隆五十六年(1791)刻本　七册　存十卷(一、四至十二)

620000－1153－0000129　史0065
籀高述林十卷　(清)孫詒讓述　清咸豐六年(1856)刻本　四册

620000－1153－0000130　經0066
古籀拾遺三卷　(清)孫詒讓記　清同治十一年(1872)刻本　一册

620000－1153－0000131　史0067
于文定公讀史漫錄二十卷　(明)于慎行撰　(清)黄恩彤參訂　清道光二十六年(1846)刻本　十册

620000－1153－0000132　史0068
史通通釋二十卷附錄一卷　(清)浦起龍著　清光緒十一年(1885)刻本　八册

620000－1153－0000133　史0069
廿二史劄記三十六卷補遺一卷　(清)趙翼撰　清光緒二十年(1894)廣雅書局刻本　十册

620000－1153－0000134　史0070
明季稗史彙編　(清)留雲居士編　清光緒二十二年(1896)上海圖書集成印書局排印本　六册

620000－1153－0000135　史0071
元朝秘史十五卷　(清)李文田注　清光緒二十九年(1903)石印本　四册

620000－1153－0000136　史0072
蜀碧四卷　(清)彭遵泗編　清肇經堂刻本　二册

620000－1153－0000137　史0073
明季稗史彙編　(清)留雲居士編　清刻本　十二册　存二十一卷(一至十六、二十三至二十七)

620000－1153－0000138　史0074
十朝聖訓九百二十二卷　(清)聖祖玄燁等撰　清光緒石印本　一百册

620000－1153－0000139　史0075
馬端肅公奏議十六卷首一卷　(明)馬文升著　(明)魏尚綸編　明刻本　四册

620000－1153－0000140　史0076
林文忠公政書三十七卷　(清)林則徐撰　清末刻本　十一册

620000－1153－0000141　史0077
彭剛直公奏稿八卷　(清)彭玉麟撰　清光緒刻本　六册

620000－1153－0000142　史0078
皇朝經世文續編一百二十卷　(清)盛康輯　清光緒二十三年(1897)思補樓刻本　八十册

620000－1153－0000143　史0079
籌濟編三十二卷　(清)楊景仁錄　清光緒四年(1878)刻本　六册

620000－1153－0000144　史0080
荒政輯要九卷　(清)汪志伊纂　清道光刻本　四册

620000－1153－0000145　史0081
各國通商始末記二十卷　(清)彭玉麟定　(清)王之春編　清光緒二十一年(1895)石印本　六册

620000－1153－0000146　史0082
通商約章類纂三十五卷　(清)徐宗亮等編　清光緒十八年(1892)刻本　二十册

620000－1153－0000147　史0083
泉布統誌九卷首一卷　(清)孟麟輯　清道光十三年(1833)刻本　三十册

620000－1153－0000148　史0084
皇朝文獻通考三百卷　(清)張廷玉等撰　清光緒二十七年(1901)石印本　四十册

620000－1153－0000149　史0085
欽定續文獻通考二百五十卷　(清)嵇璜　(清)劉墉編　清光緒二十七年(1901)石印本　三十六册

620000－1153－0000150　史0086
石渠餘記六卷　(清)王慶雲述　清光緒十六

年(1890)刻本　五冊

620000－1153－0000151　史0087

續纂兩浙鹽法備考八卷　(清)楊昌濬修　清光緒二十五年(1899)刻本　八冊

620000－1153－0000152　史0088

平定粵寇紀略十八卷附記四卷　(清)杜文瀾撰　清光緒元年(1875)詒穀堂刻本　十二冊

620000－1153－0000153　史0089

平浙紀略十六卷　(清)秦緗業　(清)陳鐘英撰　清同治十二年(1873)刻本　四冊

620000－1153－0000154　史0090

湘軍記二十卷　(清)王定安撰　清光緒十五年(1889)江南書局刻本　八冊

620000－1153－0000155　史0091

大清律例增修統纂集成四十卷　(清)任彭年輯　清同治十年(1871)刻本　十八冊

620000－1153－0000156　史0092

唐律疏議三十卷附音義一卷洗冤錄五卷　(唐)長孫無忌撰　清光緒十七年(1891)刻本　八冊

620000－1153－0000157　史0093

法律名辭通釋十卷　(清)劉天祐序　清光緒三十四年(1908)法政學堂鉛印本　十冊

620000－1153－0000158　史0094

刑案匯覽六十卷　(清)鮑書芸　(清)祝慶祺撰　清道光十四年(1834)刻本　六十四冊

620000－1153－0000159　史0095

刑案匯覽續編三十二卷　(清)李方豫訂　(清)吳潮纂　清光緒十三年(1887)刻本　十九冊

620000－1153－0000160　史0096

皇朝通典一百卷　(清)嵇璜　(清)劉墉編　清光緒二十七年(1901)上海圖書集成局石印本　十二冊

620000－1153－0000161　史0097

文獻通考三百四十八卷　(元)馬端臨著　清光緒二十七年(1901)上海圖書集成局石印本　四十四冊

620000－1153－0000162　史0098

時務通考續編三十一卷　(清)點石齋主人編　清光緒二十七年(1901)刻本　十六冊

620000－1153－0000163　史0099

欽定續通典一百五十卷　(清)嵇璜　(清)劉墉編　清光緒二十七年(1901)鉛印本　十二冊

620000－1153－0000164　史0100

杜氏通典二百卷欽定通典考證一卷　(唐)杜佑纂　清光緒二十七年(1901)刻本　十六冊

620000－1153－0000165　史0101

時務通考三十一卷　(清)杞廬主人撰　清光緒二十三年(1897)點石齋石印本　二十四冊　存二十九卷(一至二、五至三十一)

620000－1153－0000166　史0102

欽定大清會典一千二百二十卷　(清)崑岡　(清)徐桐編　清光緒三十四年(1908)石印本　一百六十冊

620000－1153－0000167　史0103

欽定學政全書八十六卷首一卷　(清)恭阿拉編修　清刻本　二十四冊

620000－1153－0000168　史0104

歷代職官表七十二卷首一卷　(清)紀昀纂　清光緒二十二年(1896)廣雅書局刻本　二十二冊

620000－1153－0000169　史0105

大清一統志表不分卷　(清)徐午輯校　清刻本　十八冊

620000－1153－0000170　史0107

各國交涉公法論十六卷　(英國)費利摩羅巴德著　(英國)傅蘭雅口譯　清光緒二十二年(1896)石印本　八冊

620000－1153－0000171　史0109

大清刑事訴訟律六編大清民事訴訟律四編大清新刑律總則一編　沈家本編　清宣統二年(1910)修訂法律館鉛印本　十八冊

620000－1153－0000172　史0110

前漢書一百二十卷　(漢)班固撰　(唐)顏師古注　清光緒十年(1884)同文書局石印本　十三冊　存三十九卷(一至七、十四至二十、五十一至七十五)

620000－1153－0000173　子0001

通藝錄十九種　(清)程瑤田著　清嘉慶中期刊本　二十三冊

620000－1153－0000174　子0002

日知錄集釋三十二卷刊誤二卷　(清)顧炎武著　(清)黃汝成集釋　清道光十四年(1834)嘉定黃氏西谿草廬重刊本　十二冊

620000－1153－0000175　子0003

句溪雜箸六卷　(清)陳立撰　清光緒十四年(1888)廣雅書局刻本　一冊

620000－1153－0000176　子0004

讀書雜誌八十二卷餘編二卷　(清)王念孫著　清同治九年(1870)金陵書局刻本　二十二冊

620000－1153－0000177　子0005

農政全書六十卷　(明)徐光啟纂輯　(明)張國維鑒定　清同治十三年(1874)刻本　二十冊

620000－1153－0000178　子0006

黃梨洲先生南雷文約四卷　(清)鄭性訂　(清)鄭大節較　清刻本　八冊

620000－1153－0000179　子0007

大意尊聞三卷　(清)方東樹著　(清)宗誠校　清同治五年(1866)刻本　一冊

620000－1153－0000180　子0008

札迻十二卷　(清)孫詒讓撰　清光緒二十一年(1895)刻本　四冊

620000－1153－0000181　子0009

能改齋漫錄十八卷　(宋)吳曾纂　清乾隆四十年(1775)木活字印本　八冊

620000－1153－0000182　子0010

夢溪筆談二十六卷　(宋)沈括述　(明)毛晉訂　明末清初汲古閣刻本　四冊

620000－1153－0000183　子0011

藝文類聚一百卷　(唐)歐陽詢撰　(明)王元貞校　清光緒五年(1879)刻本　四十冊

620000－1153－0000184　子0012

北堂書鈔一百六十卷首一卷　(唐)虞世南撰　(清)孔廣陶校注　清光緒十四年(1888)南海孔氏三十有三萬卷堂刻本　二十冊

620000－1153－0000185　子0013

漢學商兑三卷　(清)方東樹著　清同治十年(1871)望三益齋刻本　四冊

620000－1153－0000186　子0014

莊子内篇註四卷　(明)釋德清注　清光緒十四年(1888)金陵刻經處刻本　二冊

620000－1153－0000187　子0015

韓非子集解二十卷　(清)王先慎著　清光緒二十二年(1896)刻本　六冊

620000－1153－0000188　子0016

揚州畫舫錄十八卷　(清)李斗著　清道光十九年(1839)刻本　六冊

620000－1153－0000189　子0017

物理小識十二卷　(明)方以智撰　清光緒十年(1884)寧靜堂刻本　六冊

620000－1153－0000190　集0003

唐詩直解十二卷　(明)葉義昂纂輯　(明)詹廷對校閱　清刻本　七冊　存十一卷(一至三、五至十二)

620000－1153－0000191　集0004

新刻張太岳先生文集四十七卷　(明)張居正著　清刻本　十六冊

620000－1153－0000192　集0005

養吉齋叢錄二十六卷馀錄十卷　(清)吳振棫纂　清光緒刻本　八冊

620000－1153－0000193　集0006

宋少保信國公文文山先生全集十六卷　(宋)文天祥著　清道光二十六年(1846)刻本　十冊

620000－1153－0000194　集 0007
周武壯公遺書九卷首一卷外集三卷別集一卷附錄一卷　(清)周盛傳著　清光緒三十一年(1905)刻本　八冊

620000－1153－0000195　集 0008
讀雪山房唐詩鈔三十四卷　(清)管世銘著　清光緒十二年(1886)刻本　十二冊

620000－1153－0000196　集 0009
弇州山人詩集五十二卷目錄八卷　(明)王世貞著　清光緒三十三年(1907)刻本　十六冊

620000－1153－0000197　集 0010
明詩記事一百八十七卷　(清)陳田輯　清光緒三十二年至宣統二年(1906－1910)刻本　三十八冊

620000－1153－0000198　集 0011
陶淵明詩不分卷　(晉)陶淵明撰　清光緒元年(1875)刻本　二冊

620000－1153－0000199　集 0012
李文忠公外部函稿二十八卷　(清)吳汝綸編輯　清光緒二十八年(1902)蓮池書社鉛印本　十四冊

620000－1153－0000200　集 0013
金源紀事詩八卷　(清)湯運泰著　(清)湯顯業　(清)湯顯榦注　清同治十二年(1873)淮南書局刻本　二冊

620000－1153－0000201　集 0014
儀衛軒文集十二卷附外集一卷附錄一卷　(清)方東樹著　清同治七年(1868)刻本　四冊

620000－1153－0000202　集 0015
儀衛軒文集一卷　(清)方東樹撰　清刻本　一冊

620000－1153－0000203　集 0016
四大奇書第一種十九卷　(明)羅貫中撰　清富春堂刻本　二十冊

620000－1153－0000204　集 0017
閱微草堂筆記二十四卷　(清)紀昀撰　清嘉慶五年(1800)刻本　十冊

620000－1153－0000205　集 0018
不慊齋漫存六卷　(清)徐賡陛著　清光緒八年(1882)刻本　六冊

620000－1153－0000206　集 0020
曲錄六卷　王國維撰　清宣統元年(1909)刻本　三冊

620000－1153－0000207　集 0021
藏園九種曲十三卷　(清)蔣士銓編　清漁古堂刻本　十二冊

620000－1153－0000208　集 0022
柏堂遺書二十三種　(清)方宗誠著　清光緒中期桐城方氏刊本　二十六冊　存五種一百三卷

620000－1153－0000209　集 0025
牧齋全集一百六十二卷　(清)錢謙益撰　清宣統二年(1910)鉛印本　四十冊

620000－1153－0000210　集 0027
少室山房集六十四卷　(明)胡應麟撰　清光緒二十二年(1896)刻本　十冊

620000－1153－0000211　集 0028
文粹一百卷補遺二十六卷　(宋)姚鉉纂　清光緒十六年(1890)杭州許增榆園刻本　二十冊

620000－1153－0000212　集 0029
帶經堂詩話三十卷首一卷　(清)王士禛撰　清同治十二年(1873)廣州藏修堂刻本　十冊

620000－1153－0000213　集 0030
昭昧詹言十卷續昭昧詹言八卷昭昧詹言續錄二卷　(清)方東樹撰　清光緒十七年(1891)刻本　六冊

620000－1153－0000214　集 0031
詞律二十卷拾遺八卷補遺一卷　(清)萬樹撰　(清)恩錫　(清)杜文瀾校刊　清光緒二年(1876)刻本　十六冊

620000－1153－0000215　集 0033
思痛記二卷　(清)李圭撰　清光緒六年

(1880)刻本　一冊

620000－1153－0000216　集 0034
南山集十四卷補遺三卷　(清)戴名世著　清光緒二十六年(1900)刻本　八冊

620000－1153－0000217　集 0035
胡文忠公遺集八十六卷目錄一卷　(清)胡林翼著　(清)鄭敦謹　(清)曾國荃編輯　清同治六年(1867)刻本　二十四冊

620000－1153－0000218　集 0036
黔詩紀略後編三十卷紀略補三卷　(清)莫庭芝　(清)黎汝謙輯　(清)陳田傳證　清宣統三年(1911)刻本　八冊

620000－1153－0000219　集 0037
船山詩草二十卷　(清)張問陶撰　清嘉慶二十年(1815)刻本　八冊

620000－1153－0000220　集 0038
唐人試律說不分卷　(清)紀昀撰　清嘉慶三年(1798)督學使者刻本　一冊

620000－1153－0000221　集 0039
儀衛軒遺書不分卷　(清)方東樹著　清同治十三年(1874)刻本　一冊

620000－1153－0000222　集 0040
半字集二卷　(清)方東樹撰　清道光十三年(1833)刻本　一冊

620000－1153－0000223　集 0041
考槃集三卷　(清)方東樹撰　清道光十八年(1838)刻本　一冊

620000－1153－0000224　類叢 0001
七修類稿五十一卷續編七卷　(明)郎瑛著述　清刻本　十五冊

620000－1153－0000225　類叢 0002
唐類函二百卷目錄二卷　(明)俞安期彙纂　(明)徐顯卿校訂　明萬曆三十一年(1603)刻本　四十冊

620000－1153－0000226　類叢 0003
國學萃編不分卷　沈宗畸輯　清光緒三十四年至宣統元年(1908－1909)鉛印本　四十九冊

620000－1153－0000227　類叢 0004
史學叢書四十三種三百十四卷　(清)□□輯　清光緒二十八年(1902)上海煥文書局石印本　三十二冊

620000－1153－0000228　類叢 0005
積學齋叢書二十種六十三卷　徐乃昌校刊　清光緒十九年(1893)南陵徐乃昌刻本　十六冊

620000－1153－0000229　類叢 0006
海山仙館叢書五十六種四百六十一卷　(清)潘仕成輯　清道光、咸豐間番禺潘氏刊光緒中期補刊本　一百二十冊

620000－1153－0000230　類叢 0007
鐵華館叢書四十五卷　(清)蔣鳳藻輯　清光緒長洲蔣氏景刊本　六冊

620000－1153－0000231　類叢 0008
安吳四種三十六卷　(清)包世臣著　(清)包世榮注　清道光二十六年(1846)白門倦游閣木活字印本　十七冊

620000－1153－0000232　類叢 0009
玉函山房輯佚書五百九十四種七百三十九卷　(清)馬國翰輯　清光緒十年(1884)楚南書局刊本十八年(1892)湖南思賢書局印本　一百二十冊

620000－1153－0000233　類叢 0010
滂喜齋叢書　(清)潘祖蔭編　清同治、光緒間吳縣潘氏京師刻本　三十二冊

620000－1153－0000234　類叢 0011
龍威秘書十集　(清)馬俊良輯　清刻本　七十八冊

620000－1153－0000235　類叢 0012
湖海樓叢書十二種一百十卷　(清)陳春輯　清嘉慶二十四年(1819)刻本　二十六冊

620000－1153－0000236　類叢 0013
春在堂全書三十五種　(清)俞樾著　清光緒二十八年(1902)刻本　一百六十冊

620000－1153－0000237　類叢 0014

平津館叢書四十三種二百五十四卷　（清）孫星衍輯　（清）朱記榮校刊　清光緒十一年(1885)吳縣朱氏槐廬家塾刊本　五十冊

620000－1153－0000238　類叢 0015

竹柏山房十五種附刻四種七十六卷　（清）林春溥撰　清嘉慶、咸豐間刻本　二十二冊

620000－1153－0000239　類叢 0016

雲自在龕叢書十九種　繆荃孫輯　清光緒雲自在龕刻本　二十六冊

620000－1153－0000240　類叢 0017

西政叢書三十二種　梁啓超輯　清光緒二十三年(1897)慎記書莊石印本　三十二冊

620000－1153－0000241　類叢 0019

國學叢刊不分卷　羅振玉撰　清宣統三年(1911)石印本　二冊

620000－1153－0000242　類叢 0020

左海全集十種三十六卷　（清）陳壽祺撰　清嘉慶、道光間刻本　二十六冊

620000－1153－0000243　類叢 0021

擇古叢書五十一種　（清）張海鵬校梓　清嘉慶十三年(1808)刻本　三十九冊　存四十九種(一、四至五十一)

620000－1153－0000244　集 0042

李長吉歌詩四卷首一卷外集一卷　（唐）李賀撰　（清）王琦彙解　清乾隆二十五年(1760)寶笏樓刻本　四冊

620000－1153－0000245　經 0033

小學集注六卷孝經集注一卷　（明）陳選集注　清同治十年(1871)刻本　二冊

620000－1153－0000246　集 0043

唐詩觀瀾集二十四卷附唐人小傳　（清）李因培選評　（清）凌應曾編注　清乾隆二十四年(1759)刻本　二十冊

620000－1153－0000247　集 0044

杜工部集二十卷　（唐）杜甫撰　（清）錢謙益箋註　清宣統三年(1911)時中書局石印本　八冊

620000－1153－0000248　集 0045

文選六十卷　（南朝梁）蕭統撰　（唐）李善注　清乾隆二十四年(1759)懷德堂刻本　十二冊

620000－1153－0000249　集 0046

陸放翁全集六種一百五十七卷　（宋）陸游撰　明末海虞毛氏汲古閣刊本　四十八冊

620000－1153－0000250　子 0018

楹聯叢話十二卷續話四卷　（清）梁章鉅輯　清道光二十六年(1846)刻本　四冊

620000－1153－0000251　集 0047

元遺山詩集箋注十四卷補載一卷附錄一卷　（元）張德輝類次　（清）施國祁箋　（清）蔣炳校　清道光刻本　六冊

620000－1153－0000252　經 0034

春秋穀梁傳十二卷　（晉）范寧集解　明天啟元年(1621)尺木堂刻本　三冊

620000－1153－0000253　史 0111

小腆紀年坿攷二十卷　（清）徐鼒撰　清光緒三年(1877)六合徐氏刊本　十二冊

620000－1153－0000254　集 0048

重訂文選集評十五卷首一卷末一卷　（清）于光華編次　清同治十一年(1872)江蘇書局刻本　十六冊

620000－1153－0000255　集 0049

庾子山全集十卷　（北周）庾信著　（清）吳兆宜箋注　清寶翰樓刻本　四冊

620000－1153－0000256　集 0050

歐陽文忠公全集一百五十三卷首一卷附錄五卷　（宋）歐陽修著　（清）歐陽衡校刊　清嘉慶二十四年(1819)友善書屋刻本　十七冊　存九十六卷(一至四十三、六十四至八十五、九十七至一百九、一百三十六至一百四十三、一百四十九至一百五十三,附錄五卷)

620000－1153－0000257　經 0035

經典釋文三十卷附考證三十卷　（唐）陸德明

撰　清同治八年(1869)湖北崇文書局刻本　十冊　存五十六卷(一至四、七至八、十一至六十)

620000－1153－0000258　集0051
結水滸全傳七十卷末一卷　(清)俞萬春著　清光緒二十二年(1896)慎記書莊石印本　八冊

620000－1153－0000259　集0052
蘇文忠公詩編註集成一百三卷　(清)王文誥撰　清光緒十四年(1888)浙江書局刻本　二十四冊

620000－1153－0000260　史0112
萬國史記二十卷　(日本)岡本監輔撰　清光緒二十三年(1897)鉛印本　八冊

620000－1153－0000261　經0036
重栞宋本十三經註疏附校勘記十三種八百三十二卷附一種四卷　(清)阮元撰　清光緒十三年(1887)上海脈望仙館石印本　六冊　存四種(三至四、七、十三)

620000－1153－0000262　集0053
文選六十卷附考異十卷　(南朝梁)蕭統輯　(唐)李善注　清晚期四明林植梅重刊本　十七冊　存四十九卷(一至二十七、四十七至六十,考異一至八)

620000－1153－0000263　集0054
宛陵先生文集六十卷　(宋)梅堯臣著　清宣統二年(1910)影印本　九冊　存五十四卷(一至五十四)

620000－1153－0000264　集0055
繪圖綴白裘十二集四十八卷　(清)玩花主人輯　清光緒二十一年(1895)文海書局石印本　一冊　存一集四卷(十一集一至四)

《蘭州大學圖書館古籍普查登記目録》
書名筆畫字頭索引

一畫

二畫

三畫

四畫

五畫

六畫

七畫

八畫

九畫

十畫

十一畫

十二畫

十三畫

十四畫

十五畫

十六畫

十七畫

十八畫

十九畫

二十畫

二十一畫

二十二畫

二十三畫

二十四畫

《蘭州大學圖書館古籍普查登記目録》
書名筆畫索引

一畫

二畫

三畫

四畫

五畫

六畫

七畫

八畫

九畫

十畫

十一畫

十二畫

十三畫

十四畫

十五畫

十六畫

十七畫

十八畫

十九畫

二十畫

二十一畫

二十二畫

二十三畫

二十四畫

《西北師範大學圖書館古籍普查登記目録》
書名筆畫字頭索引

一畫

二畫

三畫

四畫

五畫

六畫

七畫

八畫

九畫

十畫

十一畫

十二畫

十三畫

十四畫

十五畫

十六畫

十七畫

十八畫

十九畫

二十畫

二十一畫

二十二畫

二十三畫

二十四畫

二十五畫

二十七畫

《西北師範大學圖書館古籍普查登記目録》
書名筆畫索引

一畫

二畫

三畫

四畫

五畫

六畫

七畫

八畫

九畫

十畫

十一畫

十二畫

十三畫

十四畫

十五畫

十六畫

十七畫

十八畫

十九畫

二十畫

二十一畫

二十二畫

二十三畫

二十四畫

二十五畫

二十七畫

《甘肅農業大學圖書館古籍普查登記目録》
書名筆畫字頭索引

二畫

三畫

四畫

五畫

七畫

九畫

十畫

十一畫

十三畫

十六畫

十七畫

十九畫

二十二畫

《甘肅農業大學圖書館古籍普查登記目録》
書名筆畫索引

二畫

三畫

四畫

五畫

七畫

九畫

十畫

十一畫

十三畫

十六畫

十七畫

十九畫

二十二畫

《蘭州文理學院圖書館古籍普查登記目録》
書名筆畫字頭索引

二畫

三畫

四畫

五畫

六畫

七畫

八畫

九畫

十畫

十一畫

十二畫

十三畫

十四畫

十五畫

十六畫

十七畫

十八畫

十九畫

二十畫

二十一畫

二十二畫

《蘭州文理學院圖書館古籍普查登記目録》
書名筆畫索引

二畫

三畫

四畫

五畫

六畫

七畫

八畫

九畫

十畫

十一畫

十二畫

十三畫

十四畫

十五畫

十六畫

十七畫

十八畫

十九畫

二十畫

二十一畫

二十二畫